Utilizando UML
e Padrões

L324u Larman, Craig
Utilizando UML e padrões : uma introdução à análise e ao projeto orientados a objetos e ao desenvolvimento iterativo / Craig Larman ; tradução Rosana Vaccare Braga ... [et al.]. – 3. ed. – Porto Alegre : Bookman, 2007.
696 p. : il. ; 25 cm.

ISBN 978-85-60031-52-8

1. Computação – Linguagem – UML. I. Título.

CDU 004.438UML

Catalogação na publicação: Júlia Angst Coelho – CRB 10/1712

CRAIG LARMAN

UTILIZANDO UML E PADRÕES

3ª Edição

Uma introdução à análise e ao projeto orientados a objetos
e ao desenvolvimento iterativo

Tradução:

Rosana T. Vaccare Braga
Professora Doutora
Instituto de Ciências Matemáticas e de Computação
Universidade de São Paulo

Paulo Cesar Masiero
Professor Titular em Engenharia de Software
Instituto de Ciências Matemáticas e de Computação
Universidade de São Paulo

Rosângela Ap. Dellosso Penteado
Professora Adjunta
Departamento de Computação
Universidade Federal de São Carlos

Fernão Stella R. Germano
Professor Titular
Instituto de Ciências Matemáticas e de Computação
Universidade de São Paulo

Reimpressão

2007

Obra originalmente publicada sob o título
*Applying UML and Patterns: An Introduction to Object-Oriented Analysis and
Design and Iterative Development, 3rd Edition*
© 2005, Pearson Education, Inc.

ISBN 0-13-148906-2

Tradução autorizada a partir do original em língua inglesa publicado por Pearson Education, Inc.,
sob o selo Prentice Hall PTR.

Capa: *Mário Röhnelt*

Leitura final: *Elisa Viali*

Supervisão editorial: *Arysinha Jacques Affonso e Denise Weber Nowaczyk*

Editoração eletrônica: *Laser House*

Reservados todos os direitos de publicação, em língua portuguesa, à
ARTMED® EDITORA S.A.
(BOOKMAN® COMPANHIA EDITORA é uma divisão da ARTMED® EDITORA S.A.)
Rua Ernesto Alves, 150 - Bairro Floresta
90220-190 Porto Alegre RS
Fone (51) 3027-7000

É proibida a duplicação ou reprodução deste volume, no todo ou em parte, sob quaisquer
formas ou por quaisquer meios (eletrônico, mecânico, gravação, fotocópia, distribuição na Web e outros), sem
permissão expressa da Editora.

SÃO PAULO
Av. Angélica, 1091 – Higienópolis
01227-100 São Paulo SP
Fone (11) 3665-1100 Fax (11) 3667-1333

SAC 0800 703-3444

IMPRESSO NO BRASIL
PRINTED IN BRAZIL
Impresso sob demanda na Meta Brasil a pedido de Grupo A Educação.

Para Julie, Haley e Hannah

Obrigado por seu amor e seu apoio.

Prefácio

Obrigado por ler este livro! Se eu puder esclarecer uma dúvida, dar consultoria ou treinar uma equipe (em A/POO, UML, modelagem, métodos iterativos e ágeis), por favor entre em contato comigo em www.craiglarman.com.

Esta é uma introdução prática à análise e ao projeto orientados a objetos (A/POO ou OOA/D, em inglês) e aos tópicos relacionados ao desenvolvimento iterativo. Fiquei muito satisfeito com o fato das edições anteriores terem sido extremamente bem recebidas em todo o mundo. Agradeço sinceramente a todos os leitores. Veja como o livro pode ajudá-lo.

Projete bem
Primeiro, o uso da tecnologia de objetos está amplamente difundido, portanto, o domínio de A/POO é crucial para que você obtenha sucesso no mundo de software.

Aprenda um roteiro de processo
Segundo, se você é novato em A/POO, não sabe ao certo como proceder; este livro apresenta um roteiro iterativo bem-definido – uma abordagem ágil para o Processo Unificado – de modo que você possa aprender com um processo passo a passo, dos requisitos ao código.

Aprenda UML para modelagem
Terceiro, a Linguagem de Modelagem Unificada (Unified Modeling Language – UML) é a notação padrão para modelagem; assim, é útil ser capaz de aplicá-la habilmente.

Aprenda padrões de projeto
Quarto, padrões de projeto comunicam os idiomas de "melhor prática" que os especialistas em projeto OO utilizam. Você vai aprender a aplicar padrões de projeto, inclusive os populares padrões do grupo dos quatro (gang-of-four) e os padrões GRASP. Aprender e aplicar padrões vai acelerar seu domínio sobre análise e projeto.

Aprenda com a prática
Quinto, a estrutura e a ênfase deste livro estão baseadas em anos de experiência com o treinamento e a instrução de milhares de pessoas na arte da A/POO. O livro reflete essa experiência ao fornecer uma aprimorada, comprovada e eficiente abordagem para aprender o assunto. Assim, o seu investimento em ler e aprender é otimizado.

Aprenda a partir de um estudo realista
Sexto, a obra examina exaustivamente dois estudos de caso – para ilustrar de forma realista todo o processo A/POO, e aprofunda-se nos espinhosos detalhes do problema.

Do projeto ao código com DDT e refatoração
Sétimo, mostra como mapear artefatos de projeto orientado a objetos para código em Java. Também introduz desenvolvimento dirigido por teste – DDT (test driven development, em inglês) e refatoração.

Arquitetura em camadas
Oitavo, explica como projetar uma arquitetura baseada em camadas e relaciona a camada de interface gráfica do usuário às camadas de domínio e de serviços técnicos.

Projete frameworks
Finalmente, mostra como projetar um framework orientado a objetos e aplica isso à criação de um framework para a armazenagem persistente em um banco de dados.

Recursos disponíveis na Web

Você pode encontrar artigos de interesse relacionados em www.craiglarman.com.

Centenas, se não milhares, de professores usam o livro em todo o mundo; ele foi traduzido para pelo menos para dez línguas. No meu site na Web há uma variedade de recursos para o instrutor, incluindo todas as figuras do livro, organizadas em apresentações em power point da Microsoft, amostra de apresentações em power point de A/POO e muito mais. Se você é professor, por favor entre em contato comigo para pedir acesso a esses recursos.

Estou reunindo material de professores que usam o livro para compartilhar com outros colegas. **Se você tem algo a compartilhar, entre em contato comigo.**

Público-alvo – uma introdução!

Este livro é uma *introdução* à A/POO, à análise de requisitos relacionados e ao desenvolvimento iterativo, com o Processo Unificado como um processo de exemplo; não é um texto avançado. Destina-se ao seguinte público:

- Desenvolvedores e estudantes com alguma experiência em programação OO, mas que são iniciantes – ou relativamente novatos – em A/POO.

- Estudantes de cursos de Ciências de Computação ou Engenharia de Software estudando tecnologia de objetos.

- Àqueles com alguma familiaridade com A/POO que queiram aprender a notação UML, aplicar padrões ou aprimorar suas habilidades de análise e projeto.

Pré-requisitos:

Alguns pré-requisitos são necessários para beneficiar-se deste livro:

- Conhecimento e experiência em uma linguagem de programação orientada a objetos, como Java, C#, C++ ou Python.

- Conhecimento de conceitos fundamentais de OO, como classe, instância, interface, polimorfismo, encapsulamento e herança.

Conceitos fundamentais de OO não são aqui definidos.

Exemplos em Java, mas ...

Em geral, o livro apresenta exemplos de código em Java, por esta ser uma linguagem muito difundida. No entanto, as idéias apresentadas são aplicáveis à maioria – se não a todas – das tecnologias orientadas a objetos, incluindo C#, Python e etc.

Organização do livro

Os tópicos de análise e projeto são introduzidos em uma ordem semelhante àquela de um projeto de desenvolvimento de software, indo da fase de "concepção" (termo do Processo Unificado) seguida por três iterações (veja a Figura P.1).

1. Os capítulos da fase de concepção introduzem o básico da análise de requisitos.
2. A iteração 1 introduz a A/POO fundamental e como atribuir responsabilidades a objetos.
3. A iteração 2 focaliza o projeto de objetos, especialmente ao introduzir alguns "padrões de projetos" muito usados.
4. A iteração 3 introduz uma variedade de assuntos, como análise arquitetural e projeto de frameworks.

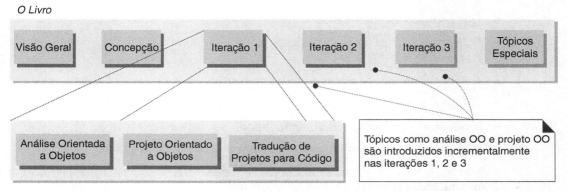

Figura P.1 A organização do livro é semelhante a de um projeto de desenvolvimento.

Sobre o autor

Craig Larman é cientista chefe na Valtech, uma empresa internacional de consultoria e transferência de habilidades com divisões na Europa, Ásia e América do Norte. É também autor do best-seller sobre engenharia de software e desenvolvimento iterativo ágil *Agile and Iterative Development: A Manager's Guide*. Viaja ao redor do mundo, de Indiana à Índia, treinando equipes e gestores de desenvolvimento.

Desde meados dos anos 1980, Craig tem ajudado milhares de desenvolvedores a aplicar A/POO, modelagem hábil com UML e a adotar as práticas de desenvolvimento iterativo.

Após uma carreira sem sucesso como músico de rua, ele construiu sistemas em APL, PL/I e CICS nos anos 70. Nos anos 80 interessou-se por inteligência artificial (tendo muito pouca própria) e construiu sistemas especialistas com máquinas Lisp, Lisp, Prolog e Smalltalk. Trabalhou também em empresas que constróem sistemas de negócio em Java, .Net, C++ e Smalltalk. Nas horas de lazer toca (mal) guitarra em sua banda, Changing Requirements* (costumava ser chamada de Requirements, mas alguns membros da banda foram substituídos).

Larman é bacharel e mestre em Ciência da Computação pela Simon Fraser University em Vancouver, Canadá.

---

* N. de R.: Em português, Requisitos Mutantes.

Contato

Craig pode ser encontrado em craig@craiglarman.com e www.craiglarman.com. Ele agradece perguntas de leitores e professores e convites para palestras, treinamento e consultorias.

Melhorias em relação à edição anterior

Embora conserve o cerne da edição anterior, esta edição foi aprimorada de muitos modos, incluindo:

- UML 2
- Um segundo estudo de caso
- Mais informações úteis sobre desenvolvimento iterativo e evolutivo combinado com a A/POO
- Reescrito com novos recursos de aprendizado e gráficos para facilitar o estudo
- Novos recursos de ensino para educadores do ensino superior
- Modelagem ágil, desenvolvimento guiado por testes e refatoração
- Mais sobre modelagem de processos com diagramas de atividade UML
- Diretrizes sobre a aplicação do PU com um espírito leve, ágil, complementar a outros métodos iterativos, como XP e Scrum
- Aplicação da UML na documentação de arquiteturas
- Um novo capítulo sobre requisitos evolutivos
- Refinamento dos capítulos de casos de uso usando a abordagem popular de [Cockburn01]

Agradecimentos

Primeiro, agradeço a meus amigos e colegas da Valtech, desenvolvedores de objetos de classe mundial e especialistas de desenvolvimento iterativo, os quais, de algum modo, contribuíram para, apoiaram ou revisaram o livro, incluindo Chris Tarr, Tim Snyder, Curtis Hite, Celso Gonzalez, Pascal Roques, Ken DeLong, Brett Schuchert, Ashley Johnson, Chris Jones, Thomas Liou, Darryl Gebert e muitos mais do que eu possa citar.

Para Philippe Kruchten, por escrever o prefácio, revisar e ajudar de vários modos.

A Martin Fowler e Alistair Cockburn, por muitas discussões cheias de discernimento no processo e no projeto, citações e revisões.

A Oystein Haugen, Cris Kobryn, Jim Rumbaugh, e Bran Selic por revisarem o material de UML 2.

A John Vlissides e Cris Kobryn, pelas gentis citações.

A Chelsea Systems e John Gray, por ajudar com alguns requisitos inspirados por seu sistema PDV ChelseaStore que usa tecnologia Java.

A Pete Coad e Dave Astels, por sua contribuição.

Muito obrigado aos outros revisores, incluindo Steve Adolph, Bruce Anderson, Len Bass, Gary K. Evans, Al Goerner, Luke Hohmann, Eric Lefebvre, David Nunn e Robert J. White.

Obrigado a Paul Becker, da Prentice-Hall, por acreditar que a primeira edição seria um projeto válido, e a Paul Petralia e Patti Guerrieri, por conduzirem as demais.

Finalmente, um obrigado especial a Graham Glass, por abrir uma porta.

Convenções tipográficas

Este é um **novo termo** em uma frase. Este é um nome de *Classe* ou de *método* em uma frase. Esta é uma referência de autor [Bob67].

APRESENTAÇÃO

Programar é divertido, mas desenvolver um software com qualidade é difícil. Entre ótimas idéias, requisitos ou "visão" e um produto de software que funcione, existe muito mais do que simplesmente programar. Análise e projeto, definir como resolver o problema, o que programar, captar esse projeto de tal forma que seja fácil de comunicar, revisar, implementar e evoluir é o que está no cerne deste livro. É isso o que você vai aprender.

A Linguagem de Modelagem Unificada (Unified Modeling Language – UML) tornou-se a linguagem universalmente aceita para documentação de projetos de software. A UML é a linguagem visual usada para transmitir idéias de projeto neste livro, que enfatiza como os desenvolvedores realmente aplicam elementos da UML freqüentemente usados, deixando de lado os recursos obscuros da linguagem.

A importância de se usar padrões (patterns, em inglês) no desenvolvimento de sistemas complexos há muito foi reconhecida em outras disciplinas. Padrões de projeto de software permitem descrever fragmentos de projeto e reusar idéias de projeto, ajudando desenvolvedores a se nivelar com a experiência de outros. Padrões dão nome e forma a heurísticas abstratas, regras e melhores práticas relativas às técnicas orientadas a objetos. Nenhum engenheiro quer iniciar um novo projeto a partir do zero, e este livro oferece uma coleção de padrões de projeto prontamente usáveis.

Mas projetos de software parecem um pouco áridos e misteriosos quando não são apresentados no contexto do processo de engenharia de software. E, quanto a esse tópico, estou encantado porque, a partir da segunda edição, Craig Larman escolheu abraçar e apresentar o Processo Unificado (Unified Process), mostrando como ele pode ser aplicado de um modo relativamente simples e informal. Apresentando o estudo de caso em um processo iterativo, guiado por riscos e centrado na arquitetura, a orientação fornecida por Craig tem um contexto realista; ele expõe a dinâmica do que realmente acontece em desenvolvimento de software e mostra as forças externas em ação. As atividades de projeto estão conectadas com outras tarefas, e elas não mais aparecem como uma atividade puramente cerebral de transformações sistemáticas ou intuição criativa. Craig e eu estamos convencidos dos benefícios do desenvolvimento iterativo, os quais você verá profusamente ilustrados por toda parte.

Para mim, este livro tem a mistura certa de ingredientes. Você aprenderá um método sistemático para fazer Análise e Projeto Orientados a Objetos (A/POO) com um grande professor, um brilhante metodologista e um "guru OO" que tem ensinado esse método a milhares de pessoas em todo o mundo. Craig descreve o método no contexto do Processo Unificado. Ele apresenta padrões de projetos mais sofisticados de forma gradual – isso torna o livro muito útil quando você enfrenta desafios de projetos do mundo real. E ele utiliza a notação mais amplamente aceita. Sinto-me honrado por ter trabalhado diretamente com o autor deste livro. Gostei muito de ler a primeira edição e fiquei encantado quando ele me pediu para revisar o esboço desta nova edição. Nos encontramos diversas vezes e trocamos muitos e-mails. Aprendi muito com Craig, até mesmo a respeito de nosso próprio processo de trabalho no Processo Unificado e como aperfeiçoá-lo e posicioná-lo em vários contextos organizacionais. Estou certo de que você também aprenderá muito ao ler este livro, mesmo que já esteja familiarizado com a A/POO. E, como eu, você se descobrirá voltando a ele, para refrescar sua memória ou para aprofundar seus conhecimentos a partir das explicações e da experiência de Craig.

Boa leitura!

Philippe Kruchten
Professor de Engenharia de Software – Universidade de British Columbia
Ex-Membro da Rational e Diretor de Desenvolvimento de Processo do
RUP Rational Software
Vancouver, British Columbia – Canada

CONTEÚDO DOS PRINCIPAIS TÓPICOS

Este livro introduz os tópicos pouco a pouco, desenvolvendo-os ao longo dos capítulos com os estudos de caso. Essa metodologia é útil, mas gera um problema: como encontrar a maior parte do conteúdo sobre um assunto principal (por exemplo, Projeto de Objetos)? O Índice é uma solução, mas é muito detalhado; esta listagem é outra opção.

Modelagem Ágil
O que é modelagem ágil? 57
O que é PU ágil? 59
Modelagem ágil e desenho leve UML 235
Mais sobre Desenvolvimento Iterativo e Gestão de Projetos Ágeis 665

Arquitetura
Arquitetura Lógica e Diagrama de Pacotes UML 219
Análise Arquitetural 542
Refinamento da Arquitetura Lógica 560
Projeto de Pacotes 578
Documentação da Arquitetura: UML e o Modelo das N+1 Visões 647

Modelagem de Domínio
Modelos de Domínio 157
Qual é o Relacionamento entre a Camada de Domínio e o Modelo de Domínio? 228
Refinamento do Modelo de Domínio 511

GRASP
GRASP: Projeto de Objetos com Responsabilidades 287
GRASP: Mais Objetos com Responsabilidades 421
Tratamento de pagamentos com polimorfismo e fazê-lo eu mesmo 606
Exemplo: Banco Imobiliário 611

Padrões de Projeto GoF
O que são padrões? 294
Aplicação de Padrões de Projeto GoF 443
Mais Projeto de Objetos com Padrões GoF 586
Projeto de um Framework de Persistência com Padrões 620

Desenvolvimento Iterativo
Iterativo, Evolutivo e Ágil 45
Requisitos Evolutivos 80
Iteração 1 – Conceitos Básicos 149

Dos Requisitos para o Projeto – Iterativamente 217
Mais sobre Desenvolvimento Iterativo e Gestão de Projetos Ágeis 665

Análise e Projeto Orientados
Veja Modelagem de Domínio e Contratos de Operação

Projeto de Objetos
Veja GRASP e Padrões de Projeto GoF
Projeto de Objetos 234
Projeto de Pacotes 578

Contratos de Operação
Contratos de Operação 203
Contratos de Operação e Realizações de Casos de Uso 339
Mais sobre DSSs e Contratos 506

Padrões
Veja GRASP e Padrões de Projeto GoF
O que são padrões? 294

Programação
Mapeamento de Projetos para Código 379
Desenvolvimento Dirigido por Teste e Refatoração 395

Gestão de Projetos
Veja Modelagem Ágil e Desenvolvimento Iterativo
Mais sobre Desenvolvimento Iterativo e Gestão de Projetos Ágeis 665

Requisitos
Veja Casos de Uso
Requisitos Evolutivos 80
Outros Requisitos 127
Dos Requisitos para o Projeto – Iterativamente 217
Diagramas de Atividades UML e Modelagem 483
Diagramas de Máquina de Estados em UML e Modelagem 490

Diagramas de Seqüência do Sistema
Diagramas de Seqüência do Sistema 195
DSSs, Operações do Sistema, Diagramas de Interação e Realizações de Casos de Uso 338
Mais sobre DSSs e Contratos 506

Testando
Desenvolvimento Dirigido por Teste e Refatoração 395

UML
O que é UML? 39
Aplicação de UML: Diagramas de Casos de Uso 115
Modelos de Domínio 157
Aplicação da UML: Diagramas de Seqüência 198
Aplicação de UML: Diagramas de pacotes 223
Diagramas de Interação UML 241
Diagramas de Classe UML 266
Diagramas de Atividades UML e Modelagem 483
Diagramas de Máquina de Estados em UML e Modelagem 490
Diagramas de Caso de Uso 504
Diagramas UML de Implantação e de Componentes 616

Unified Process
O que é PU ágil? 59
Há Outras Práticas Importantes de PU? 60
Mais sobre Desenvolvimento Iterativo e Gestão de Projetos Ágeis 665

Casos de Uso
Casos de Uso 87
Qual é o relacionamento entre DSSs e casos de uso? 199
O Que é Uma Realização de Caso de Uso? 336
Como Relacionar Casos de Uso 498
Como planejar iterações com casos de uso e cenários 669

Sumário Resumido

Parte I   Introdução **29**
   1   Análise e Projeto Orientados a Objetos 31
   2   Iterativo, Evolutivo e Ágil 45
   3   Estudos de Caso 69

Parte II   Concepção **73**
   4   Concepção não é a Fase de Requisitos 75
   5   Requisitos Evolutivos 80
   6   Casos de Uso 87
   7   Outros Requisitos 127

Parte III   Elaboração: Iteração 1 – Conceitos Básicos **147**
   8   Iteração 1 – Conceitos Básicos 149
   9   Modelos de Domínio 157
   10 Diagramas de Seqüência do Sistema 195
   11 Contratos de Operação 203
   12 Dos Requisitos para o Projeto – Iterativamente 217
   13 Arquitetura Lógica e Diagrama de Pacotes UML 219
   14 Projeto de Objetos 234
   15 Diagramas de Interação UML 241
   16 Diagramas de Classe UML 266
   17 GRASP: Projeto de Objetos com Responsabilidades 287
   18 Exemplos de Projeto de Objetos com GRASP 335
   19 Projetar para Visibilidade 373
   20 Mapeamento de Projetos para Código 379
   21 Desenvolvimento Dirigido por Teste e Refatoração 395

Parte IV   Elaboração: Iteração 2 – Mais Padrões **405**
   22 Ferramentas UML e UML como Documentação 407
   23 Rápida Atualização da Análise 411
   24 Iteração 2 – Requisitos 416
   25 GRASP: Mais Objetos com Responsabilidades 421
   26 Aplicação de Padrões de Projeto GoF 443

Parte V   Elaboração: Iteração 3 – Tópicos Intermediários **479**
   27 Iteração 3 – Requisitos 481
   28 Diagramas de Atividades UML e Modelagem 483
   29 Diagramas de Máquina de Estados em UML e Modelagem 490
   30 Como Relacionar Casos de Uso 498
   31 Mais sobre DSSs e Contratos 506
   32 Refinamento do Modelo de Domínio 511
   33 Análise Arquitetural 542
   34 Refinamento da Arquitetura Lógica 560
   35 Projeto de Pacotes 578
   36 Mais Projeto de Objetos com Padrões GoF 586
   37 Diagramas UML de Implantação e de Componentes 616
   38 Projeto de um Framework de Persistência com Padrões 620

Parte VI   Tópicos Especiais **647**
   39 Documentação da Arquitetura: UML e o Modelo das N+1 Visões 649
   40 Mais sobre Desenvolvimento Iterativo e Gestão de Projetos Ágeis . 664

Sumário

Parte I   Introdução **29**

1   Análise e Projeto Orientados a Objetos **31**
    1.1   O que você aprenderá? Será útil? 31
    1.2   Qual é o objetivo mais importante do aprendizado? 34
    1.3   O que são análise e projeto? 34
    1.4   O que são análise e projeto orientados a objetos? 35
    1.5   Um pequeno exemplo 36
    1.6   O que é UML? 39
    1.7   Modelagem visual é uma boa coisa 42
    1.8   Histórico 42
    1.9   Leituras recomendadas 44

2   Iterativo, Evolutivo e Ágil **45**
    2.1   O que é PU? Os outros métodos são complementares? 46
    2.2   O que é desenvolvimento iterativo e evolutivo? 47
    2.3   O que dizer do ciclo de vida em cascata? 51
    2.4   Como fazer análise e projeto iterativos e evolutivos? 53
    2.5   O que é planejamento iterativo guiado por risco e guiado pelo cliente? 55
    2.6   O que são métodos e atitudes ágeis? 55
    2.7   O que é modelagem ágil? 57
    2.8   O que é PU ágil? 59
    2.9   Há outras práticas importantes de PU? 60
    2.10   Quais são as fases PU? 61
    2.11   Quais são as disciplinas do PU? 62
    2.12   Como personalizar o processo? A pasta de desenvolvimento PU 64
    2.13   Você fica sabendo que não compreendeu o desenvolvimento
           iterativo ou o PU quando... 66
    2.14   Histórico 66
    2.15   Leituras recomendadas 67

3   Estudos de Caso **69**
    3.1   O que é e não é abordado nos estudos de caso? 69
    3.2   Estratégia dos estudos de caso: desenvolvimento iterativo +
          aprendizado iterativo 71
    3.3   Caso um: o sistema PDV ProxGer 71
    3.4   Caso dois: o sistema do jogo Banco Imobiliário 72

Parte II   Concepção 73

4   Concepção não é a Fase de Requisitos 75
4.1   O que é concepção? 76
4.2   Quanto deve durar a concepção? 77
4.3   Quais artefatos podem ser iniciados na concepção? 77
4.4   Você sabe que não compreendeu a concepção quando... 79
4.5   Quanto de UML durante a concepção? 79

5   Requisitos Evolutivos 80
5.1   Definição: requisitos 81
5.2   Requisitos evolutivos vs. em cascata 81
5.3   Quais são os meios racionais de elicitar requisitos? 82
5.4   Quais são os tipos e categorias de requisitos? 83
5.5   Como os requisitos são organizados em artefatos PU? 84
5.6   O livro contém exemplo desses artefatos? 85
5.7   Leituras recomendadas 85

6   Casos de Uso 87
6.1   Exemplo 89
6.2   Definição: o que são atores, cenários e casos de uso? 89
6.3   Casos de uso e o modelo de casos de uso 90
6.4   Motivação: por que casos de uso? 90
6.5   Definição: os casos de uso são requisitos funcionais? 91
6.6   Definição: quais são os três tipos de atores? 92
6.7   Notação: quais são os três formatos comuns de casos de uso? 92
6.8   Exemplo: processar venda em estilo completo 93
6.9   Qual é o significado das seções? 99
6.10   Notação: existem outros formatos? Uma variante de duas colunas .. 105
6.11   Diretriz: escreva casos de uso em um estilo essencial,
       independente da IU 106
6.12   Diretriz: escreva casos de uso enxutos 108
6.13   Diretriz: escreva casos de uso caixa preta 108
6.14   Diretriz: considere a perspectiva do ator e do objetivo do ator . 108
6.15   Diretriz: como encontrar casos de uso 109
6.16   Diretriz: que testes podem ajudar a encontrar casos de uso úteis? 113
6.17   Aplicação de UML: diagramas de casos de uso 115
6.18   Aplicação da UML: diagramas de atividade 118
6.19   Motivação: outros benefícios de casos de uso? Requisitos em contexto 118
6.20   Exemplo: Banco Imobiliário 119
6.21   Processo: como trabalhar com casos de uso em métodos iterativos? 121
6.22   Histórico 126
6.23   Leituras recomendadas 126

7   Outros Requisitos 127
7.1   Quão completos são os exemplos? 128
7.2   Diretriz: deve-se fazer a análise em profundidade durante a concepção? ... 128
7.3   Diretriz: esses artefatos devem ficar no site da Web do projeto? 129
7.4   Exemplo ProxGer: especificação suplementar (parcial) 130
7.5   Comentário: especificação suplementar 133
7.6   Exemplo ProxGer: visão (parcial) 135

7.7	Comentário: visão	137
7.8	Exemplo ProxGer: um Glossário (parcial)	140
7.9	Comentário: Glossário (dicionário de dados)	141
7.10	Exemplo ProxGer: regras de negócio (regras de domínio)	142
7.11	Comentário: regras de domínio	143
7.12	Processo: requisitos evolutivos em métodos iterativos	143
7.13	Leituras recomendadas	145

Parte III Elaboração: Iteração 1 – Conceitos Básicos 147

8 Iteração 1 – Conceitos Básicos 149

8.1	Requisitos e ênfase da iteração 1: habilidades fundamentais em A/POO	150
8.2	Processo: concepção e elaboração	152
8.3	Processo: planejamento da próxima iteração	155

9 Modelos de Domínio 157

9.1	Exemplo	158
9.2	O que é um modelo de domínio?	159
9.3	Motivação: por que criar um modelo de domínio?	163
9.4	Diretriz: como criar um modelo de domínio?	165
9.5	Diretriz: como encontrar classes conceituais?	165
9.6	Exemplo: encontrar e desenhar as classes conceituais	168
9.7	Diretriz: modelagem ágil – esboço de um diagrama de classes	169
9.8	Diretriz: modelagem ágil – manter o modelo em uma ferramenta?	170
9.9	Diretriz: objetos-relatório – incluir o "Recibo" no modelo?	170
9.10	Diretriz: pense como um cartógrafo; use termos do domínio	171
9.11	Diretriz: como modelar o mundo irreal?	171
9.12	Diretriz: um engano comum relativo a atributo versus classes	172
9.13	Diretriz: quando modelar com classes 'descritivas'?	172
9.14	Associações	175
9.15	Exemplo: associações nos modelos de domínio	182
9.16	Atributos	183
9.17	Exemplo: atributos em modelos de domínio	190
9.18	Conclusão: o modelo de domínio está correto?	192
9.19	Processo: modelagem de domínio iterativa e evolutiva	192
9.20	Leituras recomendadas	194

10 Diagramas de Seqüência do Sistema 195

10.1	Exemplo: DSS do ProxGer	196
10.2	O que são diagramas de seqüência do sistema?	197
10.3	Motivação: por que desenhar um DSS?	198
10.4	Aplicação da UML: diagramas de seqüência	198
10.5	Qual é o relacionamento entre DSSs e casos de uso?	199
10.6	Como denominar eventos e operações do sistema?	199
10.7	Como modelar DSSs envolvendo outros sistemas externos?	200
10.8	Que informação do DSS colocar no Glossário?	200
10.9	Exemplo: DSS do Banco Imobiliário	201
10.10	Processo: DSSs iterativos e evolutivos	201
10.11	Histórico e leituras recomendadas	202

11 Contratos de Operação 203
- 11.1 Exemplo 204
- 11.2 Definição: o que são seções de um contrato? 205
- 11.3 Definição: o que é uma operação do sistema 205
- 11.4 Definição: pós-condições 206
- 11.5 Exemplo: pós-condições de entrarItem 208
- 11.6 Diretriz: devemos atualizar o modelo de domínio? 209
- 11.7 Diretriz: quando os contratos são úteis? 209
- 11.8 Diretriz: como criar e redigir contratos 210
- 11.9 Exemplo: contratos PDV ProxGer 211
- 11.10 Exemplo: contratos do Banco Imobiliário 213
- 11.11 Aplicação de UML: operações, contratos e a OCL 213
- 11.12 Processo: contratos de operações no PU 214
- 11.13 Histórico 214
- 11.14 Leituras recomendadas 215

12 Dos Requisitos para o Projeto – Iterativamente 217
- 12.1 Fazer a coisa certa, fazer certo a coisa, iterativamente 218
- 12.2 Provocação das modificações iniciais 218
- 12.3 Toda aquela análise e modelagem não demorou semanas para ser feita? 218

13 Arquitetura Lógica e Diagrama de Pacotes UML 219
- 13.1 Exemplo 221
- 13.2 Qual é a arquitetura lógica? E as camadas? 221
- 13.3 Que camadas são o foco dos estudos de caso? 222
- 13.4 O que é arquitetura do software? 222
- 13.5 Aplicação de UML: diagramas de pacotes 223
- 13.6 Diretriz: projeto em camadas 224
- 13.7 Diretriz: o princípio da separação modelo-visão 230
- 13.8 Qual é a conexão entre DSSs, operações do sistema e camadas? 232
- 13.9 Exemplo: arquitetura lógica e diagrama de pacotes ProxGer 233
- 13.10 Exemplo: arquitetura lógica do Banco Imobiliário? 233
- 13.11 Leituras recomendadas 233

14 Projeto de Objetos 234
- 14.1 Modelagem ágil e desenho leve UML 235
- 14.2 Ferramentas CASE UML 236
- 14.3 Quanto tempo gastar desenhando UML antes de codificar? 236
- 14.4 Projeto de objetos: o que são modelagens estática e dinâmica? 237
- 14.5 A importância da habilidade de projeto de objetos sobre a habilidade com a notação UML 238
- 14.6 Outras técnicas de projeto de objetos: cartões CRC 239

15 Diagramas de Interação UML 241
- 15.1 Diagramas de seqüência e de comunicação 242
- 15.2 Modeladores UML novatos não prestam atenção suficiente aos diagramas de interação 245
- 15.3 Notação comum de diagramas de interação UML 246
- 15.4 Notação básica de diagramas de seqüência 247
- 15.5 Notação básica para diagramas de colaboração 259

16 Diagramas de Classe UML 266
- 16.1 Aplicação de UML: notação comum de diagrama de classes 267
- 16.2 Definição: diagrama de classes de projeto 268
- 16.3 Definição: classificador 268
- 16.4 Modos de mostrar atributos UML: textual e linhas de associação 269
- 16.5 Símbolos de anotação: notas, comentários, restrições e corpos de métodos ... 273
- 16.6 Operações e métodos 273
- 16.7 Palavras-chave 275
- 16.8 Estereótipos, perfis e etiquetas 276
- 16.9 Propriedades e cadeias de propriedade UML 276
- 16.10 Generalização, classes abstratas, operações abstratas 277
- 16.11 Dependência 277
- 16.12 Interfaces 280
- 16.13 Composição sobre agregação 281
- 16.14 Restrições 282
- 16.15 Associação qualificada 282
- 16.16 Classe associativa 283
- 16.17 Classes objeto unitário (singleton) 283
- 16.18 Classes gabarito e interfaces 284
- 16.19 Compartimentos definidos pelo usuário 284
- 16.20 Classe ativa 285
- 16.21 Qual é o relacionamento entre diagramas de interação e de classes? 285

17 GRASP: Projeto de Objetos com Responsabilidades 287
- 17.1 UML versus princípios de projeto 288
- 17.2 Projeto de objetos: exemplos de entradas, atividades e saídas 288
- 17.3 Responsabilidades e projeto guiado por responsabilidade 292
- 17.4 GRASP: uma abordagem metódica para projeto OO básico 293
- 17.5 Qual é a conexão entre responsabilidades, GRASP e diagramas UML? 293
- 17.6 O que são padrões? 294
- 17.7 Onde estamos agora? 297
- 17.8 Um pequeno exemplo de projeto de objetos com GRASP 297
- 17.9 Aplicação do GRASP ao projeto de objetos 306
- 17.10 Criador 307
- 17.11 Especialista na informação (ou especialista) 309
- 17.12 Acoplamento baixo 314
- 17.13 Controlador 318
- 17.14 Coesão alta 330
- 17.15 Leituras recomendadas 334

18 Exemplos de Projeto de Objetos com GRASP 335
- 18.1 O que é uma realização de caso de uso? 336
- 18.2 Comentários sobre artefatos 338
- 18.3 O que vem a seguir? 341
- 18.4 Realizações de caso de uso para a iteração do ProxGer 341
- 18.5 Realizações de casos de uso para a iteração do Banco Imobiliário 360
- 18.6 Processo: projeto de objetos iterativo e evolutivo 371
- 18.7 Resumo 372

19 Projetar para Visibilidade 373
- 19.1 Visibilidade entre objetos 373
- 19.2 O que é visibilidade? 374

20 Mapeamento de Projetos para Código........................ 379

20.1 Programação e desenvolvimento iterativo e evolutivo 380
20.2 Mapear projetos para código 381
20.3 Criar definições de classe a partir de DCPs 381
20.4 Criação de métodos a partir de diagramas de interação 382
20.5 As classes de coleção em código 383
20.6 Tratamento de erro e exceções 384
20.7 Definição do método Venda.criarLinhaDeItem 384
20.8 Ordem de implementação 385
20.9 Desenvolvimento dirigido por teste ou com testes a priori 386
20.10 Resumo de mapeamento de projetos para código 386
20.11 Introdução à solução do programa PDV ProxGer 386
20.12 Introdução à solução do programa Banco Imobiliário 390

21 Desenvolvimento Dirigido por Teste e Refatoração 395

21.1 Desenvolvimento dirigido por teste 396
21.2 Refatoração 399
21.3 Leituras recomendadas 404

Parte IV Elaboração: Iteração 2 – Mais Padrões 405

22 Ferramentas UML e UML como Documentação 407

22.1 Engenharia avante, reversa e de ida e volta 408
22.2 O que é um relatório comum de características importantes? 408
22.3 O que procurar em uma ferramenta? 409
22.4 Se rascunhar UML, como atualizar os diagramas depois da codificação? ... 409
22.5 Leituras recomendadas 410

23 Rápida Atualização da Análise 411

23.1 Estudo de caso: PDV proxGer 411
23.2 Estudo de caso: Banco Imobiliário 413

24 Iteração 2 – Requisitos 416

24.1 Da iteração 1 para 2 417
24.2 Requisitos e ênfase da iteração 2: projeto de
     objetos e padrões 418

25 GRASP: Mais Objetos com Responsabilidades 421

25.1 Polimorfismo 422
25.2 Invenção pura 429
25.3 Indireção 433
25.4 Variações protegidas 435

26 Aplicação de Padrões de Projeto GoF 443

26.1 Adaptador (GoF adapter) 444
26.2 Alguns princípios GRASP como uma generalização de outros padrões 446
26.3 Descobertas de "análise" durante o projeto: modelo de domínio 447
26.4 Fábrica 448
26.5 Objeto unitário (GoF singleton) 450
26.6 Conclusão dos serviços externos com problema de interfaces variadas ... 453

26.7	Estratégia (GoF strategy)	454
26.8	Padrão composto (GoF composite) e outros princípios de projeto	458
26.9	Fachada (GoF facade)	467
26.10	Observador/publicação-assinatura/modelo de delegação de eventos (GoF observer/publish-subscribe/delegation event model)	470
26.11	Conclusão	477
26.12	Leituras recomendadas	477

Parte V Elaboração: Iteração 3 – Tópicos Intermediários 479

27 Iteração 3 – Requisitos 481

27.1	PDV ProxGer	482
27.2	Banco Imobiliário	482

28 Diagramas de Atividades UML e Modelagem 483

28.1	Exemplo	483
28.2	Como aplicar os diagramas de atividade?	484
28.3	Mais notação sobre diagramas de atividade da UML	486
28.4	Diretrizes	487
28.5	Exemplo: diagrama de atividades para o ProxGer	488
28.6	Processo: diagramas de atividades no PU	488
28.7	Pano de fundo	489

29 Diagramas de Máquina de Estados em UML e Modelagem 490

29.1	Exemplo	491
29.2	Definições: eventos, estados e transições	491
29.3	Como aplicar os diagramas de máquina de estados	492
29.4	Mais notação do diagrama de máquina de estados em UML	494
29.5	Exemplo: modelagem de navegação de IU com máquinas de estados	495
29.6	Exemplo: diagramas de máquina de estados para os casos de uso do ProxGer	495
29.7	Processo: diagramas de máquinas estados no PU	496
29.8	Leituras recomendadas	497

30 Como Relacionar Casos de Uso 498

30.1	O relacionamento incluir	499
30.2	Terminologia: casos de uso concreto, abstrato, de base e de adição	502
30.3	O relacionamento estender	502
30.4	O relacionamento generalizar	504
30.5	Diagramas de caso de uso	504

31 Mais sobre DSSs e Contratos 506

31.1	PDV ProxGer	506

32 Refinamento do Modelo de Domínio 511

32.1	Novos conceitos para o modelo de domínio ProxGer	512
32.2	Generalização	513
32.3	Definição de superclasses e subclasses conceituais	514
32.4	Quando definir uma subclasse conceitual?	517
32.5	Quando definir uma superclasse conceitual?	519

	32.6	Hierarquias de classes conceituais no PDV_ProxGer 520
	32.7	Classes conceituais abstratas 521
	32.8	Modelagem de estados que sofrem modificações 524
	32.9	Hierarquias de classes e herança no software 525
	32.10	Classes associativas 525
	32.11	Agregação e composição 527
	32.12	Intervalos de tempo e preços de produto – correção de um "erro" da iteração 1 530
	32.13	Nomes de papel em associações 531
	32.14	Papéis como conceitos versus papéis em associações 532
	32.15	Elementos derivados 533
	32.16	Associações qualificadas 533
	32.17	Associações reflexivas 534
	32.18	Uso de pacotes para organizar o modelo de domínio 534
	32.19	Exemplo: refinamentos no modelo de domínio de Banco Imobiliário 539
33	**Análise Arquitetural.. 542**	
	33.1	Processo: quando começamos a análise arquitetural? 543
	33.2	Definição: pontos de variação e evolução 543
	33.3	Análise arquitetural 543
	33.4	Passos comuns na análise arquitetural 545
	33.5	A Ciência: identificação e análise de fatores arquiteturais 545
	33.6	Exemplo: Tabela de fatores arquiteturais parcial para a aplicação PDV ProxGer 549
	33.7	A arte: resolução dos fatores arquiteturais 551
	33.8	Resumo dos temas da análise arquitetural 557
	33.9	Processo: arquitetura iterativa dentro do PU 558
	33.10	Leituras recomendadas 559
34	**Refinamento da Arquitetura Lógica 560**	
	34.1	Exemplo: arquitetura lógica do ProxGer 561
	34.2	Colaborações com o padrão camadas 565
	34.3	Outros tópicos do padrão camadas 571
	34.4	O princípio separação modelo-visão e comunicação "para cima" 576
	34.4	Leituras recomendadas 577
35	**Projeto de Pacotes 578**	
	35.1	Diretrizes para a organização de pacotes 579
	35.2	Leituras recomendadas 585
36	**Mais Projeto de Objetos com Padrões GoF..................................... 586**	
	36.1	Exemplo: PDV ProxGer 587
	36.2	Uso de serviços locais em caso de falha; desempenho com cache local 587
	36.3	Tratamento de falha 591
	36.4	Substituição para serviços locais em caso de falha, com um procurador (GoF Proxy) 599
	36.5	Projeto para requisitos não-funcionais ou de qualidade 601
	36.6	Acesso a dispositivos físicos externos com adaptadores 601

36.7 Fábrica abstrata (GoF abstract factory) para famílias de objetos relacionados 603
36.8 Tratamento de pagamentos com polimorfismo e fazê-lo eu mesmo 606
36.9 Exemplo: Banco Imobiliário 611
36.10 Conclusão 615

37 Diagramas UML de Implantação e de Componentes 616
37.1 Diagramas de implantação 616
37.2 Diagramas de componentes 618

38 Projeto de um Framework de Persistência com Padrões.............. 620
38.1 O problema: objetos persistentes 621
38.2 A solução: um serviço de persistência de um framework de persistência 622
38.3 Frameworks 622
38.4 Requisitos para o serviço e para o framework de persistência 623
38.5 Idéias-chave 623
38.6 Padrão: representação de objetos como tabelas 624
38.7 Perfil da modelagem de dados da UML 624
38.8 Padrão: identificador de objeto 625
38.9 Como ter acesso a um serviço de persistência com uma fachada 626
38.10 Mapeamento de objetos: padrão mapeador de banco de dados ou intermediário do banco de dados 626
38.11 Projeto de frameworks com o padrão Método Gabarito (Template Method) ... 629
38.12 Materialização com o padrão método gabarito 629
38.13 Configuração de mapeadores com uma FábricaDeMapeador 633
38.14 Padrão: administração da cache 635
38.15 Consolidação e ocultamento de instruções SQL em uma classe 635
38.16 Estados transacionais e o padrão estado 636
38.17 Projeto de uma transação com o padrão comando 639
38.18 Materialização sob demanda com um procurador virtual 641
38.19 Como representar relacionamentos em tabelas 644
38.20 Superclasse ObjetoPersistente e separação de interesses 645
38.21 Problemas que não foram resolvidos 645

Parte VI Tópicos Especiais 647

39 Documentação da Arquitetura: UML e o Modelo das N+1 Visões 649
39.1 O DAS e sua visão arquitetural 650
39.2 Notação: a estrutura de um DAS 653
39.3 Exemplo: um DAS do PDV ProxGer 654
39.4 Exemplo: um DAS jakarta struts 659
39.5 Processo: documentação arquitetural iterativa 663
39.6 Leituras recomendadas 663

40 Mais sobre Desenvolvimento Iterativo e Gestão de Projetos Ágeis 664
40.1 Como planejar uma iteração? 665
40.2 Planejamento adaptativo versus planejamento preditivo 665

40.3	Planos de fase e de iteração	667
40.4	Como planejar iterações com casos de uso e cenários	668
40.5	A (in)validade das estimativas iniciais	669
40.6	Organização dos artefatos de projeto	670
40.7	Você sabe que não entendeu o planejamento iterativo no PU quando...	671
40.8	Leituras recomendadas	672

Bibliografia **673**

Glossário **679**

Índice. **685**

Parte I   Introdução

Capítulo 1

ANÁLISE E PROJETO ORIENTADOS A OBJETOS

> *O tempo é um grande professor, mas infelizmente ele mata todos os seus alunos.*
> *– Hector Berlioz*

Objetivos

- Descrever as metas e o escopo do livro.
- Definir análise e projeto orientados a objetos (A/POO).
- Ilustrar um breve exemplo de A/POO.
- Dar uma visão geral da UML e da modelagem visual ágil.

1.1 O que você aprenderá? Será útil?

O que significa ter um bom projeto de objetos? Este livro é uma ferramenta para ajudar desenvolvedores e estudantes a aprenderem as habilidades básicas usadas na análise e no projeto orientados a objetos (A/POO). Essas habilidades são essenciais para a criação de um software bem-projetado, robusto e manutenível, usando tecnologias e linguagens orientadas a objetos, tais como Java ou C#.

O que vem a seguir?   Este capítulo introduz os objetivos do livro e A/POO. O próximo capítulo introduz o desenvolvimento iterativo e evolutivo que molda como a A/POO é apresentada neste livro. Os estudos de caso são evoluídos ao longo de três iterações.

Apresentação — Prefácio (Recursos do educador) — Introdução à A/POO — Próximo capítulo: Iterativo, Evolutivo e Ágil — Estudos de Caso

O provérbio "possuir um martelo não torna alguém um arquiteto" é particularmente verdadeiro em relação à tecnologia de objetos. Conhecer uma linguagem orientada a objetos (como Java) é um primeiro passo necessário, mas insuficiente, para criar sistemas orientados a objetos. Saber "pensar em termos de objetos" é crucial.

Esta é uma introdução à A/POO aplicando a Linguagem de Modelagem Unificada (UML) e padrões. Também, ao desenvolvimento iterativo, usando uma abordagem ágil ao processo unificado como um exemplo de processo iterativo. Ele não pretende ser um texto avançado; antes, enfatiza o domínio dos fundamentos, como atribuir responsabilidades a objetos, notação UML freqüentemente usada e padrões de projeto comuns. Ao mesmo tempo, principalmente nos capítulos posteriores, o material avança para tópicos de nível intermediário, como projeto de um framework e análise arquitetural.

UML vs. Pensar em objetos

O livro não trata somente da UML. A **UML** é uma notação padrão de diagramação. Embora seja útil aprender a notação, há questões mais cruciais orientadas a objetos para aprender; especificamente, como pensar em objetos. A UML não é A/POO ou um método, é apenas uma notação de diagramação. Assim, não adianta aprender diagramação UML e, talvez, uma ferramenta CASE UML, e não ser capaz de criar um excelente projeto OO, ou avaliar e melhorar um existente. Esta é a habilidade mais difícil e de maior importância. Conseqüentemente, este livro é uma introdução ao projeto de objetos.

Ainda assim, é necessária uma linguagem para a A/POO e para as "plantas do software", tanto como uma ferramenta de raciocínio quanto uma forma de comunicação. Portanto, este livro mostra como aplicar a UML na execução de A/POO, e cobre a notação UML freqüentemente usada.

POO: princípios e padrões

Como as **responsabilidades** devem ser atribuídas a classes de objetos? Como os objetos devem interagir? Quais classes devem fazer o quê? Estas são questões importantes no projeto de um sistema e este livro ensina a clássica metáfora de projeto OO: **projeto guiado por responsabilidades**. Também, certas soluções consagradas para os problemas de projeto podem ser (e têm sido) expressas na forma de princípios de melhores práticas, heurísticas ou **padrões** – fórmulas do tipo problema-solução, devidamente nomeadas, que codificam princípios exemplares de projeto. Este livro, ao ensinar como aplicar padrões ou princípios, permite um aprendizado mais rápido e o uso eficiente desses idiomas fundamentais do projeto de objetos.

Estudos de caso

Esta introdução à A/POO é ilustrada por meio de alguns estudos de caso em desenvolvimento que são discutidos ao longo de todo o livro, em cuidadosa e profunda abordagem da análise e do projeto, de modo que detalhes difíceis do que deve ser considerado e solucionado em um problema real são tratados e resolvidos.

Casos de uso

POO (e todo projeto de software) está fortemente relacionado à atividade pré-requisito de **análise de requisitos**, a qual inclui escrever **casos de uso**. Portanto, o estudo de caso começa com uma introdução a esses tópicos, embora eles não sejam especificamente orientados a objetos.

Desenvolvimento iterativo, modelagem ágil e um PU ágil

Considerando as muitas atividades possíveis, desde a análise de requisitos até a implementação, como deve proceder um desenvolvedor ou uma equipe de desenvolvimento? A análise de requisitos e a A/POO precisam ser apresentadas e praticadas no contexto de algum processo de desenvolvimento. Nesse caso, uma **abordagem ágil** (leve, flexível) para o bem conhecido **Processo Unificado** (PU) é usada como exemplo de **processo de desenvolvimento iterativo**, na qual estes tópicos são introduzidos. Entretanto, os tópicos de análise e projeto cobertos são comuns a muitas abordagens e seu aprendizado no contexto de um PU ágil não invalida sua aplicação a outros métodos, como Scrum, Feature-Driven Development, Lean Development, Crystal Methods, etc.

Concluindo, este livro ajuda um estudante ou um desenvolvedor a:

- Aplicar princípios e padrões para criar melhores projetos de objetos.
- Seguir iterativamente um conjunto de atividades comuns de análise e projeto, baseando-se em uma abordagem ágil para o PU como exemplo.
- Criar diagramas freqüentemente usados na notação UML.

Isso é ilustrado no contexto de estudos de caso a longo prazo, que evoluem por meio de diversas iterações.

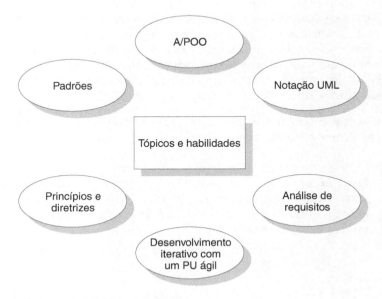

Figura 1.1 Tópicos e habilidades abordadas.

Muitas outras habilidades são importantes!

Este não é um *Livro Completo de Software*; é, principalmente, uma introdução à A/POO, UML e desenvolvimento iterativo, tocando em assuntos correlatos. Construir um software demanda muitas habilidades e passos, por exemplo, engenharia de usabilidade, projeto da interface com o usuário e projeto de base de dados são decisivas para seu sucesso.

1.2 Qual é o objetivo mais importante do aprendizado?

Existem muitas atividades e artefatos possíveis na A/POO introdutória, além de uma vasta gama de princípios e diretrizes. Suponha que devamos escolher uma única habilidade prática dentre todos os tópicos discutidos aqui – uma habilidade a ser empregada em uma "ilha deserta". Qual deveria ser ela?

> Uma habilidade crucial no desenvolvimento OO é atribuir, habilmente, responsabilidades aos objetos de software.

Por quê? Porque essa é uma atividade que precisa ser executada – seja ao desenhar um diagrama UML ou ao programar – e ela influencia drasticamente a robustez, a facilidade de manutenção e a reusabilidade de componentes de software.

Naturalmente, existem outras habilidades importantes na A/POO, mas a *atribuição de responsabilidades* é enfatizada nesta introdução porque ela tende a ser uma habilidade difícil de ser dominada (com muitos "graus de liberdade" ou alternativas), e no entanto, é de vital importância. Em um projeto real, um desenvolvedor pode não ter a oportunidade de executar quaisquer outras atividades de modelagem – um processo de desenvolvimento do tipo "corrida para codificar". Apesar disso, mesmo nessa situação, atribuir responsabilidades é inevitável.

Conseqüentemente, os passos de projeto neste livro enfatizam princípios de atribuição de responsabilidades.

> São apresentados e aplicados nove princípios fundamentais para projeto de objetos e atribuição de responsabilidades. Eles são organizados em uma forma que ajuda o aprendizado, chamada **GRASP**, com princípios que possuem nomes, tais como *Especialista em Informação* e *Criador*.

1.3 O que são análise e projeto?

A **análise** enfatiza uma *investigação* do problema e dos requisitos, em vez de uma solução, por exemplo, se desejamos um novo sistema online de comercialização, como ele será usado? Quais são as suas funções?

"Análise" é um termo de significado amplo, melhor qualificado como *análise de requisitos* (uma investigação dos requisitos) ou *análise orientada a objetos* (uma investigação dos objetos do domínio).

O **projeto** enfatiza uma *solução conceitual* (em software ou hardware) que satisfaça os requisitos e não sua implementação. Uma descrição de um esquema de banco de dados e objetos de software é um bom exemplo. Idéias de projeto excluem freqüentemente detalhes de baixo nível ou "óbvios" – óbvios para os consumidores visados. Em última instância, projetos podem ser implementados e a implementação (como por exemplo, o código) expressa o verdadeiro e completo projeto realizado.

Da mesma forma que na análise, o termo projeto é melhor qualificado como *projeto de objetos* ou *projeto de banco de dados*.

A análise e o projeto úteis foram resumidos na frase *faça a coisa certa (análise) e faça certo a coisa (projeto)*.

1.4 O que são análise e projeto orientados a objetos?

Durante a **análise orientada a objetos**, há uma ênfase em encontrar e descrever os objetos – ou conceitos – no domínio do problema. Por exemplo, no caso de um sistema de informação de vôo, alguns dos conceitos incluem *avião, vôo* e *piloto*.

Durante o **projeto orientado a objetos** (ou simplesmente projeto de objetos), há uma ênfase na definição dos objetos de software e como eles colaboram para a satisfação dos requisitos. Por exemplo, um objeto de software *avião* pode ter um atributo *numDaCauda* e um método *obterHistoricoDoVoo* (ver Figura 1.2).

Finalmente, durante a implementação ou programação orientada a objetos, os objetos de projeto são implementados, como, por exemplo, uma classe *Avião* em Java.

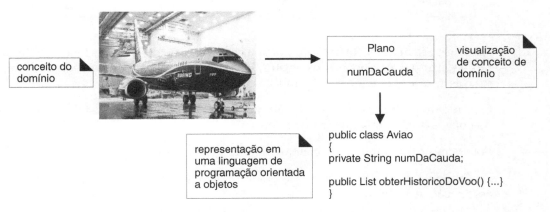

Figura 1.2 A orientação a objetos enfatiza a representação de objetos.

1.5 Um pequeno exemplo

Antes de aprofundar os detalhes do desenvolvimento iterativo UML, da análise de requisitos e da A/POO, esta seção apresenta uma visão geral de uns poucos passos-chave e diagramas, usando um exemplo simples – um jogo de dados no qual um jogador lança dois dados. Se o total for sete, ele vence; caso contrário, perde.

Definir casos de uso

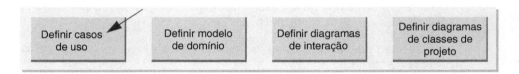

A análise de requisitos pode incluir narrativas ou cenários sobre como as pessoas usam a aplicação; estes podem ser escritos como **casos de uso**.

Casos de uso não são artefatos orientados a objetos – eles são simplesmente narrativas escritas. Contudo, são uma ferramenta popular para a utilização na análise de requisitos. Por exemplo, temos uma versão simplificada do caso de uso *Jogar um Jogo de Dados*:

> **Jogar um Jogo de Dados**: um jogador pede que os dados sejam lançados. O sistema apresenta o resultado: se a soma do valor das faces dos dados totalizar sete, ele vence; caso contrário, perde.

Definir um modelo de domínio

A análise orientada a objetos se preocupa com a criação de uma descrição do domínio, a partir da perspectiva dos objetos. Há uma identificação dos conceitos, atributos e associações que são considerados de interesse.

O resultado pode ser expresso em um **modelo de domínio**, que mostra os conceitos ou objetos do domínio que são de interesse.

Por exemplo, um modelo parcial de domínio é mostrado na Figura 1.3.

Esse modelo ilustra os conceitos de interesse *Jogador*, *Dado* e *JogoDeDados*, com suas associações e atributos.

Note que um modelo de domínio não é uma descrição dos objetos de software; é uma visualização de conceitos ou modelos mentais do domínio do mundo real. Assim, tem também sido chamado de **modelo conceitual de objetos.**

Figura 1.3 Modelo parcial de domínio do jogo de dados.

Atribuir responsabilidade aos objetos e desenhar os diagramas de interação

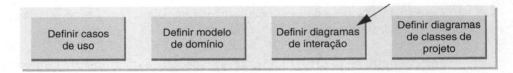

O projeto orientado a objetos se preocupa com a definição de objetos de software e suas responsabilidades e colaborações. Uma notação comum para ilustrar essas colaborações é o **diagrama de seqüência** (uma espécie do diagrama de interação da UML). Ele mostra o fluxo de mensagens entre os objetos de software e, assim, a invocação de métodos.

Por exemplo, o diagrama de seqüência da Figura 1.4 ilustra um projeto de software OO, em que são enviadas mensagens a instâncias das classes *JogoDeDados* e *Dado*. Note que isso ilustra o modo comum no mundo real pelo qual a UML é aplicada: rascunhando em um quadro branco

Observe que, embora no mundo real um jogador lance os dados, no projeto de software o objeto *JogoDeDados* "lança" os dados (isto é, envia mensagens para objetos *Dado*). Objetos do projeto de software e programas se inspiram, em parte, em domínios do mundo real, mas eles *não* são modelos diretos ou simulações do mundo real.

Definir diagramas de classes de projeto

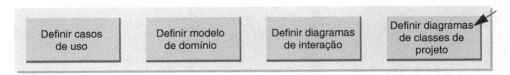

Além de uma visão *dinâmica* de objetos colaborativos mostrada nos diagramas de interação, é útil criar uma visão *estática* das definições de classes com um **diagrama de classes de projeto**. Esse diagrama ilustra os atributos e métodos das classes.

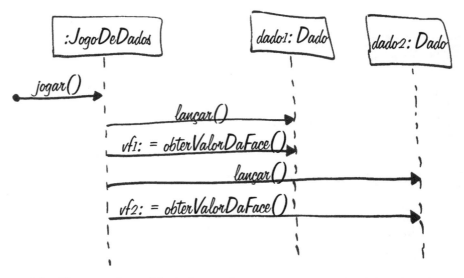

Figura 1.4 Diagrama de seqüência ilustrando mensagens entre os objetos de software.

Por exemplo, no jogo de dados, uma inspeção do diagrama de seqüência leva ao diagrama de classes de projeto parcial mostrado na Figura 1.5. Uma vez que uma mensagem *jogar* é enviada para um objeto *JogoDeDados*, a classe *JogoDeDados* requer um método *jogar* e a classe *Dado* requer um método *lançar* e um método *obterValorDaFace*.

Ao contrário do modelo de domínio, que mostra as classes do mundo real, esse diagrama mostra as classes de software.

Note que, apesar do diagrama de classes de projeto não ser o mesmo que o modelo de domínio, alguns nomes de classe e conteúdos são semelhantes. Assim, os projetos e linguagens OO podem favorecer um **baixo hiato representacional** entre os componentes de software e nossos modelos mentais de um domínio. Isso melhora a compreensão.

Resumo

O jogo de dados é um problema simples, apresentado com a intenção de focalizar alguns dos passos e artefatos na análise e projeto orientados a objetos. Visando manter

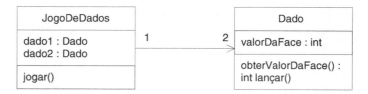

Figura 1.5 Diagrama de classes de projeto parcial.

a introdução simples, não foi explicada toda a notação UML ilustrada. Os próximos capítulos explorarão a análise, o projeto e esses artefatos em mais detalhes.

1.6 O que é UML?

Para citar:

> A Linguagem de Modelagem Unificada (UML) é uma linguagem visual para especificar, construir e documentar os artefatos dos sistemas [OMG03a].

A palavra *visual* na definição é um ponto chave – a UML é a *notação diagramática* padrão, de fato, para desenhar ou apresentar figuras (com algum texto) relacionadas a software – principalmente software OO.

Este livro não cobre minuciosamente os aspectos da UML, que é uma notação volumosa. Ele enfoca os diagramas mais usados, os recursos mais comuns nesses diagramas e a notação básica, que é a que tem menor possibilidade de mudar nas futuras versões da UML.

A UML define vários **perfis UML** que especializam subconjuntos da notação para áreas de assunto comum, tais como diagramação de Entreprise JavaBeans (com o *perfil UML EJB*).

Em um nível mais baixo – de interesse principalmente para vendedores de ferramentas CASE para a **arquitetura guiada por modelos** (Model Driven Architecture – MDA) – subjacente à notação UML, está o meta-modelo da **UML**, que descreve a semântica dos elementos de modelagem. Não se trata de algo que o desenvolvedor precisa saber.

Três modos de aplicar UML

Em [Fowler03] três modos pelos quais as pessoas aplicam UML são apresentados:

- **UML como rascunho** – diagramas incompletos e informais (freqüentemente rascunhados à mão em quadros brancos) criados para explorar partes difíceis do problema ou espaço de soluções, explorando o poder das linguagens visuais.

- **UML como planta de software** – diagramas de projeto relativamente detalhados usados seja para: 1) engenharia reversa para visualizar e melhor entender o código existente em diagramas UML; seja para 2) geração de código (engenharia avante).

    - Em engenharia reversa uma ferramenta UML lê o código fonte ou o código binário e gera (tipicamente) diagramas UML de pacotes, de classes e de seqüência. Essas "plantas de software" podem ajudar o leitor a entender os elementos, estrutura e colaborações globais.

    - Antes da programação, alguns diagramas detalhados podem fornecer diretrizes para a geração de código (por exemplo, em Java), quer manualmente quer automaticamente, com uma ferramenta. É comum que os diagramas sejam usados para uma parte do código e outra parte seja preenchida por um desenvolvedor que esteja codificando (talvez também aplicando rascunhos UML).

> ### UML e a idéia da "bala de prata"
>
> Há um artigo bem conhecido de 1986, intitulado "Não é uma Bala de Prata", escrito pelo Dr. Frederick Brooks, também publicado no seu livro clássico *Mythical Man Month* (edição de 20^0 aniversário). Leitura recomendada! Um ponto essencial é que é um erro fundamental (até agora repetido continuamente) acreditar que existe alguma ferramenta ou técnica especial em software que vá fazer uma dramática diferença em ordem de magnitude em produtividade, redução de defeitos, confiabilidade ou simplicidade. *E ferramentas não compensam a ignorância em projeto.*
>
> No entanto, você ouvirá alegações – usualmente de vendedores de ferramentas – de que o desenho de diagramas UML vai tornar as coisas muito melhores, ou de que as ferramentas de arquitetura guiada por modelos (MDA) baseadas na UML vão ser a bala de prata que vai superar os limites.
>
> Hora de cair na real. A UML é simplesmente uma notação padrão de diagramação – caixas, linhas, etc. A modelagem visual como uma notação comum pode ser uma grande ajuda, mas dificilmente é tão importante quanto saber como projetar e pensar em termos de objetos. Esse conhecimento de projeto é uma habilidade muito mais importante e diferente, e não é conseguida pelo aprendizado da notação UML ou pelo uso de uma ferramenta CASE ou MDA. Uma pessoa que não tenha boas habilidades de projeto e programação OO que desenha UML, está somente desenhando maus projetos. Eu sugiro o artigo *Death by UML Fever [Bell04]* (endossado pelo criador da UML Grady Booch) para mais informações neste assunto e também *What UML Is and Isn't* [Larman04].
>
> Assim, este livro é uma introdução à A/POO e à aplicação da UML para apoiar um projeto orientado a objetos competente.

- **UML como linguagem de programação** – especificação executável completa de um sistema de software em UML. Código executável será automaticamente gerado, mas não é normalmente visto ou modificado por desenvolvedores; trabalha-se apenas na "linguagem de programação" UML. Esse uso da UML requer um modo prático de diagramar todo o comportamento ou a lógica (provavelmente usando diagramas de interação ou estado) e está ainda em desenvolvimento em termos de teoria, ferramentas robustas e usabilidade.

Modelagem ágil (págs. 57-58) **Modelagem ágil** enfatiza a *UML como rascunho*; trata-se de um modo comum de aplicar a UML, freqüentemente com alto retorno no investimento de tempo (que é tipicamente curto). As ferramentas UML podem ser úteis, mas eu incentivo as pessoas a também considerar uma abordagem ágil de modelagem para aplicar a UML.

Três perspectivas para aplicar a UML

A UML descreve tipos de esboço de diagramas, tais como diagramas de classe e diagramas de seqüência. Ela não superpõe a eles uma perspectiva de modelagem. Por exemplo, a mesma notação UML de diagrama de classes pode ser usada para desenhar imagens de conceitos do mundo real ou de classes de software em Java.

Essa colocação foi enfatizada no método orientado a objetos Syntropy [CD94]. Isto é, a mesma notação pode ser usada para três perspectivas e tipos de modelos (Figura 1.6):

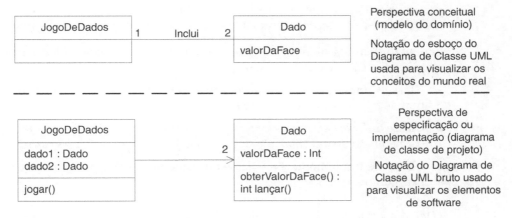

Figura 1.6 Diferentes perspectivas em UML.

1. **Perspectiva Conceitual** – os diagramas são interpretados como descrevendo coisas em uma situação do mundo real ou domínio de interesse.

2. **Perspectiva de Especificação (software)** – os diagramas (usando a mesma notação da perspectiva conceitual) descrevem abstrações de software ou componentes com especificações e interfaces, mas nenhum comprometimento com uma implementação particular (por exemplo, não especificamente uma classe em C# ou Java).

3. **Perspectiva de Implementação (software)** – os diagramas descrevem implementações de software em uma tecnologia particular (tal como Java).

Já vimos um exemplo disso nas Figuras 1.3 e 1.5, nas quais a mesma notação de diagrama de classes UML é usada para visualizar um modelo de domínio e um modelo de projeto.

Na prática, a perspectiva de especificação (adiando a definição da tecnologia alvo, tal como Java versus .NET) é raramente usada para projeto; a maior parte da diagramação em UML orientada a software considera uma perspectiva de implementação.

O significado de "classe" em diferentes perspectivas

Na UML pura, as caixas retangulares mostradas na Figura 1.6. são chamadas **classes**, mas esse termo engloba uma variedade de fenômenos – coisas físicas, conceitos abstratos, coisas de software, eventos, etc.[1]

Um método sobrepõe a terminologia alternativa à UML pura. Por exemplo, no PU, quando as caixas UML são desenhadas no modelo de domínio elas são chamadas **conceitos de domínio** ou **classes conceituais**; o modelo de domínio mostra uma perspectiva conceitual. No PU, quando as caixas UML são desenhadas no modelo de

---

[1] Uma classe UML é um caso especial do elemento geral de modelo UML **classificador** – algo com características e/ou comportamento estrutural, inclusive classes, atores, interfaces e casos de uso.

projeto, elas são chamadas **classes de projeto**; o Modelo de Projeto mostra uma perspectiva de especificação ou implementação, conforme desejado pelo modelador.

Para manter as coisas claras, este livro irá usar termos relacionados à classe consistentes com a UML e o PU, como segue:

- **Classe Conceitual** – coisa ou conceito do mundo real. Uma perspectiva conceitual ou essencial. O Modelo de Domínio no PU contém classes conceituais.

- **Classe de Software** – classe que representa uma perspectiva de especificação ou implementação de um elemento de software, independente do processo ou método.

- **Classe de Implementação** – classe implementada em uma linguagem OO específica, como a Java.

UML 1 e UML 2

No final de 2004 emergiu uma importante nova versão da UML, a UML 2. Este texto é baseado na UML 2; a notação aqui usada foi cuidadosamente revista com membros-chave da equipe de especificação da UML 2.

Por que durante alguns capítulos não veremos muito da UML?

Este não é essencialmente um livro sobre a notação UML, mas sim um livro que explora o panorama da aplicação da UML, padrões e um processo iterativo no contexto da A/POO e análise de requisitos relacionada. A/POO é normalmente precedida pela análise de requisitos. Portanto, os capítulos iniciais apresentam uma introdução aos tópicos de casos de uso e análise de requisitos, seguidos por capítulos sobre a A/POO, além de mais detalhes da UML.

1.7 Modelagem visual é uma boa coisa

Correndo o risco de afirmar o óbvio, o desenho ou a leitura de UML implica que estamos trabalhando mais visualmente, explorando a nossa capacidade cerebral de rapidamente abarcar símbolos, unidades e relacionamentos em (predominantemente) notações de caixas e linhas em 2D.

Essa idéia simples e antiga é freqüentemente perdida entre tantos detalhes e ferramentas UML. Não deveria ser! Diagramas nos ajudam a ver ou explorar mais do panorama e relacionamentos entre elementos de análise ou software, ao mesmo tempo em que nos permitem ignorar ou ocultar detalhes desinteressantes. Esse é o valor simples e essencial da UML ou de qualquer linguagem de diagramação.

1.8 Histórico

O histórico da A/POO tem muitas ramificações e este breve resumo não pode fazer justiça a todos os contribuintes. As décadas de 1960 e 1970 viram o surgimento de linguagens de programação OO, como Simula ou Smalltalk, com contribuintes-chave, tais como Kristen Nygaard e, especialmente, Alan Kay, o cientista de computação de grande visão que criou o Smalltalk. Kay cunhou os termos *programação orientada a objetos* e *computação pessoal*, e ajudou a reunir as idéias do PC moderno enquanto estava na Xerox PARC.[2]

Mas a A/POO era informal ao longo daquele período e foi só em 1982 que o desenvolvimento OO emergiu como um tópico propriamente dito. Esse marco chegou quando Grady Booch (também um fundador da UML) escreveu o seu primeiro artigo intitulado *Object-Oriented Design*, provavelmente cunhando o termo [Booch82]. Muitos outros pioneiros bem conhecidos de A/POO desenvolveram suas idéias durante a década de 1980: Kent Beck, Peter Coad, Don Firesmith, Ivar Jacobson (um fundador da UML), Steve Mellor, Bertrand Meyer, Jim Rumbaugh (um fundador da UML) e Rebecca Wirfs-Brock, entre outros. Meyer publicou um dos primeiros livros influentes, *Object-Oriented Software Construction* em 1988. E Mellor e Schlaer publicaram *Object-Oriented Systems Analysis* cunhando o termo *análise orientada a objetos*, no mesmo ano. Peter Coad criou um método completo de A/POO no final da década de 1980 e publicou, em 1990 e 1991, os volumes *Object-Oriented Analysis* e *Object-Oriented Design*. Também em 1990 Wirfs-Brock e outros descreveram a abordagem de projeto guiada por responsabilidades para POO, no seu popular livro *Designing Object-Oriented Software*. Em 1991, dois livros muito populares de A/POO foram publicados. Um descrevia o método OMT, *Object Oriented Modeling and Design*, por Rumbaugh et al. O outro descrevia o método Booch, *Object Oriented Design with Applications*. Em 1992 Jacobson publicou o popular livro *Object Oriented Software Engineering* que promoveu não apenas a A/POO, mas casos de uso para requisitos.

A UML começou como um esforço de Booch e Rumbaugh, em 1994, não apenas com o intuito de criar uma notação comum, mas de combinar seus dois métodos – os métodos de Booch e OMT. Assim, o primeiro rascunho público do que hoje é a UML foi apresentado como o Método Unificado (Unified Method). Ivar Jacobson, o criador do método Objectory, se juntou a eles na Rational Corporation e, já formando um grupo, vieram a ser conhecidos como os *três amigos*. Foi nesse ponto que eles decidiram reduzir o escopo do seu esforço e enfocar em uma notação comum de diagramação – a UML – em vez de um método comum. Esse não foi apenas um esforço de diminuição do escopo; o Object Management Group (OMG, um grupo de padrões da indústria para tratar de padrões relacionados a OO) foi convencido por vários vendedores de ferramenta que um padrão aberto era necessário. Assim, o processo abriu-se e uma força tarefa da OMG chefiada por Mary Loomis and Jim Odell organizaram o esforço inicial que levou à UML 1.0 em 1997. Muitos outros contribuíram para a UML, e talvez a contribuição mais notável tenha sido a de Cris Kobryn, um dos líderes do seu contínuo refinamento.

A UML emergiu como notação de diagramação padrão de fato e de direito para a modelagem orientada a objetos e tem continuado a ser refinada em novas versões UML OMG disponíveis em: www.omg.org ou www.uml.org.

---

[2] Kay começou a trabalhar em OO e PC na década de 1960, quando era estudante de graduação. Em dezembro de 1979 – incitado pelo grande Jef Raskin da Apple (o líder da criação do Mac) – Steve Jobs, co-fundador e principal executivo da Apple, visitou Alan Kay e equipes de pesquisa (inclusive Dan Ingalls, o implementador da visão de Kay) na Xerox PARC para ver uma demonstração do computador pessoal Smalltalk. Impressionado pelo que viu – uma interface gráfica do usuário com janelas superpostas de mapas de bits, programação OO e PCs em rede – ele voltou à Apple com uma nova visão (aquela que Raskin desejava) e os computadores Lisa e Macintosh da Apple nasceram.

1.9 Leituras recomendadas

Vários textos sobre A/POO são recomendados nos capítulos posteriores para assuntos específicos, tal como projeto OO. Os livros mencionados na seção histórico são todos valiosos para estudo – e ainda aplicáveis no que diz respeito ao seu assunto principal.

Um resumo legível e popular da notação UML essencial, *UML Distilled*, por Martin Fowler, é altamente recomendado: Fowler tem escrito muitos livros úteis com uma atitude prática e "ágil".

Para uma discussão detalhada da notação UML, o *The Unified Modeling Language Reference Manual*, por Rumbaugh, vale a pena. Note que esse texto não tem por objetivo o aprendizado de como fazer a modelagem de objetos ou a A/POO – ele é uma referência para a notação de diagramas da UML.

Para a descrição definitiva da versão em uso da UML, veja as página online UML Infrastructure Specification e UML Superstructure Specification em www.uml.org ou www.omg.org.

A modelagem visual UML, em um espírito de modelagem ágil, é descrita em *Agile Modeling* por Scott Ambler. Veja também www.agilemodeling.com.

Há uma grande coleção de links para métodos de A/POO em www.cetus-links.org e www.iturls.com (veja a grande subseção de *Software Engineering* em inglês em vez da seção chinesa).

Existem muitos livros sobre padrões de software, mas o clássico que inspirou a todos é *Design Patterns*[‡] de Gamma, Helm, Johnson e Vlissides. Este livro é uma leitura obrigatória para aqueles que estudam o projeto de objetos. Contudo, ele não é um texto introdutório e é melhor lê-lo após sentir-se confortável com os fundamentos do projeto e programação de objetos. Veja também www.hillside.net e www.iturls.com (a subseção *Software Engineering* em inglês) para links a muitos outros sites.

[‡] N. de R.T.: Publicado no Brasil pela Bookman Editora com o título *Padrões de Projeto*.

Capítulo 2

Iterativo, Evolutivo e Ágil

> *Você deve usar o desenvolvimento iterativo apenas em projetos que você deseja que sejam bem sucedidos.*
> – Martin Fowler

Objetivos

- Fornecer motivação para o conteúdo e ordem dos capítulos subseqüentes.
- Definir um processo iterativo e ágil.
- Definir conceitos fundamentais do Processo Unificado.

Introdução

O desenvolvimento iterativo representa a parte central sobre como a A/POO é melhor praticada, e é apresentado neste livro. As práticas ágeis, tal como a modelagem ágil, são chave para aplicar a UML de um modo efetivo. Este capítulo introduz esses assuntos e o Processo Unificado como um exemplo de método iterativo relativamente popular.

O que vem a seguir? Apresentada a A/POO, este capítulo explora o desenvolvimento iterativo. O próximo introduz os estudos de caso que são evoluídos ao longo do livro, por meio de três iterações.

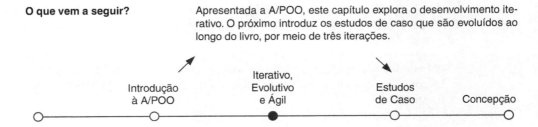

O desenvolvimento iterativo e evolutivo – em contraposição ao ciclo de vida seqüencial ou **"em cascata"** – envolve a imediata programação e teste de um sistema parcial em ciclos repetidos. Também considera normalmente que o desenvolvimento começa antes que os requisitos tenham sido definidos em detalhe; a realimentação é usada para esclarecer e aperfeiçoar as especificações em evolução.

Nós confiamos em passos de desenvolvimento pequenos e rápidos, realimentação e adaptação para esclarecer os requisitos e o projeto. Em contraposição, os valores do modelo em cascata promovem passos grandes de requisitos e de projeto especulativos logo no início, antes da programação. Estudos de sucesso/falha mostram consistentemente que o ciclo em cascata é fortemente associado às maiores taxas de falha em projetos de software e foi promovido historicamente por causa de crenças ou boatos, ao invés de evidência estatisticamente significativa. A pesquisa demonstra que métodos iterativos são associados a maiores taxas de sucesso e produtividade e menores níveis de defeito.

2.1. O que é PU? Os outros métodos são complementares?

Um **processo de desenvolvimento de software** descreve uma abordagem para a construção, implantação e, possivelmente, a manutenção de software. O **Processo Unificado (PU)** [JBR99] surgiu como um processo *iterativo* popular para o desenvolvimento de software visando à construção de sistemas orientados a objetos. Em particular, o **Processo Unificado da Rational** ou **RUP** (de Rational Unified Process), [Kruchten00], um refinamento detalhado do PU, é muito adotado.

Como o Processo Unificado (PU) é um processo iterativo relativamente popular para projetos que usam a A/POO e como algum processo precisa ser usado para introduzir o assunto, o PU dá forma à estrutura do livro. Além disso, como o PU é comum e promove práticas amplamente reconhecidas como melhores, é útil para profissionais da indústria conhecê-lo e para que estudantes que estão entrando no mercado de trabalho o conheçam também.

Desenvolvimento guiado por teste e refatoração (pág. 395)

O PU é muito flexível e aberto e incentiva a inclusão de práticas interessantes de outros métodos iterativos tais como: **eXtreming Programming (XP), Scrum** e assim por diante. Por exemplo, as práticas de XP de **desenvolvimento guiado por testes, refatoração** e **integração contínua** podem se encaixar em um projeto de PU. O mesmo se pode dizer da sala comum de projeto (war room) do Scrum e da prática de reunião diária do Scrum. A introdução do PU não visa diminuir o valor desses outros métodos – muito pelo contrário. Em meu trabalho de consultoria, encorajo os clientes a entender e adotar um misto de técnicas úteis de diversos métodos, em vez de uma mentalidade dogmática de "meu método é melhor do que o seu método".

O PU combina as melhores práticas comumente aceitas, como ciclo de vida iterativo e desenvolvimento guiado por risco, em uma descrição de processo coesa e bem documentada.

Resumindo, este capítulo inclui uma introdução ao PU por três motivos:

1. O PU é um processo iterativo. O desenvolvimento iterativo influencia como este livro introduz a A/POO e como ela é melhor praticada.
2. As práticas do PU fornecem uma *estrutura*-exemplo sobre como realizar – e, portanto, como explicar – a A/POO. Essa estrutura molda a estrutura do livro.
3. O PU é flexível e pode ser aplicado em uma abordagem leve e *ágil* que inclui práticas de outros métodos ágeis (tais como XP e Scrum) – voltaremos a este ponto posteriormente.

> Este livro apresenta uma introdução a uma abordagem ágil do PU, mas não uma cobertura completa. Ele destaca idéias e artefatos comuns, próprias de uma introdução à A/POO e à análise de requisitos.

E se o PU não me interessar?

O PU é usado como um processo-*exemplo* dentro do qual são exploradas a análise de requisitos e a A/POO iterativa e evolutiva, já que é necessário tratar do assunto no contexto de algum processo.

Mas as idéias centrais deste livro – como pensar e projetar em termos de objetos, aplicar UML, usar padrões de projeto, modelagem ágil, análise de requisitos evolutiva, escrever casos de uso, etc. – são independentes de qualquer processo particular e se aplicam a muitos métodos modernos iterativos, evolutivos e ágeis, como Scrum, Lean Development, DSDM, Feature-Driven Development, Adpative Software Development e outros.

2.2 O que é desenvolvimento iterativo e evolutivo?

Uma prática-chave tanto no PU quanto na maioria de outros métodos modernos é o **desenvolvimento iterativo**. Nesta abordagem do ciclo de vida, o desenvolvimento é organizado em uma série de miniprojetos curtos, de duração fixa (por exemplo, três semanas) chamados **iterações**; o produto de cada um é um sistema parcial, executável, testável e integrável. Cada iteração inclui suas próprias atividades de análise de requisitos, projeto, implementação e teste.

O ciclo de vida iterativo é baseado em refinamentos e incrementos sucessivos de um sistema por meio de múltiplas iterações, com realimentação (feedback) e adaptação cíclicas como principais propulsores para convergir para um sistema adequado. O sistema cresce incrementalmente ao longo do tempo, iteração por iteração, razão pela qual esta abordagem também é conhecida como **desenvolvimento iterativo e incremental** (ver Figura 2.1). Como a realimentação e adaptação fazem as especificações e o projeto evoluir, esse sistema também é conhecido como **desenvolvimento iterativo e evolutivo**.

Inicialmente, as idéias de processos iterativos eram conhecidas como desenvolvimento evolutivo e em espiral [Boehm88, Gilb88].

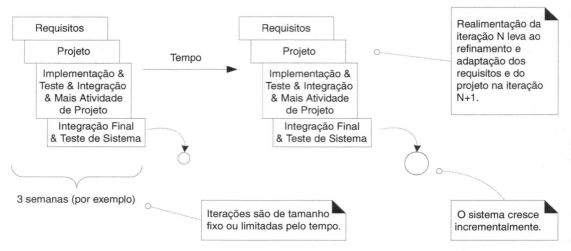

Figura 2.1 Desenvolvimento iterativo e evolutivo.

> *Exemplo*
>
> Como um exemplo (e não uma receita), em uma iteração de três semanas no início do projeto, talvez uma hora na segunda-feira de manhã seja gasta em uma reunião inicial com a equipe esclarecendo as tarefas e metas da iteração. Enquanto isso, uma pessoa faz a engenharia reversa do código da última iteração para diagramas UML (via uma ferramenta CASE) e imprime e exibe diagramas que sejam de interesse. A equipe gasta o resto da segunda-feira em quadros-brancos, trabalhando aos pares, fazendo modelagem ágil, rascunho de diagramas UML registrados em câmeras digitais e escrevendo pseudocódigo e notas de projeto. Os dias restantes são gastos em implementação, testes (unitários, de aceitação, de usabilidade,...), projeto adicional, integração, produção diária do sistema parcial. Outras atividades incluem demonstrações e avaliações para envolvidos no projeto, além do planejamento para a iteração seguinte.

Observe que, neste exemplo, não há uma corrida para codificar, nem um longo e demorado passo de projeto, que tenta aperfeiçoar todos os detalhes do projeto antes da programação. Algumas considerações "antecipadas" a respeito do projeto são feitas usando modelagem visual rápida e direta para esboço de diagramas UML, durante talvez meio ou um dia todo, por desenvolvedores trabalhando aos pares em quadros-brancos.

O resultado de cada iteração é um sistema executável, mas incompleto; ele não está pronto para ser colocado em produção. O sistema pode não estar preparado para instalação e produção senão após muitas iterações, como, por exemplo, 10 ou 15 iterações.

A saída de uma iteração *não* é um protótipo experimental ou descartável, assim como o desenvolvimento iterativo não é *prototipação*. Ao contrário, a saída é um subconjunto do sistema final com qualidade final de produção.

Como acolher mudanças em um projeto iterativo?

O subtítulo de um livro que discute o desenvolvimento iterativo é *Embrace Change* (Acolha a Mudança) [Beck00]. Esta frase evoca a atitude-chave do desenvolvimento iterativo: em vez de combater a inevitável mudança que ocorre no desenvolvimento de software tentando (geralmente sem sucesso) especificá-lo completa e corretamente e "fazer com que todos assinem embaixo" um conjunto de requisitos e projetos congelados antes da implementação (em um processo em "cascata"), o desenvolvimento iterativo e evolutivo é baseado em uma atitude de aceitar a mudança e a adaptação como fatores inevitáveis e, de fato, essenciais.

Isso não significa que o desenvolvimento iterativo e o PU encorajem um processo descontrolado e reativo "que se arrasta por ser excessivamente guiado por características (features)". Os capítulos subseqüentes mostram como o PU equilibra a necessidade – por um lado – de chegar a um acordo e estabilizar um conjunto de requisitos com – por outro lado – a realidade de mudança de requisitos, à medida que os interessados no projeto do sistema esclarecem sua visão ou ocorrem mudanças no mercado de atuação da organização.

Cada iteração exige a escolha de um pequeno subconjunto dos requisitos, além da sua rápida projeção, implementação e teste. Nas iterações iniciais, a escolha de requisitos e o projeto podem não ser exatamente o que é desejado em última instância. No entanto, o ato de executar rapidamente um pequeno passo antes de finalizar todos os requisitos ou, antes, que o projeto inteiro seja especulativamente definido, leva a uma realimentação rápida – obtida a partir de usuários, desenvolvedores e testes (como testes de carga e de facilidade de uso).

Essa realimentação precoce vale ouro; em vez de *especular* sobre os requisitos ou projeto corretos e completos, a equipe procura a realimentação a partir de uma construção e teste realístico de alguma coisa buscando uma percepção prática crucial, bem como uma oportunidade para modificar ou adaptar a compreensão dos requisitos ou do projeto. Os usuários finais têm a oportunidade de ver um sistema parcial e dizer: "sim, foi isso que eu pedi, mas agora que o experimentei, o que eu realmente quero é algo ligeiramente diferente![1]". Esse processo de "sim... mas" não é um sinal de erro; na verdade, ciclos estruturados precoces e freqüentes de "sim... mas" são um modo hábil de progredir e descobrir o que é de real valor para os interessados no sistema. No entanto, isso não é um endosso do desenvolvimento caótico e reativo, no qual os desenvolvedores continuamente mudam de direção – é possível um meio-termo.

Além de esclarecer requisitos, atividades como teste de carga provarão se o projeto e a implementação parciais estão no caminho certo ou se, na iteração seguinte, será necessária uma mudança na arquitetura central do sistema. É melhor resolver e por à prova as decisões arriscadas e fundamentais de projeto precocemente do que tardiamente – e o desenvolvimento iterativo fornece o mecanismo para isso.

Conseqüentemente, o trabalho progride por meio de uma série de ciclos estruturados em construção-realimentação-adaptação. Não é surpreendente que nas iterações iniciais o desvio do "caminho verdadeiro" do sistema (em termos dos seus requisitos

---

[1] Ou, mais provável, "Você não compreendeu o que eu queria!"

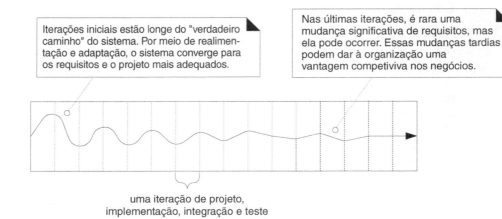

Figura 2.2 A realimentação e a evolução iterativas levam ao sistema desejado. A instabilidade dos requisitos e do projeto diminue com o tempo.

e projeto finais) seja maior do que nas últimas iterações. Com o tempo, o sistema converge para esse caminho, como ilustrado na Figura 2.2.

Existem benefícios no desenvolvimento iterativo?

Sim. Os benefícios incluem:

- Menos erros de projeto, maior produtividade e menor taxa de defeitos; mostrados pela pesquisa nos métodos iterativos e evolutivos
- Mitigação precoce, em vez de tardia, de altos riscos (técnicos, requisitos, objetivos, usabilidade, etc.)
- Progresso visível desde o início
- Realimentação, envolvimento do usuário e adaptação imediatos, levando a um sistema refinado que atenda, de forma mais adequada, às reais necessidades dos interessados no projeto
- A complexidade é administrada; a equipe não é sobrecarregada pela "paralisia da análise" ou por passos muito longos e complexos
- O aprendizado obtido em uma iteração pode ser metodicamente usado para melhorar o próprio processo de desenvolvimento, iteração por iteração

Quão longa deve ser uma iteração? O que são limites temporais?

A maioria dos métodos iterativos recomenda que a duração de uma iteração seja entre duas e seis semanas. Usar pequenos passos, obter realimentação rápida e fazer adaptações são idéias centrais no desenvolvimento iterativo; iterações longas subvertem a motivação central para o desenvolvimento iterativo e aumentam o risco do projeto. Em apenas uma semana freqüentemente é difícil completar trabalho suficiente para obter resultado e realimentação significativos; mais do que seis semanas fazem com que a complexidade seja avassaladora e a realimentação seja retardada.

Uma iteração muito longa perde o objetivo do desenvolvimento iterativo. Um período curto é melhor.

Uma idéia-chave é que as iterações têm **limites temporais** (ocupam "janelas de tempo" de duração fixa no cronograma). Por exemplo, se é decidido que a iteração seguinte deve ter três semanas de duração, então o sistema parcial *deve* estar integrado, testado e estabilizado dentro da data programada – o não cumprimento dos prazos é ilegal. Se acharmos que será difícil cumprir o prazo final, é recomendável remover tarefas ou requisitos da iteração e incluí-las em uma iteração futura, em vez de não cumprir o prazo.

2.3 O que dizer do ciclo de vida em cascata?

Em um processo de ciclo de vida em **cascata** (ou seqüencial) há uma tentativa de definir (em detalhe) todos ou a maioria dos requisitos antes da programação. Freqüentemente, também de criar um projeto abrangente (ou conjunto de modelos) antes da programação. Igualmente, há uma tentativa de definir um plano ou cronograma "confiável" logo no começo – não que será assim.

Atenção: superposição do "em Cascata" com o iterativo

Se você estiver em um projeto "iterativo" em que a maioria dos requisitos é escrita antes que o desenvolvimento comece ou em que há tentativa de criar especificações muito abrangentes e detalhadas ou modelos e projetos UML antes da programação, saiba que o raciocínio em cascata infelizmente invadiu o projeto. Não é um projeto saudavelmente iterativo ou PU, independentemente das alegações.

Pesquisa de uso de características (págs. 82-83)

Pesquisas (coletadas de muitas fontes e resumidas em [Larman03] e [LB03]) mostram agora, conclusivamente, que a recomendação na era de 1960 e 1970 de aplicar o ciclo em cascata era – ironicamente – uma má prática para a maioria dos projetos de software, em vez de ser uma abordagem racional. Ela está fortemente associada a altas taxas de falhas, menor produtividade e maiores taxas de defeitos (do que projetos iterativos). Na média, 45% das características nos requisitos em cascata nunca são usadas e os cronogramas e orçamentos iniciais, em cascata, variam até 400% do que ocorre na realidade.

Em retrospecto, sabe-se agora que a recomendação em cascata era baseada em *especulação* e *boato*, em vez de em práticas baseadas em evidência. Em contraposição, práticas iterativas e evolutivas são apoiadas por evidência – estudos mostram que elas são menos propensas a falhas e associadas com melhor produtividade e menor taxa de defeitos.

Diretriz: não deixe o raciocínio em cascata invadir um projeto iterativo ou PU

É necessário enfatizar que o "raciocínio em cascata" freqüentemente ainda invade, incorretamente, um projeto chamado de iterativo ou PU. Idéias tais como "vamos escrever todos os casos de uso antes de começar a programar" ou "vamos fazer muitos modelos OO detalhados em UML antes de começar a programar" são exemplos de raciocínio em cascata doentio, incorretamente superposto no PU. Os criadores do PU citam esse mal entendido – vasta análise e modelagem antecipada – como uma razão-chave para a sua adoção falha [KL01].

Por que o ciclo em cascata é tão propenso à falha?

Não há uma resposta simples para o porquê do ciclo em cascata ser tão propenso à falha, mas isso está fortemente relacionado à falsa suposição-chave subjacente a muitos projetos falhos de software – de que as especificações são previsíveis e estáveis e podem ser corretamente definidas no início, com baixas taxas de modificação. Isso na verdade está longe de ser preciso e é um mal-entendido dispendioso. Um estudo feito por Boehm e Papaccio mostrou que um típico projeto de software sofre 25% de modificações nos requisitos [BP88]. Essa tendência foi corroborada em outro importante estudo de milhares de projetos de software com taxas de modificações que vão ainda mais alto – 35% a 50% para grandes projetos – como ilustrado na Figura 2.3 [Jones97].

Essas são taxas de modificação *extremamente* altas. O que esses dados mostram – como qualquer desenvolvedor ou gerente experiente está lamentavelmente ciente – é que o desenvolvimento de software (em média) é um domínio de alta modificação e instabilidade – também conhecido como o domínio de **desenvolvimento de produto novo**. Software não é usualmente um domínio de fabricação previsível ou em massa – áreas de baixa modificação em que é possível e eficiente definir todas as especificações estáveis e planos confiáveis perto do início.

Assim, qualquer prática de análise, modelagem, desenvolvimento ou gestão baseada na suposição de que as coisas são estáveis a longo prazo (em cascata) é fundamentalmente falha. *Modificação* é uma constante em projetos de software. Métodos iterativos e evolutivos assumem e acolhem modificação e adaptação de especificações, modelos e planos *parciais* e *evolutivos* baseados em realimentação.

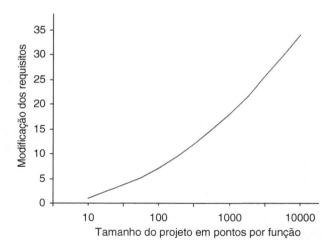

Figura 2.3 Percentagem de modificação em projetos de software de diferentes tamanhos.

A necessidade de realimentação e adaptação

Em sistemas complexos e mutáveis (tais como a maioria dos projetos de software), realimentação e adaptação são ingredientes-chave para o sucesso.

- Realimentação oriunda do início do desenvolvimento, dos programadores tentando ler especificações e das demonstrações ao cliente para refinar os requisitos.
- Realimentação oriunda dos testes e dos desenvolvedores para refinar o projeto ou modelos.
- Realimentação oriunda do progresso da equipe em detectar as características iniciais para refinar o cronograma e orçamento.
- Realimentação oriunda do cliente e do mercado para re-priorizar as características a atacar na iteração seguinte.

2.4. Como fazer análise e projeto iterativos e evolutivos?

Esta introdução pode ter dado a impressão de que de nada vale a análise e projeto antes da programação, mas esse é um mal-entendido tão extremo como pensar que uma análise antecipada "completa" é racional. Há um meio termo. Segue um pequeno *exemplo* (não uma receita) de como isso pode funcionar em um projeto PU bem conduzido. Considera-se que haverá, em última instância, 20 iterações no projeto antes da entrega:

1. Antes da iteração 1, realizar a primeira reunião sobre os requisitos com tempo limitado, por exemplo, dois dias. O pessoal de negócio e de desenvolvimento (incluindo o arquiteto chefe) está presente.

    - Na manhã do primeiro dia, fazer a análise de requisitos de alto nível como, por exemplo, identificar apenas os nomes dos casos de usos e características e requisitos-chave não funcionais. A análise não ficará perfeita.

    - Pedir ao arquiteto chefe ou ao pessoal de negócio para escolher 10% dessa lista de alto nível (por exemplo, 10% dos 30 nomes de casos de uso) que tenha uma mistura de três das seguintes qualidades: 1) arquiteturalmente significativo (se implementado, fica-se forçado a projetar, construir e testar essa arquitetura central), 2) alto valor de negócio (características com as quais o negócio realmente se preocupa) e 3) alto risco (tal como "poder manipular 500 transações concorrentes"). Talvez três casos de uso sejam assim identificados: CDU2, CDU11 e CDU14.

    - Para os restantes 1,5 dias, fazer análise detalhada intensiva dos requisitos funcionais e não funcionais desses três casos de uso. Ao final, 10% estão profundamente analisados e 90% apenas em alto nível.

2. Antes da iteração 1, realizar uma reunião de planejamento da iteração na qual um subconjunto de CDU2, CDU11 e CDU14 é escolhido para projetar, construir e testar dentro de um tempo especificado (por exemplo, iteração com tempo limitado de quatro semanas). Note que esses três casos de uso não precisam ser

todos construídos na iteração 1, pois eles vão dar muito trabalho. Depois de escolher o subconjunto específico de metas, divida-as em um conjunto de tarefas de iteração mais detalhadas, com ajuda da equipe de desenvolvimento.

3. Realizar a iteração 1 ao longo de três ou quatro semanas (escolher a limitação de tempo e respeitá-la).

- Nos primeiros dois dias, desenvolvedores e demais pessoas fazem trabalho de modelagem e projeto aos pares, rascunhando diagramas tipo UML em vários quadros-brancos (ao mesmo tempo em que se rascunham outros tipos de modelos) em uma sala comum, treinados e dirigidos pelo arquiteto chefe.
- Depois os desenvolvedores tiram seus "chapéus de modelagem" e colocam seus "chapéus de programação". Eles começam a programar, testar e integrar seu trabalho continuamente ao longo das semanas restantes, usando os rascunhos de modelagem como ponto de partida da inspiração, sabendo que os modelos são parciais e freqüentemente vagos.
- Vários testes ocorrem: de unidade, de aceitação, de carga, de usabilidade, etc.
- Uma semana antes do fim, pergunta-se à equipe se as metas originais da iteração podem ser alcançadas; em caso negativo, diminuir o escopo da iteração, colocando as metas secundárias de volta na lista "a fazer".
- Na terça-feira da última semana há um congelamento do código; todo o código precisa ser entregue, integrado e testado para criar a linha de referência da iteração.
- Na manhã de quarta-feira demonstrar o sistema parcial aos interessados externos para mostrar o progresso visível inicial. Realimentação é solicitada.

4. Realizar a segunda reunião de requisitos perto do fim da iteração 1 como, por exemplo, na última quarta e quinta-feira. Rever e refinar todo o material da reunião anterior. Escolher então outros 10 ou 15% dos casos de uso que são arquiteturalmente significativos e de alto valor de negócio e analisá-los em detalhe durante um ou dois dias. Ao final, talvez 25% dos casos de uso e dos requisitos não funcionais vão estar escritos em detalhe. Eles não vão estar perfeitos.

5. Na manhã de sexta-feira realizar outra reunião de planejamento de iteração para a iteração seguinte.

6. Realizar a iteração 2; passos semelhantes.

7. Repetir para quatro iterações e cinco reuniões de requisitos de modo que, ao final da iteração 4, talvez 80 ou 90% dos requisitos estejam escritos em detalhe, mas apenas 10% do sistema tenha sido implementado.

- Note que esse grande conjunto de requisitos detalhados é baseado em realimentação e evolução e é, assim, de muito mais alta qualidade que especificações em cascata puramente especulativas.

8. Estamos talvez avançados em apenas 20% na duração do projeto global. Em termos de PU, esse é o fim da **fase de elaboração**. Nesse ponto, estimar em detalhe o esforço e tempo para requisitos refinados de alta qualidade. Em razão da in-

vestigação realística significativa, da realimentação e da programação e testes antecipados, as estimativas do que pode ser feito e quanto tempo vai levar são muito mais confiáveis.

9. Além desse ponto, reuniões de trabalho são improváveis; os requisitos estão estabilizados – apesar de nunca completamente congelados. Continuar em uma série de iterações de três semanas, escolhendo o próximo passo de trabalho, adaptativamente em cada reunião de planejamento de iteração na sexta-feira final, repetindo a questão a cada iteração, "considerando o que sabemos hoje, quais são as características mais críticas em termos técnicos e do negócio que nós deveríamos atender nas próximas três semanas?"

A Figura 2.4 ilustra a abordagem para um projeto de vinte iterações.

Desse modo, depois de algumas iterações do desenvolvimento exploratório inicial, chega-se a um ponto em que a equipe pode responder mais confiavelmente "o que, quanto, quando".

2.5 O que é planejamento iterativo guiado por risco e guiado pelo cliente?

O PU (e a maioria dos novos métodos) encoraja uma combinação de planejamento iterativo **guiado por risco** e **guiado por cliente**. Isso significa que as metas das iterações iniciais são escolhidas para: 1) identificar e controlar os maiores riscos e 2) construir características visíveis com as quais o cliente mais se preocupa.

Desenvolvimento iterativo guiado por risco inclui, mais especificamente, a prática de desenvolvimento iterativo **centrado na arquitetura**, significando que as iterações iniciais focalizam a construção, o teste e a estabilização da arquitetura central. Por que? Porque não dispor de uma arquitetura sólida é um risco alto e comum.

Iterações do livro vs. Iterações do projeto real

A iteração 1 dos estudos de caso deste livro é guiada por metas de aprendizado em vez de metas reais de projeto. Assim, a iteração 1 não é centrada na arquitetura ou guiada por riscos. Em um projeto real, iríamos detectar as coisas difíceis e arriscadas primeiro. Mas, no contexto de um livro ajudando as pessoas a entenderem fundamentos de A/POO e UML, isso não é prático – precisamos começar com problemas que ilustram princípios básicos e não tópicos e problemas mais difíceis.

2.6 O que são métodos e atitudes ágeis?

Métodos de **desenvolvimento ágil** usualmente aplicam desenvolvimento iterativo e evolutivo de tempo limitado, empregam planejamento adaptativo, promovem entrega incremental e incluem outros valores e práticas que encorajam *agilidade* – resposta rápida e flexível à modificação.

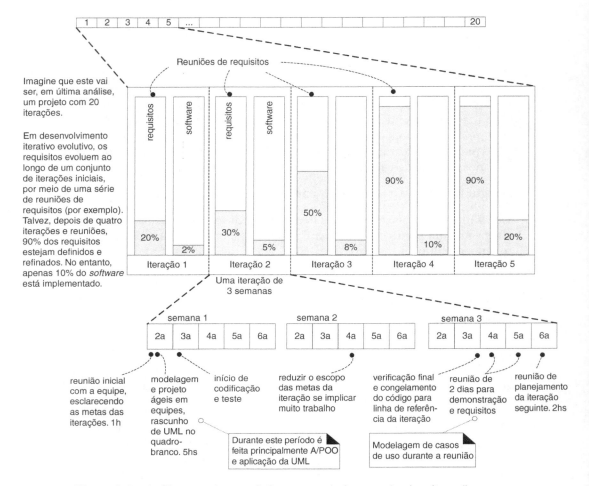

Figura 2.4 Análise e projeto evolutivos – a maioria nas primeiras iterações.

Não é possível definir exatamente **métodos ágeis**, pois as práticas específicas variam muito. No entanto, iterações curtas de tempo limitado com refinamento evolutivo de planos, requisitos e projeto é uma prática básica que os métodos compartilham. Além disso, eles promovem práticas e princípios que refletem uma sensibilidade ágil de simplicidade, leveza, comunicação, equipes auto-organizadas, entre outras.

Exemplos de práticas do método ágil Scrum incluem *uma sala de trabalho de projeto comum* e *equipes auto-organizadas* que se coordenam por meio de uma reunião diária, em pé, com quatro questões especiais que cada membro responde. Exemplos de práticas do método Extreme Programming (XP) incluem *programação em pares* e **desenvolvimento guiado por teste**.

DGT (pág. 395)

Qualquer método iterativo, inclusive o PU, pode ser aplicado com espírito ágil. O próprio PU é flexível, encorajando uma atitude de "o que quer que funcione" para incluir práticas do Scrum, XP e outros métodos.

O manifesto ágil e os princípios ágeis

O Manifesto Ágil

Indivíduos e iterações	vem antes de processos e ferramentas
Software funcionando	vem antes de documentação abrangente
Colaboração do cliente	vem antes de negociação de contrato
Resposta à modificação	vem antes de um plano em andamento

Os Princípios Ágeis

1. Nossa prioridade mais alta é satisfazer o cliente por meio de entrega pronta e contínua de software de valor.

2. Acolher modificação de requisitos, mesmo no final do desenvolvimento. Processos ágeis valorizam a modificação para vantagem competitiva do cliente.

3. Entregar software funcionando com freqüência (de várias semanas a vários meses), preferencialmente usando uma escala de tempo menor.

4. O pessoal do negócio e os desenvolvedores devem trabalhar juntos diariamente ao longo do projeto.

5. Construir projetos em volta de indivíduos motivados. Dê a eles o ambiente e o apoio que necessitam e confie que eles vão fazer o serviço.

6. O método mais eficiente e efetivo para levar informação de e para uma equipe de desenvolvimento é a conversa face a face.

7. Software funcionando é a principal medida de progresso.

8. Processos ágeis promovem desenvolvimento sustentável.

9. Os patrocinadores, desenvolvedores e usuários devem poder manter um ritmo constante indefinidamente.

10. Atenção contínua para a excelência técnica e para um bom projeto aumenta a agilidade.

11. Simplicidade – a arte de maximizar a quantidade de trabalho não realizada – é essencial.

12. As melhores arquiteturas, requisitos e projetos surgem de equipes auto-organizadas.

13. Em intervalos regulares, a equipe reflete sobre como se tornar mais efetiva, depois sintoniza e ajusta o seu comportamento de acordo com isso.

Em 2001 um grupo interessado em métodos iterativos e ágeis (cunhando o termo) reuniu-se para descobrir pontos comuns. Daí surgiu a Aliança Ágil (Agile Alliance) (www.agilealliance.com) com um manifesto e uma declaração de princípios para captar o espírito do métodos ágeis.

2.7 O que é modelagem ágil?

Mais sobre modelagem ágil (págs. 235-236)

Analistas e modeladores experientes conhecem o *segredo da modelagem*:

> A finalidade da modelagem (rascunhos em UML,...) é principalmente *entender*, não documentar.

Isto é, o próprio ato de modelar pode e deve fornecer um modo de melhor entender o problema ou o espaço de solução. Desse ponto de vista, a verdadeira finalidade de "fazer UML" (que deveria na realidade significar "fazer A/POO") *não* é de um projetista criar muitos diagramas UML detalhados que são entregues a um programador (um raciocínio não muito ágil e orientado em cascata), mas em vez disso rapidamente explorar (mais rapidamente do que com código) alternativas e o caminho para um bom projeto OO.

Essa visão consistente com métodos ágeis tem sido chamada **modelagem ágil** no livro (surpreendentemente chamado) *Modelagem Ágil* [Ambler02]. Isso implica uma quantidade de prática e valores, incluindo:

- A adoção de um método ágil não significa evitar a modelagem; esse é um mal-entendido. Muitos métodos ágeis, como desenvolvimento guiado por características (Feature Driven Development), DSDM e Scrum, normalmente incluem significativas sessões de modelagem. Mesmo os criadores do XP, talvez o mais conhecido método ágil com menor ênfase em modelagem, endossam a modelagem ágil tal como descrita por Ambler – e praticada por muitos modeladores ao longo dos anos.

- A finalidade da modelagem e dos modelos é, principalmente, apoiar o entendimento e a comunicação, não a documentação.

- Não modele ou aplique UML a todo ou à maioria do projeto de software. Adie problemas simples ou diretos de projeto até a programação – resolva-os durante a programação e testes. Modele e aplique UML nas partes incomuns, difíceis e cheias de armadilhas do espaço de projeto, que representam uma percentagem menor em relação ao projeto.

- Use a ferramenta mais simples possível. Prefira ferramentas simples "de baixa energia" que incentivam a criatividade e apóiam a compreensão e a modificação rápidas. Escolha também ferramentas que apóiam amplos espaços visuais. Por exemplo, prefira rascunhar UML em quadros-branco e capte os diagramas com uma câmera digital.[2]

    o Isso não significa que ferramentas CASE UML ou processadores de texto não possam ser usados ou não tenham valor, mas especialmente para o trabalho criativo de descoberta, o rascunho em quadro-branco favorece um fluxo criativo e de modificação rápida. A regra-chave é facilidade e agilidade, qualquer que seja a tecnologia.

- Não modele sozinho, modele aos pares (ou trios) no quadro-branco, na certeza de que a finalidade da modelagem é descobrir, entender e compartilhar esse entendimento. Faça com que a caneta rode entre os membros de modo que todos participem.

- Crie modelos em paralelo. Por exemplo, em um quadro-branco comece a rascunhar uma visão dinâmica de um diagrama de interação UML e em outro comece a desenhar a visão estática complementar de um diagrama de classes UML. Desenvolva os dois modelos (duas visões) simultaneamente, comutando entre eles.

---

[2] Duas sugestões para rascunho em quadro-branco: **1)** se você não tem quadros-brancos suficientes (e você deveria ter muitos, e grandes) uma alternativa é a folha de plástico aderente "quadro-branco", que adere a paredes (com carga estática) para criar quadros-brancos. O principal produto na América do Norte é o Avery Write-On Cling Sheets; o principal produto na Europa é o LegaMaster Magic-Chart. **2)** fotos digitais de imagens em quadro-branco são freqüentemente de má qualidade (por causa do reflexo), por isso não use flash – use uma aplicação de software para limpeza de imagem em quadro-branco ("whiteboard image clean up") para melhorar a imagem, se você precisar limpá-las (como fiz para este livro).

- Use uma notação simples e "suficientemente boa" para rascunhar a caneta em quadro-branco. Detalhes exatos de UML não são importantes, desde que os modeladores entendam-se entre si. Restrinja-se a elementos UML simples, freqüentemente usados.

- Saiba que todos os modelos vão ficar imprecisos e que o código ou projeto final ficará diferente – algumas vezes bastante diferente – do modelo. Apenas o código testado demonstra o verdadeiro projeto; todos os diagramas anteriores são indícios incompletos, que podem ser mais bem pensados como explorações descartáveis.

- Os próprios desenvolvedores deveriam fazer a modelagem do projeto OO para si próprios, não para criar diagramas que sejam dados a outros programadores para implementar – um exemplo de práticas não ágeis orientadas em cascata.

Modelagem ágil neste livro: por que fotografar os rascunhos UML?

A modelagem de rascunhos UML em quadros-brancos é uma prática que eu – e muitos desenvolvedores – temos recomendado e praticado entusiasticamente durante anos. No entanto, a maioria dos diagramas UML deste livro dá a impressão de que eu não trabalho desse modo, porque eles foram desenhados elegantemente com uma ferramenta, para maior legibilidade. Para contrabalançar essa impressão, o livro ocasionalmente inclui fotografias instantâneas digitais de rascunhos UML em quadro-branco. Isso sacrifica a legibilidade, mas lembra que a modelagem é útil e é a prática real usada nos estudos de caso.

Por exemplo, a Figura 2.5 é um rascunho UML não editado criado em um projeto que eu estava orientando. Levou 20 minutos para ser desenhado por mim com quatro desenvolvedores em volta. Precisamos entender a colaboração inter-sistemas. O ato de desenhá-lo juntos forneceu um contexto para contribuir com conhecimentos profundos de cada um e alcançar entendimento compartilhado. Isso capta o sentimento de como modeladores ágeis aplicam a UML.

2.8 O que é PU ágil?

O PU não era destinado por seus criadores a ser pesado ou não ágil, apesar de seu grande conjunto *opcional* de atividades e artefatos ter compreensivelmente levado alguns a ter essa impressão. Ao contrário, estava destinado a ser adotado e aplicado no espírito de adaptabilidade e leveza – um **PU ágil**. Alguns exemplos de como isso se aplica são:

Personalizar o PU (págs. 64-65)
- Prefira um conjunto *pequeno* de atividades e artefatos do PU. Alguns projetos vão se beneficiar mais do que outros, mas em geral conserve a simplicidade. Lembre-se de que todos os artefatos do PU são opcionais e evite criá-los, a menos que eles adicionem valor. Dê ênfase à programação precoce e não à documentação precoce.

A&P evolutivos (pág. 53)
- Como o PU é iterativo e evolutivo, os requisitos e projetos não são completados antes da implementação. Eles emergem adaptativamente por meio de uma série de iterações, com base em realimentação.

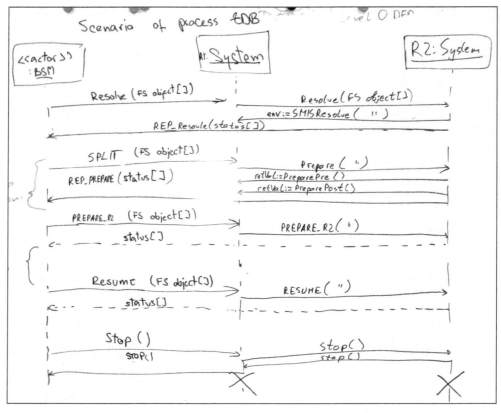

Figura 2.5 Um rascunho UML de um diagrama de seqüência para um projeto.

Modelos ágeis (págs. 57-58)

GP ágil (págs. 665-666)

- Aplique a UML com práticas de modelagem ágil.
- Não há um plano *detalhado* para o todo o projeto. Há um plano de alto nível (chamado **Plano de Fase**) que estima a data final do projeto e outros marcos importantes, mas não dá os passos detalhados para esses marcos. Um plano detalhado (chamado **Plano de Iteração**) planeja com mais detalhes apenas uma iteração futura. O planejamento detalhado é feito adaptativamente, iteração a iteração.

Os estudos de caso enfatizam um número de artefatos relativamente pequeno e o desenvolvimento iterativo, no espírito de um PU ágil.

2.9 Há outras práticas importantes de PU?

A idéia central a ser apreciada e praticada no PU é a de usar iterações curtas, com duração fixa, em um processo de desenvolvimento iterativo, evolutivo e adaptativo. Algumas das melhores práticas e conceitos-chave adicionais do PU incluem:

- enfrentar os problemas que envolvem altos riscos e alto valor já nas iterações iniciais;
- envolver continuamente os usuários na avaliação, na realimentação e nos requisitos;
- construir uma arquitetura central coesa nas iterações iniciais;
- verificar continuamente a qualidade; fazer testes logo de início, com freqüência e em situações realísticas;
- aplicar casos de uso quando adequado;
- modelar visualmente o software (com a UML);
- gerenciar requisitos cuidadosamente;
- por em prática o gerenciamento de solicitações de mudança e o gerenciamento de configuração.

2.10 Quais são as fases do PU?

Um projeto PU organiza o trabalho e as iterações em quatro fases principais:

1. **Concepção** – visão aproximada, casos de negócio, escopo e estimativas vagas.
2. **Elaboração** – visão refinada, implementação iterativa da arquitetura central, resolução dos altos riscos, identificação da maioria dos requisitos e do escopo e estimativas mais realistas.
3. **Construção** – implementação iterativa dos elementos restantes de menor risco e mais fáceis e preparação para a implantação.
4. **Transição** – testes beta e implantação.

Essas fases são mais bem definidas nos capítulos subseqüentes.

Esse *não* é o antigo ciclo de vida em "cascata" ou seqüencial, no qual primeiro temos que definir todos os requisitos para, então, fazer todo ou a maioria do projeto.

A concepção não é uma fase de requisitos; na verdade, é uma espécie de fase de estudo de viabilidade, na qual se executa um volume suficiente de investigação para fundamentar a decisão de continuar ou parar.

Da mesma forma, a elaboração não é a fase de requisitos ou projeto; é uma fase na qual a arquitetura central é iterativamente implementada e os problemas de alto risco são mitigados.

A Figura 2.6 ilustra termos comuns relativos ao cronograma de um PU. Note que um ciclo de desenvolvimento (que termina com a entrega de uma versão do sistema para ser posta em produção) é composto de muitas iterações.

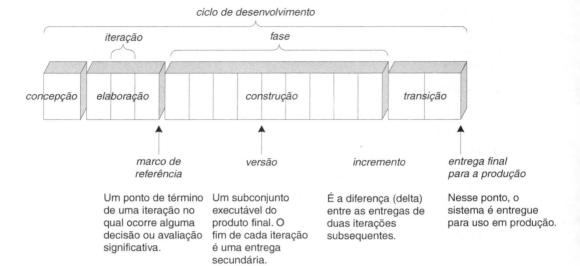

Figura 2.6 Termos relativos ao cronograma de um PU.

2.11 Quais são as disciplinas do PU?

O PU descreve atividades de trabalho, como redigir um caso de uso, dentro de **disciplinas** – conjunto de atividades (e artefatos relacionados) em uma área alvo, como atividades dentro da análise de requisitos. No PU, um **artefato** é o termo usado para qualquer produto de trabalho: código, gráficos para a Web, esquemas de bancos de dados, documentos em texto, diagramas, modelos e assim por diante. Existem várias disciplinas no PU; este livro focaliza alguns artefatos nas três disciplinas seguintes:

- **Modelagem de Negócio** – O artefato Modelo do Domínio, para visualizar conceitos importantes no domínio de aplicação.

- **Requisitos** – Os artefatos Modelo de Casos de Uso e Especificação Suplementar, para captar requisitos funcionais e não funcionais.

- **Projeto** – o artefato Modelo de Projeto para projetar os objetos de software.

Uma lista maior de disciplinas do PU é mostrada na Figura 2.7.

No PU, **Implementação** significa programação e construção do sistema, não a implantação. A disciplina **Ambiente** se refere ao estabelecimento do instrumental e à personalização do processo para um projeto – ou seja, a preparação das ferramentas e o ambiente do processo.

Qual é a relação entre disciplinas e fases?

Como ilustrado na Figura 2.7, durante uma iteração o trabalho prossegue na maioria ou em todas as disciplinas. Contudo, o esforço relativo no decorrer destas disciplinas muda ao longo do tempo. As iterações iniciais naturalmente tendem a dar uma ênfase maior aos requisitos e ao projeto, enquanto que as últimas disciplinas dão a esses itens uma ênfase menor, à medida que os requisitos e o projeto central se estabilizam por meio de um processo de realimentação e adaptação.

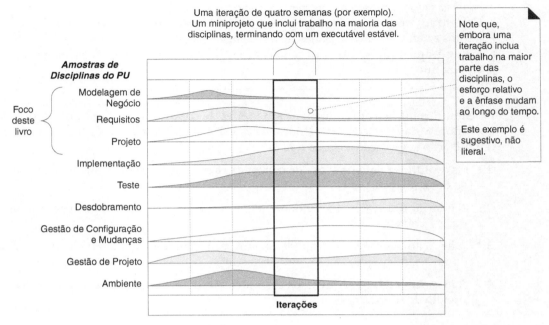

Figura 2.7 Disciplinas do PU.

Relacionando isso com as fases do PU (concepção, elaboração, etc.), a Figura 2.8 ilustra a mudança do esforço relativo em relação às fases; note que isso é uma sugestão e não deve ser tomada "ao pé da letra" como uma recomendação. Por exemplo, na elaboração, as iterações tendem a ter uma carga de análise de requisitos e trabalho de projeto relativamente altos, embora também tenham algum esforço de implementação. Durante a construção, a ênfase é mais pesada na implementação e mais leve na análise de requisitos.

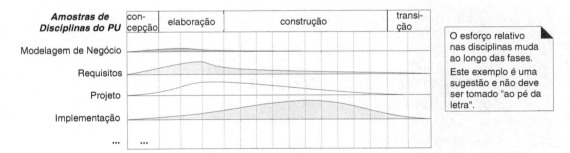

Figura 2.8 Disciplinas e fases.

Como a estrutura deste livro é influenciada pelas fases e disciplinas do PU?

Em relação a fases e disciplinas, qual é o foco dos estudos de caso?

> Os estudos de caso enfatizam as fases de concepção e elaboração. Eles enfocam alguns artefatos nas disciplinas de Modelagem de Negócio, Requisitos e Projeto, já que é aqui que a análise de requisitos, a A/POO, os padrões e a UML são principalmente aplicados.

Os capítulos iniciais apresentam as atividades de concepção; os capítulos seguintes exploram várias iterações da elaboração. A lista a seguir e a Figura 2.9 descrevem a organização em relação às fases do PU.

1. Os capítulos relativos à fase de concepção apresentam os fundamentos da análise de requisitos.

2. A iteração 1 introduz os fundamentos da A/POO e como atribuir responsabilidades a objetos.

3. A iteração 2 enfoca o projeto de objetos, especialmente a introdução de alguns "padrões de projeto" altamente utilizados.

4. A iteração 3 introduz diversos assuntos, tais como a análise de arquitetura e o projeto de frameworks.

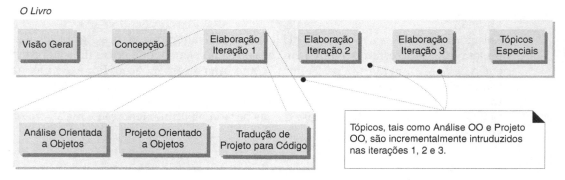

Figura 2.9 A organização do livro está relacionada às fases e iterações do PU.

2.12 Como personalizar o processo? A pasta de desenvolvimento PU

Há artefatos ou práticas opcionais no PU?

Sim! Quase tudo é opcional. Dito isso, algumas das práticas e dos princípios do PU são invariáveis, como o desenvolvimento iterativo e orientado ao controle dos riscos, bem como a verificação contínua da qualidade.

Entretanto, um aspecto-chave do PU é que todas as atividades e os artefatos (modelos, diagramas, documentos, etc.) são *opcionais* – bem, talvez não o código!

> *Analogia*
>
> O conjunto de possíveis artefatos descritos no PU deve ser visto como um conjunto de medicamentos em uma farmácia. Da mesma forma que alguém não toma medicamentos de forma indiscriminada, mas ajusta a escolha de acordo com os sintomas, em um projeto de PU a equipe deve selecionar um pequeno subconjunto de artefatos que atenda a seus problemas e necessidades. Em geral, a equipe deve se concentrar em um *pequeno* conjunto de artefatos que demonstrem possuir um alto valor prático.

Definição: o que é a pasta de desenvolvimento PU?

A escolha de práticas e artefatos do PU para um projeto pode ser escrita em um curto documento denominado **Pasta de Desenvolvimento** (um artefato na disciplina Ambiente). Por exemplo, a Tabela 2.1 poderia ser a Pasta de Desenvolvimento que descreve os artefatos para o "Projeto ProxGer", o estudo de caso explorado neste livro.

Tabela 2.1 Amostra dos artefatos de uma Pasta de Desenvolvimento do PU

Disciplina	Prática	Artefato Iteração →	Concepção C1	Elaboração E1...En	Construção Ct1...Ctn	Transição T1...Tn
Modelagem de Negócio	Modelagem ágil Reunião de requisitos	Modelo de domínio		i		
Requisitos	Reunião de requisitos	Modelo de casos de uso	i	r		
	Exercitar a caixa de visão	Visão	i	r		
	Votação do ponto	Especificações suplementares	i	r		
		Glossário	i	r		
Projeto	Modelagem ágil	Modelo de projeto		i	r	
	Desenvolvimento guiado por teste	Documento de arquitetura de software		i		
		Modelo de dados		i	r	
Implementação	Desenvolvimento guiado por teste Programação aos pares Integração contínua	...				
Padronização de código	Gestão de projeto ágil Reunião diária de Scrum	...				
...						

Os próximos capítulos descrevem a concepção de alguns desses artefatos, incluindo o Modelo de Domínio, o Modelo de Casos de Uso e o Modelo de Projeto.

Os exemplos de práticas e artefatos apresentados nesse estudo de caso não são, de forma alguma, suficientes ou adequados para todos os projetos. Por exemplo, em um sistema de controle de máquinas, pode ser benéfico fazer muitos diagramas de estado. Um sistema de comércio eletrônico baseado na Web pode exigir um foco em protótipos da interface com o usuário. O desenvolvimento de um projeto em um campo totalmente novo tem necessidade de artefatos de projeto bem diferentes daqueles de um projeto de integração de sistemas.

2.13 Você fica sabendo que não compreendeu o desenvolvimento iterativo ou o PU quando...

Aqui são apresentados alguns sinais que indicam quando você não compreendeu o que significa adotar o desenvolvimento iterativo e o PU.

- Você tenta definir a maior parte dos requisitos antes de começar o projeto ou a implementação. Analogamente, você tenta definir a maior parte do projeto antes de começar a implementação; tenta defini-lo completamente e se comprometer com uma arquitetura antes da programação e de testes iterativos.

- Você gasta dias ou semanas em modelagem UML, antes de programar, ou você pensa que as atividades de diagramação e projeto UML são um tempo para definir completa e precisamente projetos e modelos com grande detalhe, e vê a programação como uma tradução simples e mecânica daqueles para código.

- Você pensa que concepção = requisitos, elaboração = projeto e construção = implementação (isto é, sobrepõe um ciclo de vida em cascata no PU).

- Você pensa que a finalidade da elaboração é definir completa e cuidadosamente os modelos, os quais são traduzidos em código durante a construção.

- Você acredita que a duração da iteração adequada é de três meses, em vez de três semanas.

- Você pensa que adotar o PU significa fazer muitas das atividades possíveis e criar muitos documentos, e pensa ou imagina o PU como um processo formal, meticuloso demais, com muitos passos a serem seguidos.

- Você tenta planejar um projeto em detalhes do começo ao fim; tenta especulativamente prever todas as iterações e o que deveria acontecer em cada uma.

2.14 Histórico

Para a história e as citações completas veja *Iterative and Incremental Development: A Brief History* (*IEEE Computer*, Junho 2003, Larman e Basili) e também [Larman03]. Métodos iterativos são mais antigos do que muitos pensam. No fim da década de 1950 o desenvolvimento evolutivo, iterativo e incremental (DII), em vez do ciclo em cascata, foi aplicado no projeto espacial Mercury, e no início da década de 1960 no projeto do submarino Trident, além de muitos outros sistemas grandes. O primeiro trabalho publicado promovendo o desenvolvimento iterativo em vez do em cascata foi lançado em 1968 no IBM T. J. Watson Research Center.

O DII foi usado em muitos projetos grandes de defesa aeroespaciais na década de 1970, incluindo o software de controle de vôo do *USA Space Shuttle* (construído em 17 iterações com quatro semanas em média cada uma.) Um importante líder do pensamento em engenharia de software da década de 1970, Harlan Mills, escreveu naquela época sobre a falha do método em cascata para projetos de software e sobre a necessidade do DII. Tom Gilb, um consultor privado, criou e publicou o método DII Evo na década de 1970, comprovadamente o primeiro método iterativo completamente formado. O Departamento de Defesa dos Estados Unidos tinha adotado um padrão em cascata no fim da década de 1970 e no começo da de 1980 (DoD-2167); ao final da década de 1980 eles estavam sofrendo significativas falhas (orçamentos de pelo menos 50% dos projetos de software cancelados ou não usáveis) e, assim, ele foi abandonado, posteriormente (começando em 1987) substituído pelos padrões do método DII – apesar de que o legado da influência do método em cascata ainda confunde alguns projetos do Departamento de Defesa.

Também na década de 1980 o Dr. Frederick Brooks (famoso pelo *Mythical Man-Month*), um importante líder do pensamento em engenharia de software daquele período, escreveu e falou sobre as deficiências do método em cascata e a necessidade de, em vez dele, usar métodos DII. Outro marco da década de 1980 foi a publicação do método DII com modelo espiral guiado por risco pelo Dr. Barry Boehm, citando o alto risco de falha quando o método cascata era aplicado.

No início da década de 1990, o DII foi amplamente reconhecido como sucessor do método em cascata e houve um florescimento de métodos iterativos e evolutivos: PU, DSDM, Scrum, XP, e muitos outros.

2.15 Leituras recomendadas

Uma introdução de fácil leitura ao PU e seu refinamento, o RUP, é *The Rational Unified Process – An Introduction*, de autoria de Philippe Kruchten. Também é excelente *The Rational Unified Process Made Easy*, por Kruchten e Kroll.

Agile and Iterative Development: A Manager's Guide [Larman03] discute práticas iterativas e ágeis, quatro métodos iterativos (XP, PU, Scrum e Evo), a evidência e a história relativa a eles e a evidência de falha do método em cascata.

Para saber mais sobre outros métodos iterativos e ágeis, recomendamos a série de livros **Extreme Programming** (XP) [Beck00, BF00, JAH00], tal como *Extreme Programming Explained*. Algumas práticas do XP são encorajadas nos capítulos posteriores deste livro. A maior parte das práticas do XP (tais como programação guiada por teste, integração contínua e desenvolvimento iterativo) é compatível – ou idêntica – com as práticas do PU, sendo encorajada sua adoção em um projeto de PU.

O método Scrum é outra abordagem iterativa popular que aplica iterações de tempo limitado de 30 dias e com uma reunião diária, em pé, com três questões especiais respondidas por cada membro da equipe. *Agile Development with Scrum* é uma leitura recomendada.

Modelagem ágil é descrita em *Agile Modeling*, por Scott Ambler.

A IBM vende um produto de documentação online do RUP baseada na Web, que fornece leitura abrangente sobre os artefatos e atividades do RUP, com gabaritos para a maioria dos artefatos. Uma organização pode desenvolver um projeto de PU usando apenas mentores e livros como recursos de aprendizado, mas alguns acham o produto RUP um processo de ajuda e aprendizado útil.

Para recursos na Web:

- **www.agilealliance.com** – coleta muitos artigos especificamente relacionados a métodos ágeis e iterativos, além de links.
- **www.agilemodeling.com** – artigos sobre modelagem ágil.
- **www.cetus-links.org** – O site Cetus Links tem se especializado durante anos em tecnologia de objetos (TO). Sob o título *OO Project Management – OOA/D Methods* (Gestão de Projetos OO – Métodos A/POO) há vários *links* para métodos iterativos e ágeis, apesar deles não estarem diretamente relacionados à TO.
- **www.bradapp.net** – Bradd Appleton mantém uma grande coleção de links sobre engenharia de software, inclusive métodos iterativos.
- **www.iturls.com** – a página inicial em chinês tem links para uma versão em inglês, com um motor de busca referenciando artigos iterativos e ágeis.

Capítulo 3

ESTUDOS DE CASO

Poucas coisas são mais difíceis de tolerar do que um bom exemplo.
— Mark Twain

Introdução

Esses problemas de estudos de caso (começando nas págs. 71-72) foram escolhidos porque são bem conhecidos pela maioria das pessoas, ao mesmo tempo em que são ricos em complexidade e interessantes problemas de projeto. Isso nos permite concentrar no aprendizado básico da A/POO, análise de requisitos, UML e padrões, em vez de explicar os problemas.

O que vem a seguir? Apresentado o desenvolvimento iterativo, este capítulo resume os estudos de caso e o nosso enfoque na aplicação da camada lógica. O capítulo seguinte introduz a fase de concepção dos estudos de caso, enfatizando que a concepção *não* é a fase do ciclo em cascata em que se faz a análise antecipada de todos os requisitos.

3.1 O que é e não é abordado nos estudos de caso?

Geralmente, as aplicações incluem elementos de Interface com o Usuário (IU), lógica central da aplicação, acesso ao banco de dados e colaboração com componentes externos de software ou hardware.

> Apesar da tecnologia OO poder ser aplicada em todos os níveis, esta introdução à A/POO enfoca a *camada da lógica central da aplicação*, com alguma discussão secundária sobre as outras camadas.

A exploração do projeto das outras camadas (como por exemplo, a camada de IU) enfocará apenas o projeto da sua interface com a camada lógica da aplicação.

Definição dessas camadas (pág. 221)

Por que enfocar a A/POO da camada de lógica central da aplicação?

- Outras camadas são geralmente muito dependentes de tecnologia/plataforma. Por exemplo, para explorar o projeto OO de uma IU Web ou uma camada IU em Java de cliente "gordo", precisaríamos aprender em detalhe um framework, como o Struts ou o Swing. Mas para .NET ou Python, a escolha e os detalhes são muito diferentes.

- Em contraposição, o projeto OO da camada lógica central é semelhante em diferentes tecnologias.

- As habilidades de projeto OO essenciais aprendidas no contexto da camada de lógica da aplicação são aplicáveis a todas as outras camadas ou componentes.

- A abordagem de projeto e os padrões de projeto para as outras camadas tendem a mudar rapidamente à medida que outros frameworks ou tecnologias surgem. Por exemplo, no meio da década de 1990 os desenvolvedores iriam provavelmente construir em casa sua própria camada de acesso ao banco de dados objeto-relacional. Alguns anos depois eles provavelmente usariam uma solução livre, de fonte aberta, como, por exemplo, o Hibernate (em tecnologia Java).

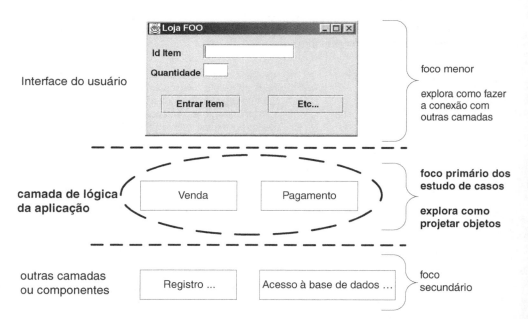

Figura 3.1 Exemplo de camadas e objetos em um sistema orientado a objetos e o enfoque dos estudos de caso.

3.2 Estratégia dos estudos de caso: desenvolvimento iterativo + aprendizado iterativo

Este livro é organizado para mostrar uma estratégia de desenvolvimento iterativo. A A/POO é aplicada aos estudos de caso em múltiplas iterações; a primeira trata de algumas funções centrais. As iterações posteriores expandem a funcionalidade do sistema (ver Figura 3.2).

Em conjunto com o desenvolvimento iterativo, a *apresentação* dos tópicos de análise e projeto e a notação UML, os padrões são apresentados iterativa e incrementalmente. Na primeira iteração, é abordado um conjunto central de tópicos da análise, de projeto e da notação UML. A segunda iteração introduz novas idéias, notações UML e novos padrões. E, assim, de modo análogo, a terceira iteração.

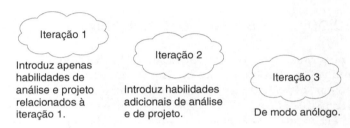

Figura 3.2 A trajetória de aprendizado segue as iterações.

3.3 Caso um: o sistema PDV ProxGer

O primeiro estudo de caso é a próxima geração do Sistema de Pontos-de-Venda (PDV ProxGer). Neste domínio de problema aparentemente simples, veremos que existem problemas muito interessantes de requisitos e de projeto a serem resolvidos. Além disso, é um problema realista; os grupos realmente desenvolvem sistemas PDV usando tecnologias de objetos.

Um sistema PDV é uma aplicação computadorizada usada (em parte) para registrar vendas e cuidar de pagamentos; é tipicamente utilizado por lojas de varejo. Inclui componentes de hardware, como um computador e um leitor de código de barras, e um software para rodar o sistema. Tem interfaces com várias aplicações de serviço, como, por exemplo, uma aplicação de cálculo de impostos e uma aplicação de controle de estoque. Esses sistemas devem ser relativamente tolerantes a falhas; ou seja, mesmo que os serviços remotos fiquem temporariamente não disponíveis (como por exemplo o sistema de  controle de estoque), eles devem ser capazes de capturar as vendas e tratar pelo menos os pagamentos em dinheiro (para que o negócio não seja muito afetado).

Um sistema PDV deve dar suporte de forma incremental a múltiplos e variados terminais e interfaces no lado do cliente. Estes incluem um terminal magro baseado em navegador da Web, um computador pessoal comum com uma interface de usuário gráfica, como Java Swing, entrada de informações por telas sensíveis ao toque, PDAs sem fio, etc.

Além disso, vamos criar um sistema PDV comercial que venderemos a diferentes clientes, com necessidades diferentes em termos de processamento de regras de negócios. Cada cliente vai desejar um conjunto especial de lógica para ser executado em pontos previsíveis no cenário de utilização do sistema, como quando uma nova venda é iniciada ou quando uma nova linha é acrescentada. Portanto, necessitaremos de um mecanismo que forneça esta capacidade de flexibilidade e personalização.

Usando uma estratégia de desenvolvimento iterativo, executaremos a análise de requisitos, a análise orientada a objetos, o projeto e a implementação.

3.4 Caso dois: o sistema do jogo Banco Imobiliário

Para mostrar que as mesmas práticas de A/POO podem ser aplicadas a problemas *muito* diferentes, escolhi uma versão em software do jogo Banco Imobiliário® como outro estudo de caso. Apesar do domínio e dos requisitos não serem em nada parecidos aos de um sistema de negócios como o PDV ProxGer, veremos que a modelagem de domínio, o projeto dos objetos com padrões e a aplicação da UML continuam relevantes e úteis. Do mesmo modo que um PDV, as versões de software do Banco Imobiliário são realmente desenvolvidas e vendidas, tanto com IU Web quanto com IU cliente rico.

Não vou repetir as regras do Banco Imobiliário; parece que quase todas as pessoas em todos os países jogaram esse jogo quando criança ou jovem. Se você tiver dúvidas, as regras estão disponíveis em muitos sites na Web.

A versão em software do jogo será executada como uma simulação. Uma pessoa começará o jogo e indicará o número de jogadores simulados e depois observará enquanto o jogo se desenrola, apresentando um rastro da atividade durante a vez dos jogadores simulados.

PARTE II CONCEPÇÃO

Capítulo 4

Concepção não é a Fase de Requisitos

O ótimo é inimigo do bom.
— *Voltaire*

Objetivos

- Definir o passo de concepção.
- Motivar os capítulos seguintes desta seção.

Introdução

A concepção é um passo inicial curto, para estabelecer uma visão comum e o escopo básico do projeto. Incluirá a análise de talvez 10% dos casos de uso, análise dos requisitos não funcionais críticos, criação de um caso de negócio e preparação do ambiente de desenvolvimento, para que a programação possa começar na fase seguinte de elaboração.

O que vem a seguir? Introduzidos os estudos de caso, este capítulo explora a fase de concepção – que não é a fase de requisitos do ciclo em cascata. O capítulo seguinte examina esse ponto mais profundamente: requisitos evolutivos x em cascata.

Iterativo, Evolutivo e Ágil — Estudos de Caso — **Concepção** — Requisitos Evolutivos — Casos de Uso

4.1 O que é concepção?

A maior parte dos projetos exige um passo inicial curto, no qual os seguintes tipos de questões são explorados:

- Qual é a visão e o caso de negócio para este projeto?
- Ele é viável?
- Devemos construir ou comprar?
- Estimativa aproximada de custo: é da ordem de $ 10 a 100 mil ou de milhões?
- Devemos continuar ou parar?

Definir a visão e obter uma estimativa da ordem de grandeza (não confiável) exige alguma exploração dos requisitos. Contudo, a **finalidade da fase de concepção não é definir todos os requisitos** ou gerar uma estimativa ou plano de projeto plausíveis.

Definição

Esse é um ponto crucial e repetidamente mal-entendido em projetos PU quando as pessoas sobrepõem o velho raciocínio "em cascata". O PU não é o ciclo em cascata e a primeira fase, concepção, não é a época de elicitar todos os requisitos ou criar planos e estimativas confiáveis. Isso acontece durante a elaboração.

Sob o risco de simplificarmos demasiadamente, a idéia é fazer uma investigação suficiente para formar uma opinião racional e justificável da finalidade geral e da viabilidade do novo sistema em potencial, para então decidir se vale a pena investir em uma exploração mais profunda (a finalidade da fase de elaboração).

A maior parte da análise de requisitos ocorre durante a fase de elaboração, em paralelo com o início da programação com qualidade de produção e com os testes.

Assim, a fase de concepção deve ser relativamente curta para a maioria dos projetos, com uma ou poucas semanas de duração. De fato, em muitos projetos, se ela tiver mais de uma semana de duração, o sentido dela não foi compreendido: sua finalidade é decidir se o projeto merece uma investigação séria (durante a elaboração) e não executar tal investigação.

A concepção, em uma frase:

Conceber o escopo do produto, a visão e o caso de negócio.

O problema principal a ser resolvido, em uma frase:

Os interessados no projeto do sistema têm um consenso básico sobre a visão do projeto e vale a pena investir em uma investigação séria?

A analogia ajuda?

No negócio de petróleo, quando um novo campo é avaliado, alguns dos passos dessa avaliação incluem:

1. Decidir se há evidência suficiente ou um caso de negócio para justificar uma prospecção exploratória.
2. Efetuar, se for o caso, medições e prospecções exploratórias.
3. Fornecer informações sobre o escopo e o orçamento.
4. Realizar passos adicionais...

A fase de concepção é como o passo um nessa analogia. No passo um, as pessoas não prevêem quanto petróleo há ou o custo ou esforço para extraí-lo. Embora fosse desejável poder responder às perguntas "quanto" e "quando" sem o custo e o esforço da exploração, no negócio de petróleo não seria realista.

Em termos do PU, o passo de exploração realista é a fase de elaboração. A fase precedente de concepção é semelhante a um estudo de viabilidade para decidir se vale a pena investir em "perfurações" exploratórias. Somente depois da exploração (elaboração) é que teremos os dados e a percepção para elaborar estimativas e planos com um pouco mais de credibilidade. Portanto, no desenvolvimento iterativo e no PU, planos e estimativas não devem ser considerados confiáveis na fase de concepção. Eles meramente fornecem um sentimento da ordem de grandeza do nível de esforço envolvido, para nos auxiliar em uma decisão de prosseguir ou não.

4.2 Quanto deve durar a concepção?

O propósito da concepção é estabelecer uma visão inicial comum para os objetivos do projeto, determinar se o mesmo é viável e decidir se ele realmente deve passar por uma investigação mais séria na fase de elaboração. Se foi definido de antemão que o projeto será feito e ele for claramente viável (talvez porque a equipe já tenha executado projetos como este), a fase de concepção será especialmente breve. Ela pode incluir os primeiros seminários sobre requisitos, o planejamento para a primeira iteração, passando rapidamente para a elaboração.

4.3 Quais artefatos podem ser iniciados na concepção?

A Tabela 4.1 lista artefatos comuns da concepção (ou de uma elaboração precoce) e indica os aspectos que eles devem abordar. Os capítulos subseqüentes examinarão alguns desses aspectos em detalhes, especialmente o Modelo de Casos de Uso. Uma questão-chave para a compreensão do desenvolvimento iterativo é perceber que esses artefatos são apenas parcialmente completados nesta fase, sendo refinados em iterações posteriores, não devendo nem mesmo ser criados, a menos que se perceba que eles acrescentarão um real valor prático. Além disso, uma vez que estamos na concepção, o conteúdo da investigação e dos artefatos deve ser leve.

Tabela 4.1 Amostras de artefatos para a concepção

Artefato*	Comentário
Visão e Caso de Negócio	Descrevem os objetivos e as restrições de alto nível, o caso de negócio, além de um resumo para executivos.
Modelo de Casos de Uso	Descreve os requisitos funcionais. Durante a concepção, os nomes da maior parte dos casos de uso vão ser identificados e talvez 10% dos casos de uso serão analisados em detalhes.
Especificações Suplementares	Descrevem outros requisitos, a maior parte não funcional. Durante a concepão é útil ter alguma idéia dos requisitos-chave não funcionais que deverão ter impacto importante na arquitetura.
Glossário	Contém a terminologia-chave do domínio e dicionário de dados.
Lista de Riscos e Plano de Gestão de Riscos	Descrevem os riscos (de negócio, técnicos, de recursos e de cronograma), bem como as idéias para sua minimização ou solução.
Protótipos e provas de conceitos	Visam a esclarecer a visão e validar as idéias técnicas.
Plano da Iteração	Descreve o que fazer na primeira iteração da elaboração.
Plano da Fase e Plano de Desenvolvimento de Software	Estimativa de baixa precisão para a duração e esforço da fase de elaboração. Ferramentas, pessoal, treinamento e outros recursos.
Pasta de Desenvolvimento	Descrição dos passos e artefatos do PU personalizados para esse projeto. O PU é sempre personalizado para um projeto.

* Esses artefatos são apenas parcialmente completados nesta fase. Eles serão iterativamente refinados nas iterações subseqüentes. Um nome grafado em letra maiúscula indica que ele é um artefato oficialmente nomeado pelo PU.

Por exemplo, o Modelo de Casos de Uso pode listar os *nomes* de casos de uso e atores mais esperados, mas talvez descreva somente 10% dos casos de uso em detalhe – o que é feito durante o desenvolvimento da visão estimativa de alto nível do escopo do sistema, sua finalidade e riscos envolvidos.

Note que pode ocorrer algum trabalho de programação na concepção, com o objetivo de criar protótipos para "prova de conceitos", visando a esclarecer alguns requisitos via (tipicamente) protótipos voltados para a IU (Interface do Usuário), bem como a execução de algumas experiências de programação relativas a questões técnicas-chave que podem impedir que prossigamos.

Não é documentação demais?

Lembre-se de que os artefatos devem ser considerados opcionais. Crie somente aqueles que realmente acrescentem valor ao projeto, eliminando aqueles cujo valor não estiver comprovado. Além disso, como se trata de um desenvolvimento evolutivo, o ponto não é criar especificações completas durante esta fase, mas um esboço de documentos iniciais, que são refinados durante as iterações de elaboração, em resposta à valiosa realimentação oriunda da programação e testes antecipados.

Também, o objetivo de criar artefatos ou modelos não é o documento ou diagrama em si, mas o raciocínio, a análise e a presteza proativa. Essa é uma perspectiva da modelagem ágil: que o maior valor da modelagem é melhorar o entendimento, em vez de documentar especificações confiáveis. Como disse o general Eisenhower: "Na preparação para uma batalha, eu sempre percebo que os planos são inúteis, mas o planejamento é indispensável" [Nixon90, BF00].

Note também que artefatos do PU de projetos anteriores podem ser parcialmente reutilizados em projetos posteriores. É comum que existam muitas similaridades no que diz respeito aos riscos, à gerência de projeto, aos testes e aos artefatos relacionados ao ambiente entre vários projetos. Todos os projetos PU deveriam organizar os artefatos do mesmo modo, com os mesmos nomes (Lista de Riscos, Pasta de Desenvolvimento, etc.). Isso torna mais fácil a busca por artefatos reutilizáveis de projetos anteriores em novos esforços que adotem o PU.

4.4 Você sabe que não compreendeu a concepção quando...

- Ela gasta mais do que "poucas" semanas para a maioria dos projetos.
- Há uma tentativa de definir a maioria dos requisitos.
- Espera-se que as estimativas ou planos sejam confiáveis.
- Você define a arquitetura (isso deveria ser feito iterativamente na elaboração).
- Você acredita que a seqüência correta de trabalho deveria ser: 1) definir os requisitos; 2) projetar a arquitetura; 3) implementar.
- Não há um artefato Caso de Negócio ou Visão.
- Todos os casos de uso foram definidos em detalhes.
- Nenhum dos casos de uso foi definido em detalhes; de preferência, 10% a 20% deveriam ser definidos em detalhes para se ganhar uma percepção realista do escopo do problema.

4.5 Quanto de UML durante a concepção?

A finalidade da concepção é coletar apenas informação suficiente para estabelecer uma visão comum, decidir se avançar é exeqüível e se o projeto merece séria investigação na fase de elaboração. Assim, a menos talvez de simples diagramas de casos de uso UML, não seja necessária muita diagramação. Há maior enfoque durante a concepção no entendimento do escopo básico e de 10% dos requisitos, expressos na sua maior parte em forma de texto. Na prática e também nesta apresentação, a maior parte da diagramação UML ocorrerá na fase seguinte – a elaboração.

Capítulo 5

REQUISITOS EVOLUTIVOS

*Em nosso mundo as pessoas não sabem
o que querem, mas estão dispostas a ir até o inferno para consegui-lo.
– Don Marquis*

Objetivos

- Motivar a adoção de requisitos evolutivos.
- Definir o modelo FURPS+.
- Definir os artefatos de requisitos do PU.

Introdução

Outras práticas do PU (págs. 60-61) Este capítulo introduz brevemente os requisitos iterativos e evolutivos e descreve artefatos de requisitos específicos do PU, a fim de fornecer contexto para os capítulos seguintes, que são orientados a requisitos.

Também explora alguma evidência que ilustra a futilidade e falta de habilidade das abordagens de análise de requisitos orientados em cascata, nas quais há uma tentativa de definir as conhecidas especificações "completas" antes de começar o desenvolvimento.

O que vem a seguir? Introduzida a concepção, este capítulo introduz requisitos e seu refinamento evolutivo. O capítulo seguinte aborda os casos de uso, que são uma prática para coletar os requisitos iniciais utilizada no PU e em muitos métodos modernos.

5.1 Definição: requisitos

Requisitos são capacidades e condições às quais o sistema – e em termos mais amplos, o projeto – deve atender [JBR99].

O PU promove um conjunto de melhores práticas, uma das quais é *gerenciar requisitos*. Isso não se refere à atitude dos que adotam o ciclo de desenvolvimento em cascata, de tentar definir e estabilizar por completo os requisitos na primeira fase de um projeto antes da programação, mas sim – no contexto das inevitáveis mutações e dos desejos não muito claros dos interessados no projeto – "uma abordagem sistemática para encontrar, documentar, organizar e rastrear as *mudanças* de requisitos de um sistema" [RUP].

Em resumo, fazendo-o de forma iterativa, competente e não descuidada.

Um desafio básico da análise de requisitos é encontrar, comunicar e lembrar (o que geralmente quer dizer registrar) o que é realmente necessário, expressando isso de forma clara para o cliente e os membros da equipe de desenvolvimento.

5.2 Requisitos evolutivos vs. em cascata

Note a palavra *mudança* na definição do que significa gerenciar requisitos. O PU encara a mudança nos requisitos como um componente fundamental nos projetos. Isso é incrivelmente importante e constitui a parte central do raciocínio envolvendo o ciclo em cascata versus o ciclo iterativo e evolutivo.

No PU e em outros métodos evolutivos (Scrum, XP, FDD e outros), iniciamos a programação e teste com qualidade de produção muito antes da maior parte dos requisitos terem sido analisados ou especificados – talvez quando apenas 10 ou 20% dos requisitos mais significativos arquiteturalmente, de maior risco e de mais alto valor de negócios, tenham sido especificados.

Quais são os detalhes do processo? Como fazer a análise parcial e evolutiva de requisitos, combinada com projeto e programação antecipados, em iterações? Ver "Como Fazer Análise e Projeto Iterativos e Evolutivos?" na pág. 53, que fornece uma breve descrição e uma figura para ajudar a explicar o processo. Ver "Processo: Como Trabalhar com Casos de Uso e Métodos Iterativos?" na pág. 121, que apresenta uma discussão mais detalhada.

> *Cuidado!*
>
> Se você estiver em um projeto aclamado como PU ou iterativo, mas que tenta especificar a maior parte ou todos os requisitos (casos de uso, etc.) antes de começar a programar e testar, existe um profundo mal entendido – não é um projeto iterativo ou um PU saudável.

Nas décadas de 1960 e 1970 (quando comecei a trabalhar como desenvolvedor) havia ainda uma crença especulativa comum sobre a eficácia da análise antecipada e completa de requisitos para projetos de software (isto é, em cascata). Na década de 1980 começou a surgir evidências de que isso não era correto e levava a muitas falhas; a crença antiga estava enraizada no paradigma errado de considerar um projeto de software semelhante a uma previsível fabricação em massa, com baixas taxas de modificação. Mas o software permanece no domínio de desenvolvimento de novos produtos com altos intervalos de modificação e altos graus de novidade e descoberta.

Mudanças na pesquisa (pág. 52)

Lembre a estatística-chave de que, em média, 25% dos requisitos são modificados nos projetos de software. Assim, qualquer método que tenta congelar ou definir totalmente os requisitos no começo é fundamentalmente falho, baseado em uma suposição falsa, e combate ou nega as inevitáveis mudanças.

Reforçando esse ponto, por exemplo, estava um estudo sobre fatores de falhas em 1027 projetos de software [Thomas01]. O que foi encontrado? Tentativas de práticas em cascata (inclusive requisitos detalhados no início) eram o fator individual que mais contribuía para a falha, sendo indicado em 82% dos projetos como o problema número um. Citando a conclusão:

> ... a abordagem de definição completa de requisitos, seguida de um longo intervalo antes daqueles requisitos serem entregues, não é mais adequada.

> O alto grau de requisitos de negócios mutáveis sugere que qualquer suposição de que vai haver pouca mudança significativa nos requisitos, após eles terem sido documentados, é fundamentalmente errada e que gastar tempo e esforço significativos definindo-os no nível máximo é inadequado.

Outro resultado relevante de pesquisa responde a seguinte questão: quando se tenta fazer a análise de requisitos em cascata, quantas das características prematuras especificadas inicialmente são realmente úteis no produto de software final? Em um estudo [Johnson02] de milhares de projetos, os resultados são bastante reveladores – 45% de tais características nunca foram usadas e, além disso, 19% foram "raramente" usadas (ver Figura 5.1). Quase 65% das características especificadas em cascata foram de pequeno ou de nenhum valor!

Esses resultados não implicam que a solução seja começar a mexer no código próximo ao primeiro dia do projeto e esquecer a análise de requisitos ou de registrar os requisitos. Há um meio termo: análise iterativa e evolutiva de requisitos, combinada com desenvolvimento iterativo de tempo limitado e freqüente participação dos interessados na avaliação e realimentação dos resultados parciais.

5.3 Quais são os meios racionais de elicitar requisitos?

Revisando a boa prática do PU de *gerenciar requisitos:*

> ... uma abordagem sistemática de encontrar, documentar, organizar e rastrear as mudanças de requisitos de um sistema. [RUP]

Além de *mudar,* a palavra *encontrar* é importante; isto é, o PU encoraja a elicitação racional por meio de técnicas como: escrever os casos de uso com os clientes, promover

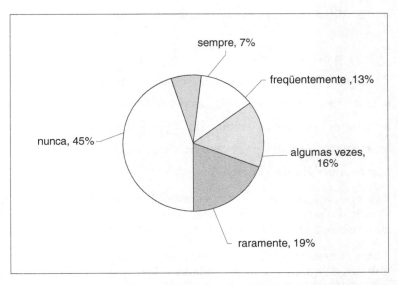

Figura 5.1 Uso efetivo das características especificadas no modelo em cascata.

seminários de requisitos que incluem tanto desenvolvedores quanto clientes, enfocar grupos com pseudoclientes e uma demonstração dos resultados de cada iteração para os clientes, para solicitar realimentação.

O PU acolhe qualquer método de elicitação de requisitos que possa adicionar valor e aumentar a participação do usuário. Mesmo a simples prática do XP de "cartão de estória" (story card) é aceitável em um projeto PU, se ela puder ser colocada em ação efetivamente (isso exige a presença de um especialista em clientes em tempo integral na sala do projeto – uma prática excelente, mas freqüentemente difícil de conseguir).

5.4 Quais são os tipos e categorias de requisitos?

No PU, os requisitos são categorizados de acordo com o modelo FURPS+ [Grady92], um mnemônico útil com o seguinte significado[1]:

- **Funcional** – características, capacidade, segurança.
- **Usabilidade** – fatores humanos, recursos de ajuda, documentação.
- **Confiabilidade** – freqüência de falhas, capacidade de recuperação, previsibilidade.
- **Desempenho** – tempos de resposta, fluxo de vazão (throughput), precisão, disponibilidade, uso de recursos.

---

[1] Existem vários sistemas de categorização de requisitos e atributos de qualidade publicados em livros e por organizações de padronização, como a ISO 9126 (a qual é similar à lista FURPS+), e várias do Software Engineering Institute (SEI); qualquer uma delas pode ser usada em um projeto de PU.

- **Facilidade de Suporte** – facilidade de adaptação e de manutenção, internacionalização, configurabilidade.

O "+" em FURPS+ indica aspectos auxiliares e subfatores, tais como:

- **Implementação** – limitações de recursos, linguagens e ferramentas, hardware, etc.
- **Interface** – restrições impostas pelas interfaces com sistemas externos.
- **Operações** – gerenciamento do sistema no ambiente operacional.
- **Empacotamento** – por exemplo, uma caixa física.
- **Questões legais** – licenças de uso, etc.

É de grande ajuda o uso das categorias FURPS+ (ou algum outro esquema de categorização) como uma lista de verificação para a cobertura dos requisitos, a fim de reduzir o risco de não levar em conta alguma faceta importante do sistema.

Alguns desses requisitos são coletivamente chamados de **atributos de qualidade**, **requisitos de qualidade** ou as "–idades" de um sistema. Estas incluem a usabilidade, a confiabilidade, o desempenho e a facilidade de suporte. No uso comum, requisitos são categorizados como **funcionais** (comportamentais) ou **não funcionais** (todos os outros); alguns desaprovam essa generalização ampla [BCK98], mas ela é bastante usada.

Análise arquitetural (pág. 542) Como veremos quando explorarmos a análise arquitetural, os requisitos de qualidade têm uma forte influência na arquitetura de um sistema. Por exemplo, um requisito de alto desempenho e alta confiabilidade influenciará a escolha dos componentes de software e hardware, bem como a sua configuração.

5.5 Como os requisitos são organizados em artefatos PU?

O PU oferece vários artefatos de requisitos. Como todos os artefatos do PU, eles são opcionais. Os artefatos-chave incluem:

- **Modelo de Casos de Uso** – um conjunto de cenários típicos do uso de um sistema. Eles são principalmente para requisitos funcionais (comportamentais).

- **Especificação Suplementar** – basicamente tudo o que não está nos casos de uso. Esse artefato é principalmente para requisitos não funcionais, como desempenho ou autenticação. É também o lugar para registrar características funcionais não expressas (ou expressíveis) como casos de uso; por exemplo, a geração de um relatório.

- **Glossário** – em sua forma mais simples, o glossário define termos importantes. Também abrange o conceito de **dicionário de dados**, que registra requisitos relativos aos dados, tais como: regras de validação, valores aceitáveis, etc. O glossário pode detalhar qualquer elemento: um atributo de um objeto, um parâmetro de chamada de uma operação, um leiaute de relatório, etc.

- **Visão** – resume requisitos de alto nível que são detalhados no modelo de casos de uso e especificação suplementar, e resume o caso de negócios do projeto. É um documento curto contendo uma visão geral para entendimento rápido das grandes idéias do projeto.

- **Regras de Negócio** – regras de negócio (também chamadas de regras de domínio) descrevem tipicamente requisitos ou políticas que transcendem um projeto de software – elas são necessárias no domínio ou no negócio e muitas aplicações podem precisar respeitá-las. Um excelente exemplo são as leis sobre impostos governamentais. Os detalhes das regras de domínio *podem* ser registrados na especificação suplementar, mas como elas são usualmente mais duradouras e aplicáveis do que para um projeto de software, colocá-las em um artefato central de Regras de Negócio (compartilhado por todos os analistas da empresa) leva ao melhor reúso do esforço de análise.

Qual é o formato correto desses artefatos?

No PU, todos os artefatos são abstrações de informação; eles poderiam ser armazenados em páginas da Web (como em uma Wiki Web), murais ou qualquer variante imaginável. O produto da documentação RUP online contém gabaritos para os artefatos, mas são uma ajuda opcional e podem ser ignorados.

5.6 O livro contém exemplos desses artefatos?

Sim! Este livro está mais voltado à uma introdução à A/POO em um processo iterativo do que à ánálise de requisitos, mas explorar a A/POO sem algum exemplo ou contexto de requisitos dá um panorama incompleto – ignora a influência dos requisitos na A/POO. E é útil ter um exemplo maior de artefatos-chave do PU relativos a requisitos. Onde encontrar os exemplos:

Artefato de requisitos	Onde?	Comentário
Modelo de Casos de Uso	Introdução pág. 87 Intermediário págs. 403-404	Casos de uso são comuns no PU e uma entrada para a A/POO e, assim, são descritos em detalhe nos capítulos iniciais.
Especificação Suplementar, Glossário, Visão, Regras de Negócio	Exemplos de estudos de caso pág. 127	São fornecidos para dar consistência, mas podem ser pulados – não se trata de um tópico de A/POO.

5.7 Leituras recomendadas

Em um capítulo subseqüente, cobriremos referências bibliográficas relacionadas aos requisitos com casos de uso. Textos sobre requisitos orientados a casos de uso, como *Writing Effective Use Cases* [Cockburn01], são o ponto de partida recomendado para o estudo de requisitos, em vez de textos mais genéricos (e, usualmente, tradicionais) sobre requisitos.

Há, atualmente, um amplo esforço para discutir os requisitos – e uma grande variedade de tópicos de engenharia de software – sob a sombra do Corpo de Conhecimento de Engenharia de Software (Software Engineering Body of Knowledge – **SWEBOK**), disponível em www.swebok.org.

O SEI (www.sei.cmu.edu) tem várias propostas relacionadas a requisitos de qualidade. A ISO 9126, a IEEE Std 830 e a IEEE Std 1061 são normas (padronizações) relacionadas a requisitos e atributos de qualidade e estão disponíveis na Web em diversos sítios.

Algumas precauções devem ser tomadas no que diz respeito a livros sobre requisitos gerais, mesmo em relação àqueles que se propõe a cobrir casos de uso, desenvolvimento iterativo ou mesmo requisitos no PU:

> *A maioria deles está escrita com uma distorção do modelo em cascata, propondo uma definição significativa ou "completa" de requisitos logo no início, antes da execução de qualquer atividade relacionada ao projeto e à implementação. Esses livros que também mencionam o desenvolvimento iterativo podem fazê-lo, digamos, superficialmente, talvez sob a forma de material "iterativo" adicionado recentemente ao texto para satisfazer às tendências modernas. Eles podem conter boas indicações quanto à elicitação e organização de requisitos, mas não oferecem uma visão precisa da análise evolutiva e iterativa.*

Qualquer variante de conselho sobre o processo que implique "tentar definir a maioria dos requisitos e, então, partir para o processo de projeto e implementação" não é consistente com o desenvolvimento iterativo evolutivo e o PU.

Capítulo 6

Casos de Uso

*O primeiro e indispensável passo para obter
as coisas que você deseja da vida é decidir o que você quer.*
– Ben Stein

Objetivos

- Identificar e escrever casos de uso.
- Usar os formatos resumido, informal e completo, em um estilo essencial.
- Aplicar testes para identificar casos de uso adequados.
- Relacionar a análise de um caso de uso ao desenvolvimento iterativo.

Introdução

Tópicos de casos de uso intermediários (págs. 498-499)

Casos de uso são narrativas em texto, amplamente utilizadas para descobrir e registrar requisitos. Eles influenciam muitos aspectos de um projeto, inclusive a A/POO, e servem de entrada para vários artefatos subseqüentes nos estudos de caso. Este capítulo explora conceitos básicos, inclusive como redigir casos de uso e desenhar um diagrama de casos de uso UML. Este capítulo também mostra o maior valor da habilidade de análise em comparação com o conhecimento sobre a notação UML; o diagrama de caso de uso UML é trivial para aprender, mas as várias diretrizes para identificar e redigir bons casos de uso levam semanas – ou mais – para dominar totalmente.

O que vem a seguir? Abordados os requisitos, este capítulo explora casos de uso para requisitos funcionais. O capítulo seguinte cobre outros requisitos no PU, inclusive a Especificação Suplementar para requisitos não funcionais.

Concepção → Requisitos evolutivos → **Casos de Uso** → Outros Requisitos → Requisitos da Iteração 1

88 Parte II • Concepção

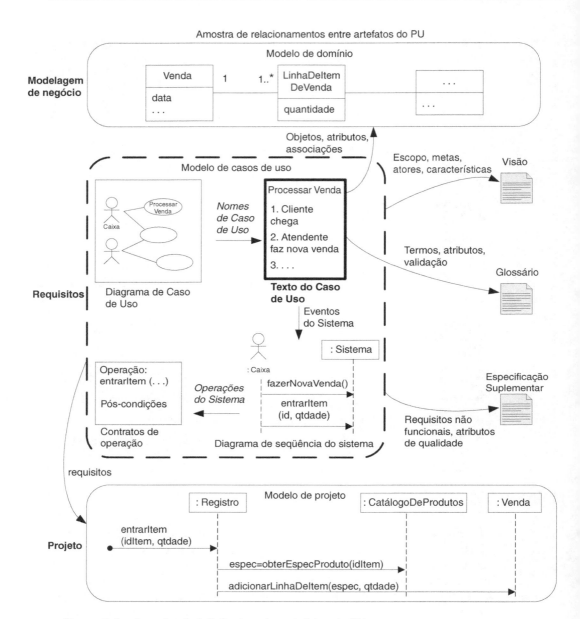

Figura 6.1 Amostra da influência entre artefatos do PU.

A influência entre os artefatos do PU, com ênfase no texto dos casos de uso, é mostrada na Figura 6.1. Metas de alto nível e diagramas de casos de uso são utilizadas como entrada para a criação do texto do caso de uso. Os casos de uso, por sua vez, influenciam muitos outros artefatos de análise, projeto, implementação, gestão de projeto e teste.

6.1 Exemplo

Informalmente, casos de uso são narrativas em texto de algum ator usando um sistema para atingir objetivos. Segue um exemplo de caso de uso no *formato resumido*:

> **Processar Venda:** um cliente chega em um ponto de pagamento com itens que deseja adquirir. O caixa usa o sistema PDV para registrar cada item comprado. O sistema apresenta um total parcial e detalhes de linha de item. O cliente entra os dados sobre o pagamento, que são validados e, em seguida, registrados pelo sistema. O sistema atualiza o estoque. O cliente recebe um recibo do sistema e sai com os itens comprados.

Os diagramas de caso de uso UML (págs. 115-116)

Note que **casos de uso não são diagramas, são textos**. Enfocar os diagramas de caso de uso UML, de valor secundário, em vez do importante texto do caso de uso, é um erro comum para novatos.

Casos de uso freqüentemente necessitam ser mais detalhados ou estruturados do que no exemplo, mas o essencial é descobrir e registrar os requisitos funcionais, escrevendo narrativas de uso de um sistema para satisfazer as metas do usuário, ou seja, *casos de uso*[1]. Não se trata de uma idéia difícil, embora possa ser difícil descobrir o que é necessário e escrevê-lo de forma coerente.

6.2 Definição: o que são atores, cenários e casos de uso?

Primeiro, daremos algumas definições informais: um **ator** é algo com comportamento, tal como uma pessoa (identificada por seu papel), um sistema de computador ou uma organização; por exemplo, um caixa.

Um **cenário** é uma seqüência específica de ações e interações entre atores e o sistema; é também chamado de **instância de caso de uso**. É uma história particular de uso de um sistema ou um caminho através do caso de uso; por exemplo, o cenário de efetuar com sucesso a compra de itens em dinheiro, ou o cenário de não consumar a compra de itens por causa da recusa de uma autorização de crédito.

Em termos informais, então, um **caso de uso** é uma coleção de cenários relacionados de sucesso e fracasso, que descrevem um ator usando um sistema como meio para atingir um objetivo. Por exemplo, temos a seguir um caso de uso em um *formato informal* que inclui alguns cenários alternativos:

> **Tratar Devoluções**
>
> *Cenário de sucesso principal:* um cliente chega a um posto de pagamento com itens a serem devolvidos. O caixa usa o sistema PDV para registrar cada item devolvido...

---

[1] O termo original em sueco seria traduzido literalmente como "caso de utilização".

Cenários alternativos:

Se o cliente pagou a crédito e a transação de reembolso para estorno em sua conta de crédito é rejeitada, informe o cliente e o reembolse com dinheiro.

Se o identificador do item não for encontrado no sistema, este notifica o caixa e sugere que entre manualmente o código do produto (talvez ele esteja corrompido).

Se o sistema detecta uma falha para se comunicar com o sistema externo de contabilidade...

Agora que cenários (instâncias de casos de uso) estão definidos, uma definição alternativa, porém similar, de caso de uso fornecida pelo RUP vai fazer mais sentido:

Um conjunto de instâncias de casos de uso, no qual cada instância é uma seqüência de ações que um sistema executa e que fornece um resultado observável com valor para um determinado ator [RUP].

6.3 Casos de uso e o modelo de casos de uso

O PU define o **Modelo de Casos de Uso** dentro da disciplina Requisitos. Essencialmente, trata-se do conjunto de todos os casos de uso escritos; é um modelo da funcionalidade e ambiente do sistema.

> **Casos de uso são documentos de texto e não diagramas.**
> **Portanto, a modelagem de caso de uso é essencialmente uma**
> **ação de redigir texto e não de desenhar diagramas.**

Outros requisitos do PU (pág. 127)

O Modelo de Casos de Uso não é o único artefato de requisitos no PU. Existem também: Especificação Suplementar, Glossário, Visão e Regras de Negócio. São todos úteis para a análise de requisitos, mas secundários neste ponto.

Diagramas de Casos de Uso UML (págs. 115-116)

O Modelo de Casos de Uso pode opcionalmente incluir um diagrama de caso de uso UML para mostrar os nomes de casos de uso, atores e seus relacionamentos. Isso dá um belo **diagrama de contexto** de um sistema e do seu ambiente. Fornece também um modo rápido de listar os casos de uso por nome.

Não há nada orientado a objetos em casos de uso; não estamos fazendo análise OO quando os escrevemos. Isso não é problema – casos de uso são amplamente aplicáveis, o que aumenta a sua utilidade. Dito isso, casos de uso são considerados uma entrada de requisitos chave para a A/POO clássica.

6.4 Motivação: por que casos de uso?

Nós temos objetivos e desejamos computadores para ajudar a atingi-los, que vão desde o registro de vendas até o uso de jogos para estimar o fluxo de petróleo de futuros poços. Analistas experientes inventaram *muitos* modos de descobrir objetivos, mas os melhores são simples e familiares. Por que? Isso torna mais fácil – especialmente para clientes – contribuir para sua definição e revisão. Isso diminui o risco de perder a referência. Este pode parecer um comentário inoportuno, mas é importante. Pesquisadores apresentaram métodos complexos de análise que eles entendem, mas que levam uma pessoa de negócios a entrar em coma! Falta de envolvimento do usuário em projetos de software está perto do topo da lista de razões para fracasso de projetos [Larman03], assim, qualquer coisa que ajude a mantê-los envolvidos é realmente desejável.

Mais motivação (pág. 118)

Casos de uso são uma boa maneira de manter a coisa simples e de tornar possível a especialistas no domínio ou fornecedores de requisitos escrever eles mesmos (ou participar da escrita de) casos de uso.

Outro valor dos casos de uso é que *eles enfatizam os objetivos e perspectivas do usuário*; formulamos a questão "quem está usando o sistema, quais são seus típicos cenários de uso e quais são os seus objetivos?" Essa é uma ênfase mais centrada no usuário, comparada a simplesmente solicitar uma lista de características do sistema.

Muito tem sido escrito sobre casos de uso e, apesar de valer a pena, pessoas criativas freqüentemente obscurecem uma idéia simples com camadas de sofisticação ou supercomplicação. Geralmente, é possível encontrar um modelador de casos de uso novato (ou um analista sério tipo A) que se preocupa em excesso com problemas secundários, como diagramas de casos de uso, relacionamento entre casos de uso, pacotes de casos de uso e etc., em vez de se concentrar no trabalho árduo de simplesmente *escrever* as narrativas em texto.

Dito isso, um dos pontos fortes do mecanismo de casos de uso é a sua capacidade de escalabilidade para cima ou para baixo em termos de sofisticação e formalidade.

6.5 Definição: os casos de uso são requisitos funcionais?

FURPS+ (págs. 82-83)

Casos de uso *são* requisitos; primeiramente, eles são requisitos funcionais ou comportamentais que indicam o que o sistema fará. Em termos dos tipos de requisitos FURPS+, eles enfatizam o "F" (funcional ou comportamental), mas também podem ser usados para definir outros tipos de requisitos, especialmente aqueles outros tipos fortemente relacionados com um caso de uso. No PU – e em muitos métodos modernos – casos de uso são o mecanismo central recomendado para a descoberta e definição dos requisitos.

Um ponto de vista relacionado é que um caso de uso define um *contrato* de como um sistema se comportará [Cockburn01].

Sendo claro: casos de uso são realmente requisitos (embora não sejam todos os requisitos). Alguns pensam em requisitos somente como "o sistema deverá fazer..." listas de funções ou características. Não é bem assim, e uma idéia chave por trás dos casos de uso é (geralmente) reduzir a importância ou uso das antigas listas detalhadas de características e, em vez disso, redigir casos de uso para os requisitos funcionais. Em uma seção posterior falaremos mais sobre esse ponto.

6.6 Definição: quais são os três tipos de atores?

Um **ator** é qualquer coisa com um comportamento, inclusive o próprio sistema em discussão (SeD) quando invoca os serviços de outros sistemas[2]. Atores principais e de suporte aparecerão nos passos de ação do texto do caso de uso. Atores não são somente papéis desempenhados por pessoas, mas também por organizações, softwares e máquinas. Há três tipos de atores externos em relação ao SeD:

- **Ator principal** – tem objetivos de usuário satisfeitos por meio do uso dos serviços do SeD. Por exemplo, o caixa.

    o Por que identificar? Para encontrar objetivos de usuário, que guiam os casos de uso.

- **Ator de suporte** – fornece um serviço (por exemplo, informações) para o SeD. O serviço automatizado de autorização de pagamento é um exemplo. Freqüentemente é um sistema de computador, mas pode ser uma organização ou pessoa.

    o Por que identificar? Para esclarecer interfaces externas e protocolos.

- **Ator de bastidor** – tem interesse no comportamento do caso de uso, mas não é um ator principal ou de suporte; por exemplo, um órgão governamental responsável por impostos.

    o Por que identificar? Para garantir que *todos* os interesses necessários estejam identificados e satisfeitos. Os interesses de atores de bastidor são, às vezes, sutis ou de fácil esquecimento, a menos que esses atores sejam explicitamente nomeados.

6.7 Notação: quais são os três formatos comuns de casos de uso?

Casos de uso podem ser escritos em diferentes formatos e níveis de formalidade:

Exemplo (pág. 89)
- **resumido** – resumo sucinto de um parágrafo, geralmente o cenário de sucesso principal. O exemplo precedente *Processar Venda* foi resumido.

    o Quando? Durante a análise de requisitos inicial, para obter uma rápida idéia do assunto e escopo. Pode levar apenas alguns minutos para criar.

Exemplo (pág. 89)
- **informal** – formato informal de parágrafos. Múltiplos parágrafos que cobrem vários cenários. O exemplo precedente *Tratar Devoluções* foi informal.

    o Quando? Como acima.

Exemplo (págs. 93-94)
- **completo** – Todos os passos e variantes são escritos em detalhe e há seções de suporte, como pré-condições e garantias de sucesso.

---

[2] Isso é um refinamento e uma melhoria em relação às definições alternativas de atores, inclusive àquelas das versões iniciais da UML e do PU [Cockburn97]. As versões mais antigas excluíam de forma inconsistente o SeD como ator, mesmo quando invocava serviços de outros sistemas. Todas as entidades podem desempenhar múltiplos *papéis*, inclusive o SeD.

Mais sobre a ocasião para escrever casos de uso (pág. 121)

○ Quando? Depois que muitos casos tiverem sido identificados e escritos em formato resumido, então durante o primeiro workshop de requisitos, alguns (como por exemplo, 10%) dos casos de uso arquiteturalmente significativos e de alto valor, são escritos em detalhe.

O exemplo seguinte é um caso completo para o nosso estudo de caso ProxGer.

6.8 Exemplo: processar venda em estilo completo

Casos de uso completos mostram mais detalhes e são estruturados; eles vão mais fundo.

Na análise de requisitos iterativa e evolutiva do PU, 10% dos casos de uso críticos seriam escritos desse modo durante o primeiro workshop de requisitos. O projeto e a programação começam nos casos de uso ou cenários mais significativos arquiteturalmente desse conjunto de 10%.

Vários gabaritos de formatos estão disponíveis para casos de uso detalhados. Provavelmente, o formato mais amplamente usado e compartilhado, desde o início da década de 1990, seja o gabarito disponível na Web em alistair.cockburn.us, criado por Alistair Cockburn, o autor do livro e abordagem mais popular para modelagem de casos de uso. O exemplo a seguir ilustra este estilo.

Primeiramente, aqui está o gabarito:

Seção do Caso de Uso	Comentário
Nome do Caso de Uso	Começar com um verbo.
Escopo	O sistema em projeto.
Nível	"Objetivo do usuário" ou "sub-função".
Ator principal	Chama o sistema para fornecer os serviços.
Interessados e interesses	Quem se importa com este caso de uso e o que eles desejam?
Pré-condições	O que precisa ser verdade de início e vale a pena dizer ao leitor?
Garantia de sucesso	O que precisa ser verdade quando da finalização bem sucedida e se vale a pena dizer ao leitor.
Cenário de sucesso principal	Um caminho típico, incondicional e otimista do cenário de sucesso.
Extensões	Cenários alternativos de sucesso ou fracasso.
Requisitos especiais	Requisitos não funcionais relacionados.
Lista de variantes tecnológicas e de dados	Métodos de entrada e saída e formatos de dados variáveis.
Freqüência de ocorrência	Influencia a investigação, teste e oportunidade da implementação.
Diversos	Como, por exemplo, pontos em aberto.

Segue um exemplo baseado no gabarito.

> *Observe, por favor, que este é o exemplo de um caso de uso detalhado do principal estudo de caso do livro; mostra muitos elementos e pontos comuns.*
>
> Ele mostra, provavelmente, muito mais do que você jamais desejou saber sobre um sistema PDV! Mas ele é para um PDV real e mostra a habilidade dos casos de uso de captar requisitos complexos do mundo real e cenários profundamente ramificados.

Caso de uso CDU1: processar venda

Escopo: Aplicação PDV ProxGer
Nível: objetivo do usuário
Ator Principal: Caixa
Interessados e Interesses:
– Caixa: deseja entrada de pagamento rápida, precisa e sem erros, pois a falta de dinheiro na gaveta do caixa será deduzida do seu salário.
– Vendedor: deseja comissões sobre vendas atualizadas.
– Cliente: deseja comprar, receber um serviço rápido e com o mínimo esforço. Deseja a exibição, facilmente visível, dos itens e preços inseridos. Deseja um comprovante da compra, necessário no caso de devoluções de mercadorias.
– Empresa: deseja registrar precisamente as transações e satisfazer aos interesses do cliente. Quer garantir que os pagamentos a receber do Serviço de Autorização de Pagamentos sejam registrados. Deseja algum tipo de proteção contra falhas para permitir que as vendas sejam capturadas mesmo se os componentes do servidor (por exemplo, validação remota de crédito) se encontrarem indisponíveis. Deseja uma atualização automática e rápida da contabilidade e do estoque.
– Gerente: deseja poder realizar rapidamente operações de correção e facilmente corrigir os problemas do Caixa.
– Órgãos fiscais governamentais: desejam cobrar os impostos de cada venda. Podem estar envolvidos vários órgãos, como, por exemplo, federais, estaduais e municipais.
– Serviço de autorização de pagamentos: deseja receber solicitações de autorização digital no formato e protocolo corretos. Deseja contabilizar com precisão seus débitos a pagar para a loja.
Pré-Condições: Caixa está identificado e autenticado.
Garantia de Sucesso (ou Pós-Condições): Venda foi salva. Impostos foram corretamente calculados. Contabilidade e Estoque foram atualizados. Comissões foram registradas. Recibo foi gerado. Autorizações de pagamento foram registradas.
Cenário de Sucesso Principal (ou Fluxo Básico):
1. Cliente chega à saída do PDV com bens ou serviços para adquirir.
2. Caixa começa uma nova venda.
3. Caixa insere o identificador do item.
4. Sistema registra a linha de item da venda e apresenta uma descrição do item, seu preço e total parcial da venda. Preço calculado segundo um conjunto de regras de preços.

Caixa repete os passos 3 e 4 até que indique ter terminado.

5. Sistema apresenta o total com impostos calculados.

6. Caixa informa total ao Cliente e solicita pagamento.
7. Cliente paga e Sistema trata pagamento.
8. Sistema registra venda completada e envia informações de venda e pagamento para Sistema externo de contabilidade (para contabilidade e comissões) e para Sistema de Estoque (para atualizar o estoque).
9. Sistema apresenta recibo.
10. Cliente vai embora com recibo e mercadorias (se houver).

Extensões (ou Fluxos Alternativos):
*a. A qualquer momento, Gerente solicita uma operação de correção:
   1. Sistema entra no modo Autorizado pelo Gerente.
   2. Gerente ou Caixa realiza uma das operações do modo Gerente, por exemplo, modificação do saldo em dinheiro, retoma uma venda suspensa em outro registrador, anula uma venda, etc.
   3. Sistema reverte para o modo Autorizado pelo Caixa.
*b. A qualquer momento, Sistema falha:
   Para fornecer suporte à recuperação e à correta contabilidade, garanta que todos os estados e os eventos sensíveis das transações possam ser recuperados a partir de qualquer passo do cenário.
   1. Caixa reinicia Sistema, registra-se e solicita a recuperação do estado anterior.
   2. Sistema restaura estado anterior.
       2a. Sistema detecta anomalias que impedem a restauração:
           1. Sistema avisa Caixa sobre erro, registra o erro e, então, entra em um novo estado consistente.
           2. Caixa começa uma nova venda.
1a. Cliente ou Gerente indica a retomada de uma venda suspensa.
   1. Caixa realiza a operação retomada e insere a Identidade para recuperar a venda.
   2. Sistema mostra o estado da venda retomada, com subtotal.
       2a. Venda não encontrada
           1. Sistema avisa Caixa sobre o erro.
           2. Caixa, provavelmente, começa nova venda e re-insere todos os itens.
   3. Caixa continua a venda (provavelmente inserindo mais itens ou tratando o pagamento).
2-4a. Cliente diz ao Caixa que tem uma condição de isenção de imposto (por exemplo, idoso, cidadão local)
   1. Caixa verifica e depois insere o código de condição de isenção de imposto.
   2. Sistema registra a condição (que vai usar durante os cálculos de imposto).
3a. ID do item inválido (não encontrado no sistema):
   1. Sistema avisa o erro e rejeita a entrada.
   2. Caixa responde ao erro:
       2a. Existe um ID do item legível a uma pessoa humana (por exemplo, CUP numérico):
           1. Caixa insere manualmente ID do item.
           2. Sistema mostra descrição e preço.
               2a. ID do item inválido: sistema avisa erro. Caixa tenta método alternativo.
       2b. Não existe identificador de item, mas existe um preço na etiqueta:
           1. Caixa solicita ao Gerente executar operação de correção.
           2. Gerente realiza correção.

3. Caixa indica entrada manual de preço, insere preço e solicita imposto padrão para essa quantia (como não existe informação de produto, o calculador de imposto não pode inferir como calculá-lo).

2c. Caixa invoca <u>Procurar Ajuda de Produto</u> a fim de obter o ID e preço reais do item.

2d. Caso contrário, Caixa pergunta a um empregado da empresa o preço e identificador reais do item e executa a introdução manual do identificador ou a introdução manual do preço (ver acima).

3b. Existem vários itens do mesmo tipo e rastrear um item físico individual não é importante (por exemplo, 5 pacotes de sanduíches naturais):
   1. Caixa pode inserir o identificador do tipo do item e quantidade.

3c. Item exige a introdução manual do tipo e preço (como por exemplo, flores ou cartões com etiqueta de preço)
   1. Caixa insere código de tipo manual especial, mais preço.

3-6a: Cliente pede ao Caixa para remover (isto é, anular) um item da compra: isso só é possível se o valor do item é menor que o limite de anulação do Caixa, caso contrário é necessária correção do Gerente.
   1. Caixa insere o identificador do item a ser removido da venda.
   2. Sistema remove o item e exibe o total parcial atualizado.
      2a. Preço do item excede o limite de anulação do Caixa:
         1. Sistema avisa que houve erro e sugere correção do Gerente.
         2. Caixa solicita correção do Gerente e, após obtê-la, repete a operação.

3-6b. Cliente diz ao Caixa para cancelar a venda:
   1. Caixa cancela venda no Sistema.

3-6c. Caixa suspende a venda:
   1. Sistema registra a venda de forma que ela fique disponível para acesso a partir de qualquer terminal PDV.
   2. Sistema apresenta "recibo de suspensão" que inclui as linhas de item e uma identificação da venda usada para recuperar e restaurar a venda.

4a. Preço do item gerado pelo Sistema não é desejado (por exemplo, Cliente se queixa de que algo está sendo oferecido a um preço mais baixo):
   1. Caixa solicita a aprovação do Gerente.
   2. Gerente realiza operação de correção.
   3. Caixa insere a correção manual de preço.
   4. Sistema apresenta novo preço.

5a. Sistema detecta uma falha na comunicação com o serviço externo de cálculo de impostos:
   1. Sistema reinicia esse serviço no nó do PDV e continua.
      1a. Sistema detecta que o serviço não reinicia.
         1. Sistema avisa o erro.
         2. Caixa pode calcular e inserir manualmente o imposto ou cancelar a venda.

5b. Cliente diz que tem direito a um desconto (por exemplo, empregado ou cliente preferencial):
   1. Caixa avisa sobre uma solicitação de desconto.
   2. Caixa insere a identificação do Cliente.
   3. Sistema apresenta o total do desconto, com base nas regras para descontos.

5c. Cliente diz que tem um crédito na sua conta que pode ser usado para pagar a compra:
   1. Caixa avisa sobre uma solicitação de crédito.
   2. Caixa insere a identificação do Cliente.

3. Sistema aplica o crédito até que preço=0 e reduz o crédito remanescente.
6a. Cliente diz que pretendia pagar com dinheiro, mas não tem dinheiro suficiente:
   1. Caixa solicita um método alternativo de pagamento.
      1a. Cliente diz ao Caixa para cancelar a venda. Caixa cancela a venda no Sistema.
7a. Pagamento em dinheiro:
   1. Caixa insere quantia de dinheiro fornecida.
   2. Sistema apresenta valor do troco e libera gaveta de dinheiro.
   3. Caixa deposita dinheiro fornecido e entrega troco para Cliente.
   4. Sistema registra pagamento em dinheiro.
7b. Pagamento a crédito:
   1. Cliente insere as informações de sua conta de crédito.
   2. Sistema mostra seu pagamento para verificação.
   3. Caixa confirma.
      3a. Caixa cancela o passo de pagamento:
         1. Sistema reverte para o modo "introdução de item".
   4. Sistema envia a solicitação de autorização de pagamento para um sistema externo de serviço de Autorização de Pagamento e solicita sua aprovação.
      4a. Sistema detecta uma falha ao tentar colaborar com o sistema externo:
         1. Sistema avisa erro ao Caixa.
         2. Caixa pede ao Cliente uma forma de pagamento alternativa.
   5. Sistema recebe aprovação do pagamento, Sistema avisa ao Caixa da aprovação e libera a gaveta de dinheiro (para a inserção do recibo de pagamento a crédito assinado).
      5a. Sistema recebe rejeição do pagamento:
         1. Sistema avisa rejeição ao Caixa.
         2. Caixa solicita ao Cliente uma forma alternativa de pagamento.
      5b. Esgotado o tempo de espera da resposta.
         1. Sistema avisa ao Caixa o esgotamento.
         2. Caixa pode tentar novamente ou solicitar ao cliente uma forma de pagamento alternativa.
   6. Sistema registra o pagamento a crédito, que inclui a aprovação do pagamento.
   7. Sistema apresenta o mecanismo para entrada de assinatura do pagamento a crédito.
   8 Caixa solicita ao Cliente uma assinatura para pagamento a crédito. Cliente fornece a assinatura.
   9. Se assinatura em recibo de papel, Caixa coloca recibo na gaveta de dinheiro e a fecha.
7c. Pagamento em cheque...
7d. Pagamento com débito em conta...
7e. Caixa cancela o passo de pagamento:
   1. Sistema reverte ao modo "introdução de itens".
7f. Cliente apresenta cupons:
   1. Antes de tratar o pagamento, Caixa registra cada cupom e Sistema reduz o preço conforme estabelecido. Sistema registra os cupons usados por razões contábeis.
      1a. Cupom inserido não serve para quaisquer dos itens comprados:
         1. Sistema avisa erro ao Caixa.
9a. Existem descontos de preços específicos para certos produtos:
   1. Sistema apresenta os formulários de descontos e os recibos de descontos para cada item ao qual se aplica um desconto.

9b. Cliente solicita o recibo especial para presente (os campos de preços não ficam visíveis):
   1. Caixa solicita o recibo para presente e Sistema o apresenta.
9c. Impressora não tem papel:
   1. Se Sistema detecta a falha, avisará sobre o problema.
   2. Caixa repõe papel.
   3. Caixa solicita outro recibo.

Requisitos Especiais:
– Interface de Usuário (IU) por tela sensível ao toque em um monitor de tela plana grande. O texto deve ser visível à distância de um metro.
– Resposta de autorização de crédito dentro de 30 segundos em 90% do tempo.
– De alguma forma, queremos uma recuperação robusta quando o acesso aos serviços remotos, tal como o sistema de estoque, estiver falhando.
– Internacionalização de linguagem no texto exibido.
– Regras de negócio "plugáveis" que podem ser inseridas nos passos 3 e 7.
– ...

Lista de Variantes Tecnológicas e de Dados:
*a. Correção de Gerente inserida pela passagem de um cartão de correção numa leitora de cartão ou inserindo um código de autorização através do teclado.
3a. Identificador de item inserido por leitora a laser de código de barras (quando o item tiver código de barras) ou pelo teclado.
3b. Identificador de item pode ser qualquer um dos seguintes esquemas de codificação: CUP (UCP), EAN, JAN ou SKU.
7a. Informação sobre a conta de crédito inserida por leitora de cartão ou pelo teclado.
7b. Assinatura de pagamento a crédito captada em recibo de papel. No entanto, prevemos que dentro de dois anos muitos clientes vão desejar a captação digital de assinatura.

Freqüência de Ocorrência: Poderia ser quase contínuo.

Problemas em Aberto:
– Quais são as variações das leis de impostos?
– Deve-se explorar o problema de recuperação do serviço remoto.
– Qual personalização é necessária para diferentes negócios?
– Um Caixa deve levar seu porta-notas da gaveta de dinheiro quando ele sai do sistema?
– O Cliente pode usar diretamente o leitor de cartão ou é o Caixa que deve fazê-lo?

Este caso de uso é ilustrativo e não pretende ser exaustivo (embora seja baseado nos requisitos de um sistema PDV real – desenvolvido com projeto OO em Java). No entanto, é suficientemente detalhado e complexo para oferecer um senso de realismo, de modo que um caso de uso completo possa registrar muitos detalhes de requisitos. Este exemplo servirá de modelo para muitos problemas de casos de uso.

6.9 Qual é o significado das seções?

Elementos do prefácio

Escopo

O escopo limita o sistema (ou sistemas) em projeto. Tipicamente, um caso de uso descreve o uso de um sistema de software (ou de hardware e software); nesse caso, ele é conhecido como um **caso de uso de sistema**. Num escopo mais amplo, os casos de uso podem também descrever como um negócio é usado por seus clientes e sócios. Tal descrição de processo no nível de empresa é chamado de **caso de uso de negócio** e é um bom exemplo da ampla aplicabilidade de casos de uso, mas eles não são abordados neste livro introdutório.

Nível

PEN (págs. 113-114)

Ver o relacionamento "inclui" entre casos de uso para mais informação sobre casos de uso de sub-função (págs. 499-500)

No sistema de Cockburn, os casos de uso são classificados como estando no nível de objetivo do usuário ou no nível de subfunção, entre outros. Um caso de uso no **nível de objetivo do usuário** é o tipo comum que descreve os cenários para atingir os objetivos de um ator principal para conseguir que um trabalho seja feito; corresponde aproximadamente a um **processo elementar de negócio** (PEN) na engenharia de processos de negócio. Um caso de uso no **nível de subfunção** descreve subpassos necessários para apoiar um objetivo de usuário e é geralmente criado para individualizar subpassos duplicados compartilhados por diversos casos de uso regulares (para evitar duplicar texto comum); um exemplo é o caso de uso de subfunção *Pagar a Crédito*, que pode ser compartilhado por muitos casos de uso regulares.

Ator principal

O ator principal que procura os serviços do sistema para atingir um objetivo.

Lista de interessados e interesses – Importante!

Essa lista é mais importante e prática do que pode, a princípio, parecer. Ela sugere e limita o que o sistema deve fazer. Citando um exemplo:

> O [sistema] opera um contrato entre os interessados, com os casos de uso detalhando as partes comportamentais desse contrato... O caso de uso, como contrato para o comportamento, capta *todos* e *somente* os comportamentos relacionados à satisfação dos interesses dos interessados[‡] [Cockburn01].

Isso responde a questão: o que deve constar no caso de uso? A resposta: o que satisfaz a todos os interessados. Além disso, começando com os interessados e seus interesses antes de redigir o resto do caso de uso, temos um método para nos lembrar quais deveriam ser as responsabilidades mais detalhadas do sistema. Por exemplo, eu teria identificado uma responsabilidade para tratar a comissão de um vendedor se não tivesse primeiro listado o interessado vendedor e seus interesses? Espero que

---

[‡] N. de R.T.: Os interessados em um projeto (stakeholders) são as pessoas da organização que têm algum tipo de envolvimento direto ou indireto com o sistema, como usuários, gerentes, clientes, patronos e financiadores.

sim, mas talvez não tivesse notado isso durante a primeira sessão de análise. O ponto de vista do interessado fornece um procedimento abrangente e prático para descobrir e registrar todos os comportamentos requeridos.

> **Interessados e Interesses:**
> – Caixa: deseja entrada rápida, precisa e sem erros de pagamento, tal como falta de dinheiro na gaveta do caixa, pois esta será deduzida do seu salário.
> – Vendedor: deseja comissões atualizadas sobre as vendas.
> – ...

Pré-condições e garantias de sucesso (pós-condições)

Primeiro, não se importe com uma pré-condição ou garantia de sucesso, a menos que você esteja declarando algo importante e não óbvio para ajudar o leitor a ganhar esclarecimento. Não adicione ruído inútil ao documento de requisitos.

Pré-condições declaram o que *deve sempre* ser verdadeiro antes de iniciar um cenário do caso de uso. As pré-condições *não* são testadas dentro do caso de uso; ao contrário, são condições assumidas como sendo verdadeiras. Em geral, uma pré-condição implica o cenário de um outro caso de uso, por exemplo, registrar-se no sistema, que tenha sido completado com sucesso. Note que há condições que devem ser verdadeiras, mas que não há valor prático em escrevê-las, tal como "o sistema está ligado". As pré-condições comunicam pressupostos importantes que o autor do caso de uso julga que os leitores devem conhecer.

Garantias de sucesso (ou **pós-condições**) declaram o que deve ser verdadeiro quando da bem-sucedida conclusão do caso de uso – seja o cenário de sucesso principal ou algum outro caminho alternativo. A garantia deve atender às necessidades de todos os interessados.

> **Pré-condições:** o Caixa está identificado e autenticado.
> **Garantia de sucesso (pós-condições):** a Venda foi salva. Os Impostos foram corretamente calculados. A Contabilidade e o Estoque foram atualizados. As Comissões foram registradas. O Recibo foi gerado.

Cenário e passos de sucesso principal (ou Fluxo Básico)

Este cenário também é chamado de cenário do "caminho correto" ou, mais prosaicamente, " Fluxo Básico" ou "Fluxo Típico". Descreve um caminho típico de sucesso que satisfaz os interesses dos interessados. Observe que ele, em geral, *não* contém nenhuma condição ou desvio. Embora não seja errado ou ilegal, é discutivelmente mais compreensível e extensível ser bastante consistente e deixar todo o tratamento condicional para a seção de Extensões.

> *Diretriz*
> Adie todas as instruções condicionais e de desvio para a seção de Extensões.

O cenário registra os passos, dos quais temos três tipos:

1. Uma interação entre atores[3].
2. Uma validação (geralmente feita pelo sistema).
3. Uma mudança de estado pelo sistema (por exemplo, registrar ou modificar algo).

O passo 1 de um caso de uso nem sempre se enquadra nessa classificação, mas ele indica o evento "gatilho" que dá início ao cenário.

É um estilo comum sempre começar os nomes dos atores com maiúsculas, para facilidade de identificação. Observe também o estilo que é usado para indicar repetição.

> **Cenário de Sucesso Principal:**
> 1. Cliente chega à saída de um PDV com itens a adquirir.
> 2. Caixa começa uma nova venda.
> 3. Caixa insere o identificador de item.
> 4. ...
> Caixa repete os passos 3 e 4 até que indique ter terminado.
> 5. ...

Extensões (ou fluxos alternativos)

Extensões são importantes e normalmente abrangem a maioria do texto. Elas indicam todos os outros cenários ou ramos, tanto de sucesso como de fracasso. Observe, no exemplo completo, que a seção Extensões era consideravelmente mais longa e complexa do que a seção do Cenário de Sucesso Principal; isso é comum.

Na redação completa de casos de uso, a combinação entre caminho correto e cenários de extensão deve satisfazer a "quase" todos os interesses dos interessados. Esse "quase" significa que alguns interesses podem ser melhor captados como requisitos não funcionais expressos nas Especificações Suplementares, em vez de nos casos de uso. Por exemplo, o interesse dos clientes em uma exibição visível das descrições e preços é um requisito de usabilidade.

Cenários de extensão são ramos do cenário de sucesso principal e, assim, podem ser anotados com relação a seus passos 1...N. Por exemplo, no Passo 3 do cenário de sucesso principal pode haver um identificador inválido, ou porque ele foi inserido incorretamente, ou porque é desconhecido do sistema. Uma extensão é rotulada como "3a"; ela primeiro identifica a condição e, então, a resposta. Extensões alternativas ao Passo 3 são rotuladas como "3b" e assim por diante.

> **Extensões:**
> 3a. Identificador inválido:
>   1. Sistema informa o erro e rejeita a entrada.
> ...

---

[3] Note que o próprio sistema em discussão deve ser considerado um ator quando desempenha um papel de colaborador com outros sistemas.

> 3b. Existem vários itens do mesmo tipo e rastrear um item físico individual não é importante (por exemplo, 5 pacotes de sanduíches naturais):
>   1. Caixa pode inserir o identificador do tipo de item e a quantidade.
>   ...

Uma extensão tem duas partes: a condição e o tratamento.

Diretriz: Quando possível escreva a condição como algo que pode ser detectado pelo sistema ou por um ator. Compare:

> 5a. Sistema detecta uma falha ao se comunicar com o serviço do sistema externo de cálculo de imposto:
> 5a. Sistema externo de cálculo de imposto não está funcionando:

O primeiro estilo é preferível visto que o sistema pode detectar; o segundo é uma inferência.

O tratamento de extensão pode ser resumido em um passo, ou incluir uma seqüência de passos, como no exemplo a seguir, o qual também ilustra a notação para indicar que uma condição pode ocorrer dentro de um intervalo de vários passos:

> 3-6a: Cliente pede ao Caixa para remover um item da compra:
>   1. Caixa insere o identificador do item a ser removido.
>   2. Sistema exibe o total parcial atualizado.

Ao fim do tratamento de uma extensão, por default o cenário se insere de volta no cenário de sucesso principal, a menos que a extensão indique diferente (tal como indicar uma parada do sistema).

Às vezes, um ponto específico de extensão é muito complexo como, por exemplo, na extensão "pagamento a crédito". Isso pode ser uma motivação para expressar a extensão como um caso de uso separado.

Este exemplo de extensão também mostra a notação para expressar fracassos dentro de extensões.

> 7b Pagamento a crédito:
>   1. Cliente insere as informações de sua conta de crédito.
>   2. Sistema envia solicitação de autorização de pagamento a um Sistema externo de Serviço de Autorização de Pagamento e solicita a aprovação do pagamento.
>   2a. Sistema detecta uma falha ao tentar colaborar com o sistema externo:
>   1. Sistema avisa ao Caixa que houve erro.
>   2. Caixa pede ao Cliente uma forma de pagamento alternativa.

Se for desejável descrever uma condição de extensão como possível durante qualquer passo (ou pelo menos na maioria deles), podem ser usados os rótulos *a, *b, etc.

> *a. A qualquer momento, Sistema falha:
>   Para fornecer suporte à recuperação e à correta contabilidade, garanta que todos os estados e eventos sensíveis das transações possam ser recuperados a partir de qualquer passo do cenário.
>   1. Caixa reinicia o Sistema, registra-se e solicita a recuperação do estado anterior.
>   2. Sistema restaura o estado anterior.

Realização de outro cenário de caso de uso

Algumas vezes, um caso de uso desvia para percorrer outro cenário de caso de uso. Por exemplo, a estória *Procurar Ajuda sobre o Produto* (para mostrar detalhes de produto tais como: descrição, preço, uma figura ou vídeo, etc.) é um caso de uso distinto algumas vezes invocado quando se está dentro de *Processar Venda* (usualmente, quando o ID do item não pode ser encontrado.). Na notação de Cockburn, a invocação desse segundo caso de uso é indicada sublinhando o seu nome, como mostra o exemplo a seguir:

> 3a. ID do item inválido (não encontrado no sistema):
>   1. Sistema avisa o erro e rejeita a entrada.
>   2. Caixa responde ao erro:
>   2a. ...
>   2c Caixa invoca <u>Procurar Ajuda de Produto</u> a fim de obter o ID e preço reais do item.

Considerando, como é usual, que casos de uso são escritos com uma ferramenta com hiperligações (hiperlinks), clicar nesse nome sublinhado de caso de uso irá mostrar o seu texto.

Requisitos especiais

Se um requisito não funcional, um atributo de qualidade ou uma restrição se relaciona especificamente com um caso de uso, registre-o com esse caso de uso. Entre esses atributos, temos requisitos de qualidade, tais como desempenho, confiabilidade, usabilidade e restrições de projeto (freqüentemente relativas a dispositivos de E/S) que foram impostas ou consideradas prováveis.

> Requisitos especiais:
> – Interface de Usuário (IU) por tela sensível ao toque em um monitor de painel plano grande. O texto deve ser visível à distância de um metro.
> – Resposta de autorização de crédito dentro de 30 segundos em 90% do tempo.
> – Internacionalização de linguagem no texto exibido.
> – Regras de negócios "plugáveis" que podem ser inseridas nos passos 3 e 7.

Registrar esses requisitos com os casos de uso é um conselho clássico do PU e essa é uma localização razoável quando da redação do caso de uso pela *primeira vez*. Contudo, muitos profissionais acham útil, no fim, consolidar todos os requisitos não funcionais nas Especificações Suplementares, para efeito de gestão de conteúdo, abrangência e legibilidade, porque esses requisitos, geralmente, devem ser considerados como um todo durante a análise arquitetural.

Lista de variantes tecnológicas e de dados

Freqüentemente, existem variantes técnicas sobre *como* algo deve ser feito, mas não sobre o que deve ser feito, e vale a pena registrar isso no caso de uso. Um exemplo comum é uma restrição técnica imposta por um interessado no projeto com respeito às tecnologias de entrada ou saída. Por exemplo, um interessado no projeto pode dizer que "o sistema PDV deve apoiar a entrada da conta de crédito usando um leitor de cartões e o teclado". Note que esses são exemplos de decisões de projeto ou de restrições precoces; em geral, é melhor evitar decisões prematuras de projeto, mas, às vezes, elas são óbvias ou inevitáveis, especialmente no que diz respeito às tecnologias de entrada e saída.

É também necessário compreender as variações em esquemas de dados, tais como usar CUPs (UPCs) ou EANs para identificadores de itens, codificados em simbologia de código de barras[‡].

Esta lista é o lugar para registrar tais variações. Também é útil registrar as variações nos dados que podem ser captados em um determinado passo.

Parabéns: os casos de uso foram escritos e estão errados!

A equipe do PDV ProxGer está escrevendo alguns casos de uso em vários *workshops* curtos de requisitos, em paralelo com uma série de iterações de desenvolvimento curtas e limitadas em tempo, que envolvem programação e teste com qualidade de produção. A equipe está incrementalmente adicionando ao conjunto de casos de uso e refinando e adaptando com base em realimentação propiciada por programação, testes e demos preliminares. Especialistas na área, caixas e desenvolvedores participam ativamente na análise dos requisitos.

Esse é um bom processo de análise evolutiva – em vez do processo em cascata –, mas uma dose de "realismo nos requisitos" ainda é necessária. Especificações escritas e outros modelos dão a *ilusão* de correção; mas modelos mentem (não intencionalmente). Apenas código e teste revelam de fato o que se deseja e o que funciona.

Os casos de uso, diagramas UML e etc. não serão perfeitos – isso é garantido. Eles não vão conter informação importante, mas sim afirmações erradas. A solução não é a atitude em cascata de tentar registrar especificações quase perfeitas e completas no início – apesar de sem dúvida fazermos o melhor que podemos no tempo disponível e devermos aprender e aplicar grandes práticas de requisitos. Entretanto, isso nunca será suficiente.

Isso não é um apelo para a corrida em direção à codificação sem qualquer análise ou modelagem. Existe um meio termo, entre o cascata e a programação *ad hoc*: desenvolvimento interativo e evolutivo. Nessa abordagem os casos de uso e outros modelos são incrementalmente refinados, verificados e esclarecidos por meio de programação e testes iniciais.

Você sabe que está no caminho errado se a equipe tenta redigir em detalhes todos ou a maioria dos casos de uso antes de iniciar a primeira iteração de desenvolvimento – ou o contrário.

[‡] N. de R.T.: Ver Seção 7.4 para detalhes sobre os códigos.

Lista de Variantes Tecnológicas e de Dados:
3a. Identificador de item inserido por leitora a laser ou por teclado.
3b. Identificador de item pode ser qualquer um dos seguintes esquemas de codificação: CUP (UCP), EAN, JAN ou SKU.
7a. Informações sobre a conta de crédito podem ser entradas por leitor de cartões ou pelo teclado.
7b. Assinatura de pagamento a crédito capturada em recibo de papel. No entanto, prevemos que, dentro de dois anos, muitos clientes desejarão captura de assinatura digital.

6.10 Notação: existem outros formatos? Uma variante de duas colunas

Alguns preferem o formato de duas colunas ou o formato conversacional, que enfatiza a ocorrência de uma interação entre os atores e o sistema. Esse formato foi proposto inicialmente por Rebecca Wirfs-Brock [Wirfs-Brock93] e também defendido por Constantine e Lockwood, para ajudar na análise e engenharia de usabilidade [CL99]. O mesmo conteúdo é apresentado no formato duas colunas:

Caso de uso CDU1: processar venda

Ator Principal
... como antes...

Cenário de Sucesso Principal:

Ação do Ator (ou Intenção)	Responsabilidade do Sistema
1. Cliente chega à saída de um PDV com bens e/ou serviços para adquirir.	
2. Caixa começa uma nova venda.	
3. Caixa insere o identificador de item.	4. Registra cada linha de item de venda e apresenta uma descrição do item...e o total parcial da venda.
Caixa repete os passos 3 e 4 até que indique ter terminado	5. Apresenta o total com impostos calculados.
6. Caixa informa o total ao Cliente e solicita o pagamento.	
7. Cliente paga.	8. Trata o pagamento.
	9. Registra a venda completada e envia as informações para o Sistema externo de contabilidade (para contabilidade e comissões) e para o Sistema de Estoque (para atualizar o estoque). Sistema apresenta recibo.
	....

Qual é o melhor formato?

Não há um melhor formato; alguns preferem o estilo de uma coluna, outros, o estilo de duas colunas. Seções podem ser acrescentadas e removidas; nomes de cabeçalho podem ser mudados. Nada disso é particularmente importante; o mais importante é escrever os detalhes do cenário de sucesso principal e suas extensões de alguma forma. [Cockburn01] resume os muitos formatos utilizáveis.

Prática pessoal

Trata-se da minha prática, não é uma recomendação. Por muitos anos usei o formato de duas colunas por causa de sua separação visual clara na conversação. Entretanto, voltei para o estilo de uma coluna por ser mais compacto e fácil de formatar, e o ligeiro benefício de ter uma conversação visualmente separada não compensa esses outros benefícios. Eu acho ainda mais fácil de identificar visualmente as diferentes partes na conversação (Cliente, Sistema, etc.) se cada parte e as respectivas respostas do Sistema sempre forem colocadas nos seus próprios passos.

6.11 Diretriz: escreva casos de uso em um estilo essencial, independente da IU

Novo e melhorado! O caso das impressões digitais

Durante um workshop de requisitos, o caixa pode dizer que um dos seus objetivos é "registrar-se". O caixa estava provavelmente pensando em uma interface com o usuário (IU), uma caixa de diálogo, um ID de usuário e uma senha. Esse é um mecanismo para atingir um objetivo e não o objetivo propriamente dito. Investigando mais acima, na hierarquia de objetivos ("qual é o objetivo daquele objetivo?"), o analista de sistemas chega a um objetivo independente de mecanismo: "identificar a si mesmo e ser autenticado pelo sistema", ou mesmo um objetivo ainda mais alto: "prevenir roubo...".

Esse processo de descoberta com base na *raiz do objetivo* pode abrir a visão para soluções novas e melhores. Por exemplo, teclados e mouses com leitores biométricos, normalmente usados para a leitura de impressões digitais, agora são comuns e baratos. Se o objetivo é "identificação e autenticação" por que não torná-lo mais fácil e rápido, usando um leitor biométrico no teclado? No entanto, responder adequadamente a essa questão envolve algum trabalho de análise de usabilidade também. Os dedos dos usuários estão sujos de graxa? Os usuários têm dedos?

Estilo essencial de escrita

Essa idéia foi resumida em várias diretrizes para casos de uso como "deixe de fora a interface de usuário; focalize a intenção" [Cockburn01]. Sua motivação e notação foram exploradas ampla e completamente por Larry Constantine no contexto de criar melhores IUs e executar uma engenharia de usabilidade [Constantine94, CL99].

Constantine chama um estilo de escrita de **essencial** quando este evita detalhes da IU e focaliza as reais intenções do usuário [4].

Em um estilo essencial de redação, a narrativa é expressa no nível da *intenção* do usuário e das *responsabilidades* do sistema e não de suas ações concretas. Elas permanecem independentes de tecnologia e dos detalhes de mecanismos, especialmente aqueles relacionados com a IU.

> *Diretriz*
>
> Escreva casos de uso utilizando um estilo essencial; deixe de lado a interface de usuário e enfoque a intenção do ator.

Todos os exemplos anteriores de casos de uso deste capítulo, tal como *Processar Venda*, foram escritos visando a um estilo de redação essencial.

Exemplos contrastantes

Estilo essencial

Assuma que o caso de uso *Gerenciar Usuários* exija identificação e autenticação

> . . .
> 1. O Administrador identifica-se
> 2. O Sistema autentica a identidade
> 3. . . .

A solução de projeto para essas intenções e responsabilidades é bastante aberta: leitores biométricos, interfaces gráficas de usuário (GUIs[‡]) e assim por diante.

Estilo concreto – evite-o durante o trabalho inicial com requisitos

Em contraste, existe um estilo **concreto de caso de uso**. Nesse estilo, as decisões sobre a interface de usuário estão embutidas no texto do caso de uso. O texto pode até mesmo mostrar imagens de telas com janelas, discutir a navegação entre janelas, a manipulação de elementos de tela (widgets[‡‡]) da GUI, entre outros. Por exemplo:

> . . .
> 1. O Administrador insere seu ID e senha na caixa de diálogo (ver Imagem 3).
> 2. O Sistema autentica o Administrador.
> 3. O Sistema exibe a janela "editar usuários" (ver Imagem 4).
> 4....

---

[4] O termo provém dos "modelos essenciais" descritos em *Essential Systems Analysis* [MP84].
[‡] N. de R.T.: Utilizaremos a sigla GUI, do inglês *Graphical User Interface*, ao invés da sigla correspondente em português (IGU), por ser amplamente difundida e conhecida na área de computação.
[‡‡] N. de R.T.: Widgets são os diversos elementos gráficos que podem fazer parte de uma GUI, como, por exemplo, botões, listas, campos para entrada de dados, etc.

Esses casos de uso em estilo concretos[‡] podem ser úteis como auxílio para o trabalho de projeto concreto ou detalhado da GUI em um passo posterior, mas eles não são adequados para o trabalho inicial de especificação dos requisitos. Durante o trabalho inicial de especificação dos requisitos, "deixe de lado a interface de usuário – focalize a sua intenção".

6.12 Diretriz: escreva casos de uso enxutos

Você gosta de ler montes de requisitos? Eu acho que não. Assim, escreva casos de uso enxutos. Despreze palavras de "ruído". Mesmo pequenas modificações ajudam, tais como "sistema autentica..." em vez de "*o* sistema autentica...".

6.13 Diretriz: escreva casos de uso caixa preta

Casos de uso caixa preta são a espécie mais comum e recomendada; eles não descrevem o funcionamento interno do sistema, seus componentes ou projetos. Em vez disso, o sistema é descrito como tendo *responsabilidades*, que é um tema metafórico comum de unificação no raciocínio orientado a objetos – elementos de software têm responsabilidades e colaboram com outros elementos que também têm responsabilidades.

Definindo as responsabilidades do sistema com casos de uso caixa preta, pode-se especificar *o que* o sistema deve fazer (o comportamento ou requisitos funcionais) sem decidir *como* ele o fará (o projeto). De fato, a definição de "análise" versus "projeto" é algumas vezes resumida como "o que" versus "como". Esse é um tema importante para o bom desenvolvimento de software: durante a análise dos requisitos evite tomar decisões "como" e especifique o comportamento externo do sistema, como uma caixa preta. Depois, durante o projeto, crie uma solução que satisfaz as especificações.

Estilo Caixa Preta	Não
O sistema registra a venda	O sistema grava a venda numa base de dados... ou (ainda pior): O sistema gera um comando SQL INSERT para a venda...

6.14 Diretriz: considere a perspectiva do ator e do objetivo do ator

Segue a definição do RUP para caso de uso, feita pelo criador dos casos de uso Ivar Jacobson:

> Um conjunto de instâncias de casos de uso em que cada instância é uma seqüência de ações realizadas por um sistema e que produzem um resultado observável e com valor para um *ator em particular*.

[‡] N. de R.T.: No original, em inglês, menciona-se casos de uso concretos. Julgamos apropriado mencionar como casos de uso em estilo concreto.

A frase *"um resultado observável e com valor para um ator em particular"* é um conceito sutil, mas importante, que Jacobson considera crucial, porque enfatiza duas atitudes durante a análise de requisitos:

- Escreva requisitos enfocando os usuários ou atores de um sistema, perguntando sobre os seus objetivos e situações típicas.

- Enfoque no entendimento do que o ator considera como resultado valioso.

Lista de funções (pág. 118)

Talvez pareça óbvio enfatizar o fornecimento de valor observável para o usuário e enfocar nos objetivos típicos dos usuários, mas a indústria de software está cheia de projetos fracassados que não forneceram o que as pessoas realmente necessitavam. A velha abordagem de lista de características e funções para elicitar requisitos pode contribuir para esse resultado negativo, porque ela não encorajava questionar quem está usando o produto e o que fornece valor.

6.15 Diretriz: como encontrar casos de uso

Casos de uso são definidos para satisfazer aos objetivos dos atores principais. Assim, o procedimento básico é:

1. Escolher a fronteira do sistema. Ele é somente uma aplicação de software, é o hardware e a aplicação como uma unidade, é isso e mais uma pessoa usando o sistema ou é toda uma organização?

2. Identificar os atores principais – aqueles que têm objetivos satisfeitos por meio do uso dos serviços do sistema.

3. Identificar os objetivos para cada ator principal..

4. Definir casos de uso que satisfaçam os objetivos dos usuários; nomeie-os de acordo com o objetivo. Geralmente, os casos de uso no nível de objetivo do usuário estarão em uma relação de um-para-um com os objetivos dos usuários, mas existe pelo menos uma exceção que será examinada.

Certamente, em um desenvolvimento iterativo e evolutivo, nem todos os objetivos ou casos de uso vão estar total ou corretamente identificados logo no início. Trata-se de uma descoberta evolutiva.

Passo 1: escolher a fronteira do sistema

Para este estudo de caso, o próprio PDV é o sistema a ser projetado; tudo que estiver fora dele estará fora da fronteira do sistema, incluindo o caixa, serviço de autorização de pagamento, etc.

Se não estiver claro, a definição da fronteira do sistema que está sendo projetado pode ser esclarecida definindo-se o que está de fora – os atores principais e os atores de suporte externos. Uma vez que os atores externos tenham sido identificados, a fronteira se torna mais clara. Por exemplo, a responsabilidade completa pela autorização de pagamento está dentro da fronteira do sistema? Não, existe um ator que é um serviço externo de autorização de pagamento.

Passos 2 e 3: encontrar atores principais e objetivos

É artificial linearizar estritamente a identificação dos atores principais antes dos objetivos de usuário; em um workshop sobre requisitos, as pessoas fazem reuniões especulativas (brainstorms) e geram uma mistura de ambos. Às vezes, os objetivos revelam os atores ou vice-versa.

Diretriz: enfatize reuniões especulativas primeiro, para encontrar os atores principais, pois isso estabelece a estrutura para investigações adicionais.

Existem questões para ajudar a encontrar atores e objetivos?

Além dos atores principais e objetivos óbvios, as seguintes perguntas ajudam a identificar outros que podem ter passado despercebidos:

Quem ativa e pára o sistema?

Quem faz a administração de usuários e da segurança?

Existe um processo de monitoração que reinicia o sistema em caso de falha?

Como são tratadas as atualizações de software? As atualizações são do tipo forçadas ou negociadas?

Além dos atores principais *humanos* existe algum sistema externo de software ou robótica que solicita os serviços do sistema?

Quem faz a administração do sistema?

O "tempo" é um ator porque o sistema faz algo em resposta a um evento temporal?

Quem avalia a atividade ou desempenho do sistema?

Quem avalia os registros? Eles são recuperados remotamente?

Quem é notificado quando há erros ou falhas?

Como organizar os atores e objetivos?

Existem pelo menos duas abordagens:

Diagrama de caso de uso (págs. 115-116)

1. À medida que você descobre os resultados, desenhe-os em um diagrama de caso de uso, nomeando os objetivos como casos de uso.
2. Escreva primeiro uma lista de atores/objetivos, reveja-a e refine-a, e depois desenhe o diagrama de casos de uso.

Se você criar uma lista de atores/objetivos, então, em termos de artefatos do PU, ela pode ser uma seção no artefato Visão.

Por exemplo:

Ator	Objetivo
Caixa	processar vendas processar aluguéis tratar devoluções receber pagar ...

Ator	Objetivo
Administrador do Sistema	adicionar usuários modificar usuários excluir usuários gerenciar segurança gerenciar as tabelas do sistema ...

Ator	Objetivo
Gerente	iniciar encerrar ...
...	...

Ator	Objetivo
Sistema Atividade de Vendas	analisar vendas e dados de desempenho
...	...

O Sistema Atividade de Vendas é uma aplicação remota que freqüentemente solicitará dados de venda de cada nó do PDV da rede.

Por que perguntar sobre objetivos do ator em vez de casos de uso?

Atores têm objetivos e usam aplicações para ajudar a satisfazê-los. O ponto de vista da modelagem de casos de uso é encontrar esses atores e seus objetivos e criar soluções que produzam um resultado com valor. Isso significa um pequeno desvio e ênfase para o modelador de casos de uso. Em vez de perguntar "quais são as tarefas?" começa-se por perguntar "quem usa o sistema e quais são os seus objetivos?" De fato, o nome de um caso de uso para um objetivo do usuário deveria refletir o seu nome, para enfatizar esse ponto de vista – objetivo: captar ou processar uma venda; caso de uso: *processar venda*.

Assim, existe uma idéia-chave a respeito da investigação de requisitos e casos de uso:

> Imagine que estamos juntos em um workshop de requisitos. Poderíamos perguntar:
>
> ■ "O que você faz?" (Uma questão basicamente orientada à tarefa) ou,
>
> ■ "Quais são seus objetivos cujos resultados têm valor mensurável?"
>
> Prefira a segunda questão.

As respostas à primeira questão provavelmente refletem as soluções e procedimentos correntes e as complicações a elas associadas.

As respostas à segunda questão, especialmente combinadas com uma investigação para subir na hierarquia de objetivos ("qual é a raiz do objetivo?") abrem a visão para soluções novas e aperfeiçoadas, enfocam a adição de valor de negócio e chegam ao coração do que os interessados desejam do sistema.

O caixa ou o cliente é o ator principal?

Por que é o caixa, e não o cliente, o ator principal no caso de uso *Processar Venda*?

A resposta depende da fronteira do sistema em projeto e para quem o sistema está sendo principalmente projetado, conforme ilustrado na Figura 6.2. Se enxergarmos a empresa ou o serviço de conclusão da venda (checkout) como um sistema agregado, o cliente é um ator principal, com o objetivo de obter bens ou serviços e ir embora. Todavia, do ponto de vista somente do sistema PDV (o qual é a fronteira escolhida para o sistema deste estudo de caso), o sistema atende ao objetivo de um caixa treinado (e da

PARTE II • CONCEPÇÃO

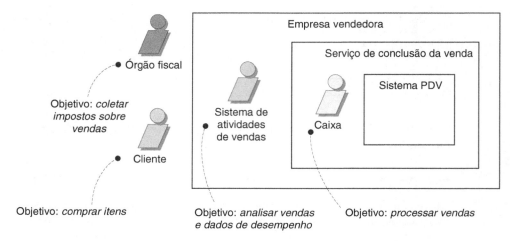

Figura 6.2 Atores e objetivos principais em diferentes fronteiras do sistema.

loja) de processar a venda do cliente. Isso considera um ambiente tradicional de conclusão da venda com um caixa, apesar de haver um número crescente de sistemas PDV de auto-conclusão da venda (self-checkout) em operação para uso direto pelo cliente.

O cliente *é* um ator, mas no contexto do PDV ProxGer, não o principal; ao contrário, o Caixa é o ator principal porque o sistema está sendo projetado para servir principalmente os objetivos de "uso potente" de um caixa treinado (para rapidamente processar uma venda, procurar preços, etc.) O sistema não tem uma IU e funcionalidade que poderia ser usada igualmente pelo cliente ou pelo caixa. Em vez disso, ele está otimizado para satisfazer às necessidades e treinamento de um caixa. Um cliente na frente de um terminal PDV não saberia como usá-lo efetivamente. Em outras palavras, ele foi projetado para o caixa, não para o cliente e, assim, o caixa não é apenas o substituto do cliente.

Por outro lado, considere um site da Web de compra de bilhetes, que é igual para um cliente usar diretamente ou para um agente de vendas por telefone usar quando um cliente chama. Nesse caso, o agente é simplesmente um substituto do cliente – o sistema não está projetado para satisfazer especialmente os objetivos próprios do agente. Assim, mostrar o cliente em vez do agente telefônico como ator principal está certo.

Outros modos de encontrar atores e objetivos? Análise de eventos

Uma outra forma de ajudar a encontrar atores, objetivos e casos de uso é identificar eventos externos. Quais são eles, de onde vem e por que? Freqüentemente, um grupo de eventos pertence ao mesmo caso de uso. Por exemplo:

Evento Externo	Do Ator	Objetivo/Caso de Uso
entrar linha de item de venda	Caixa	processar uma venda
entrar pagamento	Caixa ou Cliente	processar uma venda
...		

Passo 4: definir casos de uso

Em geral, defina um caso de uso para cada objetivo de usuário. Nomeie o caso de uso de modo semelhante ao do objetivo do usuário – por exemplo, Objetivo: processar uma venda; Caso de Uso: *Processar Venda*.

> Inicie os nomes dos casos de uso com um verbo.

Uma exceção comum à regra de um caso de uso por objetivo é concentrar os objetivos separados das operações CRUD (Create, Update, Retrieve e Delete – Criar, Recuperar, Atualizar e Remover) em um único caso de uso CRUD, idiomaticamente denotado pela expressão *Gerenciar <X>*. Por exemplo, os objetivos "editar usuário", "remover usuário" e assim por diante, são todos satisfeitos pelo caso de uso *Gerenciar Usuários*.

6.16 Diretriz: que testes podem ajudar a encontrar casos de uso úteis?

Qual desses é um caso de uso válido?

- Negociar um contrato de fornecimento
- Tratar devoluções
- Registrar-se
- Mover peça no tabuleiro do jogo

Pode-se argumentar que todos esses são casos de uso *em níveis diferentes*, dependendo das fronteiras do sistema, atores e objetivos.

Mas, em vez de perguntar em geral "o que é um caso de uso válido?", uma questão mais prática é "qual é um nível útil para expressar casos de uso para a análise de requisitos da aplicação?". Há várias regras práticas, inclusive:

- O teste do chefe
- O teste PEN
- O teste de tamanho

O teste do chefe

Seu chefe pergunta, "O que você ficou fazendo o dia todo?", você responde: "Registrando-me". Seu chefe ficou satisfeito?

Em caso negativo, o caso de uso não passou no teste, o que implica que ele não está fortemente relacionado a alcançar resultados de valor mensurável. Ele pode ser um caso de uso em algum nível baixo de objetivo, mas não no nível desejável de ser focalizado para análise de requisitos.

Isso não significa que se deve sempre ignorar os casos de uso que não passam no teste do chefe. A autenticação do usuário pode não passar no teste do chefe, mas pode ser importante e difícil.

O teste PEN

Um **Processo Elementar de Negócio (PEN)** é um termo do campo da engenharia de processos de negócio[5] definido como:

> Uma tarefa realizada por uma pessoa em um lugar e em um instante em resposta a um evento de negócios, que adiciona valor de negócio mensurável e deixa os dados em um estado consistente, por exemplo, Aprovar Crédito ou Atribuir Preços ao Pedido [a fonte original perdeu-se].

Focalize nos casos de uso que refletem PENs.

O Teste PEN é semelhante ao Teste do Chefe, especialmente em termos da qualificação do valor de negócios mensurável.

A definição pode ser levada muito ao pé da letra: o caso de uso não passa como PEN se duas pessoas são necessárias ou se uma pessoa tem que dar uma volta? Provavelmente não, mas o sentimento da definição está praticamente certo. Não é um único pequeno passo como "remover linha de item" ou "imprimir o documento". Pelo contrário, o principal cenário de sucesso tem provavelmente cinco ou dez passos. Não leva dias e sessões múltiplas como "negociar um contrato de fornecimento"; é uma tarefa realizada durante uma única sessão, leva provavelmente entre alguns minutos e uma hora para ser feito. Tal como a definição do PU, ele enfatiza a adição de valor de negócio observável ou mensurável e chega a um resultado em que o sistema e os dados ficam em um estado estável e consistente.

O teste de tamanho

Um caso de uso é muito raramente uma ação ou passo único; pelo contrário, um caso de uso tipicamente contém vários passos e no formato completo exigirá freqüentemente de três a dez páginas de texto. Um erro comum na modelagem de casos de uso é definir apenas um único passo dentro de uma série de passos relacionados como o caso de uso em si, como, por exemplo, definir um caso de uso chamado *Inserir o ID do item*. Você pode ter uma noção do erro pelo seu pequeno tamanho – o nome do caso de uso vai sugerir erradamente apenas um passo dentro de uma série maior de passos e se você imaginar o tamanho do seu texto completo, ele seria extremamente curto.

---

[5] PEN é semelhante ao termo **tarefa de usuário** na engenharia de usabilidade, apesar do significado ser menos estrito naquele domínio.

Exemplo: aplicação dos testes

- Negociar um Contrato de Fornecimento
    - Mais amplo e maior que um PEN. Poderia ser modelado como um caso de uso *de negócio*, em vez caso de uso de sistema.
- Tratar Devoluções
    - Passa no teste do chefe. Parece com um PEN. O tamanho é bom.
- Registrar-se
    - O chefe não fica satisfeito se isso foi tudo o que você fez durante o dia todo!
- Mover Peça no Tabuleiro do Jogo
    - Passo único – não passa no teste de tamanho.

Violações razoáveis dos testes

Ver o relacionamento "Inclui" entre casos de uso para mais informação sobre como ligar sub-funções em casos de uso sub-função (págs. 499-500)

Apesar da maioria dos casos de uso identificados e analisados para uma aplicação deverem satisfazer os testes, exceções são comuns.

Algumas vezes, é útil escrever casos de uso separados, no nível de sub-função, representando sub-tarefas ou passos dentro de um caso de uso no nível PEN regular. Por exemplo, uma sub-tarefa ou extensão tal como "pagamento a crédito" pode ser repetida em vários casos de uso básicos. Nesse caso, é desejável separá-lo em seu próprio caso de uso, apesar desse não satisfazer realmente os testes PEN e de tamanho, e ligá-lo aos vários casos de uso básicos, para evitar duplicação do texto.

Autenticar Usuário pode não passar no teste do Chefe, mas ser suficientemente complexo para exigir cuidadosa análise, tal como para uma característica "assinatura única".

6.17 Aplicação de UML: diagramas de casos de uso

A UML fornece a notação de diagramas de casos de uso para ilustrar os nomes dos casos de uso e dos atores, bem como os relacionamentos entre eles (ver Figura 6.3)[6].

> Diagramas de caso de uso e relacionamentos entre casos de uso são secundários no trabalho de definição dos casos de uso.
> Casos de uso são documentos de texto. Fazer o trabalho de definição de casos de uso significa escrever texto.

---

[6] "Abrir o Caixa" é o ato do caixa chegar com uma gaveta removível com dinheiro, registrar-se e informar a quantidade de dinheiro da gaveta.

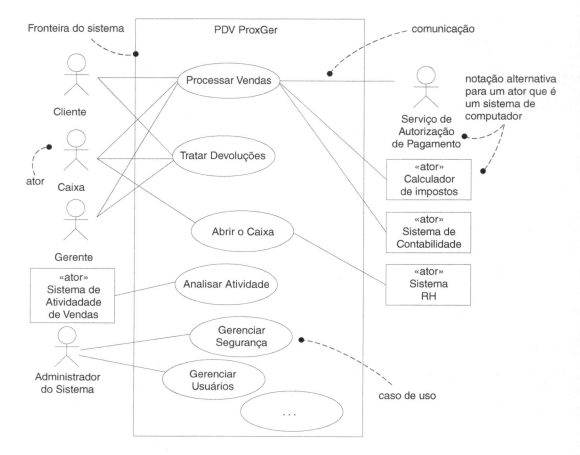

Figura 6.3 Diagrama parcial de contexto dos casos de uso.

Um sinal típico de modeladores de casos de uso iniciantes (ou acadêmicos) é a preocupação com diagramas de casos de uso e seus relacionamentos, em vez de escrever texto. Especialistas em casos de uso mundialmente reconhecidos, como Fowler e Cockburn, entre outros, não se preocupam com os diagramas de casos de usos e seus relacionamentos, concentrando-se, em vez disso, em sua redação. Tendo isso como um alerta, um simples diagrama de caso de uso oferece um diagrama de contexto visual sucinto para o sistema, que ilustra os atores externos e como eles usam o sistema.

Diretriz

Desenhe um diagrama de caso de uso simples em conjunto
com uma lista ator/objetivo.

Um diagrama de caso de uso é uma excelente imagem do contexto do sistema; ele é um bom **diagrama de contexto**, ou seja, mostra a fronteira de um sistema, o que está fora dele e como o sistema é usado. Serve como uma ferramenta de comunicação que resume o comportamento do sistema e seus atores. A Figura 6.3 é uma amostra de um diagrama de caso de uso de contexto *parcial* para o sistema ProxGer.

Diretriz: diagramação

A Figura 6.4 oferece algumas sugestões sobre o diagrama. Note a caixa de ator com o símbolo «ator». Este símbolo é usado para as **palavras-chave** e **estereótipos** UML e incluem aspas horizontais – guillemets – colchetes especiais de um *único caractere* («ator» e não "<<ator>>"), mais comumente usados na tipografia francesa para indicar uma citação.

Para maior clareza, alguns preferem destacar os atores externos ao sistema de computador com uma notação alternativa, como mostrado na Figura 6.5.

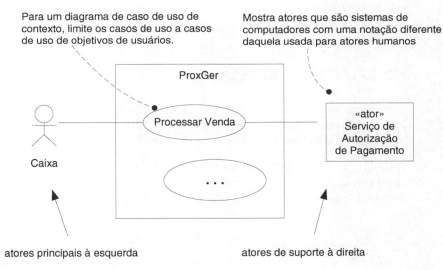

Figura 6.4 Sugestões de notação.

Figura 6.5 Notação alternativa para ator.

Diretriz: diminua a importância dos diagramas, faça-os pequenos e simples

Conforme já foi dito, o trabalho mais importante nos casos de uso é escrever um texto, não diagramar e focalizar os relacionamentos entre os casos de uso. Se uma organização está gastando muitas horas (ou pior ainda, dias) trabalhando em um diagrama de casos de uso e discutindo seus relacionamentos, em vez de se concentrar na redação do texto, o esforço relativo está sendo mal usado.

6.18 Aplicação da UML: diagramas de atividade

Diagramas de Atividade UML (pág. 483)

A UML inclui um diagrama útil para visualizar fluxos de trabalho e processos de negócio: o Diagrama de Atividade. Como os casos de uso envolvem a análise de processos e fluxos de trabalho, esses diagramas podem ser uma alternativa ou complemento úteis para escrever o texto do caso de uso, especialmente para casos de uso *de negócio* que descrevem fluxos de trabalho complexos que envolvem muitas partes e ações concorrentes.

6.19 Motivação: outros benefícios de casos de uso? Requisitos em contexto

Motivação (pág. 90)

Uma motivação para casos de uso é o enfoque em quem são os atores-chave, seus objetivos e tarefas comuns. Além disso, em essência, casos de uso constituem uma forma simples, amplamente entendida (uma forma de estória ou cenário).

Uma outra motivação é substituir listas de funções detalhadas, de baixo nível (que eram comuns nos métodos tradicionais de requisitos de década de 1970), por casos de uso. Essas listas tendiam a aparecer como segue:

ID	Características
CAR1.9	O sistema deve aceitar a entrada dos identificadores de item.
...	...
CAR2.4	O sistema deve registrar pagamentos a crédito no sistema de contas a receber.

Como sugere o título do livro *Casos de Uso: Requisitos em Contexto* [GK00], casos de uso organizam um conjunto de requisitos no *contexto* de cenários típicos de uso de um sistema. Isso é bom – considerar e agrupar os requisitos com base na linha comum de cenários orientados a usuários (isto é, casos de uso) melhora a coesão e a compreensão. Em um projeto recente de sistema de controle de tráfego aéreo os requisitos foram originalmente escritos no antigo formato de lista de funções, enchendo volumes de especificações incompreensíveis e não relacionadas. Uma nova equipe de liderança analisou e re-organizou os requisitos massivos basicamente em casos de uso. Isso forneceu um modo unificador e fácil de entender de colocar juntos os requisitos – em estórias de requisitos no contexto do uso.

Especificação suplementar (pág. 130)

Reiterando, os casos de uso não são os únicos artefatos necessários para definir requisitos. Requisitos não funcionais, leiautes de relatórios, regras de domínio e outros elementos difíceis de colocar são melhor captados nas Especificações Suplementares do PU.

Listas de características do sistema em alto nível são aceitáveis

Visão (pág. 135)

Apesar das listas detalhadas de funções serem indesejáveis, uma lista sucinta de características de alto nível chamada *características do sistema*, adicionada a um documento de Visão pode resumir de maneira útil a funcionalidade do sistema. Em vez de 50 páginas de características de baixo nível, uma lista de características do sistema inclui apenas algumas dúzias de itens. Fornece um resumo sucinto da funcionalidade, independente da visão dos casos de uso. Por exemplo:

Resumo das características do sistema

- captação de vendas;
- autorização de pagamento (credito, débito, cheque);
- administração do sistema para usuários, segurança, tabelas constantes e de códigos, etc.;
- ...

Quando listas detalhadas de características são mais apropriadas do que casos de uso?

Algumas vezes, os casos de uso realmente não servem; algumas aplicações exigem que seja adotado um ponto de vista orientado às características. Por exemplo, servidores de aplicações, produtos de bancos de dados e outros sistemas de middleware, ou retaguarda, precisam ser considerados e evoluídos em termos de *características* ("Necessitamos suporte para Web Services na próxima versão"). Os casos de uso não são um recurso natural para definir essas aplicações ou a forma como devem evoluir em termos das forças do mercado.

6.20 Exemplo: Banco Imobiliário

O único caso de uso significativo no sistema de software Banco Imobiliário é *Jogar Banco Imobiliário* – mesmo se ele não passar no Teste do Chefe! Como o jogo é processado como uma simulação por computador, observada simplesmente por uma pessoa, podemos dizer que essa pessoa é um observador, não um jogador.

Especificação Suplementar (pág. 130)

Esse estudo de caso vai mostrar que casos de uso não são sempre a melhor alternativa para requisitos de comportamento. Tentar captar todas as regras do jogo no formato de caso de uso é esquisito e não natural. Onde ficam as regras do jogo? Primeiro, geralmente, elas são **regras do domínio** (algumas vezes chamadas de regras de negócio). No PU, regras de domínio podem ser parte das Especificações Suplementares (ES). Na seção "regras do domínio" das ES haveria provavelmente uma referência, seja para o livreto oficial em papel das regras, ou para o site da Web que as descreve. Além disso, pode haver um indicador para essas regras a partir do texto do caso de uso, como mostrado a seguir.

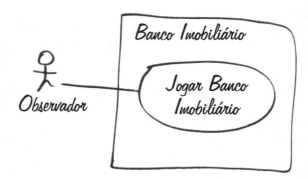

Figura 6.6 Diagrama de caso de uso (Diagrama de contexto) para o sistema Banco Imobiliário.

O texto para esse caso de uso é muito diferente daquele para o problema PDV ProxGer, pois é uma simples simulação e as várias possíveis ações de jogadores (simuladas) são captadas nas regras do domínio, em vez de na seção Extensões.

Caso de uso CDU1: Jogar Banco Imobiliário

Escopo: aplicação Banco Imobiliário
Nível: objetivo do usuário
Ator Principal: Observador
Interessados e Interesses:
– Observador: Deseja facilmente observar as saídas da simulação do jogo.

Principal Cenário de Sucesso:
1. Observador solicita início de novo jogo e insere número de jogadores.
2. Observador começa a jogar.
3. Sistema mostra rastreamento do jogo para o movimento do jogador seguinte (ver regras de domínio e "rastreamento do jogo" no glossário para obter detalhes do rastreamento).

Repetir passo 3 até que apareça o vencedor ou que o Observador cancele.

Extensões:
*a. Em qualquer momento o Sistema falha:
   (para apoiar a restauração, Sistema registra depois de cada movimento completado)
   1. Observador reinicia Sistema.
   2. Sistema detecta falha anterior, reconstrói estado e fica pronto para continuar.
   3. Observador escolhe continuar (a partir da última vez completada pelo jogador).

Requisitos Especiais:
– Disponibilizar modos de rastreamento gráfico e textual.

6.21 Processo: como trabalhar com casos de uso em métodos iterativos?

Os casos de uso são centrais para o PU e muitos outros métodos iterativos. O PU encoraja o **desenvolvimento guiado por casos de uso**. Isso significa que:

- Requisitos funcionais são principalmente registrados em casos de uso (o Modelo de Casos de Uso); outras técnicas de requisitos (tais como listas de funções) são secundárias, se é que chegam a ser usadas.
- Casos de uso são uma parte importante do planejamento iterativo. O trabalho de uma iteração é – em parte – definido pela escolha de alguns cenários de casos de uso ou por casos de uso inteiros. Além disso, os casos de uso são uma entrada-chave para estimativas.
- **Realizações de caso de uso** orientam o projeto. Isto é, a equipe projeta objetos e subsistemas que colaboram, de maneira a executar ou realizar os casos de uso.
- Casos de uso freqüentemente influenciam a organização dos manuais de usuário.
- Teste funcional ou de sistema corresponde aos cenários dos casos de uso.
- *Wizards* de IU ou atalhos podem ser criados para os cenários mais comuns de casos de uso importantes para facilitar as tarefas comuns.

Como evoluir casos de uso e outras especificações ao longo das iterações?

Esta seção reitera uma idéia chave no desenvolvimento evolutivo e iterativo: a duração e o nível de esforço das especificações ao longo das iterações. A Tabela 6.1 apresenta uma amostra (não uma receita) que informa a estratégia de como os requisitos são desenvolvidos no PU.

Note que uma equipe técnica começa construindo o núcleo de produção do sistema, quando talvez 10% dos requisitos estão detalhados e, de fato, a equipe deliberadamente atrasa a continuação em profundidade do trabalho de requisitos até perto do fim da primeira iteração de elaboração.

Esta é a diferença-chave entre o desenvolvimento iterativo e o processo em cascata: o desenvolvimento do núcleo do sistema com qualidade de produção começa logo, muito antes que todos os requisitos sejam conhecidos.

Observe que, perto do fim da primeira iteração de elaboração, existe um segundo seminário de requisitos, durante o qual talvez 30% dos casos de uso sejam redigidos em detalhe. Essa análise de requisitos escalonada se beneficia da realimentação obtida por se ter construído um pouco do núcleo do software. A realimentação inclui a avaliação do usuário, os testes e uma melhoria no "conhecimento daquilo que não sabíamos". Isto é, o ato de construir o software rapidamente traz à tona hipóteses e questões que necessitam de esclarecimento.

No PU, a escrita de casos de uso é incentivada em um workshop de requisitos. A Figura 6.7 oferece sugestões sobre a ocasião e o lugar para fazer esse trabalho.

Tabela 6.1 Amostra do esforço em requisitos entre as iterações iniciais; isto não é uma receita

Disciplina	Artefato	Comentários e Nível de Esforço em Requisitos				
		Concep. 1 semana	Elab. 1 4 semanas	Elab. 2 4 semanas	Elab. 3 3 semanas	Elab. 4 3 semanas
Requisitos	Modelo de Casos de Uso	Seminário de requisitos de dois dias. A maioria dos casos de uso é identificada por nome, e estes são resumidos em um parágrafo curto. Pegue 10% dos casos da lista dos mais relevantes para analisar e e redigir em detalhe. Esses 10% serão os mais arquiteturalmente importantes, arriscados e de maior valor de negócio.	Perto do fim desta iteração faça um seminário de requisitos de dois dias. Obtenha percepções e realimentação a partir do trabalho de implementação, e, então complete 30% dos casos de uso em detalhe.	Perto do fim desta iteração faça um seminário de requisitos de dois dias. Obtenha percepções e realimentação a partir do trabalho de implementação, e, então complete 50% dos casos de uso em detalhe.	Repita e complete 70% de todos os casos de uso em detalhe.	Repita com a meta de ter 80-90% dos casos de uso esclarecidos e redigidos em detalhes. Somente uma pequena parte destes foi construída na elaboração; o restante é feito na construção.
Projeto	Modelo de Projeto	nenhum	Projete um pequeno conjunto de requisitos de alto risco significativos para a arquiterura.	Repita	Repita	Repita. Os aspectos significativos de alto risco e do ponto de de vista arquitetural deveriam agora estar estabilizados.
Implementação	Modelo de Implementação (código, etc.)	Nenhum	Implemente estes.	Repita. Nesta etapa, 5% do sistema final está construído.	Repita. Nesta etapa, 10% do sistema final está construído.	Repita. Nesta etapa, 15% do sistema final está construído.
Gestão de Projeto	Plano de Desenvolvimento de Software	Estimativa muito vaga do esforço total.	As estimativas começam a tomar forma.	Um pouco melhor...	Um pouco melhor...	As estimativas de duração geral do projeto, os principais marcos de referência, as estimativas de esforço e de custo podem agora ser racionalmente determinadas.

Quando os vários artefatos do PU (inclusive casos de uso) devem ser criados?

A Tabela 6.2 ilustra alguns artefatos do PU e um exemplo do seu cronograma de início e refinamento. O Modelo de Casos de Uso é iniciado na concepção, com talvez apenas 10% dos casos de uso significativos arquiteturalmente escritos com algum detalhe. A maioria é redigida incrementalmente ao longo das iterações da fase de elaboração, de modo que ao fim da elaboração, um grande grupo de casos de uso detalhados e outros requisitos (nas Especificações Suplementares) estejam redigidos, fornecendo, assim, uma base realista para elaborar estimativas até o fim do projeto.

Tabela 6.2 Amostra dos Artefatos do PU e seqüência temporal (i = início, r = refino)

Disciplina	Artefato Iteração →	Concep. I1	Elab. E1..En	Const. C1..Cn	Trans. T1..T2
Modelagem de Negócio	Modelo de Domínio		i		
Requisitos	*Modelo de Caso de Uso*	i	r		
	Visão	i	r		
	Especializações Suplementares	i	r		
	Glossário	i	r		
Projeto	Modelo de Projeto		i	r	
	Documento de Arquitetura de Software		i		

Como redigir casos de uso na concepção

A discussão a seguir amplia as informações da Tabela 6.1.

Nem todos os casos de uso são redigidos no seu formato completo durante a fase de concepção. Ao contrário, suponha que ocorra um seminário de requisitos de dois dias durante a investigação inicial do ProxGer. A parte inicial do dia é usada para identificar objetivos e interessados no projeto e para especular o que está dentro e o que está fora do escopo do projeto. Escreve-se uma tabela ator-objetivo-caso de uso, que é exibida por um projetor ligado ao computador. Inicia-se um diagrama de caso de uso de contexto. Após algumas horas, talvez 20 objetivos de usuário estejam identificados por nome, inclusive *Processar Venda, Tratar Devoluções,* etc. A maioria dos casos de uso interessantes, complexos ou de alto risco são escritos no formato resumido, cada um levando, em média, dois minutos para ser redigido. A equipe começa a formar uma imagem de alto nível da funcionalidade do sistema.

Depois, 10% a 20% dos casos de uso que representam as funções complexas do núcleo do sistema, que exigem a construção da arquitetura do núcleo, ou que são particularmente de risco em alguma dimensão, são reescritos em formato completo; a equipe faz uma investigação um pouco mais profunda, para melhor compreender a

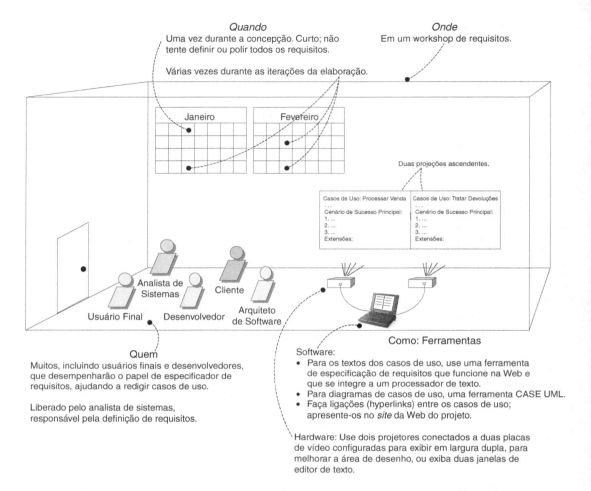

Figura 6.7 Processo e estabelecimento do contexto para escrita de casos de uso.

magnitude, as complexidades e os perigos ocultos do projeto, por meio da investigação profunda de uma pequena amostra de casos de uso interessantes. Talvez isso signifique dois casos de uso: *Processar Venda* e *Tratar Devoluções*.

Como redigir casos de uso na elaboração?

A discussão a seguir amplia as informações da Tabela 6.1.

Esta é uma fase de múltiplas iterações de tempo fixo (por exemplo, quatro iterações) na qual partes do sistema que ofereçam risco, tenham grande valor, ou sejam arquiteturalmente significativas, são construídas incrementalmente e a "maioria" dos requisitos são identificados e esclarecidos. A realimentação a partir dos passos concretos de programação influencia e informa a equipe na sua compreensão dos requisitos, os quais são refinados de forma iterativa e adaptativa. Talvez ocorra um seminário de requisitos de dois dias em cada iteração – quatro seminários no total. Contudo, nem todos os casos de uso são investigados em cada seminário. Eles são priorizados; os seminários iniciais focalizam um subconjunto dos casos de uso mais importantes.

Cada seminário subseqüente é um momento para adaptar e refinar a visão dos requisitos centrais, os quais serão instáveis nas iterações iniciais, estabilizando-se nas posteriores. Assim, existe uma interação iterativa entre a descoberta de requisitos e a construção de partes do software.

Durante cada seminário de requisitos, os objetivos dos usuários e a lista de casos de uso são refinados. Mais casos de uso são redigidos e reescritos no seu formato completo. Ao fim da elaboração, "80-90%" dos casos de uso estão escritos em detalhe. Em um sistema PDV com 20 casos de uso no nível de objetivos de usuários, 15 ou mais dos casos de uso mais complexos e de maiores riscos devem ser investigados, redigidos e reescritos em um formato completo.

Observe que a elaboração envolve a programação de partes do sistema. Ao fim desse passo, a equipe do ProxGer deveria não apenas ter uma melhor definição dos casos de uso, como também algum software executável.

Como redigir casos de uso na construção?

A fase de construção é composta de iterações de tempo fixo (por exemplo, 20 iterações, cada uma com duas semanas) dedicadas a completar o sistema, uma vez que os problemas instáveis e de risco já foram resolvidos na elaboração. Pode ainda ser necessário escrever alguns casos de uso de menor importância e, talvez, realizar seminários de requisitos, mas em número muito menor do que durante a elaboração.

Estudo de caso: casos de uso na fase de concepção do ProxGer

Conforme descrito na seção anterior, nem todos os casos de uso são redigidos no seu formato completo durante a concepção. O Modelo de Casos de Uso nessa fase do estudo de caso poderia ser detalhado conforme mostrado a seguir:

Completo	Informal	Resumido
Processar Venda	Processar Aluguel	Abrir
Tratar Devoluções	Analisar Atividade de Vendas	Fechar
	Gerenciar Segurança	Gerenciar Usuários
	...	Iniciar o Sistema
		Encerrar o Sistema
		Gerenciar as Tabelas do Sistema
		...

6.22 Histórico

A idéia de casos de uso para descrever requisitos funcionais foi introduzida, em 1986, por Ivar Jacobson [Jacobson92], um dos principais contribuintes da UML e do PU. A idéia dos casos de uso de Jacobson foi pioneira e amplamente aceita. Apesar de muitos terem feito contribuições no assunto, discutivelmente o passo seguinte mais influente e coerente na definição do que são casos de uso e sobre como redigi-los veio de Alistair Cockburn (que foi treinado por Jacobson), baseado no seu trabalho anterior e nos escritos de 1992 em diante [por exemplo, Cockburn01].

6.23 Leituras recomendadas

O guia mais popular para elaboração de casos de uso, traduzido para vários idiomas, é *Writing Effective Use Cases* [Cockburn01][7]. Esse guia tornou-se, por boas razões, o livro mais lido e seguido a respeito de casos de uso e, portanto, é recomendado como a referência básica sobre o assunto. Este capítulo introdutório é conseqüentemente baseado e consistente com o seu conteúdo.

Patterns for Effective Use Cases, escrito por Adolph e Bramble, continua de alguma forma a partir de onde *Writing* parou, abordando muitas sugestões úteis – em formato de padrão – relacionadas ao processo de criar excelentes casos de uso (organização da equipe, metodologia, edição) e como estruturá-los e redigi-los melhor (padrões para julgar e melhorar seu conteúdo e organização).

Geralmente, casos de uso são melhor redigidos em conjunto com um parceiro durante o seminário de requisitos. Um excelente guia na arte de conduzir um seminário é *Requirements by Collaborations: Workshops for Defining Needs,* escrito por Ellen Gottesdiener.

Use Case Modeling, escrito por Bittner e Spence, é outro recurso de qualidade, vindo de dois modeladores experientes que também entendem de desenvolvimento iterativo e evolutivo e RUP, e apresentam a análise de casos de uso naquele contexto.

Structuring Use Cases with Goals [Cockburn97] é o artigo mais freqüentemente citado sobre casos de uso, disponível *online* em alistair.cockburn.us.

Use Cases: Requirements in Context, escrito por Kulak e Guiney, também vale a pena. Enfatiza o importante ponto de vista – como diz o título – de que casos de uso não são somente outro artefato para requisitos, mas o veículo central que guia o trabalho de requisitos.

---

[7] Note que Cockburn rima com "slow burn" (fogo lento, em português).

Capítulo

7

OUTROS REQUISITOS

Rápido, barato, bom: escolha qualquer par.
– Anônimo

Objetivos

- Mostrar a Especificação Suplementar, o Glossário, a Visão e as Regras de Negócio.
- Comparar e contrastar características do sistema com casos de uso.
- Definir atributos de qualidade.

Introdução

Existem alguns outros artefatos de requisitos importantes do PU além de casos de uso, que são introduzidos neste capítulo. Se você deseja pular este capítulo – que trata de tópicos secundários de requisitos em vez de A/POO – não há problema. Passe para o assunto clássico de AOO sobre modelagem de domínio na pág. 157, mas antes leia o resumo dos requisitos da iteração 1 que começa na pág. 150.

Então por que incluir este capítulo, se ele não é essencial para aprender A/POO? Porque ele dá coesão aos estudos de caso e oferece um exemplo mais completo de requisitos.

O que vem a seguir? Observados os casos de uso, este capítulo explora outros artefatos de requisitos no PU. O capítulo seguinte define o escopo do trabalho para a iteração 1.

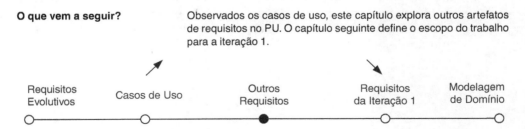

Outros artefatos de requisitos

Casos de uso não são toda a estória.

A **Especificação Suplementar** capta e identifica outros tipos de requisitos, tais como: relatórios, documentação, empacotamento, capacidade de suporte, licenciamento, etc.

O **Glossário** contém termos e definições; ele também pode desempenhar o papel de um dicionário de dados.

A **Visão** resume a "visão" do projeto – um resumo executivo. Ela serve para comunicar, em termos sucintos, as grandes idéias.

As **Regras do Negócio** (ou Regras do Domínio) captam regras ou políticas de longo prazo e abrangentes, tais como leis fiscais que transcendem uma aplicação particular.

7.1 Quão completos são os exemplos?

O objetivo principal do livro é a A/POO básica, não os detalhes secundários dos requisitos do ProxGer discutidos neste capítulo. Assim, em vez de mostrar exemplos exaustivos de requisitos[1], o capítulo apresenta exemplos parciais.

Algumas seções são brevemente discutidas, para que se possa fazer a conexão entre o trabalho anterior e o trabalho futuro, destacar problemas dignos de nota, dar uma idéia do conteúdo e seguir em frente rapidamente.

7.2 Diretriz: deve-se fazer a análise em profundidade durante a concepção?

Não. O PU é um método iterativo e evolutivo, o que significa que a programação e o teste com qualidade de produção devem acontecer muito cedo, bem antes dos requisitos terem sido totalmente analisados ou registrados. A *realimentação* proveniente da programação e testes precoces serve para evoluir os requisitos.

No entanto, a pesquisa mostra que é útil ter, logo no início, uma lista de alto nível dos "dez mais" requisitos em uma granularidade maior. É também útil despender certo tempo no início entendendo os requisitos não funcionais (tais como, desempenho ou confiabilidade), pois eles têm um impacto significativo nas escolhas arquiteturais.

---

[1] A ênfase do escopo não é apenas um problema de requisitos, mas de *escrever* sobre requisitos!

Especificações confiáveis: uma contradição?

Os exemplos seguintes de requisitos escritos podem dar a ilusão de que os requisitos reais estão entendidos e bem definidos e podem (desde cedo) ser usados para estimar e planejar confiavelmente o projeto. Essa ilusão é mais forte para desenvolvedores, mas não de software; programadores sabem por penosa experiência como isso não é confiável. Como mencionado, estudos de caso (por exemplo, [Thomas01] e [Larman03]) mostram agora que é um mal entendido acreditar que requisitos detalhados iniciais são úteis ou confiáveis em projetos de software. De fato, pelo contrário, pois quase 50% das características iniciais especificadas pelo modelo em cascata nunca são usadas em um sistema.

O que realmente importa é rapidamente construir um software que passa pelos testes de aceitação definidos pelos usuários e que satisfaz os seus verdadeiros objetivos – que são freqüentemente não descobertos até que os usuários estejam avaliando ou trabalhando com o software.

Redigir uma Visão e uma Especificação Suplementar vale a pena como exercício no esclarecimento de uma *primeira aproximação* do que é desejado, da motivação do produto e como um repositório das grandes idéias. Mas elas não são – nem qualquer artefato de requisitos é – uma especificação confiável. Apenas a escrita de código, seu teste, obter realimentação com ele, a contínua e estreita colaboração com usuários e clientes e a adaptação, realmente atingem a meta.

Isto não é um apelo para abandonar a análise e o raciocínio e correr para o código, mas uma sugestão de tratar por alto os requisitos escritos, começando logo a programação e continuamente – idealmente, diariamente – engajar os usuários e testes para obter realimentação.

7.3 Diretriz: esses artefatos devem ficar no site da Web do projeto?

Definitivamente sim. Como este é um livro, esses exemplos e os casos de uso parecem ser estáticos e talvez orientados a papel. No entanto, esses artefatos devem ser usualmente digitais, registrados online no site da web do projeto. E, em vez de ser simples documentos estáticos, eles podem ser ligados por meio de links, ou registrados em ferramentas além de processadores de texto ou planilhas. Por exemplo, muitos deles podem ser armazenados em uma Wiki Web[2].

---

[2] Para uma introdução sobre Wikis, ver http://en.wikipedia.org/wiki/WikiWiki.

7.4 Exemplo ProxGer: especificação suplementar (parcial)

Especificação Suplementar

Histórico das Revisões

Versão	Data	Descrição	Autor
Minuta da concepção	10 de janeiro de 2031	Primeira minuta. A ser refinada, principalmente durante a elaboração.	Craig Larman

Introdução

Este documento é o repositório de todos os requisitos do PDV ProxGer não documentados nos casos de uso.

Funcionalidade

(*Funcionalidade comum a muitos casos de uso*)

Registro e tratamento de erros

Registrar todos os erros em dispositivo de armazenamento persistente.

Regras de negócio "plugáveis"

Em vários pontos de cenários de diversos casos de uso (a serem definidos), apoiar a habilidade de personalizar a funcionalidade do sistema com um conjunto de regras quaisquer que são executadas naquele ponto ou quando ocorre um evento pré-determinado.

Segurança

Toda utilização requer autenticação do usuário.

Usabilidade

Fatores humanos

O cliente será capaz de ver o que está escrito em um grande monitor de vídeo do PDV. Portanto:

- O texto deve ser facilmente visível a uma distância de um metro.
- Cores associadas com formas comuns de daltonismo devem ser evitadas.

Velocidade, facilidade e processamento isento de erros são de importância primordial no processamento de vendas, pois o comprador deseja ir embora rapidamente, senão ele perceberá, de forma menos positiva, a experiência da compra (bem como quem está vendendo).

O caixa freqüentemente está olhando para o cliente ou para os itens que este está comprando, e não para o monitor de vídeo do computador. Portanto, sinais e alertas devem ser informados por sons, em vez de somente por meios visuais.

Confiabilidade

Facilidade de recuperação

Se ocorrer uma falha no uso de um serviço externo (autorização de pagamentos, sistema de contabilidade....) tente resolver o problema com uma solução local (p. ex., armazenar e seguir em frente), de modo a poder completar uma venda. Aqui, é necessário muito mais análise...

Desempenho

Conforme mencionado em fatores humanos, os compradores querem completar o processamento de uma venda *muito* rapidamente. Um gargalo em potencial é a autorização externa de pagamento. Nosso objetivo é obter uma autorização em menos de um minuto, em 90% das vezes.

Manutenibilidade

Adaptabilidade

Diferentes clientes do PDV ProxGer têm regras de negócio e necessidades de processamento únicos quando processam uma venda. Portanto, em vários pontos definidos no cenário (por exemplo, quando é iniciada uma nova venda, quando é adicionado um novo item de compra), regras de negócio "plugáveis" serão habilitadas.

Facilidade de configuração

Diferentes clientes desejam diferentes configurações de rede para seus sistemas PDV, tais como clientes finos (thin clients) versus clientes espessos (thick clients), duas camadas versus N camadas físicas e assim por diante. Além disso, eles desejam a possibilidade de modificar essas configurações, de modo que elas possam refletir as mudanças nos seus negócios e correspondentes necessidades de desempenho. Portanto, o sistema deverá ser bastante configurável para refletir essas necessidades. É necessário muito esforço e trabalho de análise neste campo para definir as áreas e o grau de flexibilidade desejável, bem como o esforço para alcançá-lo.

Restrições de implementação

A liderança do projeto ProxGer insiste em uma solução com tecnologias Java, prevendo que isto irá melhorar a portabilidade e a manutenibilidade a longo prazo, além da facilidade de desenvolvimento.

Componentes comprados

- Software para cálculo de impostos. A maioria fornece o suporte de componentes "plugáveis" para diferentes países.

Componentes livres com código-fonte aberto

Em geral, recomendamos maximizar o uso de tecnologia Java livre com componentes de código-fonte aberto neste projeto.

Embora seja prematuro projetar e escolher componentes definitivamente, sugerimos os seguintes como candidatos prováveis:

- Jlog framework para registro de entrada de usuários
- ...

Interfaces

Hardware e interfaces de interesse

- Monitor com tela sensível a toques (este é visto pelos sistemas operacionais como um monitor comum e os toques como eventos de mouse)
- Leitor scanner a laser, de código de barras (estes normalmente se conectam a um teclado especial, e a entrada lida pelo scanner é percebida pelo software como acionamento de teclas)
- Impressora de recibos
- Leitor de cartão de crédito/débito
- Leitor de assinaturas (mas não na versão 1)

Interfaces de software

Para a maioria dos sistemas externos que colaboram (sistema de cálculo de impostos, contabilidade, estoques,...), precisamos ser capazes de "plugar" vários sistemas e, assim, interfaces diversas.

Regras de Domínio (de negócio) Específicas da Aplicação

(Para regras gerais, veja o documento "Regras de Negócios" em separado)

ID	Regra	Mutabilidade	Fonte
REGRA 1	Regras de desconto para compradores. Exemplos: Empregado – 20%. Cliente Preferencial – 10%. Idoso – 15%.	Alta. Cada varejista usa regras diferentes.	Política de varejo.
REGRA 2	Regras de desconto de venda (em nível de transação). Aplica-se ao total antes do imposto. Exemplos: 10% se o total for maior do que R$100,00. 5% toda segunda-feira. 10% para todas as vendas de hoje das 10:00hs às 15:00 hs. Tofu: 50% hoje das 9:00 às 10:00hs.	Alta. Cada varejista usa regras diferentes e elas podem mudar diariamente ou de hora em hora.	Política de varejo.
REGRA 3	Regras de desconto por produto (nível de linha de item). Exemplos: 10% de desconto para tratores nesta semana. Compre 2 hambúrgueres vegetarianos e leve um de graça.	Alta. Cada varejista usa regras diferentes e elas podem mudar diariamente ou de hora em hora.	Política de varejo

Aspectos legais

Recomendamos o uso de alguns componentes com código-fonte livre, se suas restrições de licenciamento puderem ser resolvidas de maneira a permitir a revenda de produtos que incluam software com código-fonte livre.

Todas a regras relativas a tributos devem, de acordo com a legislação, ser aplicadas durante as vendas. Note que essas regras podem mudar freqüentemente.

Informações em domínios de interesse

Preços

Além das regras de preços descritas na seção regras do domínio, observe que produtos têm um *preço original* e, opcionalmente, um *preço permanentemente remarcado*. O preço de um produto (antes dos descontos adicionais) é o preço permanentemente remarcado, caso esse exista. As empresas mantêm o preço original mesmo se um preço permanentemente remarcado estiver sendo aplicado por razões contábeis e tributárias.

Tratamento de pagamentos a crédito e a débito

Quando um pagamento eletrônico a crédito ou a débito é aprovado por um serviço de autorização de pagamentos, esse é responsável pelo pagamento ao vendedor, não ao comprador. Conseqüentemente, para cada pagamento, o vendedor necessita registrar valores pecuniários a seu crédito em suas contas a receber, que deverão ser provenientes do serviço de autorização de créditos.Geralmente isso será feito toda noite: o serviço de autorização de crédito executará uma transferência eletrônica de fundos para a conta do vendedor para cobrir o total diário devido naquele dia, deduzida uma pequena taxa de serviço por transação cobrada pelo serviço.

Impostos sobre as vendas

Cálculos de valores de impostos sobre vendas podem ser muito complexos e mudam com regularidade, em conseqüência de mudanças de legislação tributária em todos os níveis de governo. Portanto, é aconselhável delegar o cálculo de impostos para um software de terceiros que faça esse cálculo (existem vários disponíveis). Os impostos podem ser municipais, regionais, estaduais ou federais. Alguns itens podem ser isentos de impostos incondicionalmente, ou podem ser isentos dependendo do comprador ou receptor final da mercadoria (por exemplo, um agricultor ou uma criança).

Identificadores de itens: CUPs, EANs, SKUs, códigos de barras e leitores de códigos de barras

O PDV ProxGer precisa dar suporte a vários esquemas de identificadores de itens. Os CUPs (Códigos Universais de Produto, do inglês Universal Product Code – UPC), EANs (European Article Numbering) e SKUs (Stock Keeping Units) são três sistemas comuns para identificadores de produtos vendidos. Os JANs (Japanese Article Numbers) são uma versão do EAN.

Os SKUs são identificadores totalmente arbitrários definidos pelo varejista. Entretanto, os CUPs e os EANs possuem um componente regulador e padrões. Veja www.adams1.com/pub/russadam/upccode.html para uma visão geral. Veja também www.uc.council.org e www.ean-int.org.

7.5 Comentário: especificação suplementar

A **Especificação Suplementar** documenta outros requisitos, informações e restrições que não são facilmente documentados nos casos de uso ou no Glossário, incluindo atributos ou requisitos de qualidade que se aplicam a todo o sistema – os atributos "URPS+" (**u**sability (usabilidade), **r**eliability (confiabilidade), **p**erformance (desempenho), **s**upportability (facilidade de suporte) e outros).

Note que os requisitos não funcionais específicos a um caso de uso podem (e provavelmente devem) ser primeiro escritos resumidamente dentro do caso de uso, na seção *Requisitos Especiais*, enquanto você está pensando no caso de uso. Mas depois desse passo informal eles devem ser movidos para a Especificação Suplementar, a fim de manter todos os requisitos não funcionais em um único lugar e sem duplicação.

Os elementos da Especificação Suplementar incluem:

- requisitos FURPS+ – funcionalidade, usabilidade, confiabilidade, desempenho e manutenibilidade
- relatórios
- restrições de hardware e software (sistemas operacionais e de rede, etc.)
- restrições de desenvolvimento (por exemplo, processo ou ferramentas de desenvolvimento)
- outras restrições de projeto e implementação
- preocupações com internacionalização (unidades, línguas,...)
- documentação (do usuário, instalação, administração) e ajuda
- licenciamento e outras preocupações legais
- empacotamento
- padrões (técnico, segurança, qualidade)
- preocupações com o ambiente físico (por exemplo, calor ou vibração)
- preocupações operacionais (por exemplo, como os erros são tratados ou como e com que freqüência devem ser feitas cópias de segurança)
- regras do domínio específicas da aplicação
- informações sobre domínios de interesse (por exemplo, qual é o ciclo completo de tratamento de pagamentos a crédito?)

Atributos de qualidade

Alguns requisitos são chamados de **atributos de qualidade** [BCK98] (ou "-idades") de um sistema. Esses incluem, dentre outros, a usabilidade e a confiabilidade. Note que essas são qualidades do sistema, não dos atributos em si, que não são necessariamente de alta qualidade. Por exemplo, a qualidade "facilidade de suporte" pode deliberadamente ser escolhida como sendo baixa se o produto não se destina a servir a um propósito de longo prazo.

Quando colocamos nosso "chapéu de arquiteto"[‡], os atributos de qualidade aplicáveis a todo o sistema (e, conseqüentemente, também à Especificação Suplementar onde são registrados) são especialmente interessantes porque – como será introduzido no Capítulo 33 – *a análise e o projeto da arquitetura são bastante voltados à identificação e resolução dos atributos de qualidade no contexto dos requisitos funcionais.*

Por exemplo, suponha que um dos atributos de qualidade seja que o sistema ProxGer deve ser bastante tolerante a falhas quando os serviços remotos falham. Do ponto de vista arquitetural, isso terá uma grande influência sobre as decisões de projeto de grande escala.

Funcionalidade nas especificações suplementares? Isso não deveria ficar nos casos de uso?

Algumas funções ou características não se encaixam no formato de caso de uso. Na década de 1990 trabalhei em uma empresa que construiu um middleware em Java e uma plataforma baseada em agentes. Para a versão seguinte (como a maioria dos produtos de middleware ou servidor) não pensamos na sua funcionalidade em termos de casos de uso – isso não fazia sentido. Mas pensamos na funcionalidade em termos de **características,** tais como "adicionar apoio para EJB Entity Bean 1.0".

O PU certamente permite essa abordagem de requisitos orientada a características, na qual a lista de requisitos está na Especificação Suplementar.

O PU encoraja, mas não requer casos de uso para descrever a funcionalidade; casos de uso são uma boa maneira de pensar sobre e colocar juntos um conjunto relacionado de características em termos de cenários típicos de uso de um produto. Eles nem sempre se encaixam.

Regras (de negócio) do domínio específicas da aplicação

Regras do domínio amplas e gerais, tais como a legislação de impostos, são próprias do artefato do PU "Regras de Negócio", como um repositório central compartilhado. No entanto, regras mais estritas específicas da aplicação, tais como "como calcular um desconto de linha de item", podem ser registrados na especificação suplementar.

Informações sobre domínios de interesse

É interessante que um especialista escreva (ou forneça URLs para) algumas explicações sobre os domínios relacionados com o novo sistema de software (vendas e contabilidade, a geofísica dos fluxos subterrâneos de petróleo/água/gás, etc.), oferecendo, assim, o contexto e uma percepção mais profunda para a equipe de desenvolvi-

---

[‡] N. de R.T.: Isto é, nos comportamos segundo o papel de arquiteto de sistema.

mento. Tal documento pode conter indicações para alguma literatura importante, especialistas no assunto, fórmulas, leis ou outras referências. Por exemplo, os "mistérios" dos esquemas de codificação CUP e EAN, e a simbologia de códigos de barras, devem, até certo ponto, ser compreendidos pela equipe do ProxGer.

7.6 Exemplo ProxGer: visão (parcial)

Visão

Histórico das Revisões

Visão	Data	Descrição	Autor
Minuta da concepção	10 de janeiro de 2031	Primeira minuta. A ser refinada, principalmente. durante a elaboração.	Craig Larman

Introdução

A análise neste exemplo é ilustrativa, mas fictícia

Imaginamos a aplicação para ponto-de-vendas de nova geração (PDV ProxGer), tolerante a falhas e com flexibilidade para atender a diversas regras de negócios variáveis de acordo com o usuário, múltiplos mecanismos de interface com o usuário, múltiplos terminais e possibilidade de integração com múltiplos sistemas de suporte fornecidos por terceiros.

Posicionamento

Oportunidade de negócio

Os produtos PDV já existentes não são adaptáveis aos negócios dos clientes em termos de possibilitar regras de negócio e projetos de redes variáveis (por exemplo, cliente fino ou não; arquiteturas de 2, 3 ou 4 camadas). Além disso, eles não apresentam uma escabilidade satisfatória, à medida que o número de terminais aumenta e o negócio cresce. E nenhum deles pode trabalhar ora em modo online ora em modo offline, adaptando-se dinamicamente dependendo das falhas. Da mesma forma, nenhum deles se integra facilmente com muitos sistemas fornecidos por terceiros. Nenhum deles tem provisão para a incorporação de novas tecnologias em matéria de terminais, tais como os PDAs[‡] móveis. Há uma insatisfação no mercado com essa situação de inflexibilidade e uma demanda para um sistema PDV que corrija essa situação.

Definição do problema

Sistemas PDV tradicionais são inflexíveis, intolerantes a falhas e difíceis de integrar com sistemas fornecidos por terceiros. Isso leva a problemas no processamento das vendas a tempo, instituindo processos aperfeiçoados que não são compatíveis com o software, e dados de contabilidade e de estoque precisos e oportunos para apoiar medições e planejamento, entre outros interesses. Isso afeta os caixas, os gerentes de lojas, os administradores de sistema e a gerência corporativa.

Definição da posição do produto

Resumo sucinto sobre a quem o sistema se destina, suas características mais notáveis e o que o diferencia da competição.

Alternativas e competição...

Compreenda quem são os jogadores e quais são os seus problemas

Descrições dos interessados

Demografia do mercado...

Resumo dos interessados (não-usuários)...

Resumo dos usuários...

[‡] N. de R.T.: PDA – **P**ortable **D**igital **A**ssistant (Assistente Digital Portátil). Foi mantida a sigla em inglês por ser assim conhecida nos meios técnicos brasileiros de computação.

Objetivos-chave de alto nível e problemas dos interessados

Consolidar a entrada pela Lista de Atores e Objetivos e a seção de Interesses e Interessados dos casos de uso

Um workshop de requisitos de um dia com especialistas no assunto e outros interessados no projeto do sistema, além de levantamentos realizados em vários pontos de venda, levou à identificação dos seguintes objetivos-chave e problemas:

Objetivo de Alto Nível	Prioridade	Problemas e Preocupações	Soluções Correntes
Processamento de vendas rápido, robusto e integrado	Alta	Diminuição da velocidade, à medida que a carga aumenta. Perda da capacidade de processamento de vendas se há falhas nos componentes. Falta de informação atualizada e precisa da contabilidade e de outros sistemas por causa da não integração com os sistemas já existentes existentes de contabilidade, estoque e RH. Leva a dificuldades de medição e planejamento. Impossibilidade de personalisar regras de negócios para requisitos especiais de negócio. Dificuldade em adicionar novos tipos de terminais ou interfaces de usuário (por exemplo, PDAs móveis).	Produtos PDV já existentes fornecem o processamento básico de vendas, mas não tratam esses problemas.
...	...	...	...

Objetivos do usuário

Esta pode ser a Lista Ator-Objetivo, criada durante a modelagem de casos de uso, ou um resumo mais compacto

Os usuários (e sistemas externos) necessitam de um sistema para satisfazer os seguintes objetivos:

- *Caixa*: processar vendas, tratar devoluções, abrir, fechar
- *Administrador do Sistema*: administrar usuários, administrar a segurança, administrar as tabelas do sistema
- *Gerente*: iniciar e encerrar o sistema
- *Sistema de Atividade de Vendas*: analisar dados de vendas
- ...

Ambiente do usuário...

Visão geral do produto

Resumido a partir do diagrama de casos de uso.

Perspectiva do produto

O PDV ProxGer normalmente residirá nas lojas; se forem usados terminais móveis, eles estarão nas proximidades da rede da loja, dentro ou fora dela, mas muito próximos. Eles fornecerão serviços aos usuários e colaborarão com outros sistemas, conforme indicado na Figura Visão-1.

Diagramas de contexto existem em diferentes formatos com níveis de detalhamento variáveis, mas todos mostram os principais atores externos relacionados com um sistema.

Figura Visão 1. Diagrama de contexto do sistema PDV ProxGer.

De modo similar à lista de Ator-Objetivo, esta tabela relaciona objetivos, benefícios e soluções, mas em um nível mais alto, não apenas relacionado com casos de uso.

Ela resume o valor e as qualidades que diferenciam o produto.

Característica que Suporta	Benefício para o Interessado
Funcionalmente, o sistema fornecerá todos os serviços comuns que uma organização de venda necessita, incluindo a captação de vendas, a autorização de pagamentos, o tratamento de devoluções, etc.	Serviços de ponto-de-venda rápidos e automatizados.
Detecção automática de falhas, mudando para processamento local os serviços que em um momento estão disponíveis.	Comunidade das vendas em caso de falha de componentes externos.
Regras de negócio "plugáveis" em vários pontos dos cenários durante o processamento das vendas.	Configuração flexível da lógica de negócios.
Transações em tempo real com sistemas de terceiros, usando protocolo-padrão da indústria.	Vendas realizadas em tempo hábil e com precisão, informações para contabilidade e estoque, para dar suporte a medições e planejamento.
...	...

Resumo dos benefícios

Hipóteses e dependências...

Custo e preços...

Licenças e instalação...

Conforme discutido ao lado, as características do sistema são um formato compacto para resumir a funcionalidade.

Resumo das características do sistema

- Captação de vendas.
- Autorização de pagamentos (crédito, débito, cheque).
- Administração do sistema: usuários, segurança, códigos e tabelas de constantes, etc.
- Processamento de vendas automático offline em caso de falha nos componentes externos.
- Transações em tempo real, baseadas nos padrões da indústria, com sistemas de terceiros, incluindo estoques, contabilidade, recursos humanos, calculadores de impostos e serviços de autorização de pagamentos.
- Definição e execução de regras de negócio personalizáveis e "plugáveis" em pontos fixos e comuns nos cenários de processamento.
- ...

Outros Requisitos e Restrições

Inclui restrições de projeto, usabilidade, confiabilidade, desempenho, capacidade de suporte, documentação, empacotamento, etc. Ver Especificação Suplementar e casos de uso.

7.7 Comentário: visão

Quando alguém se junta ao projeto, é útil poder dizer "Bem-vindo! Por favor leia as sete páginas sobre Visão no site da Web do projeto". Também é útil ter um resumo executivo que descreve rapidamente o projeto, fornecendo um contexto para os principais envolvidos estabelecerem uma visão comum do projeto.

A visão não deve ser longa, nem deve tentar descrever os requisitos efetivos em detalhe. Ela deve resumir algumas das informações do Modelo de Casos de Uso e da Especificação Suplementar.

Objetivos-chave de alto nível e problemas dos interessados

Esta seção resume os objetivos e problemas em alto nível – freqüentemente mais elevados do que os específicos dos casos de uso – e revela objetivos importantes não funcionais e de qualidade que podem pertencer a um caso de uso ou abranger vários, tais como:

- *É necessário processamento de vendas tolerante a falhas.*
- *É necessária a possibilidade de personalizar as regras de negócio.*

Diretriz: quais são os métodos de facilitação?

O trabalho de grupo criativo e investigativo ocorre especialmente durante atividades tais como definição do problema em alto nível e identificação dos objetivos. Seguem algumas técnicas úteis para facilitação (moderação) de grupos, com o intuito de descobrir os problemas e objetivos básicos e apoiar a geração de idéias e priorização: mapeamento da mente (mind mapping), criação da visão do produto em caixas (product vision box creation), diagramas de espinha de peixe (fishbone diagrams), diagramas de Pareto (Pareto diagrams), brainstorming, votação múltipla (multi-voting), votação pontual (dot voting), processo de grupo nominal (nominal group process), brainwriting e agrupamento por afinidade (affinity grouping). Pesquise-os na Web. Prefiro aplicar vários deles durante o mesmo workshop, para descobrir problemas e requisitos comuns a partir de diferentes ângulos.

Resumo de características do sistema

A simples listagem dos nomes dos casos de uso não é suficiente na Visão para detectar as principais características. Por quê?

- Eles são muito detalhados ou de baixo nível. As pessoas desejam um resumo breve das grandes idéias. Pode haver 30 ou 50 casos de uso.

- O nome do caso de uso pode esconder características interessantes e importantes que os interessados realmente desejam conhecer. Por exemplo, suponha que a descrição da funcionalidade da autorização de pagamento automatizada esteja embutida no caso de uso Processar Venda. Um leitor da lista de nomes dos casos de uso não pode afirmar se o sistema vai fazer autorização de pagamento.

- Algumas características notáveis abrangem mais de um caso de uso ou são ortogonais aos casos de uso. Por exemplo, durante o primeiro workshop de requisitos do ProxGer alguém poderia dizer "O sistema deve poder interagir com sistemas existentes de terceiros para contabilidade, estoque e cálculo de impostos".

Portanto, uma maneira alternativa e complementar de expressar as funções do sistema é utilizar **características** ou, mais especificamente neste contexto, **características do sistema**, que são sentenças de alto nível, compactas, que resumem as funções do sistema. Em termos mais formais do PU, uma **característica do sistema** é "um serviço observável externamente fornecido pelo sistema que satisfaz diretamente a uma necessidade de um interessado no sistema" [Kruchten00].

> *Definição*
> Características são funções comportamentais que um sistema pode *fazer*. Deveriam passar no seguinte teste lingüístico:
>
> *O sistema faz <característica X>.*

Por exemplo:

O sistema faz autorização de pagamentos.

As características funcionais do sistema devem ser contrastadas com vários tipos de requisitos não funcionais e com restrições, como: *"o sistema deve rodar sob Linux, deve ter 24/7 de disponibilidade e uma interface por tela sensível ao toque."* Observe que esses não passam no teste lingüístico; por exemplo, *o sistema faz Linux.*

Diretriz: como escrever a lista de características?

Na Visão, "curto é bom" – na verdade, em qualquer documento.

Temos, aqui, um exemplo de descrição de características em alto nível para um grande projeto multi-sistema, do qual o PDV é apenas um elemento:

As características principais incluem:

- *Serviços PDV*
- *Gestão de estoque*
- *Compra pela Web*
- *...*

É comum organizar uma hierarquia de dois níveis para as características do sistema. Entretanto, no documento Visão, mais do que dois níveis levam a um excesso de detalhes; o objetivo das características do sistema na Visão é resumir a funcionalidade, e não decompô-la em uma longa lista de elementos de granularidade fina. Um exemplo razoável, em termos de detalhe, seria:

As características principais incluem:

- *Serviços PDV:*
  - *captação de vendas*
  - *autorização de pagamentos*
  - *...*
- *Gestão de estoque:*
  - *pedidos de reposição feitos automaticamente*
  - *...*

Quantas características do sistema a Visão deveria conter?

> *Diretriz*
>
> É desejável que a Visão tenha menos de 10 características – mais do que isso não podem ser percebidas rapidamente. Caso tenha mais, considere agrupá-las e abstraí-las.

Diretriz: deve-se duplicar outros requisitos na Visão?

Na Visão, as características do sistema resumem, de forma breve, os requisitos funcionais, em geral, expressos em detalhes nos casos de uso. De maneira semelhante, a Visão *pode* resumir outros requisitos (por exemplo, confiabilidade e usabilidade) que são detalhados na Especificação Suplementar. Contudo, deve-se ter cuidado para evitar ser repetitivo.

> *Diretriz*
>
> Para outros requisitos, evite sua duplicação ou quase duplicação tanto na Visão como na Especificação Suplementar (ES). Em vez disso, registre-os somente na ES. Na Visão, direcione o leitor para a ES para ver os outros requisitos.

Diretriz: você deve escrever primeiro a Visão ou os casos de uso?

Não vale a pena ser rígido com relação à ordem. Enquanto os desenvolvedores estão colaborando para criar diferentes artefatos de requisitos, surge uma sinergia na qual trabalhar em um artefato influencia e ajuda a esclarecer um outro. Entretanto, uma sugestão de seqüência é:

1. Escreva uma primeira minuta da Visão.
2. Identifique os objetivos do usuário e os casos de uso correspondentes pelo nome.
3. Escreva alguns casos de uso em detalhe e inicie a Especificação Suplementar.
4. Refine a Visão, resumindo as informações a partir desses últimos.

7.8 Exemplo ProxGer: um Glossário (parcial)

Glossário

Histórico das Revisões

Versão	Data	Descrição	Autor
Minuta da concepção	10 de janeiro de 2031	Primeira minuta. A ser refinada, principalmente durante a elaboração.	Craig Larman

Definições

Termo	Definição e Informações	Formato	Regras de Validação	Sinônimos
Item	Um produto ou serviço para venda.			
Autorização de Pagamento	Validação por um serviço externo de autorização de pagamento que fará ou garantirá o pagamento para o vendedor.			
Solicitação de Autorização de Pagamento	Uma composição de elementos é enviada eletronicamente para um serviço de autorização, normalmente como uma seqüência de caracteres. Os elementos incluem o ID da loja, o número da conta do cliente, a quantia e uma marca de tempo.			
CUP	Código numérico que identifica um produto. Geralmente é simbolizado por um código de barras colocado nos produtos. Ver www.uc-council.org para detalhes sobre formato e validação.	Código de 12 dígitos com diversas sub-partes.	Dígito 12 é um dígito de controle.	UPC -Universal Code Product ou Código Universal de Produto.
...	...			

7.9 Comentário: Glossário (dicionário de dados)

Na sua forma mais simples, o **Glossário** é uma lista de termos relevantes e suas definições. É surpreendentemente comum que um termo muitas vezes técnico ou específico do domínio seja usado de maneiras ligeiramente diferentes por diferentes interessados no projeto; é necessário solucionar isso para reduzir problemas de comunicação e de ambigüidades nos requisitos.

> *Diretriz*
>
> Comece o Glossário desde o início do projeto. Ele vai se tornar rapidamente um repositório útil de informação detalhada relativa a elementos de granularidade fina.

O Glossário como dicionário de dados

No PU, o Glossário também exerce o papel de um **dicionário de dados**, um documento que registra dados sobre os dados – ou seja, registra **metadados**. Durante a concepção, o glossário deve ser um documento simples de termos e descrições. Durante a elaboração, pode se expandir, tornando-se um dicionário de dados.

Os atributos dos termos podem incluir:

- sinônimos;
- descrição;
- formato (tipo, tamanho, unidade);

- relacionamentos com outros elementos;
- intervalo de valores válidos;
- regra de validação.

> Observe que os intervalos de valores válidos e as regras de validação registradas no Glossário são requisitos que têm implicações no comportamento do sistema.

Diretriz: pode-se usar o Glossário para registrar termos compostos?

O Glossário não se destina somente a termos atômicos, como "preço do produto". Ele pode e deve incluir elementos compostos, como "venda" (que inclui outros elementos, como data e localização) e apelidos usados para descrever uma coleção de dados transmitida entre atores nos casos de uso. Por exemplo, no caso de uso *Processar Venda*, considere a seguinte afirmação:

> O sistema envia uma <u>solicitação de autorização de pagamento</u> para um Serviço de Autorização de Pagamentos externo e solicita sua aprovação.

"Solicitação de autorização de pagamento" é um apelido para um agregado de dados que necessita ser explicado no Glossário.

7.10 Exemplo ProxGer: regras de negócio (regras de domínio)

Regras de Domínio

Histórico de Revisões

Lista de Regras

Versão	Data	Descrição	Autor
Minuta da concepção	10 de janeiro de 2031	Primeira minuta. A ser refinada, principalmente durante a elaboração.	Craig Larman

(Ver também em separado as regras específicas da aplicação na Especificação Suplementar)

ID	Regra	Mutabilidade	Fonte
REGRA 1	Necessária assinatura para pagamentos a crédito.	A "assinatura" do comprador vai continuar a ser exigida, mas dentro de dois anos a maioria de nossos clientes desejará a captação da assinatura por meio de um dispositivo digital de captação, e dentro de cinco anos desejamos ter demanda para apoio do novo código único digital de "assinatura" já apoiado pela lei dos EUA.	Política virtualmente adotada por todas as companhias de autorização de crédito.

ID	Regra	Mutabilidade	Fonte
REGRA 2	Regras de impostos. Vendas exigem impostos adicionados. Ver disposições governamentais para os detalhes atuais.	Alta. Leis de impostos mudam anualmente em todos os níveis governamentais.	Lei
REGRA 3	Restituições de pagamento a crédito podem somente ser pagas como crédito à conta de crédito do comprador, não em dinheiro.	Baixa.	Política da companhia de autorização de crédito.

7.11 Comentário: regras de domínio

Regras de Domínio [Ross97, GK00] ditam como um domínio ou negócio pode operar. Elas não são requisitos de qualquer aplicação, apesar dos requisitos de uma aplicação serem freqüentemente influenciados pelas regras de domínio. As políticas da companhia, leis físicas (por exemplo, como o petróleo flui no subsolo) e leis governamentais são regras de domínio comuns.

Elas são comumente chamadas **Regras de Negócio,** que é o tipo mais comum, mas esse termo é pobre, pois muitas aplicações de software são para problemas não relativos a negócios, tais como simulação das condições meteorológicas ou logística militar. Uma simulação meteorológica tem "regras de domínio" relativas a leis físicas e seus relacionamentos, que influenciam os requisitos da aplicação.

É útil identificar e registrar regras de domínio em um artefato separado independente da aplicação – que o PU chama de artefato de Regras de Negócio – de modo que essa análise possa ser compartilhada e reusada por toda a organização e por todos os projetos, em vez de ficar enterrada dentro de um documento específico de um projeto.

As regras podem ajudar a esclarecer ambigüidades nos casos de uso, que enfatizam o fluxo da estória em vez dos detalhes. Por exemplo, no PDV ProxGer, se alguém perguntar se o caso de uso *Processar Venda* deve ser escrito como uma alternativa para permitir pagamentos a crédito sem captação de assinaturas, existe uma regra de negócio (REGRA 1) que esclarece que isso não será permitido por nenhuma companhia de autorização de crédito.

7.12 Processo: requisitos evolutivos em métodos iterativos

Requisitos Evolutivos (pág. 53)

Como tem sido repetidamente enfatizado (por ser crucial, embora muitas vezes ignorado) em métodos iterativos, inclusive o PU, esses requisitos não são totalmente analisados e redigidos próximo ao início do projeto. Pelo contrário, eles evoluem durante uma série de workshops de requisitos (por exemplo), intercalados com programação e teste com qualidade de produção logo no início do projeto. A realimentação desse desenvolvimento feito logo no início do projeto é usada para refinar as especificações.

Como foi feito no capítulo de casos de uso, a Tabela 7.1 resume uma amostra de artefatos e sua possível seqüência temporal no PU. Usualmente, a maioria dos artefatos de requisitos são iniciados na concepção e trabalhados principalmente ao longo da elaboração.

Tabela 7.1   Amostra dos Artefatos do PU e seqüência temporal (i = início, r = refino)

Disciplina	Artefato Iteração →	Concep. I1	Elab. E1.En	Const. C1..Cn	Trans. T1..T2
Modelagem de Negócio	Modelo de domínio		i		
Requisitos	Modelo de caso de uso	i	r		
	Visão	i	r		
	Especializações Suplementares	i	r		
	Glossário	i	r		
	Regras de negócio	i	r		
Projeto	Modelo de projeto		i	r	
	Documento de arquitetura de software		i		
	Modelo de dados		i	r	

Concepção

Os interessados no projeto precisam decidir se ele merece uma investigação séria; essa investigação real ocorre durante a fase de elaboração, não durante a concepção. Durante a concepção, a Visão resume a idéia do projeto, de modo a ajudar os tomadores de decisão a determinar se vale a pena continuar, e por onde começar.

Como a maior parte da análise de requisitos ocorre durante a fase de elaboração, a Especificação Suplementar deve ser pouco desenvolvida durante a concepção, destacando os atributos de qualidade dignos de nota que exponham os riscos e desafios principais (por exemplo, o PDV ProxGer deve ter condições de recuperação quando houver falha de serviços externos).

A informação de entrada para esses artefatos poderia ser gerada durante um workshop de requisitos na fase de concepção.

Elaboração

Ao longo das iterações de elaboração, a "visão" e a Visão são refinadas, com base na realimentação obtida a partir da construção incremental de partes do sistema, da sua adaptação e de múltiplos workshops de requisitos ao longo de várias iterações de desenvolvimento.

Por meio de uma investigação constante de requisitos e do desenvolvimento iterativo, os outros requisitos se tornarão mais claros e poderão ser registrados na ES.

Ao fim da elaboração, é viável ter casos de uso, uma Especificação Suplementar e uma Visão que reflitam, de forma razoável, as principais características e outros requisitos, já estabilizados, que devem ser completados para entrega. Entretanto, não se deve congelar a Especificação Suplementar e a Visão, nem "assinar embaixo" delas como se fossem uma especificação fixa; a adaptação – e não a rigidez – é um valor fundamental do desenvolvimento iterativo e do PU.

Para esclarecer este comentário sobre "congelar e assinar embaixo": é perfeitamente razoável – no fim da elaboração – estabelecer um acordo com os interessados no projeto sobre o que será feito no restante do projeto, além de assumir compromissos (talvez contratuais) com relação a requisitos e cronogramas. Em algum ponto (no PU, o fim da fase de elaboração), precisamos ter uma idéia confiável sobre "o quê, quanto e quando". Nesse sentido, um acordo formal sobre os requisitos é normal e esperado. É também necessário ter um processo de controle de mudanças (uma das práticas explicitamente recomendadas no PU), de forma que as mudanças nos requisitos sejam consideradas e aprovadas formalmente, em vez de termos mudanças caóticas e não controladas.

Assim, várias idéias estão implícitas no comentário "congelar e assinar embaixo":

- No desenvolvimento iterativo e no PU, entende-se que não importa quanto empenho e trabalho dediquemos à especificação dos requisitos, algumas mudanças serão inevitáveis e devem ser aceitáveis. Essas mudanças podem ser uma oportunidade de última hora para se efetuar melhorias no sistema, que ofereçam aos seus proprietários uma vantagem competitiva ou ainda mudanças para a obtenção de uma melhor percepção.

- No desenvolvimento iterativo, é um valor fundamental que tenhamos um envolvimento contínuo dos interessados no projeto para avaliá-lo, fornecer realimentação e direcionar o projeto como eles realmente desejam. Não é benéfico para os interessados que eles simplesmente não se comprometam com um engajamento efetivo no projeto, concordando com um um conjunto de requisitos congelados e esperando pelo produto acabado, porque eles provavelmente não obterão o que de fato necessitam.

Construção

Na altura da fase de construção, os principais requisitos – tanto funcionais como não funcionais – devem estar estabilizados – não finalizados, mas estabelecidos e sujeitos somente a perturbações menores. Portanto, é improvável que a ES e a Visão sofram muitas mudanças nesta fase.

7.13 Leituras recomendadas

A maioria dos livros sobre arquitetura de software inclui discussões sobre análise de requisitos para atributos de qualidade da aplicação, uma vez que esses requisitos de qualidade tendem a influenciar fortemente o projeto da arquitetura. Um exemplo desses livros é *Software Architecture in Practice* [BCK98].

As regras de negócio recebem um tratamento exaustivo no livro *The Business Rule Book* [Ross97]. O livro apresenta uma teoria de regras de negócio ampla, profunda e cuidadosamente elaborada, mas o método não está bem conectado com outras técnicas modernas de requisitos, como os casos de uso ou o desenvolvimento iterativo.

No PU, o trabalho sobre Visão e Especificação Suplementar é uma atividade da disciplina de requisitos, que poderia ser iniciada durante um workshop de requisitos, junto com a análise de casos de uso. Um bom guia para conduzir um workshop é *Requirements by Collaboration: Workshops for Defining Needs*, de Ellen Gottesdiener.

O produto RUP online contém gabaritos para os artefatos discutidos neste capítulo.

Na Web, gabaritos para as especificações estão disponíveis em muitas fontes, como, por exemplo, os gabaritos ReadySET em readyset.tigris.org.

PARTE III ELABORAÇÃO: ITERAÇÃO 1– CONCEITOS BÁSICOS

Capítulo

8

Iteração 1 – Conceitos Básicos

O duro e rijo quebra. O flexível prepondera.
– Tao Te Ching

Objetivos

- Definir a primeira iteração na fase de elaboração.
- Motivar os capítulos seguintes.
- Descrever os conceitos-chave das fases de concepção e elaboração.

Introdução

Este capítulo resume os requisitos da iteração 1 dos estudos de caso e depois discute resumidamente as idéias de processo das fases de concepção e elaboração. A leitura dos requisitos escolhidos é importante para entender o que está sendo tratado nos capítulos seguintes a esta iteração; a leitura do restante depende de sua necessidade ou interesse nos tópicos do processo iterativo.

O que vem a seguir? Observados outros requisitos além dos casos de uso, este capítulo define o objetivo da iteração 1. O seguinte explora a criação de um modelo de domínio OO que ilustra os conceitos relevantes do domínio.

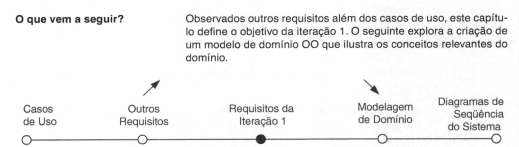

8.1 Requisitos e ênfase da iteração 1: habilidades fundamentais em A/POO

Nestes estudos de caso, a Iteração 1 da fase de elaboração enfatiza uma gama de habilidades fundamentais e comuns em A/POO usadas na construção de sistemas baseados em objetos. Muitas outras habilidades e passos – por exemplo, o projeto de banco de dados, engenharia de usabilidade e projeto da IU – são necessárias para construir um software; porém, estão fora do objetivo desta introdução, que é focada na A/POO e aplicação da UML.

Iterações do livro vs. Iterações de um projeto real

A iteração 1 dos estudos de caso deste livro é dirigida por objetivos de aprendizado, em vez de objetivos reais do projeto. Assim sendo, a iteração 1 não é centrada na arquitetura ou guiada por risco. Em um projeto PU, iríamos tratar primeiro das coisas difíceis, de alto risco. Mas, no contexto de um livro para ajudar pessoas a aprenderem a A/POO e UML fundamentais, desejamos começar com os tópicos mais fáceis.

PDV ProxGer

A seguir, temos os requisitos para a primeira iteração da aplicação PDV ProxGer:

- Implementar um cenário-chave e básico do caso de uso *Processar Venda*: fazer a entrada dos itens, recebendo o pagamento em dinheiro.
- Implementar o caso de uso *Iniciar*, conforme necessário, para dar suporte às necessidades de início da iteração.
- Nada sofisticado ou complexo é tratado, apenas um simples cenário de um caminho em que tudo dá certo e o projeto e a implementação para satisfazê-lo.
- Não existe colaboração com serviços externos, como o calculador de impostos ou um banco de dados de produtos.
- Não são aplicadas regras complexas para estabelecimento de preços.

O projeto e a implementação da IU correspondente também deve ser feito, porém não será abordado aqui em nenhum detalhe.

Banco Imobiliário

A seguir, temos os requisitos para a primeira iteração da aplicação do Banco Imobiliário:

- Implementar um cenário-chave e básico do caso de uso *Jogar Banco Imobiliário*: jogadores movendo-se pelas casas do tabuleiro.
- Implementar um caso de uso *Iniciar*, conforme necessário, para dar suporte às necessidades de início da iteração.

- De dois a oito jogadores podem jogar.
- Um jogo é jogado como uma série de rodadas. Durante uma rodada, cada jogador tem sua vez. Em cada vez um jogador avança sua peça no sentido horário no tabuleiro, por um número de casas igual à soma dos números sorteados pelo lançamento de dois dados de seis faces.
- O jogo vai até 20 rodadas apenas.
- Depois que os dados são lançados, o nome do jogador e o resultado são mostrados. Quando o jogador se move e chega a uma casa, o nome do jogador e o nome da casa em que o jogador chega são mostrados.
- Na iteração 1 não existe dinheiro, nem ganhador ou perdedor, nem propriedades a comprar ou aluguéis a pagar e nem casas especiais de quaisquer tipos.
- Cada casa tem um nome. Cada jogador começa o jogo com a sua peça colocada na casa chamada "Vá". Os nomes das casas serão: Vá, Casa1, Casa2,..., Casa 39.
- Executar o jogo como uma simulação que não requer entrada do usuário, a não ser do número de jogadores.

As iterações subseqüentes serão baseadas nesses itens.

No desenvolvimento iterativo não se implementam todos os requisitos de uma só vez

Observe que esses requisitos para a iteração 1 são *subconjuntos* dos requisitos ou casos de uso completos. Por exemplo, os requisitos da iteração 1 do PDV ProxGer são uma versão simplificada do caso de uso *Processar Venda*; eles descrevem um cenário simples de venda à vista em dinheiro.

Observe também que não foi feita toda a análise de requisitos para o sistema PDV ProxGer, foi analisado em detalhes apenas o caso de uso *Processar Venda*; muitos outros ainda não foram analisados.

Esse é um entendimento-chave nos métodos de ciclo de vida iterativo (tais como, PU, XP, SCRUM, etc.). Começa-se a programar e testar com qualidade de produção para atender a um subconjunto dos requisitos e esse desenvolvimento é iniciado *antes* que a análise de requisitos seja completada – ao contrário do processo em cascata.

Desenvolvimento incremental para o mesmo caso de uso ao longo de iterações

Observe que nem todos os requisitos do caso de uso *Processar Venda* estão sendo tratados na iteração 1. É comum trabalhar em vários cenários do mesmo caso de uso ao longo de várias iterações e estender o sistema de modo gradual para finalmente tratar toda a funcionalidade exigida (ver Figura 8.1). Por outro lado, os casos de uso simples e curtos podem ser completados em uma iteração.

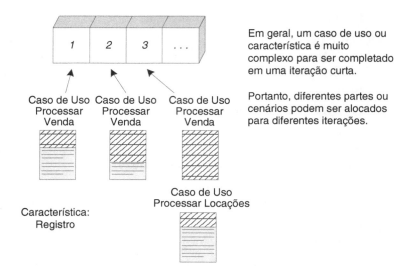

Figura 8.1 A implementação de um caso de uso pode se estender por várias iterações.

8.2 Processo: concepção e elaboração

Em termos do PU e dos nossos estudos de caso, imagine que terminamos a fase de concepção e estamos entrando na fase de elaboração.

O que aconteceu na concepção?

A fase de **concepção** dos estudos de caso pode durar apenas uma semana. Como essa *não* é a fase de requisitos do projeto, os artefatos criados devem ser curtos e incompletos, a fase deve ser rápida e a investigação deve ser feita por alto.

A concepção é um passo curto para a elaboração. Ela determina a viabilidade, risco e escopo básicos para decidir se o projeto merece investigação mais séria. Nem todas as atividades que poderiam ocorrer normalmente na concepção foram abordadas; essa exploração dá ênfase a artefatos orientados para os requisitos. Algumas atividades e artefatos prováveis da concepção incluem:

- Um seminário curto de requisitos.
- A maioria dos atores, objetivos e casos de uso deve ser nomeada.
- A maioria dos casos de uso deve ser escrita em formato resumido; 10 a 20% dos casos de uso devem ser escritos com detalhes completos para melhorar a compreensão do escopo e da complexidade.
- Os requisitos mais influentes e mais arriscados quanto à qualidade devem ser identificados.
- A versão 1 da Visão e da Especificação Suplementar deve ser escrita.
- Lista de riscos:
    - Por exemplo, os líderes desejam de fato uma demonstração na feira de comércio POSWorld em Hamburgo dentro de 18 meses. Entretanto, o

esforço para elaborar uma demonstração não pode ser sequer estimado até que tenhamos uma investigação mais profunda.

- São feitos protótipos para demonstração de conceitos técnicos, bem como outras investigações para explorar a viabilidade técnica de requisitos especiais ("O Java Swing funciona adequadamente em monitores de vídeo com telas sensíveis ao toque?").
- São feitos protótipos voltados para a interface com o usuário para esclarecer a visão de requisitos funcionais.
- Recomendações sobre quais componentes comprar/construir/reusar, que serão refinadas na elaboração.
   - Por exemplo, uma recomendação para comprar um pacote de cálculos de impostos.
- Proposta em alto nível de uma arquitetura *candidata* e proposta de componentes.
   - Essa não é uma descrição detalhada da arquitetura e não pretende ser definitiva ou correta. Ao invés disso, é uma breve especulação para servir de ponto de partida na investigação conduzida durante a elaboração. Por exemplo, "uma aplicação Java do lado do cliente, nenhum servidor de aplicação, Oracle para o banco de dados...". Na elaboração, pode-se demonstrar que isso vale a pena ou descobrir que não é uma boa idéia e que deve ser rejeitada.
- Um plano para a primeira iteração.
- Lista de ferramentas candidatas.

Em direção à elaboração

A **elaboração** é a série inicial de iterações durante a qual, em um projeto padrão:

- A arquitetura central e de alto risco do software é programada e testada.
- A maioria dos requisitos é descoberta e estabilizada.
- Os principais riscos são mitigados ou retirados.

A elaboração é a série inicial de iterações durante a qual a equipe faz uma investigação séria, implementa (programa e testa) a arquitetura central, esclarece a maioria dos requisitos e ataca os problemas de alto risco. No PU, a palavra "risco" inclui o valor do negócio. Portanto, o trabalho inicial pode incluir a implementação de cenários considerados importantes, porém não são especialmente arriscados em termos técnicos.

A elaboração freqüentemente consiste em duas ou mais iterações; recomenda-se que cada uma tenha entre duas e seis semanas; prefira as versões curtas, a menos que a equipe seja de grande porte. Cada iteração é limitada em tempo, o que significa que a data de término está fixada.

A elaboração não é uma fase de projeto ou uma fase na qual os modelos são desenvolvidos completamente, como a preparação para a implementação na etapa de construção – isto seria um exemplo de superposição das idéias de ciclos de vida em cascata ao desenvolvimento iterativo e ao PU.

Durante essa fase, não se está criando protótipos descartáveis; ao contrário, o código e o projeto são partes do sistema final, isto é, com qualidade de produção. Em algumas descrições do PU, o termo potencialmente mal compreendido "**protótipo arquitetural**" é usado para descrever o sistema parcial. Isso não significa que é um protótipo, no sentido de ser um experimento descartável; no PU, ele significa um subconjunto de produção do sistema final. Mais comumente, é chamado de **arquitetura executável** ou **marco referencial da arquitetura**.

> *A elaboração em uma frase:*
>
> Construa a arquitetura central, resolva os elementos de alto risco, defina a maioria dos requisitos e estime o cronograma geral e os recursos.

Algumas idéias-chave e melhores práticas que se manifestarão na elaboração incluem:

- Fazer iterações curtas dirigidas pelos riscos e limitadas em tempo.
- Começar a programar cedo.
- Projetar de maneira adaptativa, implementar e testar a parte central e as partes de risco da arquitetura.
- Começar a testar cedo, com freqüência e de maneira realista.
- Adaptar de acordo com a realimentação obtida dos testes, usuários e desenvolvedores.
- Escrever a maioria dos casos de uso e outros requisitos em detalhes, por meio de uma série de seminários – uma vez para cada iteração da elaboração.

Que artefatos podem ser iniciados na elaboração?

A Tabela 8.1 lista *amostras* de artefatos que podem ser *iniciados* na elaboração e indica os problemas que eles tratam. Capítulos subseqüentes examinarão alguns de forma mais detalhada, especialmente o Modelo de Domínio e o Modelo de Projeto. Para sintetizar, a tabela exclui artefatos que podem ter sido iniciados na concepção; ela introduz artefatos cuja probabilidade de iniciar é maior na elaboração. Observe que esses não serão completados em uma iteração; ao contrário, serão refinados ao longo de uma série de iterações.

Você sabe que não compreendeu a elaboração quando...

- Ela tem mais do que "uns poucos" meses de duração para a maioria dos projetos.
- Ela tem somente uma iteração (com raras exceções para problemas bem compreendidos).
- A maioria dos requisitos foi definida antes da elaboração.
- Os elementos de risco e a arquitetura central não estão sendo tratados.

Artefato	Comentário
Modelo de Domínio	Esta é uma visualização dos conceitos do domínio; é similar a um modelo estático de informação das entidades do domínio.
Modelo de Projeto	Este é um conjunto de diagramas que descreve o projeto lógico. Inclui, dentre outros, diagramas de classes de software, de interações entre projetos e de pacotes (packages) e outros.
Documento de Arquitetura de Software	Um auxílio para o aprendizado que resume os problemas-chave de arquiterura e sua solução no projeto. E um resumo das idéias de projeto mais notáveis e do motivo da sua adoção no sistema.
Modelo de Dados	Este modelo inclui os esquemas de bancos de dados e as estratégias de mapeamento entre as representações de objetos e não-objetos.
Modelo de Teste	Uma descrição do que será testado e como.
Storyboards de Casos de Uso e Protótipos IU	Uma descrição da interface do usuário, de trajetórias de navegação, modelos de utilização, etc.

- Ela não resulta em uma arquitetura *executável*; não há programação de código destinado à produção.
- Ela é primordialmente uma fase de requisitos ou projeto, que precede uma fase de implementação na construção.
- Existe a tentativa de executar um projeto completo e cuidadoso antes de programar.
- A realimentação e a adaptação são mínimas; os usuários não estão continuamente envolvidos na avaliação e na realimentação.
- Não há atividade de teste precoce e realista.
- A arquitetura é finalizada de modo especulativo antes de programar.
- Ela é considerada um passo para executar a programação de demonstrações de conceito, não a programação da arquitetura central executável já destinada à produção.

Se o projeto exibir esses sintomas, a fase de elaboração não terá sido compreendida e o pensamento em cascata foi superposto ao PU.

8.3 Processo: planejamento da próxima iteração

Planejamento e gestão de projetos são tópicos importantes, porém vastos. Algumas das idéias-chave são aqui apresentadas brevemente e há sugestões adicionais começando na págs. 665-666.

Organize os requisitos e as iterações por risco, cobertura e criticalidade.

- **O Risco** inclui tanto a complexidade técnica quanto outros fatores, como a incerteza quanto ao esforço necessário ou à usabilidade.

- **A Cobertura** implica que todas as partes principais do sistema são pelo menos tocadas nas iterações iniciais – talvez uma implementação "ampla e superficial" que abranja muitos componentes.
- **A Criticalidade** se refere a funções que o cliente considera de alto valor de negócio.

Esses critérios são usados para priorizar o trabalho ao longo das iterações. Os casos de uso ou cenários de casos de uso são priorizados para implementação – as iterações iniciais implementam os cenários com classificação mais alta. Além disso, alguns requisitos são expressos como características em alto nível não relacionadas com qualquer caso de uso em particular, como, por exemplo, um serviço de controle de acesso. Esses também são priorizados.

A priorização é feita antes da iteração 1, mas também novamente antes da iteração 2, e assim por diante, à medida que novos requisitos e novas descobertas influenciam a ordem. Ou seja, o plano é *adaptativo*, em vez de congelado de modo especulativo logo no começo do projeto. Em geral, um agrupamento de requisitos acabará surgindo com base em alguma técnica colaborativa de priorização. Por exemplo:

Classificação	Requisito (Caso de Uso ou Característica)	Comentário
Alto	Processar Venda Controle de Acesso ...	Pontuação alta em todos os critérios. Difuso. Difícil de adicionar mais tarde. ...
Médio	Manutenção de Usuários ...	Afeta o subdomínio de segurança. ...
Baixo	...	...

Com base nessa priorização, vemos que alguns cenários-chave arquiteturalmente significativos do caso de uso *Processar Venda* deveriam ser tratados nas iterações iniciais. Essa lista não é exaustiva; outros requisitos também serão tratados. Além disso, um caso de uso *Iniciar* implícito ou explícito será trabalhado em cada iteração, para atender às necessidades de início do sistema.

Capítulo

9

MODELOS DE DOMÍNIO

Está tudo bem na prática, mas nunca funcionará na teoria.
– máxima gerencial, anônima

Objetivos

- Identificar classes conceituais relacionadas com os requisitos da iteração corrente.
- Criar um modelo de domínio inicial.
- Modelar os atributos e associações adequadas.

Introdução

Modelagem de domínio mais avançada (pág. 511)

Um modelo de domínio é o modelo mais importante – e clássico – em *análise* OO.[1] Ele ilustra importantes conceitos em um domínio. Pode agir como fonte de inspiração para projetar alguns objetos de software e será um dado de entrada para vários artefatos explorados nos estudos de caso. Este capítulo também mostra o valor do conhecimento de A/POO com notação UML; a notação básica é trivial, mas há diretrizes de modelagem sutis para obter um modelo útil – especializar-se nela pode levar semanas ou meses. Este capítulo explora as habilidades básicas para a criação de modelos de domínio.

O que vem a seguir? Tendo sido estabelecidos os objetivos do trabalho para a iteração 1, este capítulo explora um modelo de domínio parcial. O seguinte examina as operações específicas do sistema que estão implícitas nos cenários dos casos de uso que estão sendo projetadas nesta iteração.

Outros Requisitos → Requisitos da Iteração 1 → **Modelagem de Domínio** → Diagramas de Seqüência do Sistema → Contratos de Operação

---

[1] Os casos de uso são um artefato importante da análise de requisitos, porém não são realmente orientados a *objetos*. Eles enfatizam uma visão de atividade.

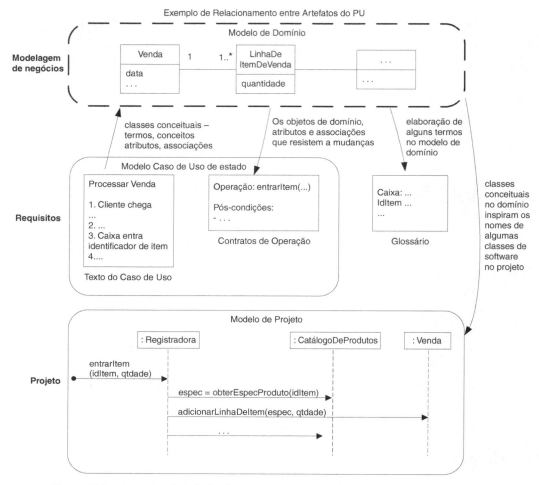

Figura 9.1 Amostra da influência entre artefatos do PU.

Como ocorre com todas as coisas no espírito da modelagem ágil e do PU, um modelo de domínio é opcional. A influência entre os artefatos do PU, enfatizando um modelo de domínio, é mostrada na Figura 9.1. *Limitado* pelos cenários de caso de uso em desenvolvimento na atual iteração, o modelo de domínio pode sofrer evolução para mostrar os conceitos importantes a ele relacionados. Os conceitos dos casos de uso relacionados e a visão aprofundada dos especialistas vão servir de entrada para sua criação. O modelo, por sua vez, pode influenciar os contratos de operação, o glossário e o modelo de projeto, especialmente os objetos de software na **camada de domínio** do Modelo de Projeto.

Camada de domínio (pág. 162)

9.1 Exemplo

A Figura 9.2 mostra um modelo de domínio parcial desenhado usando a notação UML para **diagrama de classes**. Ele ilustra que as **classes conceituais** *Pagamento* e *Venda* são significativas neste domínio, que um *Pagamento* está relacionado a uma

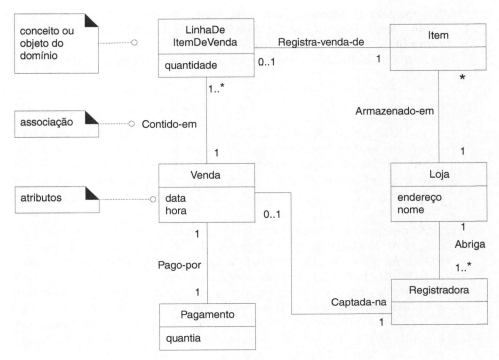

Figura 9.2 Modelo de domínio parcial – um dicionário visual.

Venda de maneira importante e que uma *Venda* tem uma data e uma hora de ocorrência, atributos de informação importantes.

Perspectiva conceitual (págs. 39-40)

A aplicação da notação UML para diagrama de classes a um modelo de domínio produz um modelo de *perspectiva conceitual*.

A identificação de um conjunto rico de classes conceituais é essencial na análise OO. Se isso for feito com habilidade e *pouco* investimento de tempo (digamos, não mais que algumas horas em cada iteração inicial), o esforço geralmente é recompensado durante o projeto, quando há maior apoio ao entendimento e comunicação.

Diretriz

Evite um esforço grande de modelagem pensando na abordagem em cascata para fazer um modelo de domínio completo ou "correto" – ele nunca será nenhum dos dois e esses esforços excessivos de modelagem levam à *paralisia de análise*, com pequeno ou nenhum retorno do investimento.

9.2 O que é um modelo de domínio?

O passo mais essencialmente orientado a *objetos* na análise é a decomposição de um domínio em conceitos ou objetos importantes.

Um **modelo de domínio** é uma representação *visual* de classes conceituais, ou objetos do mundo real, em um domínio [MO95, Fowler96]. Modelos de domínio também têm sido chamados de **modelos conceituais** (o termo usado na primeira edição deste livro), **modelos de objetos do domínio** e **modelos de objetos da análise**.[2]

> *Definição*
>
> No PU, o termo "Modelo de Domínio" significa uma representação de classes conceituais do mundo real, não de objetos de software. O termo *não* significa um conjunto de diagramas que descreve classes de software, a camada de domínio de uma arquitetura de software ou objetos de software com responsabilidades.

O PU define o Modelo de Domínio[3] como um dos artefatos que podem ser criados na disciplina de Modelagem de Negócios. Mais precisamente, o Modelo de Domínio do PU é uma especialização do **Modelo de Objetos de Negócio (Business Object Model – BOM)** do PU "focalizando a explicação de 'coisas' e produtos importantes a um domínio de negócio" [RUP]. Isto é, um Modelo de Domínio enfoca um domínio, como coisas relacionadas a PDV. O BOM mais amplo, não abordado neste texto introdutório e cuja criação não incentivo (porque pode levar a muita modelagem inicial), é um modelo multidomínio expandido, freqüentemente muito grande e difícil de criar, que cobre *todo* o negócio e todos os seus subdomínios.

Aplicando a notação UML, um modelo de domínio é ilustrado com um conjunto de **diagramas de classes** em que nenhuma operação (assinatura de método) é definida. Ele fornece uma *perspectiva conceitual*. Pode mostrar:

- objetos do domínio ou classes conceituais;
- associações entre classes conceituais;
- atributos de classes conceituais.

Definição: por que chamar um modelo de domínio de "dicionário visual"?

Por favor, reflita um instante sobre a Figura 9.2. Veja como ela visualiza e relaciona palavras ou conceitos do domínio. Também ilustra uma *abstração* das classes conceituais, visto que há muitas outras coisas que se desejaria comunicar sobre registradoras,[‡] vendas, etc.

---

[2] Eles também estão relacionados a modelos conceituais entidades-relacionamentos, os quais são capazes de mostrar visões puramente conceituais de domínios, mas que têm sido amplamente re-interpretados como modelo de dados para o projeto de banco de dados. Os modelos de domínio não são modelos de dados.

[3] As letras maiúsculas em "Modelo de Domínio" são usadas para enfatizá-lo como um modelo oficial definido no PU, em oposição ao conceito geral bem conhecido de "modelos de domínio".

[‡] N. de R.T.: Registradora refere-se à caixa registradora, isto é, ao dispositivo eletroeletrônico utilizado pelo Caixa para registrar as mercadorias adquiridas. Posteriormente, utilizaremos Caixa para nos referir à pessoa que opera a Registradora.

A informação que ela ilustra (usando a notação UML) poderia, de forma alternativa, ter sido expressa por texto em prosa (no Glossário PU). Entretanto, é fácil compreender os termos e, especialmente, seus relacionamentos em uma linguagem visual, uma vez que é mais fácil para nosso cérebro entender elementos visuais e conexões lineares.

Assim, o modelo de domínio é um *dicionário visual* das abstrações relevantes, do vocabulário do domínio e do conteúdo de informação do domínio.

Definição: um modelo de domínio é uma imagem de objetos de negócio de software?

Um modelo de domínio do PU, como o mostrado na Figura 9.3, é uma descrição de coisas em uma situação real do domínio de interesse, *não* de objetos de software, tais como classes Java ou C#, ou objetos de software com responsabilidades (ver Figura 9.4). Portanto, os seguintes elementos não são adequados em um modelo de domínio:

- Artefatos de software, como uma janela ou um banco de dados, a menos que o domínio que esteja sendo modelado seja de conceitos de software, por exemplo, um modelo de interfaces gráficas com o usuário.
- Responsabilidades ou métodos.[4]

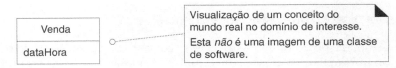

Figura 9.3 Um modelo de domínio mostra classes conceituais de uma situação real, não classes de software.

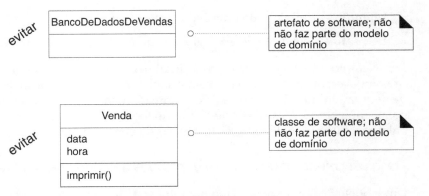

Figura 9.4 Um modelo de domínio não mostra artefatos ou classes de software.

---

[4] Na modelagem de objetos, geralmente falamos de responsabilidades relacionadas a objetos de software. E métodos são puramente um conceito de software. Entretanto, o modelo de domínio descreve conceitos de situações reais, não de objetos de software. A consideração das responsabilidades durante a fase de *projeto* é muito importante; mas não faz parte do modelo de domínio.

Definição: quais são dois significados tradicionais de "modelo de domínio"?

No PU e, conseqüentemente, neste capítulo, "Modelo de Domínio" é uma perspectiva conceitual de objetos em uma situação real do mundo, não uma perspectiva de software. Mas o termo é sobrecarregado; também tem sido usado (especialmente na comunidade Smalltalk em que fiz a maior parte do meu trabalho inicial de desenvolvimento, na década de 1980) com o significado de "a camada de domínio dos objetos de software", isto é, a camada de objetos de software abaixo da camada de apresentação ou IU, composta de **objetos de domínio** – objetos de software que representam coisas no espaço do domínio do problema com métodos relacionados à "lógica de negócios" ou "lógica de domínio". Por exemplo, uma classe de software *Tabuleiro* com um método *obterACasa*.

Qual definição é correta? Bem, todas elas! O termo tem antigos usos em diferentes comunidades com diferentes significados.

Tenho visto muita confusão gerada por pessoas usando o termo de modos diferentes sem explicar qual significado é pretendido e sem reconhecer que outros podem estar usando-o de modo diferente.

Neste livro geralmente escreverei **camada de domínio** para indicar o segundo significado de modelo de domínio, que é o orientado a software, por ser o mais comum.

Definição: o que são classes conceituais?

O modelo de domínio ilustra classes conceituais ou vocabulário no domínio. De modo informal, uma **classe conceitual** é uma idéia, uma coisa ou um objeto. Mais formalmente, uma classe conceitual pode ser considerada em termos do seu símbolo, da sua intenção e da sua extensão [MO95] (ver Figura 9.5).

- **Símbolo** – palavras ou imagens que representam uma classe conceitual.
- **Intenção** – a definição de uma classe conceitual.
- **Extensão** – o conjunto de exemplos aos quais a classe conceitual se aplica.

Por exemplo, considere a classe conceitual para o evento de uma transação de compra. Posso escolher denominá-la com o símbolo *Venda*. A intenção de uma *Venda* pode determinar que ela "representa o evento de uma transação de compra e tem uma data e uma hora". A extensão de *Venda* são todos os exemplos de vendas; em outras palavras, o conjunto de todas as instâncias de vendas no universo.

Definição: modelos de domínio e modelos de dados são a mesma coisa?

Um modelo de domínio não é um **modelo de dados** (que por definição mostra dados persistentes a serem armazenados em algum lugar). Portanto, não exclua uma classe simplesmente porque os requisitos não indicam qualquer necessidade óbvia de lembrar informação sobre ela (um critério comum na modelagem de dados para o projeto de banco de dados relacionais, mas não relevante para a modelagem de domínio) ou porque a classe conceitual não tem atributos. Por exemplo, é válido ter classes

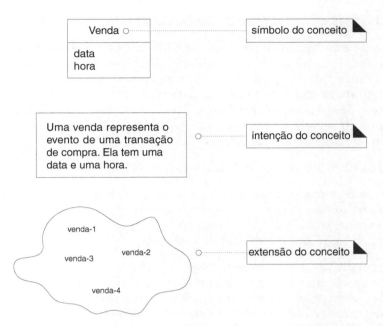

Figura 9.5 Uma classe conceitual tem um símbolo, uma intenção e uma extensão.

conceituais sem atributos ou classes conceituais que têm um papel simplesmente comportamental no domínio, em vez de um papel de informação.

9.3 Motivação: por que criar um modelo de domínio?

Vou compartilhar uma estória que experienciei várias vezes na consultoria e supervisão OO. No início da década de 1990, eu estava trabalhando com um grupo desenvolvendo um sistema de negócios de serviço funerário em Smalltalk, em Vancouver (você deveria ver o modelo de domínio!). No entanto, eu não sabia praticamente nada sobre esse negócio, assim, uma razão para criar um modelo de domínio era começar a entender seus principais conceitos e vocabulário.

Camada de domínio (págs. 227-228)

Também queríamos criar uma **camada de domínio** de objetos Smalltalk representando objetos e lógica do negócio. Assim, gastamos talvez uma hora rascunhando um modelo de domínio *a la* UML (na verdade *a la* OMT, cuja notação inspirou a UML), não nos preocupando com software, mas simplesmente identificando os termos-chave. Posteriormente, esses termos que rascunhamos no modelo de domínio, como, *Serviço* (por exemplo, flores na sala do funeral ou tocar a música fúnebre "You Can't Always Get What You Want"), foram também usados como nomes de classes de software em nossa camada de domínio implementada em Smalltalk.

Essa similaridade na denominação entre o modelo de domínio e a camada de domínio (um "serviço" real e um *Serviço* em Smalltalk) favoreceu um hiato menor entre a representação de software e o nosso modelo mental do domínio.

Motivação: diminuição do hiato representacional com modelagem OO

Aqui está uma idéia-chave em OO: use nomes de classes de software na camada de domínio inspirada nos nomes do modelo de domínio, com os objetos possuindo as informações e responsabilidades familiares ao domínio. A Figura 9.6 ilustra a idéia. Isso apóia uma **diminuição do hiato representacional** entre os nossos modelos mental e de software. E isso não é apenas uma conveniência filosófica – tem um impacto prático de tempo e dinheiro, por exemplo, segue-se um código fonte de um programa de pagamento escrito em 1953:

10000101010001111010101010100010101010101111010101 ...

Como pessoal de ciência da computação, sabemos que ele roda, mas o hiato entre essa representação de software e nosso modelo mental do domínio de pagamento é enorme; isso afeta profundamente a compreensão (e modificação) do software. A modelagem OO pode diminuir esse hiato.

Sem dúvida, a tecnologia de objetos também é valiosa, porque pode apoiar o projeto de sistemas elegantes, fracamente acoplados, que facilmente aumentam de escala e se estendem, como vai ser tratado no restante do livro. Um hiato representacional menor é útil, mas discutivelmente secundário diante da vantagem que os objetos têm em apoiar a facilidade de modificação, extensão, gestão e ocultamento de complexidade.

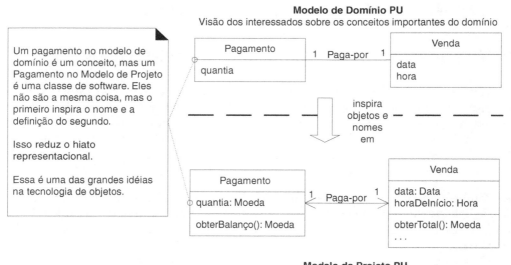

Figura 9.6 Menor hiato representacional com modelagem OO.

9.4 Diretriz: como criar um modelo de domínio?

Limitado pelos requisitos em projeto na iteração corrente:
1. Encontre as classes conceituais (ver uma diretriz a seguir).
2. Faça seu desenho como classes em um diagrama de classes UML.
3. Acrescente associações e atributos. Ver págs. 174-175 e pág. 183.

9.5 Diretriz: como encontrar classes conceituais?

Considerando que um modelo de domínio mostra classes conceituais, a questão central é: como encontrá-las?

Quais são as três estratégias para encontrar classes conceituais?

1. Reusar ou modificar os modelos existentes. Essa é a primeira, a melhor e, geralmente, a abordagem mais fácil, e é por onde vou começar, se puder. Existem modelos de domínio e modelos de dados já publicados que foram bem concebidos (e que podem ser modificados para modelos de domínio) para vários domínios comuns, como controle de estoque, financeiro, de saúde, etc. Exemplos de livros que recomendaria: *Analysis Patterns*, de Martin Fowler, *Data Model Patterns*, de David Hay, e *Data Model Resource Book* (volumes 1 e 2), de Len Silverston.
2. Usar uma lista de categorias.
3. Identificar substantivos ou frases nominais.[‡]

Reusar modelos existentes é excelente, mas fora do nosso escopo. O segundo método, usar uma lista de categorias, também é útil.

Método 2: usar uma lista de categorias

Podemos começar a criação de um modelo de domínio fazendo uma lista das candidatas a classes conceituais. A Tabela 9.1 contém muitas categorias comuns que geralmente valem a pena considerar, com ênfase nas necessidades do sistema de informação de negócio. As diretrizes também sugerem algumas prioridades na análise (das candidatas). Exemplos são retirados dos domínios de: 1) PDV, 2) Banco Imobiliário e 3) reservas de passagens aéreas.

Método 3: como encontrar classes conceituais pela identificação de frases nominais?

Uma outra técnica útil (por sua simplicidade), proposta em [Abbot83], é a **análise lingüística**: identificar os substantivos e as frases nominais nas descrições textuais de um domínio de problema e considerá-los candidatos a classes conceituais ou atributos.[5]

[‡] N. de R.T.: Frases nominais são frases que podem, em uma sentença, ocupar o lugar de um substantivo.
[5] A análise lingüística tem se tornado mais sofisticada; ela também é chamada de **modelagem de linguagem natural**. Ver, por exemplo, [Moreno97].

Tabela 9.1   Lista de categorias de classes conceituais

Categoria de Classe Conceitual	Exemplos
transações de negócio *Diretriz:* são cruciais (envolvem dinheiro), assim, comece com as transações.	*Venda, Pagamento,* *Reserva*
transações de linhas de item *Diretriz:* as transações freqüentemente vêm com as linhas de itens relacionadas, assim, considere-as a seguir.	*LinhaDeItemDeVenda*
produtos ou serviços relacionados com uma transação ou com uma linha de item de transação *Diretriz:* transações *são* alguma coisa (um produto ou serviço). Considere-as a seguir.	*Item* *Vôo, Lugar, Refeição*
onde a transação é registrada? *Diretriz:* importante.	*Registradora, LivroDiário*[‡] *ManifestoDeVôo*
papéis de pessoas ou organizações relacionadas à transação; atores no caso de uso *Diretriz:* geralmente precisamos saber sobre as partes envolvidas em uma transação.	*Caixa, Cliente, Loja* *JogadorDeBancoImobiliário* *Passageiro, LinhaAérea*
local da transação; local do serviço	*Loja* *Aeroporto, Avião, Lugar*
eventos notáveis, freqüentemente com uma hora ou local que precisamos lembrar	*Venda, Pagamento* *BancoImobiliário* *Vôo*
objetos físicos *Diretriz:* especialmente importante quando se cria software de controle de dispositivos ou simulações.	*Item, Registro* *Tabuleiro, Peça, Dado* *Avião*
descrição de coisas *Diretriz:* ver págs. 172-173 para discussão	*DescriçãoDoProduto* *DescriçãoDeVôo*
catálogos *Diretriz:* descrições estão freqüentemente em um catálogo.	*CatálogoDeProdutos* *CatálogoDeVôos*

[‡] N. de R.T.: O Livro Diário constitui o registro básico de toda escrituração contábil, sendo que sua utilização por pessoas jurídicas é exigida por lei no Brasil.

Categoria de Classe Conceitual	Exemplos
contêiner de coisas (físico ou informacional)	*Loja, Prateleira* *Tabuleiro* *Avião*
coisas em um contêiner	*Item* *Casa (em um Tabuleiro)* *Passageiro*
outros sistemas colaboradores	*SistemaDeAutorizaçãoDeCrédito* *ControleDeTráfegoAéreo*
registros de finanças, trabalho, contrato, assuntos legais	*Recibo, LivroDiário* *RegistroDeManutenção*
instrumentos financeiros	*DinheiroEmEspécie, Cheque,* *LinhaDeCrédito* *TiqueteDeCrédito*
horários, manuais, documentos consultados regularmente para realizar trabalho	*ListaDiáriaDeModificaçãoDePreço* *CronogramaDeReparo*

Diretriz

Deve-se tomar cuidado ao aplicar esse método; não é possível um mapeamento mecânico de substantivos para classes, e palavras em uma linguagem natural são ambíguas.

Não obstante, a análise lingüística é uma outra fonte de inspiração. Os casos de uso no formato completo fornecem excelentes descrições a serem usadas como fontes para esse tipo de análise. Por exemplo, o cenário atual do caso de uso *Processar Venda* pode ser usado.

Cenário de Sucesso Principal (ou Fluxo Básico):
1. **Cliente** chega ao ponto de **pagamento do PDV** com as **mercadorias** e/ou **serviços** para adquirir.
2. **Caixa** inicia uma nova **venda**.
3. **Caixa** digita **identificador do item**.
4. Sistema registra **linha de item de venda** e apresenta uma **descrição do item**, seu **preço** e **total** parcial da venda. Preço é calculado de acordo com um conjunto de regras de preços.

Caixa repete os passos 3 e 4 até que indique ter terminado.

5. Sistema apresenta o total com os **impostos** calculados.
6. Caixa diz ao Cliente o total e solicita o **pagamento**.
7. Cliente paga e Sistema trata o pagamento.

8. Sistema registra a **venda** completada e envia as informações de venda e pagamento para Sistema externo de **Contabilidade** (para contabilização e **comissões**) e Sistema de **Estoque** (para atualizar estoque).
9. Sistema apresenta **recibo**.
10. Cliente sai com recibo e mercadorias (se for o caso)

Extensões (ou Fluxos Alternativos):

...

7a. Pagamento com dinheiro:
   1. Caixa digita a quantia de **dinheiro fornecida**.
   2. Sistema apresenta o **valor do troco** e libera a **gaveta de dinheiro**.
   3. Caixa deposita dinheiro fornecido e entrega o troco para Cliente.
   4. Sistema registra o pagamento em dinheiro.

O modelo de domínio é uma visualização de conceitos e de vocabulário do domínio dignos de nota. Onde eles se encontram? Alguns nos casos de uso. Outros em outros documentos ou na cabeça dos especialistas. Em qualquer evento, os casos de uso são uma fonte rica a ser explorada para identificação de frases nominais.

Algumas dessas frases nominais são candidatas a classes conceituais, outras podem se referir a classes conceituais que são ignoradas nessa iteração (por exemplo "Contabilidade" e "comissões") e outras ainda podem ser simplesmente atributos de classes conceituais. Ver na pág. 185 sugestão sobre como distinguir os dois.

Um ponto fraco dessa abordagem é a imprecisão da linguagem natural; diferentes frases nominais podem representar a mesma classe conceitual ou atributo, entre outras ambiguidades. Apesar disso, ela é recomendada em combinação com a técnica *Lista de Categorias de Classes Conceituais*.

9.6 Exemplo: encontrar e desenhar as classes conceituais

Estudo de caso: domínio PDV

Requisitos da iteração 1 (pág. 150)

A partir da lista de categorias e da análise de frases nominais, é gerada uma lista de candidatos a classes conceituais para o domínio. Como esse é um sistema de informação de negócio, enfocarei primeiro as diretrizes da lista de categorias, que enfatiza as transações de negócio e seus relacionamentos com outras coisas. A lista está restrita aos requisitos e às simplificações atuais que estão sendo consideradas para a iteração 1, o cenário básico em que são consideradas apenas as vendas em dinheiro de *Processar Vendas*.

Venda	*Caixa*
PagamentoEmDinheiro	*Cliente*
LinhaDeItemDeVenda	*Loja*

Item   *DescriçãoDoProduto*

Registradora   *CatálogoDeProdutos*

LivroDiário

Não existe algo que possa ser chamado de lista "correta". O que se tem é uma coleção um tanto arbitrária de abstrações e vocabulário do domínio, que os modeladores consideram dignos de nota. De qualquer forma, seguindo as estratégias de identificação, listas similares serão produzidas por diferentes modeladores.

Na prática, não crio primeiro uma lista textual, mas desenho imediatamente um diagrama de classes UML das classes conceituais à medida que elas são descobertas. Ver Figura 9.7.

Figura 9.7   Modelo inicial do domínio PDV.

A adição de associações e atributos é abordada nas seções seguintes.

Estudo de caso: domínio Banco Imobiliário

Requisitos da iteração 1 (pág. 150)

A partir da Lista de Categorias e análise de frases nominais, gero uma lista de candidatos a classes conceituais para o cenário simplificado da iteração 1 de *Jogar Banco Imobiliário* (ver Figura 9.8). Como isso é uma simulação, enfatizo os objetos físicos, tangíveis do domínio, que sejam dignos de nota.

9.7 Diretriz: modelagem ágil – esboço de um diagrama de classes

Observe o estilo de rascunho no diagrama de classes UML da Figura 9.8 – deixando abertos os lados direito e inferior das caixas das classes. Isso torna mais fácil a expansão das classes quando descobrirmos novos elementos. Embora tenha agrupado as caixas das classes para compactá-las nesse diagrama do livro, em um quadro branco eu as espalharia mais.

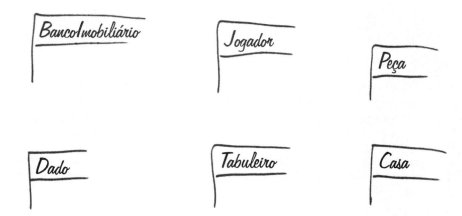

Figura 9.8 Modelo inicial do domínio Banco Imobiliário.

9.8 Diretriz: modelagem ágil – manter o modelo em uma ferramenta?

É normal esquecer classes conceituais significativas durante a modelagem de domínio inicial e descobri-las mais tarde, durante o esboço de projeto ou a programação. Se você estiver usando a abordagem de modelagem ágil, o objetivo de criar um modelo de domínio é para rapidamente entender e comunicar um esboço de aproximação dos conceitos-chave. Perfeição não é o objetivo e modelos ágeis geralmente são descartados rapidamente após a criação (embora se você tiver usado um quadro branco recomendo tirar um instantâneo digital). Sob esse ponto de vista, não há motivação para manter ou atualizar o modelo. Mas isso não significa que seja errado fazer isso.

Se alguém desejar que o modelo seja mantido e atualizado com novas descobertas, essa é uma boa razão para redesenhar o rascunho do quadro branco em uma ferramenta CASE UML ou fazer o desenho originalmente com uma ferramenta e um projetor acoplado ao computador (para que os outros vejam o diagrama facilmente). Mas pergunte a si mesmo: quem irá usar o modelo atualizado e por quê? Se não existir um motivo prático, não se preocupe. Freqüentemente, a *camada de domínio* evolutiva do software indica a maioria dos termos dignos de nota, e um modelo de domínio da análise OO com vida longa não agrega valor.

9.9 Diretriz: objetos-relatório – incluir o "Recibo" no modelo?

Recibo é um termo digno de nota no domínio PDV. Mas talvez ele seja apenas um *relatório* de uma venda e seu pagamento e, assim, duplique informação. Ele deveria ser mostrado no modelo de domínio?

Temos alguns fatores a considerar:

- Em geral, mostrar um relatório sobre outra informação em um modelo de domínio não é útil porque toda a sua informação é derivada ou duplicada de outras fontes. Essa é uma razão para excluí-lo.

- Por outro lado, ele tem um papel especial em termos das regras de negócio: geralmente confere o direito ao portador do recibo (papel) de devolver os itens comprados. Essa é uma razão para mostrá-lo no modelo.

Como a devolução de itens não está sendo considerada nesta iteração, *Recibo* será excluído. Durante a iteração que lida com o caso de uso *Tratar Devoluções*, sua inclusão seria justificável.

9.10 Diretriz: pense como um cartógrafo; use termos do domínio

A estratégia do cartógrafo aplica-se tanto a mapas quanto a modelos de domínio.

Diretriz

Fazer um modelo de domínio com o mesmo espírito de como um cartógrafo ou construtor de mapas trabalha:

- Usar os nomes existentes no território. Por exemplo, se estiver desenvolvendo um modelo para uma biblioteca, denomine o cliente de "Usuário" ou "Leitor" – termos usados pelos funcionários da biblioteca.

- Excluir características irrelevantes ou fora do escopo. Por exemplo, no modelo de domínio do Banco Imobiliário para a iteração 1, cartões (como o cartão "Saia da Cadeia Livremente") não são usados, assim, não mostre um Cartão no modelo nessa iteração.

- Não incluir coisas que não estão lá.

O princípio é semelhante à estratégia *Use o Vocabulário de Domínio* [Coad95].

9.11 Diretriz: como modelar o mundo irreal?

Alguns sistemas de software se destinam a domínios que têm pouca analogia com domínios naturais ou de negócios; softwares para telecomunicações são um exemplo. No entanto, ainda é possível criar um modelo de domínio nesses domínios. Isso requer um alto grau de abstração, bem como um afastamento do que nos acostumamos a considerar em projetos não OO mais habituais e ouvir com cuidado os conceitos e vocabulários-chave que os especialistas do domínio usam.

Por exemplo, temos aqui alguns candidatos a classes conceituais relacionados ao domínio de dispositivos de chaveamento em telecomunicações: *Mensagem, Conexão, Porta, Diálogo, Rota, Protocolo*.

9.12 Diretriz: um engano comum relativo a atributo versus classes

Talvez o engano mais comum na criação de um modelo de domínio seja representar algo como atributo quando ele deveria ser uma classe conceitual. Uma regra prática para ajudar a evitar esse engano é a seguinte:

> *Diretriz*
>
> Se não pensamos em alguma classe conceitual X como um número ou texto no mundo real, X provavelmente é uma classe conceitual, não um atributo.

Por exemplo, *loja* deve ser um atributo de *Venda* ou uma classe conceitual separada *Loja*?

Venda
loja

ou... ?

Venda

Loja
númeroDe Telefone

No mundo real, uma loja não é considerada um número ou texto – o termo sugere uma entidade legal, uma organização e algo que ocupa espaço. Portanto, *Loja* deve ser uma classe conceitual.

Como outro exemplo, considere o domínio de reservas de passagens aéreas. *Destino* deveria ser um atributo de *Vôo* ou uma classe conceitual separada *Aeroporto*?

Vôo
destino

ou... ?

Vôo

Aeroporto
nome

No mundo real, um aeroporto de destino não é considerado um número ou um texto – ele é uma coisa de grande porte que ocupa espaço. Portanto, *Aeroporto* deveria ser um conceito.

9.13 Diretriz: quando modelar com classes 'descritivas'?

Uma **classe descritiva** contém informação que descreve algo mais. Por exemplo, uma *DescriçãoDoProduto* que registra o preço, figura e texto descritivo de um *Item*. Isso foi inicialmente denominado padrão *Descrição-Item* em [Coad92].

Motivação: por que usar classes 'descritivas'?

A discussão a seguir pode, a princípio, parecer relacionada a um problema raro, altamente especializado. Entretanto, a necessidade de classes descritivas é comum em muitos modelos de domínio.

Suponha o seguinte:

- Uma instância de *Item* representa um item físico em uma loja; como tal, ela pode até mesmo ter um número de série.
- Um *Item* tem uma descrição, um preço e um idItem, que não estão registrados em qualquer outro lugar.
- Todos os que trabalham na loja sofrem de amnésia.
- Cada vez que um item físico real é vendido, uma instância de software correspondente de *Item* é excluída do "mundo do software".

Com essas hipóteses, o que acontece no seguinte cenário?

Existe uma forte demanda para um hambúrguer vegetariano novo e muito apreciado – HambúrguerObjeto. A loja vende todo o seu estoque desse hambúrguer. Isso implica que todas as instâncias do *Item* HambúrguerObjeto são excluídas da memória do computador.

Agora, temos aqui um problema: se alguém pergunta, "quanto custam os HambúrguerObjeto?", ninguém sabe responder, porque a memória do seu preço estava ligada às instâncias estocadas, as quais foram sendo excluídas à medida que eram vendidas.

Aqui há alguns problemas relacionados: o modelo, se implementado em software, similar ao do modelo de domínio, tem dados duplicados, é ineficiente em termos de espaço de armazenamento e propenso a erros (por causa da informação replicada), porque a descrição, o preço e o idItem são duplicados para cada instância de *Item* do mesmo produto.

O problema precedente ilustra a necessidade de objetos que sejam *descrições* (algumas vezes chamados de especificações) de outras coisas. Para resolver o problema de *Item*, é necessária uma classe *DescriçãoDoProduto* que armazene informações sobre itens. Uma *DescriçãoDoProduto* não representa um *Item*, mas uma descrição de informações *sobre* itens. Veja a Figura 9.9.

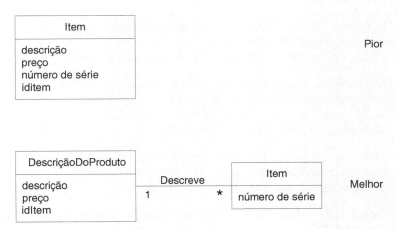

Figura 9.9 Descrições sobre outras coisas. O * significa uma multiplicidade de "muitos". Indica que uma *DescriçãoDoProduto* pode descrever muitos (*) *Itens*.

Um *Item* em particular deve ter um número de série; ele representa uma instância física. Uma *DescriçãoDoProduto* não deve ter um número de série.

Mudando de uma perspectiva conceitual para a de software, observe que, mesmo se todos os itens registrados no estoque forem vendidos e suas instâncias de *Item* correspondentes em software forem excluídas, a *DescriçãoDoProduto* ainda permanecerá.

A necessidade de classes descritivas é comum nos domínios de vendas, produtos e serviços. Também é comum em manufatura, na qual é necessária uma *descrição* de uma coisa manufaturada, a qual é distinta da coisa em si.

Diretriz: quando as classes descritivas são úteis?

Diretriz

Acrescente uma classe descritiva (por exemplo, *DescriçãoDoProduto*) quando:

- Houver necessidade de uma descrição sobre um item ou serviço, independentemente da existência de algum exemplar desse item ou serviço.

- A exclusão de instâncias de coisas que elas descrevem (por exemplo, *Item*) resultar em uma perda de informação que precisa ser mantida, mas foi incorretamente associada com a coisa excluída.

- Ela reduzir informação redundante ou duplicada.

Exemplo: descrições em um domínio de linhas aéreas

Como outro exemplo, considere uma companhia de linhas aéreas que tenha um acidente fatal com um dos seus aviões. Suponha que todos os vôos sejam cancelados por seis meses, enquanto se aguarda o término da investigação. Imagine também que, quando os vôos são cancelados, os seus correspondentes objetos de software *Vôo* sejam excluídos da memória do computador. Portanto, após o acidente, todos os objetos de software *Vôo* são excluídos.

Se o único registro que mostra para qual aeroporto um vôo se destina estiver nas instâncias de software *Vôo*, as quais representam vôos específicos para uma data e hora específicas, então não existirá mais um registro sobre quais rotas de vôo a linha aérea tem.

O problema pode ser resolvido tanto de uma perspectiva puramente conceitual em um modelo de domínio quanto de uma perspectiva de software nos projetos de software, com uma *DescriçãoDeVôo* que descreva um vôo e sua rota, mesmo quando um determinado vôo não estiver programado (ver Figura 9.10).

Observe que o exemplo precedente é sobre um serviço (um vôo), em vez de um bem (como um hambúrguer vegetariano). As descrições de serviços ou planos de serviços geralmente são necessárias.

Como outro exemplo, uma companhia de telefonia móvel vende pacotes como "bronze", "ouro", etc. É necessário ter o conceito de uma descrição do pacote (um tipo de plano de serviços que descreve tarifas por minuto, o conteúdo de Internet sem

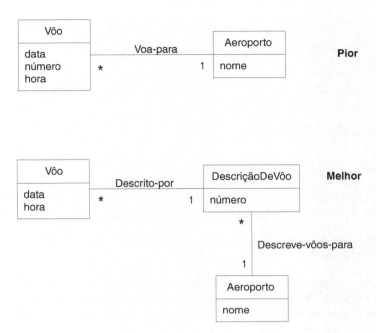

Figura 9.10 Descrições sobre outras coisas.

fio, o custo, etc.), separado do conceito de um pacote efetivamente vendido (como por exemplo "pacote de ouro vendido para Craig Larman, em 1º de janeiro de 2047, a US$ 55 por mês"). O departamento de Marketing necessita definir e registrar esse plano de serviço ou *DescriçãoDePacoteDeComunicaçõesMóveis* antes que algum seja vendido.

9.14 Associações

É útil encontrar e mostrar as associações necessárias para satisfazer os requisitos de informação para os cenários em desenvolvimento, as quais auxiliam na compreensão do modelo de domínio.

Uma **associação** é um relacionamento entre classes (mais especificamente, entre instâncias dessas classes) que indica alguma conexão significativa e de interesse (ver Figura 9.11).

Na UML, as associações são definidas como "o relacionamento semântico entre dois ou mais classificadores, o que envolve conexões entre suas instâncias".

Diretriz: quando mostrar uma associação?

As associações dignas de nota costumam implicar conhecimento de um relacionamento que necessita ser preservado por algum tempo – que pode ser de milisegundos ou de anos, dependendo do contexto. *Em outras palavras, entre quais objetos necessitamos ter alguma* **memória** *de um relacionamento?*

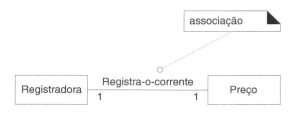

Figura 9.11 Associações.

Por exemplo, precisamos *lembrar* quais instâncias de *LinhaDeItemDeVenda* são associadas a uma instância de *Venda*? Sim, pois caso contrário não seria possível reconstruir a venda, imprimir um recibo ou calcular um total da venda.

E precisamos lembrar as *Vendas* completadas em um *LivroDiário* para fins legais e de contabilidade.

Como o modelo de domínio é uma perspectiva conceitual, essas afirmações sobre a necessidade de lembrar referem-se a uma necessidade em uma situação do mundo real, não a uma necessidade de software, embora durante a implementação muitas das mesmas necessidades surjam.

No domínio do jogo Monopólio, necessitamos lembrar em qual *Casa* uma *Peça* (ou *Jogador*) está – o jogo não funciona se isso não for lembrado. Do mesmo modo, precisamos lembrar qual *Peça* é propriedade de um *Jogador* específico. Precisamos lembrar quais *Casas* são partes de um *Tabuleiro* em particular.

Mas, por outro lado, não há necessidade de lembrar que o total de *Dado* (ou o plural, "dados") indica a *Casa para qual* que se deve mover. É verdade, mas não é necessário ter uma memória atualizada daquele fato, depois que um movimento for feito. Do mesmo modo, um *Caixa* pode procurar uma *DescriçãoDoProduto*, mas não há necessidade de lembrar o fato de que um *Caixa* em particular procurou uma *DescriçãoDoProduto* específica.

Diretriz

Considere a inclusão das seguintes associações em um modelo de domínio:

- Associações para as quais o conhecimento do relacionamento precisa ser preservado por algum tempo (associações que "precisam ser conhecidas").
- Associações derivadas da Lista de Associações Comuns.

Diretriz: por que devemos evitar adicionar muitas associações?

Precisamos evitar adicionar associações em excesso no modelo de domínio. Retornando às informações de nossos estudos de matemática discreta, você deve se lembrar de que, em um grafo com n nós, pode haver (n·(n-1))/2 associações com outros nós – um número potencialmente muito grande. Um modelo de domínio com 20 classes poderia ter 190 linhas de associações! Muitas linhas no diagrama o obscurecem com "ruído visual". Portanto, deve-se ter parcimônia quanto à adição de linhas de associação. Use as diretrizes criteriosas sugeridas neste capítulo e enfoque as associações que "precisam ser lembradas".

Perspectivas: as associações serão implementadas em software?

Durante a modelagem de domínio, uma associação *não* é uma afirmação sobre fluxos de dados, nem um relacionamento via chave estrangeira em banco de dados, nem instância de variáveis ou conexão de objetos em uma solução de software; ela é uma afirmação de que um relacionamento é significativo em uma perspectiva puramente conceitual – no domínio real.

Dito isso, muitos desses relacionamentos *serão* implementados em software como caminhos de navegação e visibilidade (tanto no Modelo de Projeto quanto no Modelo de Dados). Mas o modelo de domínio não é um modelo de dados; associações são adicionadas para evidenciar nosso entendimento bruto dos relacionamentos dignos de nota, não para documentar objetos ou estruturas de dados.

Aplicação da UML: notação para associação

Uma associação é representada como uma linha entre classes, com o nome da associação começando com letra maiúscula. Ver Figura 9.12.

Os extremos de uma associação podem conter uma expressão de multiplicidade, indicando o relacionamento numérico entre as instâncias das classes.

A associação é inerentemente bidirecional, o que significa que o percurso lógico é possível a partir de uma instância de qualquer classe, em ambos os lados. Esse percurso é puramente abstrato; ele *não* é uma afirmação sobre conexões entre entidades de software.

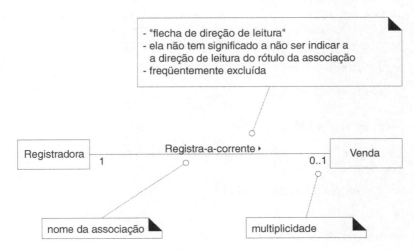

Figura 9.12 A notação UML para associações.

Uma seta opcional de "direção de leitura" indica a direção de leitura do nome da associação; ela não indica a direção de visibilidade ou de navegação. Na ausência de uma seta, convencionou-se que a associação deve ser lida da esquerda para a direita ou de cima para baixo, embora a UML não faça disso uma regra (ver Figura 9.12).

> *Cuidado*
>
> A flecha de direção de leitura não tem significado em termos de modelo, é apenas um auxílio para o leitor do diagrama.

Diretriz: como dar nome a uma associação em UML?

> *Diretriz*
>
> Nomeie uma associação com base no formato *NomeDaClasse-FraseComVerbo-NomeDaClasse*, no qual a frase com o verbo cria uma seqüência legível e significativa.

Nomes de associação simples como "Tem" ou "Usa" em geral são pobres, pois raramente melhoram o nosso entendimento do domínio.

Por exemplo,

- *Venda Paga-por PagamentoEmDinheiro*
    - Exemplo ruim (não melhora o significado): *Venda Usa PagamentoEmDinheiro*
- *Jogador Está-na Casa*
    - Exemplo ruim (não melhora o significado): *Jogador Tem Casa*

Os nomes das associações devem começar com uma letra maiúscula, uma vez que uma associação representa um classificador de ligações entre instâncias e, na UML, os classificadores devem começar com letra maiúscula. Dois formatos comuns e igualmente legais para compor um nome de associação são:

- *Registra-a-corrente*
- *RegistraACorrente*

Aplicação de UML: papéis

Cada extremo de uma associação é chamado de **papel**. Os papéis podem ter opcionalmente:

- expressão de multiplicidade
- nome
- navegabilidade

A multiplicidade é examinada a seguir.

Aplicação de UML: multiplicidade

A **multiplicidade** define quantas instâncias de uma classe *A* podem estar associadas a uma instância de uma classe *B* (ver Figura 9.13).

Por exemplo, uma única instância de uma *Loja* pode ser associada a "muitas" (zero ou mais, indicado pelo *) instâncias de *Item*.

Alguns exemplos de expressões de multiplicidade são mostrados na Figura 9.14.

O valor de multiplicidade informa quantas instâncias podem ser associadas corretamente com outra, em um determinado momento, em vez de ao longo do tempo.[‡] Por exemplo, é possível que um carro usado possa ser vendido de volta inúmeras vezes para um revendedor de carros usados ao longo do tempo. Mas, em um certo momento, o carro é *Estocado-por* somente um revendedor. O carro não é *Estocado-por* muitos revendedores naquele momento. Da mesma forma, em países com leis monogâmi-

Figura 9.13 Multiplicidade em uma associação.

Figura 9.14 Valores de multiplicidade.

[‡] N. de R.T.: Por exemplo, uma multiplicidade de valor 1 significa que uma instância está associada, em um dado momento, a apenas uma instância de outra classe conceitual. Naturalmente, ao longo da vida da instância, ela poderá ser associada a muitas outras, porém somente a uma de cada vez.

cas, uma pessoa pode estar *Casada-com* somente uma outra pessoa em um determinado momento, ainda que, ao longo do tempo, ela possa ter estado casada com muitas pessoas.

O valor da multiplicidade depende do nosso interesse como modeladores e desenvolvedores de software, visto que ele informa uma restrição do domínio que será (ou poderia ser) refletida no software. Veja na Figura 9.15 um exemplo e explicação.

Rumbaugh dá um outro exemplo de *Pessoa* e *Empresa* na associação *Trabalha-para* [Rumbaugh91]. Indicar se uma instância de *Pessoa* trabalha para uma ou mais instâncias de *Empresa* depende do contexto do modelo; a Receita Federal está interessada em *muitos*; um sindicato, provavelmente em *um* só. A escolha depende, na prática, de por que estamos construindo o software.

Aplicação de UML: associações múltiplas entre duas classes

Duas classes podem ter múltiplas associações entre elas em um diagrama de classes UML, e isso não é raro. Não há exemplo importante disso nos estudos de caso PDV e Banco Imobiliário, mas um exemplo no domínio de linhas aéreas é o caso dos relacionamentos entre um *Vôo* (ou talvez, mais precisamente, uma *PernaDeVôo*) e um *Aeroporto* (ver Figura 9.16); As associações voando-para e voando-de são relacionamentos diferentes, que devem ser mostrados separadamente.

Diretriz: como encontrar associações com uma lista de associações comuns?

Comece a adição de associações usando a lista da Tabela 9.2. Ela contém categorias comuns que valem a pena considerar, especialmente para sistemas de informação comerciais. Os exemplos são tirados dos domínios 1) PDV, 2) Banco Imobiliário e 3) Reserva de Passagens Aéreas

A multiplicidade deveria ser "1" ou "0..1"?

A resposta depende do nosso interesse em usar o modelo. Típica e praticamente, a multiplicidade informa uma restrição do domínio que deve ser considerada para verificação pelo software – e esse relacionamento foi implementado ou refletido nos objetos de *software* ou em um banco de dados. Por exemplo, um determinado item pode estar esgotado ou ter sido descartado e, por isso, não existir mais estoque na loja. Sob esse ponto de vista, "0..1" faz sentido, mas ...

Devemos nos preocupar com esse ponto de vista? Se esse relacionamento fosse implementado no software, provavelmente desejaríamos assegurar que uma instância de *item* no software estivesse sempre relacionada com uma instância específica de *Loja*; caso contrário, teríamos um erro ou dados corrompidos.

Esse modelo parcial de domínio não representa *objetos*, mas as multiplicidades registram restrições cujo valor prático normalmente está relacionado com nosso interesse em construir software ou bancos de dados (que refletem nosso domínio no mundo real) com verificações de validade. Sob esse ponto de vista, o valor desejado pode ser "1" .

Figura 9.15 A multiplicidade depende do contexto.

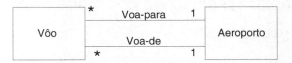

Figura 9.16 Associações múltiplas.

Tabela 9.2 Lista de associações comuns

Categoria	Exemplos
A é uma transação relacionada à outra transação B	*PagamentoEmDinheiro – Venda* *Cancelamento – Reserva*
A é uma linha de item de uma transação B	*LinhaDeItemDeVenda – Venda*
A é um produto ou serviço para uma transação (ou linha de item) B	*Item – LinhaDeItemDeVenda (ou Venda)* *Vôo – Reserva*
A é um papel relacionado a uma transação B	*Cliente – Pagamento* *Passageiro – Passagem*
A é uma parte física ou lógica de B	*Gaveta – Registradora* *Casa – Tabuleiro* *Assento – Avião*
A está física ou logicamente contido em B	*Registradora – Loja, Item – Prateleira* *Casa – Tabuleiro* *Passageiro – Avião*
A é uma descrição para B	*DescriçãoDoProduto – Item* *DescriçãoDeVôo – Vôo*
A é conhecido/ registrado/ relatado/ capturado em B	*Venda- Registradora* *Peça – Casa* *Reserva – ManifestoDeVôo*
A é um membro de B	*Caixa – Loja* *Jogador – BancoImobiliário* *Piloto – LinhaAérea*
A é uma subunidade organizacional de B	*Departamento – Loja* *Manutenção – LinhaAérea*
A usa ou gerencia ou possui B	*Caixa – Registradora* *Jogador – Parte* *Piloto – Avião*
A é próximo a B	*LinhaDeItemDeVenda – LinhaDeItemDeVenda* *Casa – Casa* *Cidade – Cidade*

9.15 Exemplo: associações nos modelos de domínio

Estudo de caso: PDV ProxGer

O modelo de domínio da Figura 9.17 mostra um conjunto de classes conceituais e associações que são candidatas ao nosso modelo de domínio PDV. As associações são principalmente derivadas a partir do critério "precisa ser lembrada" para os requisitos dessa iteração e da Lista de Associações Comuns. Lendo a lista e mapeando os exemplos para o diagrama, podemos explicar as escolhas. Por exemplo:

- **Transações relacionadas a outra transação** – *Venda Paga-Por PagamentoEmDinheiro.*
- **Itens de linha de uma transação** – *Venda Contém ItemDeLinhaDeVenda.*
- **Produto de uma transação (ou item de linha)** – *LinhaDeItemDeVenda RegistraVenda-DoItem.*

Estudo de caso: Banco Imobiliário

Veja a Figura 9.18. Outra vez, as associações são principalmente derivadas a partir do critério "precisa ser lembrada" para os requisitos dessa iteração e da Lista de Associações. Por exemplo:

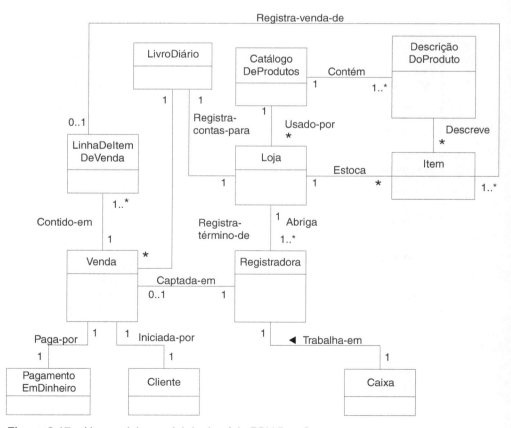

Figura 9.17 Um modelo parcial de domínio PDV ProxGer.

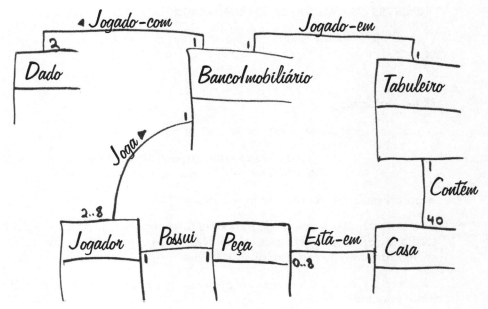

Figura 9.18 Modelo parcial de domínio do Banco Imobiliário.

- **A está contido em ou sobre B** – *Tabuleiro Contém Casa.*
- **A possui B** – *Jogadores Possuem Peças.*
- **A é conhecido de/sobre B** – *Peças Estão-na Casa.*
- **A é membro de B** – *Jogador É-Membro-de (ou Joga) BancoImobiliário.*

9.16 Atributos

É útil identificar os atributos das classes conceituais que são necessários para satisfazer aos requisitos de informação dos cenários em desenvolvimento. Um **atributo** é um valor de dados lógico de um objeto.

Diretriz: quando mostrar atributos?

Inclua atributos para os quais os requisitos (por exemplo, casos de uso) sugerem ou implicam a necessidade de memorizar informações.

Por exemplo, um recibo (que contém as informações de uma venda) no caso de uso *Processar Venda* normalmente inclui uma data e uma hora, o nome e endereço da loja e a ID do caixa, entre outras coisas.

Conseqüentemente,

- *Venda* precisa de um atributo *dataHora*.
- *Loja* precisa de um *nome* e *endereço*.
- *Caixa* precisa de uma *ID*.

Aplicação de UML: notação de atributos

Os atributos são mostrados no segundo compartimento da caixa que contém a classe (ver Figura 9.19). Opcionalmente, pode-se mostrar o seu tipo e outras informações.

Mais Notação

Notação detalhada UML para classe na pág. 266 e também na capa posterior interna do livro

A sintaxe completa de um atributo UML é:

visibilidade nome: tipo multiplicidade =
default **(cadeia-de-caracteres-de-propriedades)**

Alguns exemplos comuns são mostrados na Figura 9.20.

Como convenção, a maioria dos modeladores considerarão que os atributos têm visibilidade privada (-), a menos que mostrado de outro modo, assim, não costumo desenhar um símbolo explícito de visibilidade.

{SomenteLeitura} é provavelmente a cadeia de caracteres de propriedades mais comum para atributos.

A multiplicidade pode ser usada para indicar a presença opcional de um valor ou o número de objetos que pode preencher uma (coleção) de atributos. Por exemplo, muitos domínios exigem que um primeiro e último nome sejam conhecidos para uma pessoa, mas que um nome do meio seja opcional. A expressão *nomeDoMeio : [0..1]* indica um valor opcional – valores 0 ou 1 estão presentes.

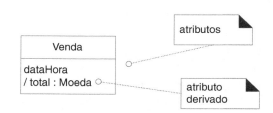

Figura 9.19 Classes e atributos.

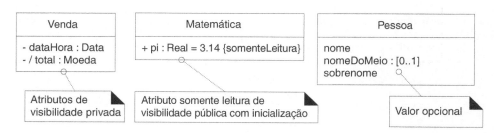

Figura 9.20 Notação UML para Atributo.

Diretriz: onde registrar requisitos de atributos?

Note que, sutilmente, *nomeDoMeio : [0..1]* é um requisito ou regra de domínio embutido no modelo de domínio. Embora esse seja apenas um modelo de domínio de perspectiva conceitual, ele provavelmente implica que a perspectiva do software deva permitir que falte o valor para *nomeDoMeio* na IU, nos objetos e no banco de dados. Alguns modeladores aceitam deixar tais especificações apenas no modelo de domínio, mas isso é propenso a erro e dispersivo, pois as pessoas tendem a não olhar o modelo de domínio em detalhe e nem a procurar orientação sobre requisitos. Sequer têm o costume de manter o modelo de domínio atualizado.

Em vez disso, sugiro colocar todos esses requisitos de atributo no Glossário do PU, que serve como dicionário de dados. Digamos que eu tenha gasto uma hora esboçando um modelo de domínio com um especialista em domínio; depois disso, posso gastar 15 minutos examinando-o e transferindo os requisitos implícitos de atributos para o Glossário.

Outra alternativa é usar uma ferramenta que integra modelos UML com um dicionário de dados; então todos os atributos vão aparecer automaticamente como elementos do dicionário.

Atributos derivados

O atributo *total* em *Venda* pode ser calculado ou derivado a partir da informação de *LinhaDeItemDeVenda*. Quando desejamos comunicar que 1) esse é um atributo importante, mas 2) ele é derivável, usamos a convenção UML: um símbolo / antes do nome do atributo.

Como outro exemplo, um caixa pode receber um grupo de itens iguais (por exemplo, seis pacotes de tofu), introduzir o *idItem* uma vez e depois entrar uma quantidade (por exemplo, seis). Conseqüentemente, uma *LinhaDeItemDeVenda* pode ser associada a mais de uma instância de um item.

A quantidade introduzida pelo caixa pode ser registrada como um atributo de *LinhaDeItemDeVenda* (Figura 9.21). No entanto, a quantidade pode ser calculada a partir do valor de multiplicidade real da associação, de modo que ele pode ser caracterizado como um atributo derivado – que pode ser derivado a partir de outra informação.

Diretriz: quais são os tipos de atributos adequados?

Enfoque em atributos de tipos de dados no modelo de domínio

Informalmente, a maioria dos tipos de atributo são os conhecidos como tipos de dados "primitivos", tais como números e booleanos. O tipo de um atributo normalmente *não* deveria ser um conceito complexo do domínio, como uma *Venda* ou *Aeroporto*.

Por exemplo, o atributo *registradoraCorrente* na classe *Caixa*, na Figura 9.22, é indesejável porque o seu tipo significa uma *Registradora*, que não é um tipo simples de atributo (como *Número* ou *Cadeia*). A maneira mais vantajosa de dizer que um *Caixa* usa uma *Registradora* é com uma associação, não com um atributo.

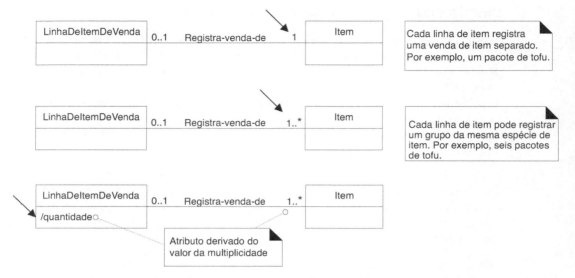

Figura 9.21 Registro da quantidade de itens vendidos em uma linha de item.

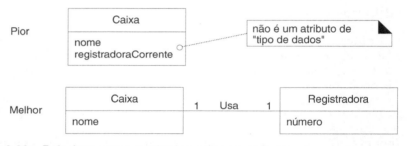

Figura 9.22 Relacione com associações, não com atributos.

> *Diretriz*
>
> De preferência, em um modelo de domínio, os atributos devem ser **tipos de dados**. Tipos muito comuns de dados são: *Booleano, Data, Número, Cadeia (Texto), Hora*.
>
> Outros tipos comuns incluem: *Endereço, Cor, Figuras Geométricas (Ponto, Retângulo), Número de Telefone, Número do CPF, Código Universal de Produto (CUP), SKU, ZIP ou CEP, tipos enumerados*.

Repetindo um exemplo anterior, uma confusão comum é modelar um conceito complexo do domínio como um atributo. Para ilustrar, observe que um aeroporto de destino não é, na realidade, uma cadeia de caracteres; ele é algo complexo, que ocupa muitos quilômetros quadrados de espaço. Portanto, *Vôo* deve estar relacionado com *Aeroporto* por uma associação, não com um atributo, como mostrado na Figura 9.23.

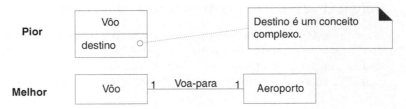

Figura 9.23 Não mostre conceitos complexos como atributos; use associações.

Diretriz

Relacione classes conceituais com uma associação, não com um atributo.

Tipos de dados

Como foi dito, os atributos no modelo de domínio deveriam ser **tipos de dados** (data types); informalmente, esses são tipos "primitivos" como número, booleano, caractere, cadeia e enumeração (por exemplo: Tamanho = {pequeno, grande}). Mais precisamente, esse é um termo da UML que significa um conjunto de valores para os quais uma identidade única não é significativa (no contexto de nosso modelo ou sistema) [RJB99]. Dito de outro modo, testes de igualdade *não* são baseados na identidade, mas no valor.[6] Por exemplo, normalmente não faz sentido distinguir entre:

- Instâncias separadas do *Inteiro* 5.
- Instâncias separadas da *cadeia* "gato".
- Instância separada da *Data* "13 de Novembro de 1990".

Por outro lado, *faz* sentido distinguir (pela identidade) entre duas instâncias separadas de uma *Pessoa* cujos nomes são ambos "Jill Smith", porque as duas instâncias podem representar indivíduos diferentes com o mesmo nome.

Também, valores de tipos de dados muitas vezes são imutáveis. Por exemplo, a instância '5' de *Inteiro* é imutável; a instância "13 de Novembro de 1990" de *Data* é provavelmente imutável. Por outro lado, uma instância de *Pessoa* pode ter seu *Sobrenome* trocado por várias razões. De uma perspectiva de software, existem poucas situações em que alguém compararia os endereços de memória de instâncias de *Inteiro* (identidade) ou *Data*; somente são relevantes as comparações baseadas em valor. Por outro lado, é normal comparar os endereços de memória de instâncias de *Pessoa* e distingui-los, ainda que eles tenham os mesmos valores de atributo, porque a sua identidade única é importante.

Alguns livros de OO e UML também falam de **objetos de valor** (value objects), que são muito parecidos com os tipos de dados, mas com pequenas variações. Entretanto, considero essas distinções um tanto confusas e sutis e não as enfatizo.

---

[6] Em Java, por exemplo, um teste de valor é feito com o método *equals* e um teste e identidade com o operador ==.

Perspectivas: como ficam os atributos no código?

A recomendação de que atributos no modelo de domínio sejam principalmente tipos de dados não implica que atributos em C# ou Java devam ser somente de tipos de dados simples, primitivos. O modelo de domínio é uma perspectiva conceitual, não de software. No Modelo de Projeto, atributos podem ser de qualquer tipo.

Diretriz: quando definir novas classes de tipo de dados?

No sistema PDV ProxGer, um atributo *idItem* é necessário; ele é provavelmente um atributo de um *Item* ou *DescriçãoDoProduto*. Casualmente, ele parece justamente um número ou talvez uma cadeia. Por exemplo, *idItem: Integer* ou *idItem: String*.

Mas ele é mais do que isso (identificadores de item tem subpartes), e, de fato, é útil ter uma classe chamada *IdItem* (ou *IdentificadorDeItem*) no modelo de domínio e designar o tipo de atributo como tal. Por exemplo, *idItem: IdentificadorDeItem*.

A Tabela 9.3 fornece diretrizes de quando é útil modelar com tipos de dados.

Ao aplicar essas diretrizes aos atributos do modelo de domínio do PDV, chegamos à seguinte análise:

- O identificador de item é uma abstração de vários esquemas comuns de codificação, incluindo CUP-A, CUP-E, e a família de esquemas EAN. Esses esquemas numéricos de codificação têm subpartes que identificam o fabricante, o produto, o país (no caso do EAN) e dígitos de controle para validação. Portanto, deve haver uma classe para o tipo de dado *IdItem*, porque ela satisfaz a muitas das diretrizes abaixo.

Tabela 9.3 Diretrizes para modelar tipos de dados

Diretriz

Represente o que a princípio poderia ser considerado um número ou uma cadeia como uma nova classe de tipos de dados no modelo de domínio se:

- Ela for composta de seções separadas.
    - número de telefone, nome de pessoa.
- Existirem operações associadas a ela, como análise sintática ou validação.
    - número de CPF.
- Ela tiver outros atributos.
    - um preço promocional pode ter uma data de início (de entrada em vigor) e uma de fim.
- Ela for uma quantidade com uma unidade.
    - a quantia paga tem uma unidade monetária.
- Ela for uma abstração de um ou mais tipos com algumas dessas qualidades.
    - identificador de item no domínio de vendas é uma generalização de tipos, como Código Universal de Produto (CUP) e European Article Number (EAN).

- Os atributos *preço* e *quantia* devem ser uma classe do tipo de dados *Dinheiro*, porque são quantidades em uma unidade monetária.
- O atributo *endereço* deve ser uma classe do tipo de dados *Endereço* porque tem seções separadas.

Aplicação de UML: onde ilustrar essas classes de tipos de dados?

A classe *IdItem* deve ser mostrada como uma classe separada em um modelo de domínio? Isso depende do que você quer enfatizar no diagrama. Como *IdItem* é um **tipo de dado** (a identidade única das instâncias não é usada no teste de igualdade), pode ser mostrado apenas no compartimento de atributos da caixa da classe, como mostrado na Figura 9.24. Por outro lado, se *IdItem* é um novo tipo com seus próprios atributos e associações; mostrá-lo como uma classe conceitual na sua própria caixa pode ser informativo. Não há uma resposta correta; a solução depende de como o modelo de domínio está sendo usado como ferramenta de comunicação e da importância do conceito no domínio.

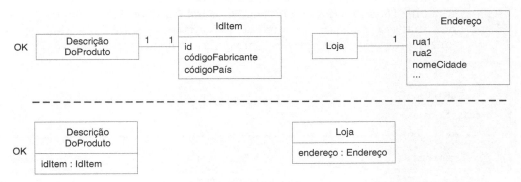

Figura 9.24 Dois modos de indicar uma propriedade de tipo de dados de um objeto.

Diretriz: nenhum atributo representando chave estrangeira

Os atributos *não* devem ser usados para relacionar classes conceituais no modelo de domínio. A violação mais comum desse princípio é acrescentar um tipo de **atributo chave estrangeira**, como normalmente é feito nos projetos de bancos de dados relacionais para associar dois tipos. Por exemplo, na Figura 9.25, o atributo *númeroDaRegistradoraCorrente na classe Caixa* é indesejável, visto que sua finalidade é relacionar o *Caixa* a um objeto *Registradora*. A melhor maneira de dizer que um *Caixa* usa uma *Registradora* é por uma associação, não com um atributo chave estrangeira. Lembre: relacione tipos com uma associação, não com um atributo.

Existem muitas maneiras de relacionar objetos – as chaves estrangeiras são apenas uma – e postergaremos a forma de como implementar a relação até a fase de projeto para evitar a **infiltração no projeto**.

Diretriz: modelagem de quantidades e unidades

Muitas quantidades numéricas *não* devem ser representadas como números simples. Pense em preço ou peso. Dizer "o preço era 13" ou "o peso era 37", não diz muito. Reais? Quilogramas?

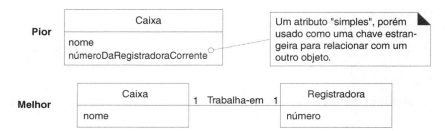

Figura 9.25 Não use atributos como chaves estrangeiras.

Essas são quantidades com unidades associadas e geralmente é necessário conhecer as unidades para que essas possam ser convertidas. O software PDV ProxGer destina-se ao mercado internacional e deve aceitar preços em diversas moedas. O modelo de domínio (e o software) devem modelar as quantidades de forma habilidosa.

Na maioria dos casos, a solução é representar *Quantidade* como uma classe distinta, com uma *Unidade* associada [Fowler96]. Também é comum mostrar especializações de *Quantidade*. *Dinheiro* é um tipo de quantidade cujas unidades são moedas. *Peso* é uma quantidade com unidades como quilos ou libras. Veja a Figura 9.26.

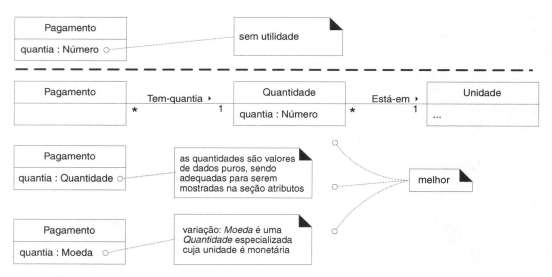

Figura 9.26 Modelagem de quantidades.

9.17 Exemplo: atributos em modelos de domínio

Estudo de caso: PDV ProxGer

Veja a Figura 9.27. Os atributos escolhidos refletem os requisitos de informação para essa iteração – os cenários de *ProcessarVenda* com pagamento em dinheiro dessa iteração. Por exemplo:

PagamentoEmDinheiro	*quantiaFornecida* – Para determinar se houve um pagamento suficiente e para calcular o troco, uma quantia (também conhecida como "quantia fornecida") deve ser captada.
DescriçãoDoProduto	*descrição* – Para mostrar a descrição em uma tela ou em um recibo.
	idItem – Para procurar uma *DescriçãoDoProduto*.
	preço – Para calcular o total da venda e mostrar o preço da linha de item.
Venda	*dataHora* – Um recibo normalmente mostra a data e o horário da venda, e isso é útil para análise de vendas.
LinhaDeItemDeVenda	*quantidade* – Para registrar a quantidade introduzida quando existir mais de um item em uma linha de item de venda (por exemplo, *cinco* pacotes de tofu).
Loja	*endereço, nome* – O recibo requer o nome e o endereço da loja.

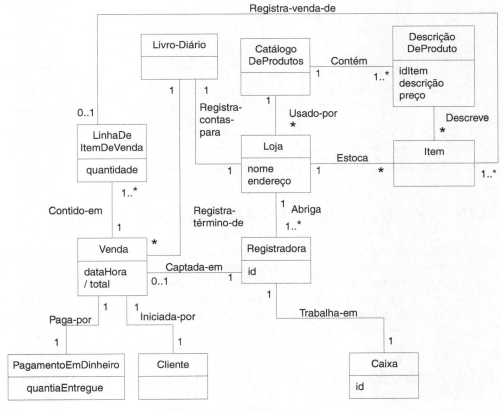

Figura 9.27 Um modelo parcial do domínio PDV ProxGer.

Estudo de caso: Banco Imobiliário

Veja a Figura 9.28. Os atributos escolhidos refletem os requisitos de informação para essa iteração – o cenário simplificado *Jogar Banco Imobiliário* dessa iteração. Por exemplo:

Dado   *valorDaFace* – Depois de rolar o dado, há necessidade de calcular a distância de um movimento

Casa   *nome* – Para imprimir a saída desejada de rastreamento.

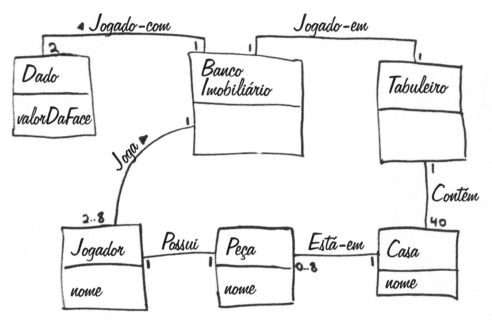

Figura 9.28   Um modelo parcial de domínio Banco Imobiliário.

9.18 Conclusão: o modelo de domínio está correto?

Não existe um modelo de domínio correto. Todos os modelos são aproximações do domínio que estamos tentando entender; o modelo de domínio é primeiramente uma ferramenta de entendimento e comunicação entre os membros de um grupo específico. Um modelo de domínio útil capta as abstrações e informações essenciais necessárias para entender o domínio no contexto dos requisitos correntes e ajuda as pessoas no entendimento do domínio – seus conceitos, terminologia e relacionamentos.

9.19 Processo: modelagem de domínio iterativa e evolutiva

Apesar de paradoxalmente um número significativo de páginas ter sido destinado a explicar a modelagem de domínio, em mãos experientes o desenvolvimento de um modelo (parcial, evolutivo) pode levar apenas 30 minutos para cada iteração. Isso por ser ainda mais diminuído pelo uso de padrões de análise predefinidos.

No desenvolvimento iterativo, evoluímos incrementalmente o modelo de domínio em diversas iterações. Em cada uma, o modelo de domínio é limitado aos cenários anteriores e atuais que estão sendo considerados, em vez de expandir um modelo em estilo cascata muito cedo na tentativa de captar todas as possíveis classes conceituais e relacionamentos. Por exemplo, essa iteração do PDV é limitada somente ao cenário simplificado de pagamento em dinheiro de *Processar Venda*; assim, o modelo parcial de domínio será criado para refletir apenas isso – nada mais.

E para reiterar a sugestão do início deste capítulo:

> *Diretriz*
>
> Evite uma preocupação excessiva com a modelagem em cascata para fazer um modelo de domínio completo ou "correto" – ele não vai ser nada disso e tais esforços de supermodelagem levam à *paralisia de análise*, com pouco ou nenhum retorno no investimento.
>
> Limite a modelagem de domínio a não mais do que algumas horas por iteração.

Modelos de domínio dentro do PU

Como sugerido no exemplo da Tabela 9.4, o Modelo de Domínio do PU geralmente é iniciado e completado na fase de elaboração.

Tabela 9.4 Amostra de artefatos do PU e sua seqüência temporal; i = iniciar; r = refinar

Disciplina	Artefato Iteração →	Concepção C1	Elaboração E1..En	Construção Ct1..Ctn	Transição T1..T2
Modelagem de Negócios	**Modelo de Domínio**		i		
Requisitos	Modelo de Casos de Uso (DSSs)	i	r		
	Visão	i	r		
	Especificação Suplementar	i	r		
	Glossário	i	r		
Projeto	Modelo de Projeto		i	r	
	Documento de Arquitetura de Software		i		
	Modelo de Dados		i	r	

Concepção

Modelos de domínio não são fortemente motivados na concepção, pois o propósito da concepção não é fazer uma investigação profunda, mas sim decidir se o projeto merece investigação mais detalhada na fase de elaboração.

Elaboração

O Modelo de Domínio é criado durante as iterações da elaboração, quando há necessidade de entender melhor os conceitos importantes e mapear alguns deles para classes de software durante o trabalho de projeto.

O modelo de objetos de negócio do PU *vs.* modelo de domínio

O Modelo de Domínio do PU é uma variação oficial do menos comum Modelo de Objetos do Negócio do PU, em inglês Business Object Model (BOM). O BOM do PU – que não deve ser confundido com muitas outras definições de BOM – é uma espécie de modelo da empresa que descreve todo o negócio. Ele pode ser usado quando é feita a engenharia ou reengenharia do processo de negócio, independentemente de qualquer aplicação de software específica (como o PDV ProxGer). Para citar:

> [O NOM do PU] serve como uma abstração de como os trabalhadores do negócio e as entidades do negócio precisam ser relacionados e de como eles precisam colaborar para realizar o negócio [RUP].

O BOM é representado com vários diagramas diferentes (classes, atividade e seqüência) que ilustram como toda a empresa funciona (ou deveria funcionar). Ele é mais útil se estiver sendo feita engenharia de processo de negócio, mas essa é uma atividade menos comum do que criar uma única aplicação de software.

Conseqüentemente, o PU define o Modelo de Domínio como o artefato mais comumente criado ou especializado no BOM. Para citar:

> Você pode escolher desenvolver um modelo de objetos de negócio "incompleto", com enfoque na explicação das "coisas" e produtos importantes para um domínio. [...] Isso é freqüentemente referido como o modelo de domínio [RUP].

9.20 Leituras recomendadas

Object-Oriented Methods: A Foundation, de Odell, fornece uma sólida introdução para modelagem de domínio conceitual. *Designing Object Systems*, de Cook e Daniel, também é útil.

Analysis Patterns, de Fowler, oferece padrões importantes no modelo de domínio e é definitivamente recomendado. Um outro bom livro que descreve padrões para modelo de domínio é *Data Model Patterns: Conventions of Thought*, de Hay. Sugestão de especialistas em modelagem de dados que entendem a distinção entre modelos conceituais puros e modelos de esquemas de banco de dados podem ser muito úteis para a modelagem de objetos do domínio.

Java Modeling in Color with UML [CDL99] tem muito mais sugestões de modelagem de domínio relevantes do que o título sugere. Os autores identificam padrões comuns em tipos relacionados e suas associações; o aspecto "cor" é realmente uma visualização de categorias comuns desses tipos, tais como *descrições* (azul), *papéis* (amarelo) *e intervalos de tempo* (rosa). A cor é usada para auxiliar a ver os padrões.

Capítulo

10

DIAGRAMAS DE SEQÜÊNCIA DO SISTEMA

Na teoria, não há diferença entre teoria e prática. Mas na prática há.
— Jan L. A. van de Snepscheut

Objetivos

- Identificar os eventos do sistema.
- Criar diagramas de seqüência do sistema para cenários de casos de uso.

Introdução

Um diagrama de seqüência do sistema é um artefato criado rápida e facilmente que ilustra os eventos de entrada e saída relacionados com o sistema em discussão. Eles são entradas para contratos de operação e – mais importante – projeto de objetos.

A UML contém notação na forma de diagramas de seqüência para ilustrar eventos provenientes de atores externos ao sistema.

O que vem a seguir?   Explorada a modelagem de domínio, este capítulo identifica operações do sistema em um DSS. O seguinte toma essas operações e define o efeito nos objetos do modelo de domínio, usando uma notação de pré e pós-condição do contrato de operação.

Requisitos da Iteração 1 → Modelagem de Domínio → **Diagramas de Seqüência do Sistema** → Contratos de Operação → Transcrição para o Projeto

A influência dos artefatos no PU enfatizando diagramas de seqüência de sistema é mostrada na Figura 10.1. O texto do caso de uso e seus eventos implícitos no sistema são entradas para a criação do DSS. As operações do DSS (tais como entrarItem) podem, por sua vez, ser analisadas nos contratos de operação, detalhadas no Glossário, e – mais importante – servir como ponto de partida para projetar objetos de colaboração.

10.1 Exemplo: DSS do ProxGer

Um DSS mostra, para uma seqüência específica de eventos dentro de um caso de uso, os atores externos que interagem diretamente com o sistema, o sistema (como uma cai-

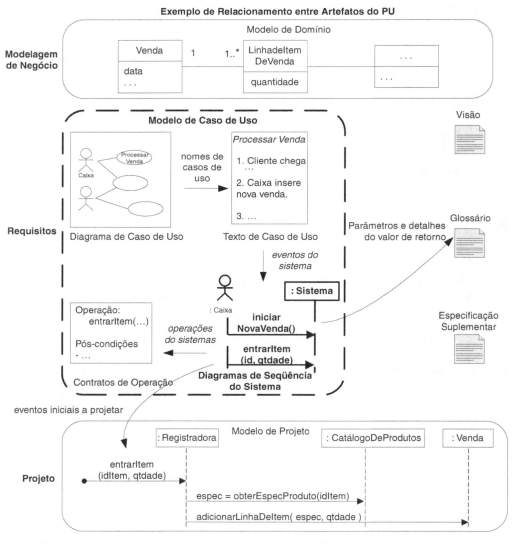

Figura 10.1 Amostra da influência dos artefato no PU.

xa-preta) e os eventos do sistema que os atores geram (ver Figura 10.2). O tempo corre de cima para baixo e a ordem dos eventos deve seguir sua ordem no cenário.

O exemplo da Fig. 10.2 é do cenário de sucesso principal de um cenário de Processar Venda. Ele indica que o caixa gera os eventos do sistema iniciarNovaVenda, entrarItem, finalizarVenda e fazerPagamento. Esses eventos são implícitos ou sugeridos lendo o texto do caso de uso.

10.2 O que são diagramas de seqüência do sistema?

Os casos de uso descrevem como os atores externos interagem com o sistema de software que estamos interessados em criar. Durante essa interação, um ator gera **eventos de sistema** para um sistema, geralmente solicitando alguma **operação de sistema** para tratar o evento. Por exemplo, quando um caixa entra com o ID de um item, ele está solicitando ao sistema PDV que registre a venda daquele item (o evento *entrarItem*). Esse evento inicia uma operação no sistema. O texto do caso de uso implica o evento *entrarItem*, e o DSS torna isso concreto e explícito.

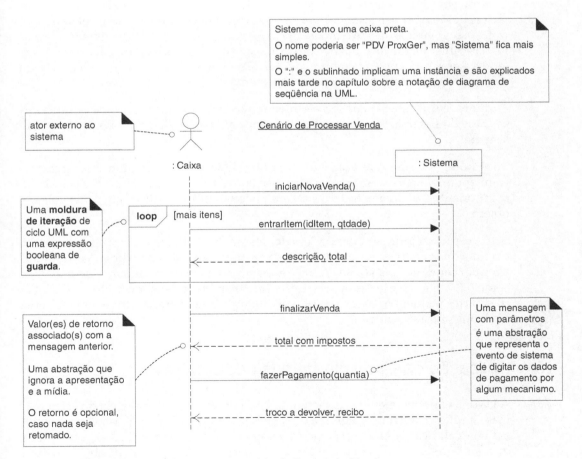

Figura 10.2 DSS para um cenário de Processar Venda.

A UML inclui **diagramas de seqüência**, como uma notação que pode ilustrar as interações de atores e as operações iniciadas por eles.

Um **diagrama de seqüência do sistema** é uma figura que mostra, *para um cenário específico de um caso de uso*, os eventos que os atores externos geram, sua ordem e os eventos entre sistemas. Todos os sistemas são tratados como uma caixa-preta; a ênfase do diagrama está nos eventos que cruzam a fronteira do sistema de atores para sistemas.

> *Diretriz*
>
> Desenhe um DSS para um cenário de sucesso principal de cada caso de uso e cenários alternativos freqüentes ou complexos.

10.3 Motivação: por que desenhar um DSS?

Uma questão interessante e útil no projeto de software é a seguinte: que eventos estão entrando no nosso sistema? Por quê? Porque temos que projetar o software para tratar esses eventos (desde o mouse, teclado, outro sistema,...) e executar uma resposta. Basicamente, um sistema de software reage a três coisas: (1) eventos externos de atores (seres humanos ou computadores), (2) eventos de tempo e (3) falhas ou exceções (que freqüentemente são de fontes externas).

Portanto, é útil saber quais, precisamente, são os eventos externos de entrada – os **eventos do sistema**. Eles são uma parte importante da análise do comportamento do sistema.

Você pode estar familiarizado com a idéia de identificar as mensagens que entram em um objeto de software. Mas esse conceito é útil em um nível mais alto de componentes, inclusive todo o sistema visto (abstratamente) como uma coisa ou objeto.

Contratos (pág. 203)

Antes de prosseguir para um projeto detalhado de como uma aplicação de software vai funcionar, é útil investigar e definir seu comportamento como uma "caixa-preta". **Comportamento do sistema** é uma descrição do que um sistema faz, sem explicar como o faz. Uma parte dessa descrição é um diagrama de seqüência do sistema. Outras partes incluem os casos de uso e os contratos de operação do sistema (a serem discutidos posteriormente).

10.4 Aplicação da UML: diagramas de seqüência

Diagramas de seqüência UML (pág. 247)

A UML não define alguma coisa denominada diagrama de seqüência do "sistema", mas simplesmente um "diagrama de seqüência". A qualificação é usada para enfatizar sua aplicação a sistemas como caixas-pretas. Posteriormente, diagramas de seqüência vão ser usados em outro contexto – para ilustrar o projeto de objetos de software que interagem para realizar trabalho.

Ciclos em diagramas de seqüência

Note na Fig. 10.2 como **molduras de iteração** são usadas para mostrar ciclos em diagramas de seqüência.

10.5 Qual é o relacionamento entre DSSs e casos de uso?

Um DSS mostra eventos do sistema *para um cenário de um caso de uso*; portanto, é gerado a partir da inspeção de um caso de uso (ver Figura 10.3).

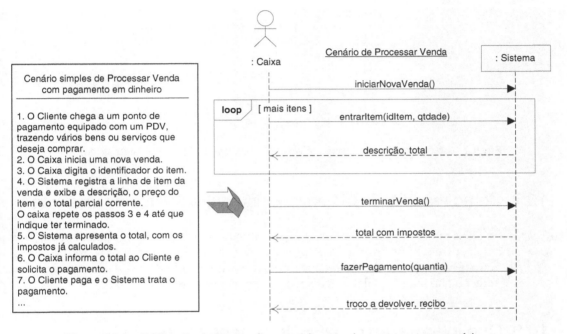

Figura 10.3 DSSs são derivados de casos de uso; eles mostram um cenário.

Aplicação da UML: deve-se mostrar o texto do caso de uso no DSS?

Geralmente não. Se você denomina o DSS adequadamente, pode indicar o caso de uso; por exemplo, Cenário de Processar Venda.

10.6 Como denominar eventos e operações do sistema?

O que é melhor, *escanear(idItem)* ou *entrarItem(idItem)*?

Eventos do sistema devem ser expressos no nível abstrato de intenção e não em termos do dispositivo físico de entrada.

Assim, "entrarItem" é melhor que "escanear" (isto é, usar o scanner a laser), porque capta a *intenção* da operação ao mesmo tempo em que permanece abstrato e sem compromissos com relação a escolhas de projeto sobre qual interface é usada para captar o evento do sistema. Poderia ser por meio de scanner a laser, teclado, entrada de voz ou qualquer outra coisa.

Também melhora a clareza começar o nome de um evento de sistema com um verbo (adicionar..., entrar..., terminar..., efetuar...), como na Figura 10.4, pois isso enfatiza que se trata de comandos ou solicitações.

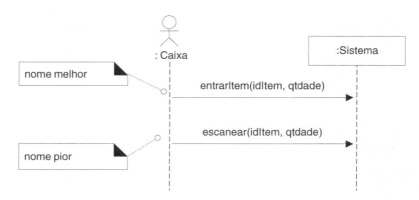

Figura 10.4 Escolher os nomes de eventos e de operações no nível abstrato.

10.7 Como modelar DSSs envolvendo outros sistemas externos?

DSSs inter-sistemas (págs. 412-413)

Os DSSs também podem ser usados para ilustrar as colaborações entre sistemas, tais como entre o PDV ProxGer e o autorizador externo de pagamento a crédito. Entretanto, isso é adiado até uma iteração posterior no estudo de caso, uma vez que essa iteração não inclui a colaboração com sistemas remotos.

10.8 Que informação do DSS colocar no Glossário?

Os termos mostrados nos DSSs (nome de operação, parâmetros, dados de retorno) são resumidos. Eles podem necessitar de explicação adequada, de modo que, durante o projeto, fique claro o que está entrando e o que está saindo do sistema. O Glossário é excelente para esses detalhes.

Por exemplo, na Fig. 10.2 há uma linha de retorno contendo a descrição *"troco a devolver, recibo"*. Essa é uma descrição vaga sobre o recibo – um relatório complexo. Assim, o glossário do PU pode ter uma entrada *recibo* que mostra exemplos de recibos (talvez uma figura digital) e conteúdo e leiaute detalhados.

Diretriz

Em geral, para muitos artefatos, mostre detalhes no Glossário.

10.9 Exemplo: DSS do Banco Imobiliário

Texto do caso de uso (pág. 119)

O caso de uso *Jogar Banco Imobiliário* é simples como o cenário principal. A pessoa que observa inicia com o número de jogadores e depois solicita a simulação do jogo, observando um rastreamento da saída até que haja um vencedor. Ver Figura 10.5.

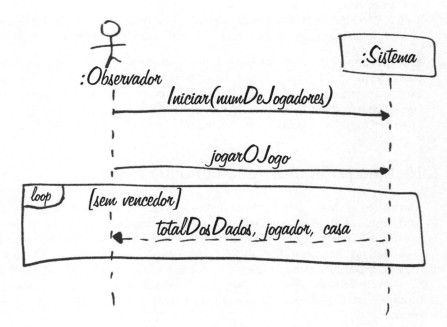

Figura 10.5 DSS para um cenário de *Jogar Banco Imobiliário*.

10.10 Processo: DSSs iterativos e evolutivos

Não crie DSSs para todos os cenários, a menos que você esteja usando uma técnica de estimativas (por exemplo, a contagem de pontos por função) que exija a identificação de todas as operações do sistema. Em vez disso, desenhe-os somente para os cenários escolhidos para a iteração seguinte. Além do mais, eles não devem demorar para ser esboçados – talvez alguns minutos ou meia hora.

DSSs são também muito úteis quando você deseja entender a interface e as colaborações de sistemas existentes ou documentar a arquitetura.

DSSs no PU

Os DSSs são parte do Modelo de Casos de Uso – uma visualização das interações implícitas nos cenários de casos de uso. DSSs não foram explicitamente mencionados na descrição original do PU, embora os criadores do PU estejam cientes da utilidade de tais diagramas. DSSs são um exemplo dos muitos possíveis artefatos e atividades de análise e projeto ampla e habilidosamente usados que os documentos do PU ou do RUP não mencionam. Mas o PU, sendo muito flexível, encoraja a inclusão de todos e quaisquer artefatos e práticas que adicionam valor.

Fases do PU

Concepção – Os DSSs geralmente não se justificam na fase de concepção, a menos que você esteja fazendo uma estimativa grosseira (não espere que a estimativa na concepção seja confiável) envolvendo uma técnica baseada na identificação das operações do sistemas, como **pontos por função** ou **COCOMO II** (ver www.ifpug.org).

Elaboração – A maioria dos DSSs é criada durante a elaboração, quando então é útil para identificar detalhes dos eventos do sistema, esclarecer quais operações importantes devem ser projetadas para lidar com esses eventos, escrever contratos para as operações do sistema e, possivelmente, fundamentar estimativas (por exemplo, macroestimativas com pontos por função não ajustados e COCOMO II).

10.11 Histórico e leituras recomendadas

Identificar as operações públicas de um sistema de software é uma necessidade muito antiga, assim, variantes de diagramas de interface do sistema que ilustram os eventos de E/S para um sistema tratado como caixa preta têm tido amplo uso há várias décadas. Por exemplo, em telecomunicações eles têm sido chamados de diagramas de fluxo de chamada. Eles foram inicialmente popularizados em métodos OO no método Fusion [Coleman+94], o qual fornece um exemplo detalhado do relacionamento entre os DSSs e as operações do sistema com outros artefatos de análise e projeto.

Capítulo

11

CONTRATOS DE OPERAÇÃO

Quando idéias falham, palavras ficam muito convenientes.
– Johann Wolfgang von Goethe

Objetivos

- Definir operações do sistema.
- Criar contratos para as operações do sistema.

Introdução

Casos de uso ou características do sistema são a principal maneira no PU para descrever o comportamento do sistema, e geralmente são suficientes. Às vezes uma descrição mais detalhada ou precisa do comportamento do sistema tem valor. Contratos de operação usam uma forma pré e pós-condição para descrever modificações detalhadas em objetos em um modelo de domínio, como resultado de uma operação do sistema. Um modelo de domínio é o modelo mais comum de análise OO, mas contratos de operação e modelos de estado (introduzidos na pág. 490) também podem ser artefatos úteis relacionados à AOO.

Contratos de operação podem ser considerados parte do Modelo de Casos de Uso do PU, porque fornecem mais detalhes de análise sobre o efeito das operações do sistema implícito nos casos de uso.

O que vem a seguir? Explorados DSSs e operações do sistema, este capítulo toma as operações e define seu efeito nos objetos do modelo de domínio. Depois, tendo acabado a análise desta iteração, o capítulo seguinte resume a transição para o projeto, ciclo que se repete a cada iteração.

Modelagem de Domínio → Diagramas de Seqüência do Sistema → **Contratos de Operação** → Transição para o Projeto → Arquitetura Lógica

A influência dos artefatos do PU enfatizando os contratos de operação é mostrada na Fig. 11.1. As principais entradas para os contratos são as operações do sistema identificadas nos DSSs (por exemplo, *entrarItem*), o modelo de domínio e o conhecimento do domínio pelos especialistas. Os contratos podem, por sua vez, servir como entrada para o projeto de objetos, pois descrevem as modificações que são provavelmente exigidas nos objetos de software ou banco de dados.

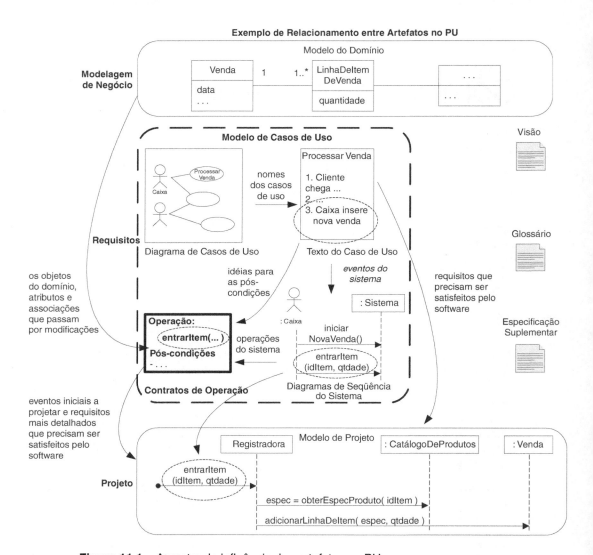

Figura 11.1   Amostra da influência dos artefatos no PU.

11.1 Exemplo

Segue na página seguinte, um contrato de operação para a operação do sistema *entrarItem*. O elemento crucial são as *pós-condições*; as outras partes são úteis, mas menos importantes.

Contrato CO2: entrarItem

Operação:	entrarItem (idItem: IdItem, qtdade: inteiro)
Referências Cruzadas:	Casos de Uso: Processar Venda
Pré-Condições:	Existe uma venda em andamento.
Pós-Condições:	– Foi criada uma instância liv de LinhaDeItemDeVenda (*criação de instância*).
	– liv foi associada com a Venda corrente (*associação formada*).
	– liv.qtdade tornou-se quantidade (*modificação de atributo*).
	– liv foi associada a uma EspecificaçãoDeProduto, com base na correspondência de idItem (*associação formada*).

As categorizações, como "(*criação de instância*)", são um apoio ao aprendizado, não propriamente parte do contrato.

11.2 Definição: o que são seções de um contrato?

O esquema a seguir mostra uma descrição de cada seção em um contrato.

Operação:	Nome da operação e parâmetros
Referências Cruzadas	Casos de uso nos quais essa operação pode ocorrer
Pré-Condições:	Hipóteses dignas de nota sobre o estado do sistema ou de objetos no Modelo de Domínio antes da execução da operação. São hipóteses não triviais que o leitor deveria saber que foram formuladas.
Pós-Condições:	É a seção mais importante. O estado dos objetos no Modelo de Domínio, depois de concluída a operação. Será discutida em detalhes em uma seção a seguir.

11.3 Definição: o que é uma operação do sistema

Contratos de operação podem ser definidos para **operações de sistema** – operações que o sistema, como um componente caixa-preta, oferece na sua interface pública. As operações do sistema podem ser identificadas enquanto se esboçam os DSSs, como na Figura 11.3. Para ser mais preciso, os DSSs mostram **eventos do sistema** – eventos ou mensagens de E/S relativas ao sistema. Os eventos de entrada do sistema implicam que o sistema tenha operações do sistema para tratar os eventos, tal como uma mensagem OO (uma espécie de evento ou sinal) é tratada por um método OO (uma espécie de operação).

O conjunto completo de operações do sistema, em todos os casos de uso, define a **interface** pública **do sistema**, vendo-o como um único componente ou classe. Na UML, todo o sistema pode ser representado como um objeto de uma classe denominada (por exemplo) *Sistema*.

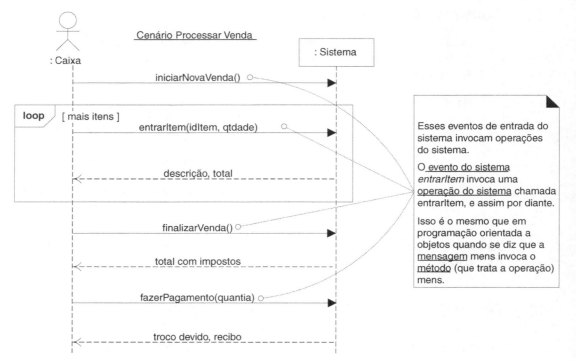

Figura 11.2 DSS. Operações do sistema tratam eventos de entrada do sistema.

11.4 Definição: pós-condições

Note que cada uma das pós-condições no exemplo *entrarItem* incluiu uma categorização de ajuda o aprendizado, por exemplo, *criação de instância* ou *associação formada*. Aqui, temos um ponto-chave:

> *Definição*
>
> As **pós-condições** descrevem modificações no estado dos objetos do modelo de domínio. Modificações no estado do modelo de domínio incluem instâncias criadas, associações formadas ou desfeitas e atributos modificados.

Pós-condições não são ações a serem executadas durante a operação; em vez disso, são *observações* sobre objetos do modelo de domínio que se tornam verdadeiras ao término da operação – *depois que a poeira baixou.*

Resumindo, as pós-condições se enquadram nas seguintes categorias:

- Criação e exclusão de instância
- Modificação de valor de atributo
- Associações (para ser preciso, *ligações* UML) formadas e desfeitas

Quebrar associações é raro. Mas, como exemplo, considere uma operação para permitir a exclusão de linhas de itens. A pós-condição poderia afirmar "a associação selecionada *LinhaDeItemDeVenda* com *Venda* foi desfeita". Em outros domínios, quando um empréstimo é pago ou alguém cancela sua afiliação a algo, as associações são desfeitas.

As pós-condições relativas à exclusão de instâncias são raras, porque não costumamos nos preocupar em forçar a destruição de algo no mundo real. Como exemplo: em muitos países, depois que uma pessoa abriu falência e se passaram sete ou dez anos, todos os registros de sua abertura de falência devem ser destruídos por lei. Observe que essa é uma perspectiva conceitual, não de implementação. Essas não são delcarações sobre liberar memória de computador ocupada por objetos de software.

Como as pós-condições são relacionadas ao modelo de domínio?

As pós-condições são expressas no contexto de objetos do Modelo de Domínio. Que instâncias podem ser criadas? As do Modelo de Domínio. Que associações podem ser formadas? As associações no Modelo de Domínio; e assim por diante.

Motivação: por que pós-condições?

Primeiro, elas nem sempre são necessárias. Freqüentemente, o efeito de uma operação do sistema é relativamente claro para os desenvolvedores devido à leitura do caso de uso, a conversas com especialistas ou a sua própria experiência. Mas, algumas vezes, mais detalhes e precisão são úteis. Contratos oferecem isso.

Note que as pós-condições apóiam detalhe de granularidade fina e precisão na declaração de qual deve ser o resultado da operação. É também possível expressar esse nível de detalhe nos casos de uso, mas indesejável – eles ficariam muito prolixos e detalhados em baixo nível.

Um contrato é uma excelente ferramenta de análise de requisitos ou AOO que descreve em muito detalhe as modificações exigidas por uma operação do sistema (em termos de objetos do modelo do domínio) sem ter que descrever *como* elas têm de ser conseguidas.

Em outras palavras, o *projeto* pode ser adiado e podemos focalizar a *análise* de o quê deve acontecer, em vez do *como* isso deve ser conseguido.

Considere as pós-condições:

Pós-Condições:	- Foi criada uma instância liv de LinhaDeItemDeVenda (criação de instância). - liv foi associada à Venda corrente (associação formada). - liv.qtdade tornou-se quantidade (modificação de atributo). - liv foi associada a uma DescriçãoDoProduto, com base na correspondência de um idItem (associação formada).

Nenhum comentário é feito sobre o modo como uma instância de *LinhaDeItemDeVenda* é criada ou como ela é associada a uma *Venda*. Isso poderia ser uma instrução sobre escrever algo em pedaços de papel e grampeá-los, usar tecnologia Java para criar objetos de software e conectá-los ou inserir linhas em um banco de dados relacional.

Diretriz: como escrever uma pós-condição?

Expresse as pós-condições no pretérito perfeito para enfatizar que elas são *observações* sobre mudanças de estado que resultaram de uma operação, não uma ação a acontecer. É por isso que elas são chamadas **pós**-condições! Por exemplo:

- (melhor) Uma *LinhaDeItemDeVenda* foi criada.

em vez de

- (pior) Criar uma *LinhaDeItemDeVenda*, ou Uma *LinhaDeItemDeVenda* é criada

Analogia: o espírito das pós-condições: o palco e a cortina

Por que escrever pós-condições no pretérito perfeito? Pense nelas usando a seguinte imagem:

O sistema e seus objetos são apresentados no palco de um teatro.

1. Antes da operação, tire uma foto do palco.
2. Feche as cortinas do palco e aplique a operação de sistema (*barulho de batidas, gritos, guinchos, etc*).
3. Abra as cortinas e tire uma segunda foto.
4. Compare as fotos de antes e depois e expresse como pós-condições as mudanças no estado do palco (*foi criada uma LinhaDeItemDeVenda*).

Diretriz: quão completas as pós-condições devem ser?
Análise pesada x ágil

Contratos podem ser inúteis. Essa questão é discutida em uma seção subseqüente. Entretanto, considerando que alguns são úteis, gerar um conjunto detalhado e completo de pós-condições para todas as operações do sistema não é provável – ou necessário. No espírito da modelagem ágil, trate sua criação como uma estimativa inicial, entendendo que os contratos não estarão completos e que especificações completas "perfeitas" raramente são possíveis ou críveis.

Mas entender que análise leve é realista e hábil não significa abandonar um pouco de investigação antes da programação – esse é outro extremo do mau entendimento.

11.5 Exemplo: pós-condições de entrarItem

A seção a seguir trata da motivação para as pós-condições da operação de sistema *entrarItem*.

Criação e exclusão de instância

Depois que o *idItem* e a *qtdade* de um item foram introduzidos, que novo objeto deve ter sido criado? Uma *LinhaDeItemDeVenda*. Assim:

- Foi criada uma instância *liv* de *LinhaDeItemDeVenda* (criação de instância).

Observe a denominação da instância. Esse nome simplificará as referências à nova instância em outras declarações de pós-condições.

Modificação de atributo

Depois que um idItem e a sua quantidade foram introduzidos pelo caixa, que atributos de objetos novos ou existentes devem ser modificados? A *quantidade* de *LinhaDeItemDeVenda* deve ter se tornado igual ao parâmetro *qtdade*. Dessa forma:

- *liv.quantidade* torna-se *qtdade* (modificação de atributo).

Associações formadas e desfeitas

Depois que *idItem* e *quantidade* de um item tiverem sido introduzidos pelo caixa, que associações entre objetos novos ou existentes devem ser formadas ou desfeitas? A nova *LinhaDeItemDeVenda* deve ter sido relacionada à sua venda e relacionada à sua *DescriçãoDoProduto*. Assim:

- *liv* foi associado à *Venda* atual (associação formada).

- *liv* foi associado a uma *DescriçãoDoProduto*, baseada em uma correspondência com o *idItem* (associação formada).

Observe a indicação informal de que ela forma um relacionamento com uma determinada *DescriçãoDoProduto* – aquela cujo *idItem* corresponde ao parâmetro. Abordagens de linguagem mais sofisticadas e formal são possíveis, tais como a *Object Constraint Language* (OCL). Recomendação: prefira a simplicidade.

11.6 Diretriz: devemos atualizar o modelo de domínio?

Durante a criação dos contratos, é comum descobrir a necessidade de registrar novas classes conceituais, atributos ou associações no modelo de domínio. Não fique limitado pela definição prévia do modelo de domínio; melhore-o à medida que fizer novas descobertas enquanto pensa nos contratos de operações.

> Em métodos iterativos e evolutivos (e refletindo a realidade dos projetos de software) todos os artefatos de análise e projeto são considerados parciais e imperfeitos e evoluem em resposta a novas descobertas.

11.7 Diretriz: quando os contratos são úteis?

No PU, os casos de uso são o repositório principal de requisitos para o projeto. Eles podem fornecer a maioria ou todos os detalhes necessários para saber o que fazer no projeto, caso em que os contratos não são de muita valia. Entretanto, há situações em que os detalhes e a complexidade das mudanças de estado necessárias são inadequados ou muito detalhados para captar em casos de uso.

Por exemplo, considere um sistema de reserva de passagens aéreas e a operação de sistema *adicionarNovaReserva*. A complexidade é muito alta se levarmos em conta todos os objetos do domínio que devem ser modificados, criados e associados. Esses detalhes de granularidade fina *podem* ser escritos no caso de uso associado com essa operação, porém isso o tornará extremamente detalhado (por exemplo, anotando cada atributo em todos os objetos que devem ser modificados).

Observe que o formato de pós-condição oferece e incentiva o uso de uma linguagem muito precisa, analítica e rigorosa, que favoreça uma abrangência detalhada.

Se os desenvolvedores conseguirem compreender com relativa facilidade o que fazer sem eles, evite redigir contratos.

Esse estudo de caso mostra mais contratos do que o necessário por razões didáticas. Na prática, a maioria dos detalhes que eles registram são obviamente dedutíveis do texto do caso de uso. Entretanto, "óbvio" é um conceito muito escorregadio!

11.8 Diretriz: como criar e redigir contratos

Siga os seguintes conselhos ao criar contratos:

1. Identifique as operações do sistema a partir dos DSSs.
2. Para as operações do sistema complexas e talvez sutis em seus resultados ou que não estão claras no caso de uso, construa um contrato.
3. Para descrever pós-condições, use as seguintes categorias:
    - instâncias criadas e excluídas
    - atributos modificados
    - associações formadas e desfeitas

Redação de contratos

- Conforme mencionado, escreva as pós-condições de forma declarativa, no pretérito perfeito (*foi...*) para enfatizar a *observação* de uma modificação de estado, não de um projeto sobre como ela será alcançada. Por exemplo:
    - (melhor) Uma *LinhaDeItemDeVenda* **foi** criada.
    - (pior) Crie uma *LinhaDeItemDeVenda*.
- Lembre-se de estabelecer uma associação entre objetos existentes ou recém-criados. Por exemplo, não é suficiente que uma nova instância de *LinhaDeItemDeVenda* seja criada quando a operação *entrarItem* ocorre. Depois que a operação foi completada, também deve ser verdade que a instância recém-criada esteja associada com *Venda*; assim:
    - A *LinhaDeItemDeVenda* foi associada à *Venda* (associação formada).

Qual é o erro mais comum?

O problema mais comum é esquecer de incluir a *formação de associações*. Quando novas instâncias são criadas, é muito provável que associações com vários objetos precisem ser estabelecidas. Não se esqueça!

11.9 Exemplo: contratos PDV ProxGer

Operações de sistema do caso de uso Processar Venda

Contrato CO1: criarNovaVenda

Operação:	criarNovaVenda()
Referências Cruzadas:	Casos de Uso: Processar Venda
Pré-Condições:	Nenhuma.
Pós-Condições:	– Foi criada uma instância v de Venda (criação de instância).
	– v foi associada com Registradora (associação formada).
	– Os atributos de v foram iniciados.

Observe a descrição vaga na última pós-condição. Se for suficiente para ser entendida, tudo bem.

Em um projeto, todas essas pós-condições particulares são tão óbvias pelo caso de uso que o contrato para *criarNovaVenda* provavelmente não deve ser redigido.

Lembre-se de um dos princípios de processos saudáveis e do uso do PU: mantenha-o o mais leve possível e evite criar todos os artefatos, a menos que eles realmente acrescentem valor.

Contrato CO2: entrarItem

Operação:	entrarItem(idItem: IdItem, qtdade: inteiro)
Referências Cruzadas:	Casos de Uso: Processar Venda
Pré-Condições:	Existe uma venda em andamento.
Pós-Condições:	– Foi criada uma instância liv da LinhaDeItemDeVenda (criação de instância).
	– liv foi associada com a venda corrente (associação formada).
	– liv.quantidade tornou-se quantidade (modificação de atributo).
	– liv foi associada a uma DescriçãoDoProduto com base na correspondência do idItem (associação formada).

Contrato CO3: finalizarVenda

Operação:	finalizarVenda()
Referências Cruzadas:	Casos de Uso: Processar Venda
Pré-Condições:	Existe uma venda em andamento.
Pós-Condições	– Venda.estáCompleta tornou-se verdadeira (modificação de atributo).

Contrato CO4: fazerPagamento

Operação:	fazerPagamento(quantia: Moeda)
Referências Cruzadas:	Casos de Uso: Processar Venda
Pré-Condições:	Existe uma venda em andamento.
Pós-Condições	– Foi criada uma instância p de Pagamento (criação de instância). – p.quantiaFornecida tornou-se quantia (modificação de atributo). – p foi associada com a Venda corrente (associação formada). – A Venda corrente foi associada com a Loja (associação formada); (para acrescentá-la ao registro histórico de vendas completadas).

Modificações no modelo de domínio PDV

Existe pelo menos um ponto sugerido por esses contratos que ainda não está representado no modelo de domínio: o término da entrada de itens para a venda. A especificação *finalizarVenda* modifica isso e é provavelmente uma boa idéia, durante o trabalho de projeto, fazer a operação *fazerPagamento* testá-lo para evitar pagamentos até que uma venda seja completada (o que quer dizer que não há mais itens a adicionar).

Uma maneira de representar essa informação é com um atributo *estáCompleta* em *Venda*:

Venda
estáCompleta: Boolean dataHora

Existem alternativas que devem ser consideradas especialmente durante o trabalho de projeto. Uma técnica é chamada **padrão Estado (State)**. Outra é o uso de objetos "sessão", que rastreiam o estado de uma sessão, não permitindo operações fora de ordem; isso também será explorado adiante.

11.10 Exemplo: contratos do Banco Imobiliário

Vou usar esse estudo de caso para enfatizar que muitos artefatos de análise não são sempre necessários, inclusive contratos. O PU incentiva *evitar* criar um artefato a menos que ele se destine a um risco ou resolva um problema real. Pessoas que conhecem as regras do jogo da experiência quando criança ou adolescente (a maioria das pessoas, parece) podem implementá-lo sem ter que consultar muitos detalhes escritos.

11.11 Aplicação de UML: operações, contratos e a OCL

Quais são os relacionamentos entre contratos neste capítulo e a UML?

A UML formalmente define **operações**. Para citar:

> Uma operação é uma especificação de uma transformação ou consulta que um objeto pode ser chamado para executar [RJB99].

Por exemplo, os elementos de uma interface são operações em termos UML. Uma operação é uma abstração, não uma implementação. Já um **método** (na UML) é a implementação de uma operação. Para citar:

> [Um método é] a implementação de uma operação. Ele especifica o algoritmo ou procedimento associado com uma operação. [OMG03a]

No metamodelo UML, uma operação UML tem uma **assinatura** (nome e parâmetros) e, mais importante nesse contexto, está associada a um conjunto de restrições de objetos UML classificadas como pré e pós-condições que especificam a semântica da operação.

Para resumir: a UML define a semântica da operação por meio de restrições especificáveis no estilo de pré e pós-condições. Note que, como enfatizado neste capítulo, uma especificação de uma operação UML *não* pode mostrar um algoritmo ou solução, mas apenas as modificações de estado ou os efeitos da operação.

Além de usar contratos para especificar operações públicas de todo o *Sistema* (isto é, operações do *sistema*), os contratos podem ser aplicados a operações em qualquer nível de granularidade: às operações públicas (ou interface) de um subsistema, a um componente, a uma classe abstrata, etc. Por exemplo, operações podem ser definidas para uma única classe de software, como *Pilha*. As operações de granularidade grossa discutidas neste capítulo pertencem a uma classe *Sistema*, representando o sistema total como um componente caixa-preta, mas, na UML, operações podem pertencer a qualquer classe ou interface, todas com pré e pós-condições.

Contratos de operações expressos com a OCL

O formato de pré e pós-condição neste capítulo é linguagem natural informal – perfeitamente aceitável na UML e desejável para ser facilmente entedido.

Mas, também associada à UML, existe uma linguagem formal e rigorosa chamada *Object Constraint Language* (**OCL**) [WK99], que pode ser usada para expressar restrições de operações UML.

Diretriz

A menos que haja uma boa razão prática para exigir que o pessoal aprenda e use a OCL, mantenha a simplicidade e use linguagem natural. Embora eu esteja certo de que há aplicações reais – e úteis –, nunca vi um projeto que usou OCL, embora visite muitos clientes e projetos.

A OCL define um formato oficial para especificar pré e pós-condições para operações, como mostrado neste fragmento:

```
System::criarNovaVenda( )
    pre: <comandos em OCL>
    post: ...
```

Mais detalhes da OCL estão fora do escopo desta introdução.

11.12 Processo: contratos de operações no PU

Um contrato com pré e pós-condições é um estilo bem conhecido de especificar uma operação na UML. Na UML, existem muitos níveis de operações, desde *Sistema* até classes de granularidade fina, como *Venda*. Os contratos de operações no nível de *Sistema* são parte do Modelo de Casos de Uso, embora não fossem formalmente destacados na documentação original do RUP ou do PU; a sua inclusão nesse modelo foi verificada em conjunto com os autores do RUP.[1]

Fases

Concepção – Contratos não são justificados durante a concepção – eles são detalhados demais.

Elaboração – Caso os contratos sejam usados, a maioria será redigida durante a elaboração, quando a maior parte dos casos de uso também é redigida. Somente redija contratos para as operações de sistema mais complexas e sutis.

11.13 Histórico

Os contratos de operação surgiram na área de especificações formais em ciência da computação, originalmente do engenhoso Tony Hoare. Hoare estava trabalhando na

---

[1] Comunicação particular.

indústria em meados da década de 1960 para desenvolver um compilador ALGOL 60 e leu Bertrand Russell, *Introduction to Mathematical Philosophy*, que apresentou a ele a idéia da teoria axiomática e asserções. Ele constatou que programas de computador podem ser expressos com asserções (pré e pós-condições) relativas aos resultados esperados no lançamento e no término de um programa. Em 1968, ele se uniu à academia e sua idéia se expandiu, juntamente com outras teorias de pesquisadores de especificações formais.

Em 1974, no Laboratório da IBM em Viena, um compilador PL/1 estava sendo desenvolvido e os pesquisadores desejavam uma especificação formal não ambígua da linguagem. Em decorrência dessa necessidade, a VDL –*Vienna Definition Language* – foi criada por Peter Lucas. A VDL emprestou a forma de asserções de pré e pós-condição inicialmente explorada por Hoare e Russel. A VDL posteriormente evoluiu para a linguagem usada no *Vienna Definition Method* (**VDM**), um método que aplica especificação formal em contratos de operação e teoria rigorosa de prova [BJ78].

Nos anos 1980, Bertrand Meyer – não surpreendemente outro escritor de compiladores (para a linguagem OO Eiffel) – começou a promover o uso de asserções de pré e pós-condições como elementos de primeira classe na sua linguagem Eiffel para ser aplicada à A/POO. Ele contribuiu fortemente para uma percepção muito mais ampla de especificações formais e contratos de operação em seu popular livro *Object-Oriented Software Construction*, em que também propôs a abordagem como um método chamado de **Projeto por contrato** (*Design by Contract* – DBC). Em DBC, contratos são escritos para operações de fina granularidade de classes de software, não especificamente as operações públicas do "sistema" global. Além disso, DBC promove uma seção *invariante*, comum nas especificações de contrato. Invariantes definem elementos que não devem mudar de estado antes e depois de a operação ser executada. Invariantes não foram usadas neste capítulo por causa da simplicidade.

No início dos anos 1990, Grady Booch discutiu brevemente a aplicação de contratos em operações de objetos em seu **Método de Booch**. Também Derek Coleman e colegas do Laboratório da HP emprestaram a idéia de contratos de operação e aplicaram-na em AOO e modelagem de domínio, tornando-os parte do influente **método Fusion** para A/POO [Coleman+94].

Linguagem de Programação como Apoio para Contratos

Algumas linguagens, como Eiffel, têm apoio de primeira classe para invariantes e pré e pós-condições. Usando atributos, *tags* Javadoc, ou pré compiladores, facilidades análogas podem ser fornecidas em Java e C#, por exemplo.

11.14 Leituras recomendadas

Muitos exemplos de contratos de operação de sistemas OO podem ser encontrados em *Object-Oriented Development: The Fusion Method*, de Coleman, et al. *Object-Oriented Software Construction*, de Meyer, mostra muitos exemplos de contrato para programas em Eiffel. Na UML, os contratos de operação também podem ser especificados de forma mais rigorosa pela *Object Constraint Language* (OCL), sobre a qual o livro *The Object Constraint Language: Precise Modeling with UML,* de Warmer e Kleppe, é recomendado.

Capítulo

12

DOS REQUISITOS PARA O PROJETO – ITERATIVAMENTE

Hardware, subst.: as partes de um sistema de computador que podem ser chutadas.
— *anônimo*

Objetivos

- Motivar rapidamente a transição para as atividades de projeto.
- Contrastar a importância das habilidades de projeto de objetos *versus* o conhecimento da notação UML.

Introdução

Até o presente momento, estudos de caso têm enfatizado a análise dos requisitos e objetos. Seguindo as diretrizes do PU, talvez 10% dos requisitos sejam investigados na concepção, e uma investigação um pouco mais profunda tem início na primeira iteração da elaboração. Os próximos capítulos mudam a ênfase para o projeto de uma solução para essa iteração em termos de objetos de software que colaboram entre si.

O que vem a seguir? Explorados os contratos de operação, este capítulo conclui o trabalho de análise e resume a transição para o projeto, ciclo que se repete a cada iteração. O capítulo seguinte introduz uma arquitetura de projeto lógico para os estudos de caso, com base no padrão de Camadas.

Diagramas de Seqüência do Sistema → Contratos de Operação → Dos Requisitos para o Projeto – Iterativamente → Arquitetura Lógica → Projeto de Objetos

12.1 Fazer a coisa certa, fazer certo a coisa, iterativamente

Os requisitos e a análise orientada a objetos focalizaram o aprendizado em *fazer a coisa certa*, isto é, entender alguns dos objetivos mais importantes dos estudos de caso e regras e restrições relacionadas. Em contraposição, o trabalho de projeto seguinte estará concentrado em *fazer certo a coisa*, isto é, projetar de maneira competente uma solução para satisfazer os requisitos dessa iteração.

No desenvolvimento iterativo, em cada iteração ocorre a transição de um foco direcionado principalmente aos requisitos e à análise para um foco direcionado principalmente ao projeto e à implementação. As iterações iniciais vão empregar relativamente mais tempo em atividades de análise. À medida que a visão e as especificações começam a se estabilizar com base na programação, teste e realimentação iniciais, nas iterações posteriores é comum que a análise diminua; há maior foco em apenas construir a solução.

12.2 Provocação das modificações iniciais

É natural e saudável descobrir e modificar alguns requisitos durante o trabalho de projeto e implementação, especialmente nas iterações iniciais. Métodos iterativos e evolutivos "acolhem modificações" – embora tentemos provocar essa modificação inevitável nas iterações *iniciais*, de modo que tenhamos um objetivo mais estável (e orçamento e cronograma) para as iterações finais. Programação, teste e demos iniciais ajudam a *provocar* as inevitáveis modificações logo no começo. Lembre! Essa idéia simples é fundamental para entender por que o desenvolvimento iterativo funciona.

A descoberta de que especificações mudam vai tanto esclarecer o objetivo do trabalho de projeto desta iteração quanto refinar o entendimento dos requisitos para as iterações futuras. Ao longo dessas primeiras iterações de elaboração, a descoberta de requisitos deve se estabilizar, de modo que ao final da elaboração talvez 80% dos requisitos estejam definidos de maneira segura – definidos e refinados como resultado de realimentação, programação e teste iniciais, em vez de especulação, como ocorre em um método em cascata.

12.3 Toda aquela análise e modelagem não demorou semanas para ser feita?

Após muitos capítulos de discussão detalhada, com certeza parece que a modelagem prévia exigiu semanas de trabalho. Não é bem assim. Quando nos sentimos à vontade na redação de casos de uso, de modelagem de domínio, etc., toda a modelagem examinada até aqui, para ser realista, dura *poucas* horas ou dias.

Entretanto, isso não significa que se passaram poucos dias desde o início do projeto. Muitas outras atividades, como a programação para demonstração de conceitos, a busca de recursos (pessoas, software, etc.), o planejamento, a preparação do ambiente, etc., podem consumir algumas semanas de preparação.

Capítulo 13

Arquitetura Lógica e Diagrama de Pacotes UML

0x2B | ~0x2B.
– Hamlet

Objetivos

- Introduzir uma arquitetura lógica usando camadas.
- Ilustrar a arquitetura lógica usando diagramas de pacotes UML.

Introdução

Primeiro, para estabelecer o nível de expectativa: esta é uma *introdução* muito breve do tópico de arquitetura lógica, um tópico razoavelmente grande. Aprenda mais a partir da pág. 560.

Agora que fizemos a transição do trabalho orientado à análise para o projeto de software, vamos começar em larga escala. Neste nível, o projeto de um sistema OO típico é baseado em várias camadas arquiteturais, tais como uma camada de IU, uma camada de aplicação lógica (ou "domínio"), etc. Este capítulo explora resumidamente uma camada lógica de arquitetura e a notação UML relacionada.

O que vem a seguir? Feita a transição para o projeto desta iteração, este capítulo introduz uma arquitetura lógica de projeto. O capítulo seguinte resume o projeto de objetos, modelagem estática e dinâmica e a importância relativa da capacidade de projeto sobre a habilidade com a notação UML.

Contratos de Operação → Dos Requisitos para o Projeto – Iterativamente → **Arquitetura Lógica** → Projeto de Objetos → Diagramas de Interação UML

A influência de artefatos de PU, enfatizando a arquitetura lógica (AL), é mostrada na Figura 13.1. Diagramas de pacotes UML podem ilustrar a AL como parte do modelo de projeto – e também ser resumidos como uma visão no Documento de Arquitetura do Software. A principal entrada são as forças arquiteturais captadas na Especificação Suplementar. A AL define os pacotes dentro dos quais as classes do software são definidas.

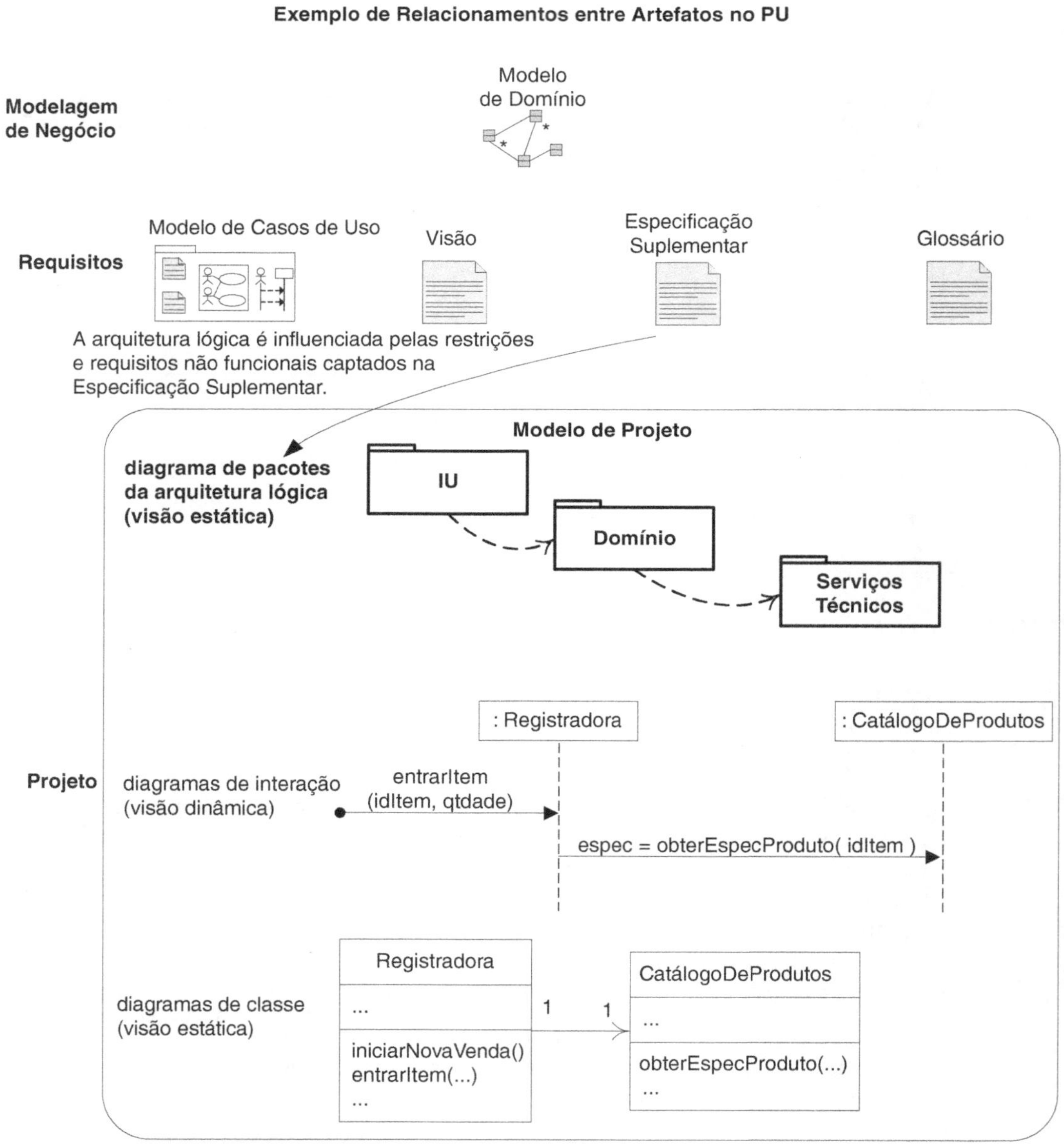

Exemplo de Relacionamentos entre Artefatos no PU

Modelagem de Negócio
- Modelo de Domínio

Requisitos
- Modelo de Casos de Uso
- Visão
- Especificação Suplementar
- Glossário

A arquitetura lógica é influenciada pelas restrições e requisitos não funcionais captados na Especificação Suplementar.

Projeto

Modelo de Projeto

diagrama de pacotes da arquitetura lógica (visão estática)
- IU
- Domínio
- Serviços Técnicos

diagramas de interação (visão dinâmica)
- : Registradora
- : CatálogoDeProdutos
- entrarItem(idItem, qtdade)
- espec = obterEspecProduto(idItem)

diagramas de classe (visão estática)

Registradora
...
iniciarNovaVenda()
entrarItem(...)
...

CatálogoDeProdutos
...
obterEspecProduto(...)
...

1 1

Figura 13.1 Amostra da influência de artefatos do PU.

13.1 Exemplo

A Figura 13.2 mostra uma arquitetura lógica em camadas parcial desenhada com a notação de **diagrama de pacotes** UML.

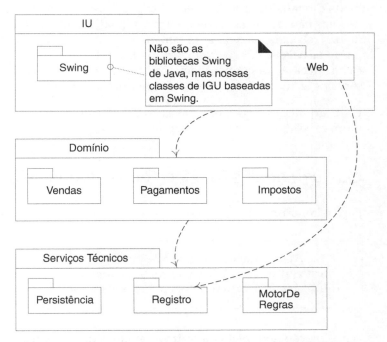

Figura 13.2 Camadas mostradas com notação de diagrama de pacotes UML.

13.2 Qual é a arquitetura lógica? E as camadas?

A **arquitetura lógica** é a organização em larga escala das classes de software em pacotes (ou espaços de nomes), subsistemas e camadas. É chamada de arquitetura *lógica* porque não há decisão sobre como esses elementos são implantados pelos diferentes processos do sistema operacional ou pelos computadores físicos em uma rede (essas decisões posteriores são parte da **arquitetura de implantação**).

Uma **camada** é um agrupamento de granularidade muito grossa de classes, pacotes ou subsistemas que tem responsabilidade coesiva sobre um tópico importante do sistema. Também, as camadas são organizadas de modo que as "mais altas" (como a camada de IU) solicitem serviços das "mais baixas" mas normalmente não vice-versa. Camadas em um sistema OO incluem:

- **Interface com o Usuário**
- **Lógica da Aplicação e Objetos do Domínio** – objetos de software representando conceitos do domínio (por exemplo, uma classe de software *Venda*) que satisfazem requisitos da aplicação, como calcular um total de venda.

- **Serviços Técnicos** – objetos de propósito geral e subsistemas que fornecem serviços técnicos de apoio, como interfaceamento com um banco de dados ou registro de erros. Esses serviços geralmente são independentes da aplicação e reusáveis entre diversos sistemas.

Em uma **arquitetura em camadas estrita**, uma camada apenas solicita serviços da camada diretamente inferior a ela. Esse projeto é comum em pilhas de protocolo de rede, mas não em sistemas de informação, que costumam ter uma **arquitetura em camadas relaxada**, na qual uma camada mais alta solicita informações de várias camadas mais baixas. Por exemplo, a camada de IU pode solicitar da sua camada de lógica da aplicação diretamente subordinada e também de elementos de uma camada de serviços técnicos mais baixa para registro, e assim por diante.

Uma arquitetura lógica não precisa ser organizada em camadas, mas isso é *muito* comum e, portanto, abordado a seguir.

13.3 Que camadas são o foco dos estudos de caso?

Estudos de caso (pág. 69)

Para reiterar um ponto estabelecido quando os estudos de caso foram introduzidos:

> Apesar da tecnologia OO poder ser aplicada em todos os níveis, esta introdução à A/POO enfoca *a camada de lógica da aplicação principal* (ou "*domínio*"), com um pouco de discussão secundária das outras camadas.

A exploração do projeto das outras camadas (por exemplo, a camada de IU) vai enfocar o projeto de sua interface com a camada de lógica da aplicação.

A discussão na pág. 69 explica, resumidamente, porque as outras camadas tendem a ser muito dependentes da tecnologia (por exemplo, muito específicas de Java ou .NET) e, em qualquer caso, as lições de projeto OO aprendidas no contexto da camada de lógica da aplicação (domínio) são aplicáveis a todas as outras camadas ou componentes.

13.4 O que é arquitetura do software?

Mencionei as arquiteturas lógica e de implantação, assim, agora é uma boa hora para introduzir uma definição de **arquitetura do software**. Eis uma delas:

> Uma arquitetura é um conjunto de decisões significativas sobre a organização de um sistema de software, a seleção dos elementos estruturais e suas interfaces pelas quais o sistema é composto, juntamente com seu comportamento, como especificado nas colaborações entre esses elementos, a composição desses elementos estruturais e comportamentais em subsistemas progressivamente maiores, e o estilo arquitetural que dirige essa organização – esses elementos e suas interfaces, suas colaborações e sua composição. [BRJ99]

Independentemente da definição (e há muitas), o tema comum a todas as definições de arquitetura de software é o de que ela tem a ver com a grande escala – as Grandes Idéias nas motivações, restrições, organização, padrões, responsabilidades e conexões de um sistema (ou sistema de sistemas).

13.5 Aplicação de UML: diagramas de pacotes

Diagramas de pacotes UML freqüentemente são usados para ilustrar a arquitetura lógica de um sistema – as camadas, subsistemas, pacotes (no significado de Java), etc. Uma camada pode ser modelada como um pacote UML; por exemplo, a camada de IU modelada como um pacote denominado IU.

Um diagrama de pacotes UML fornece um modo de agrupar elementos. Um pacote UML pode agrupar qualquer coisa: classes, outros pacotes, casos de uso, etc. Aninhar pacotes é muito comum. Um pacote UML é um conceito mais geral do que simplesmente um pacote Java ou espaço de nomes .NET, assim, um pacote UML pode representar esses – e muitos outros.

O nome do pacote pode ser colocado na orelha se o pacote mostrar membros internos, ou na pasta principal, se não for o caso.

É comum desejar mostrar dependência (acoplamento) entre pacotes, de modo que os desenvolvedores possam ver o acoplamento em larga escala do sistema. A **linha de dependência** UML é usada para isso, uma linha tracejada com seta em que a seta aponta para o pacote dependente.

Um pacote UML representa um **espaço de nomes** de modo que, por exemplo, uma classe *Data* pode ser definida em dois pacotes. Se você precisa fornecer **nomes plenamente qualificados**, a notação UML é, por exemplo, *java::util::Data*, para o caso em que há um pacote externo chamado "java" com um pacote aninhado chamado "util" contendo uma classe Data.

A UML fornece notações alternativas para ilustrar pacotes aninhados externos e internos. Algumas vezes fica estranho desenhar uma caixa de pacote externo em volta do pacote interno. Alternativas são mostradas na Fig. 13.3.

Ferramentas UML: fazer engenharia reversa para obter diagramas de pacotes a partir do código

Durante o início do desenvolvimento, podemos rascunhar um diagrama de pacotes UML e depois organizar nosso código de acordo com esses rascunhos de pacotes. Com o passar do tempo, a base de código aumenta e gastamos mais tempo programando e menos modelando ou fazendo diagramas UML. Nesse ponto, um excelente uso para uma ferramenta CASE UML é fazer a engenharia reversa do código fonte e gerar um diagrama de pacotes automaticamente.

Essa prática é aperfeiçoada se usarmos as convenções de denominação da pág. 226 sugeridas para pacotes de código.

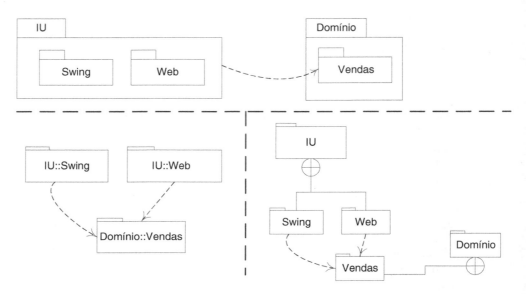

Figura 13.3 Abordagens alternativas UML para mostrar aninhamento de pacotes usando pacotes embutidos, nomes UML plenamente qualificados e o símbolo círculo-cruz.

13.6 Diretriz: projeto em camadas

As idéias essenciais de usar camadas [BMRSS96] são simples:

- Organizar a estrutura lógica de larga escala de um sistema em camadas discretas de responsabilidades distintas relacionadas, com uma separação clara e coesa de interesses, de modo que as camadas "inferiores" sejam de baixo nível e serviços gerais e camadas superiores sejam mais específicas da aplicação.

- Colaboração e acoplamento ocorrem das camadas superiores para as inferiores; um acoplamento das camadas inferiores para as superiores é evitado.

Alguns outros tópicos de projeto são abordados posteriormente, começando nas pág. 560. A idéia é descrita por meio do **Padrão de Camadas** [BMRSS96] e produz uma **arquitetura em camadas**. Ele tem sido aplicado e tem se escrito sobre ele com tanta freqüência como um padrão que o *Pattern Almanac 2000* [Rising00] lista mais de 100 padrões que são variantes do ou relacionados ao padrão de Camadas.

Usar camadas ajuda a tratar diversos problemas:

- Modificações do código fonte se espalham por todo o sistema – muitas partes do sistema são altamente acopladas.

- A lógica da aplicação está entrelaçada com a interface com o usuário, de modo que não pode ser reusada com uma interface diferente ou distribuída para outro nó de processamento.

- Serviços técnicos potencialmente gerais ou lógica de negócios estão entrelaçados com lógica mais específica da aplicação, de modo que não podem ser reusados, distribuídos para outro nó ou facilmente substituídos por uma implementação diferente.

- Existe alto acoplamento entre diferentes áreas de interesse. Assim, fica difícil dividir o trabalho com fronteiras claras entre diferentes desenvolvedores.

A finalidade e o número de camadas varia entre aplicações e domínios de aplicação (sistemas de informação, sistemas operacionais, etc.). Aplicadas a sistemas de informação, camadas típicas são ilustradas e explicadas na Figura 13.4.

A camada de *Aplicação* da Figura 13.4 é discutida nas págs. 567-568.

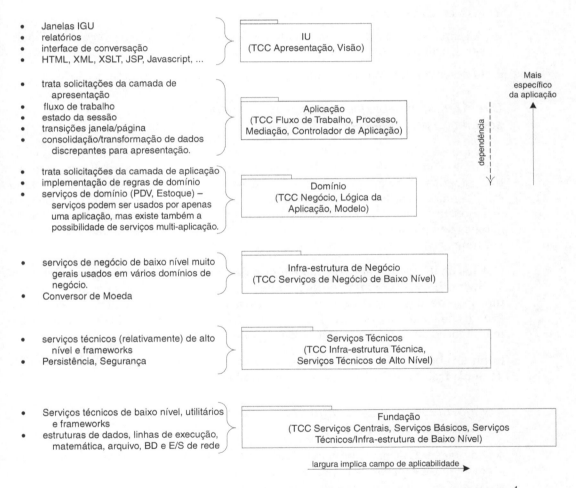

Figura 13.4 Camadas comuns na arquitetura lógica de um sistema de informação.[1]

---

[1] A largura do pacote é usada para informar o campo de aplicabilidade nesse diagrama, mas essa não é uma prática geral da UML. TCC significa Também Conhecida Como (*Also Known As* – AKA).

Benefícios do uso de camadas

- Em geral, existe uma separação de interesses, uma separação de serviços de alto para baixo nível e uma separação de serviços de aplicação gerais para específicos. Isso reduz o acoplamento e as dependências, melhora a coesão, aumenta o potencial de reuso e aumenta a clareza.

- A complexidade relacionada é encapsulada e decomponível.

- Algumas camadas podem ser substituídas por nova implementação. Isso é geralmente impossível para as camadas de Serviço Técnico de baixo nível ou Fundação (por ex, *Java.util*), mas pode ser possível para as camadas de IU, Aplicação e Domínio.

- As camadas inferiores contêm funções reusáveis.

- Algumas camadas (principalmente de Domínio e de Serviços Técnicos) podem ser distribuídas.

- O desenvolvimento em equipes é facilitado por causa da segmentação lógica.

Diretriz: responsabilidades coesivas; mantenha uma separação de interesses

As responsabilidades dos objetos em uma camada devem estar fortemente relacionadas umas com as outras e não devem ser misturadas com responsabilidades de outras camadas. Por exemplo, objetos da camada IU devem estar focados no trabalho de IU, como a criação de janelas e dispositivos, captação de eventos do mouse e do teclado, etc. Objetos da camada de lógica da aplicação ou "domínio" devem enfocar a lógica da aplicação, por exemplo, calcular um total de venda ou impostos ou mover uma peça em um tabuleiro de jogo.

Alta coesão (págs. 329-330)

Modelo-visão (págs. 229-231)

Objetos de IU não devem executar a lógica da aplicação. Por exemplo, um objeto Java Swing *JFrame* (janela) não deve conter lógica para calcular impostos ou mover uma peça de jogo. E, por outro lado, classes da lógica da aplicação não devem captar eventos de IU, mouse ou teclado. Isso violaria uma clara **separação de interesses** e a manutenção de uma **alta coesão** – princípios arquiteturais básicos.

Capítulos posteriores vão explorar esses importantes princípios, além do **Princípio de Separação Modelo-Visão**, com mais detalhes.

Código: mapeamento da organização do código para camadas e pacotes UML

As linguagens OO mais populares (Java, C#, C++, Python,...) fornecem apoio a pacotes (chamados espaços de nomes em C# e C++).

Aqui está um exemplo, usando Java, para mapear pacotes UML para o código. As camadas e pacotes ilustrados na Figura 13.2 podem ser mapeados para nomes de pacotes Java como mostrado a seguir. Note que o nome da camada é usado como uma seção do nome de pacote Java.

```
// --- Camada de IU

com.minhaempresa.proxger.iu.swing
com.minhaempresa.proxger.iu.web

// --- Camada de DOMÍNIO
    // pacotes específicos para o projeto ProxGer
com.minhaempresa.proxger.dominio.vendas
com.minhaempresa.proxger.dominio.pagamentos

// --- Camada de SERVIÇOS TÉCNICOS

    // nossa camada de acesso de persistência (banco de dados)
    // desenvolvida internamente
com.minhaempresa.servico.persistencia

    // terceirizado
org.apache.log4j
org.apache.soap.rpc

// --- Camada de FUNDAÇÃO

    // pacotes de fundação que nossa equipe cria
com.minhaempresa.utils
```

Note que, para apoiar reuso entre projetos, evitamos usar um qualificador específico da aplicação ("proxger") no nome do pacote, a menos que seja necessário. Os pacotes de IU são relacionados à aplicação PDV ProxGer, assim, são qualificados com o nome da aplicação *com.minhaempresa.proxger.iu**. Mas os utilitários que escrevemos poderiam ser compartilhados entre vários projetos, assim, o nome do pacote é *com.minhaempresa.utils* e não *com.minhaempresa.proxger.utils*.

Ferramentas UML: fazer engenharia reversa para obter diagramas de pacotes a partir do código

Como já mencionado, um excelente uso para uma ferramenta CASE UML é fazer a engenharia reversa do código fonte e gerar um diagrama de pacotes automaticamente. Essa prática é aperfeiçoada se você usa no código as convenções de denominação recomendadas. Por exemplo, incluindo o nome parcial ".iu." em todos os pacotes da camada de IU, a ferramenta CASE UML vai automaticamente agrupar e aninhar subpacotes sob um pacote "iu" e você poderá ver a arquitetura em camadas tanto no código quanto no diagrama de pacotes.

Definição: Camada de Domínio vs *Camada da Lógica da Aplicação; Objetos de Domínio*

> Esta seção descreve um conceito simples,
> mas muito importante em projeto OO!

Um sistema de software típico tem lógica da IU e lógica da aplicação, como a criação de um dispositivo de IGU e cálculos de impostos. Eis uma questão-chave:

> Como projetamos a lógica da aplicação com objetos?

Poderíamos criar uma classe chamada *XYZ* e colocar nela todos os métodos para toda a lógica necessária. Isso poderia funcionar tecnicamente (apesar de ser um pesadelo para entender e manter), mas não é a abordagem recomendada pelo raciocínio OO.

Então, qual é a abordagem recomendada? Resposta: criar objetos de software com nomes e informação semelhantes ao domínio do mundo real e atribuir responsabilidades da lógica da aplicação a eles. Por exemplo, no mundo real de PDV há vendas e pagamentos. Assim, no software criamos as classes *Venda* e *Pagamento* e lhes damos responsabilidades da lógica da aplicação. Essa espécie de objeto de software é chamada de **objeto de domínio**. Representa uma coisa no espaço do domínio do problema e tem lógica relacionada de aplicação ou de negócio, por exemplo, um objeto *Venda* sendo capaz de calcular o seu total.

Projetar objetos desse modo implica que a camada de lógica da aplicação seja mais precisamente chamada de **camada de domínio** da arquitetura – a camada que contém objetos de domínio para tratar do trabalho da lógica da aplicação.

Qual é o relacionamento entre a camada de domínio e o modelo de domínio?

Esse é um outro ponto-chave: há um relacionamento entre o modelo de domínio e a camada de domínio. Olhamos para o modelo de domínio (que é a visualização dos conceitos importantes do domínio) para ter inspiração quanto aos nomes das classes na camada de domínio. Veja a Figura 13.5.

A camada de domínio é parte do software e o modelo de domínio é parte da análise da perspectiva-conceitual – eles não são a mesma coisa. Mas, ao criar a camada de domínio com inspiração no modelo de domínio, alcançamos um **baixo hiato representacional** entre o domínio do mundo real e o nosso projeto de software. Por exemplo, uma *Venda* no Modelo de Domínio do PU ajuda a nos inspirar quanto à criação de uma classe de software *Venda* na camada de domínio do Modelo de Projeto do PU.

Definição: fileiras, camadas e partições

A noção original de uma **fileira** (tier) em arquitetura era uma camada lógica, não um nó físico, mas a palavra tornou-se amplamente usada para um nó de processamento físico (ou um grupo de nós), por exemplo, o "nó cliente" (o computador cliente). Este livro vai evitar o termo em prol da clareza, mas tenha isso em mente quando estudar a literatura sobre arquitetura.

As **camadas** de uma arquitetura são usadas para representar as fatias verticais, enquanto que **partições** representam uma divisão horizontal de subsistemas relativamente paralelos de uma camada. Por exemplo, a camada de *Serviços Técnicos* pode ser dividida em partições como *Segurança* e *Relatórios* (Figura 13.6).

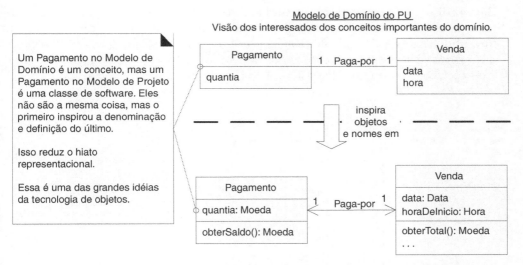

Figura 13.5 Relacionamento entre a camada de domínio e o modelo de domínio.

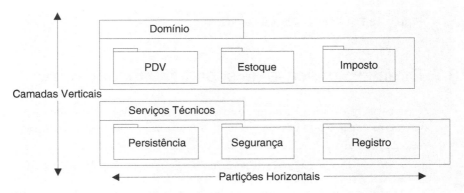

Figura 13.6 Camadas e Partições.

Diretriz: não mostre recursos externos como a camada inferior

A maioria dos sistemas depende de recursos ou serviços externos, tais como de um banco de dados de estoque em MySQL e um serviço de denominação e diretório LDPA Novell. Esses são componentes *físicos* de implementação, não uma camada na arquitetura *lógica*.

Mostrar recursos externos, como um banco de dados específico em uma camada "abaixo" da camada de Fundação (por exemplo) mistura a visão lógica e a visão de implantação da arquitetura.

Em vez disso, em termos de arquitetura lógica e suas camadas, o acesso a um conjunto particular de dados persistentes (tais como dados de estoque) pode ser visto como um subdomínio da Camada de *Domínio* – o subdomínio *Estoque*. E os serviços gerais que fornecem acesso a bancos de dados podem ser vistos como uma partição do Serviço Técnico – o serviço de Persistência. Veja a Figura 13.7.

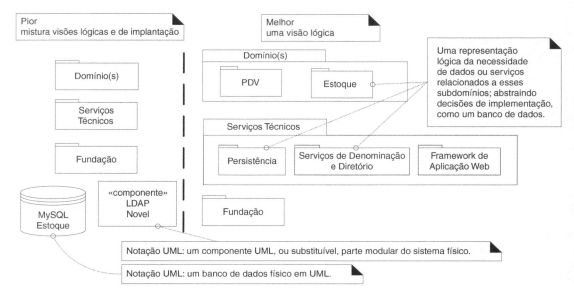

Figura 13.7 Visões mistas da arquitetura.

13.7 Diretriz: o princípio da separação modelo-visão

Que espécie de visibilidade deveria haver entre outros pacotes e a camada da IU? Como as classes que não são janelas deveriam se comunicar com as janelas?

> *Diretriz: Princípio da Separação Modelo-Visão*
>
> O princípio tem no mínimo duas partes:
>
> 1. Não conecte ou acople objetos que não são IU diretamente a objetos de IU. Por exemplo, não faça um objeto de software *Venda* (um objeto do "domínio" não-IU) ter referência a um objeto janela Java Swing *JFrame*. Por quê? Porque as janelas estão relacionadas a uma aplicação em particular, enquanto (idealmente) os objetos não-janela podem ser reusados em novas aplicações ou ligados a uma nova interface.
>
> 2. Não coloque a lógica da aplicação (como um cálculo de imposto) em métodos de objetos de IU. Objetos de IU devem apenas iniciar elementos IU, receber eventos IU (como um clique de mouse em um botão) e delegar solicitações da lógica da aplicação a objetos não-IU (tais como objetos do domínio).

CAPÍTULO 13 • ARQUITETURA LÓGICA E DIAGRAMA DE PACOTES UML   **231**

Objetos da camada de domínio (págs. 227-228)

Nesse contexto, **modelo** é um sinônimo para objetos da camada de domínio (é um velho termo OO do fim da década de 1970). **Visão** é um sinônimo de objetos de IU, como janelas, páginas Web, applets e relatórios.

O princípio da **Separação Modelo-Visão**[2] estabelece que o modelo de objetos (domínio) não deveria ter conhecimento *direto* dos objetos da visão (IU), pelo menos como objetos de visão. Assim, um objeto *Registradora* ou *Venda,* por exemplo, não deveria enviar diretamente uma mensagem para um objeto janela da IGU *MolduraDeProcessarVenda* pedindo a ele para exibir algo, mudar a cor, fechar, etc.

Observador (págs. 469-470)

Um relaxamento legítimo desse princípio é o padrão Observador, em que os objetos do domínio enviam mensagens aos objetos de IU vistos apenas em termos de uma interface, por exemplo, uma *EscutaDePropriedade* (uma interface Java comum para essa situação). Então o objeto de domínio não sabe que o objeto da IU é um objeto de IU – não sabe qual é sua classe de janela concreta. Ele sabe apenas que o objeto é algo que implementa a interface *EscutaDePropriedade.*

Uma outra parte desse princípio é que as classes de domínio encapsulam a informação e o comportamento relacionados à lógica da aplicação. As classes de janela são relativamente finas; são responsáveis pela entrada e saída e captação de eventos de IGU, mas *não* mantêm dados da aplicação ou fornecem diretamente lógica da aplicação. Por exemplo, uma janela *JFrame* Java *não* deve ter um método que faz o cálculo de imposto. Uma página da Web JSP *não* deve conter lógica para calcular o imposto. Esses elementos de IU devem delegar a elementos não-IU tais responsabilidades.

A motivação da separação Modelo-Visão inclui:

- Apoiar definições coesivas de modelo que enfocam processos do domínio em vez de interfaces do usuário.

- Permitir o desenvolvimento separado das camadas de modelo e interface do usuário.

- Minimizar o impacto das modificações de requisitos da interface sobre a camada de domínio.

- Permitir que novas visões sejam facilmente conectadas a uma camada de domínio existente sem afetar a camada de domínio.

- Permitir visões simultâneas e múltiplas do mesmo modelo de objeto, por exemplo, tanto uma visão tabular quanto de diagrama de negócio da informação de vendas.

- Permitir a execução da camada de modelo independente da camada de interface com o usuário, como em um sistema de processamento de mensagem ou por lote.

- Permitir fácil portabilidade da camada de modelo para outro framework de interface com o usuário.

---

[2] Esse é um princípio-chave do padrão *Modelo-Visão-Controlador (Model-View-Controller* – MVC). MVC foi originalmente um padrão de pequena-escala de Smalltalk-80, e objetos de dados relacionados (modelos), dispositivos da IGU (visões), e manipuladores de eventos do mouse e teclado (controladores). Recentemente, o termo "MVC" foi adotado pela comunidade de projeto distribuído também para o nível arquitetural de larga escala. O Modelo é a Camada de Domínio, a Visão é a Camada de IU e os Controladores são os objetos de fluxo de trabalho da Camada de Aplicação.

13.8 Qual é a conexão entre DSSs, operações do sistema e camadas?

Durante o trabalho de análise, esboçamos alguns DSSs para cenários de casos de uso. Identificamos eventos de entrada de atores externos ao sistema, chamando operações do sistema, como *iniciarNovaVenda* e *entrarItem*.

Os DSSs ilustram essas operações do sistema, mas escondem os objetos específicos de IU. No entanto, normalmente serão os objetos da camada de IU do sistema que captarão essas solicitações de operações do sistema, em geral com um cliente gordo de IGU ou de página da Web.

Em uma arquitetura em camadas bem projetada que apóia alta coesão e separação de interesses, os objetos da camada de IU vão então encaminhar – ou delegar – a solicitação da camada de IU para a camada de domínio fazer o tratamento.

Assim, eis o ponto-chave:

> As mensagens enviadas da camada de IU para a camada de domínio vão ser as mensagens ilustradas nos DSSs, como *entrarItem*.

Por exemplo, em Java Swing talvez uma classe de janela de IGU chamada *MolduraDeProcessarVenda*, da camada de IU, vá captar eventos do mouse e teclado solicitando entrar um item, e depois o objeto *MolduraDeProcessarVenda* irá enviar uma mensagem *entrarItem* para um objeto de software da camada de domínio, por exemplo *Registradora*, para realizar a lógica da aplicação. Veja a Figura 13.8.

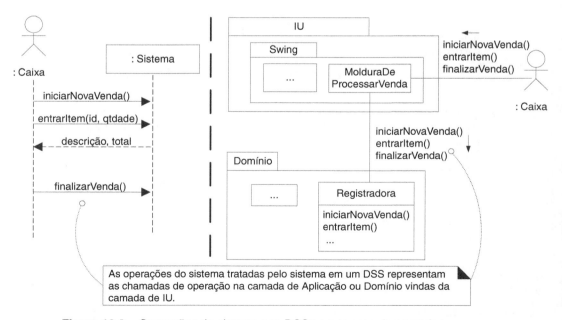

Figura 13.8 Operações do sistema nos DSSs em termos de camadas.

13.9 Exemplo: arquitetura lógica e diagrama de pacotes ProxGer

A Figura 13.2 sugere uma arquitetura lógica simples para essa iteração. As coisas ficam mais interessantes em iterações posteriores; veja vários exemplos da arquitetura lógica e diagramas de pacotes do ProxGer a partir da pág. 560.

13.10 Exemplo: arquitetura lógica do Banco Imobiliário?

A arquitetura do Banco Imobiliário é um projeto simples em camadas – IU, domínio e serviços. Não há nada de novo para ilustrar, assim, o estudo de caso ProxGer é usado para os exemplos arquiteturais.

13.11 Leituras recomendadas

Existe uma riqueza de literatura sobre arquiteturas em camada tanto impressa quanto na Web. Uma série de padrões em *Pattern Languages of Program Design*, volume 1, [CS95] primeiro trata do tópico sobre a forma de padrão, apesar das arquiteturas em camadas terem sido usadas, e sobre elas se têm escrito pelo menos desde a década de 1960; o volume 2 continua com mais padrões relacionados a camadas. *Pattern-Oriented Software Architecture*, volume 1 [BMRSS96], fornece um bom tratamento do padrão Camadas.

Capítulo 14

PROJETO DE OBJETOS

*Eu não gosto dessa palavra "bomba". Não é uma bomba.
É um dispositivo que está explodindo.
– Embaixador Jacques le Blanc sobre "armas" nucleares*

Objetivos

- Entender a modelagem dinâmica e estática de projeto de objetos.
- Experimentar a modelagem ágil ou uma ferramenta CASE UML para desenhar.

Introdução

Como desenvolvedores projetam objetos? Seguem três modos:

1. **Codificar.** Projetar enquanto codifica (Java, C#, etc...), idealmente com ferramentas poderosas, como de **refatoração**. Do modelo mental para o código.

2. **Desenhar, depois codificar.** Desenhar um pouco de UML em um quadro branco ou em uma ferramenta CASE UML, depois passar para o item 1, com um ambiente integrado de desenvolvimento (IDE) forte em texto (por exemplo, Eclipse ou Visual Studio).

3. **Apenas desenhar.** De algum modo, a ferramenta gera tudo a partir de diagramas. Muitos fornecedores de ferramentas acabaram morrendo nas praias dessa ilha íngreme. "Apenas desenhar" é um nome inadequado, pois isso ainda envolve uma linguagem de programação textual ligada a elementos gráficos UML.

O que vem a seguir?   Estruturada a arquitetura lógica em camadas, este capítulo introduz o projeto de objetos. O capítulo seguinte resume a notação dos diagramas de interação UML – uma ferramenta muito útil quando se explora o projeto detalhado de objetos.

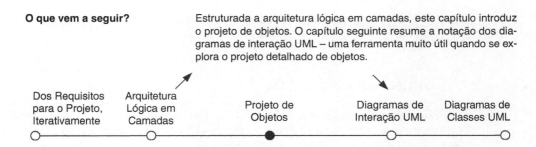

Outras técnicas de projeto (pág. 239)

Sem dúvida, existem outros modos de projetar, com outras "linguagens".[1] Se usarmos *Desenhar, depois codificar* (a abordagem mais popular com UML), a **sobrecarga de desenho** deve valer o esforço. Este capítulo introduz o projeto de objetos e **desenho leve** antes de codificar, sugerindo modos de fazer com que valha a pena.

14.1 Modelagem ágil e desenho leve UML

Modelagem ágil (págs. 57-58)

três modos de aplicar UML (págs. 38-39)

Alguns objetivos da modelagem ágil [Ambler02] são *reduzir sobrecarga de desenho* e *modelar para entender e comunicar*, em vez de para documentar – apesar de documentar ser fácil com fotos digitais. Tente a abordagem simples de modelagem ágil. As práticas incluem o uso de *montes* de quadros brancos (dez em uma sala, não 2) ou folhas especiais de plástico branco de aderência estática (que funcionam como quadros brancos) cobrindo grandes áreas de parede, usando marcadores, câmeras digitais e impressoras para captar "UML como rascunho" – um dos três modos de aplicar UML [Fowler03].

Modelagem ágil inclui também

- **Modelagem com outros.**
- **Criação de vários modelos em paralelo.** Por exemplo, cinco minutos em uma parede de diagramas de interação, depois cinco minutos em uma parede de diagramas de classes relacionados.

De que tamanho é a área na qual você gostaria de desenhar? Com seus olhos e mãos? Quinze por dois metros ou 50 por 40 centímetros (mais próxima do tamanho de um monitor de vídeo)? A maioria das pessoas prefere grande. Mas ferramentas UML baratas de realidade virtual ainda não existem. A alternativa simples é usar muitas folhas brancas de aderência estática (ou quadros brancos), refletindo o princípio ágil do XP: *faça a coisa mais simples que tenha a possibilidade de funcionar.*

Mais dicas:

- É fácil carregar fotos digitais de desenhos em parede em uma **wiki** interna (ver www.twiki.org) que capta sua informação de projeto.
- Marcas populares de folhas de plástico de aderência estática:

---

[1] O que é uma linguagem de próxima geração? Uma Linguagem de Quinta Geração (L5G)? Uma visão é de que é uma que eleva o nível dos símbolos de codificação, de bits para texto para talvez ícones (ou mesmo gestos) empacotando mais funcionalidade em cada símbolo. Outra visão é que uma L5G é mais declarativa e especificadora de objetivo do que procedimental, apesar de L4Gs já exibirem isso.

○ **Na América do Norte** (e ...): Avery Write-On Cling Sheets
○ **Europa:** Legamaster Magic-Chart[2]

14.2 Ferramentas CASE UML

Por favor, não interprete mal minhas sugestões de rascunho em parede e modelagem ágil como se isso implicasse que ferramentas CASE UML também não são úteis. Ambas podem adicionar valor. Essas ferramentas vão de caras a gratuitas e com código aberto, e ano a ano aumentam em utilidade. A cada ano a melhor escolha se modifica, assim, não vou fazer uma sugestão que possa ficar obsoleta, mas...

Diretrizes

- Escolha uma ferramenta CASE UML que se integre com IDEs populares fortes em texto, tais como Eclipse ou Visual Studio.
- Escolha uma ferramenta UML que possa fazer a engenharia reversa (gerar diagramas a partir do código), não apenas diagramas de classe (comuns), mas também diagramas de interação (mais raros, mas muito úteis para entender a estrutura de fluxo de chamadas de um programa).

Muitos desenvolvedores consideram útil codificar por algum tempo no seu IDE favorito, depois apertar um botão, fazer a engenharia reversa do código e ver uma visão gráfica UML geral do seu projeto.

Note também:

Modelagem ágil sobre as paredes e usando uma ferramenta CASE UML integrada com uma IDE forte em texto podem ser complementares. Tente ambas durante diferentes fases da atividade.

14.3 Quanto tempo gastar desenhando UML antes de codificar?

Diretriz

Para uma iteração limitada a três semanas, **gaste algumas horas ou no máximo um dia** (com companheiros), perto do início da iteração, "nas paredes" (ou com uma ferramenta CASE UML) desenhando UML para as partes difíceis e criativas do projeto detalhado de objetos. Depois pare e, se estiver esboçando, tire fotos digitais, imprima as imagens e faça a transição para a codificação durante o resto da iteração, usando os desenhos UML para inspiração como um ponto de partida, mas reconhecendo que o projeto final incorporado ao código vai divergir e ser aperfeiçoado em relação ao inicial. Sessões de desenho/esboço mais curtas podem ocorrer ao longo da iteração.

---

[2] Gosto desse estilo em rolo; torna fácil desenrolar uma folha comprida de plástico aderente.

Se você estiver fazendo modelagem ágil, antes de cada sessão de modelagem subseqüente faça a engenharia reversa da base de código crescente para diagramas UML, imprima-os (talvez em papel grande para plotter) e faça referência a eles durante a sessão de esboço.

14.4 Projeto de objetos: o que são modelagens estática e dinâmica?

Há duas espécies de modelos de objetos: dinâmico e estático. **Modelos dinâmicos**, como diagramas de interação UML (**diagramas de seqüência** ou **diagramas de comunicação**), ajudam a projetar a lógica, o comportamento do código ou o corpo do método. Eles tendem a ser os diagramas mais interessantes, difíceis e importantes de criar. **Modelos estáticos**, como diagramas de classes UML, ajudam a projetar a definição de pacotes, nomes de classes, atributos e assinaturas de métodos (mas não o corpo do método). Veja a Figura 14.1.

Há um relacionamento entre a modelagem estática e dinâmica e a prática de modelagem ágil para *criar modelos em paralelo*: gaste um curto período de tempo com diagramas de interação (dinâmicos), então mude para uma parede de diagramas de classes correspondentes (estáticos).

Modelagem de objetos dinâmica

Pessoas sem experiência em UML tendem a pensar que o diagrama importante é o diagrama de classes de visão estática, mas, na realidade, o trabalho de projeto mais desafiador, interessante e útil acontece ao desenhar diagramas de interação UML com visão dinâmica. É durante a modelagem de objetos dinâmica (por exemplo, ao

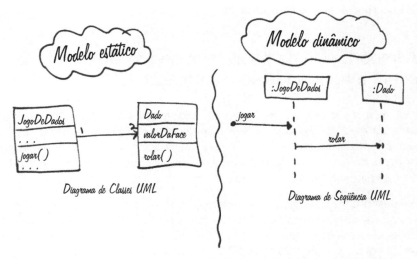

Figura 14.1 Diagramas UML estático e dinâmico para modelagem de objetos.

desenhar diagramas de seqüência) que "cai a ficha" em termos de realmente raciocinar por meio dos detalhes exatos de quais objetos precisam existir e de como colaboram por meio de mensagens e métodos.

Diagramas de interação (pág. 241)

Assim, este livro começa a introduzir a modelagem de objetos dinâmica pelos diagramas de interação.

> *Diretriz*
>
> Empregue um tempo significativo fazendo diagramas de *interação* (diagramas de seqüência ou comunicação), não apenas diagramas de classes.
>
> Ignorar esta diretriz é uma pior-prática muito comum em relação a UML.

PGR e GRASP (págs. 287-288)

Note que é especialmente durante a modelagem dinâmica que aplicamos **Projeto Guiado por Responsabilidades** e os princípios **GRASP**. Os capítulos subseqüentes enfocam esses tópicos-chave do livro – e habilidades-chave em projeto OO.

Há outras ferramentas dinâmicas no kit UML, inclusive **diagramas de máquina de estados** (pág. 490) e **diagramas de atividades** (pág. 483).

Modelagem de Objetos Estática

Diagramas de classe (pág. 266)

A modelagem de objetos estática mais comum é com diagramas de classes UML. Após inicialmente cobrir a modelagem dinâmica com diagramas de interação, introduza os detalhes. Note, todavia, que se os desenvolvedores estiverem aplicando a prática de modelagem ágil de *Criar diversos modelos em paralelo*, eles estarão desenhando tanto diagramas de interação quanto de classes concorrentemente.

Outro apoio em UML para modelagem estática inclui **diagramas de pacotes** (pág. 219) e **diagramas de implantação** (págs. 617-618).

14.5 A importância da habilidade de projeto de objetos sobre a habilidade com a notação UML

Os capítulos seguintes exploram projeto de objetos detalhado enquanto se aplicam diagramas UML. Foi dito anteriormente, mas é importante enfatizar: o importante é saber como raciocinar e projetar em termos de objetos, e aplicar padrões de melhores práticas no projeto de objetos, uma habilidade muito diferente e muito mais valiosa do que conhecer notação UML.

Ao desenhar um diagrama de objetos em UML, precisamos responder questões-chave: quais são as responsabilidades dos objetos? Com quem ele colabora? Que padrões de projeto devem ser aplicados? Muito mais importante do que saber a diferença entre notação UML 1.4 e 2.0! Assim, a ênfase dos capítulos seguintes é nesses princípios e padrões de projeto de objetos.

> *Habilidade no Projeto de Objetos versus Habilidade na Notação UML*
>
> Desenhar em UML é um reflexo de tomada de decisão sobre o projeto.
>
> As habilidades de projeto de objetos são o que conta, e não saber como desenhar em UML. O projeto de objetos fundamental exige conhecimento de:
>
> - Princípios de atribuição de responsabilidades
> - Padrões de projeto

14.6 Outras técnicas de projeto de objetos: cartões CRC

As pessoas preferem diferentes métodos de projeto por causa de familiaridade e muito por causa de diferentes *estilos cognitivos*. Não presuma que ícones e figuras são melhores do que texto para qualquer um, ou vice-versa.

Uma técnica de modelagem popular orientada a texto é a de cartões Classe-Responsabilidade-Colaboração (*Class-Responsibility-Collaboration-* CRC), criada pelas mentes ágeis e influentes de Kent Beck e Ward Cunningham (também criadores das idéias de XP e padrões de projeto).

Cartões CRC são cartões de indexação em papel sobre os quais se escrevem as responsabilidades e os colaboradores de classes. Cada cartão representa uma classe. Uma sessão de modelagem CRC envolve um grupo sentado em volta de uma mesa, discutindo e escrevendo nos cartões enquanto montam cenários "o que acontece se" com os objetos, considerando o que eles precisam fazer e com que outros objetos eles precisam colaborar. Veja as Figuras 14.2 e 14.3.

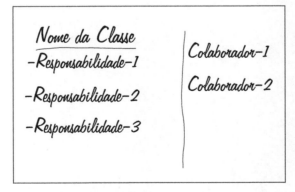

Figura 14.2 Gabarito de um cartão CRC.

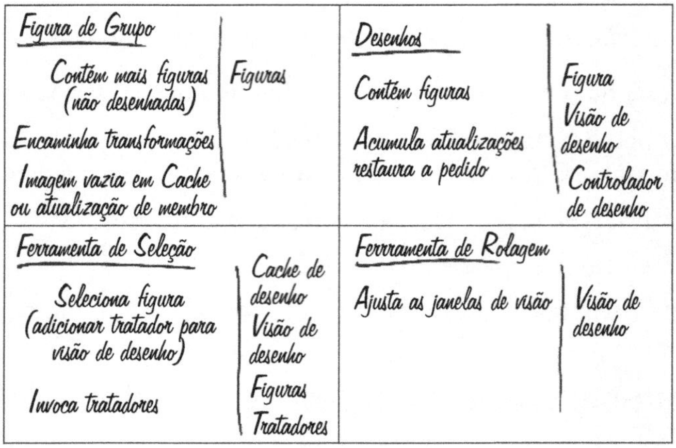

Figura de Grupo		Desenhos	
Contêm mais figuras (não desenhadas) Encaminha transformações Imagem vazia em Cache ou atualização de membro	Figuras	Contêm figuras Acumula atualizações restaura a pedido	Figura Visão de desenho Controlador de desenho
Ferramenta de Seleção		Ferrramenta de Rolagem	
Seleciona figura (adicionar tratador para visão de desenho) Invoca tratadores	Cache de desenho Visão de desenho Figuras Tratadores	Ajusta as janelas de visão	Visão de desenho

Figura 14.3 Quatro exemplos de cartões CRC. Esse exemplo minimizado pretende apenas mostrar o nível de detalhe típico, em vez do texto específico.

Capítulo

15

DIAGRAMAS DE INTERAÇÃO UML

*Os gatos são mais espertos do que os cães.
Você não consegue fazer com que oito gatos puxem um trenó na neve.*
– Jeff Valdez

Objetivos

- Fornecer uma referência para notação de diagramas de interação freqüentemente usada em UML – diagramas de seqüência e de comunicação.

Introdução

A UML inclui diagramas de interação para ilustrar como os objetos interagem por meio de mensagens. Eles são usados para modelagem de objetos dinâmica. Há dois tipos comuns de diagramas de interação: diagramas de seqüência e de comunicação. Este capítulo introduz a notação – veja-o como *referência* para folhear – enquanto que os capítulos subseqüentes focalizam uma questão mais importante: quais são os princípios-chave de projeto OO?

Nos capítulos seguintes, diagramas de interação são aplicados para ajudar a explicar e demonstrar o projeto de objetos. Assim, é útil pelo menos percorrer esses exemplos antes de ir adiante.

O que vem a seguir? Apresentado o projeto OO (POO), este capítulo resume diagramas de interação UML para projeto OO dinâmico. O capítulo seguinte resume diagramas de classe UML para projeto OO estático.

Arquitetura Lógica em Camadas → Projeto de Objetos → **Diagramas de Interação UML** → Diagramas de Classes UML → Projeto de Objetos com GRASP

15.1 Diagramas de seqüência e de comunicação

O termo **diagrama de interação** é uma generalização de dois tipos de diagramas especializados da UML:

- diagramas de seqüência
- diagramas de comunicação

Ambos podem expressar interações semelhantes.

Um diagrama relacionado é o **diagrama panorâmico de interação** (*interaction overview diagram*); ele fornece um panorama geral de como um conjunto de diagramas de interação está relacionado em termos de lógica e fluxo de processamento. No entanto, é novo para a UML 2 e, assim, é muito cedo para dizer se ele vai ser útil na prática.

Diagramas de seqüência são os mais ricos dos dois tipos em termos de notação, mas diagramas de comunicação também têm sua utilidade, especialmente para rascunho na parede. Ao longo do livro, ambos os tipos serão usados para enfatizar a flexibilidade na escolha.

Os **diagramas de seqüência** ilustram as interações em um formato semelhante a cercas, nas quais cada objeto novo é acrescentado à direita, conforme mostrado na Figura 15.1.

O que isso poderia representar em código?[1] Provavelmente, que a classe A tem um método denominado *fazerUm* e um atributo do tipo B. Também que a classe B tem métodos chamados *fazerDois* e *fazerTrês*. Talvez a definição parcial da classe A seja:

```
public class A
{
private B meuB = new B();

public void fazerUm()
{
    meuB.fazerDois();
    meuB.fazerTres();
}
//...
}
```

Diagramas de comunicação ilustram as interações entre objetos em forma de grafo ou rede, na qual os objetos podem ser colocados em qualquer lugar do diagrama (a essência de sua vantagem para rascunho em parede), conforme mostrado na Figura 15.5.

---

[1] Mapeamento para código ou regras de geração vão variar dependendo da linguagem OO.

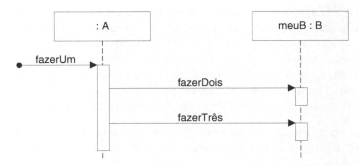

Figura 15.1 Diagrama de seqüência.

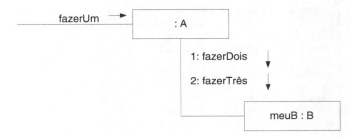

Figura 15.2 Diagrama de comunicação.

Quais são os Pontos Fracos e Fortes dos Diagramas de Seqüência versus de Comunicação?

Cada tipo de diagrama tem vantagens e modeladores têm preferências idiossincráticas – não há uma escolha absolutamente "correta". No entanto, as ferramentas UML costumam enfatizar os diagramas de seqüência por causa do seu maior poder notacional.

Diagramas de seqüência têm algumas vantagens sobre diagramas de comunicação. Talvez, antes de mais nada, a especificação UML seja mais centrada em diagramas de seqüência – mais raciocínio e esforço têm sido colocados na notação e semântica. Assim, o apoio ferramental é melhor e mais opções de notação estão disponíveis. Também é mais facil ver o fluxo de seqüência de chamada com diagramas de seqüência – simplesmente leia de cima para baixo. Com diagramas de comunicação, precisamos ler os números de seqüência tais como "1:" e "2:". Assim, diagramas de seqüência são excelentes para documentação ou para ler facilmente uma seqüência de fluxo de chamada obtida por engenharia reversa, gerada de código fonte com uma ferramenta UML.

Três modos de usar UML (págs. 38-39)

Mas, por outro lado, diagramas de comunicação têm vantagens quando se aplica "UML como rascunho" para desenhar na parede (uma prática de modelagem ágil) porque eles são muito mais eficientes em termos de espaço. Isso porque as caixas podem ser facilmente colocadas ou apagadas em qualquer lugar – horizontal ou vertical. Como conseqüência, a *modificação* de rascunhos de parede é mais fácil com diagramas de comunicação – é simples (durante o trabalho de projeto OO criativo de alta modificação) apagar uma caixa em um local, desenhar uma nova em outro local e rascunhar uma linha para ela. Ao contrário, novos objetos em diagramas de seqüência devem sempre ser adicionados no canto direito, o que é limitante, pois rapidamente consome e esgota o espaço no canto direito de uma página (ou parede); o espaço livre na dimensão vertical não é eficientemente usado. Ao fazer diagramas de seqüência em paredes, os desenvolvedores rapidamente sentem o esforço gasto no desenho quando comparados com diagramas de comunicação.

Analogamente, ao desenhar diagramas que devem ser publicados em páginas estreitas (como neste livro), diagramas de comunicação têm a vantagem, sobre os diagramas de seqüência, de permitir a expansão *vertical* para novos objetos – muito mais pode ser acomodado em um pequeno espaço visual.

Tipo	Pontos Fortes	Pontos Fracos
Seqüência	Mostra com clareza a seqüência ou ordem temporal das mensagens. Amplo conjunto de opções detalhadas.	Deve ser estendido para a direita quando são acrescidos novos objetos; consome espaço na horizontal.
Comunicação	Economia de espaço – flexibilidade de adicionar novos objetos em duas dimensões.	É mais difícil ver a seqüência das mensagens. Menos opções de notação.

Exemplo de diagrama de seqüência: fazerPagamento

Figura 15.3 Diagrama de seqüência.

O diagrama de seqüência mostrado na Figura 15.3 é lido assim:

1. A mensagem *fazerPagamento* é enviada para uma instância de uma *Registradora*. O objeto que a envia não está identificado.
2. O objeto *Registradora* envia a mensagem *fazerPagamento* a uma instância de *Venda*.
3. A instância de *Venda* cria uma instância de *Pagamento*.

Pela leitura da Fig. 15.3, qual poderia ser o código relacionado à classe *Venda* e seu método *fazerPagamento*?

```
public class Venda
{
private Pagamento pagamento;

public void fazerPagamento(Moeda dinheiroEntregue)
{
    pagamento = new Pagamento(dinheiroEntregue);
    //...
}
//...
}
```

Exemplo de diagrama de comunicação: fazerPagamento

O diagrama de comunicação mostrado na Figura 15.4 tem a mesma finalidade que o diagrama de seqüência anterior.

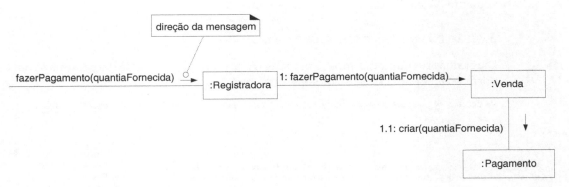

Figura 15.4   Diagrama de comunicação.

15.2 Modeladores UML novatos não prestam atenção suficiente aos diagramas de interação

A maioria dos novatos em UML está consciente dos diagramas de classe e geralmente pensam que eles são os únicos diagramas importantes no projeto OO. Isso não é verdade!

Apesar de os diagramas de classe de visão estática de fato serem úteis, os diagramas de interação de visão dinâmica – ou, mais precisamente, *atos* de modelagem de interação dinâmica – são incrivelmente valiosos.

> *Diretriz*
>
> Empregue tempo fazendo modelagem de objetos *dinâmica* com diagramas de interação, não apenas modelagem de objetos estática com diagramas de classe.

Por quê? Porque é aí que temos que raciocinar sobre os detalhes concretos de quais mensagens enviar, para quem e em que ordem, que "cai a ficha" em termos de raciocínio por meio de verdadeiros detalhes de projeto OO.

15.3 Notação comum de diagramas de interação UML

Ilustração dos participantes com caixas de linha de vida

Na UML, as caixas que você viu anteriormente no exemplo de diagramas de interação são chamadas de caixas de **linha de vida**. Sua definição exata em UML é sutil, mas informalmente elas representam os **participantes** na interação – partes relacionadas definidas no contexto de algum diagrama de estrutura, como um diagrama de classe. Não é exato dizer que uma caixa de linha de vida é igual a uma instância de uma classe, mas informalmente e na prática os participantes serão freqüentemente interpretados como tal. Como conseqüência, neste texto muitas vezes irei escrever algo como "linha de vida representando uma instância de *Venda*s", como uma abreviatura conveniente. Veja a Figura 15.5 para casos comuns de notação.

Sintaxe básica das expressões de mensagens

Diagramas de interação mostram mensagens entre objetos; a UML tem uma sintaxe normalizada para essas expressões de mensagem:[2]

```
retorno = mensagem(parâmetro : tipoDeParâmetro) : tipoDeRetorno
```

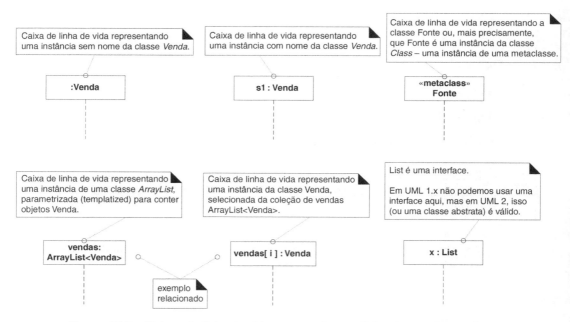

Figura 15.5 Caixas de linha de vida para mostrar participantes em interações.

---

[2] Uma sintaxe alternativa, como C# ou Java, é aceitável – e apoiada por ferramentas UML.

Parênteses geralmente são excluídos se não houver parâmetros, apesar de serem válidos.

Informação de tipo pode ser omitida se for óbvia ou se não for importante.

Por exemplo:

```
inicie(codigo)
inicie
d = obterDescProduto(id)
d = obterDescProduto(id:IdItem)
d = obterDescProduto(id:IdItem) : DescriçãoDoProduto
```

Objetos unitários (singleton)

Objeto unitário (págs. 449-450)

No mundo dos padrões de projeto OO, existe um que é especialmente comum, chamado padrão **Objeto Unitário**. Será explicado posteriormente, mas uma implicação do padrão é que existe apenas *uma* instância de uma classe instanciada – nunca duas. Em outras palavras, é uma instância "unitária". Em um diagrama de interação UML (seqüência ou comunicação), tal objeto é marcado com um "1" no canto superior direito da caixa de linha de vida. Isso implica que o padrão Objeto Unitário é usado para dar visibilidade ao objeto – o significado disso não vai ficar claro agora, mas ficará depois de ler sua descrição nas págs. 449-450 (ver Figura 15.6).

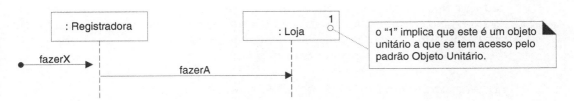

Figura 15.6 Objetos Unitários em diagramas de interação.

15.4 Notação básica de diagramas de seqüência

Caixas de linha de vida e linhas de vida

Caixas de linha de vida (pág. 246)

Ao contrário dos diagramas de comunicação, em diagramas de seqüência as caixas de linha de vida incluem uma linha vertical que se estende abaixo delas – essas são as linhas de vida reais. Apesar de praticamente todos os exemplos UML mostrarem a linha de vida como tracejada (por causa da influência da UML 1), a especificação UML 2 diz que ela pode ser sólida *ou* tracejada.

Mensagens

Cada mensagem (tipicamente síncrona) entre objetos é representada com uma expressão de mensagem em uma linha sólida com *seta-cheia*[3] entre as linhas de vida verticais (ver Figura 15.7). A ordem cronológica é organizada de cima para baixo das linhas de vida.

---

[3] Uma seta de mensagem vazia significa uma mensagem assíncrona em um diagrama de interação.

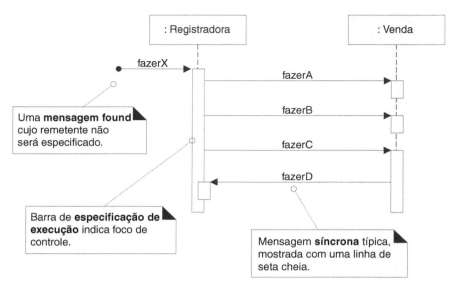

Figura 15.7 Mensagens e foco de controle com barras de especificação de execução.

No exemplo da Figura 15.7 a mensagem inicial é chamada de **mensagem found** na UML, representada por um círculo cheio de abertura; isso implica que o remetente não será especificado, não é conhecido ou que a mensagem está vindo de uma fonte aleatória. No entanto, por convenção, uma equipe ou ferramenta pode decidir não mostrar isso, mas sim usar uma linha regular de mensagem sem o círculo, significando por convenção que é uma mensagem found.[4]

Foco de controle e barras de especificação de execução

Como ilustrado na Figura 15.7, os diagramas de seqüência também podem mostrar o foco de controle (informalmente, em uma chamada regular para blocos, a operação é executada sobre a pilha de chamadas) usando uma barra de **especificação de execução** (previamente chamada de **barra de ativação** ou simplesmente uma **ativação** em UML 1). A barra é opcional.

Diretriz: Desenhar a barra é mais comum (e freqüentemente automático) quando se usa uma ferramenta CASE UML, e menos comum quando se rascunha em parede.

Ilustração de resposta ou retornos

Há dois modos de mostrar o resultado de retorno de uma mensagem:

1. Usando a sintaxe de mensagem v*arDeRetorno* = *mensagem(parâmetro)*.
2. Usando uma linha de mensagem de resposta (ou retorno) no final da barra de ativação.

---

[4] Assim, muitos dos exemplos do livro não vão se preocupar com a notação de mensagem found.

Ambos são comuns na prática. Prefiro a primeira abordagem quando rascunho, pois exige menos esforço. Se a linha de resposta é usada, a linha normalmente é rotulada com uma descrição arbitrária do valor de retorno (ver Figura 15.8).

Mensagens para "self" ou "this"

Você pode mostrar uma mensagem sendo enviada de um objeto para ele mesmo usando uma barra de ativação aninhada (ver Figura 15.9).

Criação de instâncias

A notação para a criação de objetos é mostrada na Figura 15.10. Note a linha *tracejada*[5] exigida pela UML. A seta é cheia se é uma mensagem síncrona regular (por exemplo, implicando a chamada de um construtor Java) ou aberta (seta traçada) se for uma chamada assíncrona. O nome da mensagem *criar* não é exigido – qualquer coisa é legal – mas é um idioma UML.

A interpretação típica (em linguagens como Java ou C#) de uma mensagem *criar* em uma linha tracejada com seta cheia é "invocar o operador *new* e chamar o construtor".

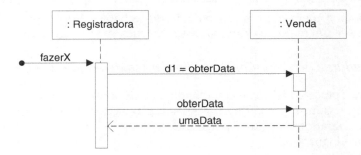

Figura 15.8 Dois modos de mostrar um resultado de retorno para uma mensagem.

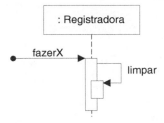

Figura 15.9 Mensagens para "this".

---

[5] Não vejo vantagem em exigir uma linha *tracejada*, mas está na especificação... Muitos exemplos do autor usam uma linha sólida, como as primeiras versões provisórias da especificação faziam.

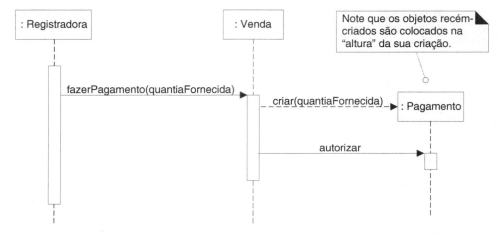

Figura 15.10 Criação de instância e linhas de vida de objetos.

Linhas de vida de objetos e destruição de objetos

Em algumas circunstâncias, é desejável mostrar explicitamente a destruição de um objeto. Por exemplo, quando se usa C++, que não tem coletor de lixo automático, ou quando se deseja indicar especialmente que um objeto não é mais usável (por exemplo, uma conexão para banco de dados fechada). A notação UML para linha da vida fornece um meio de expressar essa destruição (ver Figura 15.11).

Molduras de diagramas em diagramas de seqüência UML

Para apoiar construções condicionais e de iteração (entre muitas outras coisas), a UML usa **molduras**.[6] Molduras são regiões ou fragmentos dos diagramas; elas têm um operador ou rótulo (por exemplo, loop) e uma guarda[7] (cláusula condicional). Veja a Figura 15.12.

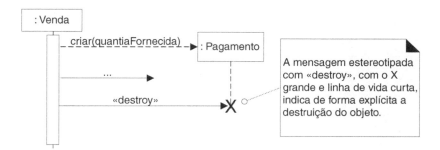

Figura 15.11 Destruição de objeto.

---

[6] Também chamadas **molduras de diagrama** ou **molduras de interação**.
[7] A guarda [*teste booleano*] deve ser colocada *sobre* a linha de vida a que pertence.

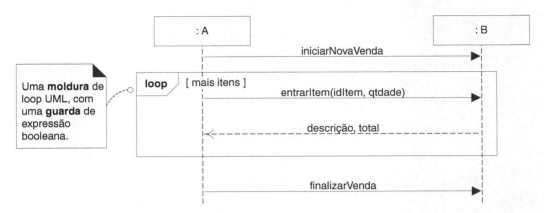

Figura 15.12 Exemplo de moldura UML.

A tabela a seguir resume alguns operadores de moldura comuns:

Operador de Moldura	Significado
alt	Fragmento alternativo para lógica condicional de exclusão mútua, expresso em guardas.
loop	Fragmento de loop, enquanto a guarda é verdadeira. Pode-se também escrever *loop(n)* para indicar a iteração de *n* vezes. Existe discussão de que a especificação será aperfeiçoada para definir um loop *FOR*, por exemplo, *loop(i, 1, 10)*.
opt	Fragmento opcional executado se a guarda é verdadeira.
par	Fragmentos paralelos executados em paralelo.
região	Região crítica dentro da qual apenas uma linha (thread) de execução pode ser executada.

Iteração

A notação de moldura LOOP para mostrar a iteração é mostrada na Figura 15.12.

Mensagens condicionais

Uma moldura OPT é colocada em volta de uma ou mais mensagens. Note que a guarda é colocada sobre a linha de vida relacionada (ver Figura 15.13).

Mensagens condicionais em estilo UML 1.x ainda são úteis?

A notação UML 2.x para mostrar uma mensagem condicional única é complexa, exigindo toda uma caixa de moldura OPT em volta de uma mensagem (ver Figura 15.13). A antiga notação em UML 1.x para mensagens condicionais únicas em diagramas de seqüência não é válida em UML 2, mas ela é tão simples, especialmente quando se está rascunhando, que provavelmente continuará sendo popular nos próximos anos. Veja a Figura 15.14.

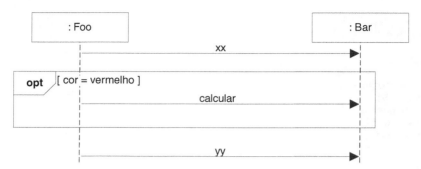

Figura 15.13 Uma mensagem condicional.

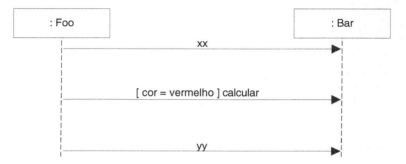

Figura 15.14 Uma mensagem condicional em notação UML 1.x – estilo simples.

Diretriz: use estilo UML 1 apenas quando estiver rascunhando mensagens únicas simples.

Mensagens condicionais mutuamente excludentes

Uma moldura ALT é colocada em volta das alternativas mutuamente excludentes (ver Figura 15.15).

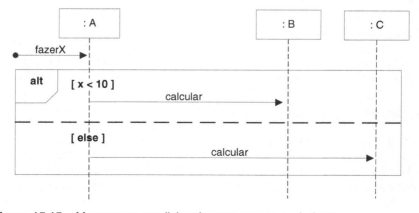

Figura 15.15 Mensagens condicionais mutuamente excludentes.

Iteração sobre uma coleção

Um algoritmo bastante comum é o de iteração sobre todos os membros de uma coleção (como uma lista ou *mapeamento*), enviando a mesma mensagem para cada um. Freqüentemente, alguma espécie de objeto iterador é usado em última análise, por exemplo, uma implementação de *java.util.Iterator* ou um iterador de biblioteca padrão C++, apesar de no diagrama de seqüência esse "mecanismo" de baixo nível não precisar ser mostrado por motivos de brevidade ou abstração.

Na época da redação deste livro, a especificação UML não possuía (e pode não possuir nunca) um idioma oficial para esse caso. Duas alternativas são mostradas – revista com o líder de especificação de interação da UML 2 – na Figura 15.16 e na Figura 15.17.

Observe a expressão do **seletor** *linhasDeItem[i]* na linha de vida da Figura 15.16. A expressão do seletor é usada para selecionar um objeto de um grupo. Os participantes da linha de vida devem representar um objeto, não uma coleção.

Em Java, por exemplo, a listagem de código a seguir é uma implementação possível que mapeia o uso explícito da variável de incremento *i* na Figura 15.16, para uma solução idiomática em Java, usando sua declaração *for* aperfeiçoada (C# tem o mesmo).

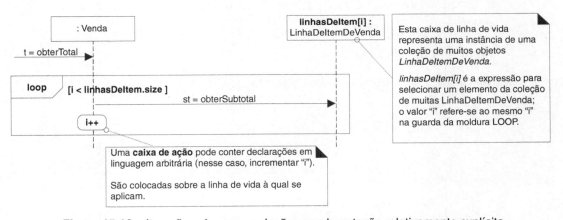

Figura 15.16 Iteração sobre uma coleção usando notação relativamente explícita.

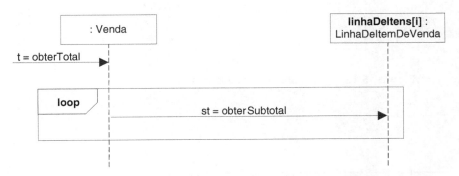

Figura 15.17 Iteração sobre uma coleção deixando as coisas mais implícitas.

```
public class Venda
{
private List<LinhaDeItemDeVenda> linhasDeItem =
                                new ArrayList<LinhaDeItemDeVenda>();

public Moeda obterTotal()
{
   Moeda total = new Moeda();
   Moeda subtotal = null;

   for (LinhaDeItemDeVenda linhaDeItem: linhasDeItem)
   {
      subtotal = linhaDeItem.obterSubtotal();
      total.add( subtotal );
   }
   return total;
}
// ...
}
```

Outra variação é mostrada na Figura 15.17; o objetivo é o mesmo, mas os detalhes são excluídos. Uma equipe ou ferramenta poderia concordar com esse estilo simples, por convenção, para implicar iteração sobre todos os elementos da coleção.[8]

Aninhamento de Molduras

Molduras podem ser aninhadas. Veja a Figura 15.18.

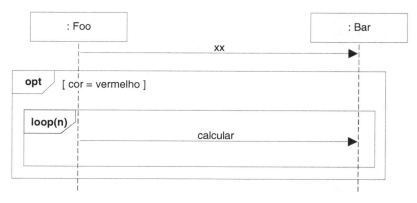

Figura 15.18   Aninhamento de molduras.

---

[8] Uso esse estilo posteriormente neste livro.

Como relacionar diagramas de interação?

A Figura 15.19 provavelmente ilustra melhor do que palavras. Uma **ocorrência de interação** (também chamada **uso de interação**) é uma referência a uma interação dentro de outra interação. É útil, por exemplo, quando se deseja simplificar um diagrama e extrair uma porção para outro diagrama ou quando existe uma ocorrência de interação reusável. Ferramentas UML tiram proveito disso por sua facilidade de relacionar e conectar diagramas.

São criadas com duas molduras relacionadas:

- Uma moldura em volta de todo um diagrama de seqüência,[9] rotulada com a etiqueta **ds** e um nome como *UsuárioAutenticado*.

- Uma moldura com a etiqueta **ref**, denominada **referência**, que se refere a outro diagrama de seqüência; é a ocorrência de interação real.

Diagramas de panorama de interação também contém um conjunto de molduras de referências (ocorrências de interação). Esses diagramas organizam as referências em uma estrutura maior de lógica e fluxo de processamento.

Diretriz: Qualquer diagrama de seqüência pode ser envolvido por uma moldura *ds* para denominá-lo. Emoldure e denomine um deles quando desejar se referir a ele usando uma moldura *ref*.

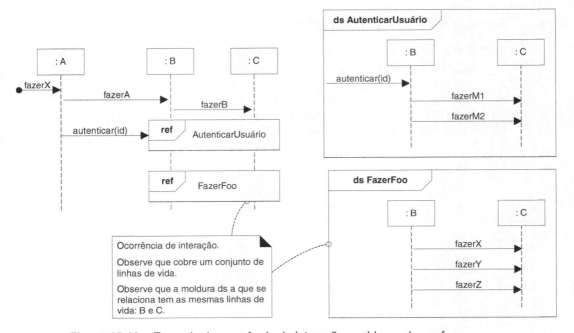

Figura 15.19 Exemplo de ocorrência de interação, molduras *ds* e *ref*.

---

[9] Ocorrências de interação e molduras *ref* também podem ser usadas para diagramas de *comunicação*.

Mensagens a classes para invocar métodos estáticos (ou de classe)

Pode-se mostrar chamadas a métodos de classe ou a métodos estáticos usando um rótulo de caixa de linha de vida que indica que o objeto receptor é uma classe ou, mais precisamente, uma *instância* de uma **metaclasse** (Ver Figura 15.20).

O que quero dizer com isso? Por exemplo, em Java e Smalltalk, todas as classes são conceitual ou literalmente *instâncias* da classe *Class*; em .NET, as classes são instâncias da classe *Type*. As classes *Class* e *Type* são **metaclasses**, o que significa que suas instâncias são classes. Uma classe específica, como a classe *Calendário* é, por sua vez, uma instância da classe *Class*. Assim, a classe *Calendário* é uma instância de uma metaclasse! Pode ajudar se você beber uma cerveja antes de tentar de entender isso.

Em código, uma implementação provável é:

```
public class Foo
{
public void fazerX()
{
   // chamada de método estático na classe Calendario
   Local[] locais = Calendario.obterLocaisDisponiveis();
   // …
}
// …
}
```

Mensagens e casos polimórficos

Polimorfismo é fundamental para projeto OO. Como mostrá-lo em um diagrama de seqüência? Essa é uma questão comum em UML. Uma abordagem é usar vários diagramas de seqüência – um que mostra a mensagem polimórfica para a superclasse abstrata ou objeto de interface, e depois diagramas de seqüência separados detalhando cada *caso* polimórfico, cada qual começando com uma mensagem polimórfica *found*. A Figura 15.21 ilustra isso.

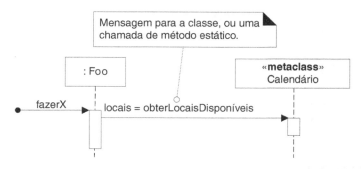

Figura 15.20 Invocação de métodos de classe ou estáticos; mostrando um objeto-classe como uma instância de uma metaclasse.

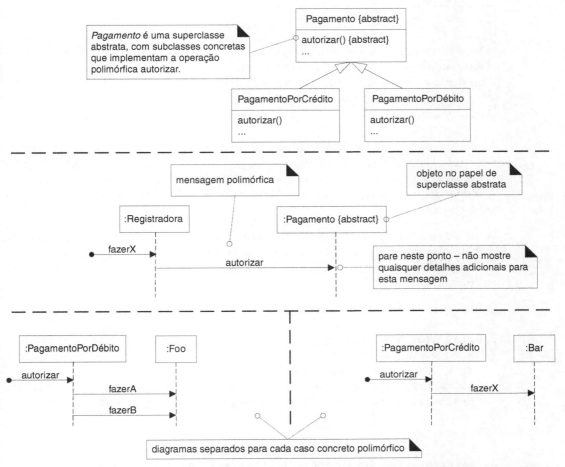

Figure 15.21 Uma abordagem para modelar *casos* polimórficos em diagramas de seqüência.

Chamadas assíncronas e síncronas

Uma chamada por **mensagem assíncrona** não espera resposta; ela não *bloqueia*. Elas são usadas em ambientes com processamento paralelo (multi-threaded), como .NET e Java, de modo que novas **linhas** de execução podem ser criadas e iniciadas. Em Java, por exemplo, você pode pensar nas mensagens *Thread.start* or *Runnable.run* (chamados por *Thread.start*) como o ponto inicial assíncrono para iniciar a execução em uma nova *linha*.

A notação UML para chamadas assíncronas é uma mensagem com seta traçada; chamadas regulares síncronas (bloqueadoras) são mostradas com seta cheia (ver Figura 15.22).

> *Diretriz*
>
> Essa diferença de seta é sutil. E quando se rascunha UML na parede, é comum usar uma seta vazia para representar uma chamada síncrona, porque é mais fácil de desenhar. Assim, quando se lê um diagrama de interação UML não se deve presumir que a forma da seta está correta!

Um objeto como o *Relógio* da Figura 15.22 também é conhecido como um **objeto ativo** – cada instância executa e controla sua própria *linha* de execução. Na UML, pode ser mostrada com linhas verticais duplas nos lados esquerdo e direito da caixa de linha de vida. A mesma notação é usada para uma **classe ativa** cujas instâncias são objetos ativos.

Classe ativa (págs. 285-286)

A seguir está uma provável implementação para a Figura 15.22, em Java. Note que o objeto *Thread* no código é excluído do diagrama UML porque ele é simplesmente um mecanismo consistente de "overhead" para realizar uma chamada assíncrona em Java.

```
public class IniciadorDeRelogio
{
public void iniciarRelogio()
{
   Thread t = new Thread( new Relogio() );
   t.start(); // chamada assíncrona para o método 'executar' do Relógio
   System.runFinalization(); // exemplo de mensagem seguinte
}
//...
}
// objetos devem implementar a interface Runnable
// em Java para ser usado em novas threads
public class Relogio implements Runnable
{
public void run()
{
   while ( true ) // loop permanente sobre a própria linha de execução
   {
      //...
   }
}
//...
}
```

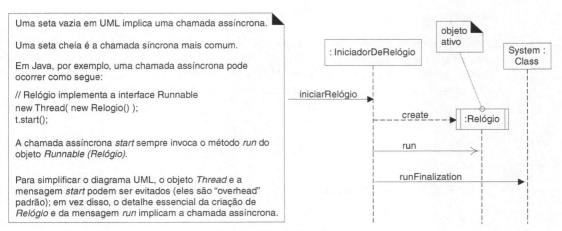

| Uma seta vazia em UML implica uma chamada assíncrona.

Uma seta cheia é a chamada síncrona mais comum.

Em Java, por exemplo, uma chamada assíncrona pode ocorrer como segue:

// Relógio implementa a interface Runnable
new Thread(new Relogio());
t.start();

A chamada assíncrona *start* sempre invoca o método *run* do objeto *Runnable (Relógio)*.

Para simplificar o diagrama UML, o objeto *Thread* e a mensagem *start* podem ser evitados (eles são "overhead" padrão); em vez disso, o detalhe essencial da criação de *Relógio* e da mensagem *run* implicam a chamada assíncrona.

Figura 15.22 Chamadas assíncronas e objetos ativos.

15.5 Notação básica para diagramas de colaboração

Ligações

Uma **ligação** é um caminho de conexão entre dois objetos; indica que alguma forma de navegação e de visibilidade entre os objetos é possível (ver Figura 15.23). Em termos mais formais, uma ligação é uma instância de uma associação. Por exemplo, existe uma ligação – ou caminho de navegação – de uma *Registradora* para uma *Venda*, ao longo do qual podem fluir mensagens, como a mensagem *fazerPagamento*.

Figura 15.23 Linhas de ligação.

Nota

Note que mensagens múltiplas, e mensagem nos *dois* sentidos, fluem ao longo da mesma ligação única. Não existe uma ligação por mensagem, todas as mensagens fluem na mesma linha, que é como uma estrada permitindo tráfego de mensagens nos dois sentidos.

Mensagens

Cada mensagem entre objetos é representada com uma expressão de mensagem e uma pequena seta indicando a direção da mensagem. Muitas mensagens podem fluir ao longo dessa ligação (Figura 15.24). Acrescenta-se um número de seqüência para mostrar a ordem seqüencial das mensagens na *linha* de controle atual.

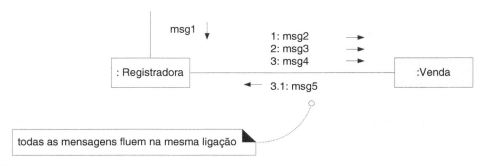

Figura 15.24 Mensagens.

> *Diretriz*
>
> Não numere a mensagem inicial. É legal fazê-lo,
> mas simplifica a numeração geral se você não o fizer.

Mensagens para "self" ou "this"

Uma mensagem pode ser enviada de um objeto para ele próprio (Figura 15.25). Isso é ilustrado por uma ligação para si mesmo, com mensagens fluindo ao longo da ligação.

Figura 15.25 Mensagens para "this".

Criação de instâncias

Qualquer mensagem pode ser usada para criar uma instância, mas há uma convenção na UML no sentido de usar uma mensagem chamada *criar (create)* para essa finalidade (alguns usam *new*). Veja a Figura 15.26. Caso seja usado um outro nome de mensagem (menos óbvio), a mensagem pode ser anotada com um **estereótipo da UML**, por

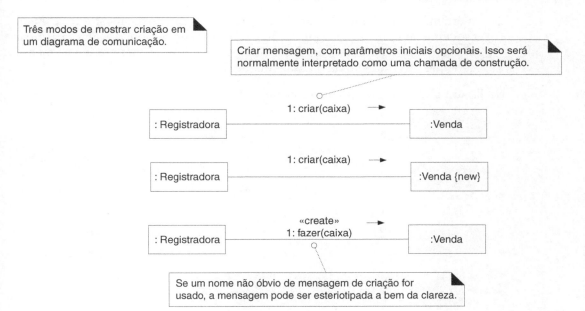

Figura 15.26 Criação de instância.

exemplo: «*create*». A mensagem *criar* pode incluir parâmetros, indicando a passagem de valores iniciais. Isso indica, por exemplo, uma chamada de um construtor com parâmetros em Java. Além disso, o valor rotulado com a etiqueta {*new*} da UML pode ser opcionalmente acrescentado à caixa da instância para enfatizar a criação. Valores etiquetados (tagged values) são um mecanismo de extensão flexível na UML para adicionar informação semanticamente significativa a um elemento UML.

Seqüenciação dos números das mensagens

A ordem das mensagens é ilustrada com **números de seqüência,** conforme mostrado na Figura 15.27. O esquema de numeração é o seguinte:

1. A primeira mensagem não é numerada. Assim, *msg1* não tem número.[10]

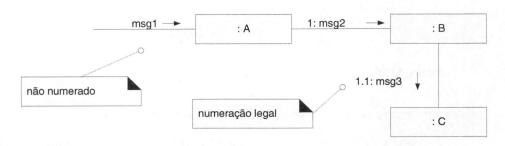

Figura 15.27 Numeração em seqüência.

---

[10] Na verdade, um número inicial é legal, mas torna toda a numeração subseqüente mais estranha, criando outro nível de aninhamento de números mais profundo do que seria necessário.

2. A ordem e o aninhamento das mensagens subseqüentes são mostrados com um esquema de numeração legal, no qual as mensagens aninhadas têm um número agregado. O aninhamento é denotado colocando-se como prefixo na mensagem que sai o número da mensagem que chega.

Na Figura 15.28, é mostrado um caso mais complexo.

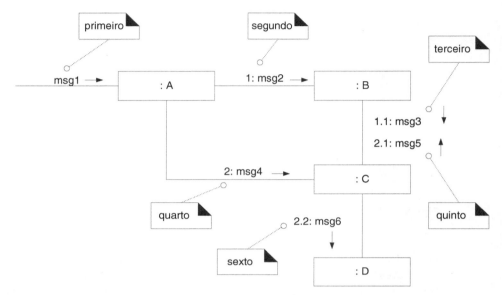

Figura 15.28 Numeração de uma seqüência complexa.

Mensagens condicionais

Você mostra uma mensagem condicional (Figura 15.29) seguindo o número de seqüência com uma cláusula condicional entre colchetes, similar a uma cláusula de iteração. A mensagem só é enviada se a cláusula tem valor *true* (*verdadeiro*).

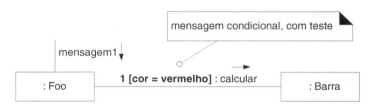

Figura 15.29 Mensagem condicional.

Caminhos condicionais mutuamente excludentes

O exemplo na Figura 15.30 ilustra números de seqüência com caminhos condicionais mutuamente excludentes.

Neste caso, é necessário modificar as expressões de seqüência com uma letra para um caminho condicional. Por convenção, a primeira letra usada é **a**. A Figura 15.30

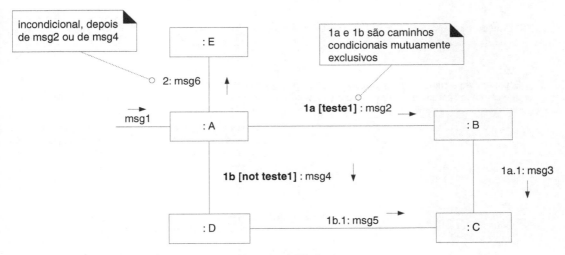

Figura 15.30 Mensagens mutuamente excludentes.

declara que *1a* ou *1b* poderiam ser executados após *msg1*. Ambos têm o número de seqüência 1, uma vez que poderiam ser a primeira mensagem interna.

Observe que mensagens aninhadas subseqüentes ainda possuem como prefixo o número de seqüência da mensagem mais externa. Assim, *1b.1* é uma mensagem aninhada dentro de *1b*.

Iteração

A notação para iteração é mostrada na Figura 15.31. Se os detalhes da cláusula de iteração não forem importantes para o modelador, poderá ser usado um simples asterisco " * ".

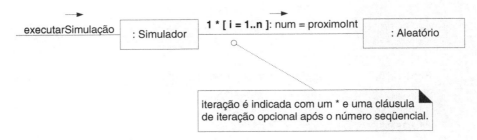

Figura 15.31 Iteração.

Iteração sobre uma coleção

Um algoritmo bastante comum é o de iteração sobre todos os membros de uma coleção (como uma lista ou mapeamento), enviando a mesma mensagem a cada um. Em diagramas de comunicação, isso pode resumido como mostrado na Figura 15.32, apesar de não haver convenção oficial na UML.

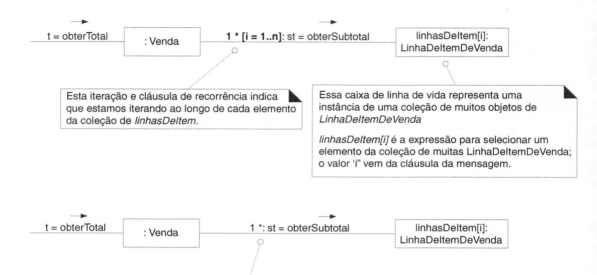

Figura 15.32 Iteração sobre uma coleção.

Mensagens a classes para invocar métodos estáticos (de classe)

Ver a discussão de metaclasses no caso do diagrama de seqüência na pág. 255 para entender a finalidade do exemplo da Figura 15.33.

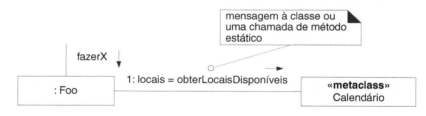

Figura 15.33 Mensagens a um objeto-classe (chamada de método estático).

Mensagens e casos polimórficos

Observar a Fig. 15.21 para o contexto relacionado, hierarquia de classes e exemplo de diagramas de seqüência. Como no caso do diagrama de seqüência, múltiplos diagramas de comunicação podem ser usados para mostrar cada *caso* polimórfico concreto (Fig. 15.34).

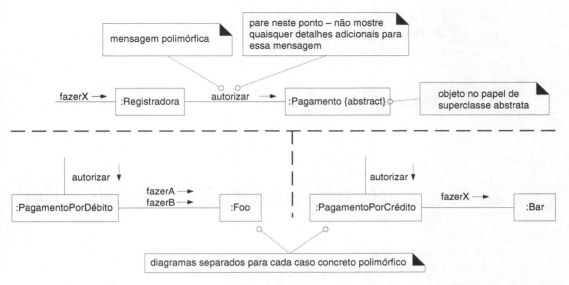

Figura 15.34 Uma abordagem para modelar casos polimórficos em diagramas de comunicação.

Chamadas assíncronas e síncronas

Como nos diagramas de seqüência, chamadas assíncronas são mostradas com uma seta vazia; chamadas síncronas com seta cheia (ver Figura 15.35).

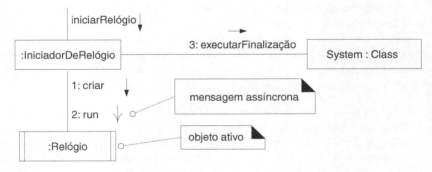

Figura 15.35 Chamada assíncrona em diagrama de comunicação.

Capítulo

16

DIAGRAMAS DE CLASSE UML

Iterar é humano; fazer recursão, divino.
– anônimo

Objetivos

- Fornecer uma referência para a notação de diagrama de classes UML freqüentemente usada.

Introdução

A UML inclui **diagramas de classe** para ilustrar classes, interfaces e suas associações. Eles são usados para **modelagem estática de objetos**. Já introduzimos e usamos esse diagrama UML ao fazermos modelagem de domínio, aplicando diagramas de classe em uma *perspectiva conceitual*. Este capítulo resume um pouco mais a notação, independentemente da perspectiva (conceitual ou de software). Semelhante ao capítulo anterior de diagrama de interação, este é uma *referência*.

Capítulos subseqüentes enfocam uma questão mais importante: quais são os princípios-chave no projeto OO? Tais capítulos aplicam diagramas UML de interação e de classes para ajudar a explicar e a demonstrar o projeto de objetos. Assim, é útil, inicialmente, folhear este capítulo, mas não há necessidade de memorizar todos esses detalhes de nível baixo!

O que vem a seguir? Introduzidos os diagramas de interação para projeto dinâmico OO, este capítulo faz o mesmo para diagramas de classe e projeto estático OO. O capítulo seguinte é mais importante – introduz princípios-chave em POO, com exemplos de estudos de caso que aplicam os princípios e modelagem UML.

| Projeto de Objetos | Diagramas de Interação UML | Diagramas de Classes UML | Projeto de Objetos com GRASP | Exemplos de Projeto de Objetos |

16.1 Aplicação de UML: notação comum de diagrama de classes

Muito da notação de alta freqüência em diagrama de classes pode ser resumida (e entendida) em uma figura:

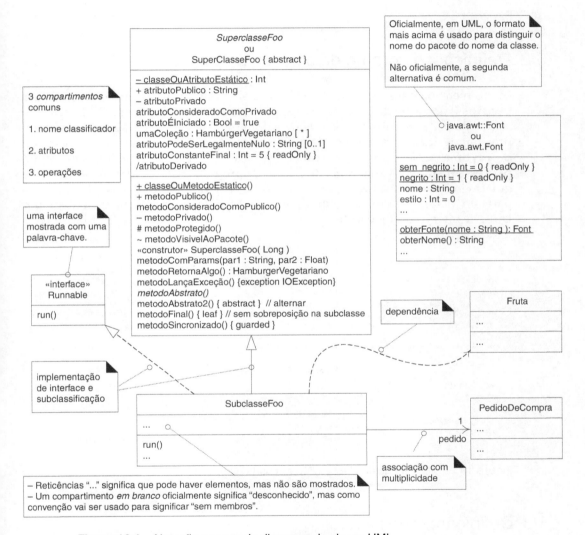

Figura 16.1 Notação comum de diagrama de classe UML.

Aplicação de classes associativas (pág. 525)

A maioria dos elementos da Figura 16.1 é opcional (por exemplo, +/- **visibilidade**, parâmetros, **compartimentos**). Modeladores os desenham, mostram ou ocultam dependendo do contexto e das necessidades do leitor ou ferramenta UML.

Por exemplo, este capítulo resume a notação UML para **classe associativa**, mas não explica o contexto de modelagem A/POO. Analogamente para muitos dos elementos da notação.

> **Nota**
>
> As implicações e dicas de modelagem de A/POO associadas aos vários elementos de diagrama de classes UML mostrados aqui são distribuídos ao longo dos capítulos de estudos de caso. Você vai descobrir que referências cruzadas para os conceitos de A/POO são fornecidas aqui e no índice.

16.2 Definição: diagrama de classes de projeto

Como mencionamos, o mesmo diagrama UML pode ser usado em múltiplas perspectivas (Figura 16.2). Em uma perspectiva conceitual, o diagrama de classes pode ser usado para visualizar um modelo de domínio. Para efeito de discussão, também precisamos de um termo único para esclarecer quando o diagrama de classes é usado em uma perspectiva de software ou projeto. Um termo de modelagem comum para essa finalidade é **diagrama de classes de projeto (DCP)**, o qual vai ser usado regularmente nos capítulos posteriores. No PU, o conjunto de todos os DCPs forma parte do Modelo de Projeto. Outras partes do Modelo de Projeto incluem diagramas UML de interação e de pacotes.

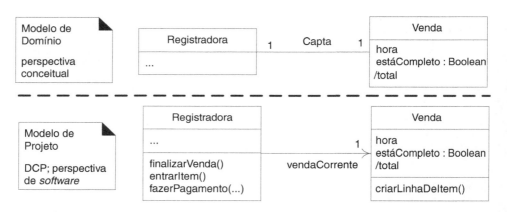

Figura 16.2 Diagramas de classe UML em duas perspectivas.

16.3 Definição: classificador

Um **classificador** UML é "um elemento de modelo que descreve características comportamentais e estruturais" [OMG03b]. Classificadores também podem ser especializados. Eles são uma generalização de muitos dos elementos da UML, inclusive classes, interfaces, casos de uso e atores. Em diagramas de classes, os dois classificadores mais comuns são classes e interfaces regulares.

16.4 Modos de mostrar atributos UML: textual e linhas de associação

Atributos de um classificador (também chamados **propriedades estruturais** em UML[1]) são mostrados de vários modos:

- Notação **textual de atributo,** como *vendaCorrente: Venda*
- Notação de **linha de associação**
- **Ambas** juntas

A Figura 16.3 mostra essas notações sendo usadas para indicar que um objeto *Registradora* tem um atributo (uma referência) para um objeto *Venda*.

O formato completo da notação textual de atributo é:

visibilidade nome : tipo multiplicidade = default {propriedade-da-string}

Além disso, a UML permite que qualquer outra sintaxe de linguagem de programação seja usada para a declaração de atributo, desde que o leitor ou ferramenta seja notificado.

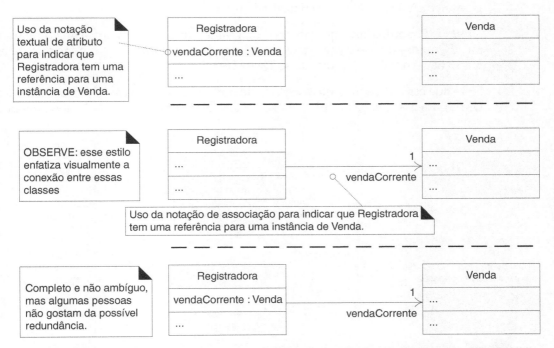

Figura 16.3 Notação textual de atributo *versus* linha de associação para um atributo UML.

---

[1] Comumente abreviado para "propriedade" – com a desvantagem de causar ambigüidade, em contraposição à definição mais geral de propriedade em UML (págs. 276-277).

Como indicado na Figura 16.1, sinais de **visibilidade** incluem + (público), – (privado), e assim por diante.

Diretriz: Atributos geralmente são considerados privados se nenhum sinal de visibilidade é dado.

Note na Figura 16.3 que esse atributo como linha de associação tem o seguinte estilo:

- Uma **seta de navegabilidade** apontando do objeto fonte (*Registradora*) para o objeto alvo (*Venda*), indicando que um objeto *Registradora* tem um atributo de uma *Venda*.
- Uma multiplicidade na extremidade do alvo, mas não na extremidade da fonte.
- Use a notação de multiplicidade descrita nas págs. 178-179.
- Um **nome do papel** (*vendaCorrente*) apenas na extremidade do alvo para mostrar o nome do atributo.
- Sem nome da associação.

Diretriz: Quando quiser mostrar atributos como associações, siga este estilo em DCPs, sugerido pela especificação UML. É verdade que o meta-modelo UML também permite multiplicidade e nome do papel na extremidade *fonte* (por exemplo, a extremidade *Registradora* na Figura 16.3), e ainda um nome da associação, mas eles geralmente não são úteis no contexto de um DCP.

Diretriz: Por outro lado, quando usar diagramas de classe para um *modelo de domínio* mostre nomes de associação, mas evite setas de navegação, pois um modelo de domínio não é uma perspectiva de software (ver Figura 16.4).

Note que essa não é uma nova espécie de notação de associação. É a mesma notação UML para associações, explorada ao aplicar diagramas de classe à modelagem de

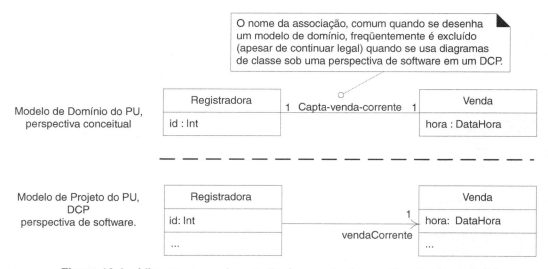

Figura 16.4 Idiomas no uso de notação de associação em diferentes perspectivas.

domínio nas págs. 174-175. Esse é um aperfeiçoamento da notação para uso no contexto de uma perspectiva de software DCP.

Diretriz: quando usar texto versus linhas de associação para atributos?

Essa questão foi explorada inicialmente no contexto da modelagem de domínio nas págs. 188-189. Para lembrar, um **tipo de dado** refere-se a objetos para os quais identidade única não é importante. Tipos de dados comuns são tipos orientados a primitivas, tais como:

- Booleano (Boolean), Data (Date) (ou DataHora [DateTime]), Número, Caractere (Character), Cadeia (Texto), Tempo (Time), Endereço, Cor, Geometria (Ponto, Retângulo), Número de Telefone, Número do INSS, Código Universal de Produtos (*Universal Product Code* –UPC), SKU, CEP ou códigos postais, tipos enumerados.

Diretriz: Use a notação textual de atributo para objetos de tipos de dados e a notação de linha de associação para os outros. Ambas são semanticamente iguais, mas mostrar uma linha de associação para outra caixa de classe no diagrama (como na Figura 16.3) dá *ênfase visual* – atrai o olhar, enfatizando a conexão entre as classes dos objetos no diagrama. Ver Figura 16.5 para exemplos contrastantes.

Novamente, esses estilos diferentes existem apenas superficialmente na notação UML; em código, eles resultam na mesma coisa – a classe *Registradora* da Figura 16.5 tem três atributos. Por exemplo, em Java:

```
public class Registradora
{
private Int id;
private Venda vendaCorrente;
private Loja localização;
// ...
}
```

A notação UML para a extremidade de uma associação

Como discutido, a extremidade de uma associação pode ter uma seta de navegabilidade. Também pode incluir um **nome de papel** *opcional* (oficialmente, um **nome de extremidade de associação**) para indicar o nome do atributo. Certamente, a extremi-

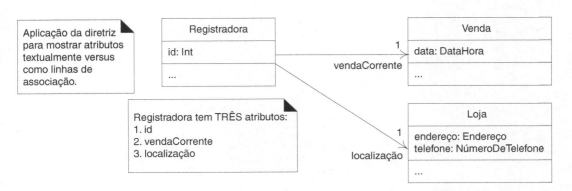

Figura 16.5 Aplicação das diretrizes para mostrar atributos em duas notações.

dade da associação pode também mostrar um valor de **multiplicidade**, como explorado anteriormente nas págs. 178-179, tal como '*' ou '0..1'. Note na Figura 16.3 que o nome do papel *vendaCorrente* é usado para indicar o nome do atributo.

Além disso, como mostrado na Figura 16.6, uma **cadeia de propriedade**, como *{ordered}* ou *{ordered, List}* é possível. *{ordered}* é uma **palavra-chave** definida pela UML, que implica que os elementos da coleção estão (imagine só...) ordenados. Outra palavra-chave relacionada é *{unique}*, implicando um conjunto de elementos únicos.

A palavra-chave *{List}* ilustra que a UML também apóia palavras-chave definidas pelo usuário. Em minha definição, *{List}* significa que um atributo coleção *linhasDeItens* será implementado com um objeto que implementa a interface *List*.

Como mostrar atributos de coleção como texto e linhas de associação?

Suponha que um objeto de software *Venda* possui uma *List* (uma interface para uma espécie de coleção) de muitos objetos *LinhaDeItemDeVenda*. Por exemplo, em Java

```
public class Venda
{
private List<LinhaDeItemDeVenda> linhasDeItens =
                            new ArrayList<LinhaDeItemDeVenda>();
// ...
}
```

A Figura 16.6 mostra dois modos de ilustrar um atributo de coleção em diagramas de classe.

Note também o uso opcional de cadeias de propriedade como *{ordered}*.

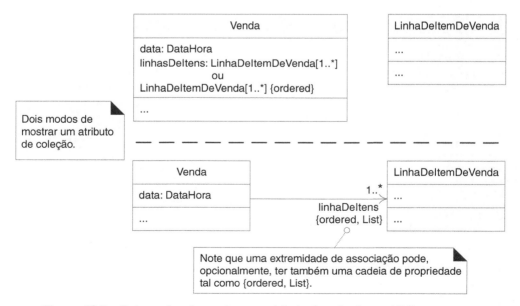

Figura 16.6 Dois modos de mostrar um atributo de coleção em UML.

16.5 Símbolos de anotação: notas, comentários, restrições e corpos de métodos

Símbolos de anotação podem ser usados em qualquer diagrama UML, mas são especialmente comuns em diagramas de classe. Um **símbolo de anotação** UML é mostrado como um retângulo de canto dobrado, com uma linha pontilhada até o elemento anotado; eles já foram usados ao longo do livro (por exemplo, na Figura 16.6). Um símbolo de anotação pode representar várias coisas, por exemplo:

- Uma **nota** ou **comentário** UML, que por definição não tem impacto semântico.
- Uma **restrição** UML, que nesse caso precisa ser envolvida por chaves '{...}' (ver Figura 16.14).
- Um corpo de **método** – implementação de uma operação UML (ver Figura 16.7).

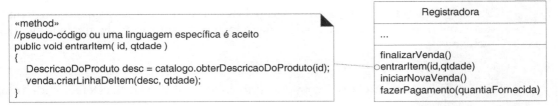

Figura 16.7 Como mostrar um corpo de método em um diagrama de classes.

16.6 Operações e métodos

Operações

Um dos compartimentos da caixa de classe UML mostra a assinatura das operações (ver Figura 16.1 para vários exemplos). Na época da redação deste livro, o formato completo oficial da sintaxe de operação é:

visibilidade nome (lista-de-parâmetros) {cadeia-de-propriedade}

Note que não há nenhum elemento *tipo de retorno*, o que é um problema óbvio, mas propositadamente injetado na especificação em UML 2 por razões inescrutáveis. Existe uma chance de que a especificação venha a reverter para a sintaxe da UML 1, que, de qualquer forma, tem sido usada por muitos, e ferramentas UML vão continuar a apoiar:

visibilidade nome (lista-de-parâmetros) : tipo-de-retorno {cadeia-de-propriedade}

Diretriz: Considere a versão que inclui um tipo de retorno.

Diretriz: Operações geralmente são consideradas públicas se nenhuma visibilidade for mostrada.

A cadeia de propriedade contém informação adicional arbitrária, como exceções que podem ser levantadas, se a operação é abstrata, etc.

Além da sintaxe oficial de operação UML, a UML permite que a assinatura da operação seja escrita em qualquer linguagem de programação, como Java, considerando que o leitor ou ferramenta seja notificado. Por exemplo, ambas as expressões são possíveis:

```
+obterJogador( nome : String ) : Jogador {exception IOException}
public Jogador obterJogador( String nome ) throws IOException
```

Uma operação *não* é um método. Uma **operação** UML é uma *declaração*, com um nome, parâmetros, tipo de retorno, lista de exceções e, possivelmente, um conjunto de *restrições* de pré e pós-condições. Mas não é uma implementação – em vez disso, métodos são implementações. Quando exploramos contratos de operação (pág. 203), em termos de UML estávamos explorando a definição das restrições das operações UML, como foi discutido nas págs. 212-213.

Como mostrar métodos em diagramas de classes?

Um **método** em UML é a implementação de uma operação; se restrições estão definidas, o método deve satisfazê-las. Um método pode ser ilustrado de diversos modos, inclusive:

- Em diagramas de interação, por detalhes e seqüências de mensagens.
- Em diagramas de classes, com um símbolo de anotação UML estereotipado com «method».

Ambos os estilos vão ser usados nos capítulos subseqüentes.

A Figura 16.7 aplica um símbolo de notação UML para definir o corpo do método.

Note, sutilmente, que quando usamos uma anotação UML para mostrar um método, estamos **misturando visões estáticas e dinâmicas** em um mesmo diagrama. O corpo do método (que define o comportamento dinâmico) adiciona um elemento dinâmico ao diagrama de classes estático.

Note que esse estilo é bom para diagramas de livros ou documentos, ou para saída gerada por ferramentas, mas talvez muito complicado ou estilizado para rascunhar ou dar entrada à ferramenta. Ferramentas podem fornecer uma janela popup para simplesmente entrar o código de um método.

Tópicos relativos a operações em DCPs

A operação criar

A mensagem *criar* em um diagrama de interação normalmente é interpretada como a chamada de um *operador new* e uma chamada de construtor em linguagens como Java e C#. Em um DCP, essa mensagem *criar* geralmente será mapeada para uma definição de construtor, usando as regras da linguagem – por exemplo, o nome do construtor igual ao nome da classe (Java, C#, C++,...). A Figura 16.1 mostra um exemplo com o construtor estereotipado «construtor» da *Superclasse Foo*, de modo que sua categoria fique clara.

Operações de acesso a atributos

Operações de acesso recuperam ou atribuem valores a atributos, por exemplo, *obterPreço* e *atribuirPreço*. Essas operações freqüentemente são excluídas (ou filtradas) do diagrama de classe devido à elevada relação ruído-valor que geram; para *n* atributos, pode haver 2*n* operações não interessantes de *obtenção* e *atribuição*. A maioria das ferramentas UML apóia a filtragem de sua exibição, e é especialmente comum ignorá-las ao rascunhar em parede.

16.7 Palavras-chave

Uma **palavra-chave** em UML é um enfeite textual para categorizar um elemento de modelo. Por exemplo, a palavra-chave para categorizar que o classificador de uma caixa é uma interface é (surpreendentemente chocante!) «interface». A Figura 16.1 ilustra a palavra-chave «interface». A palavra-chave «ator» foi usada nas págs. 117-118 para substituir o ícone com figura-humana em bastão do ator, por uma caixa de classe para modelar os atores, sistema-de-computação ou robôs.

Diretriz: Quando rascunhamos em UML – quando se deseja velocidade, facilidade e fluxo criativo, os modeladores freqüentemente simplificam palavras-chave para algo como '<interface>' ou '<I>'.

Restrições (págs. 282-283)

A maioria das palavras-chave é mostrada entre guillemets (« »),[2] mas alguns são mostrados entre chaves, como {abstract}, que é uma *restrição* contendo a palavra-chave *abstract*. Em geral, quando um elemento UML diz que pode ter uma "cadeia-de-propriedades" – como uma operação UML e uma extremidade de associação UML têm – alguns dos termos da cadeia-de-propriedades serão palavras-chave (e alguns podem ser termos definidos pelo usuário) usados no formato entre chaves.

A Figura 16.1 ilustra tanto as palavras-chave «interface» como {abstract}.

Alguns exemplos de palavras-chave predefinidas em UML incluem[3]

Palavra-chave	Significado	Exemplo de Uso
«ator»	Classificador é um ator	Em diagrama de classes, acima do nome do classificador
«interface»	Classificador é uma interface	Em diagrama de classes, acima do nome do classificador
{abstract}	Elemento abstrato; não pode ser instanciado	Em diagrama de classes, depois do nome do classificador ou do nome da operação
{ordered}	Um conjunto de objetos têm alguma ordem imposta	Em diagrama de classes, em uma extremidade da associação

---

[2] Note que, em UML 1, guillemets (« ») foram usados somente para **estereótipos**. Em UML 2, são usados tanto para palavras-chave quanto para estereótipo.
[3] Existem muitas palavras-chave. Para detalhes, procure a especificação UML.

16.8 Estereótipos, perfis e etiquetas

Tal como palavras-chave, estereótipos são mostrados com símbolos guillemets,[4] como «autoria». Mas eles não são palavras-chave, o que pode ser confuso. Um **estereótipo** representa um refinamento de um conceito de modelagem existente e é definido dentro de um **perfil** UML – informalmente uma coleção de estereótipos, etiquetas e restrições relacionadas para especializar o uso da UML para um domínio ou plataforma específico, por exemplo, um perfil UML para gestão de projeto ou para modelagem de dados.

A UML predefine muitos estereótipos,[5] como «destroy» (usado em diagramas de seqüência), e também permite estereótipos definidos pelo usuário. Assim, estereótipos fornecem *um mecanismo de extensão* em UML.

Por exemplo, a Figura 16.8 mostra uma declaração de estereótipo e o seu uso. O estereótipo declara um conjunto de **etiquetas**, usando a sintaxe de atributo. Quando um elemento (por exemplo, a classe *Quadrado*) é marcado com um estereótipo, todas as etiquetas se aplicam ao elemento e a elas podem ser atribuídos valores.

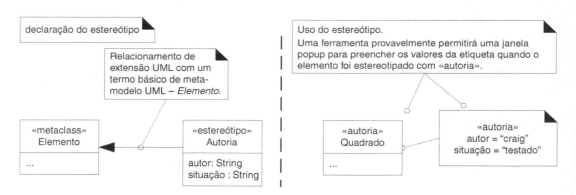

Figura 16.8 Declaração e uso de estereótipo.

16.9 Propriedades e cadeias de propriedade UML

Em UML, uma **propriedade** é "um valor nomeado que denota uma característica de um elemento. Uma propriedade tem impacto semântico." [OMG03b]. Algumas propriedades são predefinidas em UML, por exemplo, *visibilidade* – uma propriedade de uma operação. Outras podem ser definidas pelo usuário.

---

[4] Guillemets são parênteses em um único caractere, mais amplamente conhecidos pelo seu uso na tipografia francesa para indicar uma citação. Fornecedores de ferramentas, desafiados tipograficamente, freqüentemente substituem dois parênteses angulares ('<< >>') pelas mais elegantes '« »'.
[5] Ver a especificação de UML.

Restrições (págs. 282-283)

Propriedades de elementos podem ser apresentadas de vários modos, mas uma abordagem textual é usar o formato UML: **cadeia-de-propriedade** *{nome1 = valor1, nome2 = valor2}*, como em *{abstract, visibility = public}*. Algumas propriedades são mostradas sem um valor, como *{abstract}*; isso normalmente implica um propriedade booleana, abreviatura de *{abstract = true}*. Note que *{abstract}* é tanto exemplo de uma restrição quanto de uma cadeia de propriedade.

16.10 Generalização, classes abstratas, operações abstratas

Generalização em UML é mostrada com uma linha sólida e uma seta triangular grande da subclasse para a superclasse (ver Figura 16.1). O que isso significa? Em UML, para citar:

Generalização – um relacionamento taxonômico entre um classificador mais geral e um classificador mais específico. Cada instância do classificador específico é também uma instância indireta do classificador geral. Assim, o classificador específico indiretamente tem características do classificador mais geral [OMG03b].

Isso é o mesmo que a **herança** em linguagem de programação OO (LPOO)? Depende. Em diagrama de classes, na perspectiva conceitual de um modelo de domínio, a resposta é *não*. Em vez disso, implica que a superclasse é um superconjunto e a subclasse é um subconjunto. Por outro lado, em um diagrama de classes, na perspectiva de software de um DCP, implica herança em LPOO, da superclasse para a subclasse.

Como mostrado na Figura 16.1, **classes abstratas** e operações podem ser mostradas seja por uma etiqueta *{abstract}* (útil quando se rascunha em UML) ou pela colocação do nome em itálico (fácil de apoiar em uma ferramenta UML).

O caso oposto, **classes finais** e operações que não podem ser sobrepostas em subclasses, é mostrado com a etiqueta *{leaf}*.

16.11 Dependência

Linhas de dependência podem ser usadas em qualquer diagrama, mas são especialmente comuns em diagramas de classes e de pacotes. A UML inclui um **relacionamento de dependência** geral que indica que um elemento **cliente** (de qualquer espécie, inclusive classes, pacotes, casos de uso, etc.) tem conhecimento de outro elemento **fornecedor** e que uma modificação no fornecedor pode afetar o cliente. Esse é um relacionamento amplo!

Dependência é ilustrada com uma linha tracejada, com seta partindo do cliente para o fornecedor.

Dependência pode ser vista como outra versão de **acoplamento**, um termo tradicional em desenvolvimento de software quando um elemento está acoplado ou depende de outro.

Existem muitas espécies de dependência. A seguir, alguns tipos comuns em termos de objetos e diagramas de classes:

- Ter um atributo do tipo fornecedor.
- Enviar uma mensagem para um fornecedor; a visibilidade do fornecedor poderia ser:
    - Um atributo, uma variável de parâmetro, uma variável local, uma variável global ou visibilidade de classes (chamando métodos estáticos ou de classe).
- Receber um parâmetro do tipo fornecedor.
- O fornecedor é uma superclasse ou interface.

Todos eles poderiam ser mostrados com uma linha de dependência na UML, mas alguns desses tipos já têm linhas especiais que sugerem a dependência. Por exemplo, existe uma linha especial UML para mostrar a superclasse, uma para mostrar implementação de uma interface e uma para atributos (a linha atributo-como-associação).

Assim, para esses casos não é útil usar a linha de dependência. Por exemplo, na Figura 16.6 uma *Venda* tem alguma espécie de dependência com *LinhaDeItemDeVenda* em virtude da linha de associação. Como já existe uma linha de associação entre esses dois elementos, adicionar uma segunda linha tracejada com seta de dependência é redundante.

Portanto, quando mostrar uma dependência?

Diretriz: Em diagramas de classes, use linha de dependência para mostrar dependência entre objetos dos tipos: global, variável de parâmetro, variável local e método estático (quando uma chamada é feita para um método estático de outra classe).

Por exemplo, o seguinte código Java mostra um método *atualizarPreçoPara* na classe *Venda*.

```
public class Venda
{
public void atualizarPrecoPara( DescricaoDoProduto descricao)
{
    Dinheiro precoBase = descricao.obterPreco();
    //...
}
// ...
}
```

O método *atualizarPreçoPara* recebe como parâmetro um objeto *DescriçãoDoProduto* e depois manda a ele uma mensagem *obterPreço*. Assim, o objeto *Venda* tem visibilidade por parâmetro para *DescriçãoDoProduto*, e acoplamento por envio-de-mensagem e, conseqüentemente, uma dependência de *DescriçãoDoProduto*. Se a última classe fosse modificada, a classe *Venda* poderia ser afetada. Essa dependência pode ser mostrada em um diagrama de classes (Figura 16.9).

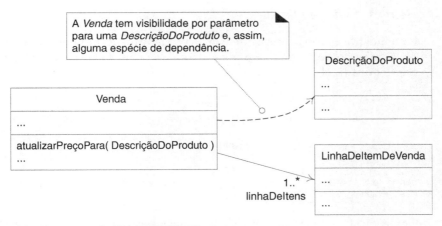

Figura 16.9 Ilustração de dependência.

Outro exemplo: o seguinte código Java mostra um método *fazerX* da classe *Foo*.

```
public class Foo
{
public void fazerX()
{
   System.runFinalization();
   //…
}
// …
}
```

O método *fazerX* chama um método estático da classe *System*. Assim, o objeto *Foo* tem uma dependência por método-estático com a classe *System*. Essa dependência pode ser mostrada em um diagrama de classes (Figura 16.10).

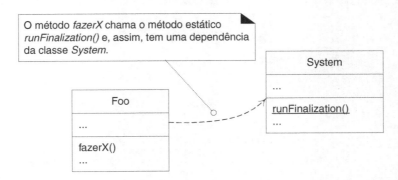

Figura 16.10 Ilustração de dependência.

Rótulos de dependência

Para mostrar o tipo de dependência ou ajudar uma ferramenta com geração de código, a linha de dependência pode ser rotulada com palavras-chave ou estereótipos[6] (ver Figura 16.11).

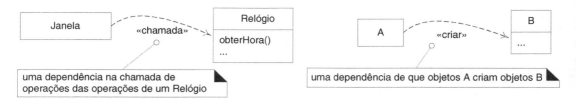

Figura 16.11 Rótulos opcionais de dependência na UML.

16.12 Interfaces

A UML fornece vários modos de mostrar implementação de **interface**, fornecendo uma interface para clientes e dependência de interface (uma **interface exigida**). Na UML, a implementação de interface é formalmente chamada de **realização de interface**. Veja a Figura 16.12

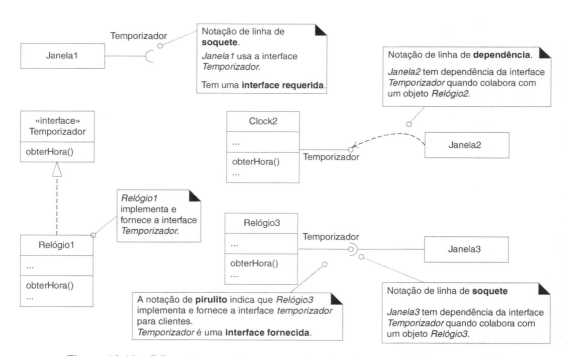

Figura 16.12 Diferentes notações para mostrar interfaces em UML.

---

[6] Veja na especificação da UML muitos rótulos de dependência predefinidos.

A **notação de soquete** é nova em UML 2. É útil indicar "Classe X requer (usa) interface Y" sem desenhar uma linha apontando para a interface Y.

16.13 Composição sobre agregação

Agregação é uma espécie vaga de associação na UML que sugere fracamente relacionamentos todo-parte (como muitas associações ordinárias fazem). Ela não tem semântica significativamente distinta na UML em comparação a uma associação simples, mas o termo é definido na UML. Por quê? Para citar Rumbaugh (um dos principais criadores da UML):

Apesar da pouca semântica acoplada à agregação, todas as pessoas pensam que é necessária (por diferentes razões). Pense nela como um placebo de modelagem. [RJB04]

Diretriz: Conseqüentemente, seguindo o conselho dos criadores da UML, não se preocupe em usar agregação em UML, em vez disso, use *composição* quando apropriado.

Composição, também conhecida como **agregação composta**, é uma espécie forte de agregação todo-parte e *é* útil mostrá-la em alguns modelos. Um relacionamento de composição implica que: 1) uma instância da parte (por exemplo, uma *Casa de um Tabuleiro*) pertence a apenas uma instância composta (por exemplo, um *Tabuleiro*) de cada vez; 2) a parte deve *sempre pertencer* a uma composição (sem *Dedos* soltos); e 3) a composição é responsável pela criação e remoção de suas partes – seja por si mesma criando/removendo as partes, ou pela colaboração com outros objetos. Relacionado a essa restrição está o fato de que se a composição é destruída, suas partes devem ou ser destruídas ou acopladas a outra composição – não são permitidos *Dedos* soltos! Por exemplo, se um tabuleiro físico, em papel, do Banco Imobiliário é destruído, consideramos as casas como sendo destruídas também (uma perspectiva conceitual). Analogamente, se um objeto de software *Tabuleiro* é destruído, seus objetos de software *Casa* são destruídos, em uma perspectiva de DCP de software.

A notação UML para composição é um losango cheio em uma linha de associação, na extremidade da linha em que está o composto (ver Figura 16.13).

Diretriz: O nome da associação na composição é sempre implicitamente alguma variação de "Tem-parte", assim, não se preocupe em denominar explicitamente a associação.

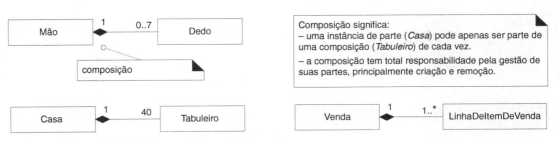

Figura 16.13 Composição na UML.

16.14 Restrições

Restrições podem ser usadas na maioria dos diagramas UML, mas são especialmente comuns nos diagramas de classes. Uma **restrição** UML é uma restrição ou condição em um elemento UML. É visualizada no texto entre chaves, por exemplo, *{tamanho >= 0}*. O texto pode ser em linguagem natural ou em qualquer outra, como linguagem formal de especificação da UML, a **Linguagem de Restrição de Objetos** (*Object Constraint Language* – OCL) [WK99]. Veja a Figura 16.14.

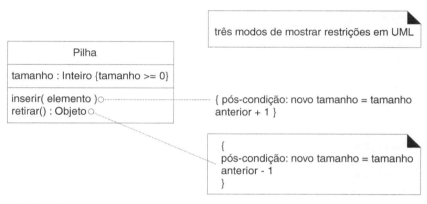

Figura 16.14   Restrições.

16.15 Associação qualificada

Uma **associação qualificada** tem um **qualificador** que é usado para selecionar um objeto (ou objetos) a partir de um conjunto maior de objetos relacionados, baseado na chave do qualificador. Informalmente, na perspectiva de software, sugere a procura das coisas por uma chave, como objetos em um *HashMap (uma tabela de espalhamento)*. Por exemplo, se um *CatalogoDeProdutos* contém muitas descrições de *produto,* e cada uma pode ser selecionada por um *idItem*, então a notação UML da Figura 16.15 pode ser usada para mostrar isso.

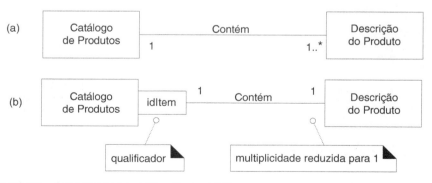

Figura 16.15   Associações qualificadas na UML.

Existe um ponto sutil sobre associação qualificada: a modificação de multiplicidade. Por exemplo, como é contrastado na Figura 16.15 (a) vs. (b), a qualificação reduz a multiplicidade na extremidade alvo da associação, geralmente para baixo, de muitos para um, porque implica a seleção de uma instância de um conjunto maior.

16.16 Classe associativa

Uma **classe associativa** permite tratar uma associação em si como uma classe e modelá-la com atributos, operações e outras características. Por exemplo, se uma *Empresa* emprega muitas *Pessoas*, modeladas com uma associação *Emprega*, você pode modelar a associação em si como a classe *Emprego*, com atributos tais como *dataDeInício*.

Na UML, é ilustrada com uma linha tracejada da associação para a classe associativa (ver Figura 16.16).

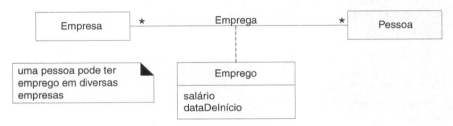

Figura 16.16 Classes associativas em UML.

16.17 Classes objeto unitário (singleton)

Objeto unitário (págs. 449-450)

No mundo de padrões de projeto OO, existe um que é especialmente comum, chamado padrão **Objeto Unitário**. Ele é explicado posteriormente, mas uma implicação do padrão é que existe somente *uma* instância de uma classe instanciada – nunca duas. Em outras palavras, é uma instância "de objeto único". Em um diagrama UML, uma classe dessa natureza pode ser marcada com '1' no canto superior direito do compartimento de nome (ver Figura 16.17).

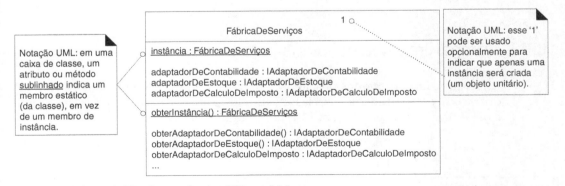

Figura 16.17 Ilustração de objeto unitário.

16.18 Classes gabarito e interfaces

Muitas linguagens (Java, C++,...) apóiam **tipos gabaritados**, também conhecidos (com significados ligeiramente variantes) como **gabaritos, tipos parametrizados** e **genéricos**.[7] Eles são comumente usados para o tipo elemento de classes de coleção, tais como o s elementos List e Map. Por exemplo, em Java, suponha que um objeto de software *Tabuleiro* contém um *List* (uma interface para uma espécie de coleção) de muitas *Casas*. E a classe concreta que implementa a interface *List* é um *ArrayList*:

```
public class Tabuleiro
{
private List<Casa> casas = new ArrayList<Casa>();
// ...
}
```

Note que a interface *List* e a classe *ArrayList* (que implementa a interface *List*) são parametrizadas com o tipo de elemento *Casa*. Como mostrar classes gabarito e interfaces em UML? A Figura 16.18 ilustra:

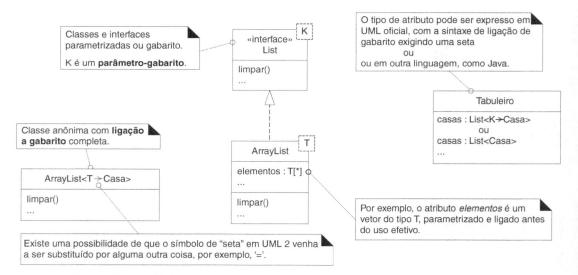

Figura 16.18   Gabaritos em UML.

16.19 Compartimentos definidos pelo usuário

Além dos **compartimentos** de classe comuns predefinidos, como nome, atributos e operações, compartimentos de classe definidos pelo usuário podem ser adicionados a uma caixa de classe. A Figura 16.19 mostra um exemplo.

---

[7] As motivações para classes-gabarito incluem aumento de segurança de tipo e desempenho.

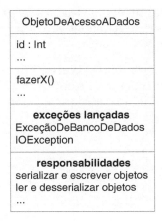

Figura 16.19   Compartimentos.

16.20 Classe ativa

Objeto ativo (pág. 257)

Um **objeto ativo** executa e controla sua própria *linha* de execução. Não surpreendentemente, a classe de um objeto ativo é uma **classe ativa**. Em UML, ela pode ser mostrada com linhas verticais duplas do lado esquerdo e direito da caixa de classe (Figura 16.20).

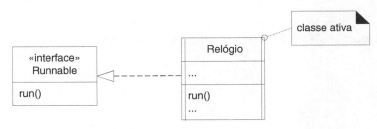

Figura 16.20   Classes ativas em UML.

16.21 Qual é o relacionamento entre diagramas de interação e de classes?

Quando desenhamos diagramas de interação, um conjunto de classes e seus métodos emerge do processo criativo de projeto de modelagem dinâmica de objetos. Por exemplo, se começarmos com o (trivial para a explicação) diagrama de seqüência *fazerPagamento* da Figura 16.21, vemos que uma definição das classes *Registradora e Venda* em um diagrama de classe podem ser obviamente derivadas.

Assim, a partir de diagramas de interação, as definições de diagramas de classe podem ser geradas. Isso sugere uma ordenação linear ao desenhar de diagramas de interação *antes* de diagramas de classe, mas, na prática, especialmente quando se segue a prática de modelagem ágil de *modelos em paralelo,* essas visões complementares dinâmica e estática são desenhadas concorrentemente. Por exemplo, 10 minutos em uma, então 10 minutos na outra.

Diretriz: Uma boa ferramenta UML deve apoiar automaticamente modificações em um diagrama sendo refletidas no outro. No rascunho em parede, use uma parede para diagramas de interação e uma parede adjacente para diagramas de classes.

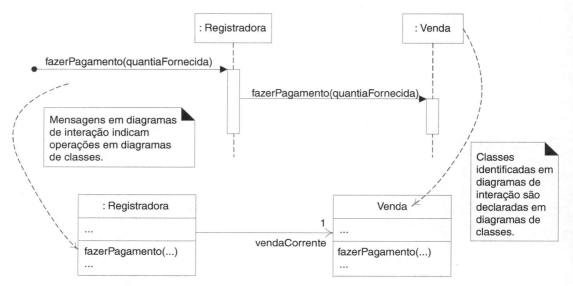

Figura 16.21 A influência dos diagramas de interação nos diagramas de classes.

Capítulo 17

GRASP: Projeto de Objetos com Responsabilidades

Entender responsabilidades é essencial para o bom projeto orientado a objetos.
– Martin Fowler

Objetivos

- Aprender a aplicar cinco dos princípios ou padrões GRASP para POO.

Este capítulo e o próximo contribuem significativamente para o entendimento do âmago do projeto OO (POO). POO é às vezes ensinado da seguinte forma (ou alguma variante dela):

> Após identificar seus requisitos e criar um modelo do domínio, acrescente métodos às classes de software e defina as mensagens e troca de mensagens entre os objetos para atender aos requisitos.

Ai! Essa sugestão vaga não nos ajuda, porque princípios e tópicos profundos estão envolvidos. Decidir que métodos pertencem a quais objetos e como os objetos devem interagir entre si leva a consequências e devem ser considerado seriamente. Dominar POO – e esse é um encanto complicado – envolve um grande conjunto de princípios leves com muitos graus de liberdade. Não é mágica – os padrões podem ser *denominados*[‡] (importante!), explicados e aplicados. Exemplos ajudam. Prática ajuda. E o pequeno passo a seguir ajuda: depois de estudar esses estudos de caso, tente recriar (de memória) a solução do Banco Imobiliário nas paredes com colegas e aplicar os princípios, como o Especialista na Informação.

[‡] N. de R.T.: O verbo *name*, em inglês, é neste livro traduzido como "denominar", com o significado de "dar um nome a alguma coisa". Assim, um padrão deve ser denominado, no sentido de que deve possuir um nome que ajude a identificá-lo.

288   Parte III • Elaboração: Iteração 1 – Conceitos Básicos

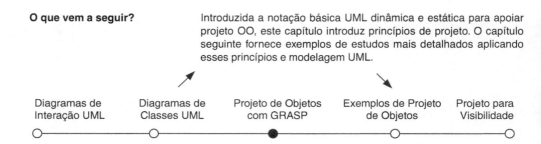

17.1 UML versus princípios de projeto

UML e o pensamento bala de prata (págs. 39-40)

Como a UML é simplesmente uma linguagem visual de modelagem normalizada, conhecer seus detalhes não o ensina como raciocinar sobre objetos – esse é o tema deste livro. A UML algumas vezes é descrita como uma "ferramenta de projeto", mas isso não está muito correto...

A ferramenta crucial de projeto para desenvolvimento de software é uma mente bem educada em princípios de projeto. Não é a UML ou qualquer outra tecnologia.

17.2 Projeto de objetos: exemplos de entradas, atividades e saídas

Esta seção resume um exemplo panorâmico de projeto em um método iterativo:

- O que foi feito? – Atividades anteriores (por exemplo, reuniões de trabalho) e artefatos.

- Como as coisas se relacionam? – Influência dos artefatos anteriores (por exemplo, casos de uso) no projeto OO.

- Quanta modelagem de projeto deve ser feita e como?

- Qual é a saída?

Gostaria, especialmente, que você entendesse como os artefatos de análise se relacionam ao projeto de objetos.

Quais são as entradas para o projeto de objetos?

Vamos começar com entradas de "processo". Considere que somos desenvolvedores trabalhando no projeto PDV ProxGer e o seguinte cenário é verdadeiro:

A primeira **reunião de trabalho de requisitos de dois dias** foi terminada.	Os chefes de arquitetura e do negócio concordam em implementar e testar alguns **cenários de Processar Vendas** na iteração de tempo limitado de **três semanas**.

(continua)

(continuação)

Três dos vinte casos de uso – aqueles que são mais significativos arquiteturalmente e de mais alto valor de negócio – foram analisados em detalhe, inclusive, é claro, o caso de uso *ProcessarVenda*. (O PU recomenda, como é típico em métodos iterativos, analisar apenas de **10% a 20% dos requisitos** em detalhe antes de começar a programar.)	**Outros artefatos** foram iniciados. Especificação Suplementar, Glossário e Modelo de Domínio.
Experimentos de Programação resolveram as questões técnicas críticas, tais como se uma IU Java Swing vai funcionar em uma tela sensível ao toque.	O chefe de arquitetura desenhou algumas idéias para a **arquitetura lógica em grande escala** usando diagramas de pacotes UML. Isso é parte do Modelo de Projeto do PU.

Quais são os *artefatos* de entradas e seu relacionamento com o projeto de objetos?[1] Eles são resumidos na Figura 17.1 e na tabela a seguir.

O **texto do caso de uso** define o comportamento visível que os objetos de software devem, em última análise, apoiar – objetos são projetados para "realizar" (implementar) os casos de uso. No PU, esse projeto OO é chamado, não surpreendentemente, de **realização do caso de uso**.	A **Especificação Suplementar** define as metas não funcionais, como internalização, as quais os nossos objetos precisam satisfazer.
Os **diagramas de seqüência do sistema** identificam as mensagens das operações do sistema, que são as mensagens de partida nos nossos diagramas de interação dos objetos de colaboração.	O **Glossário** esclarece detalhes sobre parâmetros ou dados de entrada vindos da camada de IU, dos dados sendo passados para a base de dados, e lógica detalhada específica de item ou requisitos de validação, por exemplo, os formatos e validação legais de produtos CUP (Código Universal de Produtos).
Os **contratos de operação** podem complementar o texto do caso de uso para esclarecer o que os objetos de software devem realizar em uma operação do sistema. As pós-condições definem detalhadamente as realizações.	O **Modelo de Domínio** sugere alguns nomes e atributos de objetos do domínio de software na camada de domínio da arquitetura do software.

Nem todos esses artefatos são necessários. Lembre-se de que, no PU, todos os elementos são opcionais, possivelmente criados para reduzir algum risco.

O que são atividades de projeto de objetos?

Estamos prontos para tirar nossos chapéus de analista e colocar nossos chapéus de projetista-modelador.

---

[1] Outros artefatos de entradas poderiam incluir o documento de projeto de um sistema existente que está sendo modificado. É também útil realizar a engenharia reversa do código existente para produzir diagramas de pacotes UML a fim de observar a estrutura lógica em larga escala, e alguns diagramas de classes e de seqüência.

Teste-a-priori
(págs. 396-397)

Dadas uma ou mais dessas entradas, desenvolvedores 1) começam imediatamente a codificar (idealmente com **desenvolvimento com teste-a-priori** – *test-first development*), 2) começam alguma modelagem UML para o projeto de objetos, ou 3) começam com outra técnica de modelagem, como cartões CRC.[2]

No caso da UML, o ponto real não é a UML, mas a modelagem visual – usando uma linguagem que nos permite explorar mais visualmente do que podemos apenas com texto bruto. Nesse caso, por exemplo, desenhamos tanto diagramas de interação quanto diagramas de classes complementares (modelagem dinâmica e estática) durante um **dia de modelagem**. E, mais importante, durante a atividade de desenho (e codificação), aplicamos vários princípios de projeto OO, como **GRASP** e os **padrões de projeto da Gangue dos Quatro (Gang-of-Four – GoF)**. A abordagem global para fazer a modelagem de projeto OO será baseada na *metáfora* de **projeto guiado por responsabilidade, PGR, (responsibility-driven design – RDD)**, pensando sobre como atribuir responsabilidades a objetos que colaboram.

GRASP
(págs. 292-293)

GoF
(pág. 443)
(pág. 292)

> Este capítulo e o subseqüente exploram o que significa aplicar PGR, GRASP e alguns dos padrões de projeto GoF.

No dia de modelagem, talvez a equipe trabalhe em pequenos grupos durante 2 a 6 horas, ou nas paredes, ou com ferramentas de modelagem de software, fazendo diferentes espécies de modelagem para as partes difíceis e criativas do projeto. Isso poderia incluir IU, OO e modelagem de base de dados com desenhos UML, ferramentas de prototipação, esboços etc.

Durante o desenho em UML, adotamos a atitude realista (também promovida na modelagem ágil) de que estamos desenhando os modelos principalmente para *entender e comunicar,* não para documentar. Evidentemente, esperamos que alguns dos diagramas UML sejam entradas úteis para a definição (ou geração automática de código com uma ferramenta UML) do código.

Na terça-feira – ainda no início da iteração limitada em tempo de três semanas – a equipe suspende a modelagem e coloca os chapéus de programador para evitar a mentalidade do método em cascata de modelar demais antes de programar.

Quais são as saídas?

A Figura 17.1 ilustra algumas entradas e seu relacionamento com a saída de um diagrama de interação e de classes UML. Note que podemos nos referir a essas entradas de análise durante o projeto, por exemplo, revendo o texto do caso de uso ou os contratos de operação, escaneando um modelo de domínio e revendo a Especificação Suplementar.

O que foi criado durante o dia de modelagem (por exemplo)?

---

[2] Todas essas abordagens são hábeis, dependendo do contexto e da pessoa.

Capítulo 17 • GRASP: Projeto de Objetos com Responsabilidades

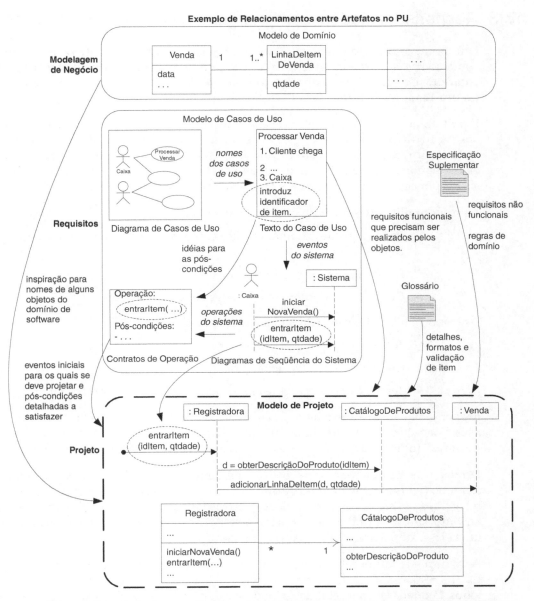

Figura 17.1 Relacionamentos de artefatos enfatizando a influência no Projeto OO.

- Especificamente para projeto de objetos, diagramas UML de interação, de classes e de pacotes para as partes difíceis do projeto que desejamos explorar antes de codificar.
- Esboços e protótipos de IU.
- Modelos de base de dados (com notação UML para perfil de modelagem de dados pág. 626).
- Esboços e protótipos de relatórios.

17.3 Responsabilidades e projeto guiado por responsabilidade

Um modo popular de raciocinar sobre projeto de objetos de software e também sobre componentes[3] em larga escala é em termos de **responsabilidades, papéis** e **colaborações**. Isso é parte de uma abordagem mais ampla chamada **projeto guiado por responsabilidades** ou **PGR** [WM02].

Em PGR, pensamos em objetos de software como tendo responsabilidades – uma abstração do que eles fazem. A UML define uma **responsabilidade** como "um contrato ou obrigação de um classificador" [OMG03b]. Responsabilidades estão relacionadas com as obrigações de um objeto em termos de seu papel. Basicamente, essas responsabilidades são dos dois tipos seguintes: *fazer* e *conhecer*.

As responsabilidades **fazer** de um objeto incluem:

- Fazer algo propriamente dito, como criar um objeto ou executar um cálculo.
- Iniciar uma ação em outros objetos.
- Controlar e coordenar atividades em outros objetos.

As responsabilidades **saber** de um objeto incluem:

- Ter conhecimento sobre dados privados encapsulados.
- Conhecer objetos relacionados.
- Ter conhecimento sobre coisas que ele pode derivar ou calcular.

Responsabilidades são atribuídas a classes de objetos durante o projeto orientado a objetos. Por exemplo, posso declarar que "uma *Venda* é responsável por criar *LinhaDeItemDeVenda*" (um fazer), ou "uma *Venda* é responsável por conhecer seu total" (um saber).

Baixo hiato representacionais (pág. 164)

Diretriz: Os atributos e associações que geralmente são ilustrados pelos objetos do domínio (pensando no modelo de domínio) costumam inspirar as responsabilidades relevantes ao "saber". Por exemplo, se a classe *Venda* do modelo de domínio tem um atributo *hora*, é natural para cumprir o objetivo de **baixo hiato representacional** que uma classe de software *Venda* saiba a sua hora.

A tradução de responsabilidades para classes e métodos é influenciada pela *granularidade* da responsabilidade. Grandes responsabilidades exigem centenas de classes e métodos. Pequenas responsabilidades podem exigir um método. Por exemplo, a responsabilidade de "fornecer acesso a bases de dados relacionais" pode envolver duas centenas de classes e milhares de métodos empacotados em um subsistema. Já a responsabilidade de "criar uma *Venda*" pode envolver apenas um método em uma classe.

Uma responsabilidade não é a mesma coisa que um método – é uma abstração – porém métodos satisfazem às responsabilidades.

PGR também inclui a idéia de **colaboração**. Responsabilidades são implementadas por meio de métodos, que ou atuam sozinhos ou colaboram com outros métodos e objetos.

---

[3] Raciocínio em termos de responsabilidade pode ser aplicado a qualquer escala de software – de um pequeno objeto a um sistema de sistemas.

Por exemplo, a classe *Venda* pode definir um ou mais métodos para saber o seu total; por exemplo, um método denominado *obterTotal*. Para satisfazer a essa responsabilidade, a *Venda* pode colaborar com outros objetos, por exemplo, enviando uma mensagem *obterSubtotal* para cada objeto *LinhaDeItemDeVenda*, solicitando a ele o seu subtotal.

> *PGR é uma metáfora*
>
> PGR é uma metáfora geral para raciocinar sobre projetos de software OO. Pense em objetos de software como semelhantes a pessoas com responsabilidades, que colaboram com outras pessoas para fazer com que o trabalho seja feito. PGR leva a considerar um projeto OO como uma *comunidade de objetos responsáveis que colaboram*.

Ponto-chave: GRASP nomeia e descreve alguns princípios básicos para atribuir responsabilidades. Assim, é útil saber GRASP – para apoiar PGR.

17.4 GRASP: uma abordagem metódica para projeto OO básico

GRASP: uma ajuda ao aprendizado para projeto OO com responsabilidades

É possível denominar e explicar os princípios e o raciocínio detalhados necessários para dominar o projeto básico de objetos, atribuindo responsabilidades a objetos. Os princípios ou padrões **GRASP** são um apoio ao aprendizado para ajudá-lo a entender o projeto de objetos essencial e aplicar o raciocínio de projeto de um modo metódico, racional, explicável. Essa abordagem para entender e usar princípios de projeto é baseada em *padrões para atribuir responsabilidades*.

Este capítulo – e vários outros – usa GRASP como uma ferramenta para ajudar a dominar os conceitos básicos de POO e entender atribuição de responsabilidade em projeto de objetos.

> Entender como aplicar GRASP a projeto de objetos
> é um objetivo-chave deste livro.

Assim, GRASP é relevante, mas, por outro lado, é apenas uma ajuda ao aprendizado para estruturar e denominar os princípios – quando você "dominar" os fundamentos, os termos GRASP específicos (Especialista na Informação, Criador,...) não são importantes.

17.5 Qual é a conexão entre responsabilidades, GRASP e diagramas UML?

Você pode pensar sobre atribuição de responsabilidades a objetos enquanto codifica ou modela. Em UML, o desenho de diagramas de interação torna-se a ocasião para considerar essas responsabilidades (realizadas como métodos).

A Figura 17.2 indica que ao objeto *Venda* foi atribuída a responsabilidade de criar *Pagamento*, concretamente realizado com uma mensagem *fazerPagamento* e tratado com o método correspondente *fazerPagamento*. Além disso, a satisfação dessa responsabilidade requer colaboração para criar o objeto *Pagamento* e chamar seu construtor.

Dessa forma, quando desenhamos um diagrama de interação UML, estamos decidindo sobre atribuições de responsabilidade. Este capítulo enfatiza princípios fundamentais – expressos em GRASP – para guiar escolhas sobre atribuição de responsabilidades. Assim, você pode aplicar os princípios GRASP enquanto desenha diagramas de interação UML e também enquanto codifica.

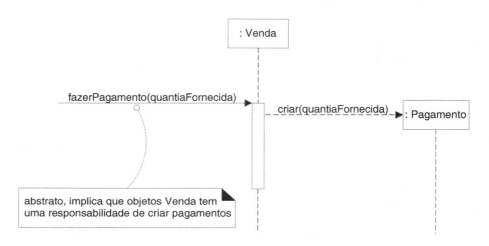

Figura 17.2 Responsabilidades e métodos estão relacionados.

17.6 O que são padrões?

Desenvolvedores OO experientes (e outros desenvolvedores de software) construíram um repertório tanto de princípios gerais quanto de soluções idiomáticas que os guiam na criação de software. Esses princípios e idiomas, se codificados em um formato estruturado, descrevendo o problema e a solução, além de serem devidamente denominados, podem ser chamados de **padrões**. Veja um exemplo de padrão:

Nome do padrão: **Especialista na Informação** (*Information Expert*)

Problema: Qual é o princípio básico de atribuição de responsabilidades a objetos?

Solução: Atribuir responsabilidade à classe que tem a informação necessária para satisfazê-la.

Em projeto OO, um **padrão** é uma descrição denominada de um problema e solução que pode ser aplicada a novos contextos; idealmente, um padrão nos aconselha sobre como aplicar sua solução em circunstâncias variadas e considera as forças e as soluções de compromisso (trade-offs). Muitos padrões, dada uma categoria específica de problemas, guiam a atribuição de responsabilidades a objetos.

> De um modo mais simples, um bom **padrão** é um par problema/solução *denominado* e *bem conhecido* que pode ser aplicado em novos contextos, com conselhos sobre como aplicá-lo em situações novas e discussão sobre seus compromissos, implementações, variações, etc.

Os padrões têm nomes – importante!

Desenvolvimento de software é um campo jovem. A campos jovens faltam nomes bem estabelecidos para seus princípios – e isso torna difícil a comunicação e a educação. Padrões têm nomes, como *Especialista na Informação* e *Fábrica Abstrata (Abstract Factory)*. Denominar um padrão, idéia de projeto ou princípio tem as seguintes vantagens:

- Apoio ao particionamento (chunking) e incorporação do conceito ao nosso entendimento e memória.
- Facilidade de comunicação.

Quando um padrão é denominado e amplamente publicado – e todos concordamos em usar o nome – podemos discutir uma idéia complexa de projeto em sentenças curtas (ou diagramas curtos), uma virtude da abstração. Considere a seguinte discussão entre dois desenvolvedores de software usando um vocabulário de nomes de padrões:

Jill: "Jack, para o subsistema de persitência, vamos expor os serviços com uma *Fachada*. Usaremos uma *Fábrica Abstrata* para mapeadores e *Procuradores* para materialização sob demanda."

Jack: "Que diabos você acabou de dizer?!?"

Jill: "Aqui, leia isto..."

'Novo padrão' é uma contradição

Novo padrão deveria ser considerado uma contradição se ele descrever uma nova idéia. O próprio termo "padrão" sugere algo longamente repetido. A idéia de padrões de projeto *não* é expressar novas idéias de projeto. Muito pelo contrário – grandes padrões tentam codificar conhecimento, idiomas e princípios *existentes* testados e verdadeiros. Quanto mais familiar, antigo e amplamente usado, melhor.

Conseqüentemente, os padrões GRASP não enunciam novas idéias; eles nomeiam e codificam princípios básicos amplamente usados. Para um especialista em projeto OO, os padrões GRASP – pela idéia se não pelo nome – vão parecer fundamentais e familiares. Esse é o ponto!

O livro de padrões de projeto da gangue-dos-quatro (GoF)

A idéia de padrões denominados em software vem de Kent Beck (também da **Programação Extrema [Extreme Programming]**) na metade da década de 1980.[4] No entanto, 1994 foi um importante marco na história dos padrões, projeto OO e livros de projeto de software: um livro com venda maciça e imensa influência, *Design Patterns* [GHJV95], de autoria de Gamma, Helm, Johnson e Vlissides, foi publicado[5]. O livro, considerado a "Bíblia" dos livros de padrão de projeto, descreve 23 padrões de projeto OO, com nomes como *Estratégia* e *Adaptador*. Esses 23 padrões, de autoria de quatro pessoas, são conseqüentemente chamados de padrões de projeto da **Gangue-dos-Quatro** (Gang-of-Four, **GoF**).[6]

No entanto, *Design Patterns* não é um livro introdutório. Ele pressupõe conhecimento significativo anterior de projeto e programação OO e a maioria dos exemplos de código está em C++.

Mais adiante, os capítulos intermediários *deste* livro, especialmente o Capítulo 26 (pág. 443), o Capítulo 35 (pág. 586) e o Capítulo 38 (pág. 622) introduzem muitos dos padrões de projeto GoF mais usados e os aplicam aos nossos estudos de caso. Veja também "Conteúdo dos Principais Tópicos" na pág. xv.

É um objetivo-chave deste texto *aprender tanto GRASP quanto os padrões essenciais GoF.*

GRASP é um conjunto de padrões ou princípios?

GRASP define nove princípios básicos de projeto OO ou blocos construtivos básicos de projeto. Alguns perguntaram: "GRASP não descreve princípios em vez de padrões?" Uma resposta está na palavra dos autores da Gangue-dos-Quatro, extraídas do prefácio do seu importante livro *Design Patterns*:

> *O padrão de uma pessoa é o bloco construtivo*
> *primitivo de outra pessoa.*

Em vez de focalizar em rótulos, este texto foca no valor pragmático do uso de estilo de padrão como uma excelente *ajuda de aprendizado* para denominar, apresentar e lembrar idéias de projeto clássicas e básicas.

---

[4] A noção de padrões originou-se com os padrões arquiteturais (de construção) de Cristopher Alexander [AIS77]. Padrões de software se originaram na década de 1980, com Kent Beck, que descobriu o trabalho de padrões de Alexander em arquitetura, e depois foram desenvolvidos por Beck com Ward Cunningham [BCC77, Beck94] na Tektronix.

[5] Os editores listam a data de publicação como sendo 1995, mas ele foi lançado em outubro de 1994.

[6] Também uma brincadeira sutil relacionada à política Chinesa de meados da década de 1970, após a morte de Mao.

17.7 Onde estamos agora?

Até aqui, este capítulo resumiu a experiência de projeto OO:

1. A **experiência em processo** iterativo – artefatos anteriores? Como eles se relacionam aos modelos de projeto OO? Quanto tempo devemos empregar modelando projeto?

2. PGR como metáfora para projeto de objetos – uma comunidade de objetos responsáveis que colaboram.

3. **Padrões** como um modo de denominar e explicar idéias de projeto OO – GRASP para padrões básicos de atribuição de responsabilidades e **GoF** para idéias mais avançadas de projeto. Padrões podem ser aplicados durante a modelagem e a codificação.

4. UML para **modelagem visual** no projeto OO, durante a qual tanto padrões GRASP quanto GoF podem ser aplicados.

Após esse entendimento, é hora de enfocar alguns detalhes do projeto de objetos.

17.8 Um pequeno exemplo de projeto de objetos com GRASP

Todos os padrões GRASP estão resumidos na segunda capa deste livro

As seções seguintes exploram GRASP em mais detalhe, mas vamos começar com um pequeno exemplo para ver as grandes idéias aplicadas ao estudo de caso Banco Imobiliário. Existem nove padrões GRASP; este exemplo aplica o seguinte subconjunto:

- Criador (Creator)
- Especialista na Informação (Information Expert)
- Acoplamento Baixo (Low Coupling)
- Controlador (Controller)
- Coesão Alta (High Cohesion)

Criador

Problema: quem cria o objeto *Casa*?

Um dos primeiros problemas que você tem que considerar em projeto OO é: quem cria o objeto X? Essa é uma responsabilidade de *fazer*. Por exemplo, no estudo de caso Banco Imobiliário, quem cria o objeto de software *Casa*? Veja, *qualquer* objeto pode criar uma *Casa*, mas o que muitos desenvolvedores OO escolheriam? E por quê?

Que tal ter um objeto *Cão* (isto é, alguma classe arbitrária) como criador? Não! Podemos sentir isso nos ossos. Por quê? Porque – e esse é o ponto crítico – não é atraente para o nosso modelo mental do domínio. *Cão* não apóia o **baixo hiato representacional, BHR (low representational gap, LRG)**, entre o que pensamos do domínio e uma correspondência direta com objetos de software. Resolvi esse problema com literalmente milhares de desenvolvedores, e cada um, da Índia aos EUA, vai dizer, "Faça com que o objeto *Tabuleiro* crie as *Casas*". Interessante! Isso reflete uma "intuição" de que os desenvolvedores de software OO freqüentemente (exceções são exploradas depois) desejam que os "recipientes" criem as coisas "contidas", por exemplo, *Tabuleiros* criando *Casas*. Por falar nisso, porque estamos definindo classes de software com os nomes *Casa* e *Tabuleiro*, em vez dos nomes AB324 e ZC17? Resposta: por causa do BHR. Isso conecta o Modelo de Domínio do PU ao Modelo de Projeto do PU, ou nosso modelo mental do domínio com a sua realização na *camada de domínio* da arquitetura de software.

Com isso como pano de fundo, eis a definição do padrão **Criador**:[7]

Nome:	**Criador**
Problema:	Quem cria um A?
Solução: (pode ser vista como conselho)	Atribuir à classe B a responsabilidade de criar uma instância da classe A se uma das seguintes afirmativas for verdadeira (quanto mais melhor):

- B "contém" A, ou agrega A de forma composta.
- B registra A.
- B usa A de maneira muito próxima.
- B contém os dados iniciais de A.

Note que isso tem a ver com a atribuição de responsabilidade. Vamos ver como aplicar Criador.

Primeiro, um ponto sutil, mas importante, na aplicação de Criador e outros padrões GRASP: *B* e *A* se referem a objetos de software, não a objetos do modelo de domínio. Tentamos primeiro aplicar Criador procurando objetos de software existentes que satisfazem o papel de B. Mas e se estivermos apenas começando o projeto OO e ainda não tivermos definido quaisquer classes de software? Nesse caso, por BHR, *olhe o modelo de domínio* para inspiração.

Assim, para o problema de criação de *Casa,* como ainda não há classes de software definidas, olhamos o modelo de domínio na Figura 17.3 e vemos que um *Tabuleiro contém Casas*. Essa é uma perspectiva conceitual, não de software, mas naturalmente podemos retratá-la no Modelo de Projeto, para que um objeto de software *Tabuleiro* contenha objetos de software *Casa*. E depois, de modo consistente com BHR e o conselho de Criador, o *Tabuleiro* vai criar *Casa*. Também, *Casas* vão ser sempre parte de um *Tabuleiro*, e *Tabuleiro* gerenciará sua criação e destruição; assim, elas estarão em associação de *agregação composta* com o *Tabuleiro*.

Lembre que uma prática de modelagem ágil é criar modelos de objetos complementares dinâmicos e estáticos em paralelo. Assim, desenhei *tanto* um diagrama de seqüência parcial quanto um diagrama de classe para refletir essa decisão de projeto na qual apliquei um padrão GRASP durante o desenho de diagramas UML. Veja a Figura 17.4 e a Figura 17.5. Note, na Figura 17.4, que quando o *Tabuleiro* é criado, ele cria uma *Casa*. A bem da brevidade, neste exemplo, vou ignorar os detalhes relativos a desenhar o ciclo que cria todas as 40 casas.

---

[7] Padrões de criação alternativos, como *Fábrica Concreta* e *Fábrica Abstrata*, são discutidos depois.

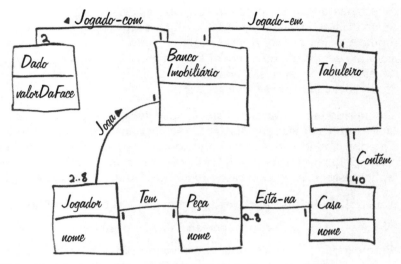

Figura 17.3 Modelo de domínio para a iteração 1 do Banco Imobiliário.

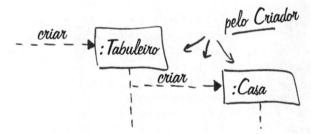

Figura 17.4 Aplicação do padrão Criador em um modelo dinâmico.

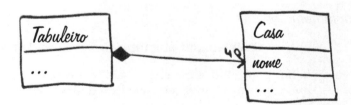

Figura 17.5 Em um DCP do Modelo de Projeto, *Tabuleiro* tem uma associação de agregação composta com *Casas*. Estamos aplicando Criador em um modelo estático.

Especialista na informação

Problema: dada uma chave, quem sabe sobre um objeto Casa?

O padrão Especialista na Informação (freqüentemente abreviado para Especialista) é um dos princípios de atribuição de responsabilidade mais básicos no projeto de objetos.

Suponha que objetos precisam ser capazes de referenciar uma *Casa* em particular, dado o seu nome. Quem deve ser responsável por conhecer uma *Casa*, dada uma chave? Evidentemente, essa é uma responsabilidade de *saber*, mas Especialista também se aplica a *fazer*.

Do mesmo modo que com Criador, *qualquer* objeto pode ser responsável, mas qual deles muitos desenvolvedores OO escolheriam? E por quê? Como no problema com Criador, a maioria dos desenvolvedores OO escolheria o objeto *Tabuleiro*. Parece óbvio atribuir essa responsabilidade a *Tabuleiro*, mas é instrutivo descobrir por que, e aplicar esse princípio em casos mais sutis. Exemplos posteriores ficarão mais sutis.

Especialista na Informação explica por que *Tabuleiro* é escolhido:

Nome:	**Especialista na Informação**
Problema:	Qual é o princípio básico pelo qual atribuir responsabilidades a objetos?
Solução: (sugestão):	Atribua responsabilidade à classe que tenha informação necessária para satisfazê-la.

Uma responsabilidade precisa de informação para sua satisfação – informação sobre outros objetos, o próprio estado do objeto, o mundo em torno de um objeto, informação que o objeto pode derivar, e assim por diante. Neste caso, para ser capaz de recuperar e apresentar qualquer *Casa* – dado seu nome – algum objeto precisa saber (ter a informação) sobre *todas as Casas*. Decidimos anteriormente, como mostrado na Figura 17.5, que um *Tabuleiro* de software vai agregar todos os objetos *Casa*. Assim, *Tabuleiro* tem a informação necessária para satisfazer essa responsabilidade. A Figura 17.6 ilustra a aplicação de Especialista no contexto do desenho.

O princípio GRASP seguinte, Acoplamento Baixo, explica por que Especialista é um princípio central e útil de projeto OO.

Acoplamento baixo

Questão: por que Tabuleiro, em vez de Cão?

Especialista nos guia a atribuir a responsabilidade de conhecer uma *Casa* específica, dado um nome único, ao objeto *Tabuleiro* porque *Tabuleiro* sabe sobre todas as

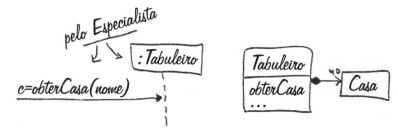

Figura 17.6 Aplicação de Especialista.

casas (ele tem a informação – ele é o Especialista na Informação). Mas porque Especialista dá esse conselho?

A resposta é encontrada no princípio de Acoplamento Baixo. Breve e informalmente, **acoplamento** é uma medida de quão fortemente um elemento está conectado a, tem conhecimento de, ou depende de outros elementos. Se há acoplamento ou dependência, quando o elemento do qual se depende é modificado, o dependente pode ser afetado. Por exemplo, uma subclasse é fortemente acoplada a uma superclasse. Um objeto *A* que chama operações do objeto *B* tem acoplamento com os serviços de *B*.

O princípio de Acoplamento Baixo se aplica a muitas dimensões do desenvolvimento de software; é realmente uma das metas essenciais na construção de software. Em termos de projeto e responsabilidades de objetos, podemos descrever a sugestão como segue:

Nome:	**Acoplamento Baixo**
Problema:	Como reduzir o impacto de modificação?
Solução: (sugestão)	Atribuir responsabilidades de modo que acoplamento (desnecessário) permaneça baixo. Use esse princípio para avaliar alternativas.

Usamos Acoplamento Baixo para *avaliar* projetos existentes ou a escolha entre novas alternativas – todo o resto permanecendo igual, deveríamos preferir um projeto cujo acoplamento é mais baixo do que as alternativas.

Por exemplo, como decidimos na Figura 17.5, um objeto *Tabuleiro* contém muitas *Casas*. Por que não atribuir *obterCasa* a Cão (isto é, alguma outra classe arbitrariamente)? Considere o impacto em termos de acoplamento baixo. Se um *Cão* tem *obterCasa*, como mostrado no esboço em UML da Figura 17.7, ele deve colaborar com *Tabuleiro*

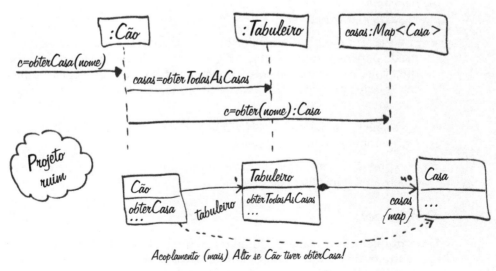

Figura 17.7 Avaliação do efeito de acoplamento nesse projeto.

para obter a coleção de todas as *Casas* do *Tabuleiro*. Elas provavelmente são armazenadas em um objeto de coleção *Map*, que permite recuperação com uma chave. Então, o *Cão* pode ter acesso e retornar uma *Casa* específica pelo *nome* da chave.

Mas vamos avaliar o acoplamento total com esse projeto ruim com *Cão* em comparação com nosso projeto original em que *Tabuleiro* faz *obterCasa*. No caso de *Cão*, o *Cão* e o *Tabuleiro* precisam saber sobre o objeto *Casa* (os dois objetos têm acoplamento com *Casa*); no caso de *Tabuleiro*, apenas *Tabuleiro* precisa saber sobre objetos *Casa* (um objeto tem acoplamento com *Casa*). Assim, o acoplamento global é mais baixo no projeto *Tabuleiro*, e todas as outras coisas permanecendo iguais, é melhor do que o projeto *Cão*, em termos de apoiar o objetivo de Acoplamento Baixo.

Em uma meta de nível mais alto, por que é desejável Acoplamento Baixo? Em outras palavras, por que deveríamos querer reduzir o impacto de modificação? *Porque Acoplamento Baixo tende a reduzir o tempo, esforço e defeitos na modificação de software.* Essa é uma resposta curta, mas com grandes implicações na construção e manutenção de software!

Ponto-chave: especialista apóia acoplamento baixo

Para voltar à motivação do Especialista na Informação: ele nos guia para uma escolha que apóia Acoplamento Baixo. Especialista nos pede para encontrar o objeto que tem a maioria da informação requerida pela responsabilidade (por exemplo, *Tabuleiro*) e atribuir a responsabilidade a ele.

Se colocarmos a responsabilidade em qualquer outro lugar (por exemplo, *Cão*) o acoplamento global vai ser maior, porque mais informação ou objetos precisam ser compartilhados fora de sua fonte ou residência original, como as casas na coleção *Map* tem de ser compartilhadas com *Cão*, fora de sua residência no *Tabuleiro*.

Aplicação de UML: por favor, observe alguns elementos UML no diagrama de seqüência da Figura17.7:

- A variável de retorno de valor *casas* da mensagem *obterTodasAsCasas* também é usada para denominar o objeto linha de vida em *casas: Map<Casa>* (por exemplo, uma coleção do tipo *Map* que contém objetos *Casa*). Referenciar uma variável de retorno de valor em uma caixa de linha de vida (para enviar mensagens a ela) é comum.

- A variável *c* na mensagem *obterCasa* inicial e a variável *c* na última mensagem *obter* referem-se ao mesmo objeto.

- A expressão *c = obter(nome) : Casa* na mensagem indica que o tipo de *c* é uma referência a uma instância de *Casa*.

Controlador

Uma arquitetura em camadas simples tem uma camada de IU e uma camada de domínio, entre outras. Atores, como o observador humano no Banco Imobiliário, geram eventos IU, como clicar um botão de mouse para jogar. Os objetos de software de IU (em Java, por exemplo, uma janela *Jframe* e um botão *JButton*) precisam então reagir ao evento de um clique de mouse e, em última análise, provocar o início do jogo.

Separação modelo-visão (págs. 229-231)

Pelo Princípio de Separação Modelo-Visão, sabemos que objetos de IU *não* devem conter lógica de aplicação ou "negócio", como calcular o movimento de um jogador. Assim, quando os objetos de IU detectam o evento do mouse, precisam **delegar** (enviar a tarefa para outro objeto) a solicitação para *objetos do domínio* na *camada de domínio*.

O padrão Controlador responde esta simples questão: qual é o *primeiro* objeto, depois ou além da camada de IU, que deve receber a mensagem da camada de IU?

Para ligar isso de volta aos diagramas de seqüência do sistema, como uma revisão da Figura 17.8 mostra, a operação-chave do sistema é *jogar*. De alguma forma, o observador humado gera uma solicitação *jogar* (provavelmente clicando em um botão de IGU rotulado "Jogar") e o sistema responde.

A Figura 17.9 ilustra uma visão de granularidade mais fina para o que está acontecendo, considerando uma janela *JFrame* da IGU Java Swing e um botão *JButton*.[8] Ao clicar um *Jbutton*, é enviada uma mensagem *açãoRealizada* para algum objeto, freqüentemente na própria janela *Jframe*, como vemos na Figura 17.9. Depois – e esse é o **ponto-chave** – a janela *Jframe* precisa adaptar essa mensagem de *açãoRealizada* para algo mais semanticamente significativo, como uma mensagem *jogar* (para corresponder ao DSS de análise), e delegar a mensagem *jogar* a um objeto de domínio na camada de domínio.

> Você enxerga a conexão entre as operações do sistema no DSS e um projeto detalhado de objetos da camada de IU para a camada de domínio? Isso é importante.

Assim, Controlador lida com uma questão básica em projeto OO: como conectar a camada de IU com a camada de lógica da aplicação? *Tabuleiro* deve ser o primeiro objeto a receber a mensagem *jogar* da camada IU? Ou outra coisa?

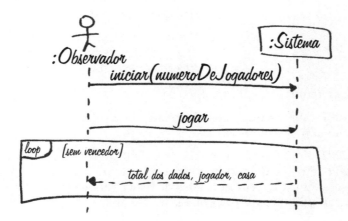

Figura 17.8 DSS para o Banco Imobiliário. Note a operação *jogar*.

---

[8] Objetos, mensagens e padrões de colaboração semelhantes se aplicam a .NET, Python, etc.

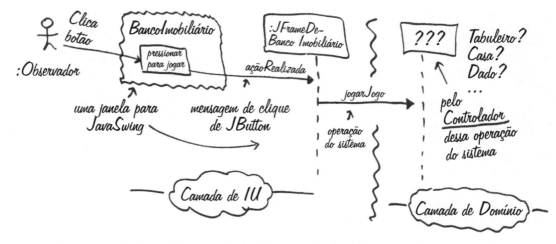

Figura 17.9 Quem é o Controlador da operação do sistema *jogar*?

Em alguns métodos de A/POO, o nome *Controlador* era dado ao objeto de lógica da aplicação que recebia e "controlava" (coordenava) o tratamento da solicitação.

O padrão Controlador oferece o seguinte conselho:

Nome: **Controlador**

Problema: Qual é o primeiro objeto, além da camada de IU, que recebe e coordena ("controla") uma operação do sistema?

Solução (sugestão): Atribuir a responsabilidade a um objeto que representa uma dessas escolhas:

- Representa todo o "sistema", um "objeto raiz", um dispositivo dentro do qual o software está sendo executado, ou um subsistema importante (todas essas são variações de um *controlador fachada*).

- Representa um cenário de caso de uso dentro do qual a operação do sistema ocorre (um caso de uso ou um *controlador de sessão*).

Consideremos as seguintes opções:

Opção 1: Representa todo o "sistema" ou um "objeto raiz" – por exemplo, um objeto chamado *BancoImobiliário*.

Opção 2: Representa um dispositivo dentro do qual o software está rodando – essa opção refere-se a dispositivos especializados de hardware, tais como um telefone ou uma máquina de caixa eletrônico de banco (por exemplo, classe de software *Telefone* ou *MáquinaDeCaixaEletrônico*). Ela não se aplica nesse caso.

Opção 3: Representa o caso de uso ou sessão. O caso de uso dentro do qual a operação do sistema jogar ocorre é chamado de *JogarBancoImobiliário*. Assim, uma classe de *software* como *TratadorJogarBancoImobiliário* (anexar "...*Tratador*" ou "...*Sessão*" é um idioma em projeto OO quando essa versão é usada).

A opção #1, a classe *BancoImobiliário*, é razoável se existem apenas poucas operações no sistema (mais sobre solução de compromisso quando discutirmos Coesão Alta). Assim, a Figura 17.10 ilustra a decisão de projeto baseada no Controlador.

Coesão alta

Com base na decisão do Controlador, estamos agora no ponto do projeto mostrado no diagrama de seqüência à direita. A discussão detalhada de projeto sobre o que vem depois – consistente e metodicamente aplicando GRASP – é explorada em um capítulo posterior, mas agora temos duas abordagens de projeto contrastantes que vale a pena considerar, na Figura 17.11.

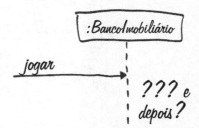

Note, na versão à esquerda, que o objeto *BancoImobiliário* em si faz todo o serviço, e na versão à direita ele *delega* e coordena o serviço para a solicitação *jogar*. Em projeto de software, uma qualidade básica, conhecida como **coesão**, mede informalmente quão relacionadas funcionalmente estão as operações de um elemento de software, e também mede quanto trabalho um elemento de software está fazendo. Como um exemplo contrastante simples, um objeto *Grande* com 100 métodos e 2000 linhas de código-fonte (LOC) está fazendo muito mais do que um objeto *Pequeno* com 10 métodos e 200 linhas de código-fonte. E se os 100 métodos de *Grande* estão cobrindo muitas áreas diferentes de responsabilidade (por exemplo, acesso a banco de dados *e* geração de números aleatórios), então *Grande* tem menos enfoque ou coesão funcional do que *Pequeno*. Em resumo, tanto a quantidade de código quanto o relacionamento do código são um indicador da coesão de um objeto.

Para esclarecer, coesão ruim (baixa coesão) não implica apenas que um objeto faz o trabalho todo por si mesmo; na verdade, um objeto de baixa coesão com 2000 LOC colabora com muitos outros objetos. Agora, eis aqui um *ponto-chave*: toda essa intera-

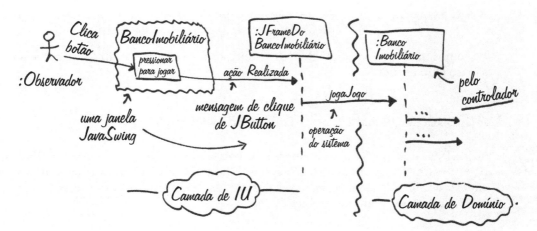

Figura 17.10   Aplicação do padrão Controlador – usando *BancoImobiliário*. Conexão da camada de IU com a camada de domínio de objetos de software.

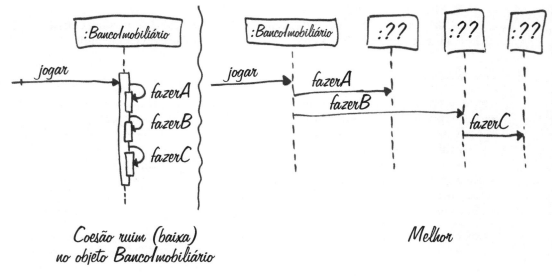

Figura 17.11 Comparação do nível de coesão em diferentes projetos.

ção tende a criar também acoplamento ruim (alto). Coesão e acoplamento ruins freqüentemente andam de mãos dadas.

Em termos dos projetos contrastantes da Figura 17.11, a versão à esquerda do *BancoImobiliário* tem coesão pior do que a versão do lado direito, pois a versão à esquerda está fazendo o objeto *BancoImobiliário* em si realizar todo o trabalho, em vez de delegar e distribuir o trabalho entre objetos. Isso leva ao princípio de Coesão Alta, usado para avaliar diferentes alternativas de projeto. Todo o restante permanecendo igual, prefira um projeto com coesão mais alta.

Nome: **Coesão Alta**

Problema: Como manter os objetos focados, inteligíveis e gerenciáveis e, como efeito colateral, apoiar Acoplamento Baixo?

Solução (sugestão): Atribuir responsabilidades de modo que a coesão permaneça alta. Use isso para avaliar alternativas.

Podemos dizer que o projeto do lado direito apóia melhor Coesão Alta do que a versão do lado esquerdo.

17.9 Aplicação do GRASP ao projeto de objetos

Todos os nove padrões GRASP estão resumidos na segunda capa deste livro

GRASP é a sigla de **G**eneral **R**esponsibility **A**ssignment **S**oftware **P**atterns[9] (Padrões de Software para Atribuição de Responsabilidade Geral). O nome foi escolhido por sugerir a importância de *compreender (grasp)* esses princípios para projetar, com sucesso, softwares orientado a objetos.

---

[9] Tecnicamente, deveríamos escrever "Padrões GRAS" em vez de "Padrões GRASP", mas a última forma soa melhor.

Compreender e ser capaz de aplicar esses princípios às idéias que estão por trás do GRASP – enquanto se codifica ou desenha durante a criação de diagramas de interação e de classe – habilita desenvolvedores novatos quanto às necessidades da tecnologia de objetos de dominar esses princípios básicos tão rapidamente quanto possível; eles formam uma base para projetar sistemas OO.

Existem nove padrões GRASP:

Criador	Controlador	Fabricação
Especialista na Informação	Coesão Alta	Indireção
Acoplamento Baixo	Polimorfismo	Variações Protegidas

O restante deste capítulo re-examina os cinco primeiros em mais detalhe; os quatro restantes são introduzidos no Capítulo 25, que começa na pág. 421.

17.10 Criador

Problema Quem deve ser responsável pela criação de uma nova instância de uma classe?

A criação de objetos é uma das atividades mais comuns em um sistema orientado a objetos. Conseqüentemente, é útil ter um princípio geral para a atribuição de responsabilidades de criação. Sendo essas responsabilidades bem atribuídas, o projeto apresentará acoplamento baixo, mais clareza, encapsulamento e reutilização.

Solução Atribua à classe B a responsabilidade de criar uma instância da classe A se uma das seguintes condições for verdadeira (quanto mais melhor):[10]

- B "contém" A ou agrega A de modo composto.
- B registra A.
- B usa A de maneira muito próxima.
- B tem os dados iniciais de A, que serão passados para A quando ele for criado. Assim, B é um Especialista em relação à criação de A.

B é um *criador* de objetos de A.

Se mais de uma opção se aplicar, prefira uma classe B que agregue ou contenha a classe A.

Exemplo Na aplicação PDV ProxGer, quem deveria ser responsável pela criação de uma instância de *LinhaDeItemDeVenda*? Pelo Criador, deveríamos procurar uma classe que agregue, contenha, etc. instâncias de *LinhaDeItemDeVenda*. Considere o modelo de domínio parcial da Figura 17.12

Como uma *Venda* contém (na realidade, agrega) muitos objetos *LinhaDeItemDeVenda*, o padrão Criador sugere que *Venda* é uma boa candidata a ter a responsabilidade de

---

[10] Outros padrões de criação, como *Fábrica Concreta* e *Fábrica Abstrata*, são explorados posteriormente.

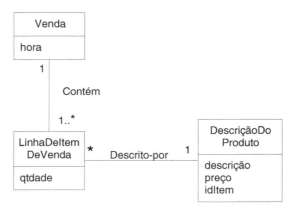

Figura 17.12 Modelo de domínio parcial.

criar instâncias de *LinhaDeItemDeVenda*. Isso leva ao projeto das interações de objetos mostrado na Figura 17.13.

Essa atribuição de responsabilidades requer que um método *criarLinhaDeItem* seja definido em *Venda*. Mais uma vez, o contexto no qual consideramos e decidimos a respeito dessas responsabilidades foi estabelecido enquanto desenhávamos um diagrama de interação. A seção de método de um diagrama de classes pode, então, resumir os resultados da atribuição de responsabilidades, realizadas concretamente como métodos.

Discussão O Criador guia a atribuição de responsabilidades relacionadas à criação de objetos, uma tarefa muito comum. O objetivo básico do padrão Criador é encontrar um criador que precise ser conectado ao objeto criado em qualquer evento. Escolhê-lo como criador garante acoplamento baixo.

Composto *agrega* Parte, Contêiner *contém* Conteúdo e Registrador *registra* Registro são exemplos de relacionamentos muito comuns entre classes em um diagrama de classes. Criador sugere que a classe abrangente contêiner ou registrador é uma boa candidata para a responsabilidade de criar a coisa contida ou registrada. Naturalmente, isso é apenas uma diretriz.

Agregar composição (pág. 281)

Note que voltamos ao conceito de **composição** ao considerar o padrão Criador. Um objeto composto é um excelente candidato a fazer suas partes.

Figura 17.13 Criação de uma LinhaDeItemDeVenda.

Algumas vezes você identifica um criador procurando a classe que tem os dados iniciais que serão passados durante a criação. Esse é, na realidade, um exemplo do padrão Especialista. Dados iniciais são passados durante a criação por meio de algum método de iniciação, por exemplo, um construtor Java que tem parâmetros. Considere que uma instância de *Pagamento*, ao ser criada, necessite ser iniciada com o total da *Venda*. Como *Venda* conhece o total, *Venda* é uma candidata a criadora do *Pagamento*.

Contra-indicações Freqüentemente, a criação exige complexidade significativa, como usar instâncias recicladas visando ao desempenho, criando condicionalmente uma instância de uma família de classes semelhantes com base em algum valor de propriedade externa, e assim por diante. Nesses casos, é aconselhável delegar a criação a uma classe auxiliar chamada de *Fábrica Concreta* ou *Fábrica Abstrata* [GHJV95], em vez usar a classe sugerida pelo *Criador*. Fábricas são discutidas a partir das págs. 447-448.

Vantagens ■ Acoplamento Baixo é apoiado, o que implica menor dependência de manutenção e mais oportunidades de reutilização. O acoplamento provavelmente não é aumentado, porque a classe *criada* provavelmente já é visível para a classe *criadora*, em função das associações existentes que motivaram sua escolha como criadora.

Padrões ou princípios relacionados

- Acoplamento Baixo
- Fábrica Concreta e Fábrica Abstrata
- Todo-parte [BMRSS96] descreve um padrão para definir objetos agregados que apóiam o encapsulamento dos seus componentes.

17.11 Especialista na informação (ou especialista)

Problema Qual é um princípio geral de atribuição de responsabilidades a objetos?

Um Modelo de Projeto pode definir centenas ou milhares de classes de software, e uma aplicação pode exigir a satisfação de centenas ou milhares de responsabilidades para ser satisfeita. Durante o projeto de objetos, quando as interações entre objetos são definidas, fazemos escolhas sobre atribuição de responsabilidades a classes de software. Se escolhermos bem, os sistemas tendem a ser mais fáceis de entender, de manter e de estender, e nossas escolhas permitem mais oportunidades de reúso de componentes em futuras aplicações.

Solução Atribua responsabilidade ao especialista na informação – a classe que tem a *informação* necessária para satisfazer a responsabilidade.

Exemplo Na aplicação PDV ProxGer, alguma classe precisa saber o total geral de uma venda.

> Comece a atribuir responsabilidades enunciando claramente a responsabilidade.

De acordo com esse conselho, a frase seria:

Quem deve ser responsável por conhecer o total geral de uma venda?

Segundo o *Especialista da Informação*, devemos procurar a classe de objetos que tem a informação necessária para determinar o total.

Chegamos agora a uma questão-chave: procuramos no Modelo de Domínio ou no Modelo de Projeto para analisar as classes que têm a informação necessária? O Modelo de Domínio ilustra classes conceituais do domínio no mundo real; o Modelo de Projeto ilustra classes de software.

Resposta:

1. Se houver classes relevantes no Modelo de Projeto, procure lá primeiro.
2. Caso contrário, procure no Modelo de Domínio e tente usar (ou expandir) suas representações como inspiração para a criação das classes de projeto correspondentes.

Considere que estamos apenas começamos o trabalho de projeto e que não existe (ou existe um mínimo) Modelo de Projeto. Assim, procuramos no Modelo de Domínio por especialistas na informação; talvez a *Venda* do mundo real seja um deles. Então, acrescentamos uma classe de software ao modelo de projeto chamada, de modo similar, *Venda*, e lhe damos a responsabilidade de saber seu total, expresso pelo nome de método *obterTotal*. Essa abordagem apóia um *baixo hiato de representação* no qual o projeto de software dos objetos apela para os nossos conceitos de como o domínio real está organizado.

Para examinar esse caso em detalhes, considere o Modelo de Domínio parcial na Figura 17.14.

Que informação é necessária para determinar o total geral? É preciso conhecer todas as instâncias de *LinhaDeItemDeVenda* de uma venda e a soma dos seus subtotais.

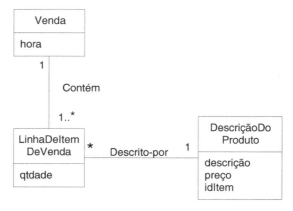

Figura 17.14 Associações de Venda.

Uma instância de *Venda* contém isso. Portanto, segundo a diretriz do Especialista, *Venda* é uma classe de objetos adequada para receber essa responsabilidade; ela é um *especialista na informação* para o trabalho.

Como já mencionamos, geralmente é durante a criação de diagramas de interação que essas questões sobre responsabilidade ocorrem. Imagine que estamos começando a trabalhar pelo desenho de diagramas a fim de atribuir responsabilidades a objetos. Um diagrama de interação parcial e um diagrama de classes, na Figura 17.15, ilustram algumas decisões.

Ainda não terminamos. Que informação precisamos para determinar o subtotal da linha de item? *LinhaDeItemDeVenda.qtdade* e *DescriçãoDoProduto.preço*. A *LinhaDeItemDeVenda* conhece sua quantidade e sua *DescriçãoDoProduto* associada; portanto, de acordo com o Especialista, *LinhasDeItensDeVenda* deveria determinar o subtotal; ela é a *especialista na informação*.

Em termos de diagrama de interação, isso significa que *Venda* precisa enviar mensagens *obterSubtotal* para cada uma das *LinhasDeItensDeVenda* e somar os resultados. Esse projeto é mostrado na Figura 17.16

Para satisfazer a responsabilidade de conhecer e informar seu subtotal, uma *LinhaDeItemDeVenda* precisa saber o preço do produto.

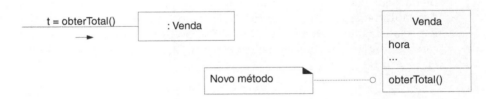

Figura 17.15 Diagramas de interação e de classes parciais.

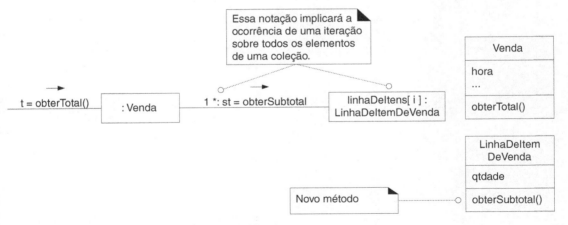

Figura 17.16 Cálculo do total da Venda.

A *DescriçãoDoProduto* é uma especialista na informação para responder sobre seu preço; portanto, *LinhaDeItemDeVenda* manda a ela uma mensagem perguntando o preço do produto.

O projeto é mostrado na Figura 17.17

Concluindo, para satisfazer à responsabilidade de conhecer e informar o total da venda, três responsabilidades foram atribuídas três classes de objetos, como segue.

Classe de Projeto	Responsabilidade
Venda	Sabe o total da venda
LinhaDeItemDeVenda	Sabe o subtotal da linha de item
DescriçãoDoProduto	Sabe o preço do produto

Consideramos e decidimos sobre essas responsabilidades no contexto do desenho de um diagrama de interação. Poderíamos ter resumido os métodos na seção de métodos de um diagrama de classes.

O princípio pelo qual atribuímos cada responsabilidade foi o Especialista na Informação – colocando-a no objeto que tem a informação necessária para satisfazê-la.

Discussão Especialista na Informação é freqüentemente usado na atribuição de responsabilidades; é um princípio básico usado continuamente no projeto de objetos. Especialista não pretende ser uma idéia obscura ou extravagante; expressa a "intuição" comum de que objetos fazem coisas relacionadas à informação que têm.

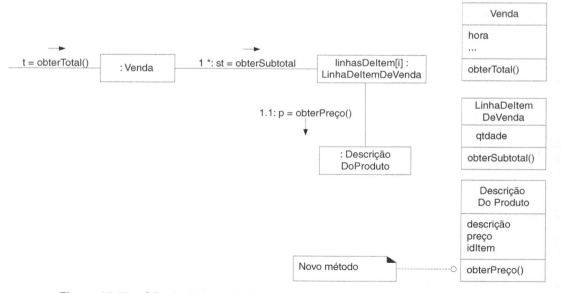

Figura 17.17 Cálculo do total de *Venda*.

Note que a satisfação de uma responsabilidade freqüentemente requer a informação que está espalhada por diferentes classes de objetos. Isso implica que muitos especialistas na informação "parciais" vão colaborar na tarefa. Por exemplo, o problema do total de vendas, em última análise, exigiu a colaboração de três classes de objetos. Sempre que a informação está espalhada entre diferentes objetos, eles vão precisar interagir por mensagens para compartilhar o trabalho.

Especialista geralmente leva a projetos em que um objeto de software faz aquelas operações normalmente realizadas pelas coisas inanimadas do mundo real que ele representa; Peter Coad chama isso de estratégia "fazer por si" [Coad95]. Por exemplo, no mundo real, sem o uso de auxílios eletromecânicos, uma venda não informa o seu total; ela é algo inanimado. Alguém calcula o total da venda. Entretanto, no mundo do software orientado a objetos, todos os objetos de software são "vivos" ou "animados" e podem assumir responsabilidades e fazer coisas. Basicamente, fazem coisas relacionadas à informação que conhecem. Chamo isso de princípio de "animação" no projeto de objetos; é como estar em um desenho animado em que todas as coisas são vivas.

O padrão Especialista na Informação, como muitas coisas na tecnologia de objetos, tem uma analogia no mundo real. Geralmente atribuímos responsabilidades a indivíduos que têm a informação necessária para executar uma tarefa. Por exemplo, em um negócio, quem deve ser responsável por criar uma declaração de lucros e perdas? A pessoa que tem acesso a todas as informações necessárias para criá-la – talvez o diretor financeiro. Da mesma forma que objetos de software colaboram porque as informações estão espalhadas, assim acontece com pessoas. O diretor financeiro da empresa pode solicitar aos contadores relatórios sobre créditos e débitos.

Contra-indicações Em algumas situações, a solução sugerida pelo Especialista é indesejável, em geral por causa de problemas de acoplamento e de coesão (esses princípios são discutidos posteriormente neste capítulo).

Por exemplo, quem deveria ser responsável por salvar uma *Venda* em um banco de dados? Certamente, muitas das informações a serem salvas estão no objeto *Venda* e, assim, Especialista poderia argumentar que a responsabilidade está na classe *Venda*. E, por extensão lógica dessa decisão, cada classe teria seus próprios serviços para salvar a si mesma em um banco de dados. Contudo, agir com esse raciocínio leva a um problema de coesão, acoplamento e duplicação. Por exemplo, a classe *Venda* deve agora conter lógica relacionada com o tratamento de bancos de dados, tal como aquela relacionada a SQL e JDBC (*Java Database Connectivity*). A classe não mais focaliza apenas a pura aplicação de "ser uma venda". Mas outros tipos de responsabilidades diminuem sua coesão. A classe precisa estar acoplada aos serviços técnicos de bancos de dados de outros subsistemas, por exemplo, serviços JDBC, em vez de apenas estar acoplada a outros objetos na camada de domínio de objetos de software, o que aumenta o seu acoplamento. Além disso, é provável que lógica similar para tratamento de banco de dados fique duplicada em muitas classes persistentes.

Todos esses problemas indicam violação de um princípio básico arquitetural: projete para separação dos principais interesses do sistema. Mantenha a lógica da aplicação em um lugar (como os objetos de software do domínio), a lógica relacionada com bancos de dados em outro lugar (como um subsistema separado para serviços de persistência), e assim por diante, em vez de misturar diferentes interesses do sistema no mesmo componente.[11]

Apoiar a separação dos principais interesses melhora o acoplamento e a coesão em um projeto. Assim, mesmo que pelo Especialista pudéssemos encontrar alguma justificativa para colocar a responsabilidade pelos serviços de banco de dados na classe *Venda*, por outras razões (geralmente coesão e acoplamento) o projeto ficaria péssimo.

Vantagens

- Encapsulamento da informação é mantido, pois os objetos usam sua própria informação para executar tarefas. Isso geralmente apóia o **acoplamento baixo**, que leva a sistemas mais robustos e manuteníveis. Acoplamento Baixo é também um padrão GRASP discutido na seção seguinte.

- Comportamento é distribuído entre as classes que têm a informação necessária; encorajando, assim, definições de classes "leves", mais coesas e mais fáceis de entender e manter. **Coesão Alta** é geralmente apoiada (outro padrão discutido posteriormente).

Padrões e princípios relacionados

- Acoplamento Baixo
- Coesão Alta

Também conhecido como; similar a

"Colocar responsabilidades nos dados", "quem sabe faz", "fazer por si", "colocar serviços com os atributos com os quais eles trabalham".

17.12 Acoplamento baixo

Problema Como apoiar dependência baixa, baixo impacto de modificação e aumento de reúso?

Acoplamento é uma medida de quão fortemente um elemento está conectado a, tem conhecimento de, ou depende de outros elementos. Um elemento com acoplamento baixo (ou fraco) não é dependente de muitos outros elementos; "muitos outros" depende do contexto, mas, de qualquer modo, é examinado. Esses elementos incluem classes, subsistemas, sistemas, etc.

Uma classe com acoplamento forte (ou alto) depende de muitas outras classes. Tais classes podem ser indesejáveis; algumas sofrem dos seguintes problemas:

- Modificações locais forçadas decorrentes de modificações em classes relacionadas.
- São mais difíceis de entender isoladamente.
- São mais difíceis de reutilizar, pois seu uso requer a presença adicional de classes das quais é dependente.

---

[11] Ver Capítulo 33 para discussão de separação de interesses.

Solução Atribuir responsabilidade de modo que o acoplamento permaneça baixo. Use esse princípio para avaliar alternativas.

Exemplo Considere o seguinte diagrama de classes parcial do estudo de caso ProxGer:

Considere que precisamos criar uma instância de *Pagamento* e associá-la à *Venda*. Que classe deve ser responsável por isso? Como uma *Registradora* "registra" um *Pagamento* no domínio do mundo real, o padrão Criador sugere *Registradora* como candidata para criar o *Pagamento*. A instância de *Registradora* pode então enviar uma mensagem *adicionarPagamento* para a *Venda*, passando junto o novo *Pagamento* como parâmetro. A Figura 17.18 mostra um diagrama de interação parcial possível que reflete isso.

Essa atribuição de responsabilidades acopla a classe *Registradora* ao conhecimento da classe *Pagamento*.

Aplicação de UML: Note que a instância de *Pagamento* é explicitamente denominada *p*, de modo que, na mensagem 2, ela possa ser referenciada como um parâmetro.

A Figura 17.19 mostra uma solução alternativa para criar o *Pagamento* e associá-lo à *Venda*.

Qual projeto, baseado na atribuição das responsabilidades, apóia o Acoplamento Baixo? Em ambos os casos, consideramos que *Venda* deve ser acoplada ao conhecimento de um *Pagamento*. O Projeto 1, no qual a *Registradora* cria o *Pagamento*, adicio-

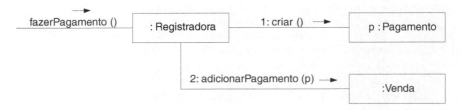

Figura 17.18 Registradora cria pagamento.

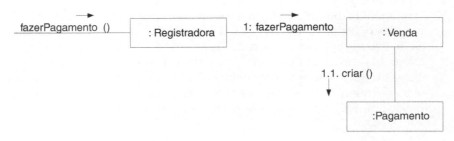

Figura 17.19 Venda cria pagamento.

na acoplamento de *Registradora* a *Pagamento*; o Projeto 2, no qual *Venda* faz a criação de um *Pagamento*, não aumenta o acoplamento. Puramente do ponto de vista de acoplamento, prefira o Projeto 2, porque ele mantém o acoplamento global mais Baixo. Esse exemplo ilustra como dois padrões – Acoplamento Baixo e Criador – podem sugerir soluções diferentes.

> Na prática, o nível de acoplamento em si não pode ser considerado isolado de outros princípios, tais como Especialista e Coesão Alta. No entanto, é um fator a considerar no aperfeiçoamento de um projeto.

Discussão Acoplamento Baixo é um princípio a se ter em mente durante todas as decisões de projeto; é uma meta subjacente a ser considerada continuamente. É um **princípio de avaliação** que você aplica ao avaliar todas as decisões de projeto.

Em linguagens orientadas a objetos, tais como C++, Java e C#, formas comuns de acoplamento de um *TipoX* a um *TipoY* incluem:

- *TipoX* tem um atributo (membro de dados ou variável de instância) que se refere a uma instância do *TipoY* ou ao *TipoY* em si.
- Um objeto *TipoX* chama serviços de um objeto *TipoY*.
- *TipoX* tem um método que referencia uma instância de *TipoY*, ou *TipoY* em si, de alguma forma. Essas incluem tipicamente um parâmetro ou variável local de *TipoY*, ou então o objeto retornado de uma mensagem que é uma instância de *TipoY*.
- *TipoX* é uma subclasse direta ou indireta de *TipoY*.
- *TipoY* é uma interface e *TipoX* implementa essa interface.

Acoplamento Baixo encoraja você a atribuir uma responsabilidade de modo que essa atribuição não aumente o acoplamento para um nível que leve a resultados negativos que um acoplamento forte pode conduzir.

Acoplamento Baixo favorece o projeto de classes independentes, o que reduz o impacto de modificações. Não pode ser considerado isoladamente de outros padrões, como Especialista e Coesão Alta, mas, em vez disso, precisa ser incluído como um dos vários princípios de projeto que influenciam uma escolha na atribuição de responsabilidade.

Uma subclasse é fortemente acoplada à sua superclasse. Considere cuidadosamente qualquer decisão de derivar de uma superclasse, pois é uma forma muito forte de acoplamento. Suponha que objetos precisem ser armazenados persistentemente em um banco de dados relacional ou de objetos. Nesse caso, você poderia seguir a prática de projeto relativamente comum de criar uma superclasse abstrata denominada *ObjetoPersistente*, da qual outras classes derivam. A desvantagem desse uso de subclasses é que ele acopla fortemente objetos do domínio a um determinado serviço técnico e mistura diferentes interesses arquiteturais, enquanto a vantagem está na herança automática de comportamento de persistência.

Você não pode obter uma medida absoluta de quando o acoplamento é muito forte. O importante é que você pode avaliar o grau de acoplamento corrente e avaliar se aumentá-lo levará a problemas. Em geral, classes genéricas por natureza e com alta probabilidade de reúso devem ter acoplamento especialmente baixo.

O caso extremo de Acoplamento Baixo é não haver acoplamento entre classes. Isso não é desejável porque contradiz uma metáfora central da tecnologia de objetos: um sistema é composto de objetos conectados que se comunicam por mensagens. Se Acoplamento Baixo for aplicado em demasia, levará a um projeto ruim, com poucos objetos ativos, sem coesão, imprecisos e complexos, que fazem todo o serviço, e com muitos objetos passivos, com acoplamento zero, que agem como simples repositórios de dados. Um grau moderado de acoplamento entre classes é normal e necessário para criar um sistema orientado a objetos no qual as tarefas são executadas por uma colaboração entre objetos conectados.

Contra-indicações   O acoplamento forte com objetos estáveis e disseminados raramente é um problema. Por exemplo, uma aplicação Java J2EE pode acoplar-se com segurança às bibliotecas Java (*Java.util,* etc), porque elas são estáveis e amplamente disseminadas.

Escolha onde agir

Não é o acoplamento forte em si que é o problema, mas o acoplamento forte a elementos *instáveis* em alguma dimensão, por exemplo, em sua interface, implementação ou mera presença.

Esse é um ponto importante: como projetistas, podemos acrescentar flexibilidade, encapsular detalhes e implementações e, em geral, projetar para um acoplamento mais baixo em muitas áreas do sistema. Entretanto, se investirmos nossos esforços em tornar o sistema "à prova do futuro" ou em reduzir o acoplamento até um ponto injustificável, esse tempo não será bem aproveitado.

Você precisa escolher onde agir ao reduzir o acoplamento e encapsular coisas. Enfoque os pontos de instabilidade ou evolução realmente altas. Por exemplo, no projeto ProxGer, sabemos que diferentes calculadores de impostos terceirizados (com interface única) precisam ser conectados ao sistema. Conseqüentemente, projetar para ter acoplamento baixo nesse ponto de variação é prático.

Vantagens

- Não é afetado por mudanças em outros componentes.
- É simples de entender isoladamente.
- É conveniente para reutilização.

Origens   Acoplamento e coesão são princípios fundamentais de projeto e devem ser apreciados e aplicados como tais por todos os desenvolvedores de software. Larry Constantine, também um dos criadores do projeto estruturado na década de 1970 e atual defensor de uma maior atenção à engenharia de usabilidade [CL99], foi um dos responsáveis, na década de 1960, pela identificação e divulgação do acoplamento e da coesão como princípios fundamentais [Constantine68, CMS74].

Padrões relacionados

- Variação Protegida

17.13 Controlador

Problema Qual é o primeiro objeto, além da camada de IU, que recebe e coordena ("controla") uma operação do sistema?

Operações do sistema foram primeiro exploradas durante a análise do DSS. Estas são os principais eventos de entrada do nosso sistema. Por exemplo, quando um caixa usando um terminal PDV pressiona o botão "Terminar Venda", ele está gerando um evento do sistema indicando "a venda terminou". Da mesma forma, quando um escritor usando um processador de texto pressiona o botão de "verificação ortográfica", está gerando um evento de sistema indicando "executar uma verificação ortográfica".

Um **controlador** é o primeiro objeto além da camada de IU que é responsável por receber ou tratar uma mensagem de operação do sistema.

Solução Atribua a responsabilidade a uma classe que representa uma das seguintes escolhas:

- Representa o "sistema" global, um "objeto raiz", um dispositivo dentro do qual o software está sendo processado, ou um subsistema importante – essas são todas variantes de um *controlador fachada (facade controller)*.

- Representa um cenário de um caso de uso dentro do qual ocorre o evento do sistema, freqüentemente denominado TatradorDo<NomeDeCasoDeUso>, CoordenadorDo<NomeDeCasoDeUso> ou SessãoDo<NomeDeCasoDeUso> (*controlador de caso de uso ou de sessão*).

   o Use a mesma classe controladora para todos os eventos do sistema do mesmo cenário do caso de uso.

   o Informalmente, uma sessão é uma instância de conversação com um ator. Sessões podem ser de qualquer tamanho, mas freqüentemente são organizadas em casos de uso (sessões de caso de uso).

Corolário: note que as classes "janela", "visão" e "documento" não estão nessa lista. Tais classes *não* devem executar as tarefas associadas aos eventos de sistema. Elas tipicamente recebem esses eventos e os delegam a um controlador.

Exemplo Alguns entendem melhor a aplicação desse padrão por meio de um exemplo de código. Procure adiante, na seção de Implementação, na págs. 324-325, exemplos Java de cliente gordo e IU para Web. A aplicação ProxGer contém várias operações do sistema, tal como ilustrado na Figura 17.20. Esse modelo mostra o sistema em si como uma classe (o que é lícito e algumas vezes útil ao modelar).

Durante a análise, operações do sistema podem ser atribuídas à classe *Sistema* em alguns modelos de análise para indicar que elas são operações do sistema. No entanto, isso *não* significa que uma classe de software denominada *Sistema* as satisfaça durante o projeto. Em vez disso, durante o projeto, a uma classe controladora é atribuída a responsabilidade pelas operações do sistema (ver Figura 17.21).

CAPÍTULO 17 • GRASP: PROJETO DE OBJETOS COM RESPONSABILIDADES   **319**

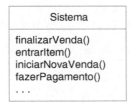

Figura 17.20   Algumas operações do sistema PDV ProxGer.

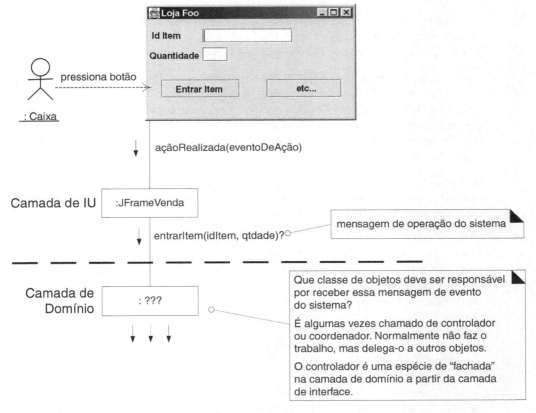

Figura 17.21   Que objeto deve ser o Controlador para entrarItem?

Quem deve ser o controlador para eventos do sistema tais como *entrarItem* e *finalizarVenda?*

Pelo padrão Controlador, eis algumas escolhas:

Representa o "sistema" global, "objeto raiz", dispositivo ou subsistema	*Registradora, SistemaPDV*
Representa um receptor ou tratador de todos os eventos do sistema em um cenário de caso de uso.	*TratadorDeProcessarVenda SessãoDeProcessarVenda*

Note que no domínio de PDV, uma *Registradora* (denominada *Terminal PDV*) é um dispositivo especializado, com software sendo executado dentro dele.

Em termos de diagramas de interação, um dos exemplos da Figura 17.22 pode ser útil.

A escolha de qual dessas classes é o controlador mais adequado é influenciada por outros fatores, que a seção seguinte explora.

Durante o projeto, as operações do sistema identificadas durante a análise de comportamento do sistema são atribuídas a uma ou mais classes controladoras, tal como *Registradora*, como mostrado na Figura 17.23.

Discussão Alguns conseguem entender melhor a aplicação desse padrão por meio de um exemplo de código. Procure adiante, na seção de Implementação, nas págs. 324-325, exemplos Java de cliente gordo e IU para Web.

De maneira simples, esse é um padrão de delegação. De acordo com a premissa de que a camada de IU não deve conter lógica da aplicação, os objetos da camada de IU precisam delegar solicitações de serviço a outra camada. Quando a "outra camada" é a camada de domínio, o padrão Controlador resume escolhas comuns que você, como desenvolvedor OO, faz quanto ao objeto de domínio delegado para receber as solicitações de serviço.

Sistemas recebem eventos externos como entrada, tipicamente envolvendo uma IGU operada por uma pessoa. Outros meios de entrada incluem mensagens externas, como em uma central de processamento de chamadas de telecomunicação, ou sinais de sensores, tais como em sistemas de controle de processo.

Em todos os casos, você precisa escolher um tratador para esses eventos. Opte pelo padrão Controlador para diretrizes sobre escolhas adequadas geralmente aceitas. Como ilustrado na Figura 17.21, o controlador é uma espécie de fachada na camada de domínio a partir da camada de IU.

Você vai, freqüentemente, querer usar a mesma classe controladora para todos os eventos do sistema de um caso de uso para que o controlador possa manter informação sobre o estado do caso de uso. Tal informação é útil, por exemplo, para identificar eventos do sistema fora de seqüência (como uma operação *fazerPagamento* antes de uma operação *finalizarVenda*). Diferentes controladores podem ser usados para diferentes casos de uso. Um defeito comum no projeto de controladores resulta da atribuição de responsabilidade excessiva. Um controlador então sofre de má (baixa) coesão, violando o princípio de Coesão Alta.

Figura 17.22 Escolhas de controlador.

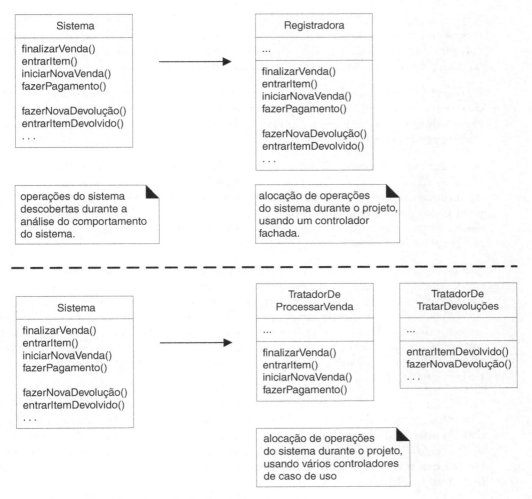

Figura 17.23 Alocação de operações do sistema.

Diretriz

Normalmente, um controlador deve *delegar* a outros objetos o serviço que precisa ser feito; ele coordena ou controla a atividade. Ele não faz muito trabalho por si próprio.

Veja a seção Tópicos e Soluções, mais adiante, para aprofundar este tópico.

A primeira categoria de controlador é um controlador fachada, que representa todo o sistema, um dispositivo ou um subsistema. A idéia é escolher algum nome de classe que sugira uma capa ou fachada, sobre as outras camadas da aplicação e que forneça o ponto principal de chamada de serviço da camada de IU para as outras camadas. A fachada pode ser uma abstração de uma unidade física global, por exemplo,

Registradora,[12] *CentralComutadoraDeTelecomunicação, Telefone* ou *Robô*; uma classe que representa todo o sistema de software, por exemplo, *SistemaPDV*, ou qualquer outro conceito que o projetista escolha para representar todo o sistema ou um subsistema, como *JogoDeXadrez*, caso se trate de um software de jogos.

Os controladores fachada são adequados quando não existem "demasiados" eventos de sistema ou quando não é possível, para a interface de usuário, redirecionar mensagens de eventos de sistema para controladores alternativos, como em um sistema de processamento de mensagens.

Se você preferir um controlador de caso de uso, então vai ter um controlador diferente para cada caso de uso. Note que essa espécie de controlador não é um objeto do domínio; é uma construção artificial para apoiar o sistema (uma *Invenção Pura*, em termos dos padrões GRASP). Por exemplo, se a aplicação ProxGer contém casos de uso tais como *Processar Vendas* e *Tratar Devoluções*, então pode haver uma classe *TratadorDeProcessarVenda*, e assim por diante.

Quando você deve preferir um controlador de caso de uso? Considere-o uma alternativa quando colocar a responsabilidade em um controlador fachada levar a projetos com baixa coesão ou forte acoplamento, tipicamente quando o controlador fachada está se tornando "sobrecarregado", com excesso de responsabilidades. Um controlador de caso de uso é uma boa escolha quando existem muitos eventos de sistema em diferentes processos; ele fatora o seu tratamento em classes separadas administráveis e também fornece base para conhecer e raciocinar sobre o estado do cenário corrente em andamento.

No PU e no método mais antigo de Jacobson [Jacobson92], o Objectory, existem os conceitos (opcionais) de classes de fronteira, classes de controle e classes de entidades. Os **objetos de fronteira** são abstrações das interfaces; os **objetos de entidade** são os objetos de software do domínio, independentes da aplicação (e geralmente persistentes), e os **objetos de controle** são tratadores de caso de uso, conforme descrito neste padrão Controlador.

Um corolário importante do padrão Controlador é que objetos de IU (por exemplo, objetos janela ou botão) e a camada de IU não devem ser responsáveis pelo atendimento de eventos do sistema. Em outras palavras, operações do sistema devem ser tratadas na lógica da aplicação ou nas camadas de objetos do domínio, e não na camada de IU de um sistema. Ver a seção "Tópicos e Soluções" para um exemplo.

IUs para Web e Aplicação do Controlador no Lado do Servidor

Veja as págs. 325-326 para um exemplo de controlador no lado do servidor usando JavaStruts – um framework popular.

Uma abordagem de delegação similar pode ser usada em ASP.NET e WebForms: o arquivo "por trás do código" que contém tratadores de eventos para cliques no bo-

---

[12] Vários termos são usados para uma unidade física de PDV, inclusive registradora, terminal de ponto de venda (TPDV) [Point Of Sale Terminal – POST], etc. Com o tempo, "registradora" passou a englobar tanto a noção de unidade física quanto abstração lógica da coisa que registra vendas e pagamentos.

tão do navegador da Web, obterá uma referência a um objeto controlador do domínio (por exemplo, um objeto *Registradora* no estudo de caso PDV) e depois delegará a requisição de serviço. Isso contrasta com o estilo comum e frágil da programação ASP.NET, no qual desenvolvedores inserem tratamento da lógica da aplicação no arquivo "por trás do código", misturando, assim, lógica da aplicação na camada de IU.

Frameworks do lado do servidor de IU para Web (por exemplo, Struts) personificam o conceito do padrão MVC (Model-View-Controller) da Web. O "controlador" no MVC Web difere deste controlador GRASP. O primeiro é parte da camada de IU e controla a interação e o fluxo de página da IU. O controlador GRASP é parte da camada de domínio e controla ou coordena o tratamento da solicitação de serviço, essencialmente, ignorando qual tecnologia de IU está sendo usada (por exemplo, uma IU para Web, uma IU Swing,...).

Também comum em projetos do lado do servidor, quando tecnologias Java são usadas, é a delegação da camada de IU para Web (por exemplo, de uma classe *Action* de Struts) para um objeto *Sessão* de Enterprise JavaBeans (**EJB**). A variante #2 do padrão Controlador – um objeto que representa uma sessão do usuário ou cenário de caso de uso – cobre esse caso. Nesse caso, o objeto *Sessão* de EJB pode por si próprio delegar subseqüentemente na camada de domínio a objetos e, outra vez, você pode aplicar o padrão Controlador para escolher um receptor adequado na camada de domínio pura.

Tudo isso dito, o tratamento adequado de operações do sistema do lado do servidor é fortemente influenciado pelos frameworks técnicos do servidor escolhidos e continua a ser um alvo em movimento. Mas o princípio subjacente de Separação Modelo-Visão ainda pode e deve ser aplicado.

Mesmo com uma IU de cliente gordo (por exemplo, uma IU Swing) que interage com um servidor, o padrão Controlador ainda se aplica. A IU do lado do cliente encaminha a solicitação ao controlador local do lado do cliente, e o controlador encaminha toda ou parte da solicitação de tratamento para serviços remotos. Esse projeto diminui o acoplamento da IU com serviços remotos e torna mais fácil, por exemplo, fornecer os serviços quer local, quer remotamente por meio da indireção do controlador pelo lado do cliente.

Vantagens

- *Aumento das possibilidades de reutilização* e *de interfaces "plugáveis"* – essas vantagens garantem que a lógica da aplicação *não* seja tratada na camada de interface. As responsabilidades de um controlador poderiam ser tratadas tecnicamente em um objeto de interface; porém, o uso de tal solução de projeto implica que o código do programa e o atendimento da lógica da aplicação fiquem embutidos em objetos de interface ou de janelas. Um projeto que tem uma interface como controladora reduz a oportunidade de reutilização da lógica em aplicações futuras, pois a lógica que está ligada a uma determinada interface (por exemplo, um objeto tipo janela) raramente é aplicável em outras aplicações. Ao contrário, delegar a responsabilidade de uma operação de sistema a um controlador apóia a reutilização da lógica em futuras aplicações. E, como a lógica não está ligada à camada de interface, pode ser substituída por uma interface diferente.

- *Oportunidade de raciocinar sobre o estado do caso de uso* – algumas vezes, é necessário garantir que as operações do sistema ocorram em uma seqüência válida ou desejamos ser capazes de raciocinar sobre o estado corrente de atividades e operações dentro do caso de uso em andamento. Por exemplo, pode ser necessário garantir que a operação *fazerPagamento* não possa ocorrer até que a operação *finalizarVenda* tenha ocorrido. Se esse for o caso, a informação de estado deverá ser buscada em algum lugar; o controlador é uma boa escolha, especialmente se o mesmo controlador for usado em todo o caso de uso (o que é recomendável).

Implementação Os exemplos seguintes usam tecnologias Java para dois casos comuns, um cliente gordo em Java Swing e uma IU para Web com Struts do lado do servidor (um motor Servlet).

Note que você deve aplicar uma abordagem similar em .NET **WinForms** e ASP.NET **WebForms**. Uma boa prática em .NET bem projetada (freqüentemente ignorada por programadores MS que violam o Princípio de Separação Modelo-Visão) é *não* inserir código de lógica da aplicação nos tratadores de evento ou nos arquivos "por trás do código" (ambos são parte da camada de IU). Em vez disso, nos tratadores de evento .NET ou arquivos "por trás do código", simplesmente obtenha uma referência a um objeto do domínio (por exemplo, um objeto *Registradora*) e delegue a ele.

Implementação com Java Swing: IU de cliente gordo

Esta seção considera que você está familiarizado com Swing básico. O código contém comentários para explicar os pontos-chave. Alguns comentários: note em ❶ que a janela *JframeProcessarVenda* tem uma referência para o objeto controlador do domínio, *Registradora*. Em ❷, defino o tratador de clique de botão. Em ❸, mostro a mensagem-chave – envio da mensagem *entrarItem* ao controlador na camada de domínio.

```
package com.craiglarman.proxger.iu.swing;

    // importa…


    // em Java, um JFrame é uma janela típica
public class JFrameProcessarVenda extends JFrame
{

    // a janela tem uma referência ao objeto de domínio 'controlador'

❶   private Registradora registradora;

    // a janela é passada à registradora, na criação
public JFrameProcessarVenda(Registradora _registradora)
{
    registradora = _registradora;
}

    // esse botão é clicado para realizar a
    // operação do sistema "entrarItem"
private JButton BTN_ENTRAR_ITEM;
```

```java
        // esse é um método importante!
        // mostro aqui a mensagem da camada de IU para a camada de domínio
    private JButton obterBTN_ENTRAR_ITEM()
    {
            // o botão existe?
        if (BTN_ENTRAR_ITEM != null)
            return BTN_ENTRAR_ITEM;

            // ELSE senão, o botão precisa ser iniciado...
        BTN_ENTRAR_ITEM = new JButton();
        BTN_ENTRAR_ITEM.setText("Entrar Item");

            // ESTA É A SEÇÃO-CHAVE!
            // em Java, é assim que você define
            // um tratador de clique de um botão

        BTN_ENTRAR_ITEM.addActionListener(new ActionListener()
            {
            public void actionPerformed(ActionEvent e)
            {
                // Transformer é uma classe utilitária para
                // transformar Strings em outros tipos de dados
                // porque os dispositivos de IGU JTextField têm Strings
                IDItem id = Transformer.toIDItem (obterTXT_ID().obterTexto());
                int qtd = Transformer.toInt(obterTXT_QTE().obterTexto());

                // aqui cruzamos a fronteira da
                // camada de IU para a camada de domínio
                // delegar a 'controlador'
                // > > > ESTE É O COMANDO-CHAVE < < <

                registradora.entrarItem(id, qtd);
            }
            } ); // fim da chamada de addActionListener

        return BTN_ENTRAR_ITEM;
        } // fim do método
    // ...
    } // fim da classe
```

❶ aparece junto a `private JButton obterBTN_ENTRAR_ITEM()`
❷ aparece junto a `BTN_ENTRAR_ITEM.addActionListener(new ActionListener()`
❸ aparece junto a `registradora.entrarItem(id, qtd);`

Implementação com Java Struts: navegador cliente e IU para Web

Esta seção considera que você está familiarizado com Struts básico. Note em ❶ que para obter uma referência ao objeto de domínio *Registradora* no lado do servidor o objeto *Action* deve procurar no contexto do Servlet. Em ❷, mostro a mensagem-chave – envio da mensagem *entrarItem* para o objeto controlador do domínio na camada de domínio.

```java
package com.craiglarman.proxger.iu.web;

// … imports

    // em Struts, um objeto Action é associado a um
    // clique de botão do navegador da Web, e chamado (no servidor)
    // quando o botão é clicado.
public class AcaoEntrarItem extends Action {

    // esse é o método chamado no servidor
    // quando o botão é clicado no navegador do cliente
public ActionForward execute( ActionMapping mapping,
                              ActionForm form,
                              HttpServletRequest request,
                              HttpServletResponse response )
                              throws Exception
{
    // o servidor tem um objeto Repository que
    // mantém referências para diversas coisas, inclusive
    // o objeto PDV "registradora"
    Repository repositorio = (Repository)getServlet().
        getServletContext().getAttribute(Constants.REPOSITORY_KEY);

❶   Registradora registradora = repositorio.obterRegistradora();

        // extrair idItem e qtd do formulário da web
    String txtId = ((FormVenda)form).obterIdItem();
    String txtQtd = ((FormVenda)form).obterQtdade();

        // Transformer é uma classe utilitária para
        // transformar Strings em outros tipos de dados
    IDItem id = Transformer.toItemID(txtId);
    int qtd = Transformer.toInt(txtQty);

        // aqui cruzamos a fronteira da
        // camada de IU para a camada de domínio
        // delegar ao 'controlador do domínio'
        // > > > ESTE É O COMANDO-CHAVE < < <

❷   registradora.entrarItem(id, qtd);

    // …
} // fim do método
} // fim da classe
```

Controladores sobrecarregados

Se mal projetada, uma classe controladora terá coesão baixa – falta de foco e tratamento de muitas áreas de responsabilidade, o que chamamos de **controlador sobrecarregado**. Os sinais de sobrecarga incluem:

- Existe apenas uma *única classe* controladora recebendo *todos* os eventos de sistema no sistema, e há muitos deles. Isso às vezes acontece quando é escolhido um controlador fachada.

- O próprio controlador executa muitas das tarefas necessárias para atender ao evento de sistema sem delegar o trabalho. Isso normalmente envolve uma violação dos padrões Especialista na Informação e Coesão Alta.

- Um controlador tem muitos atributos e mantém informações significativas sobre o sistema ou domínio, que deveriam ter sido distribuídas para outros objetos, ou ele duplica informação encontrada em algum outro lugar.

Entre as curas para um controlador sobrecarregado estão:

1. Acrescentar mais controladores – o sistema não precisa ter somente um. Além de controladores fachada, empregue controladores de caso de uso. Por exemplo, considere uma aplicação com muitos eventos de sistema, como um sistema de reserva de passagens aéreas.

   Ele pode conter os seguintes controladores:

Controladores de Caso de Uso
TratadorDeFazerReserva
TratadorDeGerenciarHorários
TratadorDeGerenciarTarifas

2. Projete o controlador de modo que ele, principalmente, delegue o atendimento da responsabilidade de cada operação do sistema a outros objetos.

A camada de IU não trata eventos do sistema

Para reiterar: um importante corolário do padrão Controlador é que objetos IU (por exemplo, objetos janela) e a camada de IU não devem ter responsabilidade pelo tratamento de eventos de sistema. Por exemplo: considere um projeto em Java que usa um *JFrame* para exibir a informação.

Considere que a aplicação ProxGer tem uma janela que exibe informação de venda e capta operações do caixa. Usando o padrão Controlador, a Figura 17.24 ilustra um relacionamento aceitável entre *JFrame* e o controlador, e outros objetos em uma parte do sistema PDV (com simplificações).

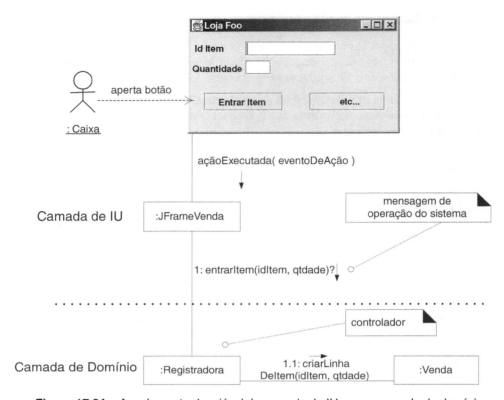

Figura 17.24 Acoplamento desejável da camada de IU com a camada de domínio.

Note que a classe *JFrameVenda* – parte da camada de IU – delega a chamada de *entrarItem* para o objeto *Registradora*. Ela não se envolveu no processamento da operação ou na decisão de como tratá-la; a janela apenas a delegou para uma outra camada.

Atribuir a responsabilidade das operações do sistema a objetos na camada de aplicação ou de domínio usando o padrão Controlador, em vez de atribuí-la à camada IU, pode aumentar o potencial de reutilização. Se um objeto da camada IU (como *JFrameVenda*) trata a operação do sistema que representa parte de um processo de negócio, então a lógica do processo de negócio estaria contida em um objeto de interface (por exemplo, um objeto do tipo janela); a oportunidade de reúso da lógica de negócio então diminui por causa do seu acoplamento a uma determinada interface e aplicação. Conseqüentemente, a solução de projeto da Figura 17.25 é indesejável.

Atribuir a responsabilidade por uma operação do sistema a um objeto do domínio que seja o controlador torna mais fácil reutilizar a lógica de programação que sustenta o processo de negócio associado em futuras aplicações. Também torna mais fácil retirar a camada de IU e usar um framework ou uma tecnologia de IU diferente ou processar o sistema off-line em modo de processamento por lotes ("batch").

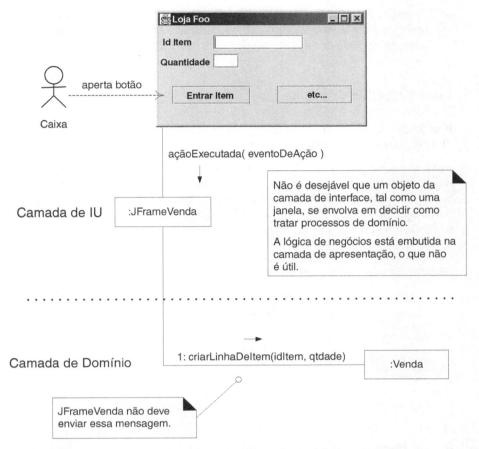

Figura 17.25 Acoplamento menos desejável da camada de interface com a camada de domínio.

Sistemas de tratamento de mensagens e o padrão comando

Algumas aplicações são sistemas de tratamento de mensagens ou servidores que recebem solicitações de outros processos. Um exemplo comum é uma central comutadora de telecomunicações. Em tais sistemas, o projeto da interface e do controlador é um pouco diferente. Os detalhes são explorados em um capítulo mais adiante, mas, na essência, uma solução comum é usar o padrão Comando (Command) [GHJV95] e o padrão Processador de Comando (Command Processor) [BMRSS96], introduzidos no Capítulo 38.

Padrões relacionados

- **Comando** – Em um sistema de tratamento de mensagens, cada mensagem pode ser representada e tratada por um objeto Comando separado [GHJV95].
- **Fachada** – Um controlador Fachada é uma espécie de Fachada [GHJV95].
- **Camadas** – Este é um padrão POSA [BMRSS96]. Colocar a lógica do domínio na camada de domínio, e não na camada de apresentação, é parte do padrão Camadas.

- **Invenção Pura** – Esse padrão GRASP é uma criação arbitrária do projetista, não uma classe de software cujo nome é inspirado no modelo do domínio. Um controlador de caso de uso é um tipo de Invenção Pura.

17.14 Coesão alta

Problema Como manter os objetos bem focados, inteligíveis e gerenciavéis e como efeito colateral apoiar *Acoplamento Baixo*?

Em termos de projeto de objetos, a **coesão** (ou, mais especificamente, a coesão funcional) é uma medida de quanto as responsabilidades de um elemento estão fortemente relacionadas e focalizadas. Um elemento com responsabilidades altamente relacionadas que não executa um grande volume de trabalho tem coesão alta. Esses elementos incluem classes, subsistemas e outros.

Solução Atribuir uma responsabilidade de forma que a coesão permaneça alta. Use isso para avaliar alternativas.

Uma classe com coesão baixa faz muitas coisas não relacionadas e trabalha demais. Tais classes são indesejáveis; elas sofrem dos seguintes problemas:

- são difíceis de compreender
- são difíceis de reutilizar
- são difíceis de manter
- são delicadas; constantemente afetadas por modificações

As classes com coesão baixa geralmente representam um grau de abstração muito alto e de "grande granularidade", ou então assumiram responsabilidades que deveriam ter sido delegadas a outros objetos.

Exemplo

Vamos dar outra olhada no problema do exemplo usado no padrão Acoplamento Baixo e analisá-lo quanto a Coesão Alta.

Considere que necessitamos criar uma instância de *Pagamento* (em dinheiro) e associá-la com a *Venda*. Que classe deve ser responsável por isso? Como *Registradora* registra um *Pagamento* no domínio do mundo real, o padrão Criador sugere *Registradora* como candidata a criar o *Pagamento*. A instância de *Registradora* deve então mandar a mensagem *adicionarPagamento* para a *Venda*, passando como um parâmetro o novo *Pagamento*, conforme mostrado na Figura 17.26

Essa atribuição entrega a responsabilidade de criar um pagamento à *Registradora*. A registradora está assumindo parte da responsabilidade pelo atendimento da operação do sistema *fazerPagamento*.

Neste exemplo isolado, isso é aceitável; mas se continuarmos a tornar a classe *Registradora* responsável por fazer parte ou a maioria do serviço relacionado com mais e mais operações do sistema, ela ficará progressivamente sobrecarregada com tarefas e perderá sua coesão.

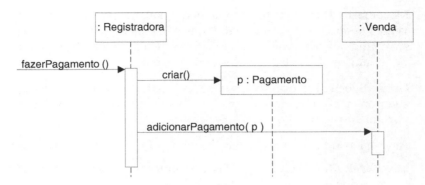

Figura 17.26 Registradora cria Pagamento.

Imagine que existam 50 operações do sistema, todas recebidas por *Registradora*. Se ela fizesse o trabalho relacionado com cada uma, se tornaria um objeto "sobrecarregado", sem coesão. O ponto não é que essa única tarefa de criação de *Pagamento* em si torna *Registradora* não coesa, mas como parte de um panorama mais amplo de atribuição geral de responsabilidades, ela pode sugerir uma tendência para uma coesão baixa.

E, mais importante em termos de habilidades de desenvolvimento como projetista de objetos, independentemente da escolha final, o importante é a valiosa conquista de que pelo menos sabemos considerar o impacto na coesão.

Em contraposição, como mostrado na Figura 17.27, o segundo projeto delega a responsabilidade de criação do pagamento à *Venda*, o que favorece uma coesão mais alta na *Registradora*.

Como o segundo projeto apóia tanto coesão alta quanto acoplamento baixo, ele é desejável.

> Na prática, o nível de coesão não pode ser considerado isoladamente de outras responsabilidades e de outros princípios, como Especialista e Acoplamento Baixo.

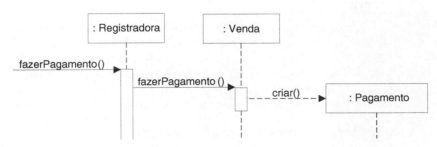

Figura 17.27 Venda cria Pagamento.

Discussão Assim como o Acoplamento Baixo, a Coesão Alta é um princípio que devemos ter em mente durante todas as decisões de projeto; é uma meta subjacente a ser continuamente considerada. É um princípio de avaliação que um projetista aplica quando avalia todas as decisões de projeto.

Grady Booch descreve que coesão funcional alta existe quando os elementos de um componente (por exemplo, uma classe) "trabalham juntos para fornecer algum comportamento bem delimitado" [Booch94].

Aqui estão alguns cenários que ilustram graus variáveis de coesão funcional:

1. *Coesão Muito Baixa*. Uma classe é a única responsável por muitas coisas em áreas funcionais muito diferentes.
    - Considere a existência de uma classe denominada *InterfaceBDR–CRP*, que é inteiramente responsável por interagir com bancos de dados relacionais (BDR) e por tratar chamadas remotas a procedimentos (CRP). Essas são duas áreas funcionais muito diferentes, e cada uma exige uma grande quantidade de código de apoio. As responsabilidades deveriam ser divididas entre uma família de classes relacionadas com o acesso ao BDR e outra família relacionada com o apoio a CRP.

2. *Coesão Baixa*. Uma classe é a única responsável por uma tarefa complexa em uma área funcional.
    - Considere a existência de uma classe denominada *Interface-BDR* que é inteiramente responsável por interagir com bancos de dados relacionais. Os métodos da classe são todos relacionados, porém, há uma grande quantidade deles e um grande volume de código de apoio; pode haver centenas ou milhares de métodos. A classe deveria ser dividida entre uma família de classes leves que compartilhem o trabalho de fornecer acesso a um BDR.

3. *Coesão Alta*. Uma classe tem responsabilidades moderadas em uma área funcional e colabora com outras classes para realizar tarefas.
    - Considere a existência de uma classe denominada *Interface-BDR* que é apenas parcialmente responsável por interagir com bancos de dados relacionais. Ela interage com uma dúzia de outras classes relacionadas ao acesso ao BDR de maneira a recuperar e salvar objetos.

4. *Coesão Moderada*. Uma classe tem peso leve e responsabilidades exclusivas em algumas áreas logicamente relacionadas ao conceito da classe, mas não umas com as outras.
    - Considere a existência de uma classe denominada *Empresa* que é completamente responsável por: (a) conhecer seus funcionários e (b) conhecer suas informações financeiras. Essas duas áreas não são fortemente relacionadas entre si, embora ambas estejam logicamente relacionadas ao conceito de empresa. Além disso, o número total de métodos públicos é pequeno, bem como o volume de código de apoio.

Como regra prática, uma classe com coesão alta tem um número relativamente pequeno de métodos, com funcionalidade altamente relacionada, e não executa muito trabalho. Se a tarefa for grande, ela irá colaborar com outros objetos para dividir o esforço.

Uma classe com coesão alta é vantajosa porque é relativamente fácil de manter, compreender e reutilizar. O alto grau de funcionalidade relacionada, combinado com um baixo número de operações, também simplifica a manutenção e aperfeiçoamento. A granularidade fina de funcionalidade altamente relacionada também favorece um aumento do potencial de reutilização.

O padrão Coesão Alta – como muitas coisas em tecnologia de objetos – tem uma analogia no mundo real. É uma observação comum que, se uma pessoa assume responsabilidades não-relacionadas em demasia – especialmente aquelas que deveriam ser delegadas a outras pessoas – então a pessoa não é eficiente. Isso é observado em alguns gerentes que não aprenderam como delegar. Essas pessoas sofrem de coesão baixa; estão prontas para tornarem-se "alienadas".

Outro princípio clássico: projeto modular

Acoplamento e coesão são antigos princípios em projeto de software; projetar objetos não significa ignorar fundamentos bem estabelecidos. Outro deles – fortemente relacionado à coesão e ao acoplamento – é promover **projeto modular**. Para citar:

> Modularidade é propriedade de um sistema que foi decomposto em um conjunto de módulos coesos e fracamente acoplados [Booch94].

Promovemos um projeto modular ao criar métodos e classes com alta coesão. No nível básico de objetos, consegue-se modularidade pelo projeto de cada método com uma finalidade única e clara e pelo agrupamento de um conjunto de interesses relacionados em uma classe.

Coesão e acoplamento: yin e yang

Coesão ruim geralmente implica mau acoplamento, e vice-versa. Chamo a coesão e o acoplamento o *yin e o yang da engenharia de software*, por causa da sua influência interdependente. Considere uma classe de dispositivo IGU que representa e pinta um dispositivo, salva os dados em um banco de dados e invoca serviços de objetos remotos. Além de ser profundamente não-coesa, ela está acoplada a muitos (e díspares) elementos.

Contra-indicações Em alguns casos, a aceitação de coesão mais baixa é justificável.

Um caso é o agrupamento de responsabilidades ou de código em uma classe ou componente para simplificar a manutenção por uma pessoa – no entanto, saiba que tal agrupamento também pode piorar a manutenção. Mas suponha uma aplicação que contenha instruções SQL embutidas que, por bons princípios de projeto, deveriam estar distribuídas por dez classes de, por exemplo, "mapeamento em banco de dados". Agora, comumente apenas um ou dois especialistas em SQL sabem como melhor definir e manter esse SQL. Mesmo se dúzias de programadores OO trabalham no projeto; poucos programadores OO podem ter forte habilidade em SQL. Suponha que o especialista em SQL não se sinta à vontade com a programação OO. O arquiteto de software pode decidir agrupar todas as declarações SQL em uma classe, *OperaçõesBDR*, de modo que fique fácil para o especialista em SQL trabalhar em um único lugar.

Outro caso de componentes com baixa coesão é com objetos em servidores distribuídos. Por causa das implicações de sobrecarga (overhead) e desempenho associadas com objetos e comunicações remotos, algumas vezes é melhor criar objetos servidores maiores, em menor quantidade e menos coesos, que fornecem interface a muitas operações. Essa abordagem também é relacionada ao padrão denominado Interface Remota de Granularidade Grossa (**Coarse-Grained Remote Interface**). Nesse padrão, as operações remotas são feitas com granularidade maior, de modo que podem fazer ou solicitar mais serviço em chamadas remotas de operação para aliviar a punição no desempenho de chamadas remotas por uma rede. Como um exemplo simples, considere que em vez de um objeto remoto com três operações de granularidade fina *atribuirNome*, *atribuirSalário* e *atribuirDataDeContratação*, exista uma operação remota *atribuirDados*, que recebe um conjunto de dados. Isso resulta em menos chamadas remotas e em um melhor desempenho.

Vantagens

- Mais clareza e facilidade de compreensão no projeto.
- Manutenção e aperfeiçoamentos simplificados.
- Acoplamento Baixo é freqüentemente apoiado.
- Reúso de funcionalidade de granularidade fina altamente relacionada é aumentada, porque uma classe coesa pode ser usada para uma finalidade muito específica.

17.15 Leituras recomendadas

A metáfora de PGR (Projeto Guiado por Responsabilidades) emergiu especialmente de um trabalho marcante com objetos em Smalltalk na Tektronics, em Portland, com Kent Beck, Ward Cunningham, Rebecca Wirfs-Brock e outros. *Designing Object-Oriented Software* (WWW90) é um texto marcante, tão importante hoje como quando foi escrito. Wirfs-Brock recentemente lançou outro texto de PGR: *Object design: Roles, Responsibilities and Collaborations* [WM02].

Dois outros textos recomendados que enfatizam princípios fundamentais de projeto de objetos são *Object-Oriented Design Heuristics*, de Riel, e *Object Models*, de Coad.

Capítulo

18

EXEMPLOS DE PROJETO DE OBJETOS COM GRASP

Para inventar, você necessita de uma boa imaginação e uma pilha de lixo.
— Thomas Edison

Objetivos

- Projetar realizações de casos de uso.
- Aplicar GRASP para atribuir responsabilidades a classes.
- Aplicar UML para ilustrar e raciocinar durante o projeto de objetos.

Introdução

Este capítulo aplica princípios de projeto OO e UML aos estudos de caso, para mostrar exemplos maiores de objetos razoavelmente projetados com resposabilidades e colaborações. Observe, por favor, que os padrões GRASP, pelo nome em si, não são importantes; eles são apenas um suporte ao aprendizado, que nos ajuda a raciocinar metodicamente sobre o projeto OO básico.

O que vem a seguir? Introduzidos os princípios básicos de projeto OO com GRASP, este capítulo os aplica aos estudos de caso. O capítulo seguinte esclarece o tópico pequeno, porém necessário, de projeto para visibilidade entre objetos.

Diagramas de Classe UML → Projeto de Objetos com GRASP → **Exemplos de Projeto de Objetos** → Projetar para Visibilidade → Mapeamento de Projetos para Código

> *Ponto-chave*
>
> A atribuição de responsabilidades e o projeto de colaborações são passos muito importantes e criativos durante o projeto, seja enquanto diagramamos ou enquanto codificamos.

A zona não-mágica

Este capítulo o convida a aprender, por meio de explicações detalhadas, como um desenvolvedor OO poderia raciocinar ao projetar por princípios. De fato, após um curto tempo de prática, esses princípios tornam-se incorporados e algumas das decisões tomadas acontecem quase que no nível subconsciente.

Mas, *primeiro*, quero ilustrar exaustivamente que nenhuma "mágica" é necessária no projeto de objetos, nenhuma decisão injustificável é necessária – atribuição de responsabilidades e escolha de colaborações podem ser racionalmente explicadas e aprendidas. Projeto de software OO pode ser mais ciência do que arte, apesar de haver muito espaço para criatividade e projeto elegante.

18.1 O que é uma realização de caso de uso?

O último capítulo, sobre princípios básicos de projeto OO, tratou de pequenos fragmentos de problemas de projeto. Em contraposição, este capítulo demonstra um panorama mais amplo de projetar os objetos de domínio[1] para todo um cenário de caso de uso. Você vai ver colaboração em larga escala e diagramas UML mais complexos.

Para citar, "Uma **realização de caso de uso** descreve como um particular caso de uso é realizado dentro do modelo de projeto, em termos de objetos que colaboram entre si" [RUP]. Mais precisamente, um projetista pode descrever o projeto de um ou mais *cenários* de um caso de uso; cada um desses é chamado uma realização de caso de uso (apesar de não padronizado, talvez melhor chamado de **realização de cenário**). *Realização de caso de uso* é um termo do PU usado para nos lembrar da conexão entre os requisitos expressos como casos de uso e o projeto de objetos que satisfaz os requisitos.

Diagramas UML são uma linguagem comum para ilustrar realizações de casos de uso. E, como exploramos no capítulo anterior, podemos aplicar princípios e padrões de projeto de objetos, tais como Especialista na Informação e Acoplamento Baixo, durante esse trabalho de projeto de realização do caso de uso.

Para lembrar, a Figura 18.1 ilustra o relacionamento entre alguns artefatos do PU, enfatizando o Modelo de Caso de Uso e o Modelo de Projeto – realizações de casos de uso.

---

[1] Lembre-se, como explicado na pág. 222, de que os estudos de caso enfocam a camada de domínio, não as camadas de IU ou serviço, que, no entanto, são importantes.

CAPÍTULO 18 • EXEMPLOS DE PROJETO DE OBJETOS COM GRASP   337

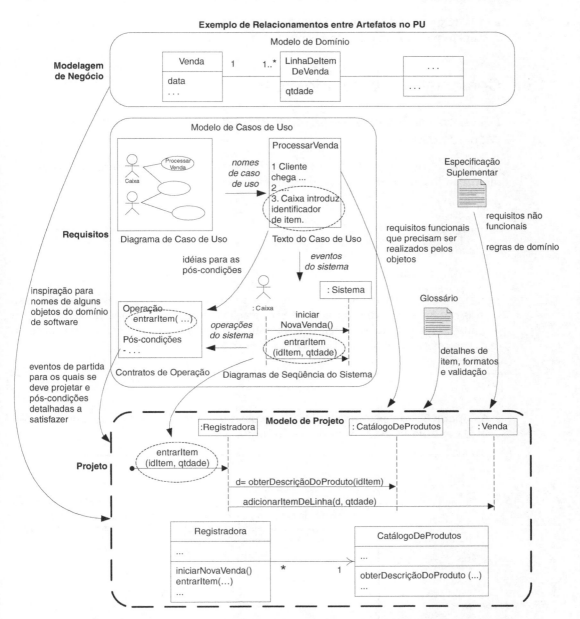

Figura 18.1   Relacionamentos de artefatos enfatizando a realização de casos de uso.

Alguns pontos relevantes da influência dos artefatos incluem os seguintes:

- O caso de uso sugere as operações do sistema mostradas em DSSs.
- As operações do sistema tornam-se as mensagens iniciais que entram nos Controladores dos diagramas de interação da camada de domínio. Veja a Figura 18.2.
  - Esse é um **ponto-chave** freqüentemente não percebido pelos novatos em modelagem A/POO.

- Os diagramas de interação da camada de domínio ilustram como os objetos interagem para realizar as tarefas necessárias – a realização do caso de uso.

18.2 Comentários sobre artefatos

DSSs, operações do sistema, diagramas de interação e realizações de casos de uso

Na iteração corrente do PDV ProxGer, consideramos cenários e operações do sistema identificados nos DSSs do caso de uso *Processar Venda*:

- *iniciarNovaVenda*
- *entrarItem*
- *finalizarVenda*,
- *fazerPagamento*.

Se usarmos diagramas de comunicação para ilustrar as realizações de caso de uso, vamos desenhar um diagrama de comunicação diferente para mostrar o tratamento de cada mensagem de operação de sistema. Evidentemente, o mesmo é verdade para diagramas de seqüência. Por exemplo, veja as Figuras 18.2 e 18.3.

> *Ponto-chave*
>
> As operações do sistema nos DSSs são usadas como mensagens iniciais nos objetos controladores da camada de domínio.

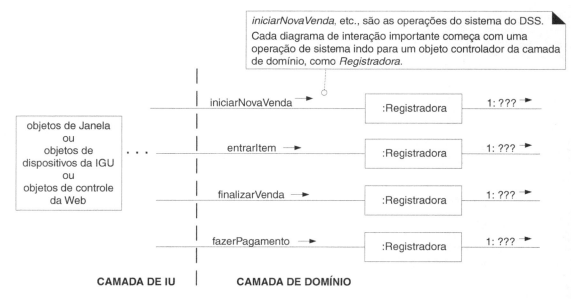

Figure 18.2 Diagramas de comunicação e tratamento das operações do sistema.

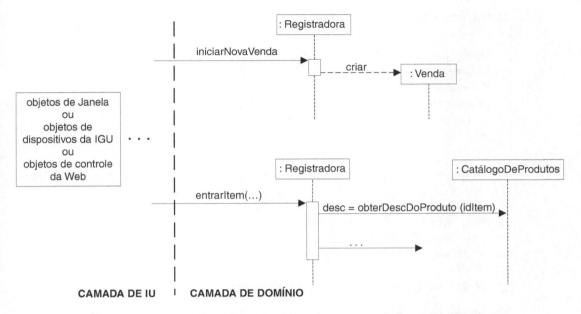

Figura 18.3 Diagramas de Seqüência e tratamento das operações do sistema.

Casos de uso e realizações de caso de uso

Naturalmente, casos de uso são entradas primordiais para as realizações de casos de uso. O texto do caso de uso e os requisitos relacionados expressos nas Especificações Suplementares, Glossário, protótipos de IU, protótipos de relatório, etc, informam os desenvolvedores o que precisa ser construído. Mas lembre-se de que requisitos escritos são imperfeitos – freqüentemente, muito imperfeitos.

Envolver freqüentemente o cliente

A seção acima dá a impressão que documentos são os requisitos de entrada cruciais para fazer o projeto e desenvolvimento do software. De fato, mesmo que seja, é difícil ter a participação constante de clientes na avaliação de demonstrações, discussão de requisitos e testes, priorização, etc. Um dos princípios dos métodos ágeis é "Pessoas do negócio e desenvolvedores precisam trabalhar juntos diariamente durante o projeto" – uma meta muito honrada.

Contratos de operação e realizações de casos de uso

Como discutido, as realizações de casos de uso podem ser projetadas diretamente a partir do texto do caso de uso ou de alguém que tenha conhecimento do domínio. Para algumas operações mais complexas do sistema, contratos podem ter sido escritos para acrescentar mais detalhes de análise. Por exemplo:

Contrato CO2: entrarItem

Operação:	entrarItem(idItem: IdItem, qtdade: inteiro)
Referências cruzadas:	Casos de Uso: Processar Venda
Pré-condições:	Existe uma venda em andamento
Pós-condições:	– Foi criada uma instância liv de LinhaDeItemDeVenda (criação de instância)
	– ...

Em conjunto com a análise do texto do caso de uso, para cada contrato, trabalhamos usando as mudanças de estado definidas pelas pós-condições e as interações de mensagens do projeto para satisfazer aos requisitos. Por exemplo, dada essa operação de sistema parcial *entrarItem*, construimos um diagrama de interação parcial que satisfaz a mudança de estado da criação de uma instância para *LinhaDeItemDeVenda*, como mostrado na Figura 18.4.

O Modelo de Domínio e realizações de casos de uso

Nos diagramas de interação, o Modelo de Domínio inspira alguns dos objetos de software, como por exemplo a classe conceitual *Venda* e a classe de software *Venda*. O Modelo de Domínio existente – bem como todos os artefatos de análise – não devem ser perfeitos, voce deveria esperar erros e omissões. Você irá descobrir novos conceitos que foram omitidos previamente, ignorar conceitos que foram identificados previamente, e isso também ocorrerá com associações e atributos.

Deve-se limitar as classes de projeto no Modelo de Projetos às classes com nomes inspirados no Modelo de Domínio? Nem sempre. É normal descobrir novas classes conceituais durante o trabalho de projeto, omitidas durante a análise de domínio anterior, e criar classes de software cujos nomes e objetivos são completamente não relacionados ao Modelo de Domínio.

Figura 18.4 Diagrama de interação parcial que satisfaz uma pós-condição de um contrato.

18.3 O que vem a seguir?

O restante deste capítulo está organizado como segue:

1. Uma discussão relativamente detalhada do projeto do PDV ProxGer.
2. Igualmente para o estudo de caso do Banco Imobiliário, começando nas págs. 359-360.

Por meio da aplicação de UML e padrões para esses estudos de casos, vamos obter mais detalhes.

18.4 Realizações de caso de uso para a iteração do ProxGer

As seções seguintes exploram as escolhas e decisões tomadas durante o projeto de realização de um caso de uso com objetos baseado nos padrões GRASP. Intencionalmente, detalhei as explicações para mostrar que não há mágica no projeto OO – ele é baseado em princípios justificáveis.

Iniciação e o caso de uso 'Iniciar'

A realização do caso de uso *Iniciar* está no contexto do projeto em que se considera a criação da maioria dos objetos 'raiz' ou de longa-vida. Veja as págs. 357-358 para alguns detalhes do projeto.

Diretriz

Quando estiver codificando, programe logo de início pelo menos uma parte da iniciação (caso de uso *Iniciar*). Mas, durante a modelagem de projeto, considere o projeto da iniciação (caso de uso *Iniciar*) por *último*, depois que você tiver descoberto o que realmente precisa ser criado e iniciado. Então, projete a iniciação para dar suporte às necessidades de realizações de outros casos de uso.

Baseado nessas diretrizes, exploramos a realização do caso de uso *Processar Venda*, antes de dar suporte ao projeto de *Iniciar*.

Como projetar iniciarNovaVenda

A operação de sistema *iniciarNovaVenda* ocorre quando um caixa inicia uma solicitação para iniciar uma nova venda, após um cliente ter chegado com coisas que deseja comprar. O caso de uso pode ter sido suficiente para decidir o que era necessário, porém, para esse estudo de caso, escrevemos contratos para todas as operações do sistema, para demonstrarmos a abordagem.

Contrato CO1: iniciarNovaVenda

Operação:	iniciarNovaVenda( )
Referências cruzadas:	Casos de Uso: Processar Venda
Pré-condições:	nenhuma

| **Pós-condições:** | – Uma instância de Venda v foi criada (criação de instância).
– v foi associada com a Registradora (associação formada).
– Os atributos de v foram iniciados. |

Escolha da classe Controladora

A nossa primeira decisão de projeto envolve a escolha do controlador para a mensagem da operação de sistema *entrarItem*. Pelo padrão Controlador, temos aqui algumas escolhas possíveis:

| Representa todo o "sistema", o "objeto raiz", um dispositivo especializado ou um subsistema importante. | *Loja* – uma especie de objeto raiz, porque pensamos na maioria dos outros objetos do domínio como estando "dentro" da *Loja*

Registradora – um dispositivo especializado que executa o software, também chamado de TerminalPDV.

SistemaPDV – um nome sugerido para o sistema todo. |
| Representa um receptor ou um tratador de todos os eventos do sistema de um cenário de um caso de uso. | *TratadorDeProcessarVenda* – construído pelo padrão "Tratador" ou "Sessão" <nome-do-caso-de-uso>

SessãoProcessarVenda |

Escolher um controlador de fachada como *Registradora* será satisfatório se houver apenas poucas operações de sistema e o controlador de fachada não tiver assumido muitas responsabilidades (em outras palavras, se ele não se tornar não-coesivo). Escolher um controlador de caso de uso é adequado quando existem muitas operações de sistema e queremos distribuir responsabilidades de maneira a manter cada classe com um controlador leve e focalizado (em outras palavras, coesivo). Nesse caso, *Registradora* será suficiente, pois existem apenas poucas operações do sistema.

> Lembre-se: essa *Registradora* é um objeto de software no Modelo de Projeto. Não é uma registradora física.

Assim, baseado no padrão Controlador, o diagrama de interação mostrado na Figura 18.5 começa enviando a mensagem da operação de sistema *iniciarNovaVenda* para um objeto de software *Registradora*.

Criação de uma Nova Venda

Um objeto de software *Venda* deve ser criado, e o padrão GRASP Criador sugere atribuir a responsabilidade pela criação a uma classe que agrega, contém, ou registra o objeto a ser criado.

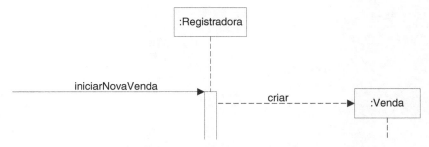

Figura 18.5 Aplicação do padrão GRASP Controlador.

A análise do Modelo de Domínio revela que uma *Registradora* pode ser pensada como registrando uma *Venda*; de fato, a palavra "registradora" em negócios tem significado há centenas de anos como algo que gravou (ou registrou) transações contábeis, como vendas.

Assim, *Registradora* é uma candidata razoável para criar uma *Venda*. Note como isso apóia o baixo hiato representacional (BHR). Além disso, fazendo com que a *Registradora* crie a *Venda*, podemos facilmente associar a *Registradora* com ela ao longo do tempo, de forma que, durante futuras operações na mesma sessão, a *Registradora* vai ter uma referência para a instância corrente de *Venda*.

Em acréscimo ao que foi dito acima, quando a *Venda* é criada, ela deve criar uma coleção vazia (como por exemplo uma Java*List*) para registrar todas as instâncias futuras de *LinhaDeItemDeVenda* que serão adicionadas. Essa coleção estará contida em e mantida pela instância de *Venda*, o que implica, pelo Criador, que a *Venda* é um bom candidato para criar a coleção.

Portanto, a *Registradora* cria a *Venda*, e a *Venda* cria uma coleção vazia, representada por um multiobjeto no diagrama de interação.

Assim, o diagrama de interação da Fig. 18.6 ilustra o projeto.

Conclusão

O projeto não foi difícil, porém a razão de sua explicação cuidadosa em termos do Controlador e Criador foi para ilustrar que os detalhes de um projeto podem ser racional e metodicamente decididos e explicados em termos de princípios e padrões, tais como GRASP.

Como Projetar entrarItem?

A operação de sistema *entrarItem* ocorre quando um caixa entra o idItem e (opcionalmente) a quantidade de algo a ser comprado. Aqui está o contrato completo:

Contrato CO2: entrarItem

Operação:	entrarItem (idItem: IdItem, quantidade: inteiro)
Referências cruzadas:	Casos de Uso: Processar Venda

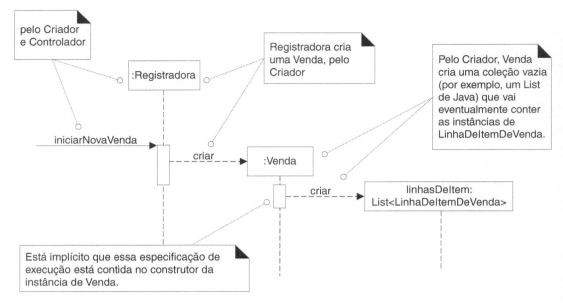

Figura 18.6 Criação de Venda e da coleção.

Pré-condições:	Existe uma venda em andamento.
Pós-condições:	– Foi criada uma instância liv de LinhaDeItemDeVenda (criação de instância).
	– liv foi associada com a Venda corrente (associação formada).
	– liv.quantidade tornou-se quantidade (modificação de atributo).
	– liv foi associada com uma DescriçãoDoProduto, baseando-se no idItem correspondente (associação formada).

Construiremos um diagrama de interação para satisfazer às pós-condições de *entrarItem*, usando os padrões GRASP para auxiliar nas decisões de projeto.

Escolha da classe controladora

Nossa primeira escolha envolve tratar a responsabilidade pela mensagem da operação de sistema *entrarItem*. Com base no padrão Controlador, assim como para *iniciarNovaVenda*, vamos continuar a usar *Registradora* como controlador.

Exibir a descrição e o preço do item?

Por causa do princípio de **Separação Modelo-Visão** (**Model-View Separation**), não é responsabilidade de objetos não-IGU (por exemplo, uma *Registradora* ou *Venda*) envolver-se em tarefas de saída. Portanto, embora o caso de uso afirme que a descrição e o preço são exibidos após essa operação, ignoramos o projeto neste momento.

Tudo o que é requerido com relação às responsabilidades pela exibição de informações é que a informação seja conhecida, o que ocorre nesse caso.

Criação de uma nova LinhaDeItemDeVenda

As pós-condições do contrato para *entrarItem* indicam a criação, o início e a associação de uma *LinhaDeItemDeVenda*. A análise do Modelo de Domínio revela que uma *Venda* contém objetos *LinhaDeItemDeVenda*. Inspirados no domínio, determinamos que uma *Venda* em *software* pode, de maneira similar, conter *LinhaDeItemDeVenda* em software. Assim, pelo Criador, uma *Venda* em software é uma candidata apropriada para criar uma *LinhaDeItemDeVenda*.

Podemos associar a *Venda* com a recém criada *LinhaDeItemDeVenda* por meio do armazenamento da nova instância na sua coleção de linhas de item. As pós-condições indicam que a nova *LinhaDeItemDeVenda* necessita uma quantidade quando é criada; portanto, a *Registradora* precisa passá-la à *Venda*, que precisa passá-la adiante como parâmetro na mensagem *criar*. Em Java, isso seria implementado como uma chamada para um construtor com um parâmetro.

Portanto, de acordo com o Criador, uma mensagem *criarLinhaDeItem* é enviada para uma *Venda*, para que ela crie uma *LinhaDeItemDeVenda*. A *Venda* cria uma *LinhaDeItemDeVenda*, e então armazena a nova instância na sua coleção permanente.

Os parâmetros para a mensagem *criarLinhaDeItem* incluem a quantidade, de modo que a *LinhaDeItemDeVenda* possa registrá-la, e a *DescriçãoDoProduto* cujo *idItem* seja o fornecido.

Encontrar uma DescriçãoDoProduto

A *LinhaDeItemDeVenda* precisa ser associada com a *DescriçãoDoProduto* que coincide com o *idItem* que está sendo passado como parâmetro de entrada. Isso implica que precisamos recuperar uma *DescriçãoDoProduto*, com base na coincidência de um *idItem*.

Antes de pensar em *como* realizar a busca, é útil que consideremos *quem* deveria ser responsável por essa busca. Assim, um primeiro passo seria:

> Começar a atribuir responsabilidades definindo claramente a responsabilidade.

Reenunciando o problema:

> Quem deveria ser responsável por conhecer uma *DescriçãoDoProduto*, com base em uma coincidência de *idItem*?

Esse não é um problema de criação nem de escolha de controlador para um evento do sistema. Veremos agora nossa primeira aplicação do Especialista na Informação no projeto.

Em muitos casos, o padrão Especialista é o principal a ser aplicado. O Especialista na Informação sugere que o objeto que tem a informação requerida para satisfazer à responsabilidade deveria fazê-lo. Quem sabe tudo sobre os objetos *DescriçãoDoProduto*?

A análise do Modelo de Domínio revela que *CatálogoDeProdutos* logicamente contém todas as *DescriçõesDoProduto*. Uma vez mais, inspirados no domínio, projetamos classes de software com organização similar: um software *CatálogoDeProdutos* vai conter software *DescriçãoDoProduto*.

Com isso decidido, pelo Especialista na Informação *CatálogoDeProdutos* é um bom candidato para esta responsabilidade de busca, uma vez que conhece todos os objetos *DescriçãoDoProduto*. A busca pode ser implementada, por exemplo, com um método chamado *obterDescriçãoDoProduto* (abreviado como *obterDescProduto* em alguns dos diagramas).[2]

Visibilidade para um CatálogoDeProdutos

Quem deveria enviar a mensagem *obterDescriçãoDoProduto* para um *CatálogoDeProduto* pedindo uma *DescriçãoDoProduto*?

É razoável considerar que uma *Registradora* de longa vida e uma instância de *CatálogoDeProdutos* foram criadas durante o caso de uso inicial *Iniciar*, e que o objeto *Registradora* está permanentemente conectado ao objeto *CatálogoDeProdutos*. Com essa pressuposição (que poderíamos registrar em uma lista de tarefas de coisas a garantir no projeto quando chegamos ao projeto da iniciação) sabemos que a *Registradora* pode enviar a mensagem *obterDescriçãoDoProduto* ao *CatálogoDeProdutos*.

Isso implica um outro conceito em projeto de objetos: visibilidade. **Visibilidade** é a capacidade de um objeto "ver" ou ter uma referência para um outro objeto.

> Para um objeto enviar uma mensagem para outro, ele deve ter visibilidade para esse objeto.

Como assumimos que a *Registradora* tem uma conexão permanente – ou referência – ao *CatálogoDeProdutos*, ela tem visibilidade para ele e, conseqüentemente, pode enviar-lhe mensagens, como *obterDescriçãoDoProduto*. Um capítulo subseqüente vai explorar a questão de visibilidade de forma mais específica.

O projeto final

A partir da discussão acima, o diagrama de interação da Figura 18.7 e o DCP da Figura 18.8 (visões dinâmica e estática) refletem as decisões a respeito da atribuição de responsabilidades e como objetos devem interagir. Observe a reflexão considerável sobre os padrões GRASP, que nos levaram a esse projeto; o projeto de interações de objetos e atribuições de responsabilidades necessita de alguma deliberação.

No entanto, quando esses princípios estiverem profundamente "enraizados", as decisões freqüentemente vêm rapidamente, quase que subconscientemente.

---

[2] O nome dos métodos de acesso é idiomático em cada linguagem. Java sempre usa a forma *objeto.obterFoo()*; C++ tende a usar *objeto.foo()*; e C# usa *objeto.foo*, que oculta (como Eiffel e Ada) se o acesso é por uma chamada de método ou é acesso direto de um atributo público.

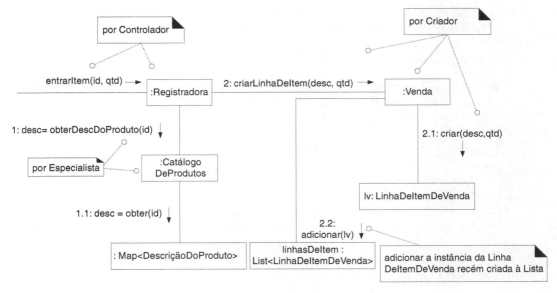

Figura 18.7 O diagrama de interação *entrarItem*. Visão dinâmica.

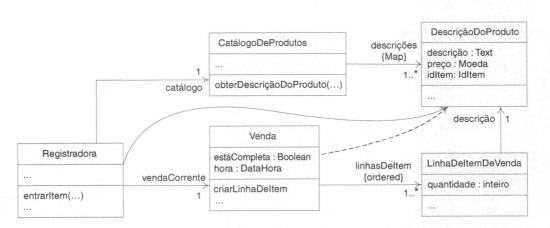

Figura 18.8 DCP parcial relacionado ao projeto *entrarItem*. Visão estática.

Recuperação de DescriçõesDoProduto de um banco de dados

Na versão final da aplicação PDV ProxGer, é improvável que *todas* as *DescriçõesDoProduto* estejam de fato na memória. É mais provável que estejam armazenadas em um banco de dados relacional e sejam recuperadas sob demanda; algumas podem estar localmente em cache por razões de desempenho ou tolerância a falhas. No entanto, no interesse da simplicidade, adiamos por hora os tópicos relativos à recuperação de um banco de dados e consideramos que todas as *DescriçõesDoProduto* estejam na memória.

O Capítulo 38 explora o tópico de acesso a banco de dados de objetos persistentes, um tópico maior, influenciado pela escolha de tecnologia, como Java ou .NET.

Como projetar finalizarVenda?

A operação de sistema *finalizarVenda* ocorre quando o caixa pressiona um botão indicando o fim da entrada de linhas de itens em uma venda (um outro nome poderia ser sido *finalizarEntradaDeItem*). Aqui está o contrato:

Contrato CO3: finalizarVenda

Operação:	finalizarVenda()
Referências Cruzadas:	Casos de Uso: Processar Venda
Pré-condições:	Existe uma venda em andamento
Pós-condições:	Venda.estáCompleta tornou-se verdadeiro (modificação de atributo).

Escolha da classe Controladora

Nossa primeira escolha envolve tratar a responsabilidade pela mensagem da operação de sistema *finalizarVenda*. Com base no padrão GRASP Controlador, da mesma forma que para *entrarItem*, continuaremos a usar *Registradora* como controladora.

Iniciar o atributo Venda.estáCompleta

As pós-condições do contrato estipulam:

- *Venda.estáCompleta* tornou-se *verdadeiro* (modificação de atributo).

Como sempre, Especialista deveria ser o primeiro padrão considerado, a menos que o problema seja um problema de controlador ou de criação (o que não é o caso).

Quem deveria ser responsável por iniciar o atributo *estáCompleta* de *Venda* como verdadeiro?

Pelo Especialista, deveria ser a própria *Venda*, uma vez que ela possui e mantém o atributo *estáCompleta*. Assim, a *Registradora* vai enviar uma mensagem *tornarseCompleta* para a *Venda* para iniciá-la como *verdadeiro* (Ver Figura 18.9)[3].

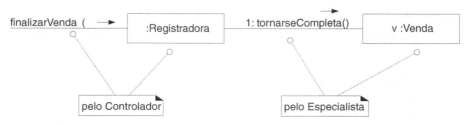

Figura 18.9 Término da entrada de itens.

---

[3] Esse estilo é especialmente um idioma Smalltalk. Provavelmente em Java, *atribuirCompleta(true)* (*setComplete*(true)).

Cálculo do total da venda

Considere esse fragmento do caso de uso *Processar Venda*:

> **Cenário de sucesso principal**
> 3. Cliente chega...
> 4. Caixa solicita ao Sistema para criar uma nova venda.
> 5 Caixa entra identificador de item.
> 6. Sistema registra linha de item de venda e...
> *Caixa repete passos 3-4 até indicar ao sistema que terminou.*
> 7. Sistema apresenta total com impostos calculados.

No passo 5, é apresentado (ou exibido) um total. Por causa do princípio Separação Modelo-Visão, não precisaríamos nos preocupar com o projeto de como o total será exibido, porém é necessário garantir que o total é conhecido. Note que atualmente nenhuma classe de projeto sabe o total da venda, de modo que precisamos criar um projeto de interações de objetos que satisfaça esse requisito.

Como sempre, Especialista na Informação deveria ser o padrão a ser considerado, a menos que o problema seja um problema de controlador ou de criação (o que não é o caso).

Você provavelmente imaginou que, pelo Especialista, a *Venda* em si deveria ser responsável por conhecer seu total. Mas, para tornar *claro* o processo de raciocínio para encontrar um Especialista, siga a análise deste simples exemplo.

1. Declare a responsabilidade:

    o Quem deveria ser responsável por conhecer o total da venda?

2. Resuma as informações necessárias:

    o O total da venda é a soma dos subtotais de todas as linhas-de-itens-de-venda.

    o subtotal de linhas-de-itens de vendas := quantidade da linha-de-item * o preço da descrição do produto.

3. Liste as informações necessárias para satisfazer essa responsabilidade e as classes que conhecem essas informações.

Informações necessárias para o total da venda	Especialista na Informação
DescriçãoDoProduto.preço	*DescriçãoDoProduto*
LinhaDeItemDeVenda.quantidade	*LinhaDeItemDeVenda*
Todas as *LinhasDeItensDeVenda* em Venda corrente	*Venda*

A seguir, analisamos o processo de raciocínio em mais detalhe:

- Quem deveria ser responsável por calcular o total da *Venda*? Pelo Especialista, deveria ser a própria *Venda*, uma vez que ela conhece todas as instâncias de *LinhaDeItemDeVenda*, cujos subtotais devem ser somados para calcular o total da venda. Portanto, *Venda* deve ter a responsabilidade de conhecer seu total, implementada como o método *obterTotal*.

- Para que uma *Venda* possa calcular seu total, ela precisa do subtotal de cada *LinhaDeItemDeVenda*. Quem deveria ser responsável por calcular o subtotal de *LinhaDeItemDeVenda*? Pelo Especialista, deveria ser a própria *LinhaDeItemDeVenda*, uma vez que ela sabe a quantidade e conhece a *DescriçãoDoProduto* associada a ela. Portanto, a *LinhaDeItemDeVenda* deve ter a responsabilidade de saber seu subtotal, implementada como um método *obterSubtotal*.

- Para que a *LinhaDeItemDeVenda* calcule seu subtotal, ela necessita do preço da *DescriçãoDoProduto*. Quem deveria ser responsável pelo fornecimento do preço da *DescriçãoDoProduto*? Pelo Especialista, deveria ser a própria *DescriçãoDoProduto*, uma vez que ela encapsula o preço como um atributo. Portanto, *DescriçãoDoProduto* vai ter a responsabilidade de saber seu preço, implementado como uma operação *obterPreço*.

> *Caramba, isso ficou detalhado!*
>
> Embora a análise acima seja trivial nesse caso, e o grau exagerado de elaboração apresentado seja desnecessário na prática real de projeto, a mesma estratégia de raciocínio para encontrar um Especialista pode e deve ser usada em situações mais difíceis. Se você seguir a lógica acima, pode ver como aplicar Especialista quase que para a maioria dos problemas.

O projeto de Venda.obterTotal

Após a discussão acima, vamos construir um diagrama de interação que ilustra o que acontece quando uma mensagem *obterTotal* é enviada a uma *Venda*. A primeira mensagem nesse diagrama é *obterTotal*, porém observe que a mensagem *obterTotal* não é uma mensagem de operação de sistema (tal como *entrarItem* ou *iniciarNovaVenda*).

Isto leva à seguinte observação:

> Nem todo diagrama de interação começa com uma mensagem de operação de sistema; ele pode começar com qualquer mensagem para a qual o projetista deseja mostrar interações.

O diagrama de interação é mostrado na Figura 18.10. Primeiro, a mensagem *obterTotal* é enviada para uma instância de *Venda*. A *Venda* então envia uma mensagem *obterSubtotal* para cada instância de *LinhaDeItemDeVenda* relacionada. *LinhaDeItemDeVenda* por sua vez, envia uma mensagem *obterPreço* para suas *DescriçõesDoProduto* associadas.

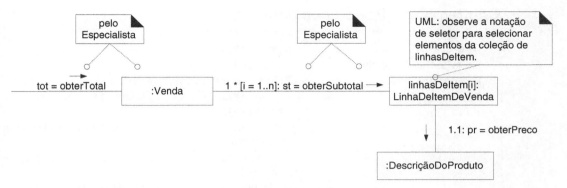

Figura 18.10 Diagrama de interação para Venda.obterTotal.

Uma vez que a aritmética (geralmente) não é ilustrada por meio de mensagens, podemos ilustrar os detalhes dos cálculos anexando algoritmos ou restrições ao diagrama que define os cálculos.

Quem enviará a mensagem *obterTotal* para *Venda*? O mais provável é que seja um objeto na camada IU, como um *JFrame* em Java.

Observe na Figura 18.11 o uso do estilo de símbolo de notas para "método" em UML2.

Como projetar fazerPagamento?

A operação de sistema *fazerPagamento* ocorre quando um caixa introduz a quantia em dinheiro entregue para pagamento. Aqui está o contrato completo:

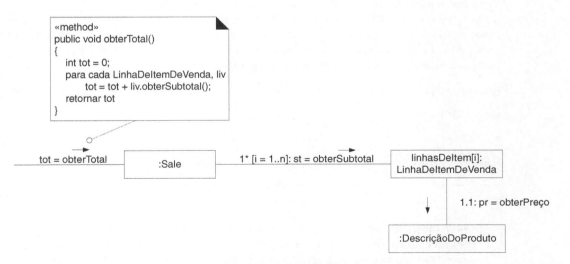

Figura 18.11 Exibição de um método com símbolo de nota.

Contrato CO4: fazerPagamento

Operação:	fazerPagamento(quantia: Moeda)
Referências Cruzadas:	Casos de Uso: Processar Venda
Pré-condições:	Existe uma venda em andamento
Pós-condições:	– Uma instância p de Pagamento foi criada (criação de instância).
	– p.quantiaFornecida tornou-se quantia (modificação de atributo).
	– p foi associado com a Venda corrente (associação formada).
	– A Venda corrente foi associada com a Loja (associação formada); (para acrescentá-la ao histórico das vendas completadas).

Vamos construir um projeto que satisfaça às pós-condições de *fazerPagamento*.

Criação do Pagamento

Uma das pós-condições do contrato estabelece que:

- Uma instância p de *Pagamento* foi criada (criação de instância).

Essa é uma responsabilidade de criação, então consideramos o padrão GRASP Criador.

Quem registra, agrega, usa de modo mais próximo, ou contém *Pagamento*? Existe um certo atrativo em afirmar que uma *Registradora* registra logicamente um *Pagamento*, porque no domínio real uma "registradora" grava informações contábeis, isso motiva a candidata *Registradora* ao objetivo de reduzir o hiato de representação no projeto de software. Além disso, podemos razoavelmente esperar que a classe de software *Venda* use um *Pagamento* de maneira próxima; assim, ela também pode ser uma candidata.

Uma outra maneira de encontrar um criador é usar o padrão Especialista em termos de quem é o Especialista na Informação com relação aos dados de iniciação – nesse caso, a quantia entregue. A *Registradora* é a controladora que recebe a mensagem *fazerPagamento* da operação de sistema e, assim, terá inicialmente a quantia entregue. Conseqüentemente, a *Registradora* é novamente uma candidata.

Em suma, há duas candidatas:

- *Registradora*
- *Venda*

Agora, isto nos leva à seguinte idéia-chave de projeto:

Diretriz

Quando existem escolhas de projeto alternativas, examine mais de perto as implicações das alternativas quanto à **coesão** e **acoplamento** e, se possível, às pressões futuras de evolução em cada alternativa. Escolha uma alternativa com boa coesão, acoplamento e estabilidade na presença de prováveis modificações futuras.

Considere algumas das implicações dessas escolhas em termos dos padrões GRASP de Coesão Alta e Acoplamento Baixo. Se escolhermos a *Venda* para criar o *Pagamento*, o trabalho (ou a responsabilidade) de *Registradora* fica mais leve – conduzindo a uma definição mais simples de *Registradora*. Também, a Registradora não tem necessidade de saber sobre a existência de uma instância de *Pagamento*, porque ela pode ser registrada indiretamente pela *Venda* – levando a um acoplamento mais baixo na *Registradora*. Isso leva ao projeto mostrado na Figura 18.12.

Esse diagrama de interação satisfaz às pós-condições do contrato: o *Pagamento* foi criado, associado com a *Venda*, e sua *quantiaFornecida* foi iniciada.

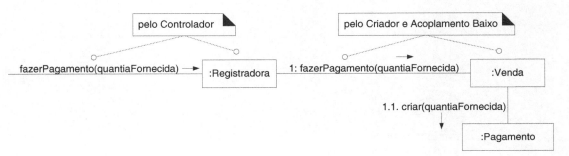

Figura 18.12 Diagrama de interação Registradora.fazerPagamento.

Registro de uma venda

Uma vez completada, os requisitos estabelecem que a venda deveria ser colocada em um arquivo histórico. Como sempre, Especialista na Informação deveria ser um padrão a considerar logo de início, a menos que haja um problema de controlador ou de criação (o que não é o caso), e a responsabilidade deveria ser definida como:

> Quem é o responsável por conhecer todas as vendas registradas e por registrá-las?

Com o objetivo de obter um baixo hiato de representação no projeto de software (em relação a nossos conceitos do domínio), podemos razoavelmente esperar que uma *Loja* conheça todas as vendas registradas, uma vez que elas estão fortemente relacionadas às suas finanças. Outras alternativas incluem conceitos contábeis clássicos, como um *LivroDiárioDeVendas*. Usar um objeto *LivroDiárioDeVendas* faz sentido à medida que o projeto cresce e a *Loja* perde sua coesão (ver Figura 18.13).

Note também que as pós-condições do contrato indicam relacionamento de *Venda* com a *Loja*. Esse é um exemplo de quando as pós-condições podem não ser o que de fato queremos obter no projeto. Talvez não tenhamos pensado em um *LivroDiárioDeVendas* anteriormente, mas agora que o temos, decidimos usá-lo em vez de uma *Loja*. Se esse for o caso, em situações ideais, acrescentaríamos *LivroDiárioDeVendas* ao Modelo de Domínio também, pois ele é um conceito no domínio do mundo real. Esse tipo de descoberta e de modificação durante o trabalho de projeto é esperado.

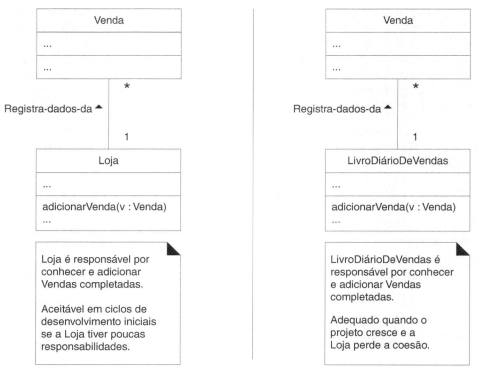

Figura 18.13 Quem deveria ser responsável por conhecer as vendas completadas?

Nesse caso, ficaremos com o plano original de usar a *Loja* (ver Figura 18.14).

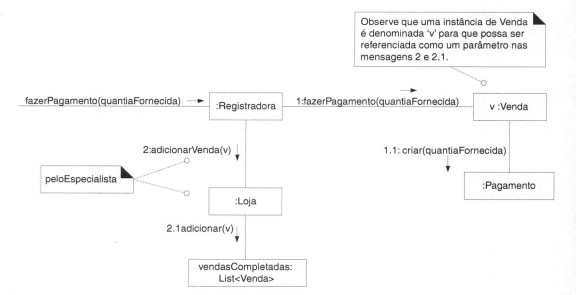

Figura 18.14 Registro de uma venda completada.

Cálculo do saldo

O caso de uso *Processar Venda* implica que o saldo por causa de um pagamento seja impresso em um recibo e exibido de alguma forma.

Por causa do princípio separação Modelo-Visão, não deveríamos nos preocupar aqui com a forma como o saldo vai ser exibido ou impresso, porém precisamos garantir que ele seja conhecido. Note que nenhuma classe atualmente sabe o saldo, então precisamos criar um projeto de interações entre objetos que satisfaça esse requisito.

Como sempre, Especialista na Informação deveria ser considerado, a menos que haja um problema de controlador ou de criação (o que não é o caso), e a responsabilidade deveria ser definida como:

> Quem é responsável por saber o saldo?

Para calcular o saldo, são necessários o total da venda e a quantia em dinheiro entregue. Portanto, *Venda* e *Pagamento* são Especialistas parciais na solução deste problema.

Se o *Pagamento* for o principal responsável pelo conhecimento do saldo, ele precisa ter visibilidade para a *Venda*, para perguntar à *Venda* o seu total. Uma vez que no momento ele não conhece a *Venda*, essa abordagem vai aumentar o acoplamento total do projeto – ela não apoiaria o padrão Acoplamento Baixo.

Em contraposição, se a *Venda* for primeiramente a responsável por conhecer o saldo, ela precisa ter visibilidade para o *Pagamento*, para solicitar a ele a quantia fornecida. Uma vez que a *Venda* já tem visibilidade para o *Pagamento* – como seu criador – essa abordagem não aumenta o acoplamento total, sendo, portanto, uma solução de projeto mais desejável.

Conseqüentemente, o diagrama de interação na Figura 18.15 fornece uma solução para saber o saldo.

O DCP final da iteração 1 para o ProxGer

De acordo com as decisões de projeto neste capítulo, a Figura 18.16 ilustra uma visão estática do DCP do projeto emergente da *camada de domínio,* refletindo as realizações de casos de uso para os cenários escolhidos da iteração 1 de *Processar Venda*.

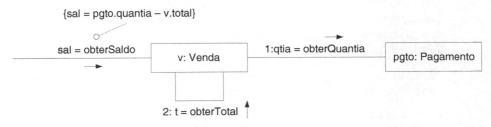

Figura 18.15 Diagrama de interação para Venda.obterSaldo.

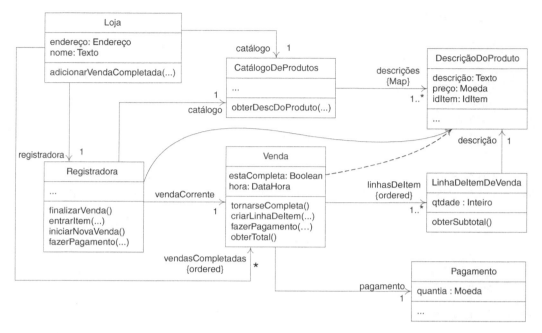

Figura 18.16 Um DCP mais completo refletindo mais decisões de projeto.

Naturalmente, ainda temos mais trabalho de projeto OO – ou enquanto codificamos ou enquanto modelamos – a fazer em outras camadas, inclusive a camada de IU e camadas de serviços.

Como conectar a camada de IU à camada de domínio?

Projetos comuns pelos quais objetos da camada de IU obtêm visibilidade a objetos da camada de domínio incluem:

- Um objeto iniciador (por exemplo, um objeto *Fábrica*) chamado pelo método inicial da aplicação (por exemplo, um método *main* em Java) cria tanto um objeto de IU quanto um de domínio e passa o objeto de domínio para a IU.

- Um objeto de IU recupera o objeto de domínio de uma fonte bem conhecida, como por exemplo, um objeto fábrica que é responsável pela criação de objetos de domínio.

Como o objeto de IU tem uma conexão para a instância de *Registradora* (que é o controlador fachada neste projeto), ele pode passar mensagens de evento do sistema, como por exemplo, as mensagens *entrarItem* e *finalizarVenda*, para ela (ver Figura 18.17).

No caso da mensagem *entrarItem*, queremos que a janela mostre o total parcial até o momento, após cada entrada. As soluções de projeto são:

- Adicionar um método *obterTotal* à *Registradora*. A IU envia a mensagem *obterTotal* para *Registradora*, que a encaminha para a *Venda*. Isso pode ter a vantagem de manter um acoplamento baixo da IU com a camada de domínio – a IU somente

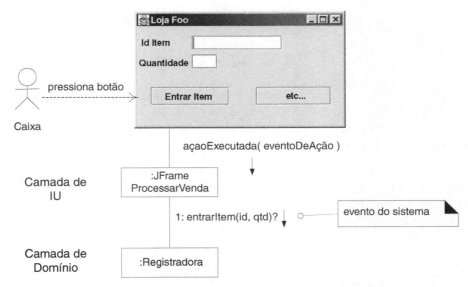

Figura 18.17 Conexão das camadas de IU e de domínio.

tem conhecimento do objeto *Registradora*. Entretanto, ela começa a expandir a interface para o objeto Registradora, tornando mais baixa a sua coesão.

- A IU solicita uma referência para o objeto *Venda* corrente e, quando ela requer o total (ou qualquer outra informação relacionada à venda), envia mensagens diretamente para a *Venda*. Essa solução de projeto aumenta o acoplamento da IU com a camada do domínio. Contudo, como exploramos na discussão do padrão GRASP Acoplamento Baixo, acoplamento mais alto por si só não é um problema; antes de mais nada, o problema real é o acoplamento a coisas *instáveis*. Suponha que decidimos que a *Venda* é um objeto estável que será parte integral do projeto – o que é razoável. Então, acoplamento com *Venda* não é um problema importante.

Como ilustrado na Figura 18.18, este projeto segue a segunda abordagem.

Iniciação e o caso de uso 'Iniciar"
Quando criar o projeto de iniciação?

A maioria, se não todos os sistemas, têm explicitamente ou implicitamente um caso de uso *Iniciar* (startUp) e alguma operação inicial de sistema relacionada ao início da aplicação. Embora abstratamente, a operação de sistema *Iniciar* é a primeira a ser executada. Portanto, adie o desenvolvimento de um diagrama de interação para ela até que todas as outras operações do sistema tenham sido consideradas. Essa prática garante que informação seja descoberta referente às atividades de iniciação necessárias para apoiar o diagrama de interação das últimas operações do sistema.

Diretriz

Faça o projeto da iniciação por último.

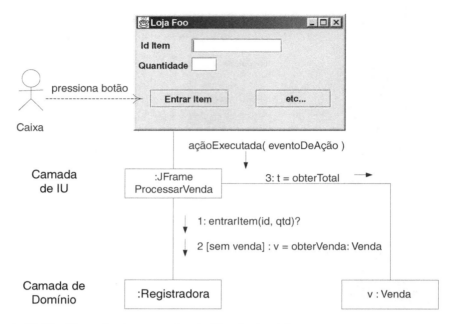

Figura 18.18 Conexão das camadas de IU e de domínio.

Como as aplicações são iniciadas?

A operação de sistema de *iniciar ou iniciação*, de um caso de uso *Iniciar*, representa abstratamente a fase de iniciação da execução quando uma aplicação é ativada. Para entender como projetar um diagrama de interação para essa operação, você precisa entender os contextos nos quais a iniciação pode ocorrer. O modo como uma aplicação começa sua execução e faz sua iniciação depende da linguagem de programação e do sistema operacional.

Em todos os casos, um idioma comum de projeto é criar um **objeto inicial do domínio** ou um conjunto de objetos iniciais pioneiros do domínio que são os primeiros objetos de software do "domínio" criado. Essa criação pode acontecer explicitamente no método *main* inicial, ou em um objeto *Fábrica* chamado a partir do método *main*.

Freqüentemente, o objeto inicial do domínio (considerando o caso singular), uma vez criado, é responsável pela criação de seus objetos-filho diretos do domínio. Por exemplo, uma *Loja* escolhida como objeto inicial do domínio pode ser responsável pela criação de um objeto *Registradora*.

Em uma aplicação Java, por exemplo, o método *main* pode criar o objeto inicial do domínio ou delegar o trabalho para um objeto *Fábrica* que o cria.

```
public class Main
{
public static void main( String[] args )
{
```

```
        // Loja é o objeto inicial do domínio.
        // A Loja cria alguns outros objetos do domínio.
        Loja loja= new Loja();
        Registradora registradora = loja.obterRegistradora();
        JFrameProcessarVenda frame = new JFrameProcessarVenda( registradora );
        ...
    }
}
```

Escolha do objeto inicial do domínio

Qual deveria ser a classe do objeto inicial do domínio?

> *Diretriz*
>
> Escolha como objeto inicial do domínio uma classe próxima ou na raiz da hierarquia de conteúdo ou de agregação dos objetos do domínio. Essa pode ser um controlador fachada, como *Registradora*, ou algum outro objeto que contenha todos ou a maioria dos outros objetos, como *Loja*.

Considerações sobre Coesão Alta e Acoplamento Baixo influenciam a escolha entre essas alternativas. Nessa aplicação, escolhemos *Loja* como o objeto inicial.

Projeto Loja.criar

As tarefas de criação e iniciação derivam das necessidades do trabalho anterior de projeto, por exemplo, o projeto para tratar de *entrarItem* e etc. Refletindo sobre os projetos de interação anteriores, identificamos os seguintes trabalhos iniciais:

- Criar *Loja*, *Registradora*, *CatálogoDeProdutos* e *DescriçõesDoProduto*.
- Associar *CatálogoDeProdutos* com *DescriçõesDoProduto*.
- Associar *Loja* com *CatálogoDeProdutos*.
- Associar *Loja* com *Registradora*.
- Associar *Registradora* com *CatálogoDeProdutos*.

A Figura 18.19 mostra o projeto. Escolhemos *Loja* para criar o *CatálogoDeProdutos* e a *Registradora*, pelo padrão Criador. De modo semelhante, escolhemos *CatálogoDeProdutos* para criar *DescriçõesDoProduto*. Lembre-se de que essa abordagem para criar as especificações é temporária. No projeto final, vamos materializá-las a partir de um banco de dados, conforme necessário.

Aplicação de UML: Observe que a criação de todas as instâncias de *DescriçãoDoProduto* e sua adição a um contêiner acontece em uma seção que envolve uma repetição, indicada pelos * em seguida dos números de seqüência.

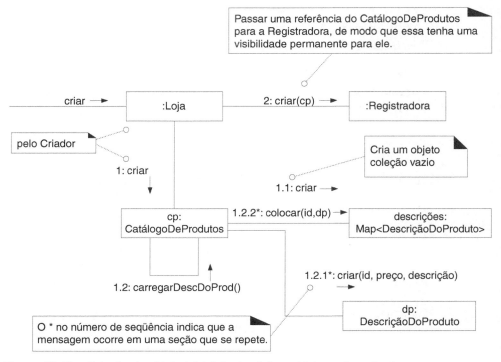

Figura 18.19 Criação do objeto inicial do domínio e objetos subseqüentes.

Um desvio interessante entre a modelagem do domínio do mundo real e o projeto é ilustrado pelo fato que o objeto de software *Loja* cria somente *um* objeto *Registradora*. Uma loja real pode conter *muitas* registradoras ou terminais PDV reais. Contudo, estamos considerando um projeto de software, e não a vida real. Nos nossos requisitos correntes, nosso software *Loja* necessita apenas criar uma única instância do software *Registradora*.

> A multiplicidade entre as classes de objetos no Modelo de Domínio e no Modelo de Projeto pode não ser a mesma.

18.5 Realizações de casos de uso para a iteração do Banco Imobiliário

Primeiro, um tópico educacional. Por favor, não descarte este estudo de caso porque ele não é uma aplicação de negócio. A lógica, especialmente nas iterações posteriores, se torna bastante complexa, com problemas ricos de projeto OO a resolver. Os princípios principais de projeto de objetos que ele ilustra – aplicação do Especialista na Informação, avaliando as alternativas de acoplamento e coesão – são relevantes para projeto de objetos em todos os domínios.

Estamos projetando uma versão simplificada da versão do Banco Imobiliário na iteração 1 para um cenário do caso de uso *Jogar Banco Imobiliário*. Ele tem duas operações de sistema: *iniciação (ou iniciar)* e *jogar*. Seguindo nossas diretrizes, vamos ignorar o projeto de iniciação até o último passo e enfocar primeiro nas operações principais do sistema – somente *jogar* nesse caso.

Também, para apoiar o objetivo de baixo hiato representacional, vamos olhar outra vez a Figura 18.20, que mostra o Modelo de Domínio. Vamos retornar a ele para inspiração de como projetamos a camada de domínio do Modelo de Projeto.

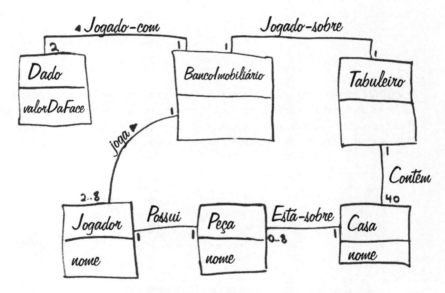

Figura 18.20 Iteração 1 do Modelo de Domínio para o Banco Imobiliário.

Como projetar jogar?

A operação de sistema *jogar* ocorre quando o observador humano do jogo executa algum gesto de IU (tal como clicar um botão "jogar ") para solicitar ao jogo para jogar como uma simulação, enquanto o observador observa a saída.

Não escrevemos um caso de uso detalhado ou um contrato de operação para esse estudo de caso, tendo em vista que a maioria das pessoas conhece as regras; nosso foco é nos tópicos de projeto, não nos requisitos.

Escolher a classe controladora

Nossa primeira escolha de projeto envolve selecionar o controlador para a mensagem de operação de sistema *jogar*, que vem da camada de IU para a camada de domínio. Pelo padrão Controlador, aqui estão algumas escolhas:

Representa o "sistema" global, o "objeto raiz", um dispositivo especializado, ou um subsistema importante.	*Banco Imobiliário* – uma espécie de objeto-raiz: Pensamos na maioria dos outros objetos do domínio como "contidos dentro" do *BancoImobiliário*. Abreviado como *BI* na maioria dos rascunhos UML.
	SistemaDeBancoImobiliário – um nome sugerindo o sistema todo.
Representa um receptor ou tratador de todos os eventos de sistema de um cenário de caso de uso.	*TratadorJogarBancoImobiliário* – construído pelo padrão <nome-caso-de-uso> "Tratador"
	SessãoDeJogarBancoImobiliário

Escolher um objeto raiz controlador fachada como *BancoImobiliário* (*BI* na Figura 18.21) é satisfatório se há somente umas poucas operações do sistema (há somente duas nesse caso de uso) e se o controlador fachada não está assumindo responsabilidades demais (em outras palavras, se ele não está se tornando não coesivo).

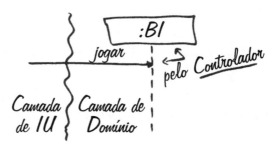

Figura 18.21   Aplicação do Controlador à operação de sistema *jogar*.

O algoritmo de laço-do-jogo

Antes de discutir as escolhas de projeto OO, nos preparamos considerando o algoritmo básico da simulação. Primeiro, alguma terminologia:

- *jogada* – um jogador lança os dados e movimenta a peça.
- *rodada* - todos os jogadores fazem uma jogada.

Agora o laço do jogo:

```
para N rodadas
    para cada Jogador j
        j faz uma jogada
```

Lembre que a versão da iteração 1 não tem um vencedor, então a simulação simplesmente roda por *N* rodadas.

Quem é responsável por controlar o laço do jogo?

Revendo o algoritmo: a primeira responsabilidade é do controle de laço do jogo – laço por *N* rodadas e tendo uma jogada para cada jogador. Isso é uma responsabilidade de fazer e não é um problema de criação ou de controlador, assim, naturalmente o Especialista deveria ser considerado. Aplicar Especialista significa perguntar, "Que informação é necessária para a responsabilidade?" Aqui está a análise:

Informação Necessária	Quem Tem a Informação?
A contagem da rodada atual	Nenhum objeto a tem ainda, mas pelo BHR, atribuí-la ao objeto *BancoImobiliário* é justificável.
Todos os jogadores (de modo que cada um possa ser usado para fazer uma jogada)	Tomando inspiração no modelo de domínio, *BancoImobiliário* é um bom candidato.

Assim, pelo Especialista, *BancoImobiliário* é uma escolha justificável para controlar o laço do jogo e coordenar o jogo em cada rodada. A Figura 18.22 ilustra isso em UML. Note o uso de um método auxiliar privado (interno) *jogarRodada*; ele atinge pelo menos dois objetivos:

1. Ele fatora a lógica de jogar uma rodada em um método auxiliar, é bom para organizar pedaços coesos de comportamento em métodos pequenos separados.

    ○ Um bom projeto de métodos OO encoraja métodos pequenos com um único objetivo. Isso apóia Coesão Alta para métodos.

2. O nome *jogarRodada* é inspirado pelo vocabulário do domínio – isso é desejável, melhora a compreensão.

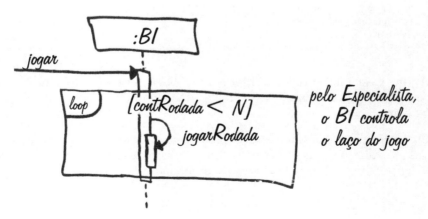

Figura 18.22 Laço do jogo.

Quem faz uma jogada?

Fazer uma jogada envolve lançar os dados e movimentar uma peça para a casa indicada pelo total dos valores de face dos dados.

Que objeto deveria ser responsável por fazer a jogada de um jogador? Isso é uma responsabilidade de *fazer*. Outra vez, o Especialista se aplica.

Agora, uma reação ingênua pode ser dizer "um objeto *Jogador* deveria fazer a jogada" porque no mundo real um jogador humano faz a jogada. No entanto – e esse é um **ponto-chave** – projetos OO não são simulações um-a-um de como um domínio real funciona, especialmente com relação a como as *pessoas* se comportam. Se você aplicou a diretriz (errada) "coloque responsabilidade nos objetos de software na medida que eles estão associados a pessoas" então, por exemplo, no domínio PDV, um objeto de software *Caixa* deveria fazer quase tudo! Uma violação da Coesão Alta e Acoplamento Baixo. Objetos grandes e gordos. Em vez disso, projetos de objetos distribuem responsabilidades entre muitos objetos pelo princípio do Especialista na Informação (entre muitos outros).

Assim, não deveríamos escolher um objeto *Jogador* apenas porque um jogador humano faz a jogada.

No entanto, como vamos ver, *Jogador* parece ser uma boa escolha para fazer uma jogada. Mas a justificativa vai ser pelo Especialista, não pela inspiração de como os humanos se comportam. Aplicar o Especialista significa perguntar, "Que informação é necessária para a responsabilidade?" Aqui está a análise:

Informação Necessária	Quem Tem a Informação?
Localização atual do jogador (para saber o ponto inicial de um movimento)	Obtendo inspiração no modelo de domínio, uma *Peça* sabe sua *Casa* e um *Jogador* sabe sua *Peça*. Assim, um objeto de software *Jogador* pode saber sua localização pelo BHR.
Os dois objetos *Dado* (para lançá-los e calcular seu total)	Obtendo inspiração no modelo de domínio, *BancoImobiliário* é um candidato, pois pensamos nos dados como sendo parte do jogo.
Todas as casas – a organização da casa (para poder se mover até a nova casa correta)	Pelo BHR, *Tabuleiro* é um bom candidato.

Agora, esse é um problema interessante! Há três especialistas na informação *parciais* para responsabilidade de "fazer uma jogada": *Jogador, BancoImobiliário* e *Tabuleiro*.

O que é interessante sobre esse problema é como resolvê-lo – precisam ser consideradas as avaliações e as soluções de compromisso de um desenvolvedor OO. Aqui está a primeira diretriz para resolver o problema.

Diretriz: Quando existem múltiplos especialistas na informação *parciais* dentre os quais escolher, coloque a responsabilidade no especialista na informação *dominante* – o objeto com a maioria da informação. Isso tende a apoiar melhor o Acoplamento Baixo.

Infelizmente, nesse caso, são todos um tanto iguais, cada um com cerca de um terço da informação – nenhum especialista dominante.

Assim, aqui está uma outra diretriz para tentar:

Diretriz: Quando há escolhas de projeto alternativas, considere o impacto de acoplamento e coesão de cada uma e escolha a melhor.

Está certo, isso pode ser aplicado. *BancoImobiliário* já está fazendo algum trabalho, então dar-lhe mais trabalho tem impacto na sua coesão, especialmente quando contrastado com os objetos *Jogador* e *Tabuleiro*, que ainda não estão fazendo nada. Mas ainda temos um empate mútuo entre esses objetos.

Então, aqui está uma outra diretriz:

Diretriz: Quando não existe vencedor claro das alternativas das outras diretrizes, considere provável *evolução futura* dos objetos de software e o impacto em termos de Especialista na Informação, coesão e acoplamento.

Por exemplo, na iteração 1, fazer uma jogada não envolve muita informação. No entanto, considere o conjunto completo de regras do jogo em uma iteração posterior. Então, fazer uma jogada pode envolver comprar uma propriedade que o jogador ganhou, se o jogador tem dinheiro suficiente ou se sua cor se combina com a "estratégia de cor" do jogador. Que objeto se esperaria que soubesse o total em dinheiro de um jogador? Resposta: um *Jogador* (pelo BHR). Que objeto se esperaria que soubesse a estratégia de cor de um jogador? Resposta: um *Jogador* (pelo BHR, pois ela envolve a atual posse de propriedades de um jogador).

Assim, no fim, por essas diretrizes, *Jogador* se mostra um bom candidato, justificado pelo Especialista quando consideramos todas as regras do jogo.

Caramba, isso foi detalhado!

Sem dúvida, essa discussão foi mais detalhada do que você gostaria de ler! Assim, se você pode agora seguir esse raciocínio e aplicá-lo em novas situações, isso vai servir muito bem para você para o resto da sua carreira como um desenvolvedor OO, e assim, valer o esforço.

Baseado no que foi dito acima, a Figura 18.23 ilustra os projetos estáticos e dinâmicos que surgiram.

Aplicação de UML: note a abordagem para indicar que a mensagem *fazerJogada* é enviada para cada jogador em uma coleção denominada *jogadores*.

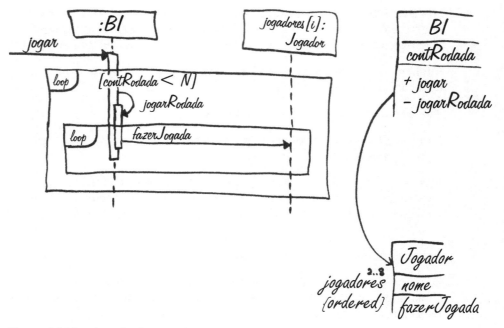

Figura 18.23 Jogador faz uma jogada, pelo Especialista.

Fazer uma jogada

Fazer uma jogada significa:

1. calcular um número aleatório total entre 2 e 12 (o domínio de dois dados)
2. calcular a localização da nova casa
3. mover a peça do jogador de uma localização antiga para a localização de uma nova casa.

Primeiro, o problema do número aleatório: pelo BHR, vamos criar um objeto *Dado* com um atributo *valorDaFace*. Calcular um novo *valorDaFace* aleatório envolve mudar a informação do *Dado*. Assim, pelo Especialista, *Dado* deveria ser capaz de "lançar" a si mesmo (gerar um novo valor aleatório, usando o vocabulário do domínio), e responder seu *valorDaFace*.

Segundo, o problema da localização da nova casa: pelo BHR, é razoável que um *Tabuleiro* conheça todas as suas *Casas*. Então, pelo Especialista, um *Tabuleiro* vai ser responsável por conhecer a localização da casa nova, dada a localização da casa anterior, e algum deslocamento (o total do dado).

Terceiro, o problema de movimento da peça; pelo BHR, é razoável para um *Jogador* saber sua *Peça* e uma *Peça* saber a localização de sua *Casa* (ou mesmo para um *Jogador* saber diretamente sua *Casa* de localização). Então, pelo Especialista, uma *Peça* vai estabelecer sua nova localização, mas ela pode receber a nova localização de seu dono, o *Jogador*.

Quem coordena tudo isso?

Os três passos acima precisam ser coordenados por algum objeto. Como o *Jogador* é responsável por fazer uma jogada, o *Jogador* deveria coordenar.

O problema da visibilidade

No entanto, o *Jogador* coordenar esses passos implica sua colaboração com os objetos *Dado, Tabuleiro* e *Peça*. E isso implica uma necessidade de **visibilidade** – o *Jogador* deve ter uma referência de objeto para aqueles objetos.

Como o *Jogador* vai precisar de visibilidade para os objetos *Dado, Tabuleiro* e *Peça* em cada uma e em todas as jogadas, podemos, convenientemente, fazer a iniciação de *Jogador* durante o início, com referências permanentes àqueles objetos.

O projeto final de jogar

Baseado nas decisões de projeto acima, o projeto dinâmico emergente é como mostrado na Figura 18.24 e o projeto estático como na Figura 18.25. Note que cada mensagem, cada alocação de responsabilidade foi metodicamente e racionalmente motivada pelos princípios GRASP. À medida que você domina esses princípios, vai ser capaz de raciocinar durante um projeto e avaliar alguns princípios existentes em termos de acoplamento, coesão, Especialista, etc.

Aplicação da UML

- Note na Figura 18.24 que há dois diagramas de seqüência. No de cima, a mensagem *fazerJogada* para um *Jogador* não é expandida. Então, no diagrama de baixo, a mensagem *fazerJogada* é expandida. Isso é um estilo de rascunho comum, de modo que cada diagrama de parede não seja muito grande. Os dois diagramas estão informalmente relacionados. Formalmente, poderiam ser usadas molduras *ds* e *ref* (ver págs. 254-255), as quais podem ser fáceis e apropriadas em uma ferramenta UML; mas para rascunhos de parede, informalidade basta.

- Note, outra vez, com as mensagens *lançar* e *obtervalorDaFace* para um objeto *Dado*, a convenção de desenhar uma moldura de laço em torno de mensagens para uma seleção de coleção de objetos, para indicar iteração sobre cada elemento em uma coleção.

- Note o parâmetro *vfTot* na mensagem *obterCasa*. Informalmente, esse é o total de todos os *valoresDaFace* do *Dado*. Essa espécie de informalidade é apropriada quando aplicamos "UML como rascunho", assumindo que os leitores entendam o contexto.

O princípio de separação comando-consulta (Query)

Note na Figura 18.24 que a mensagem para *lançar* o *Dado* é seguida por uma segunda mensagem, *obtervalorDaFace*, para recuperar seu novo *valorDaFace*. Em particular, o método *lançar* é *void* – não tem valor de retorno. Por exemplo:

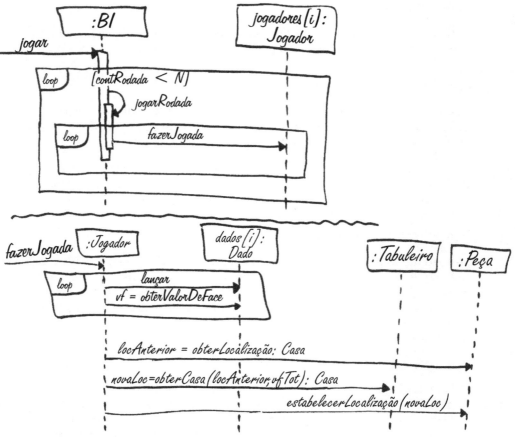

Figura 18.24 Projeto dinâmico para jogar.

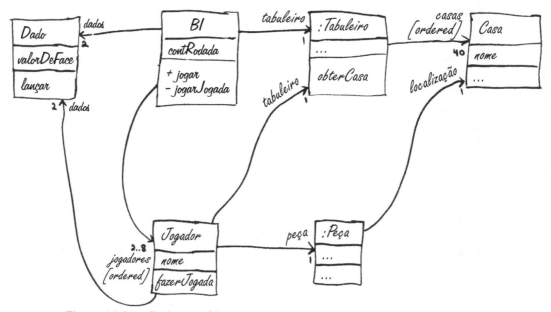

Figura 18.25 Projeto estático para jogar.

```
// estilo #1; usado na solução oficial
public void lancar()
{
    valorDaFace = // geração de número aleatório
}


public int obtervalorDaFace()
{
    return valorDaFace;
}
```

Por que não fazer *lançar* não-void e combinar essas duas funções, de modo que o método *lançar* retorne o novo *valorDaFace,* como a seguir?

```
// estilo #2; por que isso é fraco?
public int lancar()
{
    valorDaFace = // geração de número aleatório
return valorDaFace;
}
```

Você pode encontrar *muitos* exemplos de código que seguem o estilo #2, mas ele é considerado indesejável porque viola o **Princípio da Separação Comando-Consulta (Command-Query Separation Principle** – CQS), um princípio clássico para métodos de projeto OO [Meyer88]. Esse princípio declara que todo método deveria ser:

- Um método-comando que executa uma ação (atualizar, coordenar,...), freqüentemente tem efeitos colaterais tais como modificação do estado de objetos, e é void (sem valor de retorno); ou

- Uma consulta que retorna dados para quem o chamou e não tem efeitos colaterais – não deveria permanentemente modificar o estado de quaisquer objetos.

Mas – e esse é o ponto-chave – um método não deveria *ser os dois.*

O método *lançar* é um comando – ele tem o efeito colateral de modificar o estado do *valorDaFace* do *Dado.* Assim, não deveria também retornar o novo *valorDaFace,* pois então o método torna-se também uma espécie de consulta e viola a regra "deve ser void".

Motivação: por que se preocupar?

CQS é amplamente considerado desejável na teoria de ciência da computação, porque com ele você pode mais facilmente raciocinar sobre o estado de um programa sem simultaneamente modificar aquele estado. E ele torna os projetos mais simples de entender e prever. Por exemplo, se uma aplicação segue consistentemente CQS, você sabe que uma consulta ou método de *obter* não vai modificar nada e um comando não vai retornar nada. Padrão simples. Em geral isso se revela algo confiável, pois a alternativa pode ser uma surpresa desagradável – viola o **Princípio da Surpresa Mínima (Principle of Least Surprise)** em desenvolvimento de software.

Considere esse contra-exemplo inventado, mas explosivo, no qual um método-consulta viola CQS.

```
Projetil p = new Projetil();
   // parece inofensivo para mim!
String nome = p.obterNome();

...
public class Projetil
{
// ...
public String obterNome()
{
   lancar(); // lançar projetil!
   return nome;
}
} // fim da classe
```

Iniciação e o caso de uso "Iniciar"

A operação de sistema *iniciar* ocorre, pelo menos abstratamente, em um caso de uso *Iniciar*. Para esse projeto, devemos primeiro escolher um *objeto-raiz* apropriado que vai ser o criador de alguns dos outros objetos. Por exemplo, *Banco Imobiliário* é em si um bom candidato a objeto-raiz. Pelo Criador, o *Banco Imobiliário* pode criar justificavelmente *Tabuleiro* e *Jogadores*, por exemplo – e *Tabuleiro* pode justificalvelmente criar as *Casas*, por exemplo. Poderíamos mostrar os detalhes do projeto dinâmico com diagramas de interação UML, mas eu vou usar esse caso como uma oportunidade para mostrar uma linha de dependência estereotipada com «criar», em um diagrama de classes. A Figura 18.26 ilustra uma diagrama de visão estática que sugere a criação lógica. Eu ignoro detalhes finos das interações. De fato, isso é provavelmente adequado, porque a partir desse esboço UML nós (os desenvolvedores que o desenhamos) podemos facilmente imaginar os detalhes de criação enquanto codificamos.

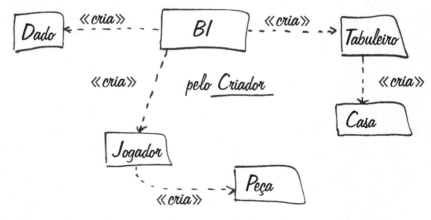

Figura 18.26 Dependências de criação.

18.6 Processo: projeto de objetos iterativo e evolutivo

Fiz muitas sugestões sobre projeto de objetos iterativo e evolutivo para realização de casos de uso nos últimos capítulos, incluindo:

- "Projeto de Objetos", nas págs. 234-235
- "Projeto de Objetos: entradas, Atividades e Saídas Exemplo", nas págs. 288-289

O ponto essencial é: preserve a simplicidade e brevidade, vá rapidamente para o código e teste, e não tente detalhar tudo nos modelos UML. Modele as partes criativas e difíceis do projeto.

A Figura 18.27 oferece sugestões sobre o tempo e espaço para fazer esse trabalho.

Projeto de objetos dentro do PU

Considerando novamente o PU como exemplo de método iterativo: realizações de caso de uso são parte do Modelo de Projeto do PU.

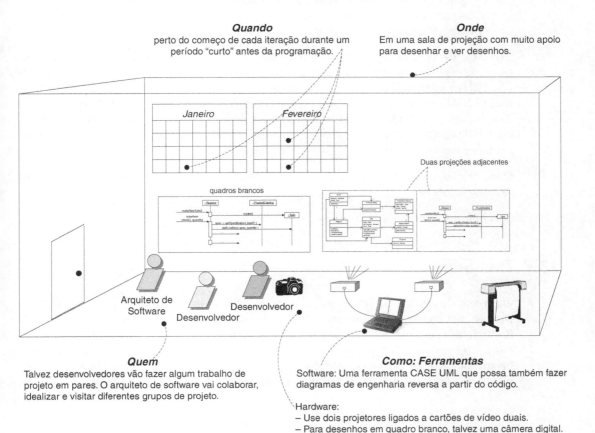

Figura 18.27 Amostra do processo e estabelecimento do contexto.

Tabela 18.1 Amostra de artefatos do PU e sua seqüência temporal, i – iniciar; r – refinar

Disciplina	Artefato Iteração →	Concepção I1	Elaboração E1..En	Construção C1..Cn	Transição T1...T2
Modelagem de Negócio	Modelo de Domínio		i		
Requisitos	Modelo de Casos de Uso (DSSs)	i	r		
	Especificação Suplmentar	i	r		
	Glossário	i	r		
Projeto	*Modelo de Projeto*		i	r	
	Documento de Arquitetura de Software		i		
	Modelo de Dados		i	r	

Concepção – O Modelo de Projeto e realizações de casos de uso geralmente não serão iniciadas até a elaboração porque envolvem decisões de projeto detalhadas, que são prematuras durante a concepção.

Elaboração – Durante essa fase, realizações de casos de uso podem ser criadas para os cenários do projeto arquiteturalmente mais significativos ou arriscados. Contudo, a diagramação UML não será feita para todos os cenários, e não será necessariamente feita de forma completa e em detalhes de granularidade fina. A idéia é fazer diagramas de interação para as realizações dos casos de uso chave que se beneficiam de alguma antecipação e exploração de alternativas, focalizando as principais decisões de projeto.

Construção – Realizações de casos de uso são criadas para os problemas de projeto remanescentes.

A Tabela 18.1 resume essas idéias.

18.7 Resumo

O projeto de interações entre objetos e atribuição de responsabilidades é essencial no projeto de objetos. Essas escolhas podem ter um impacto na clareza e manutenibilidade de um sistema de software de objetos, além de no grau e qualidade de componentes reusáveis. Há princípios pelos quais as escolhas de atribuição de responsabilidade podem ser feitas; os padrões GRASP resumem alguns dos mais gerais e comuns daqueles usados pelos projetistas orientados a objetos.

Capítulo

19

PROJETAR PARA VISIBILIDADE

Um matemático é um dispositivo para transformar café em teoremas.
— Paul Erdös

Objetivos

- Identificar quatro espécies de visibilidade.
- Projetar para estabelecer visibilidade.

Introdução

Visibilidade é a habilidade de um objeto ver ou fazer referência a outro. Este capítulo explora esse tópico de projeto básico, mas necessário; os novatos em projeto de objetos algumas vezes não pensam sobre isso e não projetam para alcançar a visibilidade necessária.

O que vem a seguir? Aprofundados os estudos de caso, este capítulo elucida o tópico pequeno, mas necessário, de projetar visando a visibilidade entre objetos. O capítulo seguinte introduz o mapeamento de nosso projeto para código em uma linguagem OO.

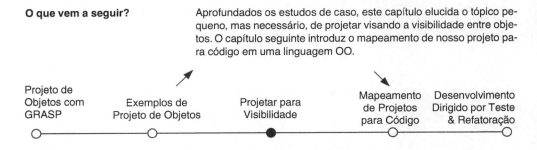

19.1 Visibilidade entre objetos

Os projetos criados para as operações do sistema (*entrarItem* e outras) ilustram mensagens entre objetos. Para um objeto emissor enviar uma mensagem a um objeto receptor, o emissor deve ser visível ao receptor – o emissor deve ter algum tipo de referência ou ponteiro para o objeto receptor.

Por exemplo, a mensagem *obterDescriçãoDoProduto* enviada de uma *Registradora* para um *CatálogoDeProdutos* implica que a instância *CatálogoDeProduto* esteja visível à instância de *Registradora*, como mostrado na Figura 19.1.

Ao criar um projeto de objetos interativos, é necessário assegurar que a visibilidade necessária esteja presente para apoiar a interação de mensagens.

19.2 O que é visibilidade?

No uso comum, **visibilidade** é a habilidade de um objeto "ver" ou ter uma referência a outro objeto. De um modo mais geral, está relacionada à questão do escopo: um recurso (tal como uma instância) está dentro do escopo de outro? Há quatro modos comuns pelos quais a visibilidade pode ser conseguida do objeto *A* para objeto *B*:

- **Visibilidade por atributo** – B é um atributo de A.
- **Visibilidade por parâmetro** – B é um parâmetro de um método de A.
- **Visibilidade local** – B é um objeto local (não-parâmetro) em um método de A.
- **Visibilidade global** – B é, de certo modo, globalmente visível.

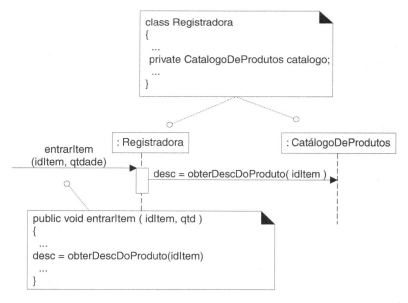

Figura 19.1 Visibilidade da Registradora para o CatálogoDeProduto é necessária.[1]

---

[1] Neste e nos exemplos de código subseqüentes podem ser feitas simplificações de linguagem na tentativa de obter brevidade e clareza.

A motivação para considerar a visibilidade é esta:

> Para um objeto A enviar uma mensagem para um
> objeto B, B deve ser visível para A.

Por exemplo, para criar um diagrama de interação no qual uma mensagem seja enviada de uma instância de *Registradora* para uma instância de *CatálogoDeProdutos*, a *Registradora* precisa ter visibilidade para o *CatálogoDeProdutos*. Uma solução típica é que uma referência a uma instância de *CatálogoDeProdutos* seja mantida como um atributo de *Registradora*.

Visibilidade por atributo

A **visibilidade por atributo** de A para B existe quando B é um atributo de A. É uma visibilidade relativamente permanente porque persiste enquanto A e B existem. Essa é uma forma bastante comum de visibilidade em sistemas orientados a objetos.

Para ilustrar, em uma definição de classe Java para *Registradora*, uma instância de *Registradora* pode ter visibilidade por atributo para um *CatálogoDeProdutos*, uma vez que ele é um atributo (variável de instância Java) de *Registradora*.

```
public class Registradora
{
...
private CatalogoDeProdutos catalogo;
...
}
```

Essa visibilidade é necessária porque, no diagrama *entrarItem*, mostrado na Figura 19.2, uma *Registradora* precisa enviar a mensagem *obterDescriçãoDoProduto* para uma mensagem *CatálogoDeProduto*:

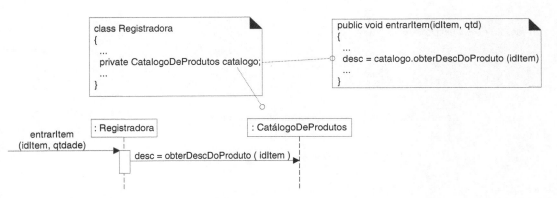

Figura 19.2 Visibilidade por atributo.

Visibilidade por parâmetro

A **visibilidade por parâmetro** de A para B existe quando B é passado como parâmetro para um método de A. É uma visibilidade relativamente temporária, porque persiste somente dentro do escopo do método. Após a visibilidade por atributo, é a segunda forma mais comum de visibilidade em sistemas orientados a objetos.

Para ilustrar, quando a mensagem *criarLinhaDeItem* é enviada para uma instância de *Venda*, uma instância de *DescriçãoDoProduto* é passada como parâmetro. Dentro do escopo do método *criarLinhaDeItem*, a *Venda* tem visibilidade por parâmetro para uma *DescriçãoDoProduto* (ver a Figura 19.3).

É comum transformar a visibilidade por parâmetro em visibilidade por atributo. Quando a *Venda* cria uma nova *LinhaDeItemDeVenda*, ela passa uma *DescriçãoDoProduto* para o seu método de iniciação (em C++ ou Java, isso seria o seu **construtor**). Dentro do método de iniciação, o parâmetro é atribuído a um atributo, estabelecendo, assim, visibilidade por atributo (Figura 19.4).

Visibilidade local

A **visibilidade local** de A para B existe quando B é declarado um objeto local dentro de um método de A. Essa é uma visibilidade relativamente temporária, porque persiste somente dentro do escopo do método. Após a visibilidade por parâmetro, é a terceira forma de visibilidade mais comum em sistemas orientados a objetos.

Dois meios comuns pelos quais a visibilidade é realizada são:

- Criar uma nova instância local e atribuí-la a uma variável local.
- Atribuir o objeto de retorno de uma invocação de um método a uma variável local.

Do mesmo modo que a visibilidade por parâmetro, é comum transformar a visibilidade declarada localmente em visibilidade por atributo.

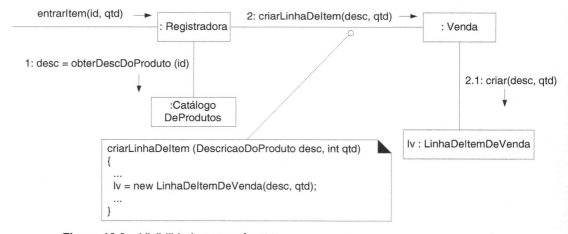

Figura 19.3 Visibilidade por parâmetro.

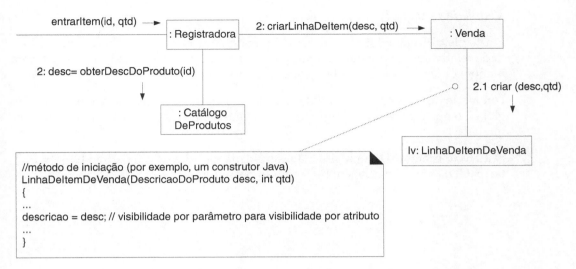

Figura 19.4 Visibilidade por parâmetro para visibilidade por atributo.

Um exemplo da segunda variação (atribuir o objeto de retorno a uma variável local) pode ser encontrado no método *entrarItem* da classe *Registradora* (Figura 19.5).

Uma versão sutil da segunda variação é quando o método não declara explicitamente uma variável, mas uma outra existe implicitamente como resultado de um objeto de retorno de uma invocação do método. Por exemplo:

```
// existe visibilidade local implícita para o objeto 'foo'
// retornado via a chamada de obterFoo

umObjeto.obterFoo().executarBar();
```

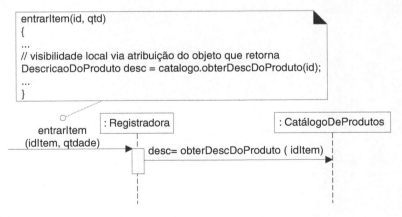

Figura 19.5 Visibilidade local.

Visibilidade global

Existe **visibilidade global** de A para B quando B é global para A. Ela é uma visibilidade relativamente permanente porque persiste enquanto A e B existirem. É a forma menos comum de visibilidade nos sistemas orientados a objetos.

Um modo de conseguir a visibilidade global é atribuir uma instância a uma variável global, o que é possível em algumas linguagens, como C++, mas não em outras, como Java.

O método preferido para realizar a visibilidade global é usar o padrão **Objeto Unitário** [GHJV95], discutido em um capítulo posterior.

Capítulo 20

Mapeamento de Projetos para Código

Esteja alerta a erros no código acima; apenas provei que está correto, mas não experimentei.
— Donald Knuth

Objetivos

- Mapear artefatos de projeto para o código em uma linguagem orientada a objetos.

Introdução

Com a conclusão dos diagramas de interação e DCPs para a presente iteração dos estudos de caso, há mais do que suficiente raciocínio e detalhe para gerar algum código para os objetos da camada de domínio.

Os artefatos UML criados durante o trabalho de projeto – os diagramas de interação e DCPs – vão ser usados como entrada para o processo de geração do código.

Em termos de PU, existe um **Modelo de Implementação**. Este contém todos os artefatos de implementação, tais como código-fonte, definições de banco de dados, páginas JSP/XML/HTML e outros. Desse modo, o código que está sendo criado neste capítulo pode ser considerado parte do Modelo de Implementação do PU.

O que vem a seguir? Completados os tópicos de projeto com visibilidade, este capítulo introduz o mapeamento de nosso projeto para código em uma linguagem OO. O capítulo seguinte é relacionado, introduzindo importantes práticas de programação OO: DDT (Desenvolvimento Dirigido por Teste, em inglês, Test Driven Development – TDD) e refatoração.

Exemplos de Projeto de Objetos → Projetar para Visibilidade → **Mapeamento de Projetos para Código** → Desenvolvimento Dirigido por Teste & Refatoração → Ferramentas UML & UML como Documentação

Amostras de linguagem

Java é usada nos exemplos por causa de seu uso muito difundido e da sua familiaridade. Entretanto, isso não significa implicar um endosso especial de Java; C#, Visual Basic, C++, Smalltalk, Python e muitas outras linguagens são receptivas aos princípios de projeto de objetos e ao mapeamento para código apresentado neste estudo de caso.

20.1 Programação e desenvolvimento iterativo e evolutivo

A modelagem de projeto anterior não deve ser considerada como implicando que não há protótipo ou projeto durante a programação; as ferramentas de desenvolvimento modernas fornecem um excelente ambiente para rapidamente explorar e refatorar abordagens alternativas, e projetar um pouco (ou até mesmo muito) durante a programação vale a pena.

A criação de código em uma linguagem OO – como Java ou C# – não é parte da A/POO – é um objetivo final. Os artefatos criados no Modelo de Projeto fornecem parte da informação necessária para gerar o código.

Um ponto forte de casos de uso mais A/POO mais programação OO é que eles fornecem um roteiro abrangente desde os requisitos até o código. Os vários artefatos alimentam os artefatos subseqüentes de um modo rastreável e útil, culminando em uma aplicação executável. Isso não sugere que o caminho vai ser suave, livre de dificuldades ou que pode, simplesmente, ser seguido mecanicamente – há muitas variáveis. Mas ter um roteiro fornece um ponto de partida para experimentação e discussão.

Criatividade e modificação durante a implementação

Algumas tomadas de decisões e trabalho criativo foram realizadas durante o trabalho de projeto. Durante a discussão seguinte, será visto que a geração do código desses exemplos é um processo de tradução relativamente mecânico.

Entretanto, em geral, o trabalho de programação não é um passo trivial de geração de código – muito pelo contrário! De fato, os resultados gerados durante a modelagem de projeto são um primeiro passo incompleto; durante a programação e os testes, milhares de modificações vão ser feitas e problemas detalhados vão ser descobertos e resolvidos.

Bem executados, *idéias* e *entendimentos* (não diagramas ou documentos!) gerados durante a modelagem de projeto OO vão fornecer uma ampla base que permite a ampliação de escala com elegância e robustez para resolver os novos problemas encontrados durante a programação. Mas prepare-se e planeje para muitas modificações e desvios do projeto durante a programação. Essa é uma atitude-chave – e pragmática – nos métodos iterativos e evolutivos.

20.2 Mapear projetos para código

Implementação em uma linguagem orientada a objetos requer escrever código fonte para:

- definições de classes e interfaces;
- definições de métodos.

As seções seguintes discutem sua geração em Java (como um caso típico). A discussão é mais ou menos independente de usar uma ferramenta UML para geração de código ou trabalhar a partir de alguns rascunhos de parede.

20.3 Criar definições de classe a partir de DCPs

No mínimo, os DCPs representam a classe ou nome da interface, as superclasses, as assinaturas de operação e os atributos simples de uma classe. Isso é suficiente para criar uma definição básica de classe em uma linguagem OO. Se o DCP foi desenhado em uma ferramenta UML, ele pode gerar a definição básica de classe a partir dos diagramas.

Definir uma classe com assinaturas de métodos e atributos

A partir do DCP, o mapeamento para as definições dos atributos (*campos* Java) e as assinaturas de método para a definição Java de *LinhaDeItemDeVenda* é direto, como mostrado na Figura 20.1.

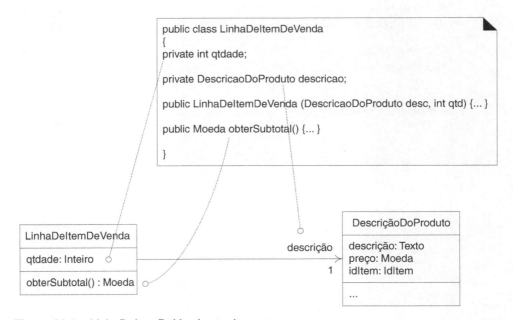

Figura 20.1 LinhaDeItemDeVenda em Java.

Note a adição no código-fonte do construtor Java *LinhaDeItemDeVenda(...)*. Ele é derivado da mensagem *criar(desc, qtd)* enviada a uma *LinhaDeItemDeVenda* no diagrama de interação *entrarItem*. Isso indica, em Java, que é necessário um construtor para apoiar esses parâmetros. O método *criar* freqüentemente é excluído do diagrama de classes por ser muito comum e sujeito a múltiplas interpretações, dependendo da linguagem alvo.

20.4 Criação de métodos a partir de diagramas de interação

A seqüência das mensagens em um diagrama de interação traduz-se para uma série de declarações na definição do método. O diagrama de interação *entrarItem* na Figura 20.2 ilustra a definição em Java do método *entrarItem*. Para esse exemplo, vamos explorar a implementação da classe *Registradora* e seu método *entrarItem*. Uma definição Java da classe *Registradora* é mostrada na Figura 20.3.

A mensagem *entrarItem* é enviada para uma instância de *Registradora*; portanto, o método *entrarItem* é definido na classe *Registradora*.

```
public void entrarItem(IdItem idItem, int qtd)
```

Mensagem 1: Uma mensagem *obterDescriçãoDoProduto* é enviada para o *CatálogoDeProdutos* para recuperar uma *DescriçãoDoProduto*.

```
DescriçãoDoProduto desc = catálogo.obterDescricaoDoProduto(idItem);
```

Mensagem 2: A mensagem *criarLinhaDeItem* é enviada para a *Venda*.

```
vendaAtual.criarLinhaDeItem(desc, qtd);
```

Em resumo, cada mensagem em seqüência dentro de um método, como mostrado no diagrama de interação, é mapeada em uma declaração no método Java.

O método completo *entrarItem* e seu relacionamento com o diagrama de interação são mostrados na Figura 20.4.

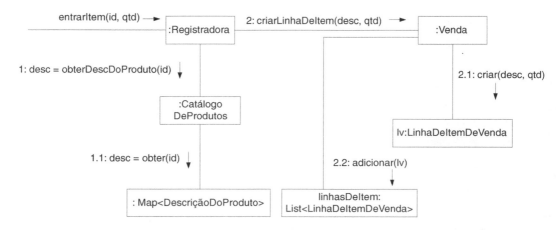

Figura 20.2 Diagrama de interação para entrarItem.

O método entrarItem de Registradora

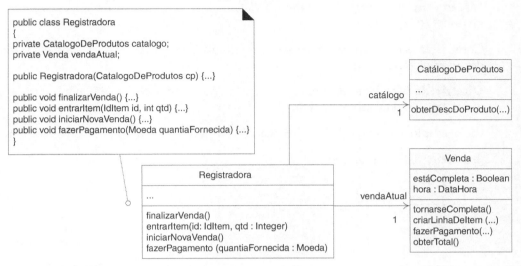

Figura 20.3 A classe Registradora.

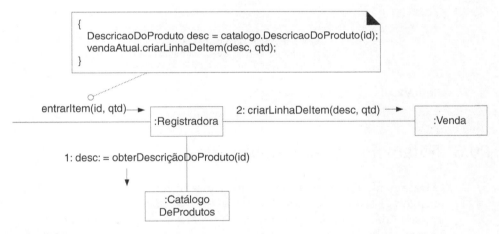

Figura 20.4 O método entrarItem.

20.5 As classes de coleção em código

Relacionamentos um-para-muitos são comuns. Por exemplo, uma *Venda* precisa manter visibilidade para um grupo de várias instâncias de *LinhaDeItemDeVenda*, como mostrado na Figura 20.5. Nas linguagens de programação OO, esses relacionamentos são implementados freqüentemente com a introdução de um objeto de **coleção**, como um *List* ou *Map* ou mesmo um simples vetor.

Por exemplo, as bibliotecas Java contêm classes de coleção, como *ArrayList* e *HashMap*, que implementam as interfaces *List* e *Map*, respectivamente. Usando *ArrayList*, a classe *Venda* pode definir um atributo que mantém uma lista ordenada de instâncias de *LinhaDeItemDeVenda*.

A escolha de classes de coleção é naturalmente influenciada pelos requisitos; busca baseada em chave exige o uso de um *Mapeamento*, uma lista ordenada crescente exige uma *Lista* e assim por diante.

Como uma pequena nota, observe que o atributo *linhasDeItem* é declarado em termos de sua interface.

Diretriz: Se um objeto implementa uma interface, declara a variável em termos da interface, não da classe concreta.

Por exemplo, na Figura 20.5, a definição do atributo *linhasDeItem* mostra essa diretriz.

```
private List linhasDeItem = new ArrayList();
```

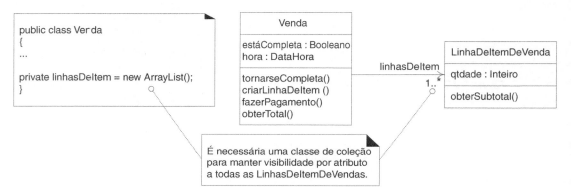

Figura 20.5 Adicionar uma coleção.

20.6 Tratamento de erro e exceções

O tratamento de exceções tem sido ignorado no desenvolvimento de uma solução até agora. Isso era intencional, para focalizar as questões básicas de atribuição de responsabilidade e projeto de objetos. Entretanto, no desenvolvimento da aplicação, é bom considerar estratégias de tratamento de exceções em larga escala durante a modelagem do projeto (pois eles têm um impacto arquitetural em larga escala) e, certamente, durante a implementação. Em síntese, em termos da UML, as exceções podem ser indicadas nas cadeias de propriedade de mensagens e declarações de operação (ver págs. 273-274, por exemplo).

20.7 Definição do método Venda.criarLinhaDeItem

Como um exemplo final, o método *criarLinhaDeItem* da classe *Venda* também pode ser escrito inspecionando o diagrama de colaboração de *entrarItem*. Uma versão resumida do diagrama de interação, com o método Java correspondente, é mostrada na Figura 20.6.

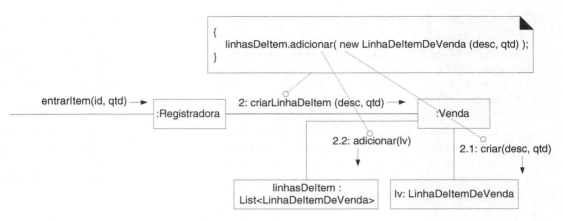

Figura 20.6 Método Venda.criarLinhaDeItem.

20.8 Ordem de implementação

Classes precisam ser implementadas (e, idealmente, totalmente testadas por teste de unidade) desde a menos acoplada até a mais acoplada (ver Figura 20.7). Por exemplo, as primeiras classes que podem ser implementadas são *Pagamento* ou *DescriçãoDoProduto*; em seguida, as classes dependentes apenas das implementações anteriores – *CatálogoDeProdutos* ou *LinhaDeItemDeVenda*.

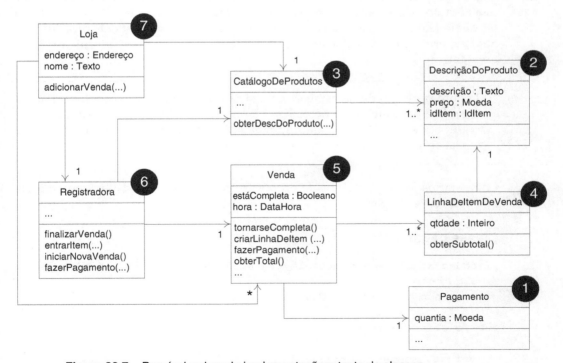

Figura 20.7 Possível ordem de implementação e teste de classes.

20.9 Desenvolvimento dirigido por teste ou com testes a priori

DDT (págs. 396-397)

Uma prática excelente promovida pelo método de Programação eXtrema (XP) [Beck00] e aplicável ao PU e outros métodos iterativos (como a maioria das práticas XP são) é o **desenvolvimento dirigido por teste** (DDT – Test Driven Development – *TDD*) ou **desenvolvimento com testes a priori** (test-first development). Nessa prática, o código para teste de unidade é escrito *antes* do código a ser testado, e o desenvolvedor escreve código para teste de unidade para *todo* o código de produção. O ritmo básico é escrever um pouco de código de teste, depois escrever um pouco de código de produção, fazê-lo passar no teste, depois escrever um pouco mais código de teste, e assim por diante. Isso é explorado em mais detalhe em um capítulo posterior.

20.10 Resumo de mapeamento de projetos para código

Como demonstrado, existe um processo de tradução de diagramas de classes UML para definições de classes e de diagramas de interação para os corpos de métodos. Existe ainda muito espaço para criatividade, evolução e exploração durante o trabalho de programação.

20.11 Introdução à solução do programa PDV ProxGer

Esta seção apresenta uma amostra da camada de classes do domínio em Java para esta iteração. A geração de código é derivada principalmente dos diagramas de classes de projeto e dos diagramas de interação definidos no trabalho de projeto, baseados nos princípios de mapeamento de projetos para código, conforme explorado previamente.

> O ponto principal dessa listagem é mostrar que há uma tradução dos artefatos de projeto para uma base de código. Esse código define um caso simples; não significa que deve ilustrar um programa Java robusto, totalmente desenvolvido com sincronização, tratamento de exceções, e assim por diante.

Comentários foram excluídos de propósito, em prol da brevidade, tendo em vista que o código é simples.

Classe pagamento

```
// todas as classes provavelmente estão em um pacote denominado
// algo como:
package com.foo.proxger.dominio;

public class Pagamento
{
    private Moeda quantia;
```

```java
    public Pagamento( Moeda quantiaFornecida )
        { quantia = quantiaFornecida; }
    public Moeda obterQuantia() { return quantia; }
}
```

Classe CatalogoDeProdutos

```java
public class CatalogoDeProdutos
{
    private Map<IdItem, DescricaoDoProduto>
          descricoes = new HashMap()<IdItem, DescricaoDeProduto>;

    public CatalogoDeProdutos()
    {
       // exemplo de dados
       IdItem id1 = new IdItem( 100 );
       IdItem id2 = new IdItem ( 200 );
       Moeda preco = new Moeda( 3 );

       DescricaoDoProduto desc;
       desc = new DescricaoDoProduto ( id1, preco, "produto 1" );
       descricoes.put( id1, desc );
       desc = new DescricaoDoProduto ( id2, preco, "produto 2" );
       descricoes.put( id2, desc );
    }

    public DescricaoDoProduto obterDescricaoDoProduto ( IdItem id )
    {
       return descricoes.get( id );
    }
}
```

Classe Registradora

```java
public class Registradora
{
    private CatalogoDeProdutos catalogo;
    private Venda vendaCorrente;

    public Registradora(CatalogoDeProdutos catalogo )
    {
       this.catalogo = catalogo;
    }

    public void finalizarVenda()
    {
       vendaCorrente.tornarseCompleta();
    }
    public void entrarItem( IdItem id, int qtdade )
    {
```

```
        DescricaoDoProduto desc = catalogo.obterDescricaoDoProduto( id );

        vendaCorrente.criarLinhaDeItem( desc, qtdade );
    }
    public void iniciarNovaVenda()
    {
        vendaCorrente = new Venda();
    }
    public void fazerPagamento( Moeda quantiaFornecida )
    {
        vendaCorrente.fazerPagamento( quantiaFornecida );
    }
}
```

Classe DescricaoDoProduto

```
public class DescricaoDoProduto
{
    private IdItem id;
    private Moeda preco;
    private String descricao;

    public DescricaoDoProduto
        (IdItem id, Moeda preco, String descricao )
    {
        this.id = id;
        this.preco = preco;
        this.descricao = descricao;
    }

    public IdItem obterIdItem() { return id;}

    public Moeda obterPreco() { return preco; }

    public String obterDescricao() { return descricao; }
}
```

Classe Venda

```
public class Venda
{
    private List<LinhaDeItemDeVenda> linhasDeItem =
                            new ArrayList()<LinhaDeItemDeVenda>;
    private Data date = new Data();
    private boolean estaCompleta = false;
    private Pagamento pagamento;

    public Moeda obterSaldo()
    {
```

```
        return pagamento.obterQuantia().minus( obterTotal() );
    }

    public void tornarseCompleta() { estaCompleta = true; }

    public boolean estaCompleta() { return estaCompleta; }

    public void criarLinhaDeItem
        ( DescricaoDoProduto desc, int qtdade )
    {
        linhasDeItem.adicionar( new LinhaDeItemDeVenda ( desc, qtdade ) );
    }
    public Moeda obterTotal()
    {
        Moeda total = new Moeda();
        Moeda subtotal = null;

        for ( LinhaDeItemDeVenda linhaDeItem : linhasDeItem )
        {
            subtotal = linhaDeItem.obterSubtotal();
            total.adicionar( subtotal );
        }
        return total;
    }

    public void fazerPagamento( Moeda quantiaFornecida )
    {
        pagamento = new Pagamento( quantiaFornecida );
    }
}
```

Classe LinhaDeItemDeVenda

```
public class LinhaDeItemDeVenda
{
    private int qtdade;
    private DescricaoDoProduto descricao;

    public LinhaDeItemDeVenda (DescricaoDoProduto desc, int qtdade )
    {
        this.descricao = desc;
        this.qtdade = qtdade;
    }
    public Moeda obterSubtotal()
    {
        return descricao.obterPreco().times( qtdade );
    }
}
```

Classe Loja

```
public class Loja
{
   private CatalogoDeProdutos catalogo = new CatalogoDeProdutos();
   private Registradora registradora = new Registradora( catalogo );

   public Registradora obterRegistradora() { return registradora; }
}
```

20.12 Introdução à solução do programa Banco Imobiliário

Esta seção apresenta um exemplo da camada de classes do domínio em Java para esta iteração. A iteração 2 vai levar a refinamentos e melhoramento neste código e projeto. Os comentários são excluídos de propósito, em prol da brevidade, tendo em vista que o código é simples.

Classe Casa

```
// todas as classes provavelmente estão em um pacote denominado
// algo como:
package com.foo.bancoimobiliario.dominio;

public class Casa
{
   private String nome;
   private Casa proximaCasa;
   private int indice;

   public Casa( String nome, int indice )
   {
      this.nome = nome;
      this.indice = indice;
   }

   public void estabelecerProximaCasa( Casa c )
   {
      proximaCasa = c;
   }

   public Casa obterProximaCasa( )
   {
      return proximaCasa;
   }
   public String obterNome( )
   {
      return nome;
   }
```

```java
    public int obterIndice()
    {
        return indice;
    }
}
```

Classe Peca

```java
public class Peca
{
    private Casa localizacao;

    public Peca(Casa localizacao)
    {
        this.localizacao = localizacao;
    }

    public Casa obterLocalizacao ()
    {
        return localizacao;
    }

    public void estabelecerLocalizacao (Casa localizacao)
    {
        this. localizacao = localizacao;
    }
}
```

Classe Dado

```java
public class Dado
{
    public static final int MAX = 6;
    private int            valorDaFace;

    public Dado( )
    {
        lancar( );
    }

    public void lancar( )
    {
        valorDaFace = (int) ( ( Math.random( ) * MAX ) + 1 );
    }

    public int obterValorDaFace( )
    {
        return valorDaFace;
    }
}
```

Classe Tabuleiro

```
public class Tabuleiro
{
   private static final int TAMANHO = 40;
   private List                 casas = new ArrayList(TAMANHO);

   public Tabuleiro()
   {
      criarCasas();
      ligarCasas();
   }

   public Casa obterCasa(Casa iniciar, int distancia)
   {
      int indiceFinal = (iniciar.obterIndice() + distancia) % TAMANHO;
      return (Casa) casas.get(indiceFinal);
   }

   public Casa obterCasaInicial()
   {
      return (Casa) casas.get(0);
   }

   private void criarCasas()
   {
      for (int i = 1; i <= TAMANHO; i++)
      {
         criar(i);
      }
   }

   private void criar(int i)
   {
      Casa c = new Casa("Casa" + i, i - 1);
      casas.add(c);
   }

   private void ligarCasas()
   {
      for (int i = 0; i < (TAMANHO - 1); i++)
      {
         ligar(i);
      }

      Casa primeira= (Casa) casas.get(0);
      Casa ultima= (Casa) casas.get(TAMANHO- 1);
      ultima.estabelecerProximaCasa(primeira);
   }
```

```
    private void ligar(int i)
    {
        Casa corrente= (Casa) casas.get(i);
        Casa proxima= (Casa) casas.get(i + 1);
        corrente.estabelecerNovaCasa(proxima);
    }
}
```

Classe Jogador

```
public class Jogador
{
    private String nome;
    private Peca peca;
    private Tabuleiro tabuleiro;
    private Dado[] dados;

    public Jogador(String nome, Dado[] dados, Tabuleiro tabuleiro)
    {
        this.nome = nome;
        this.dados = dados;
        this.tabuleiro = tabuleiro;
        peca = new Peca(tabuleiro.obterCasaInicial());
    }

    public void assumaAVez()
    {
          // lançar os dados
        int totalDoLancamento = 0;
        for (int i = 0; i < dados.lenght; i++)
    {
        dados[i].lancar();
        totalDoLancamento += dados[i].obterValorDaFace();
    }
        Casa novaLoc= tabuleiro.obterCasa(peca.obterLocalizacao(),totalDoLancamento);
        peca.estabelecerLocalizacao(novaLoc);
    }

    public Casa obterLocalizacao()
    {
        return peca.obterLocalizacao ();
    }

    public String obterNome()
    {
        return nome;
    }
}
```

Classe BancoImobiliario

```
public class BancoImobiliario
{
    private static final int RODADAS_TOTAL = 20;
    private static final int JOGADORES_TOTAL = 2;
    private List jogadores = new ArrayList( TOTAL DE JOGADORES );
    private Tabuleiro tabuleiro = new Tabuleiro( );
    private Dado[] dados = { new Dado(), new Dado() };

    public BancoImobiliario ( )
    {
        Jogador j;
        j = new Jogador( "Cavalo", dados, tabuleiro );
        jogadores.add( j );
        j = new Jogador( "Carro", dados, tabuleiro );
        jogadores.add( j );
    }

    public void jogar( )
    {
        for ( int i = 0; i < RODADAS_TOTAL_; i++ )
        {
            jogarRodada();
        }
    }

    public List obterJogadores( )
    {
        return jogadores;
    }

    private void jogarRodada( )
    {
        for ( Iterator iter = jogadores.iterator( ); iter.hasNext( );
 )
        {
            Jogador jogador= (Jogador) iter.next();
            jogador.assumaAVez();
        }
    }
}
```

Capítulo

21

DESENVOLVIMENTO DIRIGIDO POR TESTE E REFATORAÇÃO

Lógica é a arte de errar com confiança.
– Joseph Wood Krutch

Objetivos

- Introduzir essas duas importantes práticas de desenvolvimento no contexto dos estudos de caso.

Introdução

Programação Extrema (XP) promoveu uma importante prática de teste: escrever os testes *primeiro*. Ela também promoveu refatoração contínua do código para melhorar sua qualidade – menos duplicação, aumento da clareza, etc. Ferramentas modernas apóiam as duas práticas e muitos desenvolvedores OO acreditam em seu valor.

O que vem a seguir? Explorado o mapeamento de nosso projeto para código, este capítulo aborda duas habilidades importantes de desenvolvimento em programação OO. Isso encerra a iteração 1. O capítulo seguinte introduz o uso de ferramentas CASE UML – um alvo que se move rapidamente!

Projetar para Visibilidade → Mapeamento de Projetos para Código → **Desenvolvimento Dirigido por Teste & Refatoração** → Ferramentas UML & UML como Documentação → Iteração 2 Análise

21.1 Desenvolvimento dirigido por teste

Uma excelente prática promovida pelo método iterativo e ágil XP [Beck00] e aplicável ao PU (como a maioria das práticas XP são) é o **desenvolvimento dirigido por teste** (DDT) [Beck00], também conhecido como **desenvolvimento com testes a priori (test-first development)**. DDT aborda mais do que apenas **teste de unidade** (teste de componentes individuais), mas essa introdução vai enfocar sua aplicação para teste de unidade de classes individuais.

Em teste de unidades OO estilo-DDT, o código de teste é escrito *antes* da classe a ser testada, e o desenvolvedor escreve código de teste de unidade para praticamente *todo* o código de produção.

O ritmo básico é escrever um pouco de código de teste, depois escrever um pouco de código de produção, fazê-lo passar pelo teste, então escrever um pouco mais de código de teste e assim por diante.

Ponto-Chave: o teste é escrito *primeiro*, imaginando que o código a ser testado já está escrito.

As vantagens incluem:

- **Os testes de unidade são realmente escritos** – A natureza humana (ou pelo menos de programador) é tal que evitar escrever teste de unidade é muito comum, se deixado para depois.

- **Satisfação do programador que conduz à escrita de teste mais consistente** – Isso é mais importante do que parece para trabalho de teste sustentável e agradável. Se, seguindo o estilo tradicional, um desenvolvedor primeiro escreve o código de produção, o depura informalmente e volta atrás para adicionar teste de unidade, não se sente satisfeito. Esse é o *desenvolvimento de testes a posterior*, também conhecido como desenvolvimento *somente dessa vez vou deixar de escrever o teste*. É psicologia humana. No entanto, se o teste é escrito primeiro, sentimos um desafio que vale a pena e uma questão nos afronta. Posso escrever código para passar esse teste? E, então, depois que o código é criado para passar os testes, há uma sensação de realização – alcançar uma meta. E um objetivo útil – um teste repetível, executável. O aspecto psicológico do desenvolvimento não pode ser ignorado – programação é um esforço humano.

- **Clareza de interface e comportamento detalhado** – Isso parece sutil, mas na prática se torna um valor importante do DDT. Considere seu estado mental se você primeiro escreve o teste para um objeto: à medida que você escreve o código de teste, você deve *imaginar* que o código do objeto exista. Por exemplo, se no seu código de teste você escreve *venda.criarLinhaDeItem (descrição, 3)* para testar o método *criarLinhaDeItem* (que ainda não existe), precisa pensar nos detalhes da visão pública do método – seu nome, valor de retorno, parâmetros e comportamento. Esse raciocínio melhora ou esclarece o projeto detalhado.

- **Verificação provável, repetível e automatizada** – Obviamente, dispor centenas ou milhares de testes de unidade que se acumulam ao longo de semanas fornece alguma verificação de correção significativa. E como eles podem ser executados automaticamente, é fácil. Ao longo do tempo, à medida que a base de teste cresce de 10 testes para 50 testes para 500 testes, o investimento prematuro mais penoso em escrever testes começa a realmente parecer que está valendo a pena à medida que o tamanho da aplicação cresce.

- **A confiança em mudar as coisas** – Em DDT, vai haver eventualmente centenas ou milhares de testes de unidade e uma classe de teste de unidade para cada classe de produção. Quando um desenvolvedor precisa modificar o código existente – escrito por ele mesmo ou outros – existe um conjunto de teste de unidade que pode ser executado[1], fornecendo realimentação imediata se a modificação causou um erro.

O framework mais popular de teste de unidade é o da família **xUnit** (para muitas linguagens), disponível em www.junit.org[2]. Para Java, a versão popular é **JUnit**. Há também um **NUnit** para .NET, etc. JUnit está integrado a muitas das IDEs (Interactive Development Environment) populares de Java, tal como **Eclipse** (www.eclipse.org).

Exemplo

Suponha que estamos usando JUnit e DDT para criar a classe *Venda*. Antes de programar a classe *Venda*, escrevemos um método para teste de unidade em uma classe *TestarVenda* que faz o seguinte:

1. Cria uma *Venda* – a coisa a ser testada (também conhecida como **configuração de teste (fixture)**).

2. Adiciona algumas linhas de itens a ela com o método *criarLinhaDeItem* (o método *criarLinhaDeItem* é o método público que desejamos testar).

3. Solicita o total e verifica que ele é o valor esperado, usando o método *assertTrue*. JUnit vai indicar uma falha se qualquer declaração *assertTrue* não for avaliada como *verdadeira (true)*.

Cada método de teste segue esse padrão:

1. Criar a configuração.

2. Fazer algo com ela (alguma operação que você queira testar).

3. Avaliar se os resultados são os esperados.

Um **ponto-chave** a notar é que *não* escrevemos todos os testes de unidade para *Venda* inicialmente, em vez disso, escrevemos somente um método de teste, implementamos a solução na classe *Venda* para fazê-la passar e então repetimos.

Para usar JUnit, você precisa criar uma classe de teste que estenda a classe *TestCase* Junit. Sua classe de teste herda vários comportamentos de teste de unidade.

Em JUnit, você cria um método de teste separado para *cada* método de Venda que deseja testar. Em geral, você vai escrever métodos de teste de unidade (talvez vários)

---

[1] Uma ferramenta popular de código livre aberto para automaticamente reconstruir a aplicação e executar todos os testes de unidade é **CruiseControl**. Encontre-a na Web.

[2] A família xUnit e JUnit foi elaborada por Kent Beck (criador de XP) e Eric Gamma (um dos autores dos padrões de projeto da Gangue-dos-Quatro e arquiteto chefe da popular IDE Eclipse).

para cada método *público* da classe *Venda*. Exceções incluem (e usualmente auto-geram) os métodos triviais *obter e atribuir (get* e *set)*.

Para testar o método *fazerFoo*, é um idioma denominar o método de teste *testarFazerFoo*.

Por exemplo:

```
public class TesteDeVenda extends TestCase
{
  // ...

  // testar o método Venda.criarLinhaDeItem
  public void testarCriarLinhaDeItem()
  {
      // PASSO 1: CRIAR A CONFIGURAÇÃO DE TESTE

      // -este é o objeto a testar
      // -é um idioma denominá-lo configuração de teste
      // -ele é freqüentemente definido como a instância de um
      // campo em vez de uma variável local
   Venda config = new Venda();

      // estabelecer os objetos de apoio para o teste
   Moeda total = new Moeda( 7.5 );
   Moeda preco = new Moeda ( 2.5 );
   IdItem id = new IdItem ( 1 );
   DescricaoDoProduto desc =
           new DescricaoDoProduto ( id, preco, "produto 1" );

      // PASSO 2: EXECUTAR O MÉTODO PARA TESTAR

      // NOTA: Escrevemos este código **imaginando** que há
      // um método criarLinhaDeItem. Esse ato de imaginação
      // à medida que escrevemos o teste tende a melhorar ou
      // esclarecer nosso entendimento da interface detalhada para
      // o objeto. Assim, DDT tem o benefício colateral de
      // esclarecer o projeto detalhado de objetos.
      // testar criarLinhaDeItem
   venda.criarLinhaDeItem( desc, 1 );
   venda.criarLinhaDeItem( desc, 2 );

      // PASSO 3: AVALIAR OS RESULTADOS

      // poderia haver muitas declarações assertTrue
      // para uma avaliação complexa

      // verifique que o total seja 7.5
   assertTrue( venda.obterTotal().equals( total ));
  }
}
```

Apenas depois desse método de teste *testarCriarLinhaDeItem* ter sido escrito codificamos o método *Venda.criarLinhaDeItem* para passar por esse teste. Daí o termo desenvolvimento *dirigido* por teste ou teste a priori.

IDE de apoio para DDT e xUnit

A maioria das IDEs tem apoio incorporado para alguma ferramenta xUnit. Por exemplo, Eclipse apóia JUnit. JUnit inclui uma indicação visual – se todos os testes passam quando executados, é mostrada uma barra verde. Isso deu origem ao mantra do DDT: *manter a barra verde para manter o código limpo*. A Figura 21.1 ilustra isso.

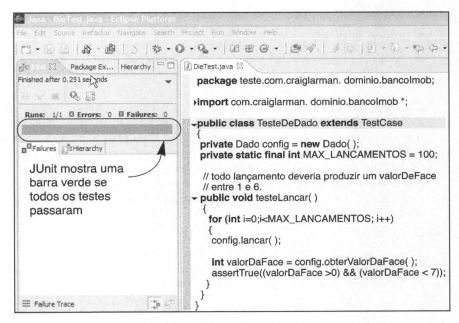

Figura 21.1 Apoio para DDT e JUnit em uma IDE popular, Eclipse.

21.2 Refatoração

Refatoração [Fowler99] é um método *estruturado e disciplinado* para reescrever ou reestruturar código existente sem modificar seu comportamento externo, aplicando pequenos passos de transformação combinados com reexecução de testes em cada passo. Refatoração contínua de código é uma outra prática de XP e aplicável a todos os métodos iterativos (inclusive o PU)[3].

A essência de refatoração é aplicar pequenas *transformações preservando o comportamento* (cada uma denominada uma 'refatoração'), uma de cada vez. Depois de cada transformação, os testes de unidade são reexecutados para provar que a refatoração

---
[3] Ralph Johnson (um dos autores dos padrões de projeto da Gangue-dos-Quatro) e Bill Opdyke foram os primeiros a discutir a refatoração, em 1990. Kent Beck (criador do XP), junto com Martin Fowler, são os outros dois pioneiros de refatoração.

não causou uma regressão (falha). Assim, há um relacionamento entre refatoração e DDT – todos os testes de unidade apóiam o processo de refatoração.

Cada refatoração é pequena, mas uma série de transformações – cada uma seguida pela execução novamente de testes de unidade – pode, naturalmente, produzir uma reestruturação importante do código e projeto (para melhor), tudo para garantir que o comportamento permanece o mesmo.

Quais são as atividades e objetivos da refatoração? São simplesmente as atividades e objetivos da boa programação:

- remover código duplicado
- melhorar a clareza
- encurtar métodos longos
- remover o uso de constantes literais incorporadas ao código
- etc...

Um código bem refatorado é curto, compacto, claro e sem duplicação –parece o trabalho de um programador experiente. Um código sem essas qualidades *cheira mal* ou tem *código mal cheiroso*. Em outras palavras, há um projeto ruim. **Código malcheiroso** é uma metáfora em refatoração – é *indício* de que alguma coisa *pode* estar errada no código. O nome *código malcheiroso* foi escolhido para sugerir que quando olhamos atentamente o código malcheiroso, pode acontecer que ele esteja correto e não precisa de melhorias. Isso está em contraste com **código fétido** – um código verdadeiramente em decomposição implorando para ser limpo! Alguns mau cheiros de código incluem:

- código duplicado
- método grande
- classe com muitas instâncias de variáveis
- classe com excesso de código
- subclasses espantosamente similares
- pouco ou nenhum uso de interfaces no projeto
- acoplamento alto entre muitos objetos
- e muitos outros modos de código ruim ser escrito...[4]

O remédio para código malcheiroso são refatorações. Como padrões, refatorações têm nomes, como *Extrair Método*. Há cerca de 100 refatorações denominadas, eis aqui uma amostra para ter uma idéia delas:

Exemplo

Este exemplo demonstra a refatoração comum Extrair Método. Note na listagem da Figura 21.2 que o método *fazerJogada* na classe *Jogador* tem uma seção inicial de código

---

[4] Veja a Wiki original e principal c2.com/cgi/wiki sobre OO, padrões, XP e refatoração para muitas páginas Wiki sobre código malcheiroso e refatorações. Site fascinante.

Refatoração	Descrição
Extrair Método	Transforma um método longo em um mais curto, refatorando uma parte para um método auxiliar privado.
Extrair Constantes	Substitui a constante literal por uma variável constante.
Introduzir Variável Explicativa (especialização de Extrair Variável Local)	Coloca o resultado da expressão, ou partes da expressão, em uma variável temporária com um nome que explica o seu propósito.
Substituir Chamada do Construtor pelo Método Fábrica	Em Java, por exemplo, substituir usando um operador *new* e chamada de construtor com invocação de um método auxiliar que cria o objeto (escondendo os detalhes).

que lança os dados e calcula o total em um laço. Esse código é uma unidade coesiva de comportamento distinta; podemos tornar o método *fazerJogada* mais curto, mais claro e apoiando melhor Coesão Alta pela extração daquele código em um método auxiliar privado denominado *lançarDados*. Note que o valor de *totalDoLançamento* é solicitado em *fazerJogada*, portanto, esse método auxiliar deve retornar o *totalDoLançamento*.[5]

```java
public class Jogador
{
    private Peca peca;
    private Tabuleiro tabuleiro;
    private Dado[] dados;
    // ...

public void fazerJogada()
{
        // lançar dados
    int totalDoLancamento = 0;
    for (int i = 0; i < dados.length; i++)
    {
        dados[i].lancar();
        totalDoLancamento += dados[i].obterValorDaFace();
    }

    Casa novaLoc= tabuleiro.obterCasa(peca.obterLocalizacao(),
    totalDoLancamento);
    peca.estabelecerLoc(novaLoc);
}

} // fim da classe
```

Figura 21.2 O método fazerJogada antes da refatoração.

---

[5] Isso viola o Princípio de Separação Comando-Consulta (págs. 367-369), mas esse princípio pode ser mais facilmente afrouxado para métodos *privados*. Essa é uma diretriz, não uma regra.

Agora, aqui está o código depois de aplicar a refatoração Extrair Método.

```
public class Jogador
{
   private Peca peca;
   private Tabuleiro tabuleiro;
   private Dado[] dados;
   // ...

public void fazerJogada()
{
      // o método auxiliar refatorado
   int totalDoLancamento = lancarDados();

   Casa novaLoc = tabuleiro.obterCasa(peca.obterLocalizacao(),
   totalDoLancamento);
   peca.estabelecerLoc(novaLoc);
}

private int lancarDados()
{
   int totalDoLancamento = 0;
   for (int i = 0; i < dados.tamanho; i++)
   {
      dados[i].lancar();
      totalDoLancamento += dados[i].obterValorDaFace();
   }
   return totalDoLancamento;
}

} // fim da classe
```

Figura 21.3 O código depois da refatoração com Extrair Método.

Veremos na iteração 2 que esse método auxiliar *lancarDados* não é uma boa solução – o padrão Fábrica Pura vai sugerir uma alternativa que também preserva o Princípio de Separação Comando-Consulta – mas ele é suficiente para ilustrar a operação de refatoração.

Como um segundo breve exemplo, uma das minhas refatorações simples favoritas é *Introduzir Variáveis Explicativas* porque ela esclarece, simplifica e reduz a necessidade de comentários. As listagens da Figura 21.4 e da Figura 21.5 ilustram isso.

```
    // bom nome de método, mas a lógica do corpo não é clara
boolean eAnoBissexto( int ano )
{
   return ( ( ( ano % 400 ) == 0 ) ||
         ( ( ( ano % 4 ) == 0 ) && ( ( ano % 100 )!= 0 ) ) );
}
```

Figura 21.4 Antes de introduzir a variável explicativa.

```
    // este é melhor!
boolean eAnoBissexto( int ano )
{
    boolean anoEMultipoDe4 = ( ( ano % 4 ) == 0 );
    boolean anoEMultipoDe100 = ( ( ano % 100 ) == 0);
    boolean anoEMultiploDe400 = ( ( ano % 400 ) == 0);
    return (
        anoEMultiploDe400
        || (anoEMultipoDe4 &&! anoEMultipoDe100) );
}
```

Figura 21.5   Depois de introduzir a variável explicativa.

Apoio de IDE para refatoração

A maioria das IDEs dominantes incluem apoio automático para refatoração. Veja as Figuras 21.6 e 21.7 para um exemplo na IDE Eclipse da aplicação da refatoração Extrair Método. O método *lancarDados* é automaticamente gerado, assim como a chamada para ele do método *fazerJogada*. Note que a ferramenta é suficientemente esperta para ver a necessidade de retornar a variável *totalDoLancamento*. Bom!

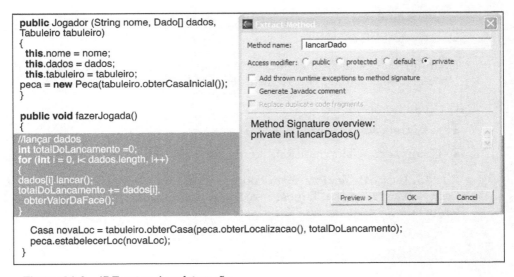

Figura 21.6   IDE antes da refatoração.

```
▽public void fazerJogada()
{
  int totalDoLancamento = lancarDados();
  Casa novaLoc = tabuleiro.obterCasa(peca.obterLocalizacao(),
  totalDoLancamento);
  peca.estabelecerLoc(novaLoc);
}
▽private int lancarDados()
{
  //lançar dados
  int totalDoLancamento =0;
  for(int i = 0, i< dados.length, i++)
  {
    dados[i].lancar();
    totalDoLancamento += dados[i].obterValorDaFace();
  }
  return totalDoLancamento;
}
```

Figura 21.7   IDE depois da refatoração.

21.3 Leituras recomendadas

Para DDT na Web:

- www.junit.org
- www.testdriven.com

Há muitos textos úteis, incluindo *Test Driven Development: By Example* de Beck, *Test Driven Development* de Astels e *JUnit Recipes*, de Rainsberger.

Para refatoração na Web:

- www.refactoring.com
- c2.com/cgi/wiki?WhatIsRefactoring (uma Wiki importante sobre muitos assuntos)

O texto clássico de refatoração de código é *Refactoring: Improving the Design of Existing Code*, de Martin Fowler. Também excelente, em um nível mais alto de projeto, é *Refactoring to Patterns*, de Joshua Kerievsky.

Parte IV Elaboração: Iteração 2 – Mais Padrões

Capítulo

22

FERRAMENTAS UML E UML COMO DOCUMENTAÇÃO

Experiência é aquela coisa maravilhosa que lhe capacita a reconhecer um erro quando você o faz novamente.
– F. P. Jones

Objetivos

- Definir engenharia avante, reversa e de ida e volta.
- Sugestões para escolher uma ferramenta UML.
- Sugestões sobre como integrar ferramentas e esboços de parede UML.

Introdução

Não é útil discutir ferramentas UML específicas em detalhe porque isso é um assunto que muda rapidamente – a informação fica velha logo. No entanto, este capítulo aponta algumas características comuns e o uso de tais ferramentas para "UML como documentação".

O que vem a seguir? Encerrada a iteração 1 com a introdução de DDT e refatoração, este capítulo explora brevemente ferramentas UML. A seguir, resumimos algumas modificações-chave de análise para a iteração-2.

| Mapeamento de Projetos para Código | Desenvolvimento Dirigido por Teste & Refatoração | Ferramentas UML & UML como Documentação | Iteração 2 – Análise | Iteração 2 – Requisitos |

Como mencionado, três modos pelos quais as pessoas desejam aplicar UML incluem:

- **UML como esboço.**

- **UML como documentação** – Isso se aplica tanto a código quanto a geração de diagramas. Diagramas relativamente detalhados guiam alguma geração de código (por ex., Java) com uma ferramenta. E diagramas são gerados a partir do código para visualizar o código base. Depois do código gerado, muitos detalhes finos geralmente são preenchidos pelos desenvolvedores enquanto programam.

- **UML como linguagem de programação** – Especificação completa executável de um sistema de software em UML. Um código executável vai ser automaticamente gerado (ou uma máquina virtual interpreta diretamente UML), mas não é normalmente visto ou modificado por desenvolvedores, trabalha-se apenas na "linguagem de programação" UML. O primeiro e segundo modos são comuns. A maioria das ferramentas UML apóia a segunda abordagem, UML como documentação, em vez de UML como linguagem de programação.

22.1 Engenharia avante, reversa e de ida e volta

No mundo de ferramentas **CASE** (Computer Aided Software Engineering), **engenharia avante** significa a geração de código a partir de diagramas; **engenharia reversa** significa a geração de diagramas a partir do código e a **engenharia de ida e volta** fecha o ciclo– a ferramenta apóia a geração em qualquer direção e pode sincronizar entre diagramas UML e código, idealmente automática e imediatamente à medida que cada uma é modificada.

Todas as ferramentas UML afirmam apoiar essas características, mas muitas são meio aleijadas. Por que? Porque muitas das ferramentas podem apenas fazer os modelos estáticos: elas podem gerar diagramas de classes a partir do código, mas não podem gerar diagramas de interação. Ou para engenharia avante, elas podem gerar a definição de classe básica (por ex, Java) a partir de um diagrama de classes, mas não os corpos de métodos a partir de diagramas de interação.

No entanto, código não é apenas declaração de variáveis, ele é comportamento dinâmico! Por exemplo, suponha que você quer entender a estrutura básica de fluxo de chamada de uma aplicação ou framework existente. Se sua ferramenta pode gerar um diagrama de seqüência a partir do código, você pode muito mais facilmente seguir a lógica de fluxo de chamada do sistema para aprender suas colaborações básicas.

22.2 O que é um relatório comum de características importantes?

Com o passar dos anos, tive oportunidade de visitar ou consultar muitos clientes grandes que têm experimentado ferramentas UML. Os desenvolvedores eventualmente relatam, depois de experimentar a ferramenta durante algum tempo, que ela parece estar atrapalhando mais do que ajudadando (em contraposição a uma IDE simplesmente voltada à edição de texto). Isso não é sempre verdade – estou relatando médias. E a percepção de valor parece melhorar com cada nova geração de ferramentas. Dito isso, o mais consistente relato de longo prazo do valor das ferramentas UML que tenho ouvido clientes alegarem é o seu valor para engenharia reversa, como um *apoio visual ao aprendizado* para entender código existente. Geração de diagramas UML de pacotes, classes e interação a partir do código e depois visualização dos diagramas em um monitor ou imprimi-los em papel de plotter grande, parece ser útil quando desenvolvedores desejam entender uma grande base de código. E eu concordo.

À medida que mais ferramentas UML tornam-se melhor integradas com IDEs voltadas à edição de texto (tal como Eclipse e VisualStudio) e sua visibilidade melhora, prevejo que será dado um maior valor a elas em relação ao uso de ferramentas, tanto para engenharia avante quanto de ida e volta.

22.3 O que procurar em uma ferramenta?

Feitos os comentários acima, aqui está um resumo de alguns conselhos para escolher uma ferramenta UML, baseado no que clientes – freqüentemente decepcionados depois de gastar muito dinheiro – têm partilhado comigo.

Primeiro, tente uma ferramenta UML livre. Há várias opções. Somente compre uma ferramenta depois que as opções livres tenham sido esgotadas.

Logo que tiver escolhido uma tentativa de ferramenta, especialmente no contexto de uma ferramenta adotada pela empresa ou uma grande decisão de compra, experimente-a em um projeto real com tantos desenvolvedores quanto possível, antes de tomar uma decisão. Decida com base nas sugestões de seus desenvolvedores que realmente a usaram durante um longo período, não com base na opinião de arquitetos ou outros que tenham apenas feito investigação superficial.

Escolha uma ferramenta UML que se integre à sua IDE favorita para edição de texto.

Escolha uma ferramenta UML que apóie a engenharia reversa com obtenção de diagramas de seqüência a partir do código. Ou, se uma ferramenta livre satisfatória em relação às outras funcionalidades não apóia isso, use a ferramenta livre para a maioria dos desenvolvedores e compre apenas umas poucas cópias de uma ferramenta comercial que apóia, para quando você deseja entender padrões de fluxo de chamada.

Escolha uma ferramenta que apóie impressão em um plotter, em papel de plotter grande, em fonte e tamanhos de diagramas grandes, de modo que a visualização em larga escala seja possível.

22.4 Se rascunhar UML, como atualizar os diagramas depois da codificação?

Se você estiver usando uma ferramenta UML integrada com uma IDE, trabalhando sozinho, e não fazendo esboço de parede, sincronizar os diagramas é uma simples operação de engenharia reversa na IDE.

Mas e se você estiver trabalhando com uma pequena equipe e desejar gastar um dia de modelagem em cada iteração em quadros brancos, aplicando UML como rascunho? Considere este cenário:

1. No início de uma iteração limitada em três semanas, houve um dia de modelagem envolvendo esboços de parede UML.
2. Isso é seguido por cerca de três semanas de código e teste.
3. Finalmente, é hora de começar o dia de modelagem da próxima iteração.

Nesse ponto, se você desejava fazer um pouco de esboço em parede novamente, com base no estado existente da base de código, como proceder? Aqui está uma sugestão: imediatamente antes do dia de modelagem, use uma ferramenta UML para fazer engenharia reversa do código para produzir dos diagramas UML – diagramas de pacotes, de classes e de interação. Imprima os mais interessantes em papel de plotter grande, em um plotter, e pendure-os relativamente alto nas paredes da sala de modelagem, de modo que durante o dia de modelagem desenvolvedores possam se referir a eles, esboçar em cima e rascunhar abaixo deles em quadros brancos ou folhas de adesão estática.

22.5 Leituras recomendadas

Ferramentas de software são um assunto que muda rapidamente. Uma lista relativamente completa de ferramentas UML é mantida em:

www.objectsbydesign.com/tools/umltools_byCompany.html

Capítulo

23

RÁPIDA ATUALIZAÇÃO DA ANÁLISE

Qualquer erro suficientemente avançado é indistinguível de uma característica.
– Rich Kulawiec

Objetivos

- Evidenciar rapidamente algumas modificações nos artefatos de análise, especialmente no modelo de domínio do Banco Imobiliário.

Introdução

Este capítulo aponta brevemente algumas modificações na análise de requisitos e de domínio. A modelagem mais importante e sugestões UML de interesse são relacionadas aos DSSs do ProxGer e ao modelo de domínio do Banco Imobiliário.

O que vem a seguir? Exploradas brevemente as ferramentas UML, este capítulo examina, de forma sucinta, algumas modificações de análise, tendo em mente que essa iteração enfoca o projeto OO. O capítulo seguinte introduz os novos requisitos para a iteração 2.

Desenvolvimento Dirigido por Teste & Refatoração → Ferramentas UML & UML como Documentação → Iteração 2 – Análise → Iteração 2 – Requisitos → GRASP: Mais Objetos com Responsabilidades

23.1 Estudo de caso: PDV proxGer

Casos de uso

Nenhum refinamento é necessário para os casos de uso desta iteração.

No entanto, no nível de processo recomendo (como faz o PU) um segundo pequeno workshop de requisitos de um – ou dois – dias para esta iteração (perto do fim da iteração 1 e novamente perto do fim da iteração 2), dentro do qual mais requisitos serão investigados e escritos em detalhe. Os casos de uso completamente analisados previamente (por exemplo, *Processar Venda*) serão revisitados e provavelmente refinados com base nos conhecimentos aprofundados obtidos na programação e testes da iteração 1. Em métodos iterativos, note a interação de programação e teste iniciais com análise de requisitos em paralelo, melhorada pela realimentação do desenvolvimento inicial.

DSSs

Esta iteração inclui a adição de apoio para sistemas externos de terceiros com diversas interfaces, como um calculador de impostos. O sistema PDV ProxGer vai se comunicar remotamente com sistemas externos. Conseqüentemente, os DSSs devem ser atualizados para refletir pelo menos algumas das colaborações inter-sistema, a fim de esclarecer quais são os eventos do novo sistema.

A Figura 23.1 ilustra um DSS para um cenário de pagamento com crédito, que requer colaboração com vários sistemas externos. Apesar do projeto de pagamento a crédito não ser tratado nesta iteração, o modelador (eu) desenhou um DSS com

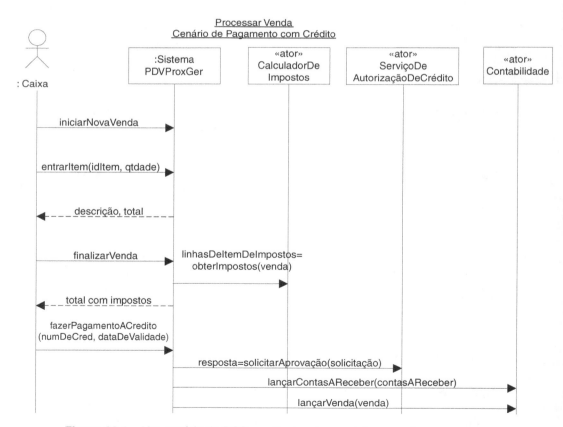

Figura 23.1 Um cenário de DSS que ilustra alguns sistemas externos.

base nele (e provavelmente vários outros também), para entender melhor a colaboração inter-sistemas e, assim, o apoio necessário a diversas interfaces dos sistemas externos.

Modelo de domínio

Depois de um pouco de experiência na modelagem de domínio, um modelador pode estimar se um conjunto de novos requisitos vai ter menor ou maior impacto no Modelo de Domínio em termos de muitos conceitos, associações e atributos novos. Em contraste com a iteração anterior, os requisitos tratados agora não envolvem muitos conceitos de domínio novos. Um breve levantamento dos novos requisitos sugere algo como *RegraDePreço* como um conceito de domínio, mas não há provavelmente dúzias de coisas novas.

Nessa situação, é bem razoável pular o refinamento do Modelo de Domínio, mover-se rapidamente para o trabalho de projeto e deixar a descoberta de novos conceitos do domínio ocorrer durante o projeto de objetos no Modelo de Projeto, quando os desenvolvedores pensam em uma solução, ou até mesmo enquanto codificam.

Um sinal de maturidade do processo em relação ao PU é entender quando a criação de um artefato vai adicionar valor significativo ou se é uma espécie de passo mecânico de "fazer funcionar" que é melhor ignorar.

Por outro lado, pode haver não apenas modelagem de mais, mas também de menos. Desenvolvedores freqüentemente evitam qualquer análise ou modelagem porque elas parecem uma atividade de pouco valor e alto consumo de tempo. No entanto, modelagem pode adicionar valor se uma pessoa domina as diretrizes básicas de análise e projeto, fica confortável com as "linguagens" – sejam elas de casos de uso ou UML ou protótipos de IU na parede – e as aplica com o espírito da modelagem ágil.

Contratos de operação do sistema

Nenhuma operação de sistema nova é considerada nesta iteração, assim, contratos não são necessários. Em qualquer caso, contratos são apenas uma opção a considerar quando a precisão detalhada que oferecem é um aperfeiçoamento com relação às descrições dos casos de uso.

23.2 Estudo de caso: Banco Imobiliário

Casos de uso, etc.

Casos de uso foram omitidos, porque a maioria conhece as regras do jogo. Nenhuma atualização para o DSS é necessária e nenhum dos contratos de operação foi escrito.

Modelo de domínio

Os conceitos de *Casa, CasaDePartida, CasaDeImpostoDeRenda* e *CasaDeVáParaCadeia* são todos semelhantes – são variações de uma casa. Nessa situação, é possível (e freqüentemente útil) organizá-las em uma **hierarquia de classes de generalização-es-**

pecialização (ou simplesmente **hierarquia de classes**) nas quais a **superclasse** *Casa* representa um conceito mais geral e as **subclasses** são mais especializadas.

Em UML, relacionamentos de generalização-especialização são mostrados com uma grande seta triangular apontando da classe de especialização para a classe mais geral, como mostrado na Figura 23.2.

Generalização é a atividade de identificar partes comuns entre conceitos e definir relacionamentos de superclasse (conceito geral) e subclasse (conceito especializado). É um modo de construir classificações taxonômicas entre conceitos que são então ilustrados nas hierarquias de classes.

O objetivo da generalização e especialização é abordado com mais detalhes nos capítulos posteriores. Ver "Generalização" nas págs. 512-513.

Identificar uma superclasse e subclasses é de valor no modelo de domínio porque sua presença nos permite entender conceitos em termos mais gerais, refinados e abstratos. Isso leva à economia de expressão, melhoria de compreensão e redução de informação repetida.

Quando mostrar subclasses? As seguintes motivações são comuns:

Diretriz

Crie uma subclasse conceitual de uma superclasse quando:

1. A subclasse tem atributos adicionais de interesse.
2. A subclasse tem associações adicionais de interesse.
3. O conceito de subclasse é trabalhado, tratado, reage à ou é manipulado de maneira diferente da superclasse ou outras subclasses, em modos importantes.

O critério #3 se aplica ao caso de diferentes espécies de casas. *CasaDePartida* é tratada diferentemente das outras espécies de casas de acordo com as regras do domínio. É um conceito distinto importante – e o modelo de domínio é especialmente útil como um lugar para identificar conceitos importantes.

Conseqüentemente, um modelo de domínio atualizado é mostrado na Figura 23.2. Note que cada casa distinta tratada diferentemente pelas regras do domínio é mostrada como uma classe separada.

Diretrizes: um pouco mais de diretrizes de modelagem e pontos do domínio são ilustrados neste modelo:

- A classe *Casa* é definida *{abstract}*.
    - **Diretriz**: declare superclasses como abstratas. Embora essa seja uma perspectiva conceitual não relacionada a software, é também uma diretriz OO comum que todas as superclasses de software sejam abstratas.

- Cada nome de subclasse tem o nome da superclasse – *CasaDeImpostoDeRenda* em vez de *ImpostoDeRenda*. Esse é um bom idioma, e também mais preciso, pois, por exemplo, não estamos realmente modelando o conceito de imposto de renda, mas modelando o conceito de uma casa de imposto de renda em um jogo de Banco Imobiliário.
    - **Diretriz**: adicionar o nome da superclasse ao da subclasse.
- Uma *CasaComum* que não faz nada de especial é também um conceito distinto.
- Agora que moeda está envolvida, o Jogador tem um atributo *dinheiro*.

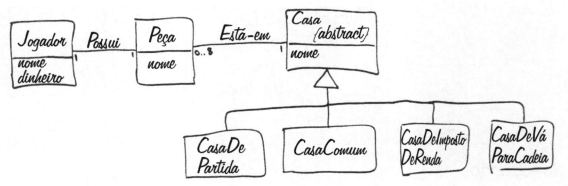

Figura 23.2   Modificações no modelo de domínio para iteração 2.

Capítulo 24

ITERAÇÃO 2 – REQUISITOS

Objetivos

- Definir os requisitos para a iteração 2.

Introdução

Os capítulos da fase de concepção e aqueles da iteração 1 na fase de elaboração enfatizaram uma ampla gama de habilidades em análise fundamental e projeto de objetos, a fim de compartilhar informação em uma amplitude de passos comuns na construção de sistemas de objetos.

Nesta iteração, o estudo de caso enfatiza apenas:

- Projeto essencial de objetos
- O uso de padrões para criar um projeto sólido
- Aplicação de UML para visualizar os modelos

Esses são os objetivos principais deste livro e habilidades importantes.

O que vem a seguir? Resumidas algumas modificações-chave de análise, este capítulo introduz os novos requisitos para a iteração 2. O capítulo seguinte explora o restante dos princípios GRASP e mostra mais exemplos de projeto de objetos com responsabilidade para os estudos de caso.

Ferramentas UML & UML como Documentação → Iteração 2 – Análise → **Iteração 2 – Requisitos** → GRASP: Mais Objetos com Responsabilidades → Aplicação dos Padrões de Projeto GoF

Há discussão mínima sobre análise de requisitos e modelagem de domínio, e a explicação do projeto é mais sucinta, agora que (na iteração 1) uma explanação detalhada das bases de como pensar em objetos foi apresentada. Muitas outras atividades de análise, projeto e implementação deveriam naturalmente ocorrer nesta iteração, mas essas não são enfatizadas em favor de compartilhar informação sobre como fazer projeto de objetos.

24.1 Da iteração 1 para 2

Quando a iteração 1 acaba, o seguinte deveria estar realizado.

- Todo o software foi vigorosamente testado: unidade, aceitação, carregamento, usabilidade, etc. A idéia no PU é fazer verificação prévia, realística e contínua da qualidade e correção, de modo que a realimentação precoce guie os desenvolvedores para adaptar e melhorar o sistema, encontrando seu "verdadeiro caminho".

- Clientes foram regularmente engajados na avaliação do sistema parcial, para obter realimentação para adaptação e esclarecimento dos requisitos. Eles logo vêem os progressos visíveis do sistema.

- O sistema, por meio de todos os subsistemas, foi completamente integrado e estabilizado como uma versão interna de referência.

No interesse da brevidade, muitas atividades finais da iteração 1 e iniciais da iteração 2 são puladas, visto que a ênfase desta apresentação é uma introdução à A/POO. Comentários sobre algumas das inúmeras atividades puladas incluem:

- Uma reunião de planejamento de iteração para decidir o trabalho da próxima iteração, resolver questões e identificar tarefas principais.

- No início da nova iteração, usar uma ferramenta UML para fazer diagramas via engenharia reversa a partir do código fonte da última iteração (os resultados são parte do Modelo de Projeto do PU). Esses podem ser impressos em tamanho grande em um plotter e colocados sobre as paredes da sala de projeto, como apoio de comunicação para ilustrar o ponto inicial do projeto lógico para a próxima iteração.

- Análise e engenharia de usabilidade para a IU está em andamento. Essa é uma habilidade extraordinariamente importante e uma atividade para o sucesso de muitos sistemas. No entanto, o assunto é detalhado e não-trivial, e foge do escopo deste livro.

- Modelagem e implementação de banco de dados está em andamento.

- Um outro workshop de requisitos de dois dias (por exemplo) ocorre, no qual mais casos de uso são escritos em seu formato completo. Durante a elaboração, enquanto talvez 10% da maioria dos requisitos de risco está sendo projetada e implementada, há uma atividade *paralela* de explorar profundamente e definir talvez 80% dos casos de uso do sistema, ainda que a maioria desses requisitos não vá ser implementada até as últimas iterações.

    ○ Participantes vão incluir alguns desenvolvedores (inclusive o arquiteto de software) da primeira iteração, de modo que a investigação e questionamento durante esse workshop seja informado pelo conhecimento aprofundado (e confusões) obtido com a rápida construção real de algum software. Não há nada como construir software para descobrir o que realmente não sabemos sobre os requisitos – essa é a idéia-chave do PU e de métodos iterativos e evolutivos.

Simplificações no estudo de caso

Em um projeto habilidoso no PU, os requisitos escolhidos para as primeiras iterações são organizados pelo risco e alto valor do negócio, de modo que os tópicos de alto risco sejam logo identificados e resolvidos. No entanto, se esse estudo de caso seguisse exatamente essa estratégia, não seria possível ajudar a explicar as idéias e princípios fundamentais de A/POO nas primeiras iterações. Assim, alguma licença é adotada sobre a priorização dos requisitos, preferindo aqueles que apóiam aos objetivos educacionais, em vez de os objetivos de risco de projeto.

24.2 Requisitos e ênfase da iteração 2: projeto de objetos e padrões

Como mencionado, para esses estudos de caso, a iteração 2 ignora análise de requisitos e análise de domínio, e enfoca o projeto de objetos com responsabilidades e GRASP e a aplicação de alguns padrões de projeto GoF.

PDV ProxGER

A iteração 2 da aplicação PDV ProxGer trata de vários requisitos interessantes:

Requisitos da iteração 1 (pág. 150)

1. Apoio para variações nos serviços externos de terceiros. Por exemplo, diferentes calculadores de imposto devem estar conectados ao sistema e cada um tem uma interface única. Da mesma forma com sistemas de contabilidade diferentes e assim por diante. Cada um vai oferecer uma API e protocolo diferentes para um núcleo de funções comuns.
2. Regras complexas para decidir preço.
3. Um projeto para limpar uma janela IGU quando o total da venda se modifica.

Esses requisitos somente serão considerados (para essa iteração) no contexto dos cenários do caso de uso *Processar Venda*.

Por favor, note que esses requisitos não são recém-descobertos, eles foram identificados durante a concepção. Por exemplo, o caso de uso original *Processar Venda* indica o problema de decidir preço.

Cenário principal de sucesso:
1. Cliente chega à saída do PDV com bens e/ou serviços para adquirir.
2. Caixa diz ao Sistema para iniciar uma nova venda.
3. Caixa insere identificador do item.

4. Sistema registra linha de item de venda e apresenta descrição do item, o seu preço e calcula total atual.
   Preço calculado por meio de um conjunto de regras de preços.
   ...

Além disso, seções na Especificação Suplementar registram detalhes das regras de domínio para decidir preço e indicar a necessidade de apoiar vários sistemas externos.

Epecificação suplementar

...

Interfaces
Interfaces de software
Para a maioria dos sistemas externos de colaboração (calculador de imposto, contabilidade, estoque, ...) precisamos ser capazes de conectar a vários sistemas e, assim, a várias interfaces.
...

Regras de domínio (negócio)
Informação sobre o domínio de interesse

ID	Regra	Mutabilidade	Fonte
REGRA4	Regras de desconto do comprador. Exemplos: Empregado – 20% de desconto. Cliente Preferencial – 10% de desconto. Idosos – 15% de desconto	Alta. Cada varejista usa diferentes regras.	Política varejista.
...	...	...	...

Decidir preço
Além das regras para decidir preço descritas na seção de regras de domínio, note que produtos têm um *preço original* e, opcionalmente, um *preço permanente de remarcação*. Um preço de produto (antes de ter desconto) é o preço permanente de remarcação, se existir. Organizações mantêm o preço original mesmo se existe um preço permanente de remarcação, por razões de contabilidade e imposto.

...

Desenvolvimento incremental de um caso de uso ao longo de iterações

Por causa desses requisitos, estamos revisitando o caso de uso *Processar Venda* na iteração 2, mas implementando mais *cenários*, para que o sistema cresça incrementalmente. É comum trabalhar sobre vários cenários ou características do mesmo caso de uso em várias iterações e gradualmente estender o sistema para, em última análise, tratar toda a funcionalidade desejada. Por outro lado, casos de uso pequenos e simples podem ser completamente implementados em uma iteração.

No entanto, um cenário não deve ser dividido entre iterações, uma iteração deve completar um ou mais cenários de ponta a ponta.

A iteração 1 fez simplificações para que o problema e a solução não ficassem excessivamente complexos para explorar. Novamente – pela mesma razão – uma quantidade relativamente pequena de funcionalidade adicional é considerada.

Banco Imobiliário

Requisitos da iteração 1 (págs. 419-420)

Os requisitos adicionais para a segunda iteração da aplicação Banco imobiliário incluem:

- Outra vez, implemente um cenário-chave e básico do caso de uso *Jogar Banco Imobiliário:* jogadores se movem ao redor de casas sobre o tabuleiro. E, como antes, executam o jogo como uma simulação não necessitando de entrada do usuário, exceto o número de jogadores. No entanto, na iteração 2 algumas das regras de casa especial se aplicam. Essas são descritas nos seguintes pontos...

- Cada jogador recebe $1500 no início do jogo. Considere que o jogo tenha uma quantia ilimitada de dinheiro.

- Quanto um jogador atinge a casa de Partida, o jogador recebe $200.

- Quando um jogador atinge a casa Vá-Para-Cadeia, ele se move para a casa Cadeia.
    - No entanto, diferente das regras completas, ele sai facilmente. Em sua próxima jogada, ele simplesmente lança e se move como indicado pelo total do lançamento.

- Quando um jogador atinge a casa Imposto-De-Renda, o jogador paga o mínimo de $200 ou 10% de seu valor.

Capítulo

25

GRASP: Mais Objetos com Responsabilidades

Sorte é o resíduo do projeto.
– Branch Rickey

Objetivos

- Aprender a aplicar os padrões GRASP restantes.

Introdução

Anteriormente, aplicamos cinco padrões GRASP:

- Especialista na Informação, Criador, Coesão Alta, Acoplamento Baixo e Controlador

Os quatro padrões GRASP restantes são cobertos neste capítulo. São eles:

- Polimorfismo (Polimorphism)
- Indireção (Indirection)
- Invenção Pura (Pure Fabrication)
- Variações Protegidas (Protected Variations)

O que vem a seguir? Introduzidos os requisitos para a iteração 2, este capítulo explora os princípios GRASP restantes e os aplica aos estudos de caso. O capítulo seguinte introduz o importante assunto de padrões de projeto GoF, também aplicados aos estudos de caso.

Iteração 2 – Análise → Iteração 2 – Requisitos → **GRASP: Mais Objetos com Responsabilidades** → Aplicação dos Padrões de Projeto GoF → Iteração 3 – Requisitos

Após eles serem explicados, teremos um vocabulário rico e compartilhado para discutir projetos. Além disso, à medida que alguns dos padrões de projeto da "gangue dos quatro" (GoF) – como Estratégia e Fábrica Abstrata – também forem apresentados (em capítulos subseqüentes), esse vocabulário aumentará. Uma frase breve, como "sugiro uma Estratégia gerada a partir de uma Fábrica para favorecer Variações Protegidas e acoplamento baixo com relação a <X>", comunica muitas informações sobre o projeto, pois os nomes de padrão transmitem sucintamente um conceito complexo de projeto.

Os capítulos subseqüentes introduzem outros padrões úteis e os aplicam no desenvolvimento da segunda iteração dos estudos de caso.

25.1 Polimorfismo

Problema

Como tratar alternativas com base no tipo? Como criar componentes de *software* interconectáveis?

Alternativas com base no tipo – a variação condicional é um tema fundamental em programação. Se um programa for projetado com a lógica condicional da estrutura *if-then-else* ou com a instrução *case*, e se surgir uma nova variação, ela exigirá a modificação da lógica desses comandos – freqüentemente em vários lugares. Essa abordagem torna difícil estender um programa facilmente com novas variações, porque modificações tendem a ser necessárias em vários lugares – onde quer que a lógica condicional exista.

Componentes de software interconectáveis – Considerando os componentes nos relacionamentos cliente-servidor, como se pode substituir um componente servidor por outro sem afetar o cliente?

Solução

Quando alternativas ou comportamentos relacionados variam segundo o tipo (classe), atribua a responsabilidade pelo comportamento aos tipos para os quais o comportamento varia, usando operações polimórficas[1].

Corolário: não teste o tipo de um objeto e use lógica condicional para executar alternativas que variam com base no tipo.

Exemplo

Problema ProxGer: Como Apoiar Calculadores de Impostos terceirizados?

No aplicativo PDV ProxGer, existem vários calculadores externos terceirizados de imposto, que precisam ser apoiados (como Tax-Master –Mestre-dos-Impostos– e Good-As-Gold-Tax-Pro – Pro-Imposto-Bom-Como-Ouro), e o sistema precisa se inte-

---

[1] **Polimorfismo** tem diversos significados relacionados. Nesse contexto, significa "dar o mesmo nome a serviços executados por diferentes objetos" [Coad95] quando os serviços são semelhantes ou relacionados. Os diferentes tipos de objeto normalmente implementam uma interface comum ou estão relacionados a uma superclasse comum em uma hierarquia de implementação, mas isso depende da linguagem; por exemplo, as linguagens de ligação dinâmica, como Smalltalk, não exigem isso.

grar com diversos deles. Cada calculador de imposto tem uma interface diferente e, portanto, há um comportamento similar, mas variado, a ser adaptado para cada uma dessas interfaces fixas externas ou APIs. Um produto pode apoiar um protocolo de soquete TCP puro, outro pode oferecer uma interface SOAP e um terceiro pode apresentar uma interface RMI Java.

Quais objetos deveriam ser responsáveis por tratar essas variações de interface externas de calculador de impostos?

Como o comportamento das adaptações do calculador varia de acordo com o tipo de calculador, por meio do Polimorfismo, devemos atribuir a responsabilidade da adaptação aos próprios objetos calculadores (ou adaptador do calculador), implementados com uma operação polimórfica *obterImpostos* (ver Figura 25.1).

Esses objetos adaptadores de calculador não são os calculadores externos, mas sim objetos de software locais que representam os calculadores externos ou o adaptador para o calculador. Ao enviarmos uma mensagem para o objeto local, será feita uma chamada ao calculador externo em sua API nativa.

Cada método *obterImpostos* recebe o objeto *Venda* como parâmetro, para que o calculador possa analisar a venda. A implementação de cada método *obterImpostos* será diferente: *AdaptadorMestreDosImpostos* vai adaptar a solicitação à API do Tax-Master, e assim por diante.

UML – Note a interface e a notação da realização da interface na Figura 25.1.

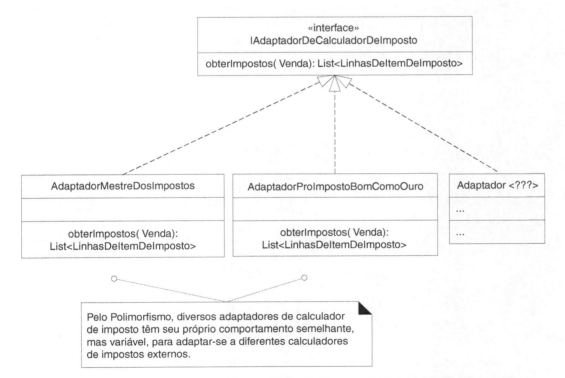

Figura 25.1 Polimorfismo na adaptação de diferentes calculadores externos de imposto.

Problema Banco Imobiliário: como projetar diferentes ações de casa?

Para relembrar, quando um jogador atinge a casa de Partida, ele recebe $200. Há uma ação diferente quando se atinge uma casa Imposto de Renda, e assim por diante. Observe que há uma regra diferente para diferentes tipos de casas. Vamos rever o princípio de projeto Polimorfismo:

> Quando alternativas ou comportamentos relacionados variam de acordo com o tipo (classe), atribua responsabilidade pelo comportamento – usando operações polimórficas – aos tipos para os quais o comportamento varia. *Corolário*: não teste o tipo de um objeto e use lógica condicional para efetuar diferentes alternativas com base no tipo.

Pelo corolário, sabemos que *não* devemos projetar com lógica *case* (um comando switch de desvio em Java ou C#) como no seguinte pseudocódigo:

```
// projeto ruim
SWITCH ON casa.tipo

CASE CasaDePartida: jogador recebe $200
CASE CasaDeImpostoDeRenda: jogador paga imposto
...
```

Em vez disso, o princípio nos aconselha a criar uma operação polimórfica para cada tipo de acordo com o qual o comportamento varia. Ele varia para os tipos (classes) *CasaComum, CasaDePartida,* etc. Qual é a operação que varia? É a que ocorre quando um jogador atinge uma casa. Assim, um bom nome para a operação polimórfica é *atingida* ou alguma variação. Dessa forma, pelo Polimorfismo, vamos criar uma classe separada para cada espécie de casa que tem uma responsabilidade diferente quando *atingida* e que implementa um método *atingida* em cada uma. A Figura 25.2 ilustra a visão estática do projeto da classe.

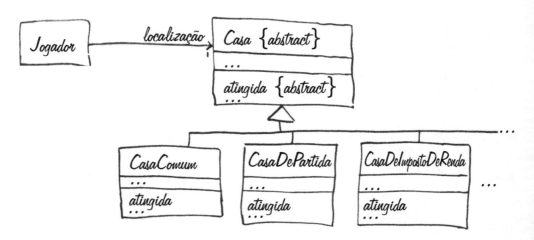

Figure 25.2 Aplicação de polimorfismo ao problema do Banco Imobiliário.

Aplicação da UML: observe na Figura 25.2 o uso da palavra-chave *{abstract}* para a operação *atingida*.

Diretriz: a menos que haja um comportamento default na superclasse, declare uma operação polimórfica na superclasse como sendo *{abstract}*.

O problema interessante remanescente é o projeto dinâmico: como os diagramas de interação devem evoluir? Quais objetos devem enviar a mensagem *atingida* para a casa que um jogador atinge? Como um objeto de *software Jogador* já sabe sua casa de localização (aquela que ele atingiu), então pelo princípio do Acoplamento Baixo e pelo Especialista, a classe *Jogador* é uma boa escolha para enviar a mensagem, pois um *Jogador* já tem visibilidade para a casa correta.

Naturalmente, essa mensagem deve ser enviada no fim do método *fazerJogada*. Por favor, reveja o projeto da iteração 1 de *fazerJogada* nas págs. 365-366 para ver nosso ponto inicial. A Figura 25.3 e a Figura 25.4 ilustram a evolução do projeto dinâmico.

Aplicação de UML:

Molduras UML (págs. 254-255)

- Observe na Figura 25.3 e na Figura 25.4 a abordagem informal para mostrar os casos polimórficos em diagramas separados ao esboçar UML. Uma alternativa – especialmente quando se usa uma ferramenta UML – é usar as molduras *ds* e *ref*.

- Observe na Figura 25.3 que o objeto *Jogador* tem o rótulo "j", de modo que na mensagem *atingida* possamos nos referir àquele objeto na lista de parâmetros. (Você vai ver na Figura 25.4 que é útil para *Casa* ter visibilidade por parâmetro para o *Jogador*.)

- Observe na Figura 25.3 que o objeto *Casa* tem rótulo *loc* (abreviatura de "localização") e esse é o mesmo rótulo da variável de valor de retorno na mensagem *obterCasa*. Isso implica que trata-se do mesmo objeto.

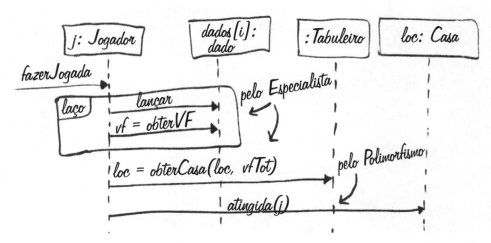

Figura 25.3   Aplicação de polimorfismo.

Vamos considerar cada um dos casos polimórficos em termos de GRASP e os tópicos de projeto:

- *CasaDePartida* – Veja a Figura 25.4. Pelo baixo hiato representacional, o *Jogador* deve saber o dinheiro que tem. Assim, pelo Especialista, ele deve enviar uma mensagem *adicionarDinheiro*. Assim, a casa precisa ter visibilidade para o *Jogador* de modo que possa enviar-lhe a mensagem, conseqüentemente, o *Jogador* é passado como parâmetro 'j' na mensagem *atingida,* para conseguir visibilidade por parâmetro.

- *CasaComum* – Veja a Figura 25.5. Nesse caso, *nada* acontece. Rotulei informalmente os diagramas para indicar isso, apesar de que uma caixa de nota UML também poderia ter sido usada. No código, o corpo desse método vai ficar vazio – algumas vezes denominado método **SEM-OP** (sem operação). Note que para fazer a mágica do polimorfismo funcionar, precisamos usar essa abordagem para evitar a lógica especial do comando case.

- *CasaDeImpostoDeRenda* – Veja a Figura 25.6. Precisamos calcular 10% do patrimônio líquido do jogador. Pelo baixo hiato representacional e pelo Especialista, quem deveria saber isso? O *Jogador*. Assim, a casa pergunta o patrimônio do jogador e deduz a quantia adequada.

- *CasaVáParaACadeia* – Veja a Figura 25.7. Simplesmente, a localização do Jogador precisa ser modificada. Pelo Especialista, ela deveria receber uma mensagem *estabelecerLocalizacao*. Provavelmente, a *CasaVáParaACadeia* vai ser iniciada com um atributo que faz referência à *CasaCadeia*, para que ela possa passar essa casa como parâmetro para *Jogador*.

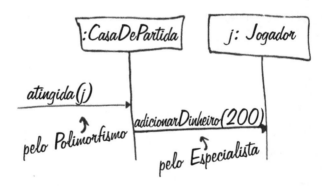

Figura 25.4 O caso *CasaDePartida*.

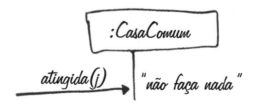

Figura 25.5 O caso *CasaComum*.

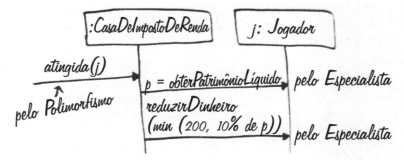

Figura 25.6   O caso *CasaDeImpostoDeRenda*.

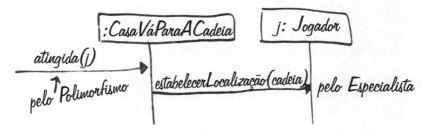

Figura 25.7   O caso *CasaVáParaACadeia*.

UML como Esboço: Note na Figura 25.4 que a linha de vida vertical é desenhada como linha sólida, em vez da tradicional linha tracejada. Isso é mais conveniente ao fazer esboço manual. Além disso, UML2 permite qualquer formato – embora, em qualquer caso, respeito à UML correta não é tão importante quando se está fazendo um esboço, desde que os participantes entendam uns aos outros.

Melhoria do acoplamento

Como um pequeno refinamento do projeto OO, note na Figura 18.25 da pág. 368, para a iteração 1, que *Peça* lembra-se da casa de localização mas o *Jogador* não e, assim, *Jogador* precisa extrair a localização de *Peça* (para enviar a mensagem *obterCasa* para *Tabuleiro*), e depois reatribuir a nova localização para a *Peça*. Esse é o ponto fraco do projeto e nesta iteração, quando o *Jogador* precisa também enviar a mensagem *atingida* para sua *Casa*, fica ainda pior. Por que? O que há de errado com ele? Resposta: problemas no *acoplamento*.

O *Jogador* precisa saber permanentemente seu próprio objeto de localização *Casa* em vez de *Peça*, pois o *Jogador* continua colaborando com sua *Casa*. Você deveria considerar essa como uma oportunidade de refatoração para a melhoria do acoplamento – quando o objeto A continua precisando dos dados do objeto B isso implica que 1) o objeto A deveria manter aqueles dados ou 2) o objeto B deveria ter a responsabilidade (pelo Especialista) em vez do objeto A.

Conseqüentemente, na iteração 2 refinei o projeto de modo que o *Jogador*, em vez da *Peça*, sabe sua casa; isso é refletido tanto no DCP da Figura 25.2 quanto no diagrama de interação da Figura 25.3.

De fato, pode-se inclusive questionar se *Peça* é um objeto útil no Modelo de Projeto. No mundo real, uma pequena peça de plástico sobre o tabuleiro é um procurador útil para uma pessoa humana, porque nós somos grandes e vamos à cozinha pegar cerveja gelada! Mas no software o objeto *Jogador* (sendo uma pequena gota de software) pode desempenhar o papel de *Peça*.

Discussão

Polimorfismo é um principio fundamental para projetar como um sistema é organizado para tratar variações semelhantes. Um projeto baseado na atribuição de responsabilidades, pelo Polimorfismo, pode ser facilmente estendido para tratar novas variações. Por exemplo, adicionar uma nova classe adaptador de calculador com seu próprio método polimórfico *obterImpostos* vai ter mínimo impacto no projeto existente.

Diretriz: quando projetar com interfaces?

Polimorfismo implica na presença de superclasses abstratas ou interface na maioria das linguagens OO. Quando você deve considerar o uso de uma interface? A resposta geral é introduzir uma quando você deseja apoiar polimorfismo sem se comprometer com uma particular hierarquia de classes. Se uma superclasse abstrata AC é usada sem uma interface, qualquer nova solução polimórfica precisa ser uma subclasse de AC, o que é muito limitante em linguagens de herança simples, como Java e C#. Como regra prática, se existe uma hierarquia de classes com uma superclasse abstrata C1, considere fazer uma interface I1 que corresponde à assinatura do método público de C1, e depois declare C1 para implementar a interface I1. Então, mesmo que não haja motivação imediata para *evitar* subclasses sob C1 para uma nova solução polimórfica, existe um ponto de evolução flexível para casos futuros desconhecidos.

Contra-indicações

Às vezes, os desenvolvedores projetam sistemas com interfaces e polimorfismo para "ficarem à prova de" uma possível variação desconhecida. Se o ponto de variação é definitivamente motivado por uma variabilidade imediata ou muito provável, o esforço de adicionar flexibilidade por meio de polimorfismo é sem dúvida racional. Mas avaliação crítica é necessária, pois não é incomum ver esforço desnecessário sendo aplicado com o uso de polimorfismo para deixar um projeto à prova de problemas no futuro, em pontos de variação que de fato são improváveis e nunca surgirão realmente. Seja realístico sobre a verdadeira probabilidade de variabilidade, antes de investir em aumento de flexibilidade.

Vantagens

- Extensões necessárias para novas variações são fáceis de adicionar.
- Novas implementações podem ser introduzidas sem afetar os clientes.

Padrões relacionados

- Variações Protegidas.

- Vários padrões de projeto GoF populares [GHJV95], que serão discutidos neste livro, se apóiam no polimorfismo, inclusive Adaptador, Comando, Composto, Procurador, Estado e Estratégia.

Também conhecido como; semelhante a

Escolher Mensagem, Não Pergunte "Que Tipo?"

25.2 Invenção pura

Problema

Que objeto deve ter a responsabilidade quando não se quer violar a Coesão Alta e o Acoplamento Baixo ou outros objetivos, mas as soluções oferecidas pelo Especialista (por exemplo) não são apropriadas?

Às vezes, os projetos orientados a objetos são caracterizados por implementarem como classes de software as representações dos conceitos do domínio do problema no mundo real, para diminuir o hiato representacional (por exemplo, uma classe *Venda* e uma classe *Cliente*). Entretanto, existem muitas situações em que atribuir responsabilidades apenas às classes de software da camada de domínio leva a problemas em termos de coesão ou acoplamento inadequados ou baixo potencial de reúso.

Solução

Atribuir um conjunto de responsabilidades altamente coeso a uma classe artificial ou de conveniência que não represente um conceito no domínio do problema – algo inventado, para apoiar coesão alta, acoplamento baixo e reúso.

Tal classe é uma *invenção* da imaginação. Idealmente, as responsabilidades atribuídas a essa invenção apóiam coesão alta e acoplamento baixo, de modo que o projeto da invenção é muito limpo ou *puro* – daí o termo invenção pura.

Finalmente, uma invenção pura implica inventar algo, o que fazemos quando estamos desesperados!

Exemplos

Problema ProxGer: guardar um objeto venda em um banco de dados

Suponha, por exemplo, que seja necessário apoio para salvar instâncias de *Venda* em um banco de dados relacional. Pelo Especialista na Informação, atribuir essa responsabilidade à própria classe *Venda* tem alguma justificativa, pois a venda tem os dados que precisam ser salvos. Mas considere as seguintes implicações:

- A tarefa exige um número relativamente grande de operações de apoio relacionadas ao banco de dados, nenhuma delas voltada ao conceito de venda, de modo que a classe Venda se torna não-coesa.

- A classe *Venda* precisa estar acoplada à interface do banco de dados relacional (como JDBC em tecnologias Java), de modo que seu acoplamento aumenta. Além disso, o acoplamento não é sequer relacionado a outro objeto do domínio, mas a um tipo em particular de interface de banco de dados.

- Salvar objetos em um banco de dados relacional é uma tarefa geral, para a qual muitas classes precisam de apoio. Colocar essas responsabilidades na classe *Venda* sugere que haverá reúso inadequado ou muita duplicação em outras classes que fazem a mesma coisa.

Assim, mesmo que, de acordo com o padrão Especialista na Informação, *Venda* seja uma candidata lógica para salvar a si própria em um banco de dados, ela leva a um projeto com coesão baixa, acoplamento alto e baixo potencial de reúso – exatamente o tipo de situação desesperadora que pede que inventemos algo.

Uma solução razoável é criar uma nova classe que seja a única responsável por salvar objetos em algum tipo de meio de armazenamento persistente, como por exemplo, um banco de dados relacional; denominando-a de *ArmazenamentoPersistente*[2]. Essa classe é uma Invenção Pura – uma criação da imaginação.

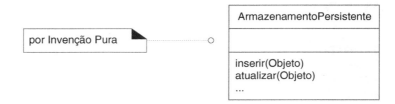

Observe o nome: *ArmazenamentoPersistente*. Esse é um conceito inteligível, apesar de o nome ou conceito de "armazenamento persistente" não ser algo que se encontraria no Modelo de Domínio. Além disso, se um projetista perguntasse a um vendedor em uma loja "Você trabalha com objetos de armazenamento persistente?", ele não entenderia. Ele entende conceitos como "venda" e "pagamento". *ArmazenamentoPersistente* não é um conceito do domínio, mas algo criado ou inventado por conveniência do desenvolvedor de software.

Essa Invenção Pura resolve os seguintes problemas de projeto:

- A *Venda* permanece bem projetada, com coesão alta e acoplamento baixo.

- A própria classe *ArmazenamentoPersistente* é relativamente coesa, tendo o único objetivo de armazenar ou inserir objetos em um meio de armazenamento persistente.

- A classe *ArmazenamentoPersistente* é um objeto muito genérico e reutilizável.

A criação de uma invenção pura nesse exemplo é exatamente a situação em que seu uso é necessário – eliminar um projeto ruim baseado no padrão Especialista, com coesão e acoplamento inadequados, por um bom projeto no qual há maior potencial de reúso.

Note que, assim como acontece com todos os padrões GRASP, a ênfase está na alocação das responsabilidades. Neste exemplo, as responsabilidades são transferidas da classe *Venda* (motivada pelo padrão Especialista) para uma Invenção Pura.

---

[2] Em um framework de persistência real, mais do que uma única classe de invenção pura é necessária para criar um projeto razoável. Esse objeto será uma fachada frontal para um grande número de objetos auxiliares de retaguarda.

Problema do Banco Imobiliário: tratamento dos dados

No capítulo de refatoração, usei o exemplo do comportamento de lançamento dos dados (lançamento e soma dos totais dos dados) para aplicar Extrair Método (pág. 401) no método *Jogador.fazerJogada*. No fim do exemplo também mencionei que a solução refatorada em si não era ideal e uma melhor solução seria apresentada mais tarde.

No projeto atual, o *Jogador* lança todos os dados e soma o total. Dados são objetos muito gerais, usáveis em muitos jogos. Ao se atribuir essa responsabilidade de lançar e somar a *Jogador* no jogo do Banco Imobiliário, o serviço de somar não é generalizado para ser usado em outros jogos. Uma outra fraqueza: não é possível perguntar simplesmente qual é o total atual dos dados sem lançá-los novamente.

Mas escolher quaisquer outros objetos inspirados pelo modelo de domínio do jogo Banco Imobiliário leva aos mesmos problemas. E isso nos leva à Invenção Pura – criar algo para convenientemente fornecer serviços relacionados.

Embora não exista copo para os dados no Banco Imobiliário, muitos jogos fazem uso de um copo de dados no qual se agitam todos os dados e os lançam sobre uma mesa. Conseqüentemente, propus a Invenção Pura chamada *Copo* (note que ainda tento usar vocabulário relevante semelhante ao domínio) para conter todos os dados, ro-

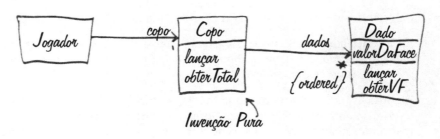

Figura 25.8 DCP para um *Copo*.

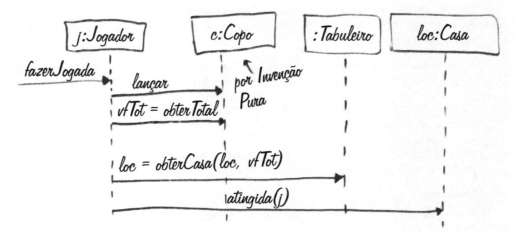

Figura 25.9 Uso de *Copo* no Banco Imobiliário.

lá-los e saber seu total. O novo projeto é mostrado na Figura 25.8 e Figura 25.9. *Copo* abriga uma coleção de muitos objetos *Dado*. Quando se envia uma mensagem *lançar* para um *Copo*, ele envia uma mensagem *lançar* para todos os seus dados.

Discussão: De modo geral, o projeto de objetos pode ser dividido em dois grupos:

1. Aqueles escolhidos pela **decomposição representacional**.
2. Aqueles escolhidos pela **decomposição comportamental**.

Por exemplo, a criação de uma classe de software, como *Venda*, é feita por meio da decomposição representacional; a classe de software está relacionada com ou representa algo em um domínio. A decomposição representacional é uma estratégia comum no projeto de objetos e apóia o objetivo de dimimuir o hiato representacional. Entretanto, às vezes desejamos atribuir responsabilidades por meio do agrupamento de comportamentos ou por meio de algoritmos, sem qualquer preocupação com a criação de uma classe com um nome ou um propósito que esteja relacionado a um conceito do domínio do mundo real.

Um bom exemplo é um objeto "algoritmo", como um *GeradorDeSumário*, cujo propósito é (surpresa!) gerar um sumário e que foi criado como uma classe auxiliar ou de conveniência por um desenvolvedor, sem qualquer preocupação com a escolha de um nome do vocabulário do domínio de livros e documentos. Ela existe como uma classe de conveniência concebida pelo desenvolvedor para agrupar algum comportamento ou métodos relacionados e, assim, é motivada pela *decomposição comportamental*.

Para contrastar, uma classe de software chamada *Sumário* é inspirada pela *decomposição representacional* e deve conter informações coerentes com nosso conceito de domínio real (como os nomes de capítulo).

Identificar uma classe como uma Invenção Pura não é crucial. Trata-se de um conceito educacional para comunicar a idéia geral de que algumas classes de *software* são inspiradas pelas representações do domínio e outras são simplesmente "inventadas" como uma conveniência do projetista do objeto. Essas classes de conveniência normalmente são projetadas de forma a agrupar algum comportamento comum e, assim, são inspiradas pela decomposição comportamental e não pela representacional.

Dito de outra forma, uma Invenção Pura é normalmente dividida com base na funcionalidade relacionada e, portanto, é uma espécie de objeto centrado na função ou no comportamento.

Muitos padrões de projeto orientado a objetos existentes são exemplos de Invenções Puras: Adaptador, Estratégia, Comando, etc. [GHJV95].

Como comentário final, vale a pena reiterar: algumas vezes, uma solução oferecida pelo padrão Especialista na Informação não é desejada. Apesar do objeto ser candidato à responsabilidade, em virtude de ter muita da informação relacionada à responsabilidade, por outro lado, sua escolha leva a um projeto ruim, normalmente por problemas na coesão ou no acoplamento.

Vantagens

- A Coesão Alta é favorecida porque as responsabilidades são decompostas em uma classe refinada que focaliza apenas um conjunto muito específico de tarefas relacionadas.

- O potencial de reúso pode aumentar por causa da presença de classes de Invenção Pura refinadas, cujas responsabilidades podem ser reusadas em outras aplicações.

Contra-indicações

A decomposição comportamental em objetos de Invenção Pura às vezes é utilizada em demasia por quem é iniciante no projeto de objetos e está mais familiarizado com a decomposição ou organização do software em termos de funções. Para exagerar, as funções simplesmente se tornam objetos. Não há qualquer erro inerente na criação de objetos "função" ou "algoritmo", mas é necessário que ela seja balanceada com a habilidade de projetar com a decomposição representacional, como a habilidade de aplicar o padrão Especialista na Informação de modo que uma classe representacional, como por exemplo *Venda*, também tenha responsabilidades. O padrão Especialista na Informação apóia o objetivo de compartilhar as responsabilidades com os objetos que sabem as informações necessárias para essas responsabilidades, os quais tendem a apoiar um acoplamento mais baixo. Em caso de abuso, o padrão Invenção Pura poderia levar a muitos objetos de comportamento com responsabilidades *não* compartilhadas, com as informações exigidas para seu cumprimento, o que pode afetar de maneira negativa o acoplamento. O sintoma normal é que a maioria dos dados dentro dos objetos está sendo passada para tratamento em outros objetos.

Padrões e princípios relacionados

- Acoplamento Baixo.
- Coesão Alta.
- Uma Invenção Pura normalmente assume as responsabilidades da classe do domínio que receberia essas responsabilidades com base no padrão Especialista.
- Todos os padrões de projeto GoF [GHJV95], como Adaptador, Comando, Estratégia, etc., são Invenções Puras.
- Praticamente todos os outros padrões de projeto são Invenções Puras.

25.3 Indireção

Problema

A quem devemos atribuir a responsabilidade de maneira a evitar o acoplamento direto entre dois (ou mais) objetos? Como desacoplar os objetos, de modo que o acoplamento baixo seja apoiado e o potencial de reúso permaneça mais alto?

Solução

Atribuir a responsabilidade de ser o mediador entre outros componentes ou serviços a um objeto intermediário, para que eles não sejam diretamente acoplados.

O intermediário cria uma *indireção* entre os outros componentes.

Exemplos AdaptadorDeCalculadorDeImposto

Esses objetos atuam como intermediários para os calculadores externos de imposto. Por meio de de polimorfismo, eles fornecem uma interface consistente com os objetos internos e ocultam as variações nas APIs externas. Acrescentando um nível de indireção e polimorfismo, os objetos adaptadores protegem o projeto interno contra as variações nas interfaces externas (ver Figura 25.10).

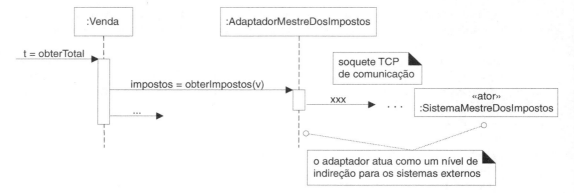

Figura 25.10   Indireção por meio de adaptador.

Aplicação de UML: Note como a aplicação de serviço remoto externo MestreDosImpostosé modelada na Figura 25.10: é rotulada com a palavra-chave «ator» para indicar que é um componente de software externo ao nosso sistema ProxGer.

Armazenamento persistente

O exemplo de Invenção Pura de desacoplar a *Venda* dos serviços de banco de dados relacional pela introdução de uma classe *ArmazenamentoPersistente* é também um exemplo de atribuir responsabilidade para apoiar Indireção. O *ArmazenamentoPersistente* age como intermediário entre *Venda* e banco de dados.

Discussão

A frase "a maioria dos problemas na ciência da computação pode ser resolvida por outro nível de indireção" é um antigo ditado de especial relevância aos projetos orientados a objetos[3].

Assim como muitos padrões de projeto existentes são especializações da Invenção Pura, muitos também são especializações da Indireção. Adaptador, Fachada e Observador são exemplos disso [GHJV95]. Além disso, muitas Invenções Puras são geradas por causa da Indireção. A motivação para a Indireção normalmente é o Acoplamento Fraco; um intermediário é acrescentado para desacoplar outros componentes ou serviços.

Vantagens

- Menor acoplamento entre os componentes.

Padrões e princípios relacionados

- Variações Protegidas.
- Acoplamento Baixo.

---

[3] Por David Wheeler. Note que há também um contra-adágio: "a maioria dos problemas de desempenho pode ser resolvida pela remoção de outra camada de indireção".

- Muitos padrões GoF, como Adaptador, Ponte, Fachada, Observador e Mediador [GHJV95].
- Muitos intermediários da Indireção são Invenções Puras.

25.4 Variações protegidas

Problema

Como projetar objetos, subsistemas e sistemas de modo que as variações ou a instabilidade nesses elementos não tenham um impacto indesejável sobre outros elementos?

Solução

Identificar pontos de variação ou instabilidade previsível; atribuir responsabilidades para criar uma interface estável em torno deles.

Nota: o termo "interface" é usado no sentido mais amplo de uma visão do acesso; ele não significa literalmente apenas algo como uma interface Java.

Exemplo

Por exemplo, o problema do calculador externo de imposto anterior e sua solução com Polimorfismo ilustram Variações Protegidas (Figura 25.1). O ponto de instabilidade ou variação são as diferentes interfaces ou APIs dos calculadores externos de imposto. O sistema PDV precisa ser capaz de se integrar com muitos sistemas de calculador de imposto existentes e também com futuros calculadores de terceiros que ainda não existem.

Acrescentando um nível de indireção, uma interface e também usando o polimorfismo com várias implementações de *IAdaptadorDeCalculadorDeImposto*, consegue-se uma proteção dentro do sistema a partir de variações nas APIs externas. Os objetos internos colaboram com uma interface estável; as várias implementações do adaptador ocultam as variações para os sistemas externos.

Discussão

Esse é um princípio fundamental *muito* importante de projeto de software! Quase todo truque de projeto de software ou arquitetural no livro – encapsulamento dos dados, polimorfismo, projetos dirigidos por dados, interfaces, máquinas virtuais, arquivos de configuração, sistemas operacionais e muitos outros – são uma especialização de variações protegidas (VP).

As Variações Protegidas (VP) foram publicadas pela primeira vez como um padrão por Cockburn, em [VCK96], embora esse princípio de projeto, absolutamente fundamental, exista há décadas, sob diversos termos, como **ocultação da informação** [Parnas72].

Mecanismos motivados por variações protegidas

VP é um princípio básico na motivação da maioria dos mecanismos e padrões de programação e de projeto para fornecer flexibilidade e proteção contra variações – variações nos dados, comportamento, hardware, componentes de software, sistemas operacionais, e outros.

Em um nível, o amadurecimento de um desenvolvedor ou arquiteto pode ser visto pelo seu crescente conhecimento de mecanismos cada vez mais amplos para obter VP, pela seleção das batalhas de VP adequadas que valem a pena travar e pela capacidade de escolher uma solução de VP adequada. Nos primeiros estágios, aprende-se a respeito do encapsulamento dos dados, das interfaces e do polimorfismo – todos mecanismos básicos para se obter VP. Posteriormente, aprendem-se técnicas como as linguagens baseadas em regras, os interpretadores de regra, os projetos reflexivos e de metadados, as máquinas virtuais, etc. – as quais podem todas ser aplicadas para proteger contra alguma variação.

Por exemplo:

Principais mecanismos de variações protegidas

O encapsulamento dos dados, as interfaces, o polimorfismo, a indireção e normas são motivados por VP. Note que componentes, como máquinas virtuais e sistemas operacionais, são exemplos complexos de indireção para obter VP.

Projetos dirigidos por dados (data-driven designs)

Os projetos dirigidos por dados englobam uma ampla família de técnicas que incluem leitura de códigos, valores, caminhos de arquivo de classes, nomes de classes, etc., a partir de uma fonte externa, para mudar o comportamento ou "parametrizar" um sistema de alguma maneira, em tempo de execução. Outras variantes incluem folhas de estilo, metadados para mapeamento objeto-relacional, arquivos de propriedade, leitura de conteúdo de janelas e muito mais. O sistema é protegido contra o impacto dos dados, dos metadados ou das variações declarativas, exteriorizando a variante, lendo-a e trabalhando com ela.

Pesquisa de serviço

Procura de serviços inclui técnicas como o uso de serviços de atribuição de nomes (por exemplo, o JNDI do Java) ou negociantes para obter um serviço (por exemplo, o Jini do Java ou o UDDI para serviços da Web). Os clientes são protegidos contra variações na localização de serviços, usando a interface estável do serviço de procura. Esse é um caso especial de projeto dirigido por dados.

Projetos dirigidos pelo interpretador

Os projetos dirigidos pelo interpretador incluem os interpretadores de regras, que executam regras lidas de uma fonte externa; interpretadores de script ou linguagem, que lêem e executam programas; máquinas virtuais; mecanismos de rede neural, que executam redes; mecanismos de lógica de restrição, que lêem e trabalham com conjuntos de restrição, etc. Essa estratégia permite mudar ou parametrizar o comportamento de um sistema por meio de expressões lógicas externas. O sistema é protegido contra o impacto das variações lógicas, por meio da exteriorização da lógica, de sua leitura e do uso de um interpretador.

Projetos reflexivos ou de nível meta

Um exemplo dessa abordagem é usar o *java.beans.Introspector* para obter um objeto *BeanInfo*, solicitar o objeto de obtenção *Method* da propriedade X do *bean* e chamar *Method.invoke*. O sistema é protegido contra o impacto de variações de lógica ou externas do código por algoritmos reflexivos que usam serviços de introspecção e de metalinguagem. Esse pode ser considerado um caso especial dos projetos dirigidos por dados.

Acesso uniforme

Algumas linguagens, como Ada, Eiffel e C#, dão suporte a uma construção sintática, de modo que os acessos a um método e a um campo sejam expressos da mesma maneira. Por exemplo, *umCírculo.raio* pode invocar um método *raio():float* ou diretamente se referir a um campo público, dependendo da definição da classe. Podemos modificar campos públicos em métodos de acesso, sem modificar o código do cliente.

Linguagens normalizadas

Normas de linguagem oficiais, tal como SQL, fornecem proteção contra uma proliferação de linguagens variantes.

O princípio da substituição de Liskov (PSL)

PSL [Liskov88] formaliza o princípio da proteção contra variações em diferentes implementações de uma interface ou extensões de subclasse de uma superclasse.

Para citar:

> O que se exige aqui é algo como a seguinte propriedade de substituição: se, para cada objeto *o1* de tipo *S* existe um objeto *o2* de tipo *T*, tal que, para todos os programas *P* definidos em termos de *T*, o comportamento de *P* fique inalterado quando *o1* for substituído por *o2*, então *S* é um subtipo de *T* [Liskov88].

Informalmente, um software (métodos, classes,...) que se refere a um tipo *T* (alguma interface ou superclasse abstrata) deve funcionar corretamente ou conforme o esperado com qualquer implementação substituída ou subclasse de *T* – chamemos de *S*. Por exemplo:

```
public void adicionarImpostos( IAdaptadorDeCalculadorDeImposto
calculador,Venda venda )
{
    List linhasDeItemDeImposto = calculador.obterImpostos( venda );
    //...
}
```

Para esse método *adicionarImpostos*, não importa qual implementação de *IAdaptadorDeCalculadorDeImposto* é passada como parâmetro real, o método deve continuar a funcionar "conforme esperado". O PSL é uma idéia simples, intuitiva para a maioria dos desenvolvedores de objetos, que formaliza essa intuição.

Projetos com ocultação da estrutura

Na primeira edição deste livro, um princípio clássico importante de projeto de objetos, chamado **Não Fale com Estranhos** ou a **Lei de Demétrio** [Lieberherr88], foi expresso como um dos nove padrões GRASP. De modo sucinto, ele indica que se deve evitar a criação de projetos que percorram longos caminhos na estrutura do objeto e enviam mensagens a (ou conversam com) objetos distantes e indiretos (estranhos). Tais projetos são frágeis com relação às alterações nas estruturas do objeto – um ponto de instabilidade comum. Entretanto, na segunda edição, o mais geral VP substituiu Não Fale com Estranhos, pois esse último é um caso especial do primeiro, isto é, um mecanismo para obter proteção contra alterações na estrutura é aplicar as regras de Não Fale com Estranhos.

Não Fale com Estranhos impõe restrições sobre os objetos para os quais você deve enviar mensagens dentro de um método. Ele diz que, dentro de um método, as mensagens só devem ser enviadas para os seguintes objetos:

1. O objeto *this* (ou *self*).
2. Um parâmetro do método.
3. Um atributo de *this*.
4. Um elemento de uma coleção que seja um atributo de *this*.
5. Um objeto criado dentro do método.

O objetivo é evitar acoplar um cliente a conhecimento de objetos indiretos e as conexões de objetos entre objetos.

Objetos diretos são "familiares" para um cliente, objetos indiretos são "estranhos". Um cliente deve falar com familiares e evitar falar com estranhos.

Aqui está um exemplo que viola (suavemente) Não Fale com Estranhos. Os comentários explicam a violação.

```
class Registradora
{
private Venda venda;

public void metodoLigeiramenteFragil()
{
   // venda.obterPagamento() envia uma mensagem para um "familiar"
   // (passa a regra 3)
   // mas em venda.obterPagamento().obterQuantiaEntregue()
   // a mensagem obterQuantiaEntregue() é para um Pagamento "estranho"

   Moeda quantidade = venda.obterPagamento().obterQuantiaEntregue();

   //...
}
   //...
}
```

Esse código percorre conexões estruturais de um objeto familiar (a *Venda*) para um objeto estranho (o *Pagamento*) e lhe envia uma mensagem. Ele é ligeiramente frágil, pois depende do fato de os objetos *Venda* estarem conectados aos objetos *Pagamento*. Para ser realista, é improvável que isso seja um problema.

No entanto, considere o trecho de código a seguir, que percorre uma parte bem maior do caminho estrutural:

```
public void metodoMaisFragil()
{
   TitularDaConta portador =
      venda.obterPagamento().obterConta().obterTitularDaConta();

   //...
}
```

Ou mais geralmente:

```
public void fazerX()
{
   F algumF =
      foo.obterA().obterB().obterC().obterD().obterE().obterF();

   // ...
}
```

O exemplo é restrito, mas pode-se observar o padrão: percorrer uma parte maior de um caminho de conexões de objetos para enviar uma mensagem para um objeto distante e indireto – falar com um estranho distante. O projeto é acoplado a uma estrutura específica sobre como os objetos são conectados. *Quanto maior o caminho que o programa percorre, mais frágil ele é.* Por quê? Porque a estrutura do objeto (as conexões) pode ser modificada. Isso é especialmente verdadeiro em novas aplicações ou iterações iniciais.

Karl Lieberherr e seus colegas pesquisaram os bons princípios de projeto de objetos, sob os auspícios do projeto Demétrio. Essa Lei de Demétrio (Não Fale com Estranhos) foi identificada por causa da freqüência com que eles observaram modificaçõs e instabilidades na estrutura do objeto e, assim, uma freqüente ruptura no código que estava acoplado ao conhecimento das conexões de objetos.

Apesar disso, conforme será examinado na seção "VP especulativa e a escolha de suas batalhas" a seguir, nem sempre é necessário se proteger contra isso; só depende da instabilidade da estrutura do objeto. Nas bibliotecas-padrão (como as bibliotecas Java), as conexões estruturais entre as classes de objetos são relativamente estáveis. Nos sistemas amadurecidos, a estrutura é mais estável. Em sistemas novos, nas iterações iniciais, ela não é estável.

Em geral, quanto maior o caminho que alguém percorre, mais frágil é e, por isso, é mais útil obedecer Não Fale com Estranhos.

A obediência estrita a essa lei – proteção contra variações estruturais – exige a adição de novas operações públicas nos "familiares" de um objeto; essas operações fornecem as informações desejadas em última análise e ocultam o modo como foram obtidas. Por exemplo, para apoiar Não Fale com Estranhos dos dois casos anteriores:

```
// caso 1
Moeda quantia = venda.obterQuantiaEntregueParaPagamento();

// caso 2
TitularDaConta titular = venda.obterTitularDaContaDoPagamento();
```

Contra-indicações

Alerta: VP especulativa e a escolha de suas batalhas

Primeiramente, dois pontos de modificação que vale a pena definir:

- **Ponto de variação** – variações no sistema atual ou nos requisitos existentes, tais como as várias interfaces de calculador de imposto que devem ser apoiadas.

- **Ponto de evolução** – pontos de variação especulativos que podem surgir no futuro, mas que não estão presentes nos requisitos existentes[4].

VP é aplicada tanto nos pontos de variação quanto nos de evolução.

Um alerta: às vezes, o custo da "à prova de futuro" especulativa nos pontos de evolução supera o custo acarretado por um projeto simples e mais "frágil", refeito quando necessário, em resposta às verdadeiras pressões para modificação. Isto é, o custo da engenharia da proteção nos pontos de evolução pode ser mais alto do que o de refazer um projeto simples.

Por exemplo, lembro-me de um sistema de tratamento de mensagens (pager) no qual o arquiteto adicionou uma linguagem de script e um interpretador para dar suporte à flexibilidade e à variação protegida em um ponto de evolução. Entretanto, ao refazer o trabalho em uma versão posterior, o script complexo (e ineficiente) foi removido – ele simplesmente não era necessário. Além disso, quando comecei a fazer programação orientada a objetos (no início da década de 1980), eu sofria do mal da "generalite", com o qual tendia a passar muitas horas criando superclasses das classes que realmente precisava escrever. Eu tornava tudo muito geral e flexível (e protegido contra variações) para uma situação futura em que isso realmente fosse necessário – que nunca acontecia. Julguei mal o momento em que isso valeria a pena.

A questão não é defender trabalho repetido e projetos frágeis. Se a necessidade de flexibilidade e proteção contra a modificações for real, a aplicação de VP estará motivada. No entanto, se for uma necessidade à prova de futuro especulativa ou um "reúso" especulativo, com muitas probabilidades incertas, é preciso refletir de maneira comedida e crítica.

Desenvolvedores novatos tendem a fazer projetos frágeis; desenvolvedores intermediários, projetos generalizados, demasiadamente sofisticados e flexíveis (de maneira que nunca serão usados). Projetistas especialistas escolhem com discernimento; talvez um projeto simples e frágil, cujo custo de modificação seja equilibrado com sua probabilidade de ocorrência.

Vantagens

- As extensões exigidas para novas variações são fáceis de adicionar.
- Novas implementações podem ser introduzidas sem afetar os clientes.
- O acoplamento fica mais baixo.
- O impacto ou custo das modificações pode ser diminuído.

---

[4] No PU, os pontos de evolução podem ser formalmente documentados em **Casos de Modificação**; cada um descreve aspectos relevantes de um ponto de evolução para benefício de um futuro arquiteto.

Padrões e princípios relacionados

- A maioria dos princípios e padrões de projeto é constituída de mecanismos de variação protegida, incluindo o polimorfismo, as interfaces, a indireção, o encapsulamento de dados, a maior parte dos padrões de projeto GoF, etc.

- Em [Pree95], os pontos de variação e evolução são chamados de "pontos variáveis" (hot spots).

Também conhecido como; semelhante a

VP é essencialmente o mesmo que os princípios de ocultação da informação e do aberto-fechado, que são termos mais antigos. Como padrão "oficial" na comunidade de padrões, foi denominado "Variações Protegidas", em 1996, por Cockburn, em [VCK96].

Ocultação da informação (information hiding)

O famoso artigo de David Parnas, *On the Criteria To Be Used in Decomposing Systems Into Modules* [Parnas72], é um exemplo dos clássicos freqüentemente citados, mas raramente lidos. Nele, Parnas apresenta o conceito de **ocultação da informação**. Talvez porque o termo soe como a noção de encapsulamento de dados, ele tem sido mal interpretado como tal, e alguns livros definem erroneamente os conceitos como sinônimos. Pelo contrário, Parnas pretendia que *a ocultação da informação significasse ocultar de outros módulos as informações sobre o projeto, nos pontos de modificação difícil ou provável*. Para citar sua discussão sobre ocultação de informação como uma diretriz de princípio de projeto:

> Propomos, em vez disso, que se comece com uma lista das decisões de projeto difíceis ou das decisões de projeto que provavelmente se modificarão. Cada módulo é, então, projetado para ocultar uma decisão como essa dos outros.

Isto é, a ocultação da informação de Parnas é o mesmo princípio expresso na VP, e não simplesmente o encapsulamento de dados – que é apenas uma das muitas técnicas para ocultar informações sobre o projeto. Entretanto, o termo tem sido tão amplamente interpretado como sinônimo de encapsulamento de dados que não é mais possível utilizá-lo em seu sentido original sem mal-entendido.

Princípio do aberto-fechado (open-closed principle)

O **Princípio do Aberto-Fechado** (PAF), descrito por Bertrand Meyer em [Meyer88], é basicamente equivalente ao padrão VP e à ocultação de informação. Uma definição do PAF é:

> Os módulos devem ser tanto abertos (para extensão, adaptáveis) quanto fechados (o módulo é fechado para modificações que possam afetar os clientes).

PAF e VP são basicamente duas expressões do mesmo princípio, com ênfase diferente: proteção nos pontos de variação e evolução. No PAF, o "módulo" inclui todos os elementos distintos do software, incluindo métodos, classes, subsistemas, aplicativos, etc.

No contexto do PAF, a frase "fechado com relação a X" significa que os clientes não serão afetados se X for modificado. Por exemplo, "a classe é fechada com relação às definições de campos da instância" por meio do mecanismo de encapsulamento de dados com campos privados e métodos de acesso públicos. Ao mesmo tempo, eles são abertos para modificar as definições dos dados privados, pois os clientes externos não estão diretamente acoplados aos dados privados.

Como outro exemplo, "os adaptadores de calculador de imposto são fechados com relação às suas interfaces públicas" por meio da implementação da interface estável *IAdaptadorDeCalculadorDeImposto*. Entretanto, os adaptadores são abertos à extensão, sendo modificados de modo privativo em resposta às alterações nas APIs dos calculadores de imposto externos, para que não danifiquem seus clientes.

Capítulo 26

APLICAÇÃO DE PADRÕES DE PROJETO GoF

A mudança de foco (para padrões) vai ter um efeito profundo e duradouro no modo pelo qual escrevemos programas.
— Ward Cunningham e Ralph Johnson

Objetivos

- Introduzir e aplicar alguns padrões de projeto GoF.
- Mostrar os princípios GRASP como generalização de outros padrões de projeto.

Introdução

Este capítulo explora o projeto de objetos para realizações de caso de uso para o estudo de caso ProxGer, fornecendo auxílio a serviços externos de terceiros cujas interfaces podem variar, a regras de estabelecimento de preços de produto mais complexas e a regras do negócio interligáveis. A ênfase é mostrar como aplicar os padrões GoF e GRASP mais básicos. O capítulo tenta ilustrar que o projeto de objetos e a atribuição de responsabilidades podem ser explicados e aprendidos com base na aplicação de padrões – um vocabulário dos princípios e idiomas que podem ser combinados para projetar objetos.

O que vem a seguir?   Aplicados os demais princípios GRASP, este capítulo introduz o importante assunto de padrões de projeto GoF. Isso encerra esta iteração; o capítulo seguinte apresenta os requisitos da iteração 3.

Iteração 2 – Requisitos → GRASP: Mais Objetos com Responsabilidades → **Aplicação de Padrões de Projeto GoF** → Iteração 3 – Requisitos → Diagramas de Atividade UML

Alguns dos 23 padrões de projeto GoF são introduzidos aqui, mas outros são também abordados em capítulos posteriores, incluindo:

- "Mais Projeto de Objetos com padrões GoF" na pág. 586.
- "Projeto de um Framework de Persistência com Padrões", na pág. 622.

Os padrões da gangue dos quatro

Os padrões de projeto GoF e sua influência embrionária foram introduzidos na pág. 296. Fazendo uma breve revisão, eles foram inicialmente descritos em *Padrões de Projeto* [GHJV95], um trabalho seminal e extremamente popular que apresenta 23 padrões úteis durante o projeto de objetos. Nem todos os 23 padrões são amplamente usados; talvez 15 sejam comuns e mais úteis.

Um estudo aprofundado do livro *Padrões de Projeto* é recomendado para que se possa crescer como projetista de objetos, apesar daquele livro considerar que o leitor já é um projetista OO com significativa experiência – e tem conhecimento de C++ e Smalltalk. Este livro, por sua vez, oferece uma introdução.

26.1 Adaptador (GoF adapter)

O problema ProxGer explorado na pág. 422 para motivar o padrão Polimorfismo e sua solução é mais especificamente um exemplo do padrão GoF **Adaptador**.

Nome:	**Adaptador**
Problema:	Como resolver o problema de interfaces incompatíveis ou fornecer uma interface estável para componentes semelhantes com interfaces diferentes?
Solução: (Sugestão)	Converta a interface original de um componente em outra interface, por meio de um objeto adaptador intermediário.

Revisando: o sistema PDV ProxGer precisa apoiar vários tipos de serviços externos de terceiros, incluindo calculadores de imposto, serviços de autorização de crédito, sistemas de inventário e sistemas de contabilidade, dentre outros. Cada um tem uma API diferente, a qual não pode ser alterada.

Uma solução é adicionar um nível de indireção com objetos que adaptem as interfaces externas variadas a uma interface consistente, usada dentro da aplicação. A solução é ilustrada na Figura 26.1.

Diretriz: incluir padrão em nomes de tipo

Observe que os nomes de tipo incluem o nome do padrão "Adaptador". Esse é um estilo relativamente comum e tem a vantagem de informar facilmente aqueles que estejam lendo o código ou os diagramas sobre quais padrões de projeto estão sendo usados.

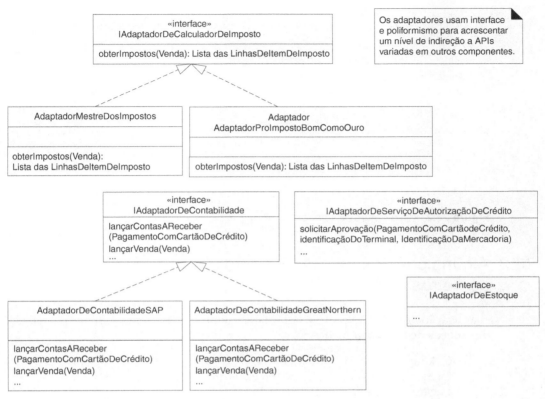

Figura 26.1 O padrão Adaptador.

Conforme ilustrado na Figura 26.2, uma instância particular do adaptador será criada para o serviço externo escolhido[1], como o SAP para contabilidade, e adaptará o pedido *lançarVenda* à interface externa, por exemplo, uma interface XML SOAP sobre HTTPS, para um serviço de intranet da Web oferecido pelo SAP.

Padrões relacionados

Um Adaptador de recursos que oculta um sistema externo pode também ser considerado um objeto Fachada (outro padrão GoF discutido neste capítulo), pois ele empacota o acesso ao subsistema ou sistema com um único objeto (que é a essência de Fachada). No entanto, a motivação para chamá-lo de Adaptador de recursos existe especialmente quando o objeto empacotador fornece adaptação para diferentes interfaces externas.

---

[1] Na Arquitetura do Conector J2EE, esses adaptadores para serviços externos são mais especificamente chamados **adaptadores de recursos**.

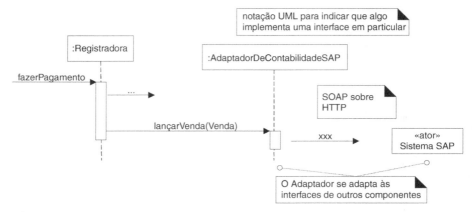

Figura 26.2 Uso de um adaptador.

26.2 Alguns princípios GRASP como uma generalização de outros padrões

A aplicação anterior do padrão Adaptador pode ser vista como uma especialização dos blocos de construção GRASP.

> O Adaptador apóia *Variações Protegidas* em relação à mudança de interfaces externas ou pacotes de terceiros, pelo uso de um objeto *Indireção*, que aplica interfaces e *Polimorfismo*.

Qual é o problema? Sobrecarga de padrões!

O *Pattern Almanac 2000* [Rising00] lista cerca de 500 padrões de projeto. E muitas centenas mais foram publicadas desde então. O desenvolvedor curioso não tem tempo de programar de fato com essa lista de leitura!

Uma solução: observar os princípios subjacentes

Sim, é importante para um projetista experiente saber em detalhe e memorizar mais de 50 dos mais importantes padrões de projeto, mas poucos podem aprender ou lembrar mil padrões, ou mesmo começar a organizar essa quantidade de padrões em uma taxonomia útil.

Mas há boas notícias: a maioria dos padrões de projeto pode ser vista como uma especialização de alguns poucos princípios básicos GRASP. Apesar de ser realmente benéfico estudar padrões de projeto detalhados para acelerar o aprendizado, é ainda mais útil entender seus temas básicos subjacentes (Variações Protegidas, Polimorfismo, Indireção,...) para nos ajudar a penetrar nos muitos detalhes e ver o "alfabeto" fundamental das técnicas de projeto aplicadas.

Exemplo: adaptador e GRASP

A Figura 26.1 ilustra o argumento de que padrões de projeto detalhados podem ser analisados em termos do "alfabeto" básico subjacente aos princípios GRASP. Os re-

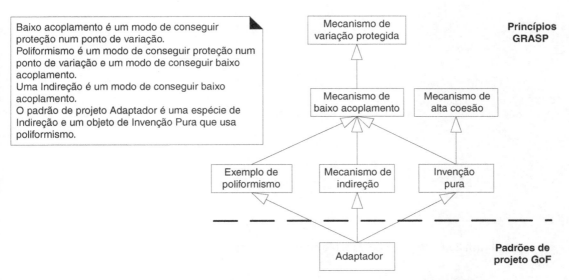

Figura 26.3 Relacionamento do adaptador com alguns princípios básicos GRASP.

lacionamentos de generalização UML são usados para sugerir a conexão conceitual. Nesse ponto, talvez essa idéia pareça acadêmica ou analítica em excesso. Mas é realmente o caso em que, à medida que você gasta alguns anos aplicando e refletindo sobre inúmeros padrões de projeto, vai progressivamente sentindo que seus temas subjacentes é que são importantes e, assim, os detalhes pequenos de Adaptador, Estratégia ou qualquer outro padrão tornam-se secundários.

26.3 Descobertas de "análise" durante o projeto: modelo de domínio

Observe que, no projeto Adaptador da Figura 26.1, a operação *obterImpostos* retorna uma lista de *LinhaDeItemDeImposto*. Isto é, em uma reflexão e investigação mais profunda sobre como os impostos são tratados e os calculadores de imposto funcionam, o projetista (eu) percebeu que uma lista de linha de item de imposto estava associada a uma venda, como o imposto estadual, o imposto federal, etc. (sempre existe a chance de os governos inventarem novos impostos!).

Além de ser uma classe de software criada recentemente no Modelo de Projeto, esse é um conceito do domínio. É normal e comum descobrir conceitos do domínio dignos de nota e entender em mais detalhes os requisitos durante o projeto ou a programação – o desenvolvimento iterativo favorece esse tipo de descoberta incremental.

Essa descoberta deve se refletir no Modelo do Domínio (ou Glossário)? Se o Modelo de Domínio for usado no futuro como uma fonte de inspiração para um trabalho de projeto posterior ou como um auxílio visual ao aprendizado para ilustrar os principais conceitos do domínio, poderia ser válido adicioná-lo. A Figura 26.4 ilustra um Modelo de Domínio atualizado.

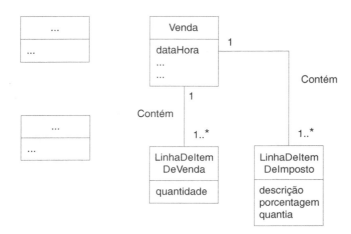

Figura 26.4 Modelo de domínio parcial atualizado.

26.4 Fábrica

Também é chamado **Fábrica Simples** ou **Fábrica Concreta**. Esse padrão não é um padrão de projeto GoF, mas é extremamente difundido. É também uma simplificação do padrão GoF Fábrica Abstrata (pág. 603), e freqüentemente descrito como uma variante de Fábrica Abstrata, apesar disso não ser estritamente correto. No entanto, por causa de sua prevalência e associação com GoF, ele é apresentado agora.

O adaptador levanta um novo problema no projeto: na solução do padrão Adaptador anterior para serviços externos com interfaces variadas, quem cria os adaptadores? E como determinar qual classe de adaptador deve ser criada, como *AdaptadorDeImpostoMestre* ou *AdaptadorProImpostoBomComoOuro*?

Se algum objeto do domínio os criar, as responsabilidades do objeto do domínio estarão indo além da lógica da aplicação pura (como os cálculos do total das vendas) e se estendendo a outros interesses relacionados à conectividade com componentes de software externos.

Esse ponto ressalta outro princípio fundamental de projeto (normalmente considerado um princípio de projeto arquitetural): projetar para manter uma **separação de interesses**. Isto é, modularizar ou separar interesses distintos em áreas diferentes, para que cada uma tenha um propósito coesivo. Fundamentalmente, é uma aplicação do princípio GRASP de alta coesão. Por exemplo, a camada de domínio dos objetos de software enfatiza responsabilidades da lógica da aplicação relativamente puras, enquanto um grupo diferente de objetos é responsável pelo interesse de conectividade com sistemas externos.

Portanto, a escolha de um objeto de domínio (como uma *Registradora*) para criar os adaptadores não apóia o objetivo de uma separação de interesses e diminui sua coesão.

Uma alternativa comum nesse caso é aplicar o padrão **Fábrica**, no qual um objeto "fábrica" de Invenção Pura é definido para criar objetos.

Os objetos de fábrica têm diversas vantagens:

- Separam a responsabilidade da criação complexa em objetos auxiliares coesos.
- Ocultam a lógica de criação potencialmente complexa.
- Permitem a introdução de estratégias de gerenciamento de memória para a melhoria do desempenho, como o uso de cache ou reciclagem de objetos.

Nome:	**Fábrica**
Problema:	Quem deve ser responsável por criar objetos quando existem considerações especiais, como uma lógica de criação complexa, o desejo de separar as responsabilidades da criação para melhorar coesão, etc.?
Solução: (Sugestão)	Crie um objeto de Invenção Pura chamado Fábrica que trate da criação.

Uma solução de Fábrica é ilustrada na Figura 26.5.

Note que, na classe *FábricaDeServiços*, a lógica para decidir qual classe vai ser criada é resolvida pela leitura do nome da classe de uma fonte externa (por exemplo, por meio de uma propriedade do sistema, se for usado Java) e, depois, pelo carregamento dinâmico da classe. Esse é um exemplo de **projeto voltado a dados** parcial. Esse projeto obtém Variações Protegidas com relação às alterações na classe de implementação do adaptador. Sem mudar o código-fonte nessa classe de fábrica, podemos criar instâncias de novas classes de adaptador, alterando o valor da propriedade e garantindo que a nova classe seja visível no caminho da classe Java para o carregamento.

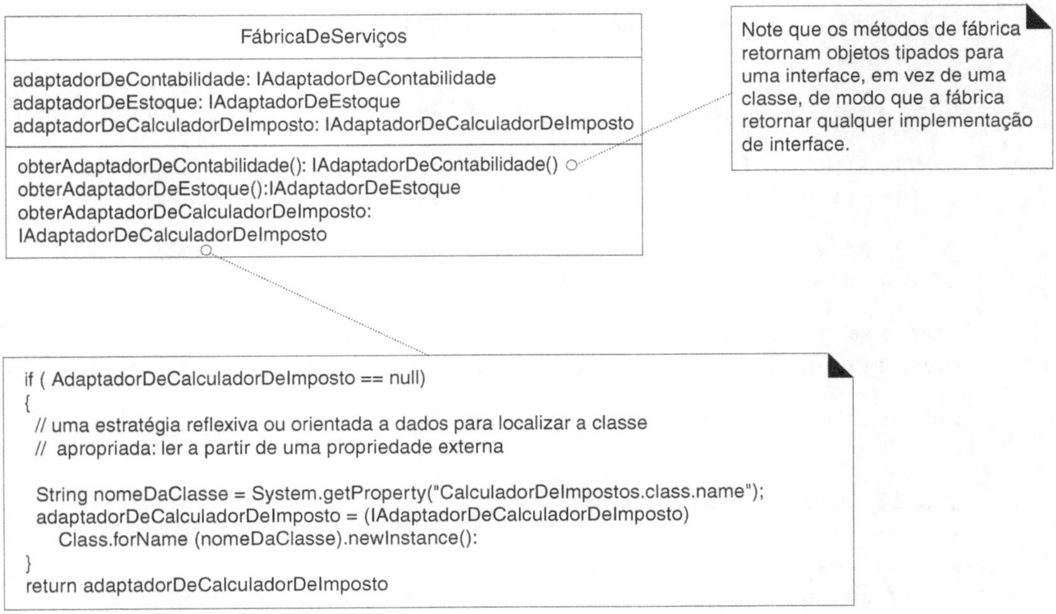

FábricaDeServiços

adaptadorDeContabilidade: IAdaptadorDeContabilidade
adaptadorDeEstoque: IAdaptadorDeEstoque
adaptadorDeCalculadorDeImposto: IAdaptadorDeCalculadorDeImposto

---

obterAdaptadorDeContabilidade(): IAdaptadorDeContabilidade
obterAdaptadorDeEstoque():IAdaptadorDeEstoque
obterAdaptadorDeCalculadorDeImposto:
IAdaptadorDeCalculadorDeImposto

> Note que os métodos de fábrica retornam objetos tipados para uma interface, em vez de uma classe, de modo que a fábrica retornar qualquer implementação de interface.

```
if ( AdaptadorDeCalculadorDeImposto == null)
{
 // uma estratégia reflexiva ou orientada a dados para localizar a classe
 // apropriada: ler a partir de uma propriedade externa

 String nomeDaClasse = System.getProperty("CalculadorDeImpostos.class.name");
 adaptadorDeCalculadorDeImposto = (IAdaptadorDeCalculadorDeImposto)
    Class.forName (nomeDaClasse).newInstance():
}
return adaptadorDeCalculadorDeImposto
```

Figura 26.5 O padrão fábrica.

Padrões relacionados

As fábricas são acessadas freqüentemente com o padrão Objeto Unitário.

26.5 Objeto unitário (GoF singleton)

A classe *FábricaDeServiços* levanta outro problema: quem cria a fábrica em si e como ela é acessada?

Primeiro, observe que apenas uma instância da fábrica é necessária dentro do processo. Segundo, uma rápida reflexão sugere que os métodos dessa fábrica talvez precisem ser chamados a partir de vários lugares no código, pois diferentes lugares precisam acessar os adaptadores para chamar os serviços externos. Assim, há um problema de visibilidade: como obter visibilidade para essa instância única de *FábricaDeServiços*?

Uma solução é passar a instância de *FábricaDeServiços* como parâmetro para onde quer que seja necessário descobrir uma visibilidade para ela, ou iniciar os objetos que precisam de visibilidade para ela, com uma referência permanente. Isso é possível, mas inconveniente; uma alternativa é o padrão **Objeto Unitário**.

Ocasionalmente, é desejável permitir a visibilidade global ou um único ponto de acesso para uma única instância de uma classe, em vez de alguma outra forma de visibilidade. Isso vale para a instância de *FábricaDeServiços*.

Nome:	**Objeto Unitário**
Problema:	Exatamente uma instância de uma classe é permitida – trata-se de um "objeto unitário". Os objetos precisam de um ponto de acesso global e único.
Solução: (Sugestão)	Defina um método estático da classe que retorne o objeto unitário.

Por exemplo, a Figura 26.6 mostra uma implementação do padrão Objeto Unitário.

Aplicação de UML: Observe como um objeto único é ilustrado com um "1" no canto superior direito do compartimento de nome.

Assim, a idéia principal é a de que a classe X define um método estático *obterInstância*, que fornece ele próprio uma única instância de X.

Com essa estratégia, um desenvolvedor tem visibilidade global para essa instância única, por meio do método estático *obterInstância* da classe, como no exemplo a seguir:

```
public class Registradora
{

public void iniciar()
{
   ... realiza algum trabalho...
   // acessando a Fábrica de objeto unitário pela chamada de
   // obterInstância
      adaptadorDeContabilidade =
```

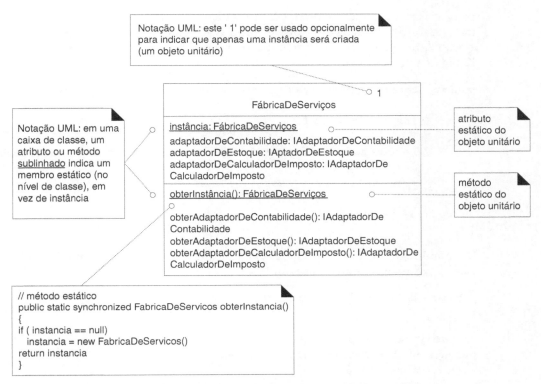

Figura 26.6 O padrão objeto unitário na classe *FábricaDeServiços*.

```
        FabricaDeServicos.obterInstancia().obterAdaptadorDe
        Contabilidade();

        ... realiza algum trabalho...
    }

    // outros métodos...

} // fim da classe
```

Como a visibilidade para as classes públicas tem escopo global (na maioria das linguagens), em qualquer ponto no código, em qualquer método de qualquer classe, alguém pode escrever

ClasseDeObjetoUnitário.obterInstância()

para obter visibilidade para a instância do objeto único e enviar a ela uma mensagem, como *ClasseDeObjetoUnitário.obterInstância().fazerFoo()*. É difícil suplantar a sensação de poder acessar *fazerFoo* globalmente.

Problemas de implementação e projeto

Um método *obterInstância* do Objeto Unitário é chamado com bastante freqüência. Em aplicativos com múltiplas linhas de execução (multi-threaded applications) a etapa de criação da lógica de **iniciação "preguiçosa"** é uma seção crucial, exigindo controle de concorrência de linha de execução. Assim, supondo que a instância tenha iniciação "preguiçosa", é comum empacotar o método com controle de concorrência. Em Java, por exemplo:

```
public static synchronized FabricaDeServicos obterInstancia()
{
    if ( instancia == null )
    {
        // seção importante, se for uma aplicação com múltiplas linhas
        // de execução
            instancia = new FabricaDeServicos();
    }
    return instancia;
}
```

Em matéria de iniciação "preguiçosa", por que não preferir uma **iniciação "impaciente"**, como no exemplo a seguir?

```
public class FabricaDeServicos
{

// iniciação "impaciente"
private static FabricaDeServicos instancia =
    new FabricaDeServicos();
public static FabricaDeServicos obterInstancia()
{
    return instancia;
}

// outros métodos...

}
```

A primeira estratégia de iniciação "preguiçosa" normalmente é preferida, no mínimo pelas seguintes razões:

- O trabalho de criação (e talvez a amarração a recursos "dispendiosos") é evitado, caso a instância nunca seja realmente acessada.

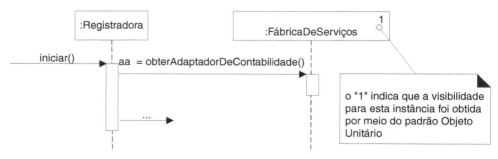

Figura 26.7 Mensagem implícita *obterInstância* do padrão de objeto unitário, indicada na UML com o estereótipo "1".

- Às vezes, a iniciação "preguiçosa" de *obterInstância* contém lógica de criação complexa e condicional.

Outra pergunta comum com relação à implementação do padrão Objeto Unitário é: por que não transformar todos os métodos de serviço em métodos *estáticos* da própria classe, em vez de usar um objeto de instância com métodos no lado da instância? Por exemplo, e se adicionarmos um método *estático* chamado *obterAdaptadorDeContabilidade* em *FábricaDeServiços*. Entretanto, uma instância e métodos no lado da instância são normalmente preferidos pelos seguintes motivos:

- Os métodos no lado da instância permitem o uso de subclasses e o refinamento da classe de objeto unitário em subclasses; os métodos estáticos não são polimórficos (virtuais) e, na maioria das linguagens, não permitem sobreposição em subclasses (com exceção da linguagem Smalltalk).

- A maioria dos mecanismos de comunicação remota orientados a objetos (por exemplo, o RMI do Java) tem suporte apenas para a ativação remota de métodos de instância e não de métodos estáticos. Uma instância de objeto unitário poderia ser ativada de forma remota, embora se admita que isso raramente é feito.

- Uma classe nem sempre é um objeto unitário em todos os contextos da aplicação. Na aplicação X, ela pode ser um objeto unitário, mas, na aplicação Y, pode ser um objeto "múltiplo". Também não é raro começar um projeto pensando que o objeto será um objeto unitário e depois descobrir uma necessidade de múltiplas instâncias no mesmo processo. Assim, a solução no lado da instância oferece flexibilidade.

Padrões relacionados

O padrão Objeto Unitário freqüentemente é usado para objetos Fábrica e objetos Fachada – outro padrão GoF que será discutido.

26.6 Conclusão dos serviços externos com problema de interfaces variadas

Uma combinação dos padrões Adaptador, Fábrica e Objeto Unitário tem sido usada para fornecer Variações Protegidas a partir das interfaces variadas de calculadores de imposto externos, sistemas de contabilidade, etc. A Figura 26.8 ilustra um contexto maior para o uso disso na realização do caso de uso.

Esse projeto pode não ser ideal e sempre há espaço para melhorias. No entanto, um dos objetivos pelos quais lutamos neste estudo de caso é demonstrar que pelo menos um projeto pode ser construído a partir de um conjunto de princípios ou "blocos construtivos" padrão e que existe uma estratégia metódica para se fazer e explicar um projeto. Esperamos sinceramente que seja possível ver como o projeto da Figura 26.8 surgiu a partir do raciocínio baseado nos padrões Controlador, Criador, Variações Protegidas, Acoplamento Fraco, Coesão Alta, Indireção, Polimorfismo, Adaptador, Fábrica e Objeto Unitário.

Observe como um projetista pode ser sucinto na conversa ou na documentação, quando existe um entendimento compartilhado dos padrões. Podemos dizer,

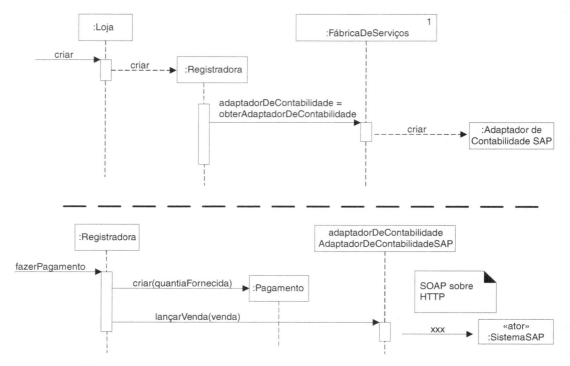

Figura 26.8 Os padrões adaptador, fábrica e objeto unitário aplicados ao projeto.

"para tratar do problema das interfaces variadas para serviços externos, vamos usar Adaptadores gerados a partir de uma Fábrica de Objeto unitário". Os projetistas de objetos têm realmente esse tipo de conversa; o uso de padrões e dos nomes de padrão apóia um aumento no nível de abstração na comunicação do projeto.

26.7 Estratégia (GoF strategy)

O próximo problema de projeto a ser resolvido é o fornecimento de uma lógica de estabelecimento de preços mais complexa, como um desconto do dia em toda a loja, descontos para idosos, etc.

A estratégia de estabelecimento de preços (que também pode ser chamada de regra, política ou algoritmo) para uma venda pode variar. Durante um período, ela pode ser um desconto de 10% em todas as vendas, posteriormente, pode ser um desconto de $10 se o total da venda for maior que $200 e muitas outras variações. Como projetamos esses algoritmos de estabelecimento de preços variados?

Nome: **Estratégia**

Problema: Como projetar algoritmos ou políticas variadas, mas relacionadas? Como projetar para ter a capacidade de alterar esses algoritmos ou políticas?

Solução: (Sugestão)   Defina cada algoritmo/política/estratégia em uma classe separada, com uma interface comum.

Como o comportamento do estabelecimento de preços varia de acordo com a estratégia (ou algoritmo), criamos várias classes *EstratégiaDeEstabelecimentoDePreçosDeVenda*, cada uma com um método polimórfico *obterTotal* (ver Figura 26.9). Cada método *obterTotal* recebe o objeto *Venda* como parâmetro, de modo que o objeto estratégia de estabelecimento de preços pode encontrar o preço anterior ao desconto a partir da *Venda* e depois aplicar a regra de desconto. A implementação de cada método *obterTotal* será diferente: *EstratégiaDeEstabelecimentoDePreçosComDescontoPercentual* dará um percentual de desconto, etc.

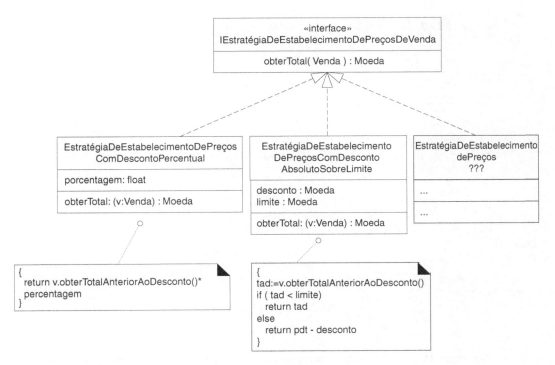

Figura 26.9   Classes de estratégia de estabelecimento de preços.

Um objeto estratégia é anexado a um **objeto de contexto** – no qual ele aplica o algoritmo. Nesse exemplo, o objeto de contexto é uma *Venda*. Quando uma mensagem *obterTotal* é enviada para um objeto *Venda*, ela delega parte do trabalho para seu objeto estratégia, conforme ilustrado na Figura 26.10. Não é necessário que a mensagem para o objeto de contexto e para o objeto estratégia tenha o mesmo nome, como nesse exemplo (por exemplo, *obterTotal* e *obterTotal*), mas isso é comum. Entretanto, é comum – na verdade, normalmente obrigatório – que o objeto de contexto passe uma referência para si mesmo (*this*) para o objeto estratégia, de modo que a estratégia tenha visibilidade por parâmetro para o objeto de contexto, para colaboração posterior.

Observe que o objeto de contexto (*Venda*) precisa de visibilidade de atributo para sua estratégia. Isso se reflete no DCP da Figura 26.11.

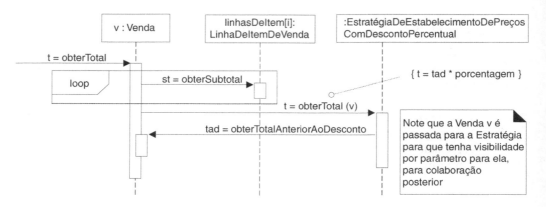

Figura 26.10 Estratégia na colaboração.

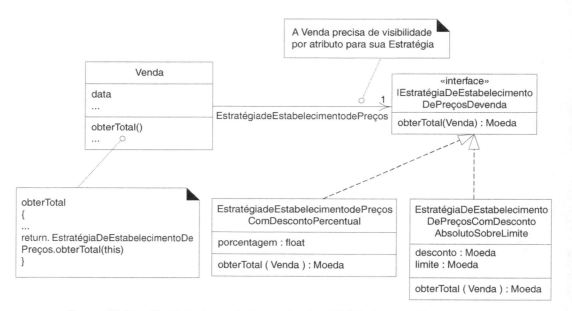

Figura 26.11 O objeto de contexto precisa de visibilidade por atributo para sua estratégia.

Criação de uma estratégia com uma Fábrica

Existem diferentes algoritmos ou estratégias de estabelecimento de preços e, com o passar do tempo, eles mudam. Quem deve criar a estratégia? Uma abordagem simples é aplicar o padrão Fábrica novamente: a classe *FábricaDeEstratégiaDeEstabelecimentoDePreços* pode ser responsável por criar todas as estratégias (todos os algoritmos ou políticas interligáveis ou variantes) necessárias para a aplicação. Assim como a classe *FábricaDeServiços*, ela pode ler o nome da classe de implementação da estratégia de estabelecimento de preços a partir de uma propriedade do sistema (ou de alguma fonte de dados externa) e depois produzir uma instância dela. Com esse *projeto voltado a dados* parcial (ou projeto reflexivo) alguém pode alterar dinamicamente, a qualquer momento – enquanto o aplicativo PDV ProxGer está em execução – a política de estabelecimento de preços, especificando uma classe de Estratégia diferente a criar.

Observe que foi usada uma nova fábrica para as estratégias, isto é, diferente da classe *FábricaDeServiços*. Isso favorece o objetivo da Coesão Alta – cada fábrica é focalizada de forma coesa na criação de uma família de objetos relacionada.

UML – Observe que na Figura 26.11 a referência por meio de uma associação direta é para a interface *IEstratégiaDeEstabelecimentoDePreçosDeVenda* e não para uma classe concreta. Isso indica que o atributo de referência na *Venda* será declarado em termos da interface e não de uma classe, para que qualquer implementação da interface possa estar restrita ao atributo.

Note que, em razão da mudança freqüente na política de estabelecimento de preços (ela poderia ser a cada hora), *não* é desejável colocar em *cache* a instância da estratégia criada, em um campo da classe *FábricaDeEstratégiaDeEstabelecimentoDePreços*, mas sim recriar uma de cada vez, lendo a propriedade externa de seu nome de classe e depois instanciando a estratégia.

Além disso, assim como na maioria das fábricas, o objeto *FábricaDeEstratégiaDeEstabelecimentoDePreços* será um objeto único (uma instância) e será acessado pelo padrão Objeto Unitário (veja a Figura 26.12).

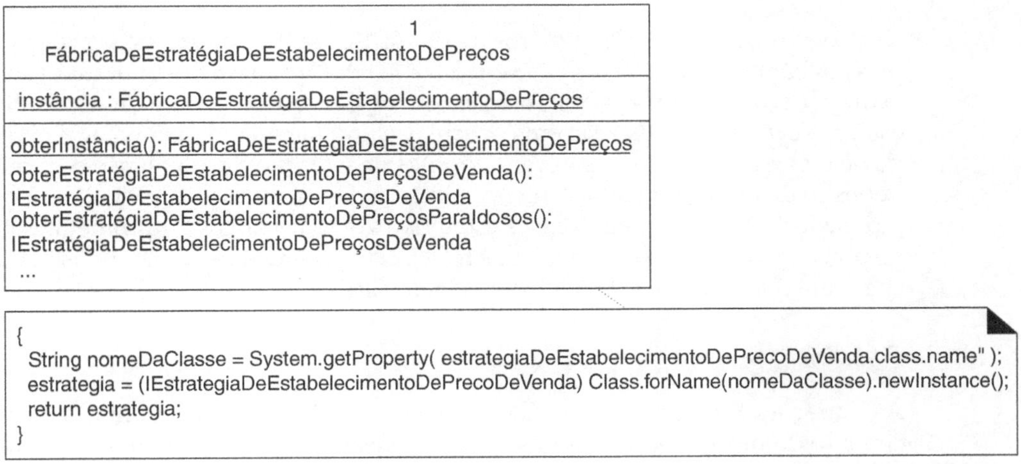

1
FábricaDeEstratégiaDeEstabelecimentoDePreços
<u>instância : FábricaDeEstratégiaDeEstabelecimentoDePreços</u>
<u>obterInstância()</u>: FábricaDeEstratégiaDeEstabelecimentoDePreços obterEstratégiaDeEstabelecimentoDePreçosDeVenda(): IEstratégiaDeEstabelecimentoDePreçosDeVenda obterEstratégiaDeEstabelecimentoDePreçosParaIdosos(): IEstratégiaDeEstabelecimentoDePreçosDeVenda ...

```
{
  String nomeDaClasse = System.getProperty( estrategiaDeEstabelecimentoDePrecoDeVenda.class.name" );
  estrategia = (IEstrategiaDeEstabelecimentoDePrecoDeVenda) Class.forName(nomeDaClasse).newInstance();
  return estrategia;
}
```

Figura 26.12   Fábrica de estratégias.

Quando uma instância de *Venda* é criada, ela pode solicitar à fábrica sua estratégia de estabelecimento de preços, como mostrado na Figura 26.13.

Leitura e atribuição inicial do valor da percentagem

Finalmente, um problema de projeto ignorado até agora é a questão de como encontrar os diferentes números para os descontos percentuais ou absolutos. Por exemplo, na segunda-feira, o objeto *EstratégiaDeEstabelecimentoDePreçosComDescontoPercentual* pode ter um valor de 10%, mas de 20% na terça-feira.

Observe também que um desconto percentual pode estar relacionado ao tipo de comprador, como no caso de um idoso, em vez de estar relacionado a um período.

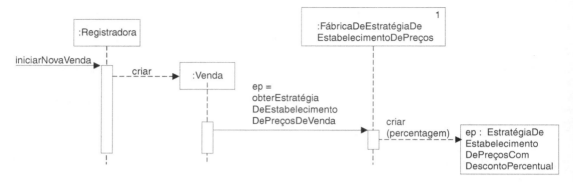

Figura 26.13   Criação de uma estratégia.

Esses números serão armazenados em algum depósito de dados externo, como um banco de dados relacional, para que possam ser alterados facilmente. Que objeto os lerá e garantirá que eles sejam atribuídos à estratégia? Uma escolha razoável é o próprio objeto *FábricaDeEstratégia*, pois ele está criando a estratégia de estabelecimento de preços e pode saber qual percentagem deve ler de um depósito de dados ("desconto atual da loja", "desconto para idoso", etc.).

Os projetos para ler esses números de depósitos de dados externos variam dos simples aos complexos, como uma chamada SQL JDBC pura (se forem usadas tecnologias Java, por exemplo) ou em colaboração com objetos que acrescentam níveis de indireção para ocultar a localização em particular, a linguagem de consulta de dados ou o tipo de depósito de dados. Analisar os pontos de variação e de evolução com relação ao depósito de dados revelará se há necessidade de uma variação protegida. Por exemplo, poderíamos perguntar, "todos estamos à vontade com o comprometimento a longo prazo de usar um banco de dados relacional que entenda SQL?". Se assim for, uma chamada JDBC simples de dentro do objeto *FábricaDeEstratégia* pode ser suficiente.

Resumo

As Variações Protegidas com relação à mudança dinâmica das políticas de estabelecimento de preços foram obtidas com os padrões Estratégia e Fábrica. O padrão Estratégia complementa o Polimorfismo e as interfaces para permitir o uso de algoritmos interligáveis em um projeto de objetos.

Padrões relacionados

Estratégia é baseada no Polimorfismo e fornece Variações Protegidas com relação a algoritmos variantes. Muitas vezes, as estratégias são criadas por uma Fábrica.

26.8 Padrão composto (GoF composite) e outros princípios de projeto

Para levantar um outro problema interessante de requisitos e projeto: como tratamos do caso de múltiplas políticas de estabelecimento de preços conflitantes? Por exemplo, suponha que uma loja tenha as seguintes políticas em vigor hoje (segunda-feira):

- Desconto de 20% para idosos.
- Desconto de 15% para vendas de mais de $400 para clientes preferenciais.
- Na segunda-feira, um desconto de $50 para compras acima de $500.
- Desconto de 15% em tudo na compra de uma caixa de chá Darjeeling.

Suponha que um idoso que também é um cliente preferencial compre uma caixa de chá Darjeeling e US$600 em hambúrgueres vegetarianos (evidentemente, um vegetariano entusiasta que adora chá). Que política de estabelecimento de preços deve ser aplicada?

Para esclarecer: existem agora estratégias de estabelecimento de preços que se atrelam à venda em virtude de três fatores:

1. período (segunda-feira);
2. tipo de cliente (idoso);
3. um produto de linha de item em particular (chá Darjeeling).

Outro ponto a ser esclarecido: três das quatro políticas de exemplo são, na verdade, apenas estratégias de "desconto percentual", o que simplifica nossa visão do problema.

Parte da resposta desse problema exige a definição da **estratégia de solução de conflito** da loja. Normalmente, uma loja aplica a estratégia de solução de conflito baseada no "melhor para o cliente" (preço mais baixo), mas isso não é obrigatório e poderia mudar. Por exemplo, durante um período financeiro difícil, talvez a loja tenha de usar uma estratégia de solução de conflito do "preço mais alto".

A primeira questão a ser considerada é que podem existir várias estratégias simultâneas, isto é, uma venda pode ter várias estratégias de estabelecimento de preços. Outro ponto a notar é que uma estratégia de estabelecimento de preços pode estar relacionada ao tipo de cliente (por exemplo, um idoso). Isso tem implicações no projeto da criação: o objeto *FábricaDeEstratégia* deve saber o tipo de cliente no momento da criação de uma estratégia de estabelecimento de preços para o cliente.

Da mesma forma, uma estratégia de estabelecimento de preços pode estar relacionada ao tipo de produto que está sendo adquirido (por exemplo, o chá Darjeeling). Do mesmo modo, isso tem implicações no projeto da criação: *FábricaDeEstratégia* deve conhecer *EspecificaçãoDoProduto* no momento da criação de uma estratégia de estabelecimento de preços influenciada pelo produto.

Existe uma maneira de mudar o projeto, de modo que o objeto *Venda* não saiba se está tratando com uma ou muitas estratégias de estabelecimento de preços e também ofereça um projeto para a solução de conflitos? Sim, com o padrão Composto.

Nome: **Composto**
Problema: Como tratar um grupo ou uma estrutura composta de objetos (polimorficamente), da mesma forma que um objeto não-composto (atômico)?

Solução: Defina classes para objetos compostos e atômicos para que eles
(sugestão)   implementem a mesma interface.

Por exemplo, uma nova classe chamada *CompostoEstratégiaDeEstabelecimentoDePreçosMelhorParaCliente* (bem, pelo menos isso é descritivo) pode implementar o objeto *IEstratégiaDeEstabelecimentoDePreçosDeVendas* e conter, ela própria, outros objetos *IEstratégiaDeEstabelecimentoDePreçosDeVendas*. A Figura 26.14 explica a idéia do projeto em detalhes.

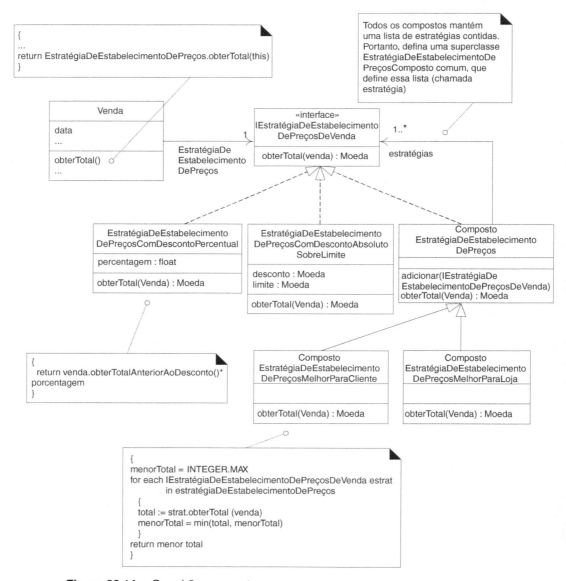

Figura 26.14   O padrão composto.

Observe que, nesse projeto, as classes compostas, como *CompostoEstratégiaDeEstabelecimentoDePreçosMelhorParaCliente*, herdam um atributo *EstratégiasDeEstabelecimentoDePreços*, que contém uma lista de mais objetos *IEstratégiaDeEstabelecimentoDePreçosdeVenda*. Essa é uma característica da assinatura de um objeto composto: o objeto composto externo contém uma lista dos objetos internos e os objetos externos e internos implementam a mesma interface. Isto é, a própria classe composta implementa a interface *IEstratégiaDeEstabelecimentoDePreçosDeVenda*.

Assim, podemos anexar um objeto composto *CompostoEstratégiaDeEstabelecimentoDePreçosMelhorParaCliente* (que contém outras estratégias dentro dele) ou um objeto atômico *EstratégiaDeEstabelecimentoDePreçosComDescontoPercentual* no objeto *Venda*, e a *Venda* não sabe se sua estratégia de estabelecimento de preços é uma estratégia atômica ou composta e nem se preocupa com isso – ela parece a mesma para o objeto *Venda*. Trata-se apenas de outro objeto que implementa a interface *IEstratégiaDeEstabelecimentoDePreçosDeVenda* e entende a mensagem *obterTotal* (Figura 26.15).

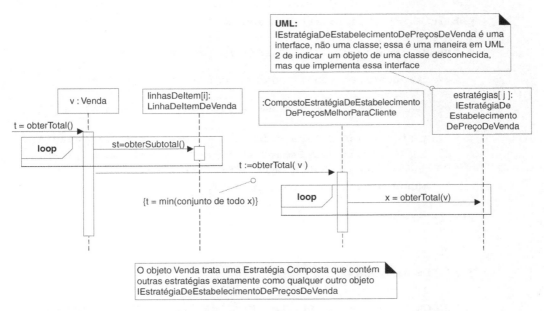

Figura 26.15 Colaboração com um padrão composto.

UML – Na Figura 26.15, observe uma maneira de indicar os objetos que implementam uma interface quando não nos preocupamos em especificar a classe de implementação exata. Para esclarecer com alguns exemplos de código em Java, a classe *CompostoEstratégiaDeEstabelecimentoDePreços* e uma de suas subclasses são definidas como segue:

```
// superclasse para que todas as subclasses possam herdar uma lista
// de estratégias

public abstract class CompostoEstrategiaDeEstabelecimentoDePrecos
    implements IEstrategiaDeEstabelecimentoDePrecosDeVenda
{
protected List estrategias = new ArrayList();
```

```
    public add( IEstrategiaDeEstabelecimentoDePrecosDeVenda v )
    {
        estrategias.add( v );
    }

    public abstract Moeda obterTotal( Venda venda );

} // fim da classe


// uma Estratégia Composta que retorna o menor total
// de seu objeto interno EstratégiasDeEstabelecimentoDePreçosDeVenda
public class CompostoEstrategiaDeEstabelecimentoDePrecosMelhorPara-
Cliente
    extends CompostoEstrategiaDeEstabelecimentoDePrecos
{

public Moeda obterTotal( Venda venda )
{
    Moeda menorTotal = new Moeda( Integer.VALOR_MAX );

    // faz iteração sobre todas as estratégias internas

    for( Iterator i = estrategias.iterator(); i.hasNext(); )
    {
        IEstrategiaDeEstabelecimentoDePrecosDeVenda estrategia =
            (IEstrategiaDeEstabelecimentoDePrecosDeVenda)i.next();
        Moeda total = estrategia.obterTotal( venda );
        menorTotal = total.min( menorTotal );
    }
    return menorTotal;
}

} // fim da classe
```

Criação de múltiplas EstratégiasDeEstabelecimentoDePreçosDeVenda

Com o padrão Composto, fizemos com que um grupo de várias (e conflitantes) estratégias de estabelecimento de preços parecesse ao objeto *Venda* uma única estratégia. O objeto composto que contém o grupo também implementa a interface *IEstratégiaDeEstabelecimentoDePreçosDeVenda*. A parte mais desafiadora (e interessante) desse problema de projeto é: quando criamos essas estratégias?

Um projeto desejável começará com a criação de um Composto que contenha a política de desconto da loja do momento presente (que poderia ser estabelecida como 0% de desconto, se nenhuma estiver ativa), como alguma *EstratégiaDeEstabelecimentoDePreçosComDescontoPercentual*. Então, se em uma etapa posterior do cenário for descoberta outra estratégia de estabelecimento de preços que também se aplica (como um desconto para idosos), será fácil adicioná-la ao objeto composto, usando o método herdado *CompostoEstratégiaDeEstabelecimentoDePreços.adicionar*.

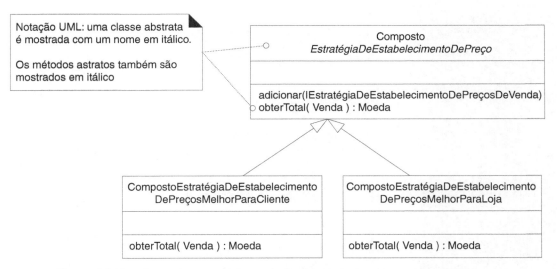

Figura 26.16 Superclasses abstratas, métodos abstratos e herança na UML.

Existem três pontos no cenário no qual estratégias de estabelecimento de preços podem ser adicionadas ao composto:

1. Desconto atual definido pela loja, adicionado quando a venda é criada.
2. Desconto de acordo com o tipo de cliente, adicionado quando o tipo de cliente é informado ao PDV.
3. Desconto por tipo de produto (se o chá Darjeeling for comprado, haverá um desconto de 15% para a venda global), adicionado quando o produto é introduzido na venda.

O projeto do primeiro caso é mostrado na Figura 26.17. Como no projeto original discutido anteriormente, o nome da classe da estratégia a instanciar poderia ser lido como uma propriedade do sistema e um valor de porcentagem poderia ser lido de um depósito de dados externo.

Para o segundo caso de desconto por tipo de cliente, lembre-se primeiro da extensão do caso de uso que reconhecia esse requisito anteriormente:

Caso de uso CDU1: processar venda

...

Extensões (ou Fluxos Alternativos):
5b. O Cliente diz ter direito a um desconto (por exemplo, funcionário, cliente preferencial).
    1. O Caixa sinaliza o pedido de desconto.
    2. O Caixa introduz a identificação do Cliente.
    3. O Sistema apresenta o total do desconto, baseado nas regras de desconto.

Isso indica uma nova operação no sistema PDV, além de *iniciarNovaVenda*, *entrarItem*, *terminarVenda* e *fazerPagamento*. Chamaremos essa quinta operação do sistema de *introduzirDescontoParaCliente*; opcionalmente, ela pode ocorrer após a operação *termi-*

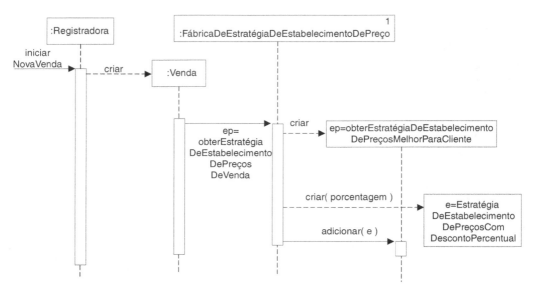

Figura 26.17 Criação de uma estratégia composta.

narVenda. Isso implica que alguma forma de identificação do cliente terá de ser introduzida na interface com o usuário, o *IDcliente*. Talvez ela possa ser captada por uma leitora de cartão ou pelo teclado.

O projeto do segundo caso é mostrado na Figura 26.18 e na Figura 26.19. Não surpreende o fato de que o objeto fábrica seja responsável pela criação da estratégia de estabelecimento de preços adicional. Ele pode fazer outro objeto *EstratégiaDeEstabelecimentoDePreçosComDescontoPercentual* que represente, por exemplo, um desconto para idosos. Entretanto, como no projeto de criação original, a escolha da classe será lida como uma propriedade do sistema, assim como a porcentagem específica para o tipo de cliente, para fornecer Variações Protegidas com relação à mudança da classe ou dos valores. Note que, graças ao padrão Composto, a *Venda* pode ter duas ou três estratégias de estabelecimento de preços conflitantes anexadas, mas continua parecendo uma única estratégia para o objeto *Venda*.

UML – A Figura 26.18 e a Figura 26.19 mostram uma noção importante da UML 2 nos diagramas de interação: o uso de molduras ref e sd para relacionar diagramas.

Como considerar os princípios GRASP e outros no projeto

Para rever o raciocínio em termos de alguns padrões GRASP básicos: para este segundo caso, por que não fazer a *Registradora* enviar uma mensagem para o objeto *FábricaDeEstratégiaDeEstabelecimentoDePreços*, para criar essa nova estratégia de estabelecimento de preços e depois passá-la para a *Venda*? Um motivo é para obter Acoplamento Fraco. A *Venda* já está acoplada à fábrica; para fazer a *Registradora* também colaborar com ela, o acoplamento no projeto aumentaria. Além disso, a *Venda* é o Especialista na Informação que conhece sua estratégia de estabelecimento de preços atual (que vai ser modificada); portanto, segundo o padrão Especialista, também é justificado delegar para a *Venda*.

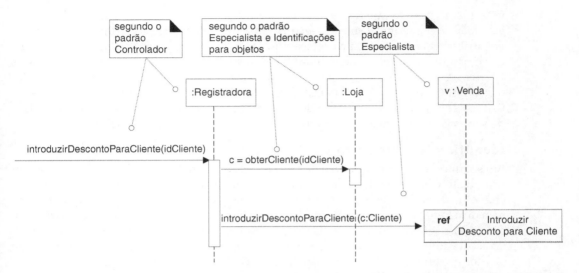

Figura 26.18 Criação da estratégia de estabelecimento de preços com desconto para o cliente, parte 1.

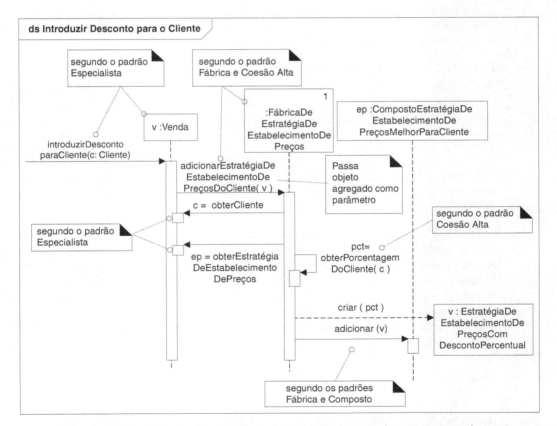

Figura 26.19 Criação da estratégia de estabelecimento de preços com desconto para o cliente, parte 2.

Observe no projeto que *IDcliente* é transformado em um objeto *Cliente*, quando a *Registradora* solicita um *Cliente* à *Loja*, mediante uma identificação. Primeiro, é justificável atribuir a *obterCliente* a responsabilidade pela *Loja*; segundo o padrão Especialista e o objetivo de um pequeno hiato de representação, a *Loja* pode conhecer todos os *Clientes*. Além disso, a *Registradora* solicita à *Loja*, pois a *Registradora* já tem visibilidade por atributo para a *Loja* (do trabalho de projeto anterior); se a *Venda* tivesse de solicitar à *Loja*, precisaria de uma referência para ela, aumentando o acoplamento além de seus níveis correntes e, portanto, não apoiando o Acoplamento Fraco.

Identificações para objetos

Em segundo lugar, por que transformar o *IDcliente* (um "ID"– talvez um número) em um objeto *Cliente*? Essa é uma prática comum no projeto de objetos – transformar chaves e identificações de itens em objetos reais. Essa transformação freqüentemente ocorre logo após uma identificação ou chave entrar na camada do domínio do Modelo do Projeto da camada de IU. Ela não tem um nome de padrão, mas poderia ser uma candidata a um padrão, pois é um idioma muito comum entre os projetistas de objetos experientes – talvez *Identificações para Objetos*. Por que se preocupar? Ter um verdadeiro objeto *Cliente* que encapsula um conjunto de informações sobre o cliente e que pode ter comportamento (relacionado ao padrão Especialista, por exemplo), muitas vezes se torna vantajoso e flexível à medida que o projeto cresce, mesmo que o projetista não perceba originalmente uma necessidade para um objeto verdadeiro e, em vez disso, ache que um número ou ID puro seria suficiente. Note que, no projeto anterior, a transformação de *IDItem* em um objeto *DescriçãoDoProduto* é outro exemplo desse padrão *Identificações para Objetos*.

Passar objeto agregado como parâmetro

Finalmente, note que, na mensagem *adicionarEstratégiaDeEstabelecimentoDePreçosDoCliente(v:Venda)*, passamos uma *Venda* para a fábrica e, então, a fábrica se volta e solicita o *Cliente* e a *EstratégiaDeEstabelecimentoDePreços* à *Venda*.

Por que não simplesmente extrair esses dois objetos da *Venda* e, em vez disso, passar o *Cliente* e a *EstratégiaDeEstabelecimentoDePreços* para a fábrica? A resposta é outro idioma de projeto de objetos comum: evite extrair objetos filhos de objetos progenitores ou agregados e depois passar os objetos filhos. Pelo contrário, passe o objeto agregado que contém objetos filhos.

Seguir esse princípio aumenta a flexibilidade, pois assim a fábrica pode colaborar com a *Venda* inteira, de maneira que não poderíamos ter previsto que seriam necessárias (o que é muito comum) e, como um corolário, isso reduz a necessidade de antecipar o que o objeto de fábrica precisa; o projetista apenas passa a *Venda* inteira como parâmetro, sem saber de quais objetos mais específicos a fábrica pode precisar. Embora esse idioma não tenha um nome, ele está relacionado ao Acoplamento Fraco e às Variações Protegidas. Talvez ele pudesse ser chamado de padrão *Passar Objeto Agregado como Parâmetro*.

Resumo

Esse problema de projeto foi extraído de muitas dicas de projeto de objetos. Um projetista de objetos hábil tem muitos desses padrões memorizados, por ter estudado suas explicações publicadas, e tem os principais princípios assimilados, como aqueles descritos na família GRASP.

Note que, embora essa aplicação do padrão Composto tenha sido usada para uma família Estratégia, ela pode ser aplicada a outros tipos de objetos e não apenas a estratégias. Por exemplo, é comum criar "macro comandos" – comandos que contêm outros comandos – pelo uso do padrão Composto. O padrão Comando será descrito em um capítulo subseqüente.

Padrões relacionados

O padrão Composto é usado freqüentemente com os padrões Estratégia e Comando. Baseia-se no Polimorfismo e fornece Variações Protegidas para um cliente, para que ele não sofra impacto caso seus objetos relacionados sejam atômicos ou compostos.

26.9 Fachada (GoF facade)

Outro requisito escolhido para esta iteração são as *regras de negócio interligáveis*. Isto é, em pontos previsíveis dos cenários, como quando *iniciarNovaVenda* ou *entrarItem* ocorrem no caso de uso *Processar Venda*, ou quando um caixa começa a trabalhar, diferentes clientes que querem comprar no PDV ProxGer desejam personalizar um pouco seu comportamento.

Para sermos mais precisos, suponha que se desejem regras que possam invalidar uma ação. Por exemplo:

- Suponha que, quando uma nova venda é criada, seja possível identificar que ela será paga com um vale-presente (isso é possível e comum). Então, uma loja pode ter uma regra para permitir que apenas um item seja adquirido, caso seja utilizado um vale-presente. Conseqüentemente, as operações *entrarItem* subseqüentes, após a primeira, deverão ser invalidadas.

- Se a venda for paga com um vale-presente, invalidará todos os tipos de troco de pagamento devidos ao cliente, exceto se for um outro vale-presente. Por exemplo, se o caixa solicitou troco em dinheiro ou em crédito na conta do cliente na loja, esses pedidos deverão ser invalidados.

- Suponha que, quando uma nova venda é criada, seja possível identificar se ela é proveniente de uma doação (da loja para uma obra de caridade). A loja também pode ter uma regra para permitir apenas entradas de itens com valor inferior a $250 cada e também para adicionar itens na venda apenas se o "caixa" correntemente conectado for um gerente.

Em termos de análise de requisitos, os pontos de cenário de todos os casos de uso (*entrarItem, optarPorTrocoEmDinheiro,...*) devem ser identificados. Para esta exploração, apenas o ponto *entrarItem* será considerado, mas a mesma solução se aplica igualmente a todos os pontos.

Suponha que o arquiteto de software queira um projeto que tenha baixo impacto sobre os componentes de software existentes. Isto é, ele quer projetar uma separação de interesses e decompor o tratamento dessa regra em um interesse separado. Além disso, suponha que o arquiteto esteja inseguro quanto à melhor implementação para esse tratamento de regra interligável e talvez queira fazer experiências com diferentes soluções para representar, carregar e avaliar as regras. As regras podem ser implementadas, por exemplo, com o padrão Estratégia ou com interpretadores de regra de código-fonte aberto gratuitos, que lêem e interpretam um conjunto de regras IF-THEN, ou com interpretadores de regra adquiridos comercialmente, dentre outras soluções.

Para resolver esse problema de projeto, pode ser usado o padrão Fachada.

Nome:	**Fachada**
Problema:	É exigida uma interface comum e unificada para um conjunto não uniforme de implementações ou interfaces – como dentro de um subsistema. Pode existir um acoplamento indesejável para muitos itens no subsistema ou a implementação do subsistema pode mudar. O que fazer?
Solução: (Sugestão)	Defina um único ponto de contato com o subsistema—um objeto fachada que empacote o subsistema. Esse objeto fachada apresenta uma única interface unificada e é responsável por colaborar com os componentes do subsistema.

Uma Fachada é um objeto frontal ("front-end") que é o único ponto de entrada para os serviços de um subsistema[2]. A implementação e outros componentes do subsistema são privados e não podem ser vistos pelos componentes externos. O padrão Fachada fornece Variações Protegidas contra alterações na implementação de um subsistema.

Por exemplo, definiremos um subsistema "motor de regra", cuja implementação específica ainda não é conhecida[3]. Ele será responsável por avaliar um conjunto de regras em relação a uma operação (por meio de alguma implementação oculta) e depois indicar se qualquer uma das regras invalidou a operação.

O objeto fachada para esse subsistema será chamado *FachadaDeMotorDeRegraPDV* (ver Figura 26.20). O projetista decide colocar as chamadas para essa fachada próximas ao início dos métodos definidos como os pontos para as regras interligáveis, como no exemplo a seguir:

```
public class Venda
{

public void criarLinhaDeItem( EspecificaçãoDeProduto espec, int
quantidade )
{
    LinhaDeItemDeVenda liv = new LinhaDeItemDeVenda( espec, quantidade );
    // chamada para a Fachada
    if ( FachadaDeMotordeRegraPDV.obterInstancia().eInvalido(liv,
        this ) )
        return;
```

---

[2] "Subsistema" é usado aqui no sentido informal, para indicar um agrupamento separado de componentes relacionados, não exatamente como definido na UML.

[3] Há várias fontes livres e comerciais de motores de regra. Por exemplo, Jess, que é um motor de regra livre para uso acadêmico, disponível em http://herzberg.ca.sandia.gov/jess/

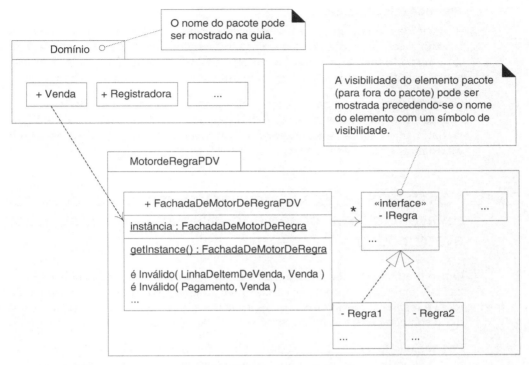

Figura 26.20 Diagrama de pacotes UML com uma fachada.

```
    linhasDeItem.add( liv );
}
//...

} // fim da classe
```

Observe o uso do padrão Objeto Unitário. As fachadas são freqüentemente acessadas pelo padrão Objeto Unitário.

Com esse projeto, a complexidade e a implementação de como as regras serão representadas e avaliadas ficam ocultas no subsistema "motor de regra", acessado por meio da fachada *FachadaDeMotorDeRegraPDV*. Observe que o subsistema oculto pelo objeto fachada poderia conter dezenas ou centenas de classes de objetos ou mesmo uma solução não orientada a objetos, apesar de, como um cliente do subsistema, vermos apenas seu único ponto de acesso público.

Além disso, se conseguiu uma separação de interesses até certo ponto – todos os interesses relativos ao tratamento de regra foram delegados para outro subsistema.

Resumo

O padrão Fachada é simples e amplamente usado. Ele oculta um subsistema por trás de um objeto.

Padrões relacionados

As fachadas são normalmente acessadas por intermédio do padrão Objeto Unitário. Elas fornecem Variações Protegidas da implementação de um subsistema, adicionando um objeto Indireção para dar suporte ao Acoplamento Fraco. Os objetos externos são acoplados em um único ponto de um subsistema: o objeto fachada.

Conforme descrito no padrão Adaptador, um objeto adaptador pode ser usado para empacotar o acesso aos sistemas externos com interfaces diversas. Esse é um tipo de fachada, mas a ênfase é fornecer a adaptação a interfaces diversas e, assim, ele é chamado mais especificamente de adaptador.

26.10 Observador/publicação-assinatura/modelo de delegação de eventos (GoF observer/publish-subscribe/delegation event model)

Outro requisito da iteração é acrescentar a capacidade de uma janela de GUI atualizar sua exibição do total da venda quando esse total mudar (ver Figura 26.21). A idéia é resolver o problema para esse caso e depois, em iterações posteriores, estender a solução para atualizar também a tela da GUI para outros dados variantes.

Por que não fazer o seguinte como solução? Quando o total da *Venda* muda, o objeto *Venda* pode enviar uma mensagem para uma janela, solicitando a atualização de sua tela.

Recapitulando, o princípio da Separação de Modelo-Visão desestimula tais soluções. Ele diz que objetos de "modelo" (não objetos de IU, como uma *Venda*) não devem saber a respeito de objetos de visão ou apresentação, como uma janela. Ele promove o Acoplamento Fraco de outras camadas para a camada de apresentação (IU) de objetos.

Uma conseqüência do suporte a esse acoplamento fraco é que ele permite a substituição da camada de visão ou apresentação por uma nova, ou de janelas específicas por novas janelas, sem ter impacto nos objetos que não são da IU. Se os objetos-modelo

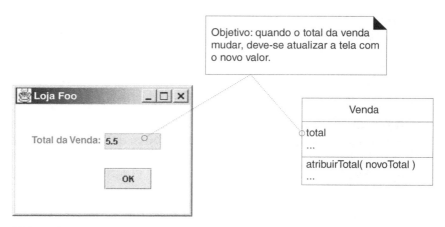

Figura 26.21 Atualização da interface em caso de mudança do total da venda.

não sabem sobre os objetos Java Swing (por exemplo), é possível desconectar uma interface Swing ou uma janela específica e conectar outra coisa.

Assim, a Separação Modelo-Visão dá suporte a Variações Protegidas com relação a uma interface com o usuário variante.

Para resolver esse problema de projeto, pode ser usado o padrão Observador.

Nome: **Observador** (Publicação-Assinatura)

Problema: Diferentes tipos de objetos assinantes estão interessados nas mudanças de estado ou nos eventos de um objeto publicador e cada um quer reagir de sua própria maneira exclusiva quando o publicador gerar um evento. Além disso, o publicador quer manter o acoplamento fraco com os assinantes. O que fazer?

Solução: Defina uma interface "assinante" ou "ouvinte"[‡]. Os assinantes implementam essa interface. O publicador pode registrar dinamicamente os assinantes que estejam interessados em um evento e notificá-los quando um evento ocorrer.
(Sugestão)

Um exemplo de solução é descrito em detalhes na Figura 26.22.

As principais idéias e etapas desse exemplo são:

1. Uma interface é definida; neste caso, *OuvinteDePropriedade*, com a operação *noEventoDePropriedade*.

2. Definir a janela para implementar a interface.
   ○ *QuadroDeVenda1* implementará o método *noEventoDePropriedade*.

3. Quando a janela *QuadroDeVenda1* for iniciada, passar a ela a instância de *Venda*, a partir da qual ela está exibindo o total.

4. A janela *QuadroDeVenda1* registra ou *assina* a instância de *Venda* para notificação dos "eventos de propriedade", por meio da mensagem *adicionarOuvinteDePropriedade*. Ou seja, quando uma propriedade (como total) muda, a janela precisa ser notificada.

5. Note que a *Venda* não sabe sobre os objetos *QuadroDeVenda1*; pelo contrário, ela só sabe a respeito dos objetos que implementam a interface *OuvinteDePropriedade*. Isso diminui o acoplamento da *Venda* com a janela – o acoplamento é apenas com uma interface e não com uma classe de GUI.

6. A instância de *Venda* é, então, um *publicador* dos "eventos de propriedade". Quando o total muda, ela faz uma iteração por todos os objetos *OuvintesDePropriedade* assinantes, notificando cada um.

O objeto *QuadroDeVenda1* é o observador/assinante/ouvinte. Na Figura 26.23, ele *assina* o interesse em eventos de propriedade da *Venda*, que é um *publicador* de eventos de propriedade. A *Venda* adiciona o objeto a sua lista de assinantes *OuvinteDePropriedade*. Note que a *Venda* não sabe a respeito de *QuadroDeVenda1* enquanto objeto *Qua-*

[‡] N. de R.T.: O objeto ouvinte possui a característica de ficar na escuta para detectar a ocorrência do evento.

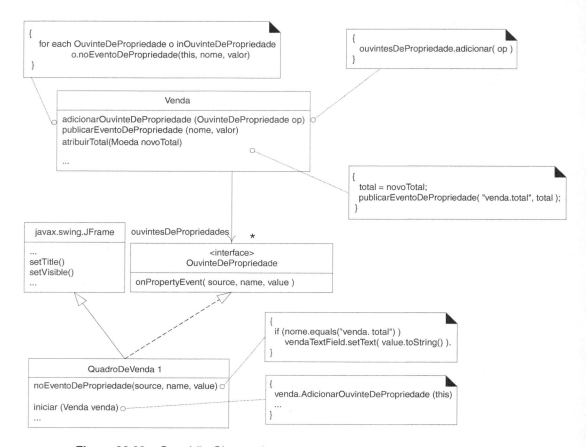

Figura 26.22 O padrão Observador.

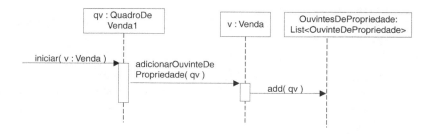

Figura 26.23 O observador *QuadroDeVenda1* assina o publicador *Venda*.

droDeVenda1, mas apenas como um objeto *OuvinteDePropriedade*; isso diminui o acoplamento do modelo até a camada da visão.

Conforme ilustrado na Figura 26.24, quando o total da Venda muda, ela faz uma iteração por todos os seus assinantes registrados e "publica um evento", enviando a mensagem *noEventoDePropriedade* para cada um.

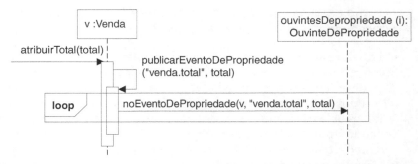

Figura 26.24 A Venda publica um evento de propriedade para todos os seus assinantes.

Aplicação da UML: Note a abordagem para a manipulação de mensagens polimórficas no diagrama de iteração na Figura 26.24. A mensagem *noEventoDePropriedade* é polimórfica; os casos específicos de implementação polimórfica serão mostrados em outros diagramas, como na Figura 26.25.

O *QuadroDeVenda1*, que implementa a interface *OuvinteDePropriedade*, implementa, assim, um método *noEventoDePropriedade*. Quando o objeto *QuadroDeVenda1* recebe a mensagem, ele envia uma mensagem para seu objeto de elemento de janela GUI *JTextField* para atualização com o novo total da venda. Veja a Figura 26.25.

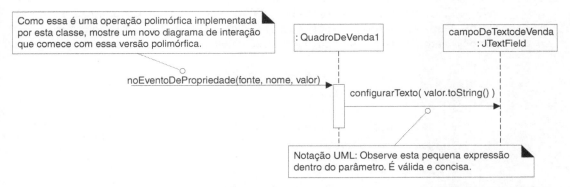

Figura 26.25 O assinante QuadroDeVenda1 recebe a notificação de um evento publicado.

Neste padrão, ainda existe certo acoplamento do objeto modelo (a *Venda*) com o objeto visão (o *QuadroDeVenda1*). Entretanto, trata-se de um acoplamento fraco com uma interface independente da camada de apresentação – a interface *OuvinteDePropriedade*. Além disso, o projeto não exige que quaisquer objetos assinantes sejam registrados no publicador (nenhum objeto precisa estar na escuta). Isto é, a lista de objetos *OuvintesDePropriedade* registrados na *Venda* pode estar vazia. Em resumo, o acoplamento com uma interface genérica de objetos que não precisam estar presentes e que podem ser adicionados (ou removidos) dinamicamente favorece o acoplamento fraco. Portanto, as Variações Protegidas com relação a uma interface com o usuário variante foram obtidas pelo uso de uma interface e do polimorfismo.

Por que esse modelo de evento é chamado de observador, publicação-assinatura ou delegação?

Originalmente, esse idioma se chamava publicação-assinatura e ainda é amplamente conhecido por esse nome. Um objeto "publica eventos", como, por exemplo, a *Venda* publica "evento de propriedade" quando o total muda. Pode não haver objetos interessados nesse evento, caso em que a *Venda* não tem assinantes registrados. No entanto, os objetos interessados "assinam" ou registram o interesse em um evento, solicitando à publicação que os notifique. Isso foi feito com a mensagem *Venda—adicionarOuvinteDePropriedade*. Quando o evento acontece, os assinantes registrados são notificados por uma mensagem.

Ele foi chamado de Observador porque o ouvinte ou assinante está observando o evento; esse termo foi popularizado na linguagem Smalltalk, no início da década de 1980.

Ele também foi chamado de Modelo de Delegação de Eventos (em Java), pois o publicador delega o tratamento de eventos para os "ouvintes" (assinantes; veja a Figura 26.26).

O Observador não serve apenas para conectar IUs e objetos-modelo

O exemplo anterior ilustrou a conexão de um objeto que não é de IU com um objeto de IU, com o padrão Observador. Entretanto, outros usos são comuns.

O uso predominante desse padrão é para o tratamento de eventos de elemento de janela de GUI, nas duas tecnologias Java (AWT e Swing) e na tecnologia .NET da Microsoft. Cada elemento de janela é um publicador de eventos relacionados à GUI e outros objetos podem assinalar o interesse neles. Por exemplo, um elemento Swing

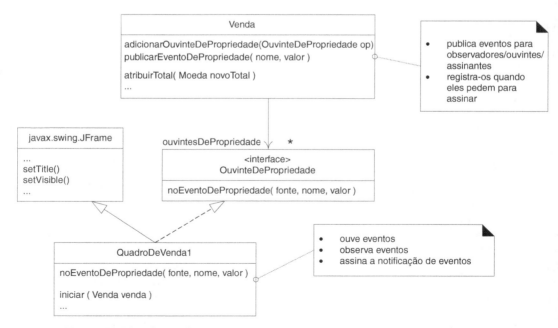

Figura 26.26 Quem é o observador, ouvinte, assinante e publicador?

JButton publica um "evento de ação" quando é pressionado. Outro objeto se registrará no botão para que, quando ele for pressionado, o objeto receba uma mensagem e possa executar alguma ação.

Como outro exemplo, a Figura 26.27 ilustra um objeto *Despertador*, que é um publicador de eventos de alarme, e vários assinantes. Este exemplo é ilustrativo no sentido de enfatizar que muitas classes podem implementar a interface *ReceptorDeAlarme*, muitos objetos podem ser ouvintes registrados simultaneamente e todos podem reagir ao "evento de alarme" à sua própria maneira exclusiva.

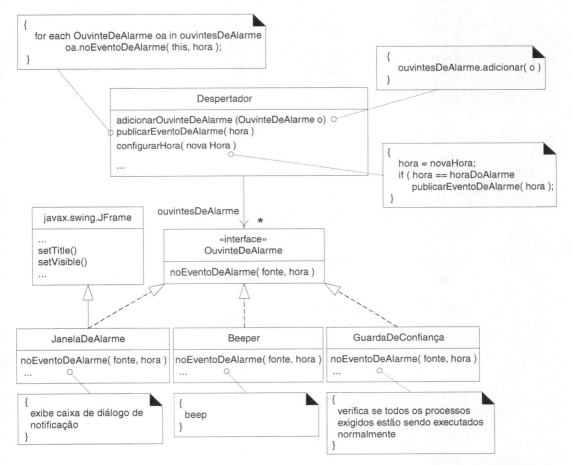

Figura 26.27 O padrão observador aplicado em eventos de alarme com diferentes assinantes.

Um publicador pode ter muitos assinantes para um evento

Conforme sugerido na Figura 26.27, uma instância de publicador poderia não ter qualquer assinante registrado ou ter muitos. Por exemplo, uma instância de *Despertador* poderia ter três objetos *JanelasDeAlarme* registrados, quatro *Beeper* e um *GuardaDeConfiança*. Quando ocorrer um evento de alarme, todos esses oito *OuvintesDeAlarme* são notificados por um evento *noEventoDeAlarme*.

Implementação

Eventos

Nas implementações Java e C# .NET do padrão Observador, um "evento" é informado por uma mensagem normal, como *noEventoDePropriedade*. Além disso, nos dois casos, o evento é mais formalmente definido como uma classe e preenchido com os dados do evento apropriados. Então, o evento é passado como parâmetro na mensagem de evento.

Por exemplo:

```
class EventoDePropriedade extends Event
{
   private Object sourceOfEvent;
   private String propertyName;
   private Object oldValue;
   private Object newValue;
   //...
}

//...

class Venda
{
   private void publicarEventoDePropriedade(
      String name, Object old, Object new )
   {
      EventoDePropriedade evt =
       new EventoDePropriedade( this, "venda.total", old, new);

      for each OuvinteDeAlarme oa in ouvintesDeAlarme
       oa.noEventoDePropriedade( evt );
   }
   //...
}
```

Java

Quando o JDK 1.0 foi lançado, em janeiro de 1996, ele continha uma implementação deficiente do padrão publicação-assinatura, baseada em uma classe e em uma interface, chamadas *Observable* e *Observer*, respectivamente. Isso foi basicamente copiado, sem aprimoramentos, a partir de uma estratégia do início da década de 1980, da publicação-assinatura implementada em Smalltalk.

Por isso, no final de 1996, como parte do trabalho do JDK 1.1, o projeto Observable-Observer foi efetivamente substituído pela versão mais robusta de publicação-assinatura DEM (Delegation Event Model – Modelo de Delegação de Evento) Java, embora o projeto original tenha sido mantido por compatibilidade retroativa (mas, em geral, deve ser evitado).

Os projetos descritos neste capítulo são coerentes com o DEM, mas ligeiramente simplificados para enfatizar as idéias principais.

Resumo

O padrão Observador fornece uma maneira de obter um acoplamento fraco dos objetos em termos de comunicação. Os publicadores sabem a respeito dos assinantes apenas por uma interface, e os assinantes podem se registrar (ou retirar o registro) dinamicamente no publicador.

Padrões relacionados

O padrão Observador é baseado no Polimorfismo e fornece Variações Protegidas no sentido de proteger o publicador de conhecer a classe do objeto específica e o número de objetos com que se comunica quando gera um evento.

26.11 Conclusão

A principal lição a tirar desta exposição é que os objetos podem ser projetados e as responsabilidades podem ser atribuídas com o apoio de padrões. Estes fornecem um conjunto explicável de idiomas, por meio dos quais podem ser construídos sistemas orientados a objetos bem projetados.

26.12 Leituras recomendadas

Design Patterns[‡], de Gamma, Helm, Johnson e Vlissides, é o texto embrionário sobre os padrões e uma leitura fundamental para todos os projetistas de objetos.

Todo ano há uma conferência "Pattern Languages of Programs" (PLoP – Linguagens de Padrões para Programação[‡‡]), a partir da qual é publicado um compêndio anual dos padrões, na série *Pattern Languages of Program Design*, volumes 1, 2, etc. A série inteira é recomendada.

Pattern-Oriented Software Architecture, volumes 1 e 2, amplia a discussão sobre padrões para preocupações arquiteturais de escala maior. O volume 1 apresentou uma taxonomia dos padrões.

Existem centenas de padrões publicados. O texto *The Pattern Almanac*, de Rising, resume uma quantidade respeitável deles.

[‡] N. de R.T.: Publicado no Brasil pela Bookman Editora com o título *Padrões de Projeto*.
[‡‡] N. de R.T.: No Brasil, o evento SugarloafPLoP – Conferência Latino-Americana em Linguagens de Padrões para Programação – é realizado anualmente desde 2001 e reúne padrões escritos em português, espanhol ou inglês.

Parte V Elaboração: Iteração 3 – Tópicos Intermediários

Capítulo

27

ITERAÇÃO 3 — REQUISITOS

Objetivos
- Definir os requisitos para a iteração 3.

Introdução

A concepção e a iteração 1 exploraram muitas idéias básicas da modelagem comum usando A/POO. Na iteração 2, o projeto de objetos foi enfatizado. Nesta terceira iteração volta-se a adotar uma visão mais ampla, explorando vários tópicos de análise e projeto, incluindo:

- Mais padrões de projeto GoF e sua aplicação no projeto de frameworks – em particular, um framework de persistência
- Análise arquitetural; documentação da arquitetura com o modelo de visões N + 1
- Modelagem de processo com os diagramas de atividade UML
- Generalização e especialização
- Projeto de pacotes
- Definição dos requisitos para a iteração 3

O que vem a seguir? Concluída a iteração 2, este capítulo apresenta os requisitos da iteração 3. O próximo capítulo explora brevemente a modelagem de processos com os diagramas de atividade da UML.

| GRASP: Mais Objetos com Responsabilidades | Aplicação dos Padrões de Projeto GoF | Requisitos da Iteração 3 | Diagramas de Atividade da UML e Modelagem | Diagramas de Máquinas de Estados em UML e Modelagem |

27.1 PDV ProxGer

Os requisitos da iteração 3 incluem:

- Fornecer acesso a serviços locais quando os serviços remotos não puderem ser acessados. Por exemplo, se a base de dados operacional remota não puder ser acessada, utilizar uma versão local com dados em cache.
- Fornecer apoio para manusear dispositivos PDV, tais como a gaveta de dinheiro e o porta-moedas.
- Tratar a autorização de pagamento por crédito.
- Apoiar a persistência de objetos.

27.2 Banco Imobiliário

Os requisitos da iteração 3 incluem:

- Novamente, implementar um cenário-chave básico do caso de uso *Jogar Banco Imobiliário*: jogadores movimentam-se pelas casas do tabuleiro. Como antes, executar o jogo como uma simulação, sem exigir entrada do usuário exceto o número de jogadores. Entretanto, na iteração 3 mais algumas regras do jogo serão aplicadas, descritas a seguir.
- Agora existirão Lotes, Estradas de Ferro e Loja de Utilidades. Quando o jogador parar em um Lote, Estrada de Ferro ou Loja de Utilidades, a seguinte lógica se aplica...
- Se o Lote, Estrada de Ferro ou Loja de Utilidades não pertencer a ninguém, o jogador que alcançar tal casa pode comprá-la. Se ele comprá-la, o preço do Lote, Estrada de Ferro ou Loja de Utilidades será deduzido da quantia disponível do jogador, que se tornará seu dono.
  - O preço é estabelecido no início do jogo, mas é arbitrário – por exemplo, os preços oficiais do Banco Imobiliário podem ser usados.
- Se o Lote, Estrada de Ferro ou Loja de Utilidades pertencer ao jogador que parou nele, nada acontece.
- Se o Lote, Estrada de Ferro ou Loja de Utilidades pertencer a outro jogador, então o jogador que parar nesta casa deve pagar aluguel ao dono. Os cálculos de locação são:
  - Locação de lotes: (valor da posição do índice) reais; ou seja, se estiver na posição 5, R$ 5,00.
  - Locação da Estrada de Ferro: 25 reais vezes o número de estradas de ferro possuídas pelo proprietário, por exemplo, se possuir 3 estradas de ferro, então o preço é R$ 75,00.
  - Locação de Lojas de utilidades: 4 vezes o número exibido pelos dados quando o jogador parou na casa (não lançar os dados novamente).

Capítulo 28

DIAGRAMAS DE ATIVIDADES UML E MODELAGEM

Se não foi feita cópia de segurança, então não era importante.
– O lema dos administradores de sistema

Objetivos

- Introduzir a notação UML para diagramas de atividades, com exemplos e várias aplicações na modelagem.

Introdução

Um diagrama de atividades UML mostra atividades seqüenciais e paralelas em um processo. Eles são úteis para modelagem de processos de negócios, fluxos de trabalho (*workflows*), fluxos de dados e algoritmos complexos.

O que vem a seguir? Definidos os requisitos da iteração 3, este capítulo introduz modelagem de processos com diagramas de atividade da UML. O próximo capítulo resume a modelagem com máquinas de estados.

| Aplicação dos Padrões de Projeto GoF | Requisitos da Iteração 3 | Diagramas de Atividades da UML e Modelagem | Diagramas de Máquinas de Estados em UML e Modelagem | Como Relacionar Casos de Uso |

28.1 Exemplo

A notação básica UML para **diagramas de atividades** é mostrada na Figura 28.1, que ilustra **ação, partição, fork, junção** e **nó de objeto**. Essencialmente, esse diagrama

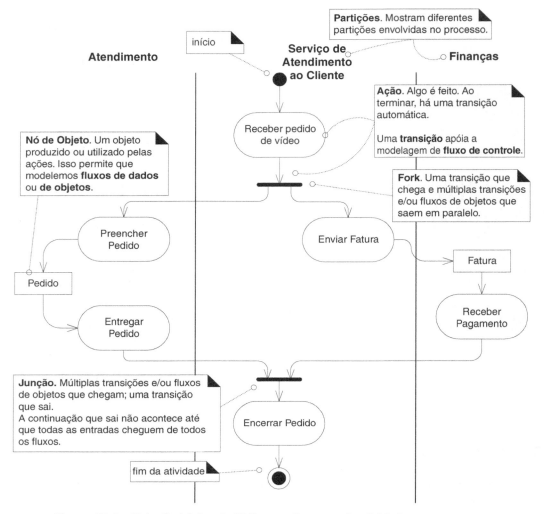

Figura 28.1 Notação básica da UML para diagrama de atividades.

mostra uma seqüência de ações, muitas das quais podem ser em paralelo. A maioria da notação é auto-explicativa; dois pontos sutis:

- Uma vez que uma ação esteja terminada, automaticamente há uma transição em andamento
- O diagrama pode mostrar tanto fluxo de *controle* quanto de *dados*

28.2 Como aplicar os diagramas de atividade?

Um **diagrama de atividades** da UML oferece uma notação rica para mostrar uma seqüência de atividades, inclusive atividades paralelas. Ele pode ser aplicado em qualquer perspectiva ou propósito, mas é mais popular para visualizar fluxos de trabalho e processos de negócios, além de casos de uso.

Modelagem de processos de negócios

Um de meus clientes está no negócio de entrega expressa de mercadorias. O processo de despachar um pacote é *bastante* não-trivial; existem muitas partes envolvidas (cliente, motorista,...) e muitos passos. Embora esse processo possa ser capturado por um texto (no texto do caso de uso), neste caso os diagramas de atividades representam um excelente exemplo de que figuras valem por mil palavras. Meu cliente usa diagramas de atividades para entender seus atuais e complexos processos de negócios por meio de sua visualização. As partições são úteis para ver as várias partes envolvidas e as ações paralelas envolvidas no processo de despacho. Os nós de objetos ilustram o que está sendo movimentado de um lado para outro. Depois de modelar seus processos atuais, eles exploram visualmente mudanças e otimizações. Veja a Figura 28.1 para um exemplo simples de aplicação dos diagramas de atividades UML para modelagem de processos de negócios. Para mostrar a modelagem de processo para meu cliente de despacho de mercadorias gastaríamos uma parede inteira!

Modelagem de fluxo de dados

A partir dos anos 70, **diagramas de fluxo de dados** (DFD) tornaram-se uma forma popular de visualizar os principais passos e dados envolvidos em processos de sistemas de software. Isso não equivale à modelagem de processos de negócios; em vez disso, DFDs eram geralmente usados para mostrar fluxos de dados em um sistema computacional, embora teoricamente pudessem ser aplicados à modelagem de processos de negócios. DFDs eram úteis para documentar os principais fluxos de dados ou para explorar um novo projeto de alto nível em termos de fluxo de dados. Veja a Figura 28.2 para um exemplo de um DFD na notação clássica de Gane-Sarson. Observe que os passos do processo são numerados, para indicar a ordem.

A informação modelada em um DFD é útil, tanto para documentação quanto para descoberta, mas a UML não inclui a notação para DFD. Felizmente, os diagramas de atividade da UML podem satisfazer os mesmos propósitos – eles podem ser usados para modelagem de fluxo de dados, substituindo a notação tradicional dos

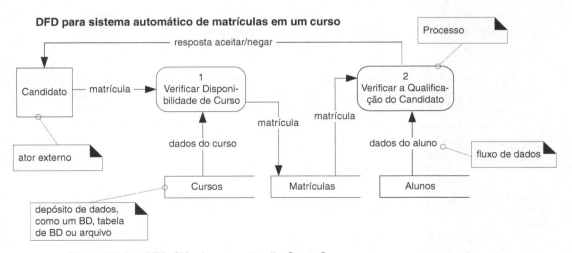

Figura 28.2 DFD Clássico, na notação Gane-Sarson.

DFDs. A Figura 28.3 ilustra a mesma informação do DFD da Figura 28.2, mas usando um diagrama de atividades da UML. Note que além de podermos usar os *nós de objeto* para mostrar os fluxos de dados, os **nós dos armazéns de dados** (datastore nodes) da UML podem ser usados.

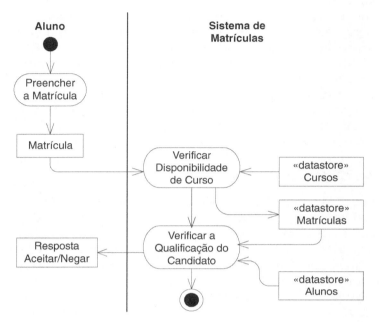

Figure 28.3 Aplicação da notação de diagramas de atividades para mostrar um modelo de fluxo de dados.

Programação concorrente e modelagem de algoritmos paralelos

Embora os detalhes estejam fora do escopo desta introdução, algoritmos paralelos em problemas de programação concorrente envolvem partições múltiplas e comportamento de *fork* e junção. Por exemplo, tais algoritmos são usados em simulações 3D com elementos finitos ou modelagem por diferenças finitas, sendo aplicados para modelagem de reservas de petróleo, análise de resistência de materiais e modelagem do tempo. O espaço físico global é dividido em blocos grandes e muitas linhas de execução (ou processos) paralelas executam, uma para cada sub-bloco. Nesses casos, as partições dos diagramas de atividade UML podem ser usadas para representar diferentes linhas ou processos do sistema em operação. Os nós de objetos podem ser usados para modelar os dados e objetos compartilhados. E, é claro, *forking* pode ser usado para modelar a criação e execução paralela de múltiplas linhas ou processos, um por partição.

28.3 Mais notação sobre diagramas de atividade da UML

Como podemos mostrar que uma atividade é expandida em outro diagrama de atividades? As Figuras 28.4 e 28.5 ilustram isso, usando o símbolo de um **ancinho**.

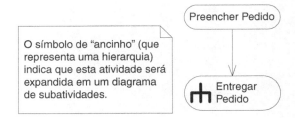

Figura 28.4   Uma atividade será expandida em outro diagrama.

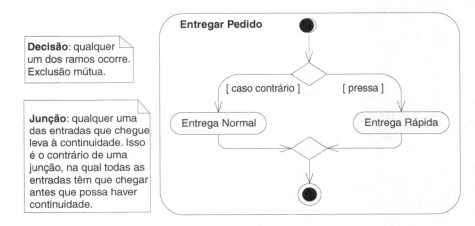

Figura 28.5   A expansão de uma atividade.

Como podemos mostrar ramos condicionais? Veja o símbolo de **decisão** usado na Figura 28.5. O símbolo correspondente para **junção** mostra como os fluxos podem voltar a ficar juntos.

Sinais são mostrados na Figura 28.6. Elas são úteis, por exemplo, quando você precisa modelar eventos como o disparo de uma ação, ou uma solicitação de cancelamento.

Existe *muito* mais notação UML disponível para diagrama de atividades. Esta pequena introdução destaca meramente alguns dos elementos mais comuns.

28.4   Diretrizes

Algumas diretrizes surgiram a partir da modelagem de atividades, incluindo:

- Esta técnica se prova mais valiosa para projetos muito complexos, em geral envolvendo muitas partes. Textos de casos de uso são suficientes para processos simples.
- Quando modelar um processo de negócio, tire vantagem da notação do "ancinho" e dos diagramas de sub-atividades. No primeiro diagrama de visão geral ("nível 0"), mantenha todas as ações em um nível bem alto de abstração, para que

488   Parte V • Elaboração: Iteração 3 – Tópicos Intermediários

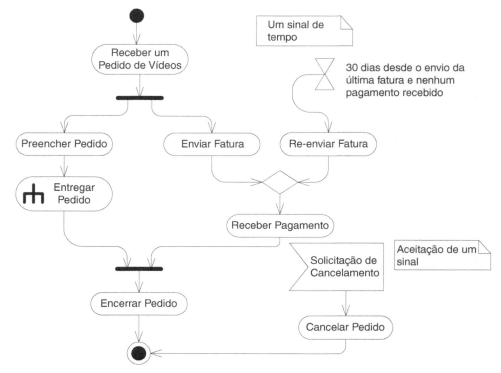

Figura 28.6   Sinais.

o diagrama fique pequeno e agradável. Expanda os detalhes em sub-diagramas no nível "nível 1", e talvez até mais, no nível "nível 2", e assim por diante.

- Relacionado ao item acima, esforce-se para fazer com que os níveis de abstração dos nós de ação fiquem aproximadamente iguais ao longo do diagrama. Como um contra-exemplo pobre, suponha que no diagrama de "nível 0" exista um nó de ação rotulado "Entregar Pedido" e um segundo nó de ação "Calcular imposto". Esses dois nós estão em níveis de abstração muito diferentes.

28.5 Exemplo: diagrama de atividades para o ProxGer

O modelo parcial da Figura 28.7 ilustra a aplicação da UML ao processo do caso de uso *Processar Venda*. Mostrei este exemplo como estudo de caso para ser completo, mas na realidade não me preocuparia em criá-lo, pois o texto do caso de uso e a simplicidade relativa deste processo fazem com que tenha valor marginal.

28.6 Processo: diagramas de atividades no PU

Uma das disciplinas do PU é a **Modelagens de Negócios**; seu objetivo é entender e comunicar "a estrutura e a dinâmica da empresa na qual o sistema será implantado" [RUP]. Um artefato importante na disciplina de Modelagem de Negócios é o

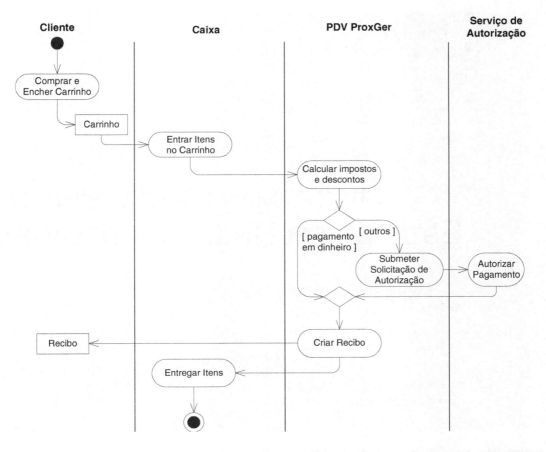

Figura 28.7 Modelagem do caso de uso *Processar Venda* com um diagrama de atividades.

Modelo de Objetos de Negócios (um superconjunto do Modelo de Domínio do PU), que essencialmente visualiza como um processo funciona, usando os diagramas de classes, de seqüência e de atividades da UML. Assim, diagramas de atividades são especialmente aplicáveis durante a disciplina de Modelagem de Negócios do PU.

28.7 Pano de fundo

Inúmeras linguagens para modelagem de processos e diagramação de fluxos de dados têm nos rodeado desde sempre. A cada ano, os diagramas de atividades da UML tornam-se mais populares como um padrão comum, embora ainda existam variações significativas. A semântica dos diagramas de atividades é fracamente baseada em **Redes de Petri**, uma teoria computacional bastante importante na ciência de computação. A metáfora – ou realização – das redes de Petri é que há **fichas** *(tokens)* fluindo através do grafo de atividades. Por exemplo, quando uma *ficha* chega a um nó de ação, ele executa. Quando todas as *fichas* de entrada exigidas chegam a uma junção, uma *ficha* de saída é criada.

Capítulo

29

DIAGRAMAS DE MÁQUINA DE ESTADOS EM UML E MODELAGEM

Não, não, você não está pensando, está apenas sendo lógico.
– Niels Bohr

Objetivos

- Introduzir a notação UML para diagramas de máquina de estados, com exemplos e várias aplicações de modelagem.

Introdução

Assim como os diagramas de atividades, os diagramas de estado em UML mostram uma visão dinâmica. A UML inclui notação para ilustrar os eventos e estados dos objetos – transações, casos de uso, pessoas, etc.

Nesta introdução, são mostradas as características mais importantes da notação, mas existem elementos mais raros que não serão abordadas aqui.

O que vem a seguir? Introduzidos os diagramas de atividade, este capítulo resume a modelagem por máquinas de estado. O próximo capítulo explora como relacionar casos de uso; por exemplo, quando um caso de uso refere-se a um outro caso de uso.

Requisitos da Iteração 3 → Diagramas de Atividade em UML e Modelagem → **Diagramas de Máquina de Estados em UML e Modelagem** → Como Relacionar Casos de Uso → Refinamento do Modelo de Domínio

29.1 Exemplo

Um **diagrama de máquina de estados** em UML, como mostrado na Figura 29.1, ilustra os eventos e os estados interessantes de um objeto e o comportamento de um objeto em resposta a um evento. As transições são mostradas como flechas, rotuladas com seus eventos correspondentes. Os estados são mostrados em retângulos arredondados. É comum incluir um pseudo-estado inicial, que passa automaticamente para outro estado quando a instância é criada.

Um diagrama de máquina de estados mostra o ciclo de vida de um objeto: os eventos pelos quais ele passa, as suas transições e os estados em que ele está entre esses eventos. Não é necessário ilustrar todos os eventos possíveis. Se ocorrer um evento que não esteja representado no diagrama, ele será ignorado no que diz respeito ao diagrama de estado. Portanto, podemos criar um diagrama de máquina de estados que descreva o ciclo de vida de um objeto em níveis de detalhe arbitrariamente simples ou complexos, dependendo das nossas necessidades.

Figura 29.1 Diagrama de máquina de estados para um telefone.

29.2 Definições: eventos, estados e transições

Um **evento** é uma ocorrência significativa ou digna de nota. Por exemplo:

- Um aparelho telefônico é tirado do gancho.

Um estado é a condição de um objeto em determinado momento no tempo – o tempo entre os eventos. Por exemplo:

- Um telefone está no estado "ocioso" após o fone ter sido colocado no gancho e até ser novamente retirado do gancho.

Uma **transição** é um relacionamento entre dois estados, indicando que, quando um evento ocorre, o objeto muda do estado anterior para o estado subseqüente. Por exemplo:

- Quando o evento "fora do gancho" ocorre, o telefone transiciona do estado "ocioso" para o estado "ativo".

29.3 Como aplicar diagramas de máquina de estados

Objetos dependentes e independentes de estado

Se um objeto sempre responde da mesma maneira a um evento, ele é considerado **independente de estado** (ou não-modal) com relação a esse evento. Por exemplo, se um objeto recebe uma mensagem e o método que responde a ela sempre o faz do mesmo modo, o objeto é independente de estado com relação a essa mensagem. Se, para todos os eventos de interesse, um objeto reage sempre da mesma maneira, ele é um **objeto independente de estado**. Em contraste, os **objetos dependentes de estado** reagem de maneira diferente aos eventos, dependendo do seu estado.

> *Diretriz*
>
> Considere máquinas de estados para objetos dependentes de estado com comportamento complexo e não para objetos independentes de estado.

Por exemplo, um telefone é bastante dependente de estados. A reação do telefone diante do pressionamento de alguma tecla em particular (gerando um evento) depende do estado atual do telefone: fora do gancho, no gancho, durante a configuração de um sub-sistema, etc.

É para esse tipo de problemas complexos, dependentes de estado, que um diagrama de máquina de estados pode adicionar valor, tanto para entendimento quanto para documentação.

> *Diretriz*
>
> Em geral, sistemas de informação de negócios possuem poucas classes complexas e dependentes de estado. É rara a utilidade de modelagem usando máquinas de estados.
>
> Por outro lado, controle de processos, controle de dispositivos, tratadores de protocolos e domínios de telecomunicações freqüentemente possuem objetos dependentes de estados. Se você trabalha com tais domínios, decididamente conheça e considere modelagem por meio de máquinas de estados.

Modelagem de objetos dependentes de estado

De maneira geral, máquinas de estados são aplicadas de duas formas:

1. Para modelar o comportamento de objetos reativos complexos, em resposta a eventos.

2. Para modelar seqüências de operações – protocolos ou linguagens de especificação.

   o Esta abordagem pode ser considerada um especialização da #1, se o "objeto" for uma linguagem, protocolo ou processo. Uma gramática formal para uma linguagem livre de contexto é um tipo de máquina de estados.

A seguir, está uma lista dos objetos comuns normalmente dependentes de estado e para os quais pode ser útil criar um diagrama de máquina de estados:

Objetos reativos complexos

- **Dispositivos Físicos** controlados por software

    o Telefone, carro, forno de microondas: possuem reações complexas e ricas a eventos e a reação depende de seu estado corrente.

- **Transações** e **Objetos de Negócios** relacionados

    o Como um objeto de negócios (uma venda, um pedido, um pagamento) reage a um evento? Por exemplo, o que deve acontecer a um Pedido se um evento *cancelar* ocorrer? Entender todos os eventos e estados que um *Pacote* pode ter durante o negócio de despacho da mercadoria pode ajudar o projeto, validação e melhoria de processo.

- **Mutantes** – São os objetos que mudam seu papel.

    o Uma *Pessoa* que muda de papel ao passar de civil para veterana. Cada papel é representado por um estado.

Protocolos e seqüências legais

- **Protocolos de Comunicação**

    o TCP e outros protocolos recentes, podem ser facilmente e claramente entendidos com um diagrama de máquina de estados. O diagrama ilustra quando as operações são legais. Por exemplo, um requisição de "fechar" um TCP deveria ser ignorada se o gerenciador de protocolo já estivesse no estado "fechado".

- **Página de IU/ Fluxo ou Navegação em janelas** – quando se faz a modelagem de IU, pode ser útil entender a seqüência legal entre páginas ou janelas Web; em geral isso é complexo. Uma máquina de estados é uma ótima ferramenta para modelar a navegação da IU.

- **Controladores ou Sessões de Fluxo da IU** – isso se relaciona à modelagem da navegação da IU, mas especialmente focada no objeto do lado do servidor que controle o fluxo de páginas. Esses em geral são objetos do lado do servidor representando uma sessão em andamento ou conversas com um cliente. Por exemplo, uma aplicação Web que lembra o estado da sessão com o cliente Web e controla as transições para novas páginas Web, ou se lembra do modo de exibição modificado da página Web atual, baseado no estado da sessão e na próxima operação que for recebida.

- **Operações de Casos de Uso do Sistema**
    - Lembra das operações de sistema para *Processar Venda*: *iniciarNovaVenda*, *entrarItem*, e assim por diante? Elas deveriam chegar em uma ordem legal; por exemplo, *finalizarVenda* deve apenas vir depois de uma ou mais operações *entrarItem*. Normalmente, a ordem é trivialmente óbvia mas, quando for complexa, uma máquina de estados pode modelar, tratando o caso de uso em si como um objeto.
- **Tratamento Individual de Eventos de Janelas de IU**
    - Entender os eventos e seqüências legais para uma janela ou formulário. Por exemplo, a ação Editar-Colar é válida somente se houver algo na área de transferência para ser colado.

29.4 Mais notação do diagrama de máquina de estados em UML

Ações de transição e de guarda

Uma transição pode causar o disparo de uma ação. Em uma implementação de software, isso pode representar a chamada de um método da classe do diagrama de máquina de estados.

Uma transição também pode ter uma condição de guarda – ou teste booleano. A transição só ocorrerá se o resultado do teste for favorável. Veja a Figura 29.2

Estados aninhados

Um estado permite o aninhamento para conter subestados; um subestado herda as transições de seu superestado (o estado que o contém). Esta é uma contribuição importante da notação de diagramas de estado proposta por Harel, que foi adotada pela UML, pois ela conduz a diagramas de máquina de estados sucintos. Os subestados podem ser mostrados graficamente por meio de seu aninhamento em uma caixa de superestado.

Por exemplo, quando ocorre uma transição para o estado *Ativo*, ocorrem a criação e a transição para o subestado *TocandoSinalDeLinha*. Não importa em qual subestado o objeto esteja, se o evento *no gancho* relacionado ao superestado *Ativo* ocorrer, acontecerá a transição para o estado *Ocioso*.

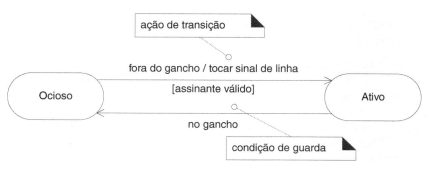

Figura 29.2 Notação de ação de transição e de guarda.

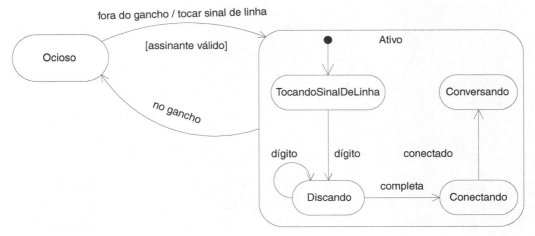

Figura 29.3 Estados aninhados.

29.5 Exemplo: modelagem de navegação de IU com máquinas de estados

Algumas aplicações de IU, especialmente aquelas para a Web, possuem fluxos de páginas complexos. As máquinas de estados são uma forma excelente para documentar, entender e modelar o fluxo das páginas, durante o processo criativo.

Uma técnica comum na modelagem ágil de IU e prototipação de IU é a modelagem com grandes folhas de papel na parede. Cada folha representa uma página Web. Notas de papel (com *post-it*) são colocadas nas folhas para representar os elementos; talvez o amarelo seja informação e o rosa seja um controle, como por exemplo um botão. Cada folha é rotulada, por exemplo, "Página de Ajuda", "Página do Produto", etc.

Além de modelar o conteúdo da página com este método de "baixa tecnologia, alto toque", é útil modelar o fluxo entre essas páginas. Assim, em um quadro branco próximo à parede de páginas Web, farei um esboço de um diagrama de máquina de estados. Os estados representam as páginas e os eventos representam os eventos que causam a transferência de uma página para outra, tal como o clique de um botão. Veja a Figura 29.4 para um exemplo desse **modelo de navegação** de IU. Obviamente, esse pequeno exemplo não faz juz à utilidade desta prática; seu valor torna-se evidente para estruturas grandes e complexas de páginas.

29.6 Exemplo: diagramas de máquina de estados para os casos de uso do ProxGer

Não há objetos reativos e complexos realmente interessantes nos estudos de caso, portanto ilustrarei um diagrama de máquina de estados para mostrar a seqüência legal de operações de um caso de uso. Veja a Figura 29.5 para sua aplicação ao caso de uso *Processar Venda*.

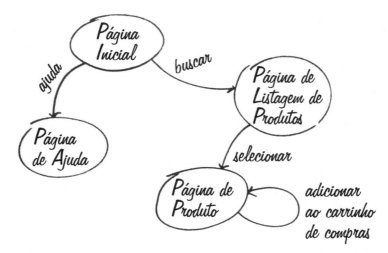

Figura 29.4 Aplicação de máquina de estados na modelagem de navegação de páginas Web.

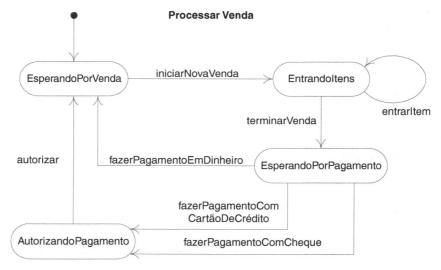

Figura 29.5 Um exemplo de máquina de estados para seqüência legal de operações em um caso de uso.

29.7 Processo: diagramas de máquinas de estados no PU

Não existe um modelo no PU chamado "modelo de estado". Pelo contrário, qualquer elemento em qualquer modelo (Modelo de Projeto, Modelo de Domínio, etc.) pode ter um diagrama de estado para melhor compreender ou mostrar seu comportamento dinâmico em resposta aos eventos. Por exemplo, um diagrama de estado associado à classe de projeto *Venda* do Modelo de Projeto faz parte do próprio Modelo de Projeto.

29.8 Leituras recomendadas

A aplicação de modelos de estado na A/POO é bem abordada no livro *Designing Object Systems*, de Cook e Daniels. O livro *Real Time UML*, de Douglass, também apresenta uma discussão excelente sobre a modelagem de estado; o conteúdo enfatiza os sistemas em tempo real, mas é aplicável de um modo geral.

Capítulo

30

COMO RELACIONAR CASOS DE USO

Por que os programadores confundem o Dia das Bruxas com o Natal? Porque OCT(31) = DEC(25)

Objetivos

- Relacionar casos de uso com as associações *incluir e estender*, tanto no formato de texto como no de diagrama.

Introdução

Os casos de uso podem ser relacionados uns com os outros. Por exemplo, um caso de uso de subfunção, como *Tratar de Pagamento com Cartão de Crédito*, pode fazer parte de vários casos de uso normais, como *Processar Venda* e *Processar Aluguel*. Organizar os casos de uso em relacionamentos não tem impacto sobre o comportamento ou sobre os requisitos do sistema. Pelo contrário, isso é simplesmente um mecanismo de organização para (idealmente) melhorar a comunicação e a compreensão dos casos de uso, reduzir a duplicação de texto e aprimorar o gerenciamento dos documentos de caso de uso.

O que vem a seguir? Introduzidos os diagramas de estado, este capítulo examina os relacionamentos entre casos de uso. O próximo capítulo aprofunda-se ainda mais, refinando o modelo de domínio para a iteração 3 e aplicando novas dicas de modelagem OO, tais como classes associativas.

Diagramas de Atividade da UML e Modelagem → Diagramas de Máquinas de Estados em UML e Modelagem → **Como Relacionar Casos de Uso** → Refinamento do Modelo de Domínio → Mais sobre DSSs e Contratos

Diretriz: evite agonizar sobre relacionamentos entre casos de uso

Em algumas organizações que trabalham com casos de uso, gasta-se um tempo improdutivo no debate sobre como relacionar casos de uso em um diagrama, em vez do trabalho que é importante no caso de uso: **escrever o texto**. Isso, na verdade, reflete um problema mais grave do trabalho orientado a análise em projetos de software: muito tempo é perdido em análise e modelagem de pouco valor. Faz parte do problema maior, do raciocínio segundo o paradigma em cascata em vez do raciocínio iterativo e evolutivo; se você pensar que tem que "obter o produto correto" desde o princípio, acaba fazendo com que se gaste muito tempo desnecessário durante a fase de análise (o que é conhecido por alguns como a " paralisia da análise").

Conseqüentemente, embora este capítulo discuta o relacionamento dos casos de uso, o assunto e seu esforço devem ser colocados em perspectiva: ele tem algum valor, mas o trabalho importante é a escrita do texto do caso de uso. A especificação dos requisitos é feita escrevendo texto, e não organizando casos de uso, que é uma etapa opcional para possivelmente melhorar sua compreensão ou reduzir a duplicação. Se uma equipe começar a modelagem do caso de uso despendendo várias horas (ou pior, dias) na discussão de um diagrama ou nos relacionamentos dos casos de uso ("Deve ser um relacionamento *incluir* ou *estender*? Devemos *especializar* esse caso de uso?"), em vez de focalizar rapidamente a escrita do texto do caso de uso mais importante, o esforço relativo terá sido despendido no lugar errado.

Além disso, no PU e em outros métodos iterativos, a organização dos casos de uso em relacionamentos pode evoluir de forma iterativa, em pequenas etapas, no decorrer da fase de elaboração; não é interessante tentar um esforço do tipo cascata para definir totalmente e refinar um diagrama de caso de uso e um conjunto de relacionamentos completos em uma única etapa, próximo ao início de um projeto.

30.1 O relacionamento incluir

Este é o relacionamento mais comum e importante.

É normal ter algum comportamento parcial que seja comum a vários casos de uso. Por exemplo, a descrição sobre pagamento com cartão de crédito ocorre em vários casos de uso, incluindo *Processar Venda, Processar Aluguel, Contribuir para o Plano de Poupança*, etc. Em vez de duplicar esse texto, é desejável separá-lo em seu próprio caso de uso de subfunção e indicar sua inclusão. Isso significa simplesmente refatorar e referenciar o texto para evitar duplicação.[1]

Por exemplo:

CDU1: Processar Venda

...
Cenário de sucesso principal:
1. Cliente chega ao PDV com bens e/ou serviços para comprar.
...

---

[1] Será útil se as referências também forem implementadas com hiperligações navegáveis.

7. Cliente paga e Sistema trata pagamento.
...
Extensões:
7b. Pagamento com cartão de crédito: Incluir *Tratar Pagamento com Cartão de Crédito*.
7c. Pagamento com cheque: Incluir *Tratar Pagamento com Cheque*.
...

CDU7: Processar Aluguel

...
Extensões:
6b. Pagamento com cartão de crédito: Incluir *Tratar Pagamento com Cartão de Crédito*.
...

CDU12: Tratar Pagamento com Cartão de Crédito

...
Nível: Subfunção
Cenário de sucesso principal:
1. Cliente introduz as informações da conta de seu cartão de crédito.
2. Sistema envia o pedido de autorização de pagamento para um Sistema de Serviço de Autorização de Pagamento externo e pede aprovação para pagamento.
3. Sistema recebe aprovação do pagamento e a sinaliza para Caixa.
4. ...

Extensões:
2a. Sistema detecta uma falha na colaboração com o sistema externo:
    1. Sistema sinaliza um erro para Caixa.
    2. Caixa solicita ao Cliente um pagamento alternativo.
...

Este é o relacionamento **incluir**.

Uma notação ligeiramente mais curta (e, assim, talvez preferida) para indicar um caso de uso incluído é simplesmente sublinhá-lo ou destacá-lo de algum modo. Por exemplo:

CDU1: Processar Venda

...
Extensões:
7b. Pagamento com cartão de crédito: *Tratar Pagamento com Cartão de Crédito*.
7c. Pagamento com cheque: *Tratar Pagamento com Cheque*.
...

Note que o caso de uso de subfunção *Tratar Pagamento com Cartão de Crédito* estava originalmente na seção *Extensões* do caso de uso *Processar Venda*, mas foi decomposto para evitar duplicação. Note também que são usadas as mesmas estruturas *Sucesso Principal* e *Extensões* no caso de uso de subfunção e nos casos de uso do processo de negócio elementar normal, como *Processar Venda*.

Uma diretriz prática e simples sobre quando usar o relacionamento incluir é oferecida por Fowler [FS03]:

> Use *incluir* quando você estiver se repetindo em dois ou mais casos de uso separados e quiser evitar repetição.

Outra motivação é simplesmente decompor um caso de uso demasiadamente longo em subunidades, para melhorar a compreensão.

Usar incluir com tratamento de evento assíncrono

Um outro uso do relacionamento incluir é para descrever o tratamento de um evento assíncrono, como quando um usuário pode, a qualquer momento, selecionar ou desviar para uma janela, função ou página específica da Web, ou dentro de um intervalo de etapas.

Na verdade, a notação do caso de uso para apoiar esse desvio assíncrono já foi explorada na introdução aos casos de uso, no Capítulo 6, mas, naquele momento, o acréscimo da chamada a um subcaso de uso incluído não foi discutido.

A notação básica é usar os rótulos de estilo a^*, b^*,... na seção Extensões. Lembre-se de que eles implicam uma extensão ou um evento que pode ocorrer a qualquer momento. Uma variação secundária é um rótulo de intervalo, como *3-9*, a ser usado quando o evento assíncrono puder ocorrer dentro de um intervalo relativamente grande de etapas do caso de uso, mas não em todas.

CDU1: Processar BarrasFoo

...
Cenário de sucesso principal
1. ...
Extensões:
a*. A qualquer momento, Cliente opta por editar as informações pessoais: *Editar Informações Pessoais*.
b*. A qualquer momento, Cliente opta por imprimir a ajuda: *Apresentar Impressão da Ajuda*.
2-11. Cliente cancela: *Cancelar Confirmação de Transação*.
...

Resumo

O relacionamento incluir pode ser usado para a maioria dos problemas de relacionamento de caso de uso. Em síntese:

Decomponha os casos de uso de subfunção e use o relacionamento incluir quando:

- Eles estiverem duplicados em outros casos de uso.
- Um caso de uso for muito complexo e longo, e separá-lo em subunidades ajudar na compreensão.

Conforme será explicado, existem outros relacionamentos: estender e generalizar. Entretanto, Cockburn, um modelador especialista em casos de uso, aconselha a preferir o relacionamento incluir em detrimento de estender ou generalizar:

> Como uma primeira regra fundamental, use sempre o relacionamento *incluir* entre casos de uso. As pessoas que seguem essa regra relatam que elas e seus leitores ficam menos confusos com o que escrevem do que as pessoas que misturam *incluir* com *estender* e *generalizar* [Cockburn01].

30.2 Terminologia: casos de uso concreto, abstrato, de base e de adição

Um **caso de uso concreto** é iniciado por um ator e executa o comportamento total desejado pelo ator [RUP]. Esses são os casos de uso de processo do negócio elementares. Por exemplo, *Processar Venda* é um caso de uso concreto. Em contraste, um **caso de uso abstrato** nunca é instanciado por si só; ele é um caso de uso de subfunção que faz parte de outro caso de uso. *Tratar Pagamento com Cartão de Crédito* é abstrato; ele não é independente, mas sempre faz parte de outra estória, como *Processar Venda*.

Um caso de uso que inclui outro ou que é estendido ou especializado por outro caso de uso é chamado de **caso de uso de base**. *Processar Venda* é um caso de uso de base com relação ao caso de uso de subfunção incluído *Tratar Pagamento com Cartão de Crédito*. Por outro lado, o caso de uso que é uma inclusão, extensão ou especialização é chamado de **caso de uso de adição**. *Tratar Pagamento com Cartão de Crédito* é o caso de uso de adição no relacionamento incluir de *Processar Venda*. Os casos de uso de adição normalmente são abstratos. Os casos de uso de base normalmente são concretos.

30.3 O relacionamento estender

Suponha que o texto de um caso de uso não deva ser modificado (pelo menos não significativamente) por algum motivo. Talvez modificar continuamente o caso de uso com muitas extensões novas e passos condicionais seja um problema de manutenção, ou o caso de uso tenha como referência um artefato estável e não possa ser tocado. Como anexar algo ao caso de uso sem modificar seu texto original?

O relacionamento **estender** fornece uma resposta. A idéia é criar um caso de uso de extensão ou adição e, dentro dele, descrever onde e sob qual condição ele estende o comportamento de algum caso de uso de base. Por exemplo:

CDU1: Processar Venda (o caso de uso de base)

...
Pontos de Extensão: *Cliente VIP*, passo 1. *Pagamento*, passo 7.
Cenário de sucesso principal
1. Cliente chega ao PDV com bens e/ou serviços para comprar.
...
7. Cliente paga e Sistema trata pagamento.
...

CDU15: Tratar Pagamento com Vale-Presente (o caso de uso de extensão)

> ...
> **Gatilho:** O Cliente quer pagar com um vale-presente.
> **Pontos de Extensão:** Pagamento em Processar Venda.
> **Nível:** Subfunção
> **Cenário de sucesso principal**
> 1. Cliente fornece vale-presente ao Caixa.
> 2. Caixa informa identificação do vale-presente.
> ...

Esse é um exemplo do relacionamento **estender**. Observe o uso de um **ponto de extensão** e que o caso de uso de extensão é disparado por alguma condição. Os pontos de extensão são rótulos no caso de uso de base, que o caso de uso de extensão referencia como o ponto de extensão, de modo que a numeração da etapa do caso de uso de base pode mudar sem afetar o caso de uso de extensão – novamente, um procedimento indireto.

Às vezes, o ponto de extensão é simplesmente "em qualquer ponto no caso de uso X". Isso é particularmente comum em sistemas com muitos eventos assíncronos, como em um processador de textos ("realize uma correção ortográfica agora", "faça uma pesquisa de sinônimos agora"), ou em sistemas de controle reativo. Note, entretanto, conforme descrito na seção anterior sobre o relacionamento incluir, que este relacionamento também pode ser usado para descrever um tratamento de evento assíncrono. A alternativa de estender é uma opção quando o caso de uso de base está fechado para modificação.

Note que uma qualidade da assinatura do relacionamento estender é que o caso de uso de base (*Processar Venda*) não tem referência para o caso de uso de extensão (*Tratar Pagamento com Vale-Presente*) e, portanto, não define nem controla as condições sob as quais as extensões são disparadas. *Processar Venda* é completo e total por si só, sem saber sobre o caso de uso de extensão.

Observe que, como alternativa, esse caso de uso de adição *Tratar Pagamento com Vale-Presente* poderia ter sido referenciado dentro de *Processar Venda*, com um relacionamento incluir, como no caso de *Tratar Pagamento com Cartão de Crédito*. Muitas vezes isso é conveniente. Entretanto, este exemplo foi motivado pela restrição de que o caso de uso *Processar Venda* não devia ser modificado, que é a situação em que se deve usar estender, em vez de incluir.

Além disso, observe que esse cenário de vale-presente poderia simplesmente ter sido gravado, adicionando-o como uma extensão na seção *Extensões* de *Processar Venda*. Essa estratégia evita os relacionamentos incluir e estender e a criação de um caso de uso de subfunção separado.

> Na verdade, apenas atualizar a seção *Extensões* normalmente é a solução preferida, em vez de criar relacionamentos de caso de uso complexos.

Algumas diretrizes de caso de uso recomendam usar casos de uso de extensão e o relacionamento estender para modelar o comportamento condicional ou opcional inserido no caso de uso de base. Isso não é impreciso, mas deixa de lado o ponto de que o comportamento opcional e condicional pode simplesmente ser gravado como texto na seção *Extensões* do caso de uso de base. A complicação de usar o relacionamento estender e mais casos de uso não é motivada apenas pelo comportamento opcional.

O que motiva de maneira mais prática o uso da técnica estender é quando, por algum motivo, é indesejável modificar o caso de uso de base.

30.4 O relacionamento generalizar

A discussão sobre o relacionamento generalizar está fora dos objetivos desta introdução. Entretanto, observe que os especialistas em caso de uso têm tido sucesso ao fazer o caso de uso funcionar sem este relacionamento opcional, que acrescenta outro nível de complexidade nos casos de uso, e que ainda não existe um acordo por parte dos profissionais sobre diretrizes da melhor prática de como aproveitar essa idéia. Uma observação comum por parte dos consultores de casos de uso é que resultam complicações e um tempo improdutivo é gasto na adição de muitos relacionamentos de casos de uso.

30.5 Diagramas de caso de uso

A Figura 30.1 ilustra a notação UML do relacionamento incluir, que é o único que está sendo usado no estudo de caso, de acordo com o conselho dos especialistas em casos de uso de manter as coisas simples e preferir o relacionamento incluir.

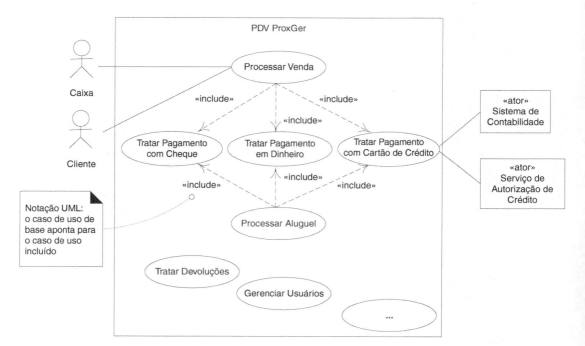

Figura 30.1 Relacionamento incluir de caso de uso no Modelo de Caso de Uso.

A notação do relacionamento estender é ilustrada na Figura 25.2.

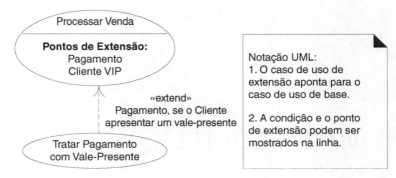

Figura 30.2 O relacionamento estender.

Capítulo

31

MAIS SOBRE DSSs E CONTRATOS

A virtude é uma tentação insuficiente.
– George Bernard Shaw

Objetivos
- Definir DSSs e contratos de operação do sistema para a iteração corrente.

Introdução

O capítulo resume rapidamente as atualizações feitas nos DSSs e contratos de operações do sistema para esta iteração do estudo de caso do ProxGer. Não há necessidade de mudanças no problema do Banco Imobiliário.

O que vem a seguir? Tendo visto como relacionar casos de uso, este capítulo resume rapidamente mudanças nos DSSs e contratos. O próximo capítulo concentra-se no refinamento do modelo de domínio para a iteração 3, aplicando novas dicas de modelagem OO.

Diagramas de Máquina de Estados em UML e Modelagem → Como relacionar casos de uso → **Mais sobre DSSs e Contratos** → Análise Arquitetural → Refinamento do Modelo de Domínio

31.1 PDV ProxGer

Novos diagramas de seqüência do sistema

Na iteração corrente, os novos requisitos de tratamento de pagamento envolvem novas colaborações com sistemas externos. Recapitulando, os DSSs usam notação própria para ilustrar colaborações entre os sistemas, tratando cada um como uma caixa preta. É útil ilustrar os novos eventos do sistema em DSSs para esclarecer:

- As novas operações de sistema que o PDV ProxGer precisará apoiar.
- As chamadas para outros sistemas e as respostas esperadas dessas chamadas.

Início comum do cenário processar venda

O DSS para a parte inicial de um cenário básico inclui os eventos de sistema *iniciarNovaVenda*, *entrarItem* e *terminarVenda*; isso é comum, independente do método de pagamento (ver Figura 31.1).

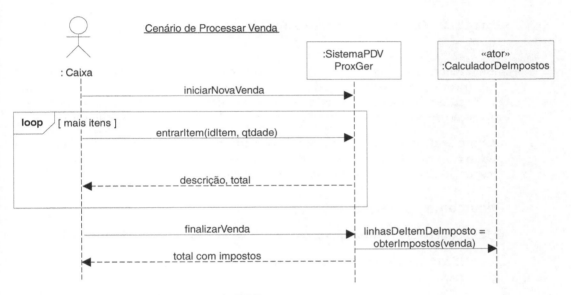

Figura 31.1 Início comum do DSS.

Pagamento com cartão de crédito

Esse DSS para o cenário de pagamento com cartão de crédito começa depois do início comum (ver Figura 31.2).

Nos casos de pagamentos com cartão de crédito e com cheque, para simplificar, (para esta iteração) supõe-se que o pagamento é exatamente igual ao total da venda e, assim, uma quantia "fornecida" diferente não precisa ser um parâmetro de entrada.

Note que a chamada para o *ServiçoDeAutorizaçãoDeCrédito* externo é modelada como uma mensagem síncrona normal, com um valor de retorno. Essa é uma abstração; ela poderia ser implementada com uma solicitação SOAP através de HTTPS seguro ou qualquer mecanismo de comunicação remota. Os adaptadores de recurso definidos na iteração anterior ocultarão o protocolo específico.

A operação de sistema *fazerPagamentoComCartãoDeCrédito* – e o caso de uso – presume que as informações de crédito do cliente são provenientes de um cartão de crédito e, as-

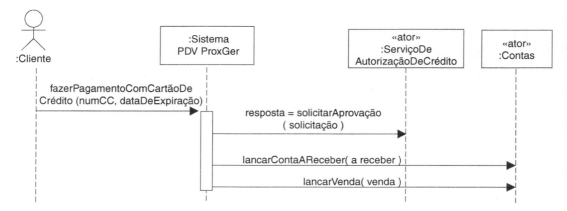

Figura 31.2 DSS para pagamento com cartão de crédito.

sim, um número de conta de cartão de crédito e uma data de expiração entram no sistema (provavelmente por meio de uma leitora de cartão). Embora se reconheça que no futuro surgirão mecanismos alternativos de comunicação de informações de crédito, a suposição de que os cartões de crédito continuarão a ser aceitos é muito estável.

Lembre-se de que, quando um serviço de autorização de crédito aprova um pagamento com cartão de crédito, ele deve pagar à loja; assim, uma entrada de contas a receber precisa ser adicionada no sistema de contas a receber.

Pagamento com cheque

O DSS para o cenário de pagamento com cheque é mostrado na Figura 31.3.

De acordo com o caso de uso, o caixa deve introduzir o número da carteira de identidade para validação.

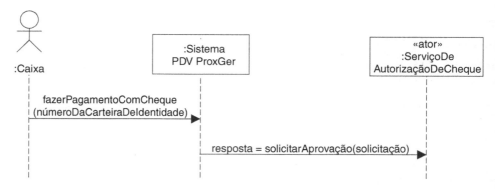

Figura 31.3 DSS para pagamento com cheque.

Novas operações do sistema

Nesta iteração, as novas operações que nosso sistema manipula são:

- *fazerPagamentoComCartãoDeCrédito*
- *fazerPagamentoComCheque*

Na primeira iteração, a operação do sistema para o pagamento em dinheiro era simplesmente *fazerPagamento*. Agora que temos pagamentos de tipos diferentes, ele é renomeado para *fazerPagamentoEmDinheiro*.

Novos contratos de operação do sistema

Recapitulando, os contratos de operação do sistema são artefatos de requisitos opcionais (parte de modelo de casos de uso) que acrescentam detalhes refinados a respeito dos resultados de uma operação do sistema. Normalmente, o próprio texto do caso de uso é suficiente e esses contratos não são necessários. Entretanto, ocasionalmente, eles valorizam o sistema por meio de suas estratégias precisas e detalhadas na identificação do que acontece quando uma operação complexa é chamada no sistema, em termos de alterações de estado nos objetos definidos no Modelo de Domínio.

Aqui estão os contratos das novas operações do sistema:

Contrato CO5: fazerPagamentoComCartãoDeCrédito

Operação:	fazerPagamentoComCartãoDeCrédito(númeroDoCartão DeCrédito, dataDeExpiração)
Referências cruzadas:	Casos de Uso: Processar Venda
Pré-condições:	Existe uma venda em andamento e todos os itens foram introduzidos
Pós-condições:	– foi criado um PagamentoComCartãoDeCrédito pg
	– pg foi associado à Venda corrente vd
	– foi criado um CartãoDeCrédito cc; cc.número = númeroDoCartãoDeCrédito, cc.dataExpiração = dataDeExpiração
	– cc foi associado à pg
	– foi criada uma SolicitaçãoDePagamentoComCartãoDeCrédito spcc
	– pg foi associado à spcc
	– foi criada uma EntradaDeContasAReceber ecar
	– ecar foi associada à ContasAReceber externa
	– vd foi associada à Loja como uma venda concluída

Observe a pós-condição, que indica a associação de uma nova entrada de conta a receber nas contas a receber. Embora essa responsabilidade esteja fora dos limites do sistema ProxGer, o sistema de contas a receber está sob controle do negócio e, portanto, a afirmação foi adicionada como uma verificação de correção.

Por exemplo, durante os testes, fica claro, a partir dessa pós-condição, que o sistema de contas a receber deve ser testado quanto à presença de uma nova entrada de conta a receber.

Contrato CO6: fazerPagamentoComCheque

Operação:	fazerPagamentoComCheque(númeroDaCarteiraDeIdentidade)
Referências cruzadas:	Casos de Uso: Processar Venda
Pré-condições:	Existe uma venda em andamento e todos os itens foram introduzidos
Pós-condições:	– foi criado um PagamentoComCheque pg
	– pg foi associado à Venda corrente vd
	– foi criada uma CarteiraDeIdentidade ci; ci.número = númeroDaCarteiraDeIdentidade
	– ci foi associada à pg
	– foi criada uma SolicitaçãoDePagamentoComCheque spc
	– pg foi associado à spc
	– vd foi associada à Loja como uma venda concluída

Capítulo

32

REFINAMENTO DO MODELO DE DOMÍNIO

As classificações grosseiras e as generalizações falsas são a maldição da vida organizada.
– Uma generalização de H.G. Wells

Objetivos

- Refinar o modelo de domínio com generalizações, especializações, classes associativas, intervalos de tempo, composição e pacotes.
- Identificar quando vale a pena mostrar uma subclasse.

Introdução

Generalização e especialização são conceitos fundamentais da modelagem de domínio que favorecem a economia de expressão; além disso, as hierarquias de classes conceituais freqüentemente são a base de inspiração das hierarquias de classes de software que exploram a herança e reduzem a duplicação do código. Classes associativas captam informação sobre uma associação em si. Intervalos de tempo captam o importante conceito de que alguns objetos de negócio são válidos por um tempo limitado. E pacotes são um modo de organizar modelos de domínio grandes em unidades menores. A maioria desses conceitos é introduzida no contexto do estudo de caso ProxGer; um modelo refinado do modelo de domínio do Banco Imobiliário é mostrado a partir das págs. 539-540.

O que vem a seguir? Resumidos os DSSs e as modificações nos contratos, este capítulo aprofunda-se mais no refinamento do modelo de domínio para a iteração 3, aplicando novas sugestões de modelagem OO, como classes associativas. O próximo capítulo introduz como analisar as forças significativas arquiteturalmente para uma aplicação.

Como Relacionar Casos de Uso — Mais sobre DSSs e Contratos — **Refinamento do Modelo de Domínio** — Análise Arquitetural — Refinamento da Arquitetura Lógica

32.1 Novos conceitos para o modelo de domínio ProxGer

Como na iteração 1, o Modelo de Domínio pode ser desenvolvido incrementalmente, considerando os conceitos dos requisitos dessa iteração. Técnicas como a *Lista de Categoria de Conceitos* e identificação de frases nominais ajudam. Uma abordagem efetiva para o desenvolvimento de um modelo de domínio robusto e rico é estudar o trabalho de outros autores sobre esse assunto, como [Fowler96].

Lista de categoria de conceitos

A Tabela 32.1 mostra alguns conceitos importantes a serem considerados nessa iteração.

Tabela 32.1   Lista de categoria de conceitos

Categoria	Exemplos
Objetos físicos ou palpáveis	*CartãoDeCrédito, Cheque*
Transações	*PagamentoEmDinheiro, PagamentoACrédito, PagamentoComCheque*
Outros sistemas de computador ou eletromecânicos externos ao nosso sistema	*ServiçoDeAutorizaçãoDeCrédito, ServiçoDeAutorizaçãoDeCheque*
Conceitos substantivos abstratos	
Organizações	*ServiçoDeAutorizaçãoDeCrédito, ServiçoDeAutorizaçãoDeCheque*
Registros financeiros, de mão de obra, de contratos e de assuntos legais	*ContasAReceber*

Identificação de frase nominal a partir dos casos de uso

Para reiterar, a identificação de frase nominal não pode ser aplicada mecanicamente para identificar conceitos relevantes a incluir no Modelo de Domínio. Julgamento deve ser aplicado e devem ser desenvolvidas abstrações adequadas, pois a linguagem natural é ambígua e os conceitos relevantes nem sempre são explícitos ou claros no texto existente. Entretanto, trata-se de uma técnica prática na modelagem de domínio, pois é direta.

Essa iteração trata dos cenários do caso de uso *Processar Venda* para pagamentos a crédito e com cheque. A seguir, mostra-se a identificação de frase nominal a partir dessas extensões:

Caso de uso CDU1: Processar venda

...
Extensões:
7b. Pagamento a crédito:
   1. Cliente insere as **informações de sua conta de crédito**.

2. Sistema envia **solicitação de autorização de pagamento** para um sistema externo de **Serviço de Autorização de Pagamento** e solicita **aprovação do pagamento**.
   2a. Sistema detecta uma falha ao tentar colaborar com sistema externo:
   1. Sistema avisa erro ao Caixa.
   2. Caixa pede ao Cliente uma forma de pagamento alternativa.
3. Sistema recebe **aprovação do pagamento** e avisa ao Caixa a aprovação.
   3a. Sistema recebe **rejeição de pagamento**:
   1. Sistema avisa rejeição ao Caixa.
   2. Caixa solicita ao Cliente uma forma alternativa de pagamento.
4. Sistema registra **pagamento a crédito**, que inclui aprovação do pagamento.
5. Sistema apresenta mecanismo para entrada de assinatura do pagamento a crédito.
6. Caixa solicita ao Cliente assinatura para pagamento a crédito. Cliente fornece assinatura.

7c. Pagamento em cheque:
   1. Cliente preenche um **cheque** e o entrega ao Caixa, junto com sua **carteira de identidade**.
   2. Caixa escreve número da carteira de identidade no cheque, o introduz e solicita **autorização de pagamento com cheque**.
   3. Sistema gera um **pedido de pagamento com cheque** e o envia para um **Serviço de Autorização de Cheque** externo.
   4. Sistema recebe uma aprovação de pagamento com cheque e a avisa ao Caixa.
   5. Sistema registra **pagamento com cheque**, o qual inclui aprovação do pagamento.

...

Transações do serviço de autorização

A identificação de frase nominal revela conceitos como *PedidoDePagamentoACrédito* e *RespostaDaAprovaçãoDoCrédito*. Na verdade, esses conceitos podem ser vistos como tipos de transações com serviços externos e, em geral, é interessante identificar tais transações, pois as atividades e os processos tendem a girar em torno delas.

Essas transações não precisam representar registros de computador ou *bits* trafegando em uma linha. Elas representam a abstração da transação, independentemente de seu meio de execução. Por exemplo, um pedido de pagamento a crédito pode ser executado por pessoas falando ao telefone, por dois computadores que estejam enviando registros ou mensagens um para o outro, etc.

32.2 Generalização

Os conceitos *PagamentoEmDinheiro*, *PagamentoComCartãoDeCrédito* e *PagamentoComCheque* são muito semelhantes. Nessa situação, é possível (e útil[1]) organizá-los (como na Figura 32.1) em uma **hierarquia de classes generalização-especialização** (ou simplesmente **hierarquia de classes**), na qual a **superclasse** *Pagamento* representa um conceito mais geral e as **subclasses** representam conceitos mais especializados.

---

[1] Posteriormente, neste capítulo, vamos investigar razões para definir hierarquias de classes.

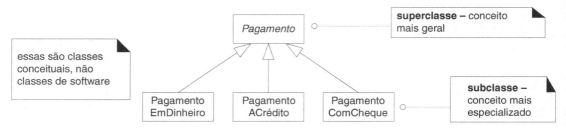

Figura 32.1 Hierarquia de generalização-especialização.

Note que a discussão de classes neste capítulo se refere às classes *conceituais* e não às classes de software.

Generalização é a atividade de identificar o que há de comum entre conceitos e definir relacionamentos entre superclasses (conceito geral) e subclasses (conceitos especializados). Trata-se de uma forma de construir classificações taxonômicas entre conceitos que são, então, ilustrados em hierarquias de classes.

A identificação de uma superclasse e de subclasses é importante em um Modelo de Domínio, pois a sua presença nos permite entender os conceitos em termos mais gerais, refinados e abstratos. Ela conduz a uma economia de expressão, a uma compreensão aprimorada e a uma redução de informações repetidas. Além disso, apesar de estarmos agora focalizando o Modelo de Domínio do Processo Unificado e não o Modelo de Projeto de software, o projeto e a implementação posterior de superclasses e subclasses como classes de software que usam herança, produz um software de qualidade superior.

Assim:

Diretriz

Identifique superclasses e subclasses do domínio relevantes para a iteração corrente e as ilustre no Modelo de Domínio.

UML – Para rever a notação de generalização apresentada em um capítulo anterior, na UML o relacionamento de generalização entre elementos é indicado com um triângulo grande vazado, apontando dos elementos especializados para o elemento mais geral (ver Figura 32.2). Podem ser usadas tanto flechas separadas como flechas compartilhadas.

32.3 Definição de superclasses e subclasses conceituais

Já que é importante identificar superclasses e subclasses conceituais, é interessante entender clara e precisamente a generalização, as superclasses e as subclasses, em termos de definição da classe e de conjuntos de classes[2]. As seções a seguir exploram isso.

---
[2] Isto é, a intenção e a extensão de uma classe. Essa discussão foi inspirada por [MO95].

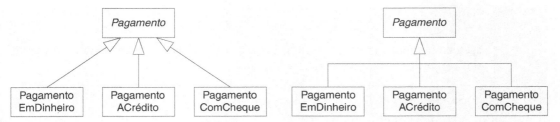

Figura 32.2 Hierarquia de classes com notações de flecha separada e flecha compartilhada.

Generalização e definição de classe conceitual

Qual é o relacionamento de uma superclasse conceitual com uma subclasse?

> *Definição*
> A definição de uma superclasse conceitual é mais geral ou abrangente do que a definição de uma subclasse.

Considere, por exemplo, a superclasse *Pagamento* e suas subclasses (*PagamentoEmDinheiro*, etc.). Suponha que a definição de *Pagamento* seja que ele representa a transação de transferir dinheiro (não necessariamente em espécie) de uma pessoa para outra, para uma compra, e que todos os pagamentos tenham uma quantia de dinheiro transferida. O modelo correspondente está ilustrado na Figura 32.3.

Um *PagamentoACrédito* é uma transferência de dinheiro por meio de uma instituição de crédito que precisa ser autorizada. Minha definição de *Pagamento* abrange e é mais geral do que minha definição de *PagamentoACrédito*.

Generalização e conjuntos de classes

As subclasses e superclasses conceituais estão relacionadas em termos de pertinência a conjuntos.

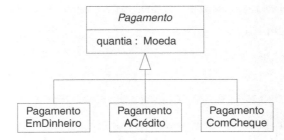

Figura 32.3 Hierarquia de classes pagamento.

> *Definição*
>
> Todos os membros de um conjunto de subclasses conceituais são membros de seu conjunto de superclasses.

Por exemplo, em termos de pertinência a conjuntos, todas as instâncias do conjunto *PagamentoACrédito* também são membros do conjunto *Pagamento*. Em um diagrama de Venn, isso é mostrado na Figura 32.4.

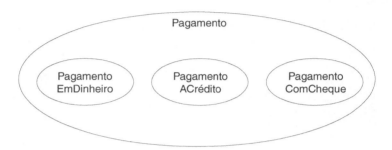

Figura 32.4 Diagrama de Venn dos relacionamentos entre conjuntos.

Conformidade da definição de uma subclasse conceitual

Quando uma hierarquia de classes é criada, são feitas declarações a respeito das superclasses que se aplicam às subclasses. Por exemplo, a Figura 32.5 afirma que todos os *Pagamentos* têm uma *quantia* e estão associados a uma *Venda*.

Todas as subclasses de *Pagamento* devem obedecer à regra de ter uma quantia a pagar e estarem associadas a uma *Venda*. Em geral, essa regra de conformidade com a definição de uma superclasse é conhecida como *Regra dos 100%*:

> *Diretriz: regra dos 100%*
>
> 100% da definição da superclasse conceitual deve ser aplicável às subclasses. A subclasse deve estar 100% de acordo com os seguintes elementos da superclasse:
> - atributos
> - associações

Conformidade com o conjunto da subclasse conceitual

Uma subclasse conceitual deve ser membro do conjunto da superclasse. Assim, *PagamentoACrédito* deve ser membro do conjunto de *Pagamentos*.

Informalmente, isso expressa a noção de que a subclasse conceitual *é uma espécie da* superclasse. *PagamentoACrédito é uma espécie de Pagamento*. Resumidamente, a relação *é-uma-espécie-de* é chamada de *é-um*.

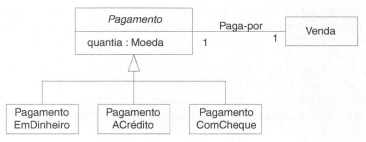

Figura 32.5 Conformidade das subclasses com a superclasse.

Esse tipo de conformidade é conhecido como a *regra é-um*:

> *Diretriz: regra é-um*
>
> Todos os membros do conjunto de uma subclasse devem ser membros do seu conjunto superclasse.
>
> Em linguagem natural, isso pode ser testado informalmente, verificando a veracidade da afirmação: *a subclasse é uma superclasse*.

Por exemplo, a declaração *PagamentoACrédito é um Pagamento* faz sentido e transmite a noção de conformidade com a pertinência a conjuntos.

O que é uma subclasse conceitual correta?

Com base na discussão anterior, aplique os testes[3] a seguir para definir uma subclasse correta ao construir um modelo de domínio:

> *Diretriz*
>
> Uma subclasse em potencial deve obedecer à:
>
> - Regra dos 100% (conformidade com a definição)
> - Regra É-um (conformidade com a pertinência a conjuntos)

32.4 Quando definir uma subclasse conceitual?

Foram examinadas as regras que garantem que uma subclasse é correta (a regra do É-um e a regra dos 100%). Entretanto, *quando* devemos sequer nos preocupar com a definição de uma subclasse? Primeiramente, uma definição: uma **partição de classe**

---

[3] Esses nomes de regra foram escolhidos por seu caráter mnemônico e não pela sua precisão.

conceitual é uma divisão de uma classe conceitual em subclasses disjuntas (ou **tipos**, na terminologia de Odell) [MO95]. A questão pode ser reformulada como: "quando é útil mostrar uma partição de uma classe conceitual"?

Por exemplo, no domínio do PDV, *Cliente* pode ser corretamente particionado (ou dividido em subclasses) em *ClienteMasculino* e *ClienteFeminino*. No entanto, é relevante ou útil mostrar isso em nosso modelo (ver Figura 32.6)? Essa partição não é útil para o nosso domínio; a seção seguinte explica por quê.

Figura 32.6 Partição válida de classe conceitual, mas é útil em nosso domínio?

Motivos para particionar uma classe conceitual em subclasses

A seguir, são apresentados fortes motivos para particionar uma classe em subclasses:

Diretriz

Crie uma subclasse conceitual de uma superclasse quando:

1. A subclasse tiver atributos adicionais de interesse.

2. A subclasse tiver associações adicionais de interesse.

3. O conceito da subclasse for operado, tratado, reagido ou manipulado de maneira diferente da superclasse ou de outras subclasses, de forma que sejam interessantes de se considerar.

4. O conceito da subclasse representa algo animado (por exemplo, um animal, um robô) que se comporta de maneira diferente da superclasse ou de outras subclasses, de forma que sejam interessantes de se considerar.

Com base nos critérios anteriores, particionar *Cliente* nas subclasses *ClienteMasculino* e *ClienteFeminino* não é conveniente, pois elas não possuem atributos ou associações adicionais, não são operadas (tratadas) de forma diferente e não se comportam de maneira diferente, de maneiras que sejam interessantes de se considerar.[4]

A Tabela 32.2 mostra alguns exemplos de partições de classes do domínio de pagamentos e outras áreas, usando esses critérios.

---

[4] Homens e mulheres apresentam diferentes hábitos de compra. Entretanto, eles não são relevantes para os requisitos de nosso caso de uso corrente – o critério que delimita nossa investigação.

Tabela 32.2 Exemplos de partições de subclasse

Motivação para criar subclasses conceituais	Exemplos
A subclasse tem atributos adicionais de interesse.	Pagamentos – não aplicável. Biblioteca – Livro, *subclasse* de *RecursoEmprestável*, tem um atributo *ISBN*.
A subclasse tem associações adicionais de interesse.	Pagamentos – *PagamentoACrédito*, subclasse de *Pagamento*, está associada a um *CartãoDeCrédito*. Biblioteca – *Vídeo*, subclasse de *RecursoEmprestável*, está associado a *Diretor*.
O conceito de subclasse é operado, tratado, reagido ou manipulado de maneira diferente da superclasse ou de outras subclasses, em formas que são interessantes de se considerar.	Pagamentos – *PagamentoACrédito*, subclasse de *Pagamento*, é tratada de maneira diferente do que outros tipos de pagamentos na forma como é autorizado. Biblioteca – Software, subclasse de *RecursoEmprestável*, exige um depósito antes que possa ser emprestado.
O conceito da subclasse representa algo animado (por exemplo, um animal, um robô) que se comporta de maneira diferente da superclasse ou de outras subclasses, de formas interessantes de se considerar.	Pagamentos – não aplicável. Biblioteca – não aplicável. Pesquisa de Mercado – *PessoaMasculina*, subclasse de *Pessoa*, se comporta de maneira diferente de *PessoaFeminina* com relação aos hábitos de compra.

32.5 Quando definir uma superclasse conceitual?

A generalização em uma superclasse comum normalmente é aconselhável quando são identificados aspectos comuns entre as subclasses em potencial. A seguir, estão os motivos para generalizar e definir uma superclasse:

> *Diretriz*
>
> Crie uma superclasse em um relacionamento de generalização com subclasses quando:
> - As potenciais subclasses conceituais representarem variações de um conceito semelhante.
> - As subclasses vão estar de acordo com as regras dos 100% e é-um.
> - Todas as subclasses tiverem o mesmo atributo, o qual possa ser removido e expresso na superclasse.
> - Todas as subclasses tiverem a mesma associação, a qual possa ser removida e relacionada com a superclasse.

As seções seguintes ilustram esses pontos.

32.6 Hierarquias de classes conceituais no PDV_ProxGer

Classes de pagamento

Com base nos critérios anteriores para particionamento da classe *Pagamento*, é útil criar uma hierarquia de classes de vários tipos de pagamentos. A justificativa para superclasse e para subclasses é mostrada na Figura 32.7.

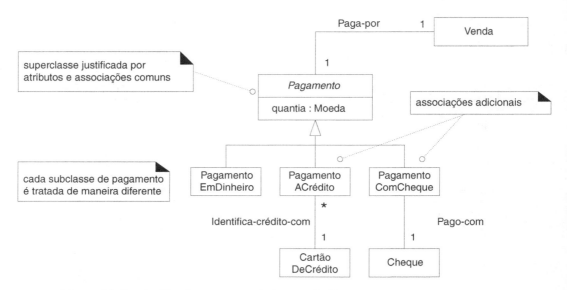

Figura 32.7 Justificativa para as subclasses de *Pagamento*.

Classes de serviço de autorização

Os serviços de autorização de pagamento com cartão de crédito e com cheque são variações de um conceito semelhante e possuem atributos comuns de interesse. Isso conduz à hierarquia de classes ilustrada na Figura 32.8.

Classes de transação de autorização

A modelagem dos vários tipos de transações dos serviços de autorização (solicitações e respostas) apresenta um caso interessante. Em geral, as transações efetuadas com serviços externos são úteis para serem mostradas em um modelo do domínio, pois as atividades e os processos tendem a girar em torno delas. Elas são conceitos importantes.

O modelador deve ilustrar *toda* variação de uma transação com o serviço externo? Depende. Conforme já mencionado, os Modelos de Domínio não são necessariamente corretos ou errados e sim mais ou menos úteis. Eles são úteis, pois cada classe de transação está relacionada a diferentes conceitos, processos e regras de negócio[5].

---

[5] Nos Modelos de Domínio da área de telecomunicações, é igualmente útil identificar cada tipo de mensagem de troca ou de comutação.

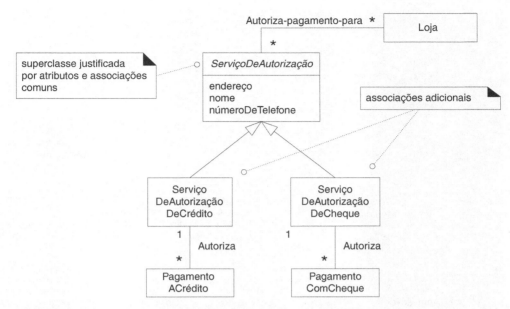

Figura 32.8 Justificativa para a hierarquia ServiçoDeAutorização.

Uma segunda questão interessante é o grau de generalização que é útil mostrar no modelo. Para argumentar, vamos supor que toda transação tenha uma data e hora. Esses atributos comuns, além do desejo de criar uma generalização de nível mais alto para essa família de conceitos relacionados, justificam a criação da *TransaçãoDeAutorizaçãoDePagamento*.

No entanto, será que é útil generalizar uma resposta em uma *RespostaDaAutorizaçãoDePagamentoACrédito* e *RespostaDaAutorizaçãoDePagamentoComCheque,* como mostrado na Figura 32.9, ou é suficiente mostrar uma generalização menor, como ilustrado na Figura 32.10?

A hierarquia de classes mostrada na Figura 32.10 é suficientemente útil em termos de generalização, pois as generalizações adicionais não acrescentam valor óbvio. A hierarquia da Figura 32.9 expressa maior refinamento da granularidade de generalização que não melhora significativamente nosso entendimento dos conceitos e regras do negócio, mas torna o modelo mais complexo – e maior complexidade é indesejável, a não ser que traga outros benefícios.

32.7 Classes conceituais abstratas

É útil identificar classes abstratas no Modelo de Domínio, pois elas restringem de quais classes é possível ter instâncias concretas, esclarecendo, assim, as regras do domínio do problema.

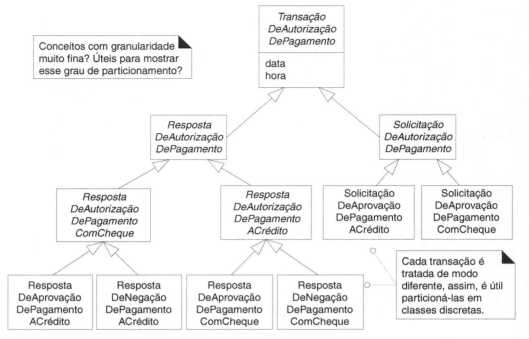

Figura 32.9 Uma possível hierarquia de classes para transações com serviços externos.

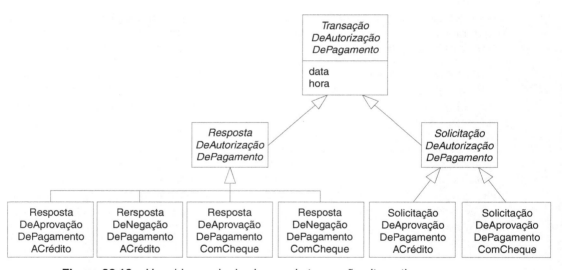

Figura 32.10 Uma hierarquia de classes de transação alternativa.

Definição

Se todo membro de uma classe C deve ser também membro de uma subclasse, a classe C é chamada de **classe conceitual abstrata**.

Suponha, por exemplo, que toda instância de *Pagamento* deva ser, mais especificamente, uma instância das subclasses *PagamentoACrédito, PagamentoEmDinheiro* ou *PagamentoComCheque*. Isso está ilustrado no diagrama de Venn mostrado na Figura 32.11 (b). Como todo membro de *Pagamento* também é membro de uma subclasse, *Pagamento* é uma classe conceitual abstrata, por definição.

Por outro lado, se puderem existir instâncias de *Pagamento* que não sejam membros de uma subclasse, ela não é uma classe abstrata, conforme ilustrado na Figura 32.11 (a).

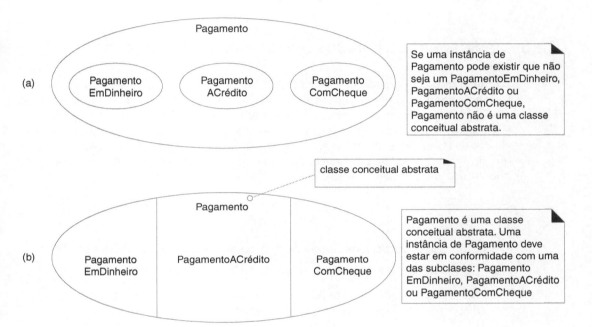

Figura 32.11 Classes conceituais abstratas.

No domínio PDV, todo *Pagamento* é realmente um membro de uma subclasse. A Figura 32.11 (b) é a representação correta dos pagamentos; portanto, *Pagamento* é uma classe conceitual abstrata.

Notação de classe abstrata na UML

Recapitulando, a UML fornece uma notação para indicar classes abstratas – o nome da classe é escrito em itálico (ver Figura 32.12).

Diretriz

Identifique as classes abstratas e as ilustre com um nome em itálico no Modelo de Domínio, ou use a palavra-chave {abstract}.

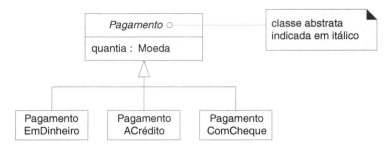

Figura 32.12   Notação de classe abstrata.

32.8 Modelagem de estados que sofrem modificações

Suponha que um pagamento possa estar em um estado não-autorizado ou em um estado autorizado, e que seja significativo mostrar isso no Modelo de Domínio (embora, na realidade, possa não ser necessário, vamos pressupor isso para nossa discussão). Conforme mostrado na Figura 32.13, uma abordagem para a modelagem é definir subclasses de *Pagamento*: *PagamentoNãoAutorizado* e *PagamentoAutorizado*. Entretanto, note que um pagamento não permanece em um desses estados; normalmente, ele passa de não-autorizado para autorizado. Isso nos leva à seguinte diretriz:

Diretriz

Não modele os estados de um conceito X como subclasses de X. Em vez disso:

- Defina uma hierarquia de estados e associe os estados a X.

- Ignore a exibição dos estados de um conceito no modelo de domínio; em vez disso, mostre os estados em diagramas de estado.

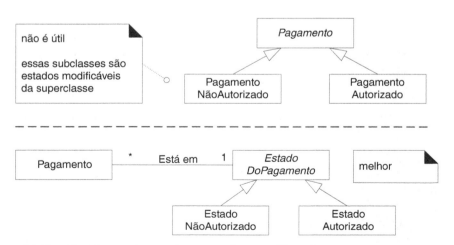

Figura 32.13   Modelagem de estados que sofrem modificações.

32.9 Hierarquias de classes e herança no software

Esta discussão sobre hierarquias de classes conceituais não mencionou *herança*, pois se concentrou em um Modelo de Domínio de perspectiva conceitual, não de objetos de software. Em uma linguagem de programação orientada a objetos, uma subclasse de software **herda** as definições de atributo e operação das suas superclasses, por meio da criação de **hierarquias de classes de software**. **Herança** é um mecanismo de *software* para tornar os itens da superclasse aplicáveis às subclasses. Ela apóia a refatoração do código das subclasses e a sua elevação na hierarquia de classes. Portanto, herança não tem papel a desempenhar na discussão do Modelo de Domínio, embora, definitivamente, tenha quando se faz a transição para a visão de projeto e implementação.

As hierarquias de classes conceituais geradas aqui podem ser ou não refletidas no Modelo de Projeto. Por exemplo, a hierarquia das classes de transação dos serviços de autorização pode ser comprimida ou expandida em hierarquias de classes de software alternativas, dependendo dos recursos da linguagem usada e de outros fatores. Por exemplo, às vezes, as classes de gabarito (*templates*) da linguagem C++ podem reduzir o número de classes.

32.10 Classes associativas

Os requisitos do domínio a seguir estabelecem o cenário para as classes associativas:

- Os serviços de autorização atribuem uma identidade comercial a cada loja, para identificação durante as comunicações.
- Um pedido de autorização de pagamento feito pela loja a um serviço de autorização precisa da identidade comercial que identifica a loja para o serviço.
- Além disso, uma loja tem uma identidade comercial diferente para cada serviço.

Onde o atributo identidade comercial deve residir no modelo de domínio do PU?

A colocação da *IdComercial* em *Loja* é incorreta, porque uma *Loja* pode ter mais de um valor de *IdComercial*. O mesmo é verdade em colocá-la em *ServiçoDeAutorização* (ver Figura 32.14).

Diretriz

Em um Modelo de Domínio, se uma classe C puder ter, simultaneamente, muitos valores para o mesmo tipo de atributo A, não coloque o atributo A em C. Coloque o atributo A em outra classe que esteja associada a C.

Por exemplo:

- Uma *Pessoa* pode ter muitos números de telefone. Coloque o número do telefone em outra classe, como *NúmeroDeTelefone* ou *InformaçãoDeContato* e associe muitas dessas a uma *Pessoa*.

O princípio anterior sugere que algo como o modelo da Figura 32.15 é mais apropriado. No mundo dos negócios, que conceito registra formalmente a informação relacio-

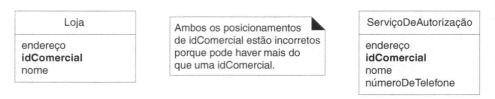

Figura 32.14 Uso inadequado de um atributo.

nada com os serviços que uma empresa prestadora fornece a um cliente? – um *Contrato* ou uma *Conta*.

O fato de que tanto a *Loja* como o *ServiçoDeAutorização* estão relacionados ao *ContratoDeServiço* é um indício de que ele depende do relacionamento entre os dois. *idComercial* pode ser visto como um atributo relacionado à associação entre *Loja* e *ServiçoDeAutorização*.

Isso conduz à noção de uma **classe associativa**, na qual podemos adicionar as características da associação propriamente dita. *ContratoDeServiço* pode ser modelado como uma classe associativa relacionada à associação entre *Loja* e *ServiçoDeAutorização*.

Na UML, isso é ilustrado com uma linha tracejada que liga a associação à classe associativa. A Figura 32.16 comunica visualmente a idéia de que um *ContratoDeServiço*

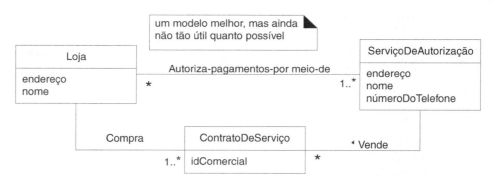

Figura 32.15 Primeira tentativa de modelagem do problema da IdComercial.

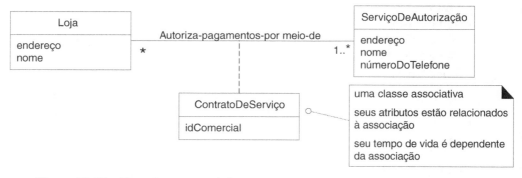

Figura 32.16 Uma classe associativa.

e seus atributos estão relacionados à associação entre uma *Loja* e um *ServiçoDeAutorização*, e que o tempo de vida do *ContratoDeServiço* depende do relacionamento.

Diretrizes para adicionar classes associativas incluem:

Diretriz

Indícios de que uma classe associativa pode ser útil em um Modelo de Domínio:

- Um atributo está relacionado a uma associação.
- Instâncias da classe associativa têm uma dependência de tempo de vida com a associação.
- Há uma associação muitos-para-muitos entre dois conceitos e informação associada com a própria associação.

A presença de associação muitos-para-muitos é um indício comum de que uma classe associativa útil está espreitando em algum lugar no fundo de cena; quando você vir uma associação desse tipo, considere a possibilidade de usar uma classe associativa.

A Figura 32.17 ilustra alguns outros exemplos de classes associativas.

32.11 Agregação e composição

Esses parágrafos iniciais repetem a introdução da pág. 281. **Agregação** é uma espécie vaga de associação na UML, que sugere fracamente relacionamentos todo-parte (como muitas associações ordinárias fazem). Ela não tem semântica significativamente distin-

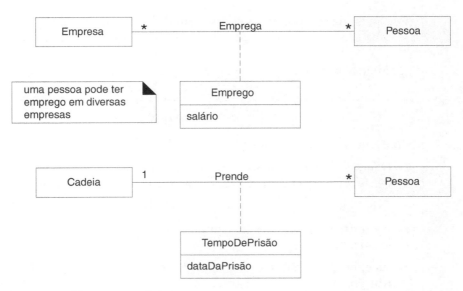

Figura 32.17 Classes associativas.

ta na UML em comparação a uma associação simples, mas o termo é definido na UML. Por que? Para citar Rumbaugh (um dos principais criadores originais da UML):

> *Apesar da pouca semântica acoplada à agregação, todas as pessoas pensam que é necessária (por diferentes razões). Pense nela como um placebo de modelagem [RJB04].*

Diretriz: seguindo o conselho dos criadores da UML, não se preocupe em usar agregação em UML, em vez disso, use *composição* quando apropriado.

Composição, também conhecida como **agregação composta**, é uma espécie forte de agregação todo-parte e *é* útil mostrá-la em alguns modelos. Um relacionamento de composição implica que: 1) uma instância da parte (como por exemplo, uma *Casa de um Tabuleiro*) pertence a apenas *uma* instância composta (como por exemplo, um *Tabuleiro*) de cada vez; 2) a parte deve *sempre pertencer* a uma composição (sem *Dedos* soltos); 3) a composição é responsável pela criação e remoção de suas partes – seja por si mesma criando/removendo as partes, ou pela colaboração com outros objetos. Relacionada a essa restrição está o fato de que se a composição é destruída, suas partes devem ou ser destruídas ou acopladas a outra composição – não são permitidos *Dedos* soltos! Por exemplo, se um tabuleiro físico em papel do Banco Imobiliário é destruído, consideramos as casas destruídas também (uma perspectiva conceitual). Analogamente, se um objeto de software *Tabuleiro* é destruído, seus objetos de software *Casa* são destruídos, na perspectiva de um DCP de software.

Como identificar composição

Em alguns casos, a presença da composição é óbvia – normalmente, em conjuntos físicos. No entanto, às vezes, sua presença não está clara.

Diretriz

A respeito da composição: se estiver em dúvida, não a inclua.

Aqui estão algumas diretrizes que sugerem quando devemos mostrar agregação:

Diretriz

Considere mostrar composição quando:

- O tempo de vida da parte estiver vinculado ao tempo de vida do composto – existe uma dependência criação-destruição da parte em relação ao todo.
- Existir uma relação física todo-parte óbvia ou um agrupamento lógico.
- Algumas propriedades do composto se propagam para as partes, como sua localização.
- As operações aplicadas ao composto se propagam para as partes, como destruição, movimentação e gravação.

Uma vantagem de mostrar composição

Identificar e ilustrar composição *não* é muito importante; é perfeitamente possível excluí-las de um Modelo de Domínio. A maioria – senão todos – os modeladores experientes de domínio têm visto tempo improdutivo sendo gasto debatendo os detalhes dessas associações.

Descubra e mostre composição quando ela trouxer as vantagens a seguir, cuja maioria está relacionada ao projeto e não à análise, que é o motivo pelo qual sua exclusão do modelo do domínio não é muito significativa.

- Ela esclarece as restrições existentes no domínio com relação à existência aceitável da parte independente do todo. Na agregação composta, a parte pode não existir fora do tempo de vida do todo.
    - Durante o trabalho de projeto, isso tem impacto nas dependências criação-destruição entre o todo e a parte das classes de software e os elementos de banco de dados (em termos de integridade referencial e caminhos de exclusão em cascata).
- Ela auxilia a identificação de um criador (o composto), quando se usa o padrão GRASP Criador.
- As operações – como copiar e excluir – aplicadas ao todo freqüentemente se propagam para as partes.

Composição no modelo de domínio do PDV

No domínio PDV, as *LinhasDeItemDeVenda* podem ser consideradas uma parte de um composto *Venda*; em geral, as linhas de item de transação são vistas como partes de uma transação agregada (ver Figura 32.18). Além da aderência a esse padrão, existe uma dependência do tipo criação-destruição de linha de item em relação a *Venda* – seus tempos de vida estão limitados pelo tempo de vida de *Venda*.

Usando justificativa similar, *CatálogoDeProdutos* é um composto de *DescriçõesDoProduto*.

Nenhum outro relacionamento é uma combinação atraente que sugira uma semântica do tipo todo-parte, uma dependência do tipo criação-destruição e "se estiver em dúvida, não a inclua".

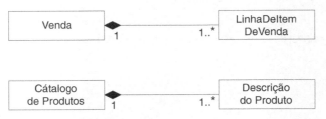

Figura 32.18 Agregação na aplicação ponto de vendas.

32.12 Intervalos de tempo e preços de produto – correção de um "erro" da iteração 1

Na primeira iteração, *LinhasDeItemDeVenda* estavam associadas a *DescriçõesDoProduto*, que registravam o preço de um item. Essa foi uma simplificação razoável para as primeiras iterações, mas precisa ser alterada. Ela levanta o interessante – e amplamente aplicável – problema dos **intervalos de tempo** associados à informação, a contratos e outros.

Se uma *LinhaDeItemDeVenda* sempre recuperasse o preço atual gravado em uma *DescriçãoDoProduto*, quando o preço mudasse no objeto, as vendas antigas fariam referência aos novos preços, o que é incorreto. Há necessidade de uma distinção entre o preço histórico de quando a venda foi feita e o preço corrente.

Dependendo dos requisitos da informação, existem pelo menos duas maneiras de modelar isso. Uma delas é simplesmente copiar o preço do produto para a *LinhaDeItemDeVenda* e manter o preço atual na *DescriçãoDoProduto*.

A outra estratégia, mais robusta, é associar uma coleção de *PreçosDeProduto* a uma *DescriçãoDoProduto*, cada uma com um intervalo de tempo aplicável associado. Assim, a empresa pode gravar todos os preços passados (para resolver o problema do preço de venda e de análise de tendência) e também gravar os preços planejados para o futuro (ver Figura 32.19). Para uma discussão mais ampla sobre os intervalos de tempo, veja [CLD99], sob a categoria de arquétipos **Momento-Intervalo**.

É comum que uma coleção de informações relacionadas ao intervalo de tempo precise ser mantida, em vez de um simples valor. As medidas físicas, médicas, científicas e muitos artefatos contábeis e jurídicos têm esse requisito.

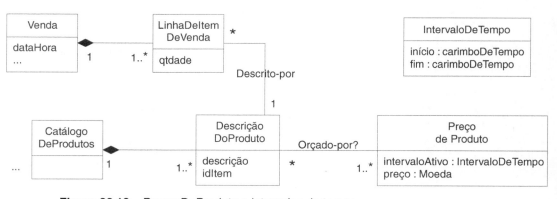

Figura 32.19   PreçosDeProduto e intervalos de tempo.

32.13 Nomes de papel em associações

Cada extremidade de uma associação é um papel que tem várias propriedades, como:

- nome
- multiplicidade

Um nome de papel identifica uma extremidade de uma associação e, de preferência, descreve o papel desempenhado por objetos que estão na associação. A Figura 32.20 mostra exemplos de nomes de papel.

Não é necessário um nome de papel explícito – ele é útil quando o papel desempenhado pelo objeto não está claro. Normalmente, ele começa com uma letra minúscula. Se não estiver explicitamente presente, pressuponha que o nome de papel padrão é igual ao nome da classe relacionada, embora comece com uma letra minúscula.

Conforme abordado previamente, papéis usados nos DCPs podem ser interpretados como a base para os nomes de atributos durante a geração de código.

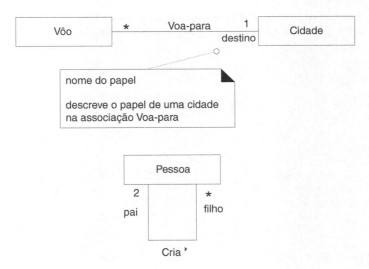

Figura 30.20 Nomes de papel.

32.14 Papéis como conceitos versus papéis em associações

Em um Modelo de Domínio, um papel no mundo real – especialmente um papel desempenhado por uma pessoa – pode ser modelado de várias maneiras, como em um conceito isolado, ou expresso como um papel em uma associação.[6] Por exemplo, os papéis de caixa e de gerente podem ser expressos pelo menos das duas maneiras ilustradas na Figura 32.21.

A primeira estratégia pode ser chamada de "papéis em associações"; a segunda, de "papéis como conceitos." As duas estratégias têm vantagens.

Os papéis em associações são atraentes porque são uma maneira relativamente precisa de expressar a noção de que a mesma instância de uma pessoa assume diversos papéis (e dinamicamente variantes) em várias associações. Eu, como pessoa, simultânea ou seqüencialmente, posso assumir o papel de escritor, projetista de objetos, pai, etc.

Por outro lado, usar papéis como conceitos proporciona facilidade e flexibilidade na adição de atributos exclusivos, associações e semânticas adicionais. Além disso, a implementação de papéis como classes separadas é mais fácil, por causa das limitações das linguagens de programação orientadas a objetos populares atuais – não é conveniente mudar dinamicamente uma instância de uma classe para outra ou adicionar comportamento e atributos dinamicamente quando o papel de uma pessoa muda.

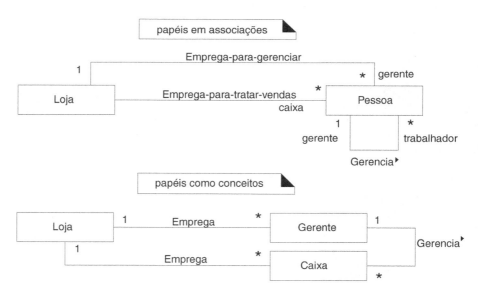

Figura 32.21 Duas maneiras de modelar papéis desempenhados por pessoas.

---

[6] Para simplificar, foram ignoradas outras soluções excelentes, como as discutidas em [Fowler96].

32.15 Elementos derivados

Um elemento derivado pode ser determinado a partir de outros. Os atributos e as associações são os elementos derivados mais comuns. Quando os elementos derivados devem ser mostrados?

> *Diretriz*
>
> Evite mostrar elementos derivados em um diagrama, pois eles aumentam a complexidade sem acrescentar novas informações. No entanto, adicione um elemento derivado quando ele se destaca na terminologia e omiti-lo prejudica a compreensão.

Por exemplo, um *total de venda* pode ser derivado de informações de *LinhaDeItemDeVenda* e *DescriçãoDoProduto* (ver Figura 32.22). Na UML, isso é mostrado com uma "/" que precede o nome do elemento.

Para dar outro exemplo, a *qtdade* (*quantidade*) de *LinhaDeItemDeVenda* pode ser derivada do número de instâncias de *Itens* associadas à linha do item (ver Figura 32.23).

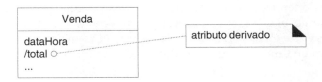

Figura 32.22 Atributo derivado.

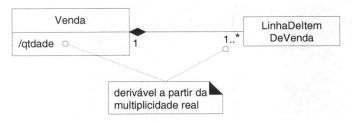

Figura 32.23 Atributo derivado relacionado à multiplicidade.

32.16 Associações qualificadas

Podemos usar um **qualificador** em uma associação. Ele distingue o conjunto de objetos na extremidade da associação, com base no valor do qualificador. Uma associação com um qualificador é uma **associação qualificada**.

Por exemplo, *DescriçõesDoProduto* podem ser distinguidas em um *CatálogoDeProdutos* por seu *idItem*, como ilustrado na Figura 32.24(b). Conforme ressaltado na comparação

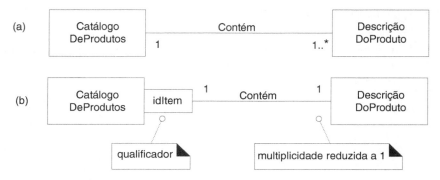

Figura 32.24 Associação qualificada.

da Figura 32.24 (a) *versus* (b), a qualificação reduz a multiplicidade na extremidade que possui o qualificador, normalmente de muitos para apenas um. Mostrar um qualificador em um Modelo de Domínio comunica como, no domínio, as coisas de uma classe são distinguidas em relação às coisas de outra classe. No Modelo de Domínio, elas não devem ser usadas para expressar decisões de projeto a respeito de chaves de pesquisa, embora isso seja conveniente em outros diagramas que ilustram decisões de projeto.

Normalmente, os qualificadores não acrescentam novas informações úteis e atraentes, e podemos cair na armadilha de "pensar como projetista". Entretanto, usados sabiamente, eles podem melhorar a compreensão do domínio. As associações qualificadas entre *CatálogoDeProdutos* e *DescriçãoDoProduto* fornecem um exemplo razoável de um qualificador que acrescenta valor ao modelo.

32.17 Associações reflexivas

Um conceito pode ter uma associação consigo mesmo; isso é conhecido como **associação reflexiva**[7] (ver Figura 32.25).

Figura 32.25 Associação reflexiva.

32.18 Uso de pacotes para organizar o modelo de domínio

Um modelo de domínio pode facilmente crescer muito, de forma que seja desejável decompô-lo em pacotes de conceitos fortemente relacionados, como um auxílio à

---

[7] [MO95] restringe ainda mais a definição de associação reflexiva.

compreensão e um trabalho de análise em paralelo, no qual diferentes pessoas realizam análise de domínio em diferentes subdomínios. As seções a seguir ilustram uma estrutura de pacotes para o modelo de domínio do PU.

Para revisar, um pacote na UML é mostrado como uma pasta com guias (ver Figura 32.26). Dentro dele, podem ser mostrados pacotes subordinados. O nome do pacote fica dentro da guia, se o pacote mostrar seus elementos; caso contrário, ele fica centralizado dentro da pasta propriamente dita.

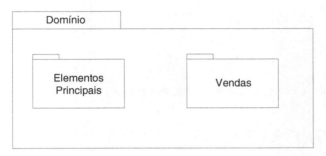

Figura 32.26   Um pacote na UML.

Posse e referências

Um elemento é *possuído* pelo pacote dentro do qual é definido, mas pode ser *referenciado* em outros pacotes. Nesse caso, o nome do elemento é qualificado pelo nome do pacote, usando o formato de nome de caminho *NomeDoPacote::NomeDoElemento* (ver Figura 32.27). Uma classe apresentada em um pacote importado pode ser modificada com novas associações, mas, fora isso, deve permanecer inalterada.

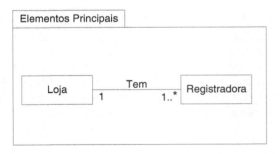
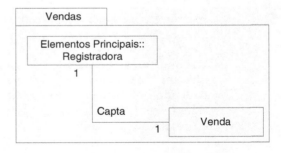

Figura 32.27   Uma classe referenciada em um pacote.

Dependências entre pacotes

Se um elemento do modelo é de alguma forma dependente de outro, isso pode ser mostrado com um relacionamento de dependência, ilustrado com uma linha com flecha. Uma dependência de pacotes indica que os elementos do pacote dependente têm, de alguma forma, conhecimento (ou estão acoplados) aos elementos do pacote de destino.

Por exemplo, se um pacote faz referência a um elemento pertencente a outro, existe uma dependência. Assim, o pacote *Vendas* tem uma dependência em relação ao pacote *Elementos Principais* (ver Figura 32.28).

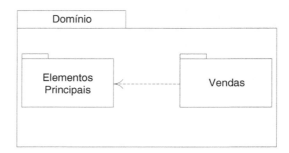

Figura 32.28   Uma dependência de pacotes.

Como particionar o modelo de domínio

Como as classes em um modelo de domínio devem ser organizadas dentro dos pacotes? Aplique as seguintes diretrizes gerais:

Diretriz

Para particionar o modelo de domínio em pacotes, agrupe elementos que:

- estejam na mesma área de assunto – intimamente relacionados por conceitos ou finalidades;
- estejam juntos em uma hierarquia de classes;
- participem dos mesmos casos de uso;
- estejam fortemente associados.

É útil que todos os elementos relacionados com o modelo de domínio estejam enraizados em um pacote chamado *Domínio*. E que todos os conceitos amplamente compartilhados, comuns e centrais sejam definidos em um pacote denominado como *Elementos Centrais* ou *Conceitos Comuns*, na ausência de qualquer outro pacote significativo dentro do qual colocá-los.

Pacotes do modelo de domínio PDV

Com base nos critérios anteriores, a organização em pacotes para o modelo de domínio do PDV é mostrada na Figura 32.29.

Pacote elementos centrais/miscelânea

Um pacote Elementos Centrais/Miscelânea (ver Figura 32.30) é útil para conter conceitos amplamente compartilhados ou que não têm um lugar óbvio para ficar. Nas referências posteriores, o nome do pacote será abreviado para *Centrais*.

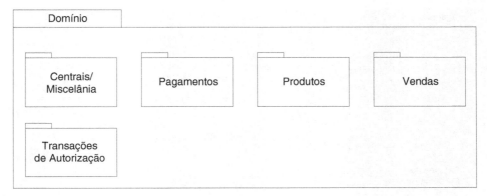

Figura 32.29 Pacotes de conceitos do domínio.

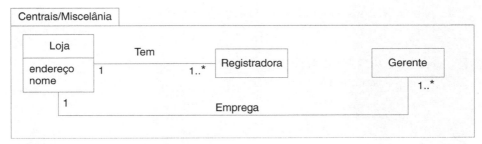

Figura 32.30 Pacote Elementos Centrais.

Não existem novos conceitos ou associações nessa iteração desse pacote.

Pagamentos

Assim como na iteração 1, as novas associações são motivadas principalmente pelo critério da necessidade de saber. Por exemplo, há uma necessidade de lembrar do relacionamento entre *PagamentoACrédito* e *CartãoDeCrédito*. Em contraposição, algumas associações são adicionadas mais para ajudar na compreensão, tais como *DocumentoDeIdentidade Identifica Cliente* (ver Figura 32.31).

Note que a *RespostaDeAutorizaçãoDePagamento* é expressa como uma classe associativa. Uma resposta surge da associação entre um pagamento e seu serviço de autorização.

Produtos

Com exceção da *agregação* composta, não existem novos conceitos nem associações particulares para essa iteração (ver Figura 32.32).

Vendas

Com exceção da agregação composta e dos atributos derivados, não existem novos conceitos ou associações específicas para essa iteração (ver Figura 32.33).

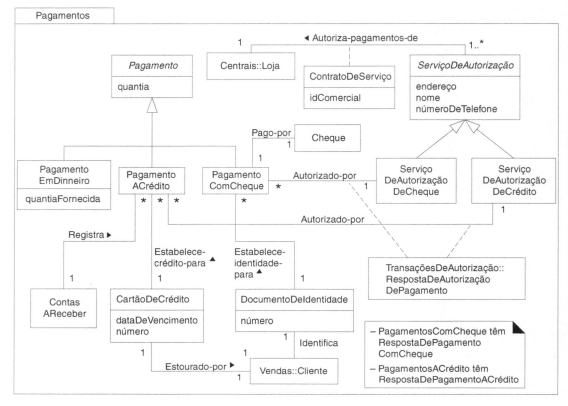

Figura 32.31 Pacote pagamentos.

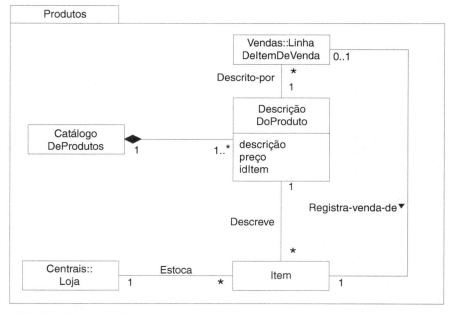

Figura 32.32 Pacote produtos.

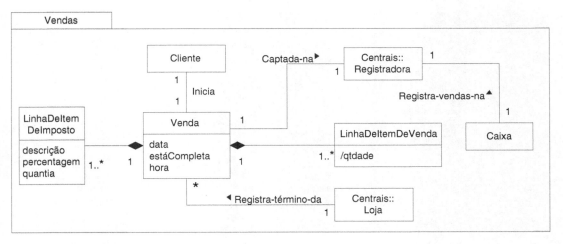

Figura 32.33 Pacote vendas.

Transações de autorização

Embora a atribuição de nomes com significado para associações seja recomendada, em algumas circunstâncias ela pode não ser atraente, especialmente se o objetivo da associação é considerado óbvio para o público-alvo. Uma situação desse tipo ocorre nas associações entre pagamentos e suas transações. Seus nomes deixaram de ser especificados, pois podemos supor que o público que lerá o diagrama de classe da Figura 32.34 entenderá que as transações se destinam ao pagamento; nesse caso, incluir os nomes tornaria o diagrama apenas mais congestionado.

Será que esse diagrama é detalhado demais e mostra um número excessivo de especializações? Depende. Os critérios reais fundamentam-se na utilidade do diagrama. Embora não esteja incorreto, esse diagrama acrescenta algo importante para a melhoria da compreensão do domínio? A resposta a essa pergunta deve influenciar a quantidade de especializações ilustradas em um Modelo de Domínio.

32.19 Exemplo: refinamentos no modelo de domínio de Banco Imobiliário

A Figura 32.35 mostra refinamentos ao modelo de Domínio de Banco Imobiliário. Eles incluem:

- Diferentes espécies de casas de propriedade (*CasaDeLote,...*). Isso reflete a diretriz de que se as regras do domínio tratam um conceito importante de um modo diferente ou distinto, mostre-o em uma especialização separada.

- Uma superclasse abstrata *CasaDePropriedade*. É justificável porque todas as subclasses têm um atributo *preço* e uma associação *Possui* com um *Jogador*.

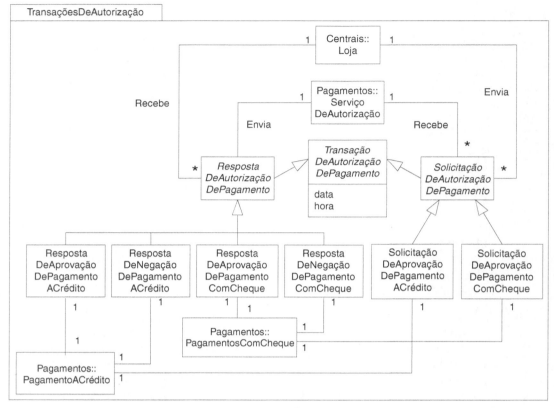

Figura 32.34 Pacote transações de autorização.

CAPÍTULO 32 • REFINAMENTO DO MODELO DE DOMÍNIO 541

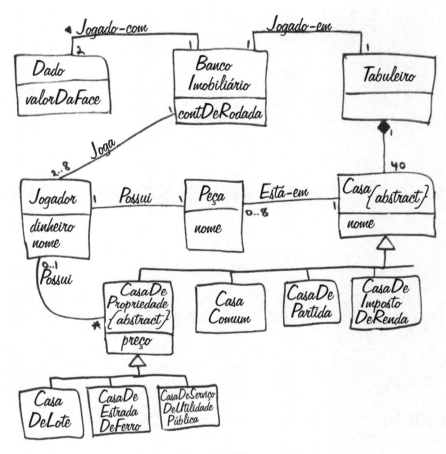

Figura 32.35   Iteração 3 do Modelo de Domínio do Banco Imobiliário.

Capítulo

33

ANÁLISE ARQUITETURAL

Erro, sem teclado – pressione F1 para continuar.
– antiga mensagem da BIOS do PC

Objetivos

- Criar tabelas de fatores arquiteturais.
- Criar memorandos técnicos que registrem as decisões arquiteturais.

Introdução

Análise Arquitetural pode ser vista como uma especialização da análise de requisitos, com foco nos requisitos que influenciam a "arquitetura". Por exemplo, identificar a necessidade de um sistema altamente seguro.

A essência da análise arquitetural é identificar fatores que devem influenciar a arquitetura, entender sua variabilidade e prioridade e resolvê-los. A parte difícil é saber que questões formular, balancear os compromissos e saber as muitas maneiras de resolver um fator arquiteturalmente significativo, que vai desde uma negligência benigna, passando por projetos interessantes até produtos de terceiros.

Um bom arquiteto ganha seu salário por ter a experiência de saber que questões formular e escolher meios habilidosos de resolver os fatores.

O que vem a seguir? Apresentado o refinamento do modelo de domínio, este capítulo introduz como analisar as forças arquiteturalmente significativas de uma aplicação. O capítulo seguinte explora alguns tópicos intermediários sobre arquiteturas em camadas.

Mais sobre DSSs e Contratos → Refinamento do Modelo de Domínio → **Análise Arquitetural** → Refinamento da Arquitetura Lógica → Projeto de Pacotes

Por que a análise arquitetural é importante? Ela é útil para:

- reduzir o risco de esquecer algo centralmente importante no projeto de sistemas;
- evitar aplicar esforço excessivo a tópicos de baixa prioridade;
- ajudar a enquadrar o produto aos objetivos do negócio.

Este capítulo é uma introdução às idéias e passos básicos da análise arquitetural dentro da perspectiva do PU, isto é, em relação ao método, em vez de sugestões e truques de arquitetos-mestre. Assim, não é um livro de receitas de soluções arquiteturais – um assunto muito grande e dependente de contexto que está além do escopo deste livro introdutório. Não obstante, os comentários no estudo de caso PDV ProxGer do capítulo fornecem exemplos concretos de soluções arquiteturais.

33.1 Processo: quando começamos a análise arquitetural?

No PU, a análise arquitetural deve começar antes mesmo da primeira iteração de desenvolvimento, pois tópicos arquiteturais precisam ser identificados e resolvidos no início do trabalho de desenvolvimento. Deixar de fazer isso é um alto risco. Por exemplo, adiar um fator arquiteturalmente significativo, tal como "precisa ser internacionalizado para apoiar inglês, chinês e hindu" ou "deve tratar 500 transações concorrentes com um tempo médio de resposta de um segundo", para mais tarde no desenvolvimento é uma receita para dor e sofrimento.

No entanto, como o PU é iterativo e evolutivo – não em cascata – começamos a programar e testar nas primeiras iterações antes que toda a análise arquitetural esteja completa. Análise e desenvolvimento inicial prosseguem de mãos dadas.

Mas esse importante tópico foi adiado até este ponto do livro de modo que os fundamentos de A/POO pudessem ser apresentados primeiro.

33.2 Definição: pontos de variação e evolução

Primeiro, dois pontos de modificação em um sistema de software (introduzidos primeiramente no padrão Variações Protegidas) que valem a pena reiterar:

- **Ponto de variação** – Variações no sistema corrente existente ou nos requisitos, como interfaces múltiplas de calculador de imposto que precisam ser apoiadas.
- **Ponto de Evolução** – Pontos especulativos de variação que podem surgir no futuro, mas que não estão presentes nos requisitos existentes.

Como será visto, pontos de variação e evolução são elementos-chave recorrentes na análise arquitetural.

33.3 Análise arquitetural

A **análise arquitetural** está preocupada com a identificação e resolução dos requisitos não-funcionais do sistema (por exemplo, segurança), no contexto dos requisitos funcionais (por exemplo, processar vendas). Inclui a identificação dos pontos de variação e dos pontos de evolução mais prováveis.

No PU, o termo abrange a investigação arquitetural (identificação) e o projeto arquitetural (resolução). Aqui estão alguns exemplos dos muitos problemas a serem identificados e resolvidos no nível arquitetural:

- Como os requisitos de confiabilidade e tolerância à falha afetam o projeto?
    - Por exemplo, no PDV ProxGer, para quais serviços remotos (por exemplo, calculador de imposto) será permitida falha nos serviços locais? Por que? Eles fornecem exatamente os mesmos serviços, de forma local ou remota, ou existem diferenças?

- Como os custos do licenciamento dos subcomponentes adquiridos afetam a lucratividade?
    - Por exemplo, o produtor do servidor excelente de banco de dados *SemPistas* quer 2% de cada venda da aplicação PDV ProxGer, caso seu produto seja usado como um subcomponente. Usar o produto acelerará o desenvolvimento (e o tempo de colocação no mercado), pois ele é robusto e fornece muitos serviços, além de muitos desenvolvedores o conhecerem, mas paga-se um preço por isso. Em vez disso, a equipe deve usar o servidor de banco de dados *SeuSQL* com código-fonte aberto e menos robusto? Qual risco ela correria? Como isso restringe a capacidade de cobrar pelo produto ProxGer?

- Como os requisitos de adaptabilidade e capacidade de configuração afetam o projeto?
    - Por exemplo, a maioria dos varejistas tem variações nas regras do negócio que eles desejam que fiquem representadas nas suas aplicações PDV. Quais são as variações? Qual é a "melhor" maneira de fazer o projeto para elas? Quais são os critérios para o melhor projeto? A aplicação ProxGer pode render mais dinheiro ao exigir uma programação personalizada para cada cliente (e quanto esforço isso exigiria?) ou com uma solução que permita que o próprio cliente adicione a personalização facilmente? "Ganhar mais dinheiro" deve ser o objetivo a curto prazo?

- Como o nome de marca afeta a arquitetura?
    - Uma estória pouco conhecida é que o Windows XP da Microsoft não foi originalmente denominado "Windows XP". O nome foi uma modificação de última hora do departamento de *marketing*. Você pode constatar que o nome do sistema operacional é exibido em vários lugares, tanto em texto quanto em imagem gráfica. Como os arquitetos da Microsoft não identificaram uma troca de nome como um ponto de evolução provável, não ouve solução de Variação Protegida para esse ponto, como o rótulo existindo em apenas um lugar, em um arquivo de configuração. Assim, no último momento, uma pequena equipe percorreu milhões de linhas de código fonte e imagens de arquivo e fez centenas de modificações.
    - Analogamente, como modificações potenciais no nome de marca do produto PDV ProxGer e logotipos, ícones, etc. a ele relacionados afetariam a sua arquitetura?

33.4 Passos comuns na análise arquitetural

Existem vários métodos de análise arquitetural. O que há de comum na maioria deles é uma variação dos passos a seguir:

1. Identifique e analise os requisitos não-funcionais que têm impacto na arquitetura. Os requisitos funcionais também são relevantes (especialmente em termos de variabilidade ou modificação), mas os não-funcionais recebem atenção total. Em geral, todos esses requisitos podem ser chamados de **fatores arquiteturais** (também conhecidos como **impulsionadores arquiteturais**).

    o Esse passo poderia ser caracterizado como uma análise de requisitos regular, mas como isso é feito no contexto da identificação do impacto arquitetural e da decisão das soluções arquiteturais de alto nível, no PU, ele é considerado uma parte da análise arquitetural.

    o Em termos do PU, alguns desses requisitos serão, a grosso modo, identificados e registrados na Especificação Suplementar ou nos casos de uso durante a fase de concepção. Durante a análise arquitetural, que ocorre na elaboração inicial, a equipe investiga esses requisitos mais detidamente.

2. Para aqueles requisitos com impacto arquitetural significativo, analise alternativas e crie soluções que resolvam o impacto. Essas são as **decisões arquiteturais**.

    o As decisões variam desde "remover o requisito", passam por uma solução personalizada e por "interrompa o projeto" até chegarem à "contrate um especialista".

Essa apresentação introduz esses passos básicos no contexto do estudo de caso PDV ProxGer. Por simplicidade, ela evita os problemas de implantação arquitetural, como configuração do hardware e do sistema operacional, que são muito sensíveis ao contexto e ao tempo.

33.5 A Ciência: identificação e análise de fatores arquiteturais

Fatores arquiteturais

FURPS+
(págs. 82-83)

Todo e qualquer requisito FURPS+ pode ter influência significativa na arquitetura de um sistema, variando da confiabilidade ao cronograma, passando pelas habilidades e chegando às restrições de custo. Por exemplo, um caso de cronograma apertado com habilidades limitadas e dinheiro suficiente provavelmente favorece a aquisição ou contratação de especialistas fora, em vez da construção de todos os componentes na própria empresa.

No entanto, os fatores com influência arquitetural mais forte tendem a estar dentro das categorias FURPS+ de alto nível, como funcionalidade, confiabilidade, desempenho, suportabilidade, implementação e interface. É interessante notar que, normalmente, são os atributos de qualidade não-funcionais (como confiabilidade ou desempenho) que imprimem a uma dada arquitetura sua característica única, em vez dos seus requisitos funcionais. Por exemplo, o projeto do sistema ProxGer para dar suporte a diferentes componentes de terceiros com interfaces exclusivas e o projeto para apoiar facilmente a conexão com diferentes conjuntos de regras do negócio.

No PU, esses fatores com implicações arquiteturais são chamados de **requisitos arquiteturalmente significativos**. A palavra "fatores" é usada aqui por uma questão de brevidade.

Muitos fatores técnicos e organizacionais podem ser caracterizados como *restrições* que limitam a solução de alguma maneira (como "deve ser executado no Linux" ou "o orçamento para aquisição de componentes de outros fornecedores é X").

Cenários de qualidade

Ao definir os requisitos de qualidade durante a análise dos fatores arquiteturais, recomendam-se os **cenários de qualidade**[1], pois eles definem respostas mensuráveis (ou, pelo menos, observáveis), de modo que podem ser verificados. Não tem muita utilidade dizer vagamente "o sistema será fácil de modificar" sem alguma medida do que isso significa[2].

Quantificar algumas coisas, como objetivos de desempenho e tempo médio entre falhas, é uma prática bem conhecida, mas os cenários de qualidade estendem essa idéia e estimulam o registro de todos (ou, pelo menos, da maioria) os fatores como declarações mensuráveis.

Cenários de qualidade são afirmações curtas da forma <estímulo> <resposta mensurável>, por exemplo:

- Quando a venda concluída é enviada ao calculador de imposto remoto para adicionar os impostos, o resultado é devolvido dentro de 2 segundos "na maioria" das vezes, medido em um ambiente de produção sob condições de carga "média".

- Quando chega um relatório de erro de um voluntário de teste beta da aplicação ProxGer, a resposta deve ser enviada por meio de uma ligação telefônica dentro do prazo de um dia útil.

Note que os termos "na maioria" e "média" precisarão de mais investigação e definição por parte do arquiteto da aplicação ProxGer; um cenário de qualidade não é realmente válido até que seja testado, o que implica ser totalmente especificado. Além disso, observe a qualificação no primeiro cenário de qualidade, em termos do ambiente em que ele se aplica. Não adianta muito especificar um cenário de qualidade, verificar se ele passa em um ambiente de desenvolvimento levemente carregado, mas não avaliá-lo em um ambiente de produção realista.

Selecione suas batalhas

Um alerta: escrever esses cenários de qualidade pode ser ilusão de utilidade. É fácil *escrever* essas especificações detalhadas, mas não realizá-las. Alguém irá real-

---

[1] Um termo usado em vários métodos arquiteturais promovidos pelo *Software Engineering Institute* (SEI); por exemplo, no método *Projeto Baseado na Arquitetura*.

[2] Tom Gilb, o criador do talvez primeiro método iterativo e evolutivo, o Evo, é também um antigo proponente da necessidade de quantificar e medir objetivos não funcionais. Sua linguagem de requisitos estruturados **PLanguage** enfatiza a quantificação.

mente testá-las um dia? Como e por quem? Uma boa dose de realismo é necessária ao escrevê-las; não tem sentido listar muitas metas sofisticadas se ninguém vai testá-las.

Escolha suas batalhas (págs. 439-440)

Existe aqui uma relação com a discussão "selecione suas batalhas", que foi apresentada em um capítulo anterior, sobre o padrão Variações Protegidas. Quais são os cenários de qualidade do tipo fazer ou romper (make-or-break) realmente importantes? Em um sistema de reservas de passagem de avião, por exemplo, a conclusão rápida e consistente da transação, sob condições de carga muito alta, é fundamental para o sucesso do sistema – definitivamente, ele deve ser testado. No sistema ProxGer, a aplicação deve ser de fato tolerante a falhas e substituída por serviços duplicados locais quando os serviços remotos falharem – com certeza, ele deve ser corretamente testado e validado. Portanto, concentre-se na escrita de cenários de qualidade para as batalhas importantes e siga um plano para sua avaliação.

Descrição de fatores

Um objetivo importante da análise arquitetural é entender a influência dos fatores, suas prioridades e sua variabilidade (necessidade imediata de flexibilidade e evolução futura). Portanto, a maioria dos métodos arquiteturais (ver, por exemplo, [HNS00]) defende a criação de uma tabela ou árvore com variações das seguintes informações (o formato varia dependendo do método). O estilo a seguir, mostrado na Tabela 33.1, é chamado de **tabela de fatores**, a qual, no PU, faz parte da Especificação Suplementar.

Observe o esquema de categorização: *Confiabilidade – Capacidade de recuperação* (das categorias FURPS+). Esse não está sendo apresentado como o melhor ou como o único esquema, mas é interessante agrupar fatores arquiteturais em categorias. Por exemplo, certas categorias (como confiabilidade e desempenho) estão fortemente relacionadas com a identificação e com a definição de planos de teste e, por isso, é útil agrupá-las.

Os valores de código de prioridade e risco básicos A/M/B são simples sugestões de alguns códigos que a equipe considera úteis; existem diversos esquemas de codificação (numéricos e qualitativos) de diferentes métodos arquiteturais e normas (como ISO 9126). Um alerta: se o trabalho extra de usar um esquema mais complexo não conduz a qualquer ação prática, ele não vale a pena.

Fatores e artefatos do PU

O repositório central de requisitos funcionais no PU são os casos de uso, os quais, junto com a Visão e a Especificação Suplementar, são uma fonte de inspiração importante ao criar uma tabela de fatores. Nos casos de uso, os *Requisitos Especiais*, as *Variações Tecnológicas* e as *Questões Abertas* devem ser revistos e seus fatores arquiteturais implícitos ou explícitos, consolidados na Especificação Suplementar.

À primeira vista, é razoável registrar os fatores relacionados ao caso de uso no próprio caso de uso durante sua criação, por causa do relacionamento óbvio, mas, em última análise, é mais conveniente (em termos de gestão, controle e legibilidade do conteúdo) consolidar todos os fatores arquiteturais em um só local – na tabela de fatores da Especificação Suplementar.

Tabela 33.1 Exemplo de tabela de fatores. Legenda: A – alto. M – médio. EA – especialista no assunto

Fator	Medidas e cenários de qualidade	Variabilidade (flexibilidade atual e evolução futura.)	Impacto do fator (e sua variabilidade) sobre os interessados, arquitetura e outros fatores	Priori-dade para sucesso	Dificul-dade ou risco
Confiabilidade - Capacidade de Recuperação					
Recuperação de falha em serviço remoto	Quando um serviço remoto falha, reesta-beleça conectivida-de com ele dentro de 1 minuto da detecção de sua redisponibilidade, sob carga normal da loja em ambiente de produção.	Flexibilidade atual – nosso EA informa que serviços simplificados no lado do cliente local são aceitáveis (e desejáveis) até que a reconexão seja possível. Evolução – dentro de 2 anos, alguns vare-jistas poderão querer pagar por uma dupli-cação local completa dos serviços remotos (como o calculador de imposto). Probabilidade? Alta	Alto impacto sobre o projeto em larga escala. Os varejistas detestam quando serviços remo-tos falham, pois isso os impede ou restringe de usar um PDV para fazer vendas.	A	M
...	...	...			

Caso de Uso CDU1: Processar venda

Cenário de sucesso principal:
1. ...

Requisitos Especiais:
– Resposta da autorização de crédito dentro de 30 segundos, 90% do tempo.
– Por alguma razão, queremos uma recuperação robusta quando o acesso a serviços re-motos, como o sistema de estoque, estiver falhando.
– ...

Lista de Variações Tecnológicas e de Dados:
2a. Identificador de item introduzido pelo escaner a *laser* por leitura do código de barra (se este estiver presente) ou pelo teclado.
....

Questões Abertas:
– Quais são as variações na lei dos impostos?
– Explorar o problema da recuperação do serviço remoto.

33.6 Exemplo: Tabela de fatores arquiteturais parcial para a aplicação PDV ProxGer

A tabela de fatores parcial (ver Tabela 32.2) mostra alguns fatores relacionados à discussão posterior.

Tabela 33.2 Tabela parcial de fatores para a análise arquitetural do ProxGer

Fator	Medidas e cenários de qualidade	Variabilidade (flexibilidade atual e evolução futura)	Impacto do fator (e sua variabilidade) sobre os interessados, arquitetura e outros fatores	Prioridade para sucesso	Dificuldade ou risco
Confiabilidade – Capacidade de Recuperação					
Recuperação de falha em serviço remoto	Quando um serviço remoto falha, reestabeleça conectividade com ele dentro de 1 minuto da detecção de sua redisponibilidade, sob carga normal da loja em ambiente de produção.	Flexibilidade atual – nosso EA informa que serviços simplificados no lado do cliente local são aceitáveis (e desejáveis) até que a reconexão seja possível. Evolução – dentro de 2 anos, alguns varejistas poderão querer pagar por uma duplicação local completa dos serviços remotos (tais como o calculador de imposto). Probabilidade? Alta	Alto impacto sobre o projeto em larga escala. Os varejistas detestam quando serviços remotos falham, pois isso os impede ou restringe de usar um PDV para fazer vendas.	A	M
Recuperação de falha do banco de dados de produtos remoto	Conforme o anterior	Flexibilidade atual – nosso EA diz que o uso no lado do cliente local de informações "mais comuns" do produto colocadas em *cache* aceitável (e desejável), até que a reconexão seja possível. Evolução – dentro de três anos, as soluções de armazenamento de massa e duplicação no lado do cliente serão baratas e eficientes, permitindo a duplicação completa permanente e, assim, a utilização local. Probabilidade? Alta	Conforme o anterior	A	M
Capacidade de Suporte - Adaptabilidade					

Tabela 33.2 Tabela parcial de fatores para a análise arquitetural do ProxGer (*Continuação*)

Fator	Medidas e cenários de qualidade	Variabilidade (flexibilidade atual e evolução futura)	Impacto do fator (e sua variabilidade) sobre os interessados, arquitetura e outros fatores	Prioridade para sucesso	Dificuldade ou risco
Dar suporte a muitos serviços de terceiros (calculador de imposto, estoque, RH, contabilidade). Eles variam de acordo com cada instalação.	Quando um novo serviço de terceiros precisar ser integrado, ele pode sê-lo, e dentro de um esforço de 10 pessoas-dias.	Flexibilidade atual – conforme descrito pelo fator. Evolução – nenhuma.	Exigido para a aceitação do produto. Pequeno impacto no projeto.	A	B
Dar suporte a terminais de PDA sem fio para o cliente PDV?	Quando o suporte é adicionado, ele não exige modificação no projeto das camadas da arquitetura que não pertencem à IU.	Flexibilidade atual – não exigida no momento. Evolução – dentro de três anos, achamos que é muito alta a probabilidade de o mercado desejar "PDA" sem fio para os clientes do PDV.	Alto impacto no projeto, em termos de variação protegida para muitos elementos. Por exemplo, os sistemas operacionais e as IUs são diferentes em dispositivos pequenos.	B	A
Outros – Jurídicos					
As regras de imposto atuais devem ser aplicadas.	Quando o auditor avaliar o cumprimento das regras, será obtido um cumprimento de 100%. Quando as regras de imposto mudarem, elas ficarão operacionais dentro do período permitido pelo governo.	Flexibilidade atual – o cumprimento é inflexível, mas as regras de imposto podem mudar quase semanalmente, por causa de muitas regras e níveis de taxação do governo (federal, estadual, etc.) Evolução – nenhuma	Não cumprir é um delito criminal. Tem impacto nos serviços de cálculo de imposto. É difícil escrever nosso próprio serviço – regras complexas, modificação constante, necessidade de monitorar todos os níveis governamentais. Porém, o risco será fácil/baixo se adquirir um pacote.	A	B

33.7 A arte: resolução dos fatores arquiteturais

Alguém poderia dizer que a *ciência* da arquitetura é a coleta e a organização de informações sobre os fatores arquiteturais, como na tabela de fatores. A *arte* da arquitetura é fazer escolhas habilidosas para resolver esses fatores, de acordo com os compromissos, as interdependências e as prioridades.

Os arquitetos competentes têm conhecimento de diversas áreas (por exemplo, estilos e padrões arquiteturais, tecnologias, produtos, armadilhas e tendências) e as aplicam em suas decisões.

Registro de alternativas arquiteturais, decisões e motivação

Ignorando, por enquanto, os princípios da tomada de decisão arquitetural, praticamente todos os métodos arquiteturais recomendam manter um registro das soluções alternativas, decisões, fatores de influência e motivações dos problemas e decisões dignos de nota.

Tais registros foram chamados de **memorandos técnicos** [Cunningham96], **cartões de problema** [HNS00] e **documentos de estratégia arquitetural** (propostas arquiteturais da SEI), com diversos graus de formalidade e sofisticação. Em alguns métodos, esses memorandos são a base de uma outra etapa de revisão e refinamento.

No PU, os memorandos devem ser registrados no DAS.

Um aspecto importante do memorando técnico é a *motivação* ou o raciocínio. Quando um futuro desenvolvedor ou arquiteto precisar modificar o sistema[3], é extremamente útil para entender as motivações existentes por trás do projeto, como *por quê* uma estratégia em particular para recuperação de uma falha do serviço remoto no aplicativo PDV ProxGer foi escolhida e outras rejeitadas, para tomar decisões abalizadas sobre a mudança do sistema.

Explicar o fundamento lógico da rejeição das alternativas é importante, pois durante a futura evolução do produto, um arquiteto pode reconsiderar essas alternativas ou pelo menos querer saber quais alternativas foram consideradas e por que uma foi escolhida.

Um exemplo de memorando técnico aparece a seguir, o qual registra uma decisão arquitetural para a aplicação PDV ProxGer. É claro que o formato exato não é importante. Mantenha-o simples e registre apenas as informações que ajudarão o futuro leitor a tomar uma decisão abalizada, quando modificar o sistema.

Memorando técnico
Questão: confiabilidade – recuperação de falha de serviço remoto

Resumo da solução: transparência de localização pelo uso de busca de serviços, mudança de remoto para local em caso de falha e replicação local parcial do serviço.

Fatores
- Recuperação robusta de falha do serviço remoto (por exemplo, calculador de imposto, estoque).

---

[3] Ou quando tiverem decorrido quatro semanas e o arquiteto original tiver se esquecido de seu próprio raciocínio!

- Recuperação robusta de falha do banco de dados de produtos remoto (por exemplo, descrições e preços).

Solução

Obter variação protegida com relação à localização dos serviços, usando um Adaptador criado em uma FábricaDeServiços. Onde for possível, ofereça implementações locais dos serviços remotos, normalmente com comportamento simplificado ou restrito. O calculador de imposto local, por exemplo, usará taxas de imposto constantes. O banco de dados de informações de produto local será uma pequena *cache* com os produtos mais comuns. As atualizações do estoque serão armazenadas e encaminhadas no momento da reconexão.

Veja também o memorando técnico *Adaptabilidade – Serviços de Terceiros* para conhecer os tópicos de adaptabilidade dessas soluções, pois as implementações do serviço remoto irão variar de acordo com cada instalação.

Para satisfazer aos cenários de qualidade da reconexão com os serviços remotos tão logo quanto possível, use objetos Proxy inteligentes para os serviços, que testem a reativação do serviço remoto em cada chamada de serviço e, quando possível, redirecionem para eles.

Motivação

Varejistas não gostam de parar de vender! Portanto, se a aplicação PDV ProxGer oferecer esse nível de confiabilidade e recuperação, ele será um produto muito atraente, pois nenhum de nossos concorrentes oferece essa capacidade. A pequena *cache* de produtos é motivada pelos recursos muito limitados no lado do cliente. O calculador de imposto real do outro fornecedor terceirizado não é duplicado no cliente, principalmente pelos custos de licenciamento mais altos e pelos esforços de configuração (pois cada instalação do calculador exige ajustes quase semanais). Esse projeto também apóia o ponto de evolução de futuros clientes que queiram e possam duplicar serviços permanentemente, como o calculador de imposto para cada terminal de cliente.

Questões não resolvidas

Nenhuma.

Alternativas consideradas

Um acordo de qualidade de serviço "nível-ouro" com os serviços de autorização de crédito remotos para melhorar a confiabilidade. Isso estava disponível, mas era muito caro.

Note que, conforme ilustrado nesse exemplo – e esse é um ponto-chave – uma decisão arquitetural descrita em um memorando técnico pode resolver um grupo de fatores e não apenas um.

Prioridades

Existe uma hierarquia de objetivos que guia as decisões arquiteturais:

1. Restrições inflexíveis, inclusive o cumprimento de questões de segurança e jurídicas.
   - A aplicação PDV ProxGer deve aplicar corretamente as políticas de imposto.
2. Objetivos do negócio.
   - Demonstração das características notórias pronta para a feira MundoPDV em Hamburgo, dentro de 18 meses.
   - Ter qualidades e características atraentes para lojas de departamento da Europa (por exemplo, suporte para várias moedas e regras de negócio que possam ser personalizadas).

3. Todos os outros objetivos

   o Freqüentemente, eles podem remontar diretamente aos objetivos do negócio declarados, mas são indiretos. Por exemplo, "facilmente ampliável: pode acrescentar <alguma unidade de funcionalidade> em 10 semanas de trabalho" poderia remontar a um objetivo do negócio de "novo lançamento a cada seis meses".

No PU, muitos desses objetivos são registrados no artefato Visão. Note que as indicações de *Prioridade para Sucesso* na tabela de fatores deve refletir a prioridade desses objetivos.

Existe um aspecto distintivo da tomada de decisão nesse nível, em relação ao projeto de objeto em pequena escala: alguém tem de considerar, simultaneamente, mais objetivos (e, muitas vezes, de influência global) e seus compromissos. Além disso, os objetivos do negócio se tornam fundamentais para as decisões técnicas (ou, pelo menos, deveriam se tornar). Por exemplo:

Memorando técnico
Questão: jurídica – cumprimento da regra de impostos

Resumo da solução: adquirir um componente calculador de impostos.

Fatores

■ As regras de imposto atuais devem ser aplicadas, por lei.

Solução

Adquirir um calculador de impostos com um acordo de licenciamento para receber as atualizações de regras de impostos em andamento. Note que diferentes calculadores podem ser usados em diferentes instalações.

Motivação

Tempo para o lançamento do software (time-to-market), correção, baixos requisitos de manutenção e desenvolvedores felizes (veja as alternativas). Esses produtos são caros, o que afeta nossos objetivos do negócio de contenção de custo e estabelecimento de preço de produto, mas a alternativa é considerada inaceitável.

Questões não resolvidas

Quais são os produtos líderes de mercado e suas qualidades?

Alternativas consideradas

Construir um calculador pela própria equipe do ProxGer? Estima-se que isso demore muito, seja propenso a erros e crie uma responsabilidade de manutenção futura dispendiosa e desinteressante (para os desenvolvedores da empresa), o que afeta o objetivo dos "desenvolvedores felizes" (certamente, o objetivo mais importante de todos).

Prioridades e pontos de evolução: subengenharia e superengenharia

Outra característica distintiva da tomada de decisão arquitetural é a priorização da probabilidade de **pontos de evolução** – pontos de variabilidade ou modificação que *podem* surgir no futuro. Na aplicação ProxGer, por exemplo, existe a chance de que terminais de cliente portáteis e sem fio sejam desejados. Projetar para isso tem um impacto significativo, por causa das diferenças nos sistemas operacionais, na interface com o usuário, nos recursos de hardware, etc.

A empresa poderia despender uma quantia enorme de dinheiro (e aumentar vários riscos) para obter essa "prova de futuro". Se, no futuro, for verificado que isso não era relevante, fazê-lo seria um exercício muito dispendioso de superengenharia. Note também que a prova de futuro raramente é perfeita, pois trata-se de especulação; mesmo que a modificação prevista ocorra, é provável que haja alguma modificação no projeto imaginado.

Por outro lado, a prova de futuro para o problema da data Y2K (bug do milênio) teria sido um dinheiro muito bem gasto; em vez disso, o que houve foi uma subengenharia, com um resultado terrivelmente dispendioso.

> A arte do arquiteto é saber quais batalhas vale a pena travar – onde vale a pena investir em projetos que forneçam proteção contra modificação evolutiva.

Para decidir se uma "prova de futuro" antecipada deve ser evitada, considere realisticamente o cenário de um adiamento para o futuro, quando ela for solicitada. Quanto do projeto e do código realmente terá que ser modificado? Qual será o esforço? Talvez um exame minucioso da mudança em potencial revele que o que inicialmente era considerado um problema gigantesco, contra o qual deveria haver proteção, vá consumir apenas algumas pessoas-semanas de esforço.

Esse é um problema difícil; "prever é muito difícil, especialmente quando se trata do futuro" (frase atribuída não verificadamente a Niels Bohr).

Princípios básicos do projeto arquitetural

Os princípios de projeto básicos explorados em grande parte deste livro que eram aplicáveis ao projeto de objetos em pequena escala, ainda são princípios dominantes no nível arquitetural de larga escala:

- acoplamento baixo
- coesão alta
- variação protegida (interfaces, indireção, busca de serviços; etc.)

Entretanto, a granularidade dos componentes é maior – trata-se de acoplamento baixo entre aplicações, subsistemas ou processos, e não entre objetos pequenos.

Além disso, nessa escala maior, existem mais ou diferentes mecanismos para obter qualidades como acoplamento baixo e variação protegida. Por exemplo, considere o seguinte memorando técnico:

Memorando técnico
Questão: adaptabilidade – serviços de terceiros

Resumo da solução: variação protegida com o uso de interfaces e adaptadores

Fatores

- Dar suporte a muitos serviços de terceiros que se modificam com freqüência (calculador de impostos, autorização de crédito, estoque, etc.).

Solução

Obtenha variação protegida, como se segue: analise vários produtos comerciais de calculador de impostos (e assim por diante, para outras categorias de produto) e construa interfaces comuns para os mínimos denominadores comuns de funcionalidade. Em seguida, use a Indireção por meio do padrão Adaptador, isto é, crie um objeto Adaptador de recurso que implemente a interface e atue como conexão e tradutor para um calculador de imposto de retaguarda específico. Veja também o memorando técnico *Confiabilidade – Recuperação de falha do serviço remoto* para saber os aspectos relativos à transparência da localização dessa solução.

Motivação

Simples. Comunicação mais barata e mais rápida do que com o uso de um serviço de troca de mensagens (veja as alternativas) e, de qualquer modo, um serviço de troca de mensagens não pode ser usado para conectar diretamente o serviço de autorização de crédito externo.

Questões não resolvidas

As interfaces de mínimo denominador comum criarão um problema imprevisto, como o fato de serem limitadas demais?

Alternativas consideradas

Aplicar a indireção, usando um serviço de troca de mensagens ou de publicação-assinatura (por exemplo, uma implementação de JMS) entre o cliente e o calculador de impostos, com adaptadores. Porém, isso não pode ser usado diretamente com uma entidade de autorização de crédito, é caro (para as soluções confiáveis) e há mais confiabilidade na distribuição de mensagens do que o necessário em termos práticos.

A questão é que, no nível arquitetural, normalmente existem novos mecanismos para obter a variação protegida (e outros objetivos), muitas vezes em colaboração com componentes de terceiros, como no caso do uso de um servidor JMS (Java Messaging Service) ou EBJ.

Separação de interesses e localização do impacto

Outro princípio básico aplicado durante a análise arquitetural é obter uma boa **separação de interesses**. Isso também se aplica na escala dos pequenos objetos, mas obtém proeminência durante a análise arquitetural.

Interesses ortogonais, ou que entrecortam o sistema (cross-cutting concerns), são aqueles com ampla aplicação ou influência no sistema, como persistência de dados ou segurança. Alguém *poderia* projetar suporte para persistência na aplicação ProxGer, de modo que cada objeto (que contivesse o código da lógica da aplicação) também se comunicasse com um banco de dados para salvar seus dados. Isso entrelaçaria o interesse da persistência com o interesse da lógica da aplicação no código-fonte das classes – o mesmo também vale para a segurança. A coesão diminui e o acoplamento aumenta.

Pelo contrário, projetar para uma separação de interesses decompõe o suporte para persistência e o suporte para segurança em "coisas" separadas (existem mecanismos muito diferentes para essa separação). Um objeto com a lógica da aplicação tem apenas a lógica da aplicação, e não a lógica de persistência ou de segurança. Da mesma forma, um subsistema de persistência se concentra no interesse da persistência e não da segurança. Um subsistema de segurança não realiza persistência.

A separação de interesses é uma maneira de pensar em larga escala sobre o acoplamento baixo e a coesão alta em um nível arquitetural. Isso também se aplica aos objetos de pequena escala, pois sua ausência resulta em objetos não-coesos que têm várias áreas de responsabilidade. Entretanto, esse problema é especialmente arquitetural, pois os interesses são amplos e as soluções envolvem escolhas de projeto importantes e fundamentais.

Existem várias técnicas de larga escala para obter separação de interesses:

1. Modularize o interesse em um componente separado (por exemplo, um subsistema) e chame seus serviços.
    - Essa é a abordagem mais comum. No sistema ProxGer, por exemplo, o suporte para persistência poderia ser decomposto em um subsistema chamado *serviço de persistência*. Por meio de uma fachada, ele pode oferecer uma interface pública dos serviços para outros componentes. As arquiteturas em camadas também ilustram essa separação de interesses.
2. Use decoradores.
    - Essa é a segunda abordagem mais comum, divulgada pela primeira vez no Microsoft Transaction Service e, depois, com os servidores EJB. Nessa abordagem, o interesse (como a segurança) é decorado em outros objetos, com um objeto Decorador que empacota o objeto interno e interpõe o serviço. O objeto Decorador é chamado de **contêiner** na terminologia EJB. Por exemplo, no sistema PDV ProxGer, o controle de segurança para serviços remotos, como o sistema de RH, pode ser obtido com um contêiner EJB que acrescente verificações de segurança no objeto Decorador externo, em torno da lógica da aplicação do objeto interno.
3. Use pós-compiladores e tecnologias orientadas a aspectos.
    - Por exemplo, no caso dos beans de entidade EJB, alguém pode adicionar suporte para persistência em classes como *Venda*. Alguém especifica, em um arquivo descritor de propriedade, as características de persistência da classe *Venda*. Então, um pós-compilador (termo que usei para indicar outro compilador que executa após o compilador "normal") adicionará o suporte para persistência necessário em uma classe *Venda* modificada (modificando apenas o bytecode) ou em uma subclasse. O desenvolvedor continua a ver a classe original como uma classe "limpa" que contém apenas a lógica da aplicação. Outra variação são as tecnologias **orientadas a aspectos**, como a AspectJ (www.aspectj.org), que apóia a pós-compilação de modo semelhante, entrelaçando interesses ortogonais no código, de maneira transparente para o desenvolvedor. Essas abordagens mantêm a ilusão de separação durante o trabalho de desenvolvimento e recompõem o interesse antes da execução.

Promoção de padrões arquiteturais

Uma exploração dos padrões arquiteturais e de como eles poderiam ser aplicados (ou mal-aplicados) no estudo de caso ProxGer está fora dos objetivos deste texto introdutório. Entretanto, fornecemos algumas indicações:

Provavelmente o mecanismo mais comum para obter o acoplamento baixo, a variação protegida e a separação de interesses no nível arquitetural seja o padrão Camadas, que foi apresentado em um capítulo anterior. Esse é um exemplo da técnica de separação mais comum – modularizar interesses em componentes ou camadas separadas.

Existe um volume grande e crescente de padrões arquiteturais escritos. Estudá-los é a maneira mais rápida que conheço para aprender as soluções arquiteturais. Veja as leituras recomendadas.

33.8 Resumo dos temas da análise arquitetural

O **primeiro** tema importante é que os interesses "arquiteturais" são especialmente relacionados com os requisitos não-funcionais e incluem conhecimento do contexto do negócio ou do mercado da aplicação. Ao mesmo tempo, os requisitos funcionais (por exemplo, processar vendas) não podem ser ignorados; eles fornecem o contexto dentro do qual esses interesses devem ser resolvidos. Além disso, a identificação de sua variabilidade é arquiteturalmente significativa.

Um **segundo** tema é que os interesses arquiteturais envolvem problemas no nível de sistema, de larga escala e amplos, cuja resolução normalmente envolve decisões de projeto de larga escala ou fundamentais, como a escolha – ou mesmo o uso – de um servidor de aplicação.

Um **terceiro** tema na análise arquitetural são as interdependências e os compromissos. Uma melhor segurança, por exemplo, pode afetar o desempenho ou a usabilidade, e a maioria das escolhas afeta o custo.

Um **quarto** tema na análise da arquitetura é a geração e a avaliação de soluções alternativas. Um arquiteto hábil pode oferecer soluções de projeto que envolvam a construção de um novo software e também sugerir soluções (ou soluções parciais) que utilizem softwares e hardwares comerciais ou disponíveis ao público. Por exemplo, pode-se obter a recuperação em um servidor remoto da aplicação PDV ProxGer por meio do projeto e da programação de processos "sentinela" ou talvez por meio de serviços de setorização, replicação e recuperação de falha oferecidos por algum sistema operacional e por alguns componentes de hardware. Os bons arquitetos conhecem os produtos de hardware e software de outros fornecedores.

A definição inicial dos interesses arquiteturais fornece a base do pensamento a respeito da arquitetura: identificar os problemas com implicações de larga escala ou no nível de sistema e resolvê-los.

Definição

A análise arquitetural se preocupa com a identificação e com a resolução dos requisitos não-funcionais do sistema, no contexto dos requisitos funcionais.

33.9 Processo: arquitetura iterativa dentro do PU

O PU é um método centrado na arquitetura, iterativo e evolutivo. Isso *não* significa que seja uma tentativa no estilo "em cascata" de identificar totalmente todos os requisitos arquiteturais antes do desenvolvimento, tampouco uma tentativa de projetar completamente a arquitetura "correta" antes de programar e testar. Ao contrário, significa que as primeiras iterações enfocam a programação e teste de interesses arquiteturalmente significativos (como segurança) e usar, provar, desenvolver e estabilizar os elementos-chave arquiteturais (subsistemas, interfaces, frameworks, etc).

No PU, a arquitetura evolui e se estabiliza por meio de desenvolvimento e teste iniciais com foco na arquitetura, e não por meio de especulação em papel ou "arquitetura power point".

Documentação da arquitetura e o DAS (pág. 650)

No PU, os fatores arquiteturais – ou requisitos – são registrados na especificação suplementar e as decisões arquiteturais que os resolvem são registrados no **Documento de Arquitetura de Software** (DAS). Como o PU não segue o modelo em cascata, o DAS não é totalmente criado antes da programação, mas, ao contrário, depois da programação – quando o código estiver estabilizado. Então, o DAS documenta o sistema real como uma ajuda de aprendizado para outros.

A análise arquitetural começa cedo, durante a fase de concepção, sendo um foco da fase de elaboração; é uma atividade com alta prioridade e muita influência no desenvolvimento de software.

Informação arquitetural nos artefatos do PU

- Os fatores arquiteturais (por exemplo, em uma tabela de fatores) são registrados na Especificação Suplementar.
- As decisões arquiteturais são registradas no DAS. Isso inclui os memorandos técnicos e as descrições das visões arquiteturais.

Fases

Concepção – Se não estiver claro que é tecnicamente possível satisfazer aos requisitos arquiteturalmente significativos, a equipe poderá implementar uma **prova de conceito arquitetural** (PCA) para determinar a viabilidade. No PU, sua criação e avaliação são chamadas de **Síntese Arquitetural**. Isso é diferente dos antigos pequenos experimentos de programação de PCA para questões técnicas isoladas. Uma PCA arquitetural aborda ligeiramente *muitos* dos requisitos arquiteturalmente significativos para avaliar sua viabilidade *combinada*.

Elaboração – Um objetivo importante dessa fase é implementar os principais elementos arquiteturais de risco; assim, a maior parte da análise arquitetural é concluída durante a elaboração. Normalmente, espera-se que a maioria do conteúdo da tabela de fatores, do memorando técnico e do DAS possa estar concluída no final da elaboração.

Transição – Embora, de preferência, os fatores e decisões arquiteturalmente significativos tenham sido resolvidos bem antes da transição, o DAS precisará de uma análise e de uma possível revisão, no final dessa fase, para garantir que ele descreva precisamente o sistema implantado final.

Ciclos de evolução subseqüentes – Antes do projeto de novas versões, é comum rever as decisões e os fatores arquiteturais. A decisão tomada na versão 1.0, por exemplo, de criar um único serviço remoto de calculador de imposto, em vez de um serviço duplicado em cada nó do PDV, poderia ter sido motivada pelo custo (para evitar a aquisição de várias licenças). Entretanto, talvez no futuro o custo do calculador de impostos seja reduzido e, assim, por motivos de tolerância à falha ou de desempenho, a arquitetura seja alterada para usar vários calculadores de impostos locais.

33.10 Leituras recomendadas

Existe um corpo crescente de padrões relacionados à arquitetura e de conselhos sobre arquitetura de software em geral. Sugestões:

- *Beyond Software Architecture* [Hohman03]. Esse guia útil, escrito por alguém experiente tanto como arquiteto quanto como gerente de produto, traz uma ênfase orientada ao negócio para a arquitetura. Hohman compartilha sua experiência com importantes tópicos raramente abordados, como o impacto do modelo de negócios, licenciamento e melhorias na arquitetura de software.

- *Patterns of Enterprise Application Architecture* [Fowler02].

- *Software Architecture in Practice* [BCK98].

- *Pattern-Oriented Software Architecture*, ambos os volumes.

- *Pattern Languages of Program Design*, todos os volumes. Cada volume tem uma seção sobre padrões relacionados à arquitetura.

Capítulo

34

REFINAMENTO DA ARQUITETURA LÓGICA

Álcool e cálculo não se misturam... não beba e derive.
– anônimo

Objetivos

- Explorar mais tópicos da arquitetura lógica e o padrão Camadas, inclusive a colaboração intercamadas.
- Apresentar a arquitetura lógica dessa iteração dos estudos de caso.
- Aplicar os padrões Fachada, Observador e Controlador no contexto das camadas arquiteturais.

Introdução

A arquitetura lógica e o padrão Camadas foram introduzidos na pág. 219. Este capítulo mergulha um pouco mais fundo – focalizando alguns tópicos intermediários relativos a arquiteturas em camadas.

O que vem a seguir? Introduzida a análise arquitetural, este capítulo explora mais tópicos do padrão Camadas e arquitetura lógica. O capítulo seguinte introduz como projetar pacotes – um assunto de projeto que não recebe atenção suficiente.

Refinamento do Modelo de Domínio → Análise Arquitetural → **Refinamento da Arquitetura Lógica** → Projeto de Pacotes → Mais Projeto de Objetos com Padrões GoF

34.1 Exemplo: arquitetura lógica do ProxGer

Exemplos de camadas comuns (pág. 224)

A Figura 34.1 ilustra uma arquitetura lógica parcial em camadas para essa iteração da aplicação ProxGer.

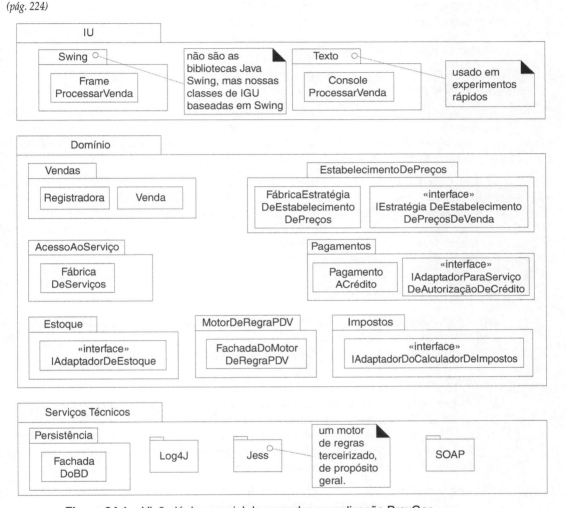

Figura 34.1 Visão lógica parcial de camadas na aplicação ProxGer.

Observe a ausência de uma camada de Aplicação para essa iteração do projeto; conforme discutido posteriormente, nem sempre ela é necessária.

Como este é um desenvolvimento iterativo, é normal criar um projeto de camadas que comece simples e evolua com as iterações da fase de elaboração. Um objetivo dessa fase é ter a arquitetura central estabelecida (projetada e implementada) ao final das iterações da elaboração, mas isso não significa fazer um grande projeto arquitetural especulativo antecipado, antes de começar a programar. Pelo contrário, uma tentativa de arquitetura lógica é projetada nas primeiras iterações e evolui incrementalmente durante a fase de elaboração.

Observe que apenas alguns tipos de exemplo estão presentes nesse diagrama de pacotes; isso não é apenas motivado pelo espaço limitado da página na formatação deste livro, mas por uma qualidade da assinatura de um diagrama da **visão arquitetural** – ele mostra apenas alguns elementos dignos de nota, para transmitir concisamente as principais idéias dos tópicos arquiteturalmente significativos. A idéia, em um documento da visão arquitetural do PU, é dizer ao leitor "escolhi esse pequeno conjunto de elementos instrutivos para transmitir as grandes idéias".

Comentários sobre a Figura 34.1:

- Existem outros tipos nesses pacotes; apenas alguns são mostrados para indicar os aspectos dignos de nota.

- A camada de Fundamentos não foi mostrada nessa visão; o arquiteto (eu) decidiu que ela não acrescentava informações interessantes, mesmo que a equipe de desenvolvimento certamente vá adicionar algumas classes da camada de Fundamentos, como utilitários de manipulação de *Cadeia* mais avançados.

- Por enquanto, não é usada uma camada de Aplicação separada. As responsabilidades dos objetos de controle ou de sessão na camada de Aplicação são tratadas pelo objeto *Registradora*. O arquiteto vai adicionar uma camada de Aplicação em uma iteração posterior, quando a complexidade do comportamento aumentar e forem introduzidas interfaces de cliente alternativas (como um navegador da Web e um PDA portátil, ligado em rede sem fio).

Acoplamento entre camadas e entre pacotes

Para ajudar alguém a entender a arquitetura lógica do ProxGer, é também informativo incluir um diagrama da visão lógica que ilustra acoplamentos importantes entre as camadas e pacotes. Um exemplo parcial está ilustrado na Figura 34.2.

Aplicação de UML:

- Observe que podem ser usadas linhas de dependência para comunicar o acoplamento entre pacotes ou tipos nos pacotes. Linhas de dependência simples são excelentes quando o comunicador não se preocupa em ser mais específico sobre a dependência exata (visibilidade por atributo, uso de subclasses, etc.), mas quer apenas destacar as dependências gerais.

- Note também o uso de uma linha de dependência saindo de um pacote, em vez de um tipo em particular, como no caso do pacote *Vendas* para a classe *FachadaDoMotorDeRegraPDV* e do pacote *Domínio* para o pacote *Log4J*. Isso é útil quando o tipo dependente específico não é interessante ou quando o comunicador quer sugerir que muitos elementos do pacote podem compartilhar essa dependência.

Outro uso comum de um diagrama de pacotes é para ocultar os tipos específicos e focalizar a ilustração do acoplamento pacote-pacote, como no diagrama parcial da Figura 34.3.

Na verdade, a Figura 34.3 provavelmente ilustra o estilo de diagrama de arquitetura lógica mais comum na UML – um diagrama de pacotes que mostra, talvez, entre 5 e 20 pacotes importantes e suas dependências.

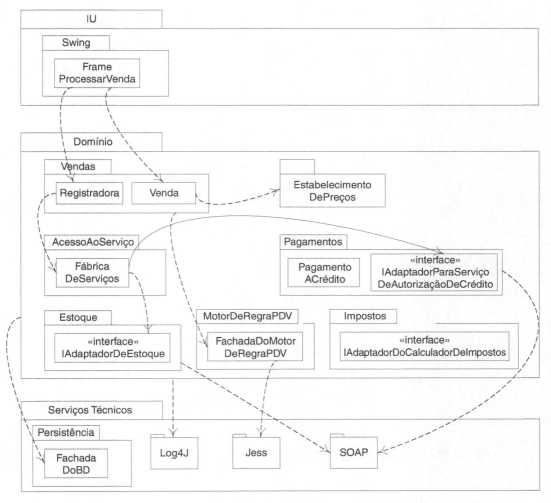

Figura 34.2 Acoplamento parcial entre pacotes.

Cenários de interação entre camadas e entre pacotes

Os diagramas de pacotes mostram informações estáticas. Para ajudar alguém a entender a *dinâmica* na arquitetura lógica do ProxGer, é também útil incluir um diagrama que mostre como os objetos se conectam e se comunicam entre as camadas. Assim, um diagrama de interação é útil. No espírito de uma "visão arquitetural", que oculta os detalhes desinteressantes e enfatiza o que o arquiteto quer transmitir, um diagrama de interação na visão lógica da arquitetura focaliza as colaborações, conforme elas cruzam os limites de camadas e de pacotes. Um conjunto de diagramas de interação que ilustre **cenários arquiteturalmente significativos** (no sentido de que eles ilustram muitos aspectos das grandes idéias ou de larga escala no projeto) é, portanto, útil.

Por exemplo, a Figura 34.4 ilustra parte de um cenário *Processar Venda* que enfatiza os pontos de conexão entre camadas e pacotes.

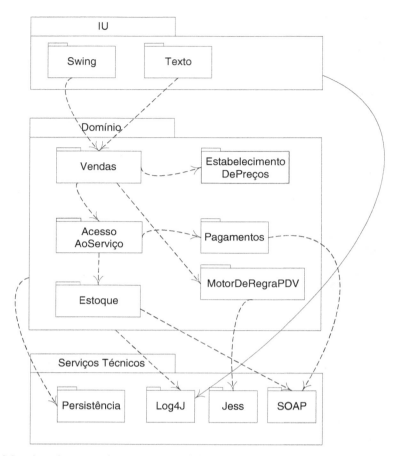

Figura 34.3 Acoplamento de pacotes parcial.

Aplicação da UML:

- Opcionalmente, o pacote de um tipo pode ser mostrado qualificando-se o tipo com a expressão de **nome de caminho** UML *<NomeDoPacote>::<NomeDoTipo>*. Por exemplo, *Domínio::Vendas::Registradora*. Isso pode ser utilizado para destacar ao leitor as conexões entre pacotes e entre camadas no diagrama de interação.

- Note também o uso do estereótipo «subsistema». Em UML, um subsistema é uma entidade separada que tem comportamento e interfaces. Um subsistema pode ser modelado como uma categoria especial de pacote ou – conforme mostrado aqui – como um objeto, o que é útil quando se quer mostrar colaborações inter subsistemas (ou sistemas). Na UML, o sistema inteiro também é um "subsistema" (o subsistema raiz) e, assim, também pode ser mostrado como um objeto nos diagramas de interação (como em um DSS).

- Note o uso de '1' no canto superior direito para indicar um objeto unitário e sugerir acesso usando o padrão GoF Objeto Unitário.

Observe que o diagrama ignora a exibição de algumas mensagens, como certas colaborações de *Venda*, para destacar as interações arquiteturalmente significativas.

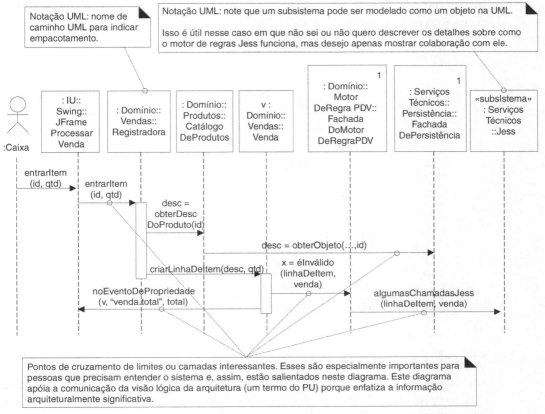

Figura 34.4 Um diagrama de interação arquiteturalmente significativo que enfatiza conexões que cruzam limites.

34.2 Colaborações com o padrão camadas

Duas decisões de projeto em nível arquitetural são:

1. Quais são as grandes partes?
2. Como elas estão conectadas?

Enquanto o padrão arquitetural Camadas guia a definição das grandes partes, os padrões de projeto micro-arquiteturais, como Fachada, Controlador e Observador, são normalmente usados para o projeto das conexões entre camadas e pacotes. Esta seção examina padrões na conexão e comunicação entre camadas e pacotes.

Pacotes simples versus subsistemas

Alguns pacotes ou camadas não são apenas grupos conceituais de coisas, mas são verdadeiros subsistemas, com comportamento e interfaces. Para contrastar:

- O pacote *EstabelecimentoDePreços* não é um subsistema; ele simplesmente agrupa a fábrica e as estratégias usadas no estabelecimento de preços. O mesmo acontece com os pacotes de Fundamentos, tais como *java.util*.

- Por outro lado, os pacotes *Persistência, MotorDeRegraPDV e Jess* são subsistemas. Eles são mecanismos separados, com responsabilidades coesas que funcionam.

Na UML, um subsistema pode ser identificado com um estereótipo, como se vê na Figura 34.5.

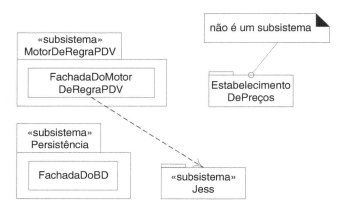

Figura 34.5 Estereótipos de subsistema.

Fachada

No caso dos pacotes que representam subsistemas, o padrão de acesso mais comum é o Fachada, um padrão de projeto GoF. Isso quer dizer que um objeto de fachada público define os serviços do subsistema e os clientes colaboram com a fachada e não com os componentes internos do subsistema. Isso vale para a *FachadaDoMotorDeRegraPDV* e para a *FachadaDePersistência*, para ter acesso ao motor de regras e ao subsistema de persistência.

A fachada normalmente não deve expor muitas operações de baixo nível. Pelo contrário, é desejável que a fachada exponha um pequeno número de operações de alto nível – os serviços de granularidade grossa. Quando uma fachada expõe muitas operações de baixo nível, tende a se tornar não-coesa. Além disso, se a fachada vai ou pode se tornar um objeto distribuído ou remoto (como um *bean* de sessão EJB ou um objeto servidor RMI), serviços de granularidade fina conduzem a problemas de desempenho na comunicação remota – muitas pequenas chamadas remotas são um gargalo de desempenho em sistemas distribuídos.

Além disso, uma fachada normalmente não realiza seu próprio trabalho. Pelo contrário, ela é a consolidadora ou mediadora dos objetos subjacentes ao subsistema, que realizam o trabalho.

Por exemplo, a *FachadaDoMotorDeRegraPDV* é a empacotadora e o único ponto de acesso ao motor de regras da aplicação PDV. Outros pacotes não vêem a implementação desse subsistema, pois ele fica oculto atrás da fachada. Suponha (essa é apenas uma de muitas implementações) que o subsistema do motor de regras do PDV seja implementado em colaboração com o motor de regras Jess. O Jess é um subsistema que expõe muitas operações de granularidade fina (isso é comum em subsistemas de terceiros muito gerais). No entanto, a *FachadaDoMotorDeRegraPDV* não expõe as operações Jess de baixo nível em sua interface. Pelo contrário, ela fornece apenas algumas operações de alto nível, tais como *éInválido(linhaDeItem, venda)*.

Se a aplicação tem apenas um "pequeno" número de operações de sistema, é comum que a camada de Aplicação ou de Domínio exponha apenas um objeto para uma camada superior. Por outro lado, a camada de Serviços Técnicos, que contém vários subsistemas, expõe pelo menos uma fachada (ou vários objetos públicos, caso não sejam usadas fachadas) para cada subsistema nas camadas superiores. Veja a Figura 34.6.

Fachadas de sessão e a camada de aplicação

Ao contrário da Figura 34.6, quando uma aplicação tem muitas operações de sistema e dá suporte a muitos casos de uso, é comum ter mais de um objeto fazendo a mediação entre as camadas de IU e de Domínio.

Na versão atual do sistema ProxGer, há um projeto simples de um objeto unitário *Registradora* atuando como fachada para a camada de Domínio (por causa do padrão GRASP Controlador).

Entretanto, à medida que o sistema cresce para tratar de muitos casos de uso e operações de sistema, não é raro introduzir uma camada de objetos de Aplicação que

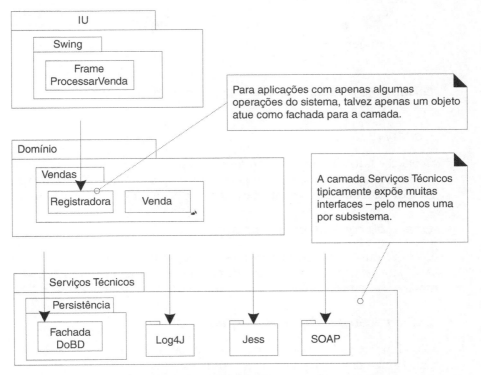

Figura 34.6 Número de interfaces expostas para as camadas superiores.

mantenha o estado da sessão para as operações de um caso de uso, em que cada instância da sessão represente uma sessão com um único cliente. Elas são chamadas de Fachadas de Sessão, e seu uso é outra recomendação do padrão GRASP Controlador, como na variante do padrão "controlador fachada de sessão de caso de uso". Veja na Figura 34.7 um exemplo de como a arquitetura do ProxGer pode evoluir com uma camada de Aplicação e fachadas de sessão.

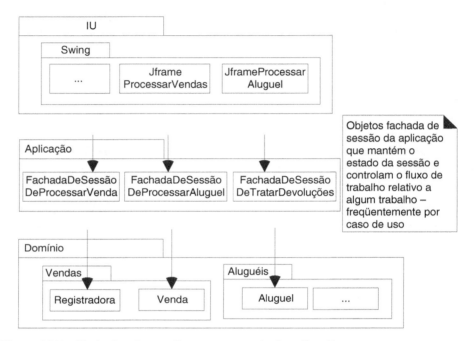

Figura 34.7 Fachadas de sessão e uma camada de aplicação.

Controlador

O padrão GRASP Controlador descreve escolhas comuns em tratadores no lado do cliente (ou controladores, como eles têm sido chamados) para chamadas de operações do sistema que partem da camada de IU. A Figura 34.8 ilustra isso.

Operações do sistema e camadas

Os DSSs ilustram as operações do sistema, ocultando no diagrama os objetos de IU. As operações do sistema chamadas na representação da Figura 34.9 são geradas por um ator, por meio da camada de IU, na camada de Aplicação ou de Domínio.

Colaboração para cima com o padrão observador

O padrão Fachada é normalmente usado para colaboração "para baixo", ou seja, de uma camada mais alta para uma mais baixa, ou para acesso a serviços em outro subsistema da mesma camada. Quando a camada de Aplicação ou de Domínio mais baixa precisa se comunicar para cima, com a camada de IU, normalmente isso é feito pe-

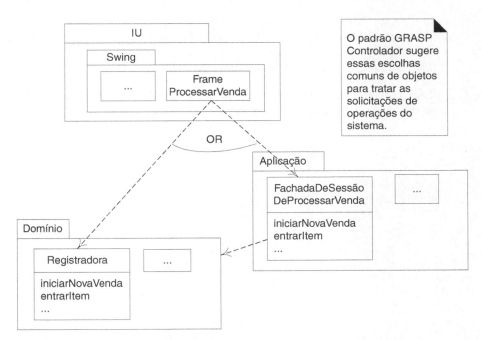

Figura 34.8 As escolhas de Controlador.

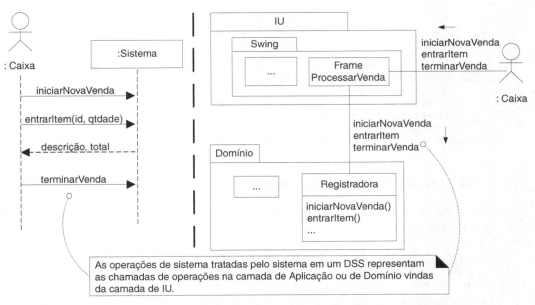

Figura 34.9 Operações do sistema nos DSSs em termos de camadas.

lo padrão Observador. Isto é, os objetos da IU na camada de IU mais alta implementam uma interface, como *OuvinteDePropriedade* ou *OuvinteDeAlarme*, e são assinantes ou ouvintes dos eventos (como eventos de propriedade ou alarme) provenientes dos objetos das camadas inferiores. Os objetos da camada inferior enviam mensagens diretamente para os objetos de IU da camada superior, mas o acoplamento é apenas para os objetos vistos como coisas que implementam uma interface, como *OuvinteDePropriedade*, e não vistos como janelas específicas da IGU.

Isso foi examinado quando o padrão Observador foi introduzido. A Figura 34.10 resume a idéia em relação às camadas.

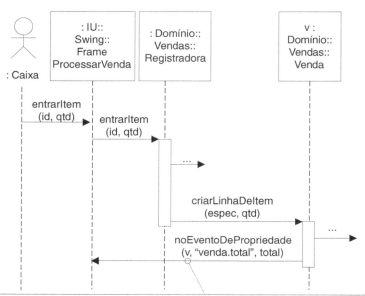

Colaboração das camadas inferiores para a camada de IU geralmente é pelo padrão Observador (Publicação-Assinatura). O objeto Venda tem assinantes registrados que são OuvintesDePropriedade. Acontece que um deles é um Jframe da IGU Swing, mas a Venda não conhece esse objeto como um Jframe da IGU, mas apenas como um OuvinteDePropriedade.

Figura 34.10 Padrão Observador para comunicação "para cima" com a camada de IU.

Acoplamento em camadas relaxadas

As camadas, na maioria das arquiteturas em camadas, *não* são acopladas no mesmo sentido limitado de um protocolo de rede baseado no modelo de camadas OSI 7. No modelo do protocolo, há a restrição rigorosa de que os elementos da camada N só podem ter acesso aos serviços da camada N-1 imediatamente inferior.

Isso raramente é seguido nas arquiteturas de sistema de informação. Pelo contrário, a norma é uma arquitetura "em camadas relaxadas" ou "em camadas transparentes" [BMRSS96], na qual os elementos de uma camada colaboram ou estão acoplados a várias outras camadas.

Comentários sobre o acoplamento típico entre camadas:

- Todas as camadas superiores têm dependências com relação às camadas de Serviços Técnicos e de Fundamentos.

- ○ Por exemplo, em Java, todas as camadas dependem dos elementos do pacote *java.util*.
- É principalmente a camada de Domínio que tem dependência em relação à camada de Infra-estrutura do Negócio.
- A camada de IU faz solicitações à camada de Aplicação, a qual faz solicitações de serviço à camada de Domínio; a camada de IU não solicita a camada de Domínio, a não ser que não exista camada de Aplicação.
- Caso se trate de uma aplicação desktop de processo único, os objetos de software na camada de Domínio serão diretamente visíveis a ou passados entre as camadas de IU, de Aplicação e, até certo ponto, de Serviços Técnicos.
  - ○ Por exemplo, supondo que o sistema PDV ProxGer seja desse tipo, um objeto *Venda* e um *Pagamento* poderiam ser diretamente visíveis para a camada de IU da IGU e também passados para o subsistema Persistência na camada de Serviços Técnicos.
- Por outro lado, caso se trate de um sistema distribuído, **duplicatas** serializáveis (também conhecidas como **portadoras de dados** ou **objetos de valor**) de objetos na camada de Domínio serão normalmente passadas para uma camada de IU. Nesse caso, a camada de Domínio é implantada em um computador servidor e os nós clientes recebem cópias dos dados do servidor.

O acoplamento com as camadas de serviço técnico e de fundamentos não é perigoso?

Conforme as discussões dos padrões GRASP Variações Protegidas e Acoplamento Baixo exploraram, o problema não é o acoplamento em si, mas o acoplamento desnecessário com pontos de variação e evolução instáveis e cuja correção é dispendiosa. Quase não se justifica perder tempo e dinheiro tentando abstrair ou ocultar algo que é improvável que seja modificado ou, se fosse, o impacto do custo de modificação seria insignificante. Por exemplo, na construção de uma aplicação com tecnologias Java, que valor há em esconder da aplicação o acesso às bibliotecas Java? O acoplamento forte em muitos pontos das bibliotecas é um problema improvável, pois elas são (relativamente) estáveis e ubíquas.

34.3 Outros tópicos do padrão camadas

Além dos tópicos estruturais e de colaboração discutidos anteriormente para o padrão Camadas, outros tópicos incluem os seguintes:

Visão lógica versus visões de processo e de implantação da arquitetura

As camadas arquiteturais são uma visão lógica da arquitetura e não uma visão da implantação dos elementos nos processos e nós de processamento. Dependendo da plataforma, *todas* as camadas podem ser implantadas dentro do mesmo processo, no mesmo nó, como no caso de uma aplicação dentro de um PDA portátil, ou espalhadas por muitos computadores e processos para uma aplicação Web de larga escala.

O modelo de implantação do PU responsável pelo mapeamento dessa arquitetura lógica nos processos e nós é fortemente influenciado pela escolha do software, plataforma de hardware e frameworks de aplicação associados. Por exemplo, J2EE versus.NET influencia a arquitetura da implantação.

Existem muitas maneiras de dividir e agrupar essas camadas lógicas para implantação e, de modo geral, o assunto da arquitetura da implantação será apresentado apenas superficialmente, pois ele não é simples, está muito além dos objetivos deste livro e depende de uma discussão detalhada sobre a plataforma de software escolhida, como a J2EE.

A camada de aplicação é opcional?

Se estiver presente, a camada de Aplicação contém objetos responsáveis por saber o estado da sessão dos clientes, fazendo a mediação entre as camadas de IU e de Domínio e controlando o fluxo de trabalho.

O fluxo pode ser organizado controlando-se a ordem das janelas ou páginas da Web, por exemplo.

Em termos dos padrões GRASP, os objetos do padrão Controlador, como um controlador de fachada de caso de uso, fazem parte dessa camada. Nos sistemas distribuídos, componentes como os beans de sessão EJB (e, em geral, objetos sessão que possuem um estado) fazem parte dessa camada.

Em algumas aplicações, essa camada não é exigida. Ela é útil (essa não é uma lista exaustiva) quando uma ou mais das afirmativas a seguir for verdadeira:

- Várias interfaces com o usuário (por exemplo, páginas da Web e uma IGU Swing) serão usadas para o sistema. Os objetos da camada de Aplicação podem atuar como Adaptadores que coletam e consolidam os dados, conforme for necessário, para diferentes IUs, ou como Fachadas que empacotam e ocultam o acesso à camada de Domínio.

- Trata-se de um sistema distribuído e a camada de Domínio está em um nó diferente do da camada de IU, compartilhado por vários clientes. Normalmente, é necessário controlar o estado da sessão, e os objetos da camada de Aplicação são uma escolha útil para essa responsabilidade.

- A camada de Domínio não pode ou não deve manter o estado da sessão.

- Existe um fluxo de trabalho definido em termos da ordem controlada das janelas ou páginas da Web que devem ser apresentadas.

Pertinência a conjuntos imprecisos em diferentes camadas

Alguns elementos pertencem fortemente a uma camada; uma classe *Matemática* (*Math*) faz parte da camada de Fundamentos. Entretanto, especialmente entre as camadas de Serviços Técnicos e de Fundamentos e entre as de Domínio e de Infra-Estrutura do Negócio, alguns elementos são mais difíceis de classificar, pois a diferenciação entre essas camadas é, grosso modo, "alto" versus "baixo" ou "específico" versus "geral", que são termos de conjunto imprecisos. Isso é normal e raramente é necessário decidir a respeito de uma categorização definitiva – a equipe de desenvolvimento pode considerar que um elemento, de um modo geral, faz parte da camada de Serviços Técnicos e/ou de Fundamentos, considerado como um grupo, chamado, de maneira genérica, de camada de Infra-estrutura.[1]

Por exemplo:

- Suponha que esse seja um projeto que usa tecnologia Java e que o framework para conexão de código-fonte aberto *Log4J* (parte do projeto Jakarta), tenha sido escolhido. A conexão faz parte da camada de Serviço Técnico ou da camada de Fundamentos? Log4J é um framework de baixo nível, pequeno e geral. Ele é moderadamente um membro dos conjuntos imprecisos Serviços Técnicos e Fundamentos.

- Suponha que essa seja uma aplicação Web e que o framework Jakarta Struts para aplicações Web tenha sido escolhido. Struts é um framework técnico de nível relativamente alto, grande e específico. Discutivelmente, é um forte membro do conjunto Serviços Técnicos e um fraco membro do conjunto Fundamentos.

Entretanto, a camada de Serviço Técnico de alto nível de uma pessoa é a camada de Fundamentos de outra...

Finalmente, não é que as bibliotecas fornecidas por uma plataforma de software representem apenas serviços de baixo nível da camada de Fundamentos. Por exemplo, no .NET e no J2SE+J2EE, os serviços incluem funções de nível relativamente alto, como os serviços de nomes e de diretórios.

Contra-indicações e responsabilidades das camadas

- Em alguns contextos, a adição de camadas introduz problemas de desempenho. Por exemplo, em um jogo de alto desempenho que usa muito a capacidade gráfica do computador, adicionar camadas de abstração e indireção logo acima da camada de acesso direto a componentes da placa gráfica pode acarretar problemas de desempenho.

- O padrão Camadas é um de vários padrões arquiteturais fundamentais; ele não é aplicável em todos os problemas. Por exemplo, uma alternativa é Dutos e Filtros (Pipes and Filters) [BMRSS96]. Ele é útil quando o tema principal da aplicação envolve o processamento de algo por meio de uma série de transformações, como no caso de transformações de imagem, e a ordem das transformações pode ser alterada. No entanto, mesmo no caso em que o padrão de mais alto nível arquitetural é Dutos e Filtros, dutos ou filtros individuais podem ser projetados com Camadas.

Usos conhecidos

Um grande número de sistemas orientados a objetos modernos (de aplicações para desktop a sistemas distribuídos para a Web J2EE) são desenvolvidos com Camadas; é mais difícil encontrar um que não seja do que um que seja. Retrocedendo ainda mais na história:

---

[1] Note que não existem convenções de denominação bem estabelecidas para camadas e que a sobrecarga de nome e a contradição na literatura referente à arquitetura são comuns.

Máquinas virtuais e sistemas operacionais

A partir da década de 1960, os arquitetos de sistemas operacionais defenderam o projeto de sistemas operacionais em termos de camadas claramente definidas, em que as camadas "mais baixas" encapsulavam o acesso aos recursos físicos e forneciam serviços de processo e E/S, e as camadas mais altas chamavam esses serviços. Isso incluía o sistema Multics [CV65] e o sistema THE [Dijkstra68].

Antes ainda – na década de 1950 – os pesquisadores sugeriram a idéia de máquina virtual (MV), com uma linguagem de máquina universal de bytecode (por exemplo, UNCOL [Conway1958]), para que as aplicações pudessem ser escritas em camadas mais altas na arquitetura (e executadas sem recompilação entre diferentes plataformas), sobre a camada da máquina virtual, a qual, por sua vez, se situaria sobre os recursos do sistema operacional e da máquina. Uma arquitetura em camadas para MV foi aplicada por Alan Kay, em seu conhecido sistema de computador pessoal Flex, baseado em orientação a objetos [Kay68], e, posteriormente (1972), por Kay e Dan Ingalls, na influente máquina virtual Smalltalk [GK76] – a progenitora das MVs mais recentes, como a Máquina Virtual Java.

Sistemas de informação: a arquitetura clássica de três camadas

Uma primeira descrição influente da arquitetura em camadas para sistemas de informação, que incluía uma interface com o usuário e armazenamento persistente dos dados, era conhecida como **arquitetura de três camadas** (Figura 34.11), descrita na década de 1970 em [TK78]. A frase não obteve popularidade até meados da década de 1990, em parte devido à sua promoção em [Gartner95] como uma solução para os problemas associados ao uso difundido das arquiteturas de duas camadas.

O termo original agora é menos comum, mas sua motivação ainda é relevante.

Uma descrição clássica das camadas verticais em uma arquitetura de três camadas é a seguinte:

1. **Interface** – janelas, relatórios, etc.

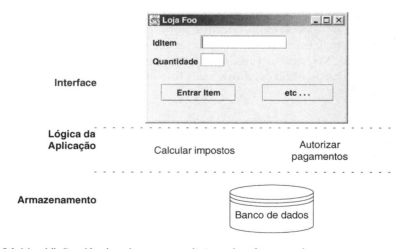

Figura 34.11 Visão clássica de uma arquitetura de três camadas.

2. **Lógica da Aplicação** – tarefas e regras que governam o processo.
3. **Armazenamento** – mecanismo de armazenamento persistente.

A qualidade singular de uma arquitetura de três camadas é a separação da lógica da aplicação em uma camada lógica central distinta de software. A camada da interface é relativamente livre do processamento da aplicação; as janelas ou páginas da Web encaminham os pedidos de tarefa para a camada central. A camada central se comunica com a camada de armazenamento inferior.

Havia um mal entendido segundo o qual a descrição original implicava ou exigia uma implantação física em três computadores, mas a descrição pretendida era puramente lógica; a alocação das camadas a nós computacionais podia variar de uma a três. Veja a Figura 34.12.

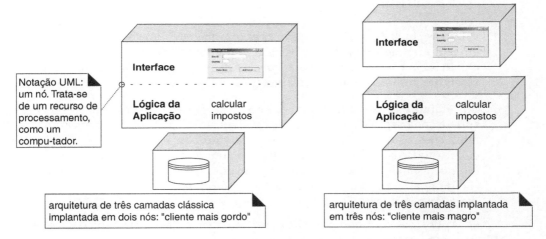

Figura 34.12 Uma divisão lógica de três camadas implantada em duas arquiteturas físicas.

A arquitetura de três camadas foi contrastada, pelo Gartner Group, com um projeto de **duas camadas**, no qual, por exemplo, a lógica da aplicação é colocada juntamente com as definições de janela, as quais lêem e gravam diretamente em um banco de dados; não existe uma camada central que separe a lógica da aplicação. As arquiteturas cliente-servidor de duas camadas se tornaram especialmente conhecidas com o surgimento de ferramentas como o Visual Basic e o PowerBuilder.

Os projetos de duas camadas têm (em alguns casos) a vantagem do rápido desenvolvimento inicial, mas podem sofrer as reclamações abordadas na seção *Problemas*. Contudo, existem aplicações que são principalmente sistemas simples de uso intenso de dados CRUD (cria, recupera, atualiza, exclui) para os quais essa é uma escolha conveniente.

Padrões Relacionados

- Indireção – as camadas podem acrescentar um nível de indireção para os serviços de nível inferior.

- Variação Protegida – as camadas podem proteger contra o impacto das implementações variadas.

- Acoplamento Baixo e Coesão Alta – as camadas apóiam fortemente esses objetivos.

- Sua aplicação específica nos sistemas de informação orientados a objetos está descrita em [Fowler96].

Também conhecido como

Arquitetura em camadas [Shaw96, Gemstone00]

34.4 O princípio separação modelo-visão e comunicação "para cima"

Como as janelas obtêm as informações que exibem? Em geral, é suficiente que elas enviem mensagens para objetos do domínio, pedindo informações, que são então exibidas em elementos de janela – um modelo de exibição de atualizações chamado **consulta** (polling) ou **puxar-de-cima** (pull-from-above).

Entretanto, às vezes, um modelo de consulta é insuficiente. Por exemplo, uma consulta a cada segundo em milhares de objetos para descobrir apenas uma ou duas alterações, as quais são então usadas para atualizar a tela de uma IGU, não é eficiente. Nesse caso, é mais eficiente fazer com que alguns poucos objetos do domínio que estão mudando se comuniquem com as janelas para causar uma atualização da tela quando o estado dos objetos do domínio mudar. As situações típicas desse caso incluem:

- Aplicações de monitoramento, como no caso do gerenciamento de redes de telecomunicações.

- Aplicações de simulação que exigem visualização, como a modelagem aerodinâmica.

Nessas situações, é necessário o modelo de exibição **"empurrar-de-baixo"** (push-from-below). Por causa da restrição do padrão Separação Modelo-Visão, isso leva à necessidade de uma comunicação "indireta" dos objetos inferiores com as janelas – empurrar para cima a notificação de atualização, ocorrida na camada inferior.

Existem duas soluções comuns:

1. O padrão Observador fazer o objeto da IGU simplesmente aparecer como um objeto que implementa uma interface, como *OuvinteDePropriedade*.

2. Um objeto de fachada de IU, isto é, adicionar uma fachada dentro da camada de IU que recebe os pedidos de baixo. Esse é um exemplo de adição de Indireção para fornecer Variação Protegida se a IGU mudar. Veja, por exemplo, a Figura 34.13.

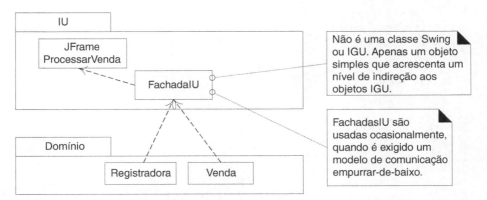

Figura 34.13 Uma FachadaIU da camada de IU é usada ocasionalmente para projetos que utilizam o modelo empurrar-de-baixo.

34.4 Leituras recomendadas

Existe uma riqueza de literatura sobre arquiteturas em camadas, tanto impressa quanto na Web. Diversos padrões, no livro *Pattern Languages of Program Design*, volume 1 [CS95], tratam o assunto na forma de padrão pela primeira vez, embora já se tenha usado as arquiteturas em camadas e escrito sobre elas pelo menos desde a década de 1960. O volume 2 apresenta mais padrões relacionados às camadas. O livro *Pattern-Oriented Software Architecture*, volume 1 [BMRSS96], oferece um bom tratamento para o padrão Camadas.

Capítulo 35

PROJETO DE PACOTES

Se você estivesse arando um campo, o que preferiria usar?
Dois bois fortes ou 1024 galinhas?
– Seymour Cray

Objetivos

- Organizar pacotes para reduzir o impacto das modificações.
- Conhecer a notação alternativa de estrutura de pacotes UML.

Introdução

Se um pacote X for muito dependente da equipe de desenvolvimento, não será bom que X seja muito instável (passe por muitas versões novas), pois isso aumentaria o impacto sobre a equipe, em termos do constante resincronismo a ser realizado entre as versões e da correção de software dependente que falha em resposta às modificações em X (**excesso de problemas com versões**).

Isso parece – e é – óbvio, mas às vezes a equipe não presta atenção na identificação e na estabilização dos pacotes mais necessários e acaba experimentando mais problemas com questões relacionadas à versão do que o necessário, ignorando a causa subjacente.

O que vem a seguir? Explorados mais tópicos do padrão Camadas, este capítulo introduz como projetar pacotes – um assunto de projeto que não recebe atenção suficiente. O capítulo seguinte explora a aplicação de mais padrões GoF e GRASP para as realizações de casos de uso dos estudos de caso.

Análise Arquitetural → Refinamento da Arquitetura Lógica → **Projeto de Pacotes** → Mais Projeto de Objetos com Padrões GoF → Diagramas UML de Implantação e de Componentes

Este capítulo complementa a introdução do capítulo anterior sobre camadas e pacotes, sugerindo heurísticas mais refinadas para a organização dos pacotes, para reduzir esse tipo de impacto no caso de alteração. O objetivo é criar um robusto projeto físico de pacotes.

Sente-se a dor da frágil organização de pacotes sensível à dependência muito mais rapidamente em C++ do que em Java, em razão das dependências supersensíveis da compilação e da ligação da linguagem C++; uma modificação em uma classe pode ter um forte impacto na dependência transitiva e levar à recompilação de muitas classes e à religação (re-linking)[1]. Portanto, essas sugestões são especialmente úteis em projetos em C++ e moderadamente úteis em projetos em Java ou C# (por exemplo).

O trabalho interessante de Robert Martin [Martin95], que luta contra o projeto físico e o empacotamento de aplicações C++, influenciou algumas das diretrizes a seguir.

Projeto físico do código-fonte no modelo de implementação

Esse problema é um aspecto do **projeto físico** – o Modelo de Implementação do PU para empacotamento de código-fonte.

Enquanto simplesmente fazemos o diagrama de um projeto de pacotes em um quadro ou em uma ferramenta CASE, podemos colocar tipos arbitrariamente em qualquer pacote de funcionalidade coesa, sem causar impacto. Entretanto, durante o projeto físico do código-fonte – a organização de tipos em unidades físicas de lançamento[‡], como "pacotes" Java ou C++ – nossas escolhas influenciarão a força do impacto do desenvolvedor, quando ocorrerem modificações nesses pacotes, caso muitos desenvolvedores compartilhem uma base de código comum.

35.1 Diretrizes para a organização de pacotes

Diretriz: empacote fatias verticais e horizontais de funcionalidade coesa

O princípio básico "intuitivo" é a modularização baseada na coesão funcional – são agrupados os tipos (classes e interfaces) fortemente relacionados em termos de sua participação em um objetivo, serviço, colaborações, política e função comuns. Por exemplo, todos os tipos no pacote ProxGer *EstabelecimentoDePreços* são relacionados ao estabelecimento de preços do produto. As camadas e os pacotes no projeto ProxGer são organizados por grupos funcionais.

Além do trabalho de conjectura informal, normalmente suficiente, para agrupamento por função ("acho que a classe *LinhaDeItemDeVenda* pertence a *Vendas*"), outro indício para o agrupamento funcional é a reunião de tipos com acoplamento interno forte e acoplamento mais fraco fora do grupo. *Registradora*, por exemplo, tem um acoplamento forte com *Venda*, que tem um acoplamento forte com *LinhaDeItemDeVenda*.

---
[1] Em C++, os pacotes podem ser vistos como espaços de nome, porém, é mais provável que signifiquem a organização do código-fonte em diretórios físicos separados – um para cada "pacote".
[‡] N. de R.T.: Lançamento é utilizado neste livro para traduzir o termo *release*, que pode significar tanto a liberação de uma nova parte do software quanto os próprios artefatos liberados.

O acoplamento interno de pacote, ou **coesão relacional**, pode ser quantificado, embora essa análise formal raramente seja uma necessidade prática. Para quem estiver curioso, uma medida é:

$$CR = \frac{NúmeroDeRelaçõesInternas}{NúmeroDeTipos}$$

onde *NúmeroDeRelaçõesInternas* inclui relações de atributo e parâmetro, herança e implementações de interface entre tipos no pacote.

Um pacote de seis tipos com 12 relações internas tem CR=2. Um pacote de seis tipos com três relações entre os tipos tem CR=0,5. Os números mais altos sugerem pacotes mais coesos ou com mais relacionamentos.

Note que essa medida é menos aplicável aos pacotes da maioria das interfaces; ela é mais útil para pacotes que contêm algumas classes de implementação.

Um valor de CR muito baixo sugere que:

- O pacote contém itens não-relacionados e não foi bem fatorado.
- O pacote contém itens não-relacionados e o projetista deliberadamente não se importa. Isso é comum, no caso de pacotes de utilitários de serviços díspares (por exemplo, *java.util*), nos quais um valor de CR alto ou baixo não é importante.
- Ele contém um ou mais grupos de subconjuntos com CR alto, mas não no geral.

Diretriz: empacote uma família de interfaces

Coloque uma família de *interfaces* funcionalmente relacionadas em um pacote separado – separado das classes de implementação. O pacote EJB de tecnologia Java *javax.ejb* é um pacote de pelo menos 12 interfaces; as implementações ficam em pacotes separados.

Diretriz: empacote por trabalho e por agrupamentos de classes instáveis

O contexto dessa discussão é que os pacotes normalmente são a unidade básica de trabalho de desenvolvimento e de lançamento. É menos comum trabalhar e lançar apenas uma classe. A menos que um pacote seja pesado ou muito complexo, um desenvolvedor é freqüentemente responsável por todos os tipos dentro dele.

Suponha que 1) exista um pacote grande P1 com 30 classes e 2) haja uma tendência de trabalho que indique que um subconjunto específico de 10 classes (C1 a C10) deva ser modificado e relançado regularmente.

Nesse caso, refatore P1 em P1-a e P1-b, no qual P1-b contenha as 10 classes em que freqüentemente se trabalha.

Assim, o pacote foi refatorado em subconjuntos mais estáveis e menos estáveis ou, de um modo mais geral, em grupos relacionados ao trabalho. Isto é, se a maioria dos tipos de um pacote é trabalhada em conjunto, esse é um agrupamento útil.

O ideal seria menos desenvolvedores dependerem de P1-b do que de P1-a e, ao refatorar essa parte instável em um pacote separado, menos desenvolvedores serem afetados pelos novos lançamentos de P1-b do que pelo relançamento do pacote original maior P1.

Note que essa atividade de refatoração se dá em reação a uma tendência de trabalho emergente. É difícil imaginar uma boa estrutura de pacotes em iterações muito precoces. Isso evolui paulatinamente por meio das iterações de elaboração e deve ser um objetivo da fase de elaboração (pois é arquiteturalmente significativo) ter a maioria das estruturas de pacotes estabilizada na conclusão da elaboração.

Essa diretriz ilustra a estratégia básica: **reduzir a dependência muito ampla de pacotes instáveis.**

Diretriz: os mais responsáveis são os mais estáveis

Se os pacotes com mais responsabilidade (dos quais se depende) são instáveis, existe uma chance maior de impacto de dependência ampla por causa da modificação. Como caso extremo, se um pacote utilitário amplamente usado, como *com.foo.util*, fosse modificado com freqüência, muitas coisas poderiam ser danificadas. Portanto, a Figura 36.1 ilustra uma estrutura de dependência apropriada.

Visualmente, os pacotes inferiores nesse diagrama devem ser os mais estáveis. Existem diversas maneiras de aumentar a estabilidade de um pacote:

- Ele contém apenas ou principalmente interfaces e classes abstratas.
    - Por exemplo, *java.sql* contém oito interfaces e seis classes, e as classes são principalmente tipos estáveis e simples, como Time e Date.
- Ele não tem dependências em relação a outros pacotes (é independente) ou depende de outros pacotes muito estáveis, ou encapsula suas dependências de maneira tal que os dependentes não são afetados.

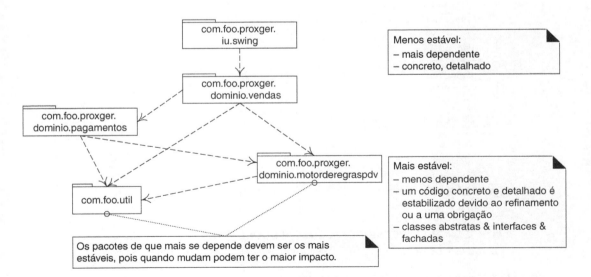

Figura 35.1 Os pacotes com mais responsabilidade devem ser mais estáveis.

- ○ Por exemplo, *com.foo.proxger.domínio.motorderegraspdv* oculta sua implementação de motor de regras atrás de um único objeto fachada. Mesmo que a implementação seja modificada, os pacotes dependentes não serão afetados.
- Ele contém um código relativamente estável, pois foi suficientemente exercitado e refinado antes do lançamento.
    - ○ Por exemplo, *java.util*.
- É obrigado a ter um cronograma de modificações lento.
    - ○ Por exemplo, *java.lang*, o pacote básico das bibliotecas Java, simplesmente não pode ser modificado com freqüência.

Diretriz: decomponha tipos independentes

Organize em pacotes separados os tipos que podem ser usados independentemente ou em diferentes contextos. Sem uma consideração cuidadosa, o agrupamento pela funcionalidade comum pode não fornecer o nível correto de granularidade na fatoração de pacotes.

Por exemplo, suponha que um subsistema de serviços de persistência tenha sido definido em um pacote *com.foo.serviço.persistência*. Nesse pacote, estão duas classes utilitárias/auxiliares muito gerais, *UtilitáriosJDBC* e *ComandoSQL*. Se esses são utilitários gerais para trabalhar com JDBC (serviços de Java para acesso a banco de dados relacional), eles podem ser usados independentemente do subsistema de persistência, em qualquer ocasião em que o desenvolvedor estiver usando JDBC. Portanto, é melhor migrar esses tipos para um pacote separado, como *com.foo.util.jdbc*. A Figura 36.2 ilustra isso.

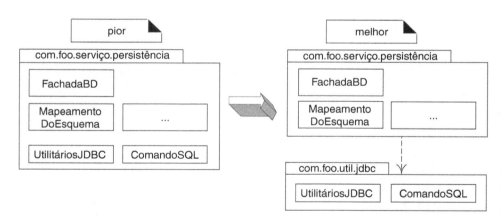

Figura 35.2 Decomposição de tipos independentes.

Diretriz: use fábricas para reduzir a dependência em relação a pacotes concretos

Uma maneira de aumentar a estabilidade do pacote é reduzir sua dependência em relação às classes concretas de outros pacotes. A Figura 36.3 ilustra a situação "antes".

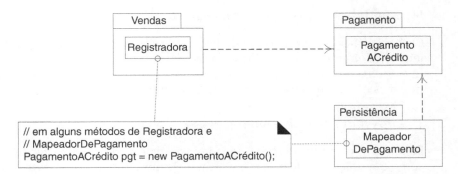

Figura 35.3 Acoplamento direto com o pacote concreto, por causa da criação.

Suponha que *Registradora* e *MapeadorDePagamento* (uma classe que faz o mapeamento de objetos pagamento para/de um banco de dados relacional) criam instâncias de *PagamentoACrédito* do pacote *Pagamentos*. Um mecanismo para aumentar a estabilidade a longo prazo dos pacotes *Vendas* e *Persistência* é parar explicitamente de criar classes concretas definidas em outros pacotes (*PagamentoACrédito* em *Pagamentos*).

Podemos reduzir o acoplamento para esse pacote concreto usando um objeto fábrica que cria as instâncias, mas cujos métodos de criação retornam objetos declarados em termos de interfaces, em vez de classes. Veja a Figura 36.4.

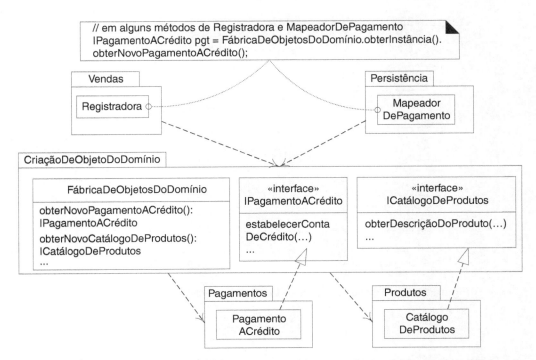

Figura 35.4 Acoplamento reduzido para um pacote concreto, usando um objeto fábrica.

Padrão fábrica de objetos do domínio

O uso de fábricas de objetos do domínio, com interfaces para a criação de *todos* os objetos do domínio, é um idioma de projeto comum. Tenho visto isso ser mencionado informalmente na literatura de projeto como o padrão Fábrica de Objetos do Domínio, mas não conheço nenhuma referência publicada.

Diretriz: nada de ciclos em pacotes

Se um grupo de pacotes tiver dependência cíclica, talvez eles precisem ser tratados como um único pacote maior, em termos de unidade de lançamento. Isso é indesejável, pois lançar pacotes maiores (ou agregados de pacote) aumenta a probabilidade de afetar algo.

Existem duas soluções:

1. Decompor os tipos que participam do ciclo em um novo pacote menor.
2. Quebrar o ciclo com uma interface.

Os passos para quebrar o ciclo com uma interface são:

1. Redefinir as classes das quais se depende em um dos pacotes, para implementar novas interfaces.
2. Definir as novas interfaces em um novo pacote.
3. Redefinir os tipos dependentes para que dependam das interfaces do novo pacote, em vez das classes originais.

A Figura 35.5 ilustra essa estratégia.

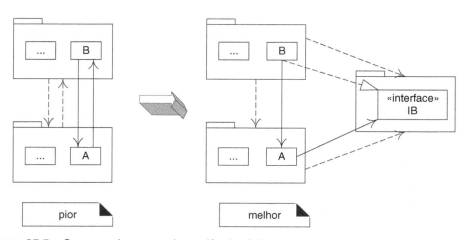

Figura 35.5 Como quebrar uma dependência cíclica.

35.2 Leituras recomendadas

A maior parte do trabalho detalhado sobre o aprimoramento do projeto de pacotes para reduzir o impacto da dependência – não surpreendentemente – provém da comunidade da linguagem C++, embora os princípios se apliquem a outras linguagens. O texto *Designing Object-Oriented C++ Applications Using the Booch Method*, de Martin [Martin95], fornece uma boa abordagem sobre o assunto, bem como *Large-Scale C++ Software Design* [Lakos96]. O assunto também é apresentado em *Java 2 Performance and Idiom Guide* [GL99].

Capítulo 36

MAIS PROJETO DE OBJETOS COM PADRÕES GoF

*Em duas ocasiões, me perguntaram (os membros do Parlamento),
"Diga lá, sr. Babbage, se o senhor inserir valores errados na máquina, serão
produzidas respostas certas?" Não consigo perceber exatamente que
tipo de confusão de idéias poderia levar a tal pergunta.
– Charles Babbage*

Objetivos

- Aplicar padrões GoF e GRASP no projeto de realizações de casos de uso.

Introdução

Este capítulo explora mais projetos OO, aplicando padrões GoF e GRASP à iteração corrente de ambos os estudos de caso. Para o PDV ProxGer, tratamos de requisitos como falhas para serviços locais, manipulação do dispositivo de PDV e autorização de pagamento, enquanto se demonstra a aplicação de padrões GoF. No caso do Banco Imobiliário, tratamos do problema de atingir casas de propriedade e compra ou pagamento de aluguel. Banco Imobiliário (começando nas págs. 611-612) demonstra aplicação básica de princípios GRASP.

O que vem a seguir? Explorado o projeto detalhado de pacotes, este capítulo explora como aplicar mais padrões GoF e GRASP. O capítulo seguinte resume mais notação UML, útil na documentação de uma arquitetura com UML.

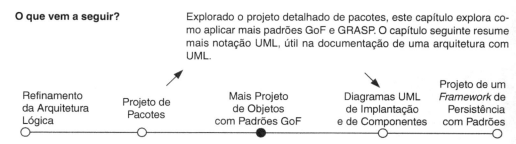

36.1 Exemplo: PDV ProxGer

As seções seguintes exploram a aplicação de padrões e princípios a vários requisitos da iteração 3 do ProxGer, incluindo:

- uso de serviços locais quando um serviço remoto falha
- cache local
- apoio para dispositivos do PDV terceirizados, como diferentes scanners
- tratamento de pagamentos a crédito, por débito e por cheque

36.2 Uso de serviços locais em caso de falha; desempenho com cache local

Um dos requisitos do ProxGer é prover algum grau de recuperação de falha de serviço remoto, como no caso de um banco de dados de produtos indisponível (temporariamente).

O acesso às informações sobre o produto é o primeiro caso usado para explorar a estratégia de projeto para recuperação e substituição em caso de falha. Depois, é explorado o acesso ao serviço de contabilidade, que tem uma solução ligeiramente diferente.

Para rever parte do memorando técnico:

Memorando técnico
Questão: confiabilidade – recuperação de falha de serviço remoto

Resumo da solução: transparência de localização pelo uso de busca de serviços, mudança de remoto para local em caso de falha e replicação parcial do serviço local.

Fatores
- Recuperação robusta de falha do serviço remoto (por exemplo, calculador de imposto, estoque).
- Recuperação robusta de falha do banco de dados de produtos remoto (por exemplo, descrições e preços).

Solução

Obter variação protegida com relação à localização dos serviços, usando um Adaptador criado em uma FábricaDeServiços. Onde for possível, ofereça implementações locais dos serviços remotos, normalmente com comportamento simplificado ou restrito. O calculador de imposto local, por exemplo, usará taxas de imposto constantes. O banco de dados de informações de produto local será uma pequena cache com os produtos mais comuns. As atualizações do estoque serão armazenadas e encaminhadas no momento da reconexão.

Veja também o memorando técnico *Adaptabilidade – Serviços de Terceiros* para conhecer os tópicos de adaptabilidade dessas soluções, pois as implementações do serviço remoto irão variar de acordo com cada instalação.

Para satisfazer os cenários de qualidade da reconexão com os serviços remotos tão logo quanto possível, use objetos Proxy inteligentes para os serviços, que testem a reativação do serviço remoto em cada chamada de serviço e, quando possível, redirecionem para eles.

Motivação

Os varejistas não gostam de parar de vender! Portanto, se a aplicação PDV ProxGer oferecer esse nível de confiabilidade e recuperação, ele será um produto muito atraente, pois nenhum de nossos concorrentes oferece essa capacidade.

Antes de resolver os tópicos relativos a falhas e recuperação, note que, por motivos de desempenho e para melhorar a capacidade de recuperação quando o acesso ao banco de dados remoto falha, o arquiteto (eu) recomendou uma cache local (persistida de modo confiável no disco rígido local, em um arquivo simples) de objetos *DescriçãoDoProduto*. Assim, a cache local deveria sempre ser pesquisada para encontrar o objeto procurado, antes de tentar o acesso remoto.

Isso pode ser conseguido com nosso projeto existente de adaptador e de fábrica:

1. A *FábricaDeServiços* sempre retornará um adaptador para um serviço de informação do produto local.
2. O "adaptador" local dos produtos na verdade não é um adaptador para outro componente. Ele próprio implementará as responsabilidades do serviço local.
3. O serviço local é iniciado como uma referência para um segundo adaptador, para o verdadeiro serviço de produto remoto.
4. Se o serviço local encontrar os dados em sua cache, ele os retornará; caso contrário, ele encaminhará o pedido para o adaptador do serviço externo.

Note que existem dois níveis de cache no lado do cliente:

1. O objeto *CatálogoDeProdutos* que está na memória manterá nela uma coleção (como um objeto *HashMap* do Java) de alguns (por exemplo, 1.000) objetos *DescriçãoDoProduto* que foram recuperados do serviço de informação do produto. O tamanho dessa coleção pode ser ajustado de acordo com a disponibilidade da memória local.
2. O serviço de produtos local manterá uma cache persistente maior (baseada em disco rígido), que mantém algumas informações do produto (como 1 ou 100MB de espaço no arquivo). Mais uma vez, isso pode ser ajustado de acordo com a configuração local. Essa cache persistente é importante para a tolerância a falhas, para que, mesmo que a aplicação PDV falhe e a cache em memória do objeto *CatálogoDeProdutos* seja perdida, a cache persistente permaneça.

Esse projeto não danifica o código existente – o novo objeto de serviço local é inserido sem afetar o projeto do objeto *CatálogoDeProdutos* (que colabora com o serviço do produto).

Até aqui, nenhum padrão novo foi introduzido; são usados os padrões Adaptador e Fábrica.

A Figura 36.1 ilustra os tipos do projeto e a Figura 36.2, a iniciação.

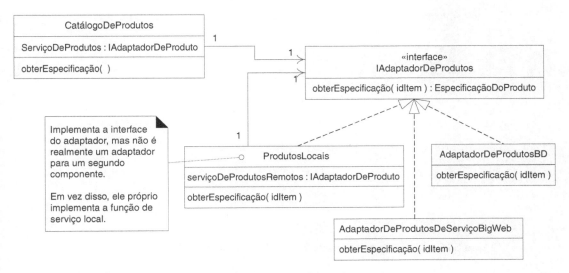

Figura 36.1 Adaptadores para informação do produto.

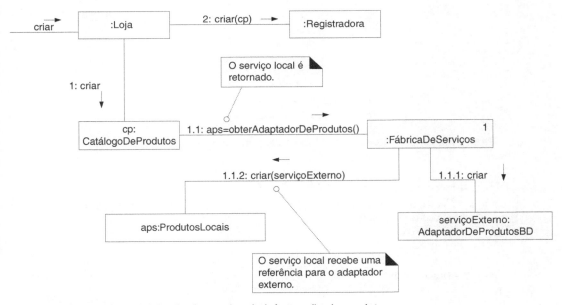

Figura 36.2 Iniciação do serviço de informação do produto.

A Figura 36.3 mostra a colaboração inicial a partir do catálogo para o serviço de produtos.

Se o serviço de produto local não tem o produto em sua cache, ele colabora com o adaptador para o serviço externo, como mostrado na Figura 36.4. Note que o serviço de produto local coloca em cache os objetos *DescriçãoDoProduto* como objetos realmente serializados.

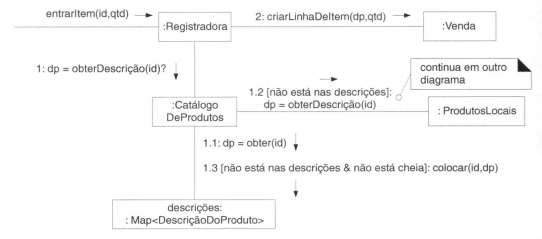

Figura 36.3 Início da colaboração com o serviço de produtos.

Figura 36.4 Continuação da colaboração para informações do produto.

Se o serviço externo real fosse modificado de um banco de dados para um novo serviço da Web, apenas a configuração da fábrica do serviço remoto precisaria ser modificada. Ver a Figura 36.5.

Figura 36.5 Novos serviços externos não afetam o projeto.

Para continuar com o caso da colaboração com o *AdaptadorDeProdutosBD*, ele irá interagir com um subsistema de persistência para mapeamento objeto-relacional (O-R) (ver Figura 36.6).

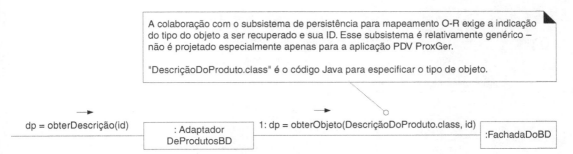

Figura 36.6 Colaboração com o subsistema de persistência.

Estratégias de uso da cache

Considere as alternativas de carregamento na memória da cache *CatálogoDeProdutos* e da cache baseada em arquivo *ProdutosLocais*: uma estratégia é a iniciação "preguiçosa", na qual as caches são preenchidas lentamente, à medida que as informações externas do produto são recuperadas; outra estratégia é a iniciação "ansiosa", na qual as caches são carregadas durante o caso de uso *Iniciar*. Se o projetista não tiver certeza de qual estratégia usar e quiser experimentar as alternativas, uma família de diferentes objetos *EstratégiaDeUsoDeCache*, baseada no padrão Estratégia, pode resolver o problema de maneira elegante.

Cache desatualizada

Como os preços dos produtos mudam rapidamente e talvez ao sabor dos desejos do gerente da loja, colocar o preço do produto na cache gera um problema – a cache contém dados desatualizados, o que é sempre uma preocupação quando os dados são duplicados. Uma solução é adicionar uma operação de serviço remoto que responda às alterações correntes do dia; o objeto *ProdutosLocais* chama essa operação a cada n minutos e atualiza sua cache.

Linhas de execução na UML

Se o objeto *ProdutosLocais* vai resolver o problema da cache desatualizada com uma consulta para atualizações a cada n minutos, uma abordagem para o projeto é torná-lo um **objeto ativo**, que possui uma linha de execução de controle. A linha de execução ficará inerte por n minutos, despertará, o objeto obterá os dados e a linha de execução voltará a ficar inerte. A UML fornece uma notação para ilustrar linhas de execução e chamadas assíncronas, como mostrado na Figura 36.7 e na Figura 36.8.

36.3 Tratamento de falha

O projeto anterior fornece uma solução para o uso de cache no lado do cliente por objetos *DescriçãoDoProduto* em um arquivo persistente, para melhorar o desempenho e também para fornecer pelo menos uma solução de retrocesso parcial, caso não se

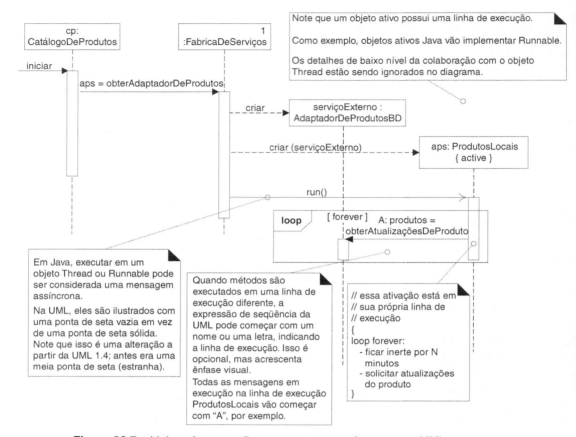

Figura 36.7 Linhas de execução e mensagens assíncronas na UML.

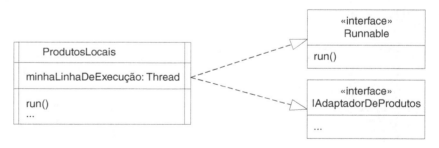

Figura 36.8 Notação de classe ativa.

possa ter acesso ao serviço externo de produtos. Talvez 10 mil produtos sejam colocados na cache em arquivo local, o que pode satisfazer à maioria dos pedidos de informações de produto, mesmo quando o serviço externo falha.

O que fazer no caso em que não se acha o objeto procurado na *cache* local e o acesso ao serviço externo de produtos falha? Suponha que os interessados nos pedissem para criar uma solução que sinalizasse ao caixa para introduzir manualmente o preço e a descrição, ou cancelar a entrada da linha de item.

Esse é um exemplo de uma condição de erro ou falha, e será usado como contexto para descrever alguns padrões gerais para o tratamento de falhas e de exceções. O tratamento de exceções e erro é um assunto abrangente, e esta introdução focalizará apenas alguns padrões específicos ao contexto do estudo de caso. Primeiro, um pouco de terminologia:

- **Defeito** – a origem ou causa de um mau comportamento.
    - O programador grafou errado o nome de um banco de dados.
- **Erro** – uma manifestação do defeito no sistema em execução. Os erros são detectados (ou não).
    - Ao se chamar o serviço de atribuição de nomes para obter uma referência para o banco de dados (com o nome grafado errado), ele sinaliza um erro.
- **Falha** – uma negação de serviço causada por um erro.
    - O subsistema Produtos (e a aplicação PDV ProxGer) falha ao fornecer um serviço de informação do produto.

Lançamento de exceções

Uma estratégia direta para sinalizar a falha em consideração é lançar uma exceção.

> *Diretriz*
>
> As exceções são especialmente apropriadas no tratamento de falhas de recurso (acesso a disco, memória, rede ou banco de dados e outros serviços externos).

Uma exceção será lançada de dentro do subsistema de persistência (na verdade, provavelmente a partir de dentro de algo como uma implementação JDBC de Java), em que uma falha ao usar o banco de dados externo de produtos é detectada inicialmente. A exceção desenrolará a pilha de chamadas até um ponto apropriado para seu tratamento[1].

Suponha que a exceção original (no caso de Java, por exemplo) seja *java.sql. ExceçãoDaSQL*. Uma *ExceçãoDaSQL* em si deve ser lançada até a camada de apresentação? Não. Ela está no nível de abstração errado. Isso conduz a um padrão de tratamento de exceção comum:

---

[1] O tratamento de exceção verificado (checked) versus não-verificado (unchecked) não será abordado, pois ele não possui suporte em todas as linguagens orientadas a objetos populares – C++, C# e Smalltalk, por exemplo.

> **Padrão: converter exceções [Brown01]**
>
> Dentro de um subsistema, evite emitir exceções de nível mais baixo, provenientes de subsistemas ou serviços inferiores. Em vez disso, converta a exceção de nível inferior em uma que seja significativa no nível do subsistema. Em geral, a exceção de nível superior empacota a exceção de nível inferior e acrescenta informações, para tornar a exceção contextualmente mais significativa para o nível superior.
>
> Essa é uma diretriz, não uma regra absoluta.
>
> "Exceção" é usado aqui no sentido genuíno de algo que pode ser lançado; em Java, o equivalente é *Throwable*.
>
> É conhecido também como Abstração da Exceção [Renzel97].

Por exemplo, o subsistema de persistência capta uma particular exceção *ExceçãoDaSQL* e (supondo que não possa tratá-la[2]) lança uma nova *ExceçãoDeBancoDeDadosIndisponível*, que contém a *ExceçãoDaSQL*. Note que o *AdaptadorDeProdutosBD* é como uma fachada para um subsistema lógico de informações do produto. Assim, o *AdaptadorDeProdutosBD* de nível mais alto (como representante de um subsistema lógico) capta a *ExceçãoDeBancoDeDadosIndisponível* de nível mais baixo e (supondo que não possa tratá-la) lança uma nova *ExceçãoDeInformaçãoDeProdutoIndisponível*, a qual empacota a *ExceçãoDeBancoDeDadosIndisponível*.

Considere os nomes destas exceções: por que *ExceçãoDeBancoDeDadosIndisponível*, em vez de, digamos, *ExceçãoDoSubsistemaDePersistência*? Existe um padrão para isso:

> **Padrão: denominar o problema e não o lançador [Grosso00]**
>
> Como se deve denominar uma exceção? Atribua um nome que descreva o motivo pelo qual a exceção está sendo lançada e não o lançador. A vantagem é que isso torna mais fácil para o programador entender o problema e destaca a semelhança essencial das muitas classes de exceções (de certo modo, denominar o lançador não consegue isso).

Exceções na UML

Este é um momento apropriado para introduzir a notação UML para lançamento[3] e captação de exceções.

Duas perguntas comuns sobre a notação na UML são:

1. Em um diagrama de classes, como mostrar quais exceções uma classe capta e lança?
2. Em um diagrama de interação, como mostrar o lançamento de uma exceção?

---

[2] Resolver uma exceção próximo ao nível em que ela foi lançada é um objetivo louvável, mas difícil, pois o requisito de como tratar um erro muitas vezes é específico da aplicação.
[3] Oficialmente, na UML, alguém *envia* uma exceção, mas *lançar* é uma utilização suficiente e mais familiar.

Para um diagrama de classes, a Figura 36.9 apresenta a notação:

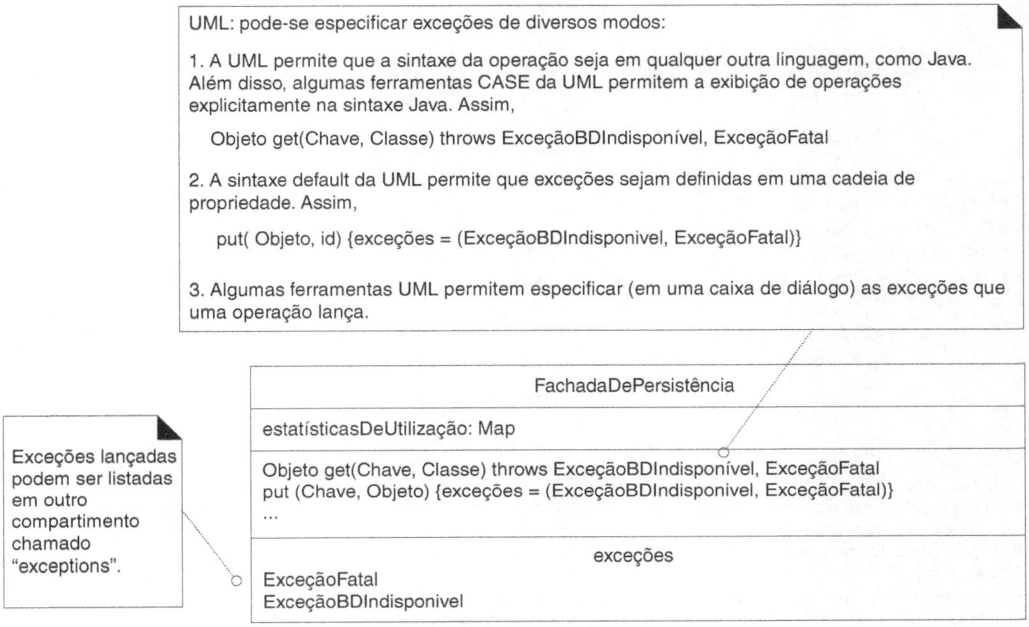

```
UML: pode-se especificar exceções de diversos modos:
1. A UML permite que a sintaxe da operação seja em qualquer outra linguagem, como Java.
Além disso, algumas ferramentas CASE da UML permitem a exibição de operações
explicitamente na sintaxe Java. Assim,
    Objeto get(Chave, Classe) throws ExceçãoBDIndisponível, ExceçãoFatal
2. A sintaxe default da UML permite que exceções sejam definidas em uma cadeia de
propriedade. Assim,
    put( Objeto, id) {exceções = (ExceçãoBDIndisponivel, ExceçãoFatal)}
3. Algumas ferramentas UML permitem especificar (em uma caixa de diálogo) as exceções que
uma operação lança.
```

Exceções lançadas podem ser listadas em outro compartimento chamado "exceptions".

FachadaDePersistência
estatísticasDeUtilização: Map
Objeto get(Chave, Classe) throws ExceçãoBDIndisponível, ExceçãoFatal put (Chave, Objeto) {exceções = (ExceçãoBDIndisponível, ExceçãoFatal)} ...
exceções ExceçãoFatal ExceçãoBDIndisponivel

Figura 36.9   Exceções captadas e lançadas por uma classe.

Na UML, uma *Exceção* (Exception) é uma especialização de um *Sinal (Signal)*, que é a especificação de uma comunicação assíncrona entre objetos. Isso significa que, nos diagramas de interação, as exceções são ilustradas como **mensagens assíncronas**[4].

A Figura 36.10 mostra a notação, usando a descrição anterior de *ExceçãoDaSQL*, traduzida para *ExceçãoBDIndisponível*, por exemplo.

Em resumo, existe notação UML para mostrar exceções. Entretanto, ela é raramente usada.

Essa não é uma recomendação para evitar considerar o tratamento de exceção precocemente. Muito pelo contrário: no nível arquitetural, os padrões, as políticas e as colaborações básicos para o tratamento de exceção precisam ser estabelecidos inicialmente, pois é complicado inserir o tratamento de exceção como uma reflexão posterior. Entretanto, o projeto de baixo nível do tratamento de exceções particulares é percebido por muitos desenvolvedores como mais apropriadamente decidido durante a programação ou por descrições de projeto menos detalhadas, em vez de por diagramas UML detalhados.

---

[4] Note que, a partir da UML 1.4, a notação para uma mensagem assíncrona mudou de uma meia ponta de seta para uma ponta de seta vazia.

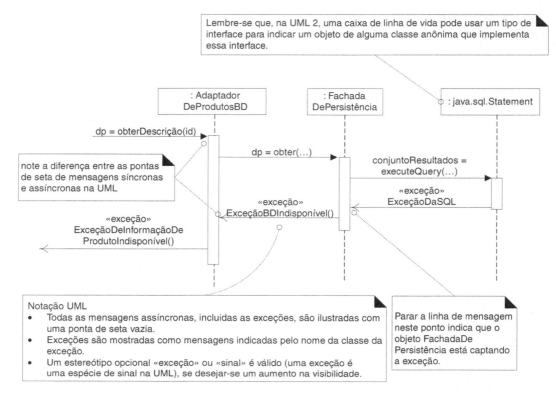

Figura 36.10 Exceções em um diagrama de interação.

Tratamento de erros

Um lado do projeto foi considerado: o lançamento de exceções, em termos de sua conversão, denominação e ilustração. O outro lado é o tratamento de exceção.

Dois padrões que se aplicam neste e na maioria dos casos são:

> *Padrão: registro centralizado de erro [Renzel97]*
>
> Use um objeto central para registro de erros, com acesso pelo padrão Objeto Unitário, e relate todas as exceções a ele. Se for um sistema distribuído, cada objeto unitário local colaborará com um registrador central de erro. Vantagens:
>
> - Consistência na produção de relatórios.
> - Definição flexível dos fluxos e formatos de saída.
>
> É conhecido também como Registrador de Diagnóstico [Harrison98].

É um padrão simples. O segundo é:

> *Padrão: diálogo de erro [Renzel97]*
>
> Use um objeto que não é da IU, independente da aplicação e com acesso pelo padrão Objeto Unitário, para notificar erros aos usuários. Ele empacota um ou mais objetos de "diálogo" de IU (como um diálogo modal de IGU, console de texto, reprodutor de som ou gerador de fala) e delega a notificação do erros aos objetos da IU. Assim, a saída poderia ir para um diálogo da IGU e para um gerador de fala. Ele também relata a exceção para o registrador centralizado de erro. Uma Fábrica que leia os parâmetros do sistema criará os objetos de IU apropriados.
> Vantagens:
>
> - Variações Protegidas com relação a modificações no mecanismo de saída.
> - Estilo consistente de relato de erros; por exemplo, todas as janelas de IGU podem chamar esse objeto unitário para exibir o diálogo de erro.
> - Controle centralizado da estratégia comum de notificação de erro.
> - Ganho de desempenho pequeno; se for usado um recurso "dispendioso", como um diálogo de IGU, será fácil ocultá-lo e colocá-lo na *cache* para uso reciclado, em vez de recriar um diálogo para cada erro.

Um objeto da IU (por exemplo, *FrameProcessarVenda*) deve tratar um erro captando a exceção e notificando o usuário? Para aplicações com apenas algumas janelas e caminhos de navegação simples e estáveis entre elas, esse projeto simples está ótimo. Isso é verdade para a aplicação ProxGer.

Lembre, entretanto, que isso coloca um pouco de "lógica da aplicação" relacionada ao tratamento de erro na camada de apresentação (IGU). O tratamento de erro se relaciona à notificação do usuário, de modo que isso é lógico, mas é uma tendência a ser observada. Isso não é inerentemente um problema para IUs simples com pouca chance de substituição, mas é um ponto de fragilidade. Suponha, por exemplo, que uma equipe queira substituir uma IU Swing do Java pelo framework de IGU Java MicroView da IBM, para computadores portáteis. Agora há um pouco de lógica de aplicação na versão do Swing, que precisa ser identificada e duplicada na versão do MicroView. Até certo ponto, isso é inevitável no caso de substituições de IU, mas será agravado à medida que mais lógica da aplicação migrar para cima. Em geral, à medida que mais responsabilidades de lógica da aplicação não-relacionadas à IU migram para a camada de apresentação, a probabilidade de problemas de projeto ou manutenção aumenta.

Para sistemas com muitas janelas e caminhos de navegação complexos (talvez até modificáveis), existem outras soluções. Por exemplo, uma camada de aplicação de um ou mais controladores pode ser inserida entre as camadas de apresentação e de domínio.

Além disso, pode-se inserir um objeto "mediador do gerenciador de visões" [GHJV95, BMRSS96], responsável por ter uma referência para todas as janelas abertas e por conhecer as transições entre as janelas, dado algum evento E1 (como um erro).

Esse mediador é, de forma abstrata, uma máquina de estados que encapsula os estados (janela exibida) e as transições entre os estados, com base nos eventos. Ele pode ler o modelo da transição do estados (janela) de um arquivo externo, para que os caminhos de navegação possam ser orientados para dados (não são necessárias alterações no código-fonte). Ele também pode fechar todas as janelas da aplicação, colocá-las lado a lado ou minimizá-las, pois tem uma referência para todas as janelas.

Nesse projeto, um controlador da camada de aplicação pode ser projetado com uma referência para esse mediador do gerenciador de visões (portanto, o controlador da aplicação é acoplado "para cima" com a camada de apresentação). O controlador da aplicação pode captar a exceção e colaborar com o mediador do gerenciador de visões para provocar uma notificação (baseada no padrão Diálogo de Erro). Desse modo, o controlador da aplicação está envolvido com o fluxo de trabalho da aplicação e evita-se que o tratamento da lógica de erro fique fora das janelas.

O controle detalhado da IU e o projeto da navegação estão fora dos objetivos desta introdução, e o projeto simples da janela que capta a exceção bastará. Um projeto que utiliza um padrão Diálogo de Erro é mostrado na Figura 36.11.

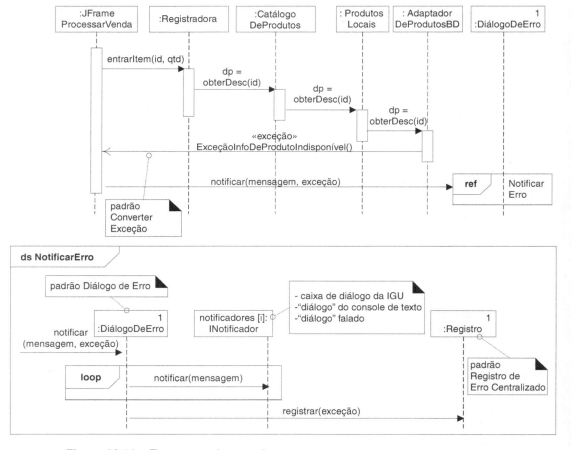

Figura 36.11 Tratamento de exceção.

36.4 Substituição para serviços locais em caso de falha, com um procurador (GoF Proxy)

A substituição para um serviço local, em caso de falha das informações do produto, foi obtida pela inserção do serviço local na frente do serviço externo; sempre se tenta primeiro o serviço local. Entretanto, esse projeto não é apropriado para todos os serviços; às vezes, deve-se tentar primeiro o serviço externo e, em segundo lugar, a versão local. Considere, por exemplo, o lançamento das vendas para o serviço de contabilidade. O negócio quer que sejam lançadas o mais rápido possível, para controle da loja e atividades de registro em tempo real.

Nesse caso, outro padrão GoF pode resolver o problema: Procurador. Procurador é um padrão simples e amplamente usado em sua variante **Procurador Remoto**. Por exemplo, no RMI do Java e no CORBA, um objeto local no lado do cliente (denominado "stub") é chamado ao acessar os serviços de um objeto remoto. O stub no lado do cliente é um procurador local ou um representante para um objeto remoto.

Esse exemplo de uso do padrão Procurador pela aplicação ProxGer não é a variante Procurador Remoto, mas sim a variante **Procurador de Redirecionamento** (também conhecida como **Procurador de Substituição em Caso de Falha**).

Independente da variante, a estrutura do padrão Procurador é sempre a mesma; as variações estão relacionadas ao que o procurador faz quando é chamado.

Um procurador é simplesmente um objeto que implementa a mesma interface do objeto real, mantém uma referência para o objeto real e é usado para controlar o acesso a ele. Para ver a estrutura geral, observe a Figura 36.12.

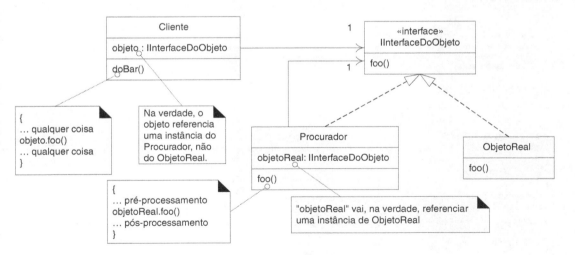

Figura 36.12 Estrutura geral do padrão Procurador.

> ### *Procurador*
>
> Contexto/Problema
>
> O acesso direto a um objeto-alvo real não é desejado ou possível. O que fazer?
>
> *Solução*
>
> Adicionar um nível de indireção com um objeto procurador substituto, que implementa a mesma interface do objeto-alvo e é responsável por controlar ou melhorar o acesso a ele.

Aplicado ao estudo de caso ProxGer para acesso ao serviço de contabilidade externo, um procurador de redirecionamento é usado como segue:

1. Envia uma mensagem de *lançarVenda* para o procurador de redirecionamento, tratando-o como se ele fosse o serviço real de contabilidade externa.
2. Se o procurador de redirecionamento falhar ao fazer contato com o serviço externo (por meio de seu adaptador), ele redireciona a mensagem de *lançarVenda* para um serviço local, o qual armazena localmente as vendas, para encaminhar para o serviço de contabilidade quando ele estiver ativo.

A Figura 36.13 ilustra um diagrama de classe dos elementos interessantes.

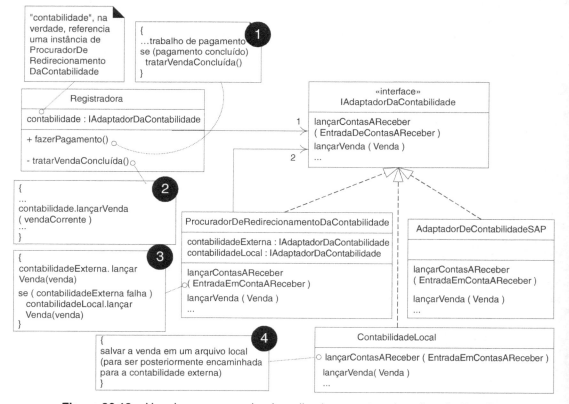

Figura 36.13 Uso de um procurador de redirecionamento pela aplicação ProxGer.

Aplicação da UML:

- A fim de evitar a criação de um diagrama de interação para mostrar o comportamento dinâmico, observe como esse diagrama estático utiliza numeração para transmitir a seqüência da interação. Normalmente, é preferido um diagrama de interação, mas esse estilo é apresentado para ilustrar um estilo alternativo.

- Observe os marcadores de visibilidade pública e privada (+, –) ao lado dos métodos de *Registradora*. Se eles estiverem ausentes, serão não-especificados, em vez de serem públicos ou privados como default. Entretanto, por convenção comum, a visibilidade não-especificada é interpretada pela maioria dos leitores (e ferramentas CASE de geração de código) como significando atributos privados e métodos públicos. No entanto, nesse diagrama, quero especialmente comunicar o fato de que *fazerPagamento* é público e, por outro lado, *tratarVendaConcluída* é privado. O ruído visual e a sobrecarga de informação são sempre preocupações na comunicação; portanto, é desejável explorar a interpretação convencional para manter os diagramas simples.

Em resumo, um procurador é um objeto externo que empacota um objeto interno e ambos implementam a mesma interface. Um objeto cliente (tal como uma *Registradora*) não sabe que faz referência a um procurador – ele é projetado como se estivesse colaborando com o objeto real (por exemplo, o *AdaptadorDeContabilidadeSAP*). O Procurador intercepta chamadas a fim de melhorar o acesso ao objeto real; nesse caso, redirecionando a operação para um serviço local (*ContabilidadeLocal*), caso o serviço externo não esteja acessível.

36.5 Projeto para requisitos não-funcionais ou de qualidade

Antes de passarmos para a próxima seção, note que o trabalho de projeto, até este ponto do capítulo, não se relacionou com a lógica do negócio, mas com requisitos não-funcionais ou de qualidade, relativos à confiabilidade e à recuperação.

É interessante notar – e esse é um ponto-chave na arquitetura de software – que é comum os temas de larga escala, os padrões e as estruturas da arquitetura do software serem moldados de acordo com os projetos, para resolver os requisitos não-funcionais ou de qualidade, em vez da lógica básica de negócio.

36.6 Acesso a dispositivos físicos externos com adaptadores

Outro requisito dessa iteração é interagir com os dispositivos físicos que compõem um terminal PDV, como por exemplo, abrir uma gaveta do caixa, dar o troco do compartimento de moedas e captar uma assinatura a partir do dispositivo de assinatura digital.

A aplicação PDV ProxGer deve funcionar com diversos equipamentos de PDV, incluindo aqueles comercializados pela IBM, Epson, NCR, Fujitsu, etc.

Felizmente, o arquiteto de software realizou uma investigação e descobriu que agora existe uma norma do setor, UnifiedPOS (www.nrf-arts.org), que define interfaces normalizadas orientadas a objetos (no sentido da UML) para todos os dispositivos de PDV (ponto de venda – point of sale ou POS) comuns. Além disso, existe o JavaPOS (www.javapos.com) – um mapeamento Java do UnifiedPOS.

Portanto, no Documento da Arquitetura de Software, o arquiteto adiciona um memorando técnico para comunicar essa escolha arquitetural significativa:

Memorando técnico
Questão: controle do dispositivo de hardware PDV

Resumo da solução: usar software Java dos fabricantes do dispositivo, que seja compatível com as interfaces normalizadas JavaPOS.

Fatores

- Controle correto dos dispositivos.
- Custo da aquisição versus da construção e manutenção.

Solução

A norma UnifiedPOS (www.nrf-arts.org) define um modelo UML de interfaces normalizadas pela indústria para dispositivos PDV. O JavaPOS (www.javapos.com) é uma norma da indústria para mapeamento do UnifiedPOS para Java. Os fabricantes de dispositivos PDV (por exemplo, IBM, NCR) vendem implementações Java dessas interfaces, que controlam seus dispositivos.

Compre-as, em vez de construí-las.

Use uma Fábrica que leia uma propriedade do sistema para carregar um conjunto de classes IBM ou NCR (etc.) e retornar instâncias baseadas em suas interfaces.

Motivação

Com base em um levantamento informal, acreditamos que elas funcionam bem, e os fabricantes têm um processo de atualização regular para seu aperfeiçoamento. É difícil obter a especialização e outros recursos para que nós mesmos possamos escrevê-las.

Alternativas consideradas

Escrevê-las nós mesmos – difícil e arriscado.

A Figura 36.14 mostra algumas das interfaces, que foram adicionadas como outro pacote da camada de domínio ao nosso Modelo de Projeto.

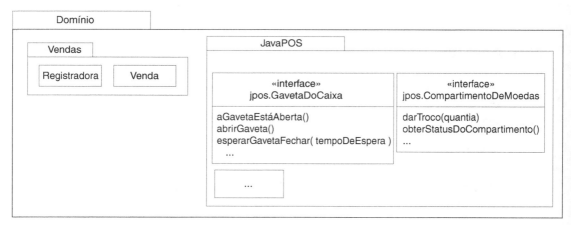

Figura 36.14 Interfaces normalizadas JavaPOS.

Suponha que os principais fabricantes de equipamentos PDV agora forneçam implementações JavaPOS. Por exemplo, se comprarmos um terminal PDV IBM com uma gaveta de caixa, compartimento de moedas, etc., também poderemos obter classes Java da IBM, que implementam as interfaces JavaPOS e controlam os dispositivos físicos.

Conseqüentemente, essa parte da arquitetura é resolvida adquirindo componentes de software, em vez de construí-los. Estimular o uso de componentes existentes é uma das melhores práticas do PU.

Como eles funcionam? Em baixo nível, um dispositivo físico possui um acionador de dispositivo para o sistema operacional subjacente. Uma classe Java (por exemplo, uma que implementa *jpos.GavetaDoCaixa*) usa JNI (Java Native Interface – interface Java nativa) para fazer chamadas para esses acionadores de dispositivo.

Essas classes Java adaptam o acionador de dispositivos de baixo nível às interfaces JavaPOS e, assim, podem ser caracterizadas como objetos Adaptador, no sentido do padrão GoF. Elas também podem ser chamadas de objetos Procurador— procuradores locais que controlam ou aperfeiçoam o acesso aos dispositivos físicos. Não é raro poder classificar um projeto em termos de vários padrões.

36.7 Fábrica abstrata (GoF abstract factory) para famílias de objetos relacionados

As implementações JavaPOS serão adquiridas dos fabricantes. Por exemplo[5]:

```
// acionadores (drivers) da IBM
com.ibm.pos.jpos.GavetaDoCaixa (implementa jpos.GavetaDoCaixa)
com.ibm.posjpos.CompartimentoDeMoedas (implementa jpos.CompartimentoDeMoedas)
...
//acionadores da NCR
com.ncr.posdrivers.GavetaDoCaixa (implementa jpos.GavetaDoCaixa)
com.ncr.posdrivers.CompartimentoDeMoedas (implementa jpos.CompartimentoDeMoedas)
...
```

Agora, como projetar a aplicação PDV ProxGer para usar os acionadores Java da IBM, se for usado hardware IBM, acionadores NCR se for o caso, etc.?

Observe que existem famílias de classes (*GavetaDoCaixa+CompartimentoDeMoedas+...*) que precisam ser criadas e cada família implementa as mesmas interfaces.

Para essa situação, existe um padrão GoF comumente usado: Fábrica Abstrata (Abstract Factory).

---

[5] Esses nomes de pacotes são fictícios.

> *Fábrica abstrata*
>
> Contexto/Problema
>
> Como criar famílias de classes relacionadas que implementem uma interface comum?
>
> Solução
>
> Defina uma interface de fábrica (a fábrica abstrata). Defina uma classe de fábrica concreta para cada família de itens a criar. Opcionalmente, defina uma verdadeira classe abstrata, que implemente a interface de fábrica e forneça serviços comuns para as fábricas concretas que a estendem.

A Figura 36.15 ilustra a idéia básica, aperfeiçoada na seção seguinte.

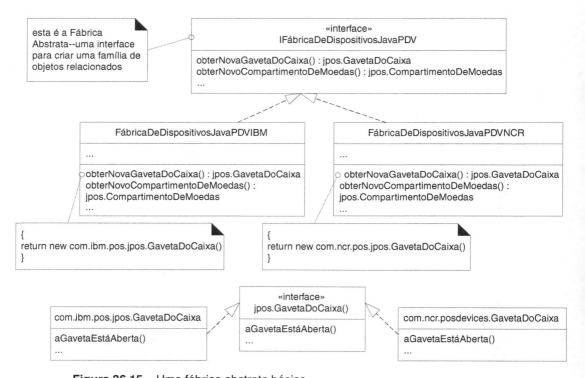

Figura 36.15 Uma fábrica abstrata básica.

Uma fábrica abstrata de classe abstrata

Uma variação comum do padrão Fábrica Abstrata é criar uma fábrica de classes abstratas a que se tenha acesso usando o padrão Objeto Unitário, que lê uma propriedade do sistema para decidir quais de suas fábricas de subclasse criar e, então, retorna a instância apropriada da subclasse. Isso é usado, por exemplo, nas bibliotecas Java, com a classe *java.awt.Toolkit*, uma fábrica abstrata de classes abstratas para criar famílias de dispositivos de IGU para diferentes sistemas operacionais e subsistemas IGU.

A vantagem dessa abordagem é que ela resolve o seguinte problema: como a aplicação sabe qual fábrica abstrata usar? *FábricaDeDispositivosJavaPDVIBM*? *FábricaDeDispositivosJavaPDVNCR*?

O refinamento a seguir resolve esse problema. A Figura 36.16 ilustra a solução.

Com essa fábrica de classes abstratas e com o método *obterInstância* do padrão Objeto Unitário, os objetos podem colaborar com a superclasse abstrata e obter uma referência a uma de suas instâncias de subclasse. Por exemplo, considere a declaração:

```
gavetaDoCaixa = FabricaDeDispositivosJavaPDV.obterInstância().obter-
NovaGavetaDoCaixa();
```

A expressão *FábricaDeDispositivosJavaPDV.obterInstância()* retornará uma instância de *FábricaDeDispositivosJavaPDVIBM* ou *FábricaDeDispositivosJavaPDVNCR*, dependendo da propriedade lida do sistema. Note que, mudando a propriedade externa do sistema *"fábricajpdv.classname"* (que é o nome da classe como uma String) em um ar-

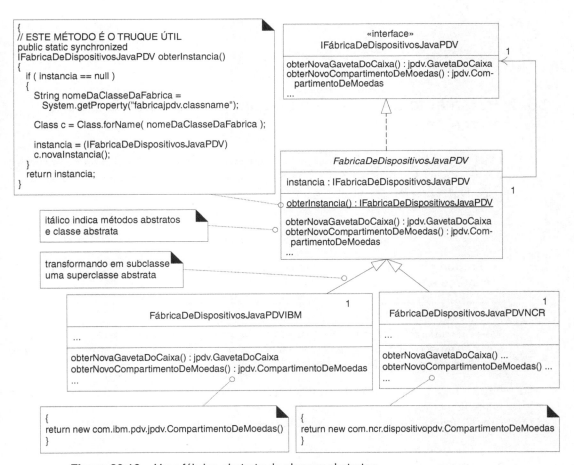

Figura 36.16 Uma fábrica abstrata de classes abstratas.

quivo de propriedades, o sistema ProxGer usará uma família diferente de acionadores JavaPOS. As Variações Protegidas com relação a uma fábrica variável foram obtidas com um projeto orientado a dados (lendo um arquivo de propriedades) e de projeto de programação reflexiva, usando a expressão *c.newInstance()*.

A interação com a fábrica ocorrerá em uma *Registradora*. De acordo com o objetivo de baixo hiato representacional, é razoável que o software *Registradora* (cujo nome é sugestivo do terminal PDV global) contenha uma referência a dispositivos, como *GavetaDoCaixa*. Por exemplo:

```
class Registradora
{
private jpos.GavetaDoCaixa gavetaDoCaixa;
private jpos.CompartimentoDeMoedas compartimentoDeMoedas;

public Registradora()
{
   gavetaDoCaixa =
      FabricaDeDispositivosJavaPDV.obterInstancia().
      obterNovaGavetaDoCaixa();
   //...
}
//...
}
```

36.8 Tratamento de pagamentos com polimorfismo e fazê-lo eu mesmo

Uma das maneiras comuns de aplicar o polimorfismo (e Especialista na Informação) é no contexto do que Peter Coad chama de estratégia ou padrão "Fazê-lo Eu Mesmo" [Coad95]. Ou seja:

> *Fazê-lo eu mesmo*
>
> "Eu (um objeto de software) faço o que normalmente é feito no objeto real, do qual sou uma abstração." [Coad95]

Esse é o estilo clássico do projeto orientado a objetos: os objetos *Círculo* desenham-se a si mesmos, os objetos *Quadrado* desenham-se a si mesmos, os objetos *Texto* fazem correção ortográfica de si mesmos, etc.

Note que um objeto *Texto* fazendo sua própria correção ortográfica é um exemplo de Especialista na Informação: *o objeto que tem a informação relacionada ao trabalho o faz* (um *Dicionário* também é um candidato, segundo o padrão Especialista).

Os padrões Fazê-lo Eu Mesmo e Especialista na Informação normalmente conduzem à mesma escolha.

Da mesma forma, observe que os objetos *Círculo* e *Quadrado*, que desenham a si mesmos, são exemplos de Polimorfismo: *quando alternativas relacionadas variam segundo o tipo, atribua a responsabilidade usando operações polimórficas nos tipos para os quais o comportamento varia.*

Os padrões Fazê-lo Eu Mesmo e Polimorfismo normalmente levam à mesma escolha.

Entretanto, conforme foi explorado na discussão sobre Invenção Pura, isso freqüentemente é contra-indicado, por problemas no acoplamento e na coesão e, em vez disso, o projetista utiliza invenções puras, como estratégias, fábricas ou assemelhados.

Contudo, quando apropriado, o padrão Fazê-lo Eu Mesmo é atraente, em parte por causa do suporte para o baixo hiato representacional. O projeto do tratamento dos pagamentos será feito com os padrões Fazê-lo Eu Mesmo e Polimorfismo.

Um dos requisitos dessa iteração é tratar os vários tipos de pagamento, o que basicamente significa tratar os passos de autorização e contabilidade. Os diversos tipos de pagamentos são autorizados de diferentes maneiras:

- Os pagamentos a crédito e débito em conta são autorizados por um serviço de autorização externo. Ambos exigem o registro de uma entrada nas contas a receber – dinheiro devido à instituição financeira que dá a autorização.

- Os pagamentos em dinheiro são autorizados em algumas lojas (essa é uma tendência em alguns países) usando um analisador de cédulas especial, anexado ao terminal PDV, que verifica a existência de dinheiro falsificado. Outras lojas não fazem isso.

- Os pagamentos em cheque são autorizados em algumas lojas, usando um serviço de autorização computadorizado. Outras lojas não autorizam cheques.

Os *PagamentosACrédito* são autorizados de uma maneira; os *PagamentosComCheque*, de outra. Esse é um caso clássico de Polimorfismo.

Assim, como mostrado na Figura 36.17, cada subclasse *Pagamento* tem seu próprio método *autorizar*.

Por exemplo, conforme ilustrado nas Figuras 36.18 e 36.19, uma *Venda* instancia um *PagamentoACrédito* ou um *PagamentoComCheque* e pede que ele autorize a si mesmo.

Classes refinadas?

Considere a criação dos objetos de software *CartãoDeCrédito*, *CarteiraDeIdentidade* e *Cheque*. Nosso primeiro impulso poderia ser simplesmente registrar os dados que eles contêm em suas classes de pagamento relacionadas e eliminar tais classes refinadas. Entretanto, em geral é uma estratégia mais lucrativa usá-las; elas freqüentemente acabam fornecendo um comportamento útil e sendo reutilizáveis. Por exemplo, o *CartãoDeCrédito* é um Especialista natural para informar você sobre o tipo de sua empresa de cartão de crédito (Visa, MasterCard, etc.). Esse comportamento se mostrará necessário para nossa aplicação.

Autorização de pagamento com cartão de crédito

O sistema deve se comunicar com um serviço de autorização de crédito externo, e já criamos a estrutura do projeto baseada em adaptadores para dar suporte a tal conexão.

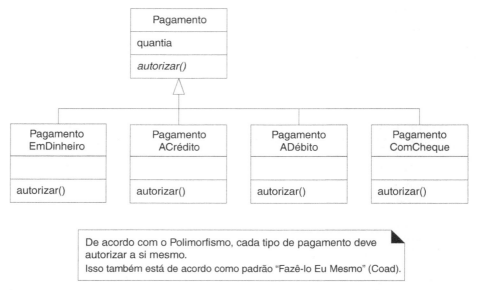

Figura 36.17 Polimorfismo clássico com vários métodos autorizar.

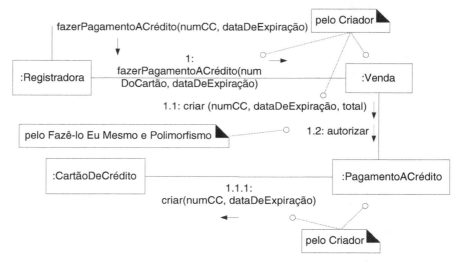

Figura 36.18 Criação de um PagamentoACrédito.

Informações relevantes do domínio de pagamento a crédito

Um pouco do contexto para o futuro projeto:

- Sistemas PDV são fisicamente conectados aos serviços de autorização externos de várias maneiras, incluindo linhas telefônicas (que devem ser discadas) e conexões sempre ativas de banda larga com a Internet.

- Utilizam-se diferentes protocolos para aplicação e formatos de dados associados, como SET (Secure Electronic Transaction – transação eletrônica segura). Outros protocolos novos podem se tornar bem conhecidos, como o XMLPay.

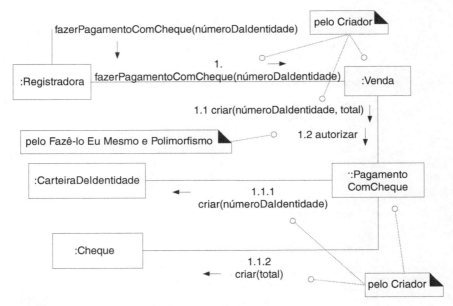

Figura 36.19 Criação de um PagamentoComCheque.

- Autorização do pagamento pode ser vista como uma operação síncrona normal: uma linha de execução do PDV é bloqueada, esperando por uma resposta do serviço remoto (dentro dos limites de um período máximo de espera).
- Todos os protocolos de autorização de pagamento envolvem o envio de identificadores, indicando exclusivamente a loja (com um "ID comercial") e o terminal PDV (com um "ID terminal"). A resposta inclui um código de aprovação ou negação e uma identificação de transação exclusiva.
- Uma loja pode usar diferentes serviços de autorização externos para diferentes tipos de cartão de crédito (um para Visa, um para MasterCard). Para cada serviço, a loja tem um ID comercial diferente.
- O tipo de empresa de cartão de crédito pode ser deduzido a partir do número do cartão. Por exemplo, os números que começam com 5 são referentes à MasterCard; os que começam com 4, à Visa.
- As implementações do adaptador protegerão as camadas superiores do sistema contra todas essas variações na autorização do pagamento. Cada adaptador é responsável por garantir que a transação do pedido de autorização esteja no formato apropriado e por colaborar com o serviço externo. Conforme discutido em uma iteração anterior, a *FábricaDeServiços* é responsável por executar a implementação apropriada do *IAdaptadorDoServiçoDeAutorizaçãoDeCrédito*.

Um cenário de projeto

A Figura 36.20 inicia a apresentação de um projeto anotado que satisfaz esses detalhes e requisitos. As mensagens estão anotadas para ilustrar o raciocínio.

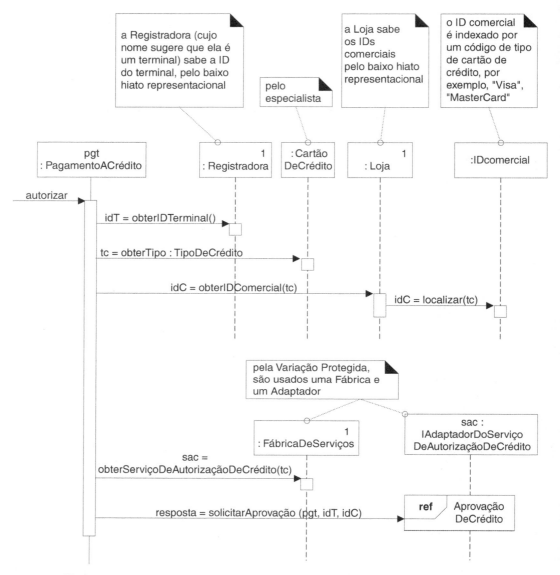

Figura 36.20 Manipulação de um pagamento a crédito.

Uma vez encontrado o *IAdaptadorDoServiçoDeAutorizaçãoDeCrédito* adequado, lhe é dada a responsabilidade de concluir a autorização, como mostrado na Figura 36.21.

Uma vez que uma resposta seja obtida pelo *PagamentoACrédito* (a quem foi dada a responsabilidade de tratar de sua conclusão, de acordo com os padrões Polimorfismo e Fazê-lo Eu Mesmo), supondo que seja aprovado, ele conclui suas tarefas, como mostrado na Figura 36.22.

UML – Observe que, nesse diagrama de seqüência, alguns objetos foram empilhados. Isso é válido, apesar de poucas ferramentas CASE apoiarem isso. Esse procedimento é útil na publicação, na qual a largura é restrita.

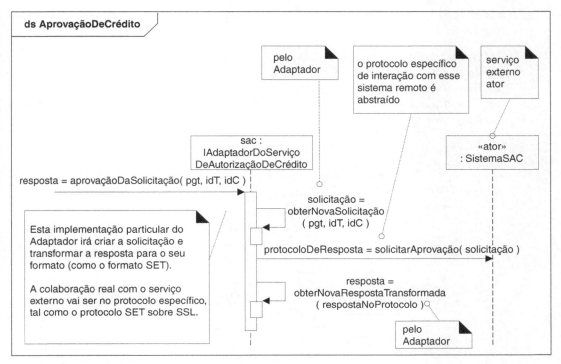

Figura 36.21   Completar a autorização.

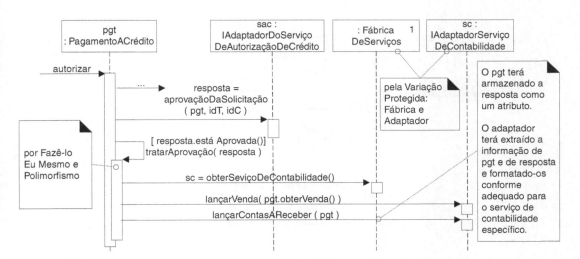

Figura 36.22   Conclusão de um pagamento a crédito aprovado.

36.9 Exemplo: Banco Imobiliário

Primeiro, vamos rever rapidamente as novas regras e requisitos de domínio da iteração 3. Se o jogador atinge uma casa de propriedade (um lote, ferrovia, ou serviço de utilidade pública), ele a compra se tem dinheiro suficiente e se ela já não pertence a alguém. Se ela já pertence a outro jogador, ele paga aluguel de acordo com as regras específicas da casa.

Vamos também rever o projeto essencial, como mostrado na Figura 36.23 e na Figura 36.24. É aplicado polimorfismo; para cada tipo de casa que tem um comportamento diferente para os que a atingem, existe um método polimórfico denominado *atingida*. Quando um objeto de software *Jogador* atinge uma *Casa*, ele envia a ela uma mensagem *atingida*.

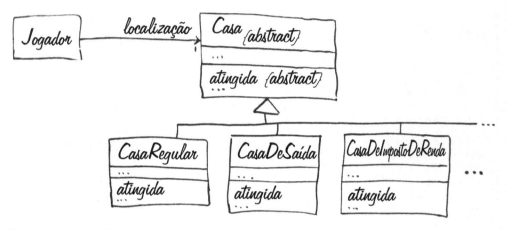

Figura 36.23   DCP para a estratégia de projeto polimórfica atingida.

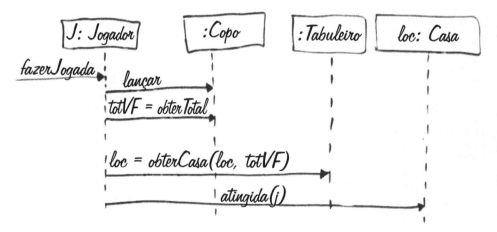

Figura 36.24   Colaborações dinâmicas para a estratégia de projeto *atingida*.

O projeto existente mostra a beleza do polimorfismo para tratar casos novos similares. Para essa iteração, vamos simplesmente adicionar novos tipos de casa (*CasaDeLote*, *CasaDeFerrovia*, *CasaDeServiçoPúblico*) e adicionar mais métodos polimórficos *atingida*.

Note na Figura 36.25 que todas as *CasaDePropriedade* têm comportamento idêntico para o método *atingida*, assim, esse método pode ser implementado uma vez na su-

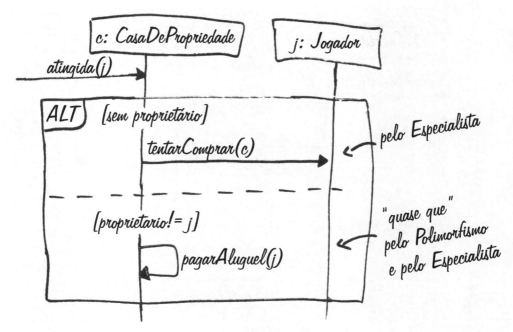

Figura 36.25 Atingir uma CasaDePropriedade.

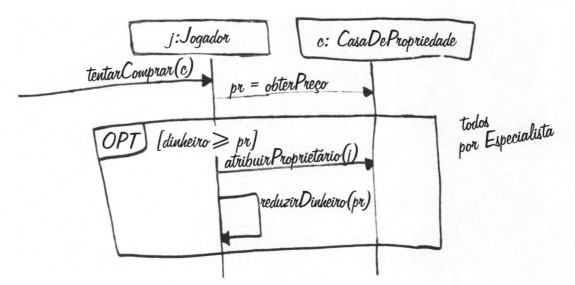

Figura 36.26 Tentativa de comprar uma propriedade.

perclasse e herdado pelas subclasses de *CasaDePropriedade*. O único comportamento específico de cada subclasse é o cálculo de aluguel; assim, pelo princípio do Polimorfismo, existe uma operação polimórfica *obterAluguel* em cada subclasse (ver Figura 36.28).

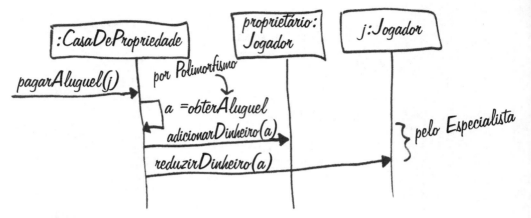

Figura 36.27 Pagamento de aluguel.

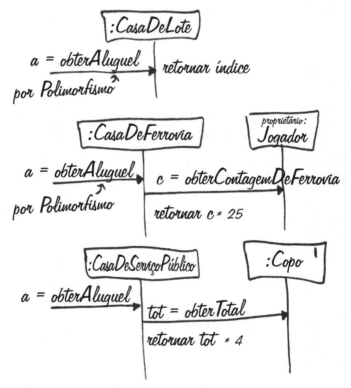

Figure 36.28 Métodos polimórficos *obterAluguel*.

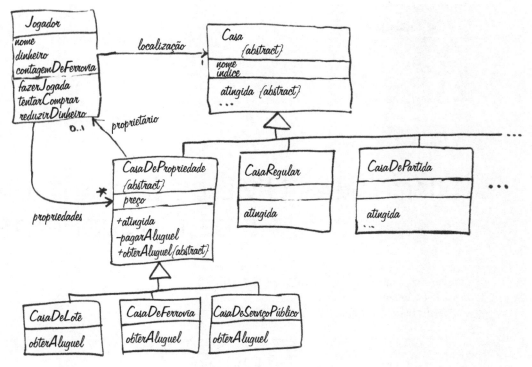

Figura 36.29 DCP parcial para iteração 3 do Monopólio.

36.10 Conclusão

O objetivo desses estudos de caso não foi mostrar a solução correta – não existe uma única solução melhor, e tenho certeza de que os leitores podem melhorar as sugeridas. Meu desejo sincero foi demonstrar que o projeto de objetos pode ser guiado racionalmente por princípios básicos, como acoplamento baixo, e pela aplicação de padrões, em vez de ser um processo misterioso.

Alerta: "padronite"

Esta apresentação usou os padrões de projeto GoF em muitos pontos. Mas têm havido relatos de projetistas que encaixam padrões à força, excessivamente, em uma frenética "padronite". Acho que uma conclusão a extrair disso é que os padrões exigem estudo em múltiplos exemplos para serem bem digeridos. Um veículo de aprendizado comum é um grupo de estudos para a hora do almoço ou após o trabalho, no qual os participantes compartilham as maneiras como viram ou poderiam ver a aplicação de padrões e discutem uma seção de um livro sobre padrões.

Capítulo 37

DIAGRAMAS UML DE IMPLANTAÇÃO E DE COMPONENTES

Chame-me paranóico, mas encontrar '/*' dentro desse comentário me causa suspeitas.
– Um alerta do compilador C da MPW

Objetivos

- Resumir a notação de diagramas UML de implantação e componente.

O que vem a seguir? Enfocado mais projeto de objetos com padrões GoF, este capítulo resume a notação UML útil na documentação da arquitetura do sistema. O capítulo seguinte mostra a aplicação de diversos padrões GoF no projeto de um framework de persistência.

Projeto de Pacotes → Mais Projeto de Objetos com Padrões GoF → **Diagramas UML de Implantação e de Componentes** → Projeto de um Framework de Persistência com padrões → Documentação da Arquitetura: o Modelo das N+1 visões

37.1 Diagramas de implantação

Um diagrama de implantação mostra a atribuição de artefatos concretos de software (como arquivos executáveis) a nós computacionais (algo com serviços de processamento). Mostra a implantação de elementos de software à **arquitetura física** e a comunicação (geralmente em uma rede) entre elementos físicos. Veja a Figura 37.1. Diagramas de implantação são úteis para comunicar a arquitetura física ou de implantação, por exemplo, no Documento de Arquitetura de Software do PU discutido a partir da pág. 649.

CAPÍTULO 37 • DIAGRAMAS UML DE IMPLANTAÇÃO E DE COMPONENTES

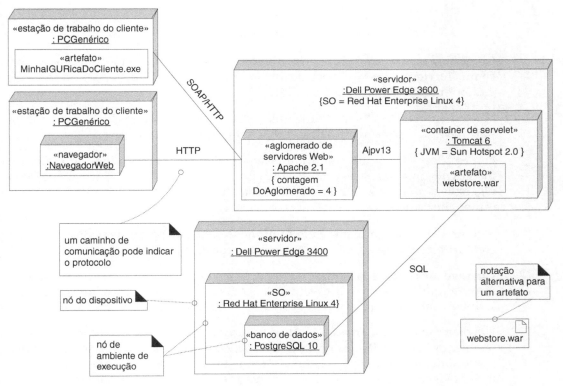

Figura 37.1   Um diagrama de implantação.

O elemento básico de um diagrama de implantação é um **nó**, de dois tipos:

- **Nó de dispositivo** (ou **dispositivo**) – Um recurso computacional físico (por exemplo, eletrônico digital) com serviços de processamento e memória para executar software, por exemplo, um computador típico ou um telefone móvel.

- **Nó de ambiente de execução** (execution environment node – EEN) – Esse é um recurso computacional de software que executa em um nó externo (como um computador) e que em si fornece um serviço ao hospedeiro e executa outros elementos de software executável. Por exemplo:

    o *Um sistema operacional* (SO) é um software que hospeda e executa programas.

    o *Uma máquina virtual* (MV, como Java ou .NET VM) hospeda e executa programas.

    o *Um motor de banco de dados* (por exemplo, PostgreSQL) recebe solicitações de um programa SQL e as executa, e hospeda/executa procedimentos internos armazenados (escritos em Java ou em uma linguagem proprietária).

    o *Um navegador da Web* hospeda e executa JavaScript, applets Java, Flash, e outras tecnologias executáveis.

○ Um motor de fluxo de trabalho

○ Um contêiner servlet ou um contêiner EJB.

Como a especificação UML sugere, muitos tipos de nó podem mostrar estereótipos, como «servidor», «SO», «banco de dados» ou «navegador», mas esses não são estereótipos predefinidos oficiais da UML.

Note que um nó de dispositivo ou EEN pode conter um outro EEN. Por exemplo, uma máquina virtual dentro de um SO dentro de um computador.

Um EEN específico pode estar implícito, ou não mostrado, ou indicado informalmente com uma cadeia de propriedade UML, como {SO= Linux}. Por exemplo, pode não haver valor em mostrar o SO EEN como um nó explícito. A Figura 37.1 mostra estilos alternativos, usando um SO como exemplo.

A conexão normal entre nós é um **caminho de comunicação**, que pode ser rotulado com o protocolo. Esse geralmente indica as conexões de rede.

Um nó pode conter e mostrar um **artefato** – um elemento físico concreto, geralmente um arquivo. Isso inclui executáveis, como JARs, montadores, arquivos .exe e scripts. Também inclui arquivos de dados, como XML, HTML, etc.

Um diagrama de implantação geralmente mostra um conjunto-exemplo de *instâncias* (em vez de classes). Por exemplo, uma instância de um computador servidor executando uma instância do SO Linux. Geralmente, na UML, **instâncias** concretas são mostradas com um sublinhado sob seu nome e a ausência de um sublinhado significa uma classe em vez de uma instância. Note que uma exceção importante dessa regra é mostrar instâncias em diagramas de interação, em que os nomes de coisas significando instâncias nas caixas de linha de vida não são sublinhados.

Em qualquer evento, em diagramas de implantação, você geralmente verá os objetos com seus nomes sublinhados, para indicar instâncias. No entanto, a especificação UML estabelece que para diagramas de implantação, o sublinhado pode ser omitido e assumido. Assim, você pode ver exemplos nos dois estilos.

37.2 Diagramas de componentes

Componentes são um conceito ligeiramente confuso na UML, porque tanto classes quanto componentes podem ser usados para modelar a mesma coisa. Por exemplo, citando Rumbaugh (um dos criadores da UML):

> *A distinção entre uma classe estruturada e um componente é algo vago e mais uma questão de intenção do que de semântica rígida. [RJB04]*

E para citar a especificação UML [OMG03b]:

> *Um **componente** representa uma parte modular de um sistema que encapsula seu conteúdo e cuja manifestação é substituível dentro de seu ambiente. Um componente define seu comportamento em termos de interfaces fornecidas e requeridas. Como tal, um componente serve como um tipo, cuja conformidade é definida por essas interfaces fornecidas e requeridas.*

Outra vez, essa idéia pode ser modelada com uma classe UML regular e suas interfaces fornecidas e requeridas. Lembre que uma classe UML pode ser usada para modelar qualquer nível de elemento de software, de um sistema completo a subsistemas e até um pequeno objeto utilitário.

Mas quando alguém usa um componente UML, a intenção da modelagem e projeto é enfatizar 1) que as *interfaces* são importantes e 2) é *modular, auto-contido* e *substituível*. O segundo ponto implica que um componente tende a ter pouca ou nenhuma dependência de outros elementos externos (exceto talvez bibliotecas centrais normalizadas); isso é um módulo relativamente independente (stand-alone).

Componentes UML são uma perspectiva no nível de projeto; eles não existem na perspectiva concreta de software, mas mapeiam para artefatos concretos, como um conjunto de arquivos.

Uma boa analogia para modelagem de componentes de software é um sistema de entretenimento doméstico; esperamos poder facilmente substituir o reprodutor de DVD ou auto-falantes. Eles são modulares, auto-contidos, substituíveis e funcionam por meio de interfaces normalizadas. Por exemplo, em um nível de granularidade grossa, um motor de banco de dados SQL pode ser modelado com um componente; qualquer banco de dados que entende a mesma versão de SQL e apóia a mesma semântica de transações pode ser substituído. Em um nível mais fino, qualquer solução que implementa a API Java normalizada para Serviço de Mensagens pode ser usado ou substituído em um sistema.

Como a ênfase da modelagem baseada em componentes é em partes substituíveis (talvez para melhorar as qualidades não-funcionais, como desempenho), é uma diretriz geral fazer modelagem de componentes para elementos relativamente de larga escala, porque é difícil raciocinar sobre ou projetar para muitas partes substituíveis pequenas, de granularidade fina. A Figura 37.2 ilustra a notação essencial.

O tópico de modelagem e desenvolvimento baseados em componentes é um assunto extenso, dedicado, especializado e fora do escopo desta introdução de A/POO.

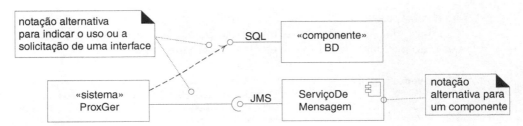

Figura 37.2 Componentes UML.

Capítulo

38

PROJETO DE UM FRAMEWORK DE PERSISTÊNCIA COM PADRÕES

A maioria dos especialistas concorda que o modo mais provável para o mundo ser destruído é por acidente. Aí é que nós entramos; somos profissionais de computação. Nós causamos acidentes.
– Nathaniel Borenstein

Objetivos

- Projetar parte de um *framework* com os padrões Método Gabarito, Estado e Comando.
- Apresentar os problemas do mapeamento objeto-relacional (O-R).
- Implementar a materialização sob demanda com Procuradores Virtuais.

Introdução

O objetivo deste capítulo não é, na verdade, o projeto de um framework de persistência mas, mais genericamente, introduzir princípios e padrões de projeto chave OO, usando persistência como um estudo de caso interessante.

O que vem a seguir? Resumida mais notação UML para documentação de arquitetura de sistemas, este capítulo aplica padrões GoF ao projeto de um framework – uma habilidade importante de projeto OO. O capítulo seguinte conclui essa interação com uma introdução à documentação de arquiteturas em UML e o bem conhecido modelo das N+1 visões.

Mais Projeto de Objetos com Padrões GoF → Diagramas UML de Implementação e de Componentes → **Projeto de um Framework de Persistência com padrões** → Documentação da Arquitetura: o Modelo das N+1 Visões → Gestão de Projeto Iterativo e Ágil

A aplicação ProxGer – assim como a maioria das aplicações – exige o armazenamento e a recuperação de informação em um mecanismo de armazenamento persistente, como um banco de dados relacional (BDR). Este capítulo explora o projeto de um framework para armazenar objetos persistentes.

> ### Cuidado! Não Tente isso em Casa!
>
> Existem frameworks de persistência excelentes, gratuitos, robustos, de código aberto e de qualidade industrial. Assim, raramente há necessidade de criar o seu próprio. Por exemplo, **Hibernate** é muito usado no domínio Java (www.hibernate.org). Ele resolve a maioria ou todos os problemas de mapeamento objeto-relacional, desempenho, apoio a transações etc.
>
> Esse framework de persistência é apresentado para introduzir projeto de frameworks aplicado a domínios comuns e ricos em problemas. Ele não é recomendado para um serviço industrial de persistência. Pelo menos para as tecnologias Java, não há necessidade de criar um você mesmo.

38.1 O problema: objetos persistentes

Suponha que na aplicação ProxGer os dados da *DescriçãoDoProduto* residam em um banco de dados relacional. Eles devem ser trazidos para a memória local, durante o uso da aplicação. **Objetos persistentes** são aqueles que exigem armazenamento persistente, por exemplo, instâncias de *DescriçãoDoProduto*.

Mecanismos de armazenamento e objetos persistentes

Bancos de dados de objetos – Se um banco de dados de objetos é usado para armazenar e recuperar objetos, nenhum serviço de persistência personalizado adicional ou de terceiros é exigido. Esse é um dos vários atrativos para seu uso. Contudo, eles são relativamente raros.

Bancos de dados relacionais – Como há prevalência dos sistemas de BDR, seu uso é freqüentemente exigido, em vez dos mais convenientes bancos de dados de objetos naturalmente OO. Se esse for o caso, vários problemas surgem, por causa da incompatibilidade entre as representações orientadas a registros e orientadas a objetos dos dados; esses problemas são explorados posteriormente. É necessário um serviço de mapeamento O-R especial.

Outros – Além dos sistemas de BDR, às vezes é desejável armazenar objetos em outros mecanismos ou formatos de armazenamento, como arquivos simples, estruturas XML, arquivos PDB do Palm OS, bancos de dados hierárquicos, etc. Assim como nos bancos de dados relacionais, existe uma incompatibilidade de representação entre os objetos e esses formatos não-orientados a objetos. Além disso, como acontece com os sistemas de BDR, são exigidos serviços especiais para fazê-los trabalhar com objetos.

38.2 A solução: um serviço de persistência de um framework de persistência

Um **framework de persistência** é um conjunto de tipos de propósito geral, reutilizável e extensível, que fornece funcionalidade para dar suporte a objetos persistentes. Na verdade, um **serviço de persistência** (ou subsistema) fornece o serviço e será criado com um framework de persistência. Normalmente, o serviço de persistência é escrito de forma a trabalhar com sistemas de BDR, caso em que também é chamado de **serviço de mapeamento O-R**. Tipicamente, um serviço de persistência deve transformar objetos em registros (ou em alguma outra forma de dados estruturados, como XML) e salvá-los em um banco de dados, além de transformar os registros em objetos ao recuperá-los de um banco de dados.

Em termos da arquitetura em camadas da aplicação ProxGer, um serviço de persistência é um subsistema dentro da camada de serviços técnicos.

38.3 *Frameworks*

Correndo o risco de simplificarmos demais, podemos dizer que um framework é um conjunto de objetos *extensível* para funções relacionadas. O exemplo mais significativo é um framework de IGU, como o framework Swing da linguagem Java.

A qualidade distintiva de um framework é que ele fornece uma implementação para as funções básicas e invariantes e inclui um mecanismo para permitir que o desenvolvedor se conecte às diversas funções ou as estenda.

Por exemplo, o framework de IGU Swing da linguagem Java fornece muitas classes e interfaces para funções básicas de IGU. Os desenvolvedores podem adicionar dispositivos especializados, estabelecendo subclasses das classes Swing e sobrepondo certos métodos. Os desenvolvedores também podem se conectar a vários comportamentos de resposta a eventos por meio de classes de dispositivos predefinidos (por exemplo, *JButton*), registrando receptores ou assinantes, com base no padrão Observador. Isso é um framework.

Em geral, um **framework**:

- É um conjunto coeso de interfaces e classes que colaboram para fornecer serviços para a parte básica e constante de um subsistema lógico.

- Contém classes concretas e (especialmente) abstratas, que definem interfaces a serem seguidas, interações entre objetos das quais participar e outros invariantes.

- Em geral, (mas não necessariamente) exige que o usuário do framework defina subclasses das classes existentes do framework, para fazer uso, personalizar e estender os serviços do framework.

- Possui classes abstratas que podem conter métodos abstratos e concretos.

- Depende do **Princípio de Hollywood** – *"Não ligue para nós, nós ligaremos para você."* Isso significa que as classes definidas pelo usuário (por exemplo, novas subclasses) receberão mensagens das classes predefinidas do framework. Normalmente, elas são tratadas usando a implementação de métodos abstratos da superclasse.

O exemplo de framework de persistência a seguir demonstrará esses princípios.

Os frameworks são reutilizáveis

Os frameworks oferecem um alto grau de reutilização – muito mais do que as classes individuais. Conseqüentemente, se uma organização estiver interessada (e quem não está?) em aumentar seu grau de reutilização de software, ela deverá enfatizar a criação de frameworks.

38.4 Requisitos para o serviço e para o framework de persistência

Para a aplicação PDV ProxGer, precisamos que um serviço de persistência seja construído com um framework de persistência (o qual também poderia ser usado para criar outros serviços de persistência). Vamos chamar o framework de FWP (Framework de Persistência). O FWP é um framework simplificado – um framework de persistência completo, com nível industrial, está fora dos objetivos desta introdução.

O framework deve fornecer funções tais como:

- Armazenar e recuperar objetos em um mecanismo de armazenamento persistente.
- *Efetivar(commit)* e *retroceder(rollback)* transações.

O projeto deve ser extensível para apoiar diferentes mecanismos e formatos de armazenamento, como os sistemas de BDR, registros em arquivos simples ou código em arquivos XML.

38.5 Idéias-chave

As seguintes idéias-chave vão ser exploradas nas seções subseqüentes:

- **Mapeamento** – Deve haver mapeamento entre uma classe e seu armazenamento persistente (por exemplo, uma tabela em um banco de dados) e entre os atributos dos objetos e os campos (colunas) de um registro. Isso quer dizer que deve haver um **mapeamento de esquema** (schema mapping) entre os dois esquemas.

- **Identidade do objeto** – Para relacionar facilmente registros com objetos e para garantir que não existam duplicatas inadequadas, os registros e os objetos têm um identificador único de objeto.

- **Mapeador de banco de dados** – Um mapeador de banco de dados do padrão Invenção Pura é responsável pela materialização e pela desmaterialização.

- **Materialização e desmaterialização** – A materialização é o ato de transformar uma representação de dados não-orientada a objetos (por exemplo, registros) de um armazenamento persistente em objetos. A desmaterialização é a atividade oposta (também conhecida como passivação).

- **Caches** – Os serviços de persistência colocam os objetos materializados em uma cache para melhorar o desempenho.

- **Estado de transação do objeto** – É útil saber o estado dos objetos, em termos de seu relacionamento com a transação corrente. É útil saber, por exemplo, quais objetos foram modificados (estão *sujos*), para que seja possível determinar se precisam ser salvos em seu armazém persistente.

- **Operações de transação** – Operações de efetivação e retrocesso.

- **Materialização sob demanda** – Nem todos os objetos são materializados de uma só vez; uma instância específica é materializada, sob demanda, apenas quando necessário.

- **Procuradores virtuais** – A materialização sob demanda pode ser implementada usando uma referência inteligente, conhecida como um procurador virtual.

38.6 Padrão: representação de objetos como tabelas

Como fazer o mapeamento de um objeto em um registro ou em um esquema de banco de dados relacional?

O padrão **Representação de Objetos como Tabelas** [BW96] propõe definir uma tabela em um sistema de BDR para cada classe de objeto persistente. Os atributos do objeto que contêm tipos de dados primitivos (número, string, valor booleano, etc.) são mapeados em colunas.

Se um objeto tiver apenas atributos de tipos de dados primitivos, o mapeamento será simples e direto. Entretanto, conforme veremos, as coisas não são tão simples assim, pois os objetos podem ter atributos que se referem a outros objetos complexos, enquanto o modelo relacional exige que os valores sejam atômicos (isto é, Primeira Forma Normal) (ver Figura 38.1).

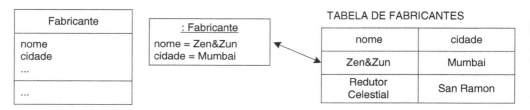

Figura 38.1   Mapeamento de objetos e tabelas.

38.7 Perfil da modelagem de dados da UML

Enquanto tratamos do assunto dos sistemas de BDR, não é de surpreender o fato de que a UML se tornou uma notação difundida para **modelos de dados**. Observe que um dos artefatos oficiais do PU é o Modelo de Dados, que faz parte da disciplina Projeto. A Figura 38.2 ilustra um pouco da notação da UML para modelagem de dados.

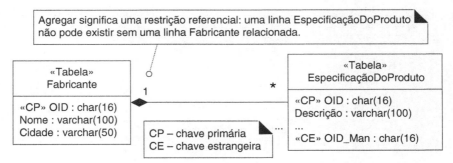

Figura 38.2 Exemplo de perfil de modelagem de dados da UML.

Esses estereótipos não fazem parte da UML básica – eles são uma extensão. Para generalizar, a UML tem o conceito de **perfil UML**: um conjunto coerente de estereótipos UML, valores rotulados e restrições para um propósito específico. A Figura 38.2 ilustra parte de um perfil proposto para modelagem de dados.

38.8 Padrão: identificador de objeto

É desejável ter uma maneira consistente de relacionar objetos com registros e de poder garantir que a materialização repetida de um registro não resulte em objetos duplicados.

O padrão **Identificador de Objeto** [BW96] propõe atribuir um **identificador de objeto** (Object Identifier – OID) a cada registro e a cada objeto (ou procurador de um objeto).

Normalmente, um OID é um valor alfanumérico: cada um é exclusivo de um objeto específico. Existem várias abordagens para gerar identificações únicas para os OIDs, variando desde identificadores únicos para um banco de dados até globalmente únicos: geradores seqüenciais de banco de dados, a estratégia de geração de chave Alta-Baixa [Ambler00] e outras.

Dentro do âmbito dos objetos, um OID é representado por uma interface ou classe OID, que encapsula o valor real e sua representação. Em um sistema de BDR, ele é normalmente armazenado com um valor de caractere de comprimento fixo.

Toda tabela tem um OID como chave primária e cada objeto também tem (direta ou indiretamente) um OID. Se todo objeto está associado a um OID e toda tabela tem um OID como chave primária, todo objeto pode ser mapeado de maneira única em alguma linha de alguma tabela (ver Figura 38.3).

Essa é uma visão simplificada do projeto. Na realidade, o OID não pode ser colocado no objeto persistente – embora seja possível. Em vez disso, ele pode ser colocado em um objeto Procurador que empacote o objeto persistente. O projeto é influenciado pela escolha da linguagem.

Um OID também fornece um tipo de chave consistente para usar na interface com o serviço de persistência.

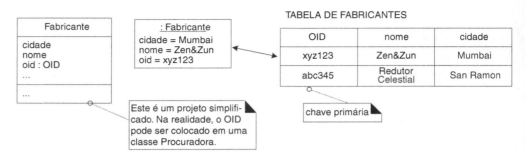

Figura 38.3 Os identificadores de objeto ligam objetos e registros.

38.9 Como ter acesso a um serviço de persistência com uma fachada

O primeiro passo no projeto desse subsistema é definir uma fachada para seus serviços; lembre-se de que Fachada é um padrão comum para fornecer uma interface unificada para um subsistema. Para começar, é necessária uma operação para recuperar um objeto, dado um OID. Entretanto, além de um OID, o subsistema precisa saber qual tipo de objeto vai materializar; portanto, o tipo da classe também será fornecido. A Figura 38.4 ilustra algumas operações da fachada e seu uso em colaboração com um dos adaptadores de serviço da aplicação ProxGer.

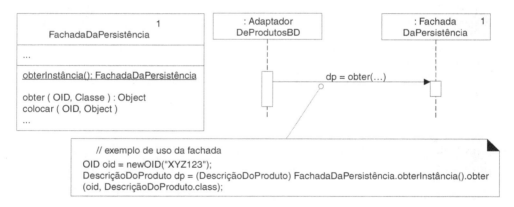

Figura 38.4 A FachadaDaPersistência.

38.10 Mapeamento de objetos: padrão mapeador de banco de dados ou intermediário do banco de dados

A *FachadaDaPersistência* – assim como todas as verdadeiras fachadas – não faz o trabalho por si, mas delega os pedidos a objetos do subsistema.

Quem deve ser responsável pela materialização e pela desmaterialização dos objetos (por exemplo, uma *DescriçãoDoProduto*) a partir de um armazém persistente?

O padrão Especialista na Informação sugere que a própria classe de objetos persistentes (*DescriçãoDoProduto*) deva ser uma candidata, pois ela possui parte dos dados (os dados a serem salvos) exigidos pela responsabilidade.

Se uma classe de objetos persistentes define o código para salvar a si mesma em um banco de dados, esse projeto é chamado de **mapeamento direto**. O mapeamento direto será exequível *se* o código relacionado ao banco de dados for gerado automaticamente e injetado na classe por um compilador de pós-processamento, e o desenvolvedor nunca precisar ver nem manter esse código de banco de dados complexo congestionando sua classe.

Entretanto, se o mapeamento direto for adicionado e mantido manualmente, ele terá muitos defeitos e uma tendência a ser não-escalável em termos de programação e manutenção. Os problemas incluem:

- Acoplamento forte da classe de objetos persistentes com o conhecimento do armazém persistente – violação do padrão Acoplamento Baixo.

- Responsabilidades complexas em uma área nova e não-relacionada ao que o objeto era responsável anteriormente – violação do padrão Coesão Alta e manutenção de uma separação de interesses. Os interesses do serviço técnico estão misturados aos interesses da lógica da aplicação.

Vamos explorar uma abordagem clássica de **mapeamento indireto**, que usa outros objetos para fazer o mapeamento para objetos persistentes.

Parte dessa abordagem é usar o padrão **Intermediário de Banco de Dados** [BW95]. Ele propõe fazer uma classe que seja responsável pela materialização, desmaterialização e colocação do objeto na cache. Isso também tem sido chamado de padrão **Mapeador de Banco de Dados**, em [Fowler01], um nome melhor do que Intermediário do Banco de Dados, pois descreve sua responsabilidade e, no projeto de sistemas distribuídos [BMRSS96], o termo "intermediário" tem um significado diferente de longa data[1].

Uma classe mapeadora diferente é definida para cada classe de objetos persistentes. A Figura 38.5 ilustra o fato de que cada objeto persistente pode ter sua própria classe mapeadora e que podem existir diferentes tipos de mapeadores para diferentes mecanismos de armazenamento. A seguir, está um trecho do código:

```
class FachadaDaPersistencia
{
//...
public Object obter( OID oid, Class classeDePersistência )
{
    // uma IMapeador é chaveada pela Classe do objeto persistente
    IMapeador mapeador = (IMapeador) mapeadores.obter ( classeDePer-
    sistência );
```

---

[1] Em sistemas distribuídos, um **intermediário** é um processo de frente (front-end) do servidor, que delega tarefas para processos de retaguarda (back-end) do servidor.

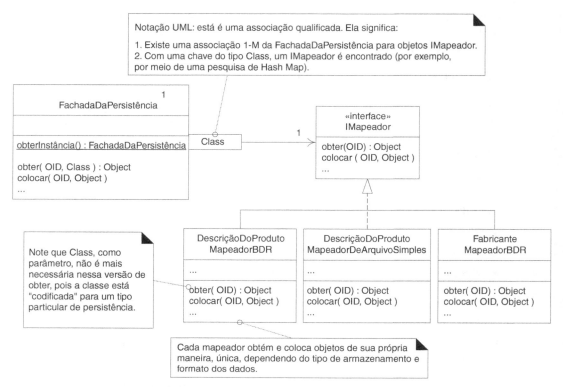

Figura 38.5 Mapeadores de Banco de Dados.

```
        // delega
        return mapeador.obter( oid );
}
//...
}
```

Embora esse diagrama indique dois mapeadores de *DescriçãoDoProduto*, apenas um estará ativo dentro de um serviço de persistência em execução.

Mapeadores baseados em metadados

Mais flexível, porém mais complicado, é um projeto de mapeador baseado em **metadados** (dados sobre dados). Em contraste com as classes de mapeadores individuais feitas manualmente para diferentes tipos persistentes, os mapeadores baseados em metadados geram dinamicamente o mapeamento de um esquema orientado a objetos para outro esquema (como o relacional), com base na leitura dos metadados que descrevem o mapeamento, por exemplo, "A Tabela X é mapeada para a Classe Y; a coluna Z é mapeada para a propriedade de objeto P" (isso pode ficar muito mais complexo). Essa abordagem é exeqüível para linguagens com recursos de programação reflexiva, como Java, C# ou Smalltalk, e inconveniente para as que não possuem esses recursos, como o C++.

Com os mapeadores baseados em metadados, podemos modificar o mapeamento de esquema em um armazém externo, e ele será percebido no sistema que está em execução, sem alteração do código-fonte – Variações Protegidas com relação às variações do esquema.

Contudo, uma qualidade útil do framework apresentado aqui é que os mapeadores codificados à mão e a partir de metadados podem ser usados sem afetar os clientes – um exemplo de encapsulamento da implementação.

38.11 Projeto de frameworks com o padrão Método Gabarito (Template Method)

A seção a seguir descreve alguns dos recursos de projeto fundamentais dos Mapeadores de Banco de Dados, uma parte central do FWP. Esses recursos de projeto são baseados no padrão de projeto GoF **Método Gabarito** [GHJV95].[2] Esse padrão é essencial para o projeto de frameworks[3] e é conhecido pela maioria dos programadores OO na prática, se não pelo nome.

A idéia é definir um método (o Método Gabarito) em uma superclasse que define o esqueleto de um algoritmo, com suas partes variantes e invariantes. O Método Gabarito chama outros métodos, alguns dos quais são métodos que podem ser sobrepostos em uma subclasse. Assim, as subclasses podem sobrepor os métodos variantes para adicionar seu próprio comportamento exclusivo em pontos de variabilidade (ver Figura 38.6).

38.12 Materialização com o padrão método gabarito

Se fôssemos programar duas ou três classes mapeadoras, algumas características comuns no código se tornariam aparentes. A estrutura básica do algoritmo de repetição para materializar um objeto é:

```
if (objeto na cache)
   retorne-o
else
   crie o objeto a partir de sua representação no armazém
   salve o objeto na cache
   retorne-o
```

O ponto de variação é o modo como o objeto é criado a partir do armazém.

Criaremos o método *obter* para ser o método gabarito em uma superclasse abstrata *MapeadorDePersistênciaAbstrato*, que define o gabarito e usa um método de ligação (hook-method) nas subclasses para a parte variável. A Figura 38.7 mostra o projeto básico.

---

[2] Este padrão não está relacionado com os templates da linguagem C++. Ele descreve o gabarito de um algoritmo.
[3] Mais especificamente, de **frameworks caixa branca**. Esses são geralmente frameworks orientados a hierarquias de classes e subclasses, que exigem que o usuário saiba algo sobre seu projeto e sua estrutura; por isso são chamados de caixa branca.

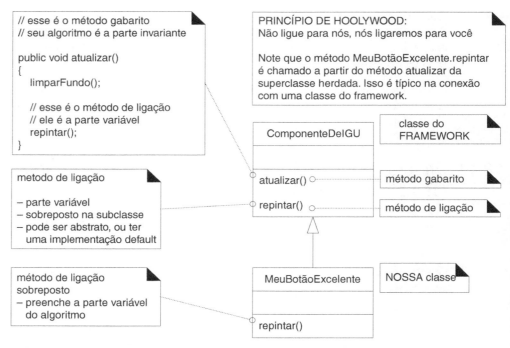

Figura 38.6   Padrão Método Gabarito em um framework de IGU.

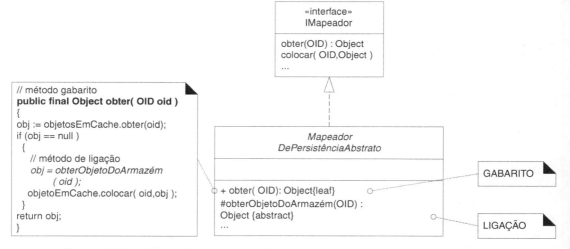

Figura 38.7   Método Gabarito para objetos mapeadores.

Conforme mostrado nesse exemplo, é comum que o método gabarito seja *público* e que o método de ligação seja *protegido*. *MapeadorDePersistênciaAbstrato* e *IMapeador* fazem parte do FWP. Agora, um programador de aplicações pode se conectar com esse framework, adicionando uma subclasse e sobrepondo ou implementando o método de ligação *obterObjetoDoArmazém*. A Figura 38.8 mostra um exemplo.

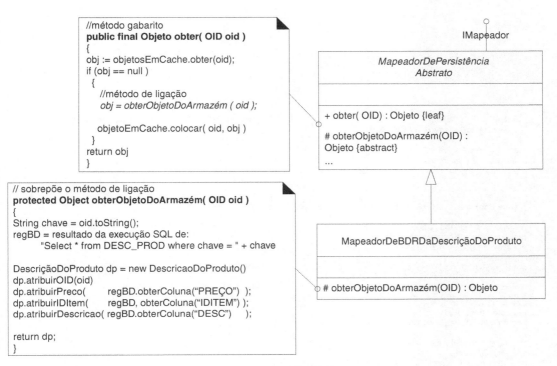

Figura 38.8 Sobreposição do método de ligação.[4]

Suponha, na implementação do método de ligação da Figura 38.8, que a parte inicial do algoritmo – que está executando uma instrução SQL SELECT – seja a mesma para todos os objetos, variando apenas o nome da tabela do banco de dados[5]. Se essa suposição for sustentada, mais uma vez o padrão Método Gabarito poderia ser aplicado para decompor as partes variáveis e invariantes do algoritmo. Na Figura 38.9, a parte complicada é que *MapeadorDeBDRAbstrato.obterObjetoDoArmazém* é um método de ligação com relação a *MapeadorDePersistênciaAbstrato.obter*, mas um método gabarito com relação ao novo método de ligação *obterObjetoDoRegistro*.

UML – Na Figura 38.9, observe como os construtores podem ser declarados na UML. O estereótipo é opcional e, se for usada uma convenção de atribuição de nome de construtor igual ao nome da classe, provavelmente será desnecessário.

Já *IMapeador*, *MapeadorDePersistênciaAbstrato* e *MapeadorDeBDRAbstrato* fazem parte do *framework*. O programador de aplicações só precisa adicionar sua subclasse, por exemplo, *MapeadorDeBDRDaDescriçãoDoProduto*, e garantir que ela seja criada com o nome da tabela (para passar através do construtor, encadeando até o *MapeadorDeBDRAbstrato*).

---

[4] Como exemplo, em Java, o item *regBD* que é retornado da execução de uma consulta SQL será um *conjunto de resultados* (*ResultSet*) do JDBC.
[5] Em muitos casos, a situação não é tão simples. Um objeto pode ser derivado de dados de duas ou mais tabelas ou de vários bancos de dados, caso em que a primeira versão do projeto do método gabarito oferece mais flexibilidade.

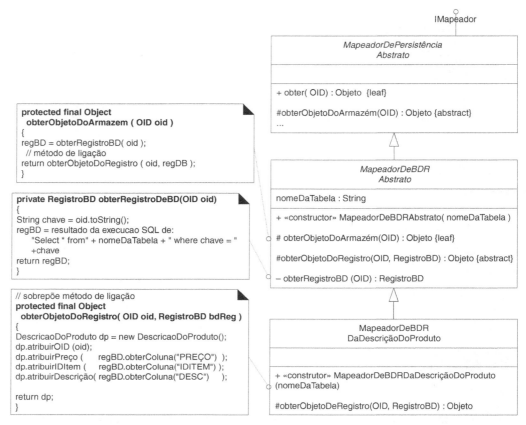

Figura 38.9 Refinamento do código com o Método Gabarito.

A hierarquia de classes do Mapeador de Banco de Dados é uma parte fundamental do framework; novas subclasses podem ser adicionadas pelo programador de aplicação, para personalizá-las para novos tipos de mecanismos de armazenamento persistente ou para novas tabelas ou arquivos específicos, dentro de um mecanismo de armazenamento existente. A Figura 38.10 mostra parte do pacote e da estrutura de classes. Note que as classes específicas da aplicação ProxGer não pertencem ao pacote *Persistência* de serviços técnicos gerais. Acho que esse diagrama, combinado com a Figura 38.9, ilustra o valor de uma linguagem visual, como a UML, para descrever partes do software; isso transmite muitas informações de forma sucinta.

Na Figura 38.10 observe a classe *MapeadorDeDadosDeTesteNaMemóriaDaDescriçãoDoProduto*. Tais classes podem ser usadas para fornecer objetos codificados para teste, sem ter acesso a qualquer armazenamento persistente externo.

O PU e o documento de arquitetura do software

Em termos do PU e de documentação, lembre-se de que o DAS é um auxílio ao aprendizado para futuros desenvolvedores, que contém visões arquiteturais das principais idéias dignas de nota. Incluir diagramas como os das Figuras 38.9 e 38.10 no DAS do projeto ProxGer está dentro do espírito do tipo de informação que um DAS deve conter.

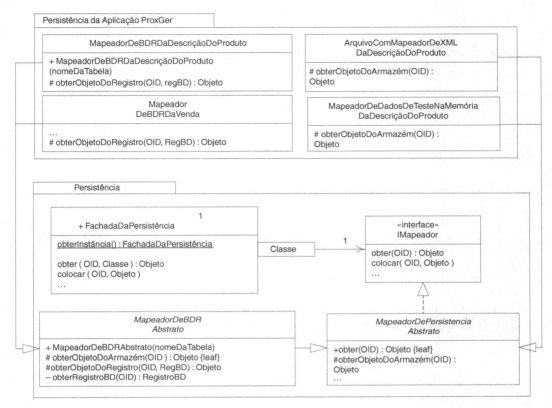

Figura 38.10 O framework de persistência.

Métodos sincronizados ou protegidos na UML

O método *MapeadorDePersistênciaAbstrato.obter* contém um código de seção crucial que não tem segurança quanto à linha de execução – o mesmo objeto poderia ser materializado concomitantemente em diferentes linhas de execução. Como em um subsistema de serviços técnicos, o serviço de persistência precisa ser projetado levando em consideração a segurança da linha de execução. Na verdade, o subsistema inteiro pode ser distribuído para um processo separado, em outro computador, com a *FachadaDaPersistência* transformada em um objeto de servidor remoto e com muitas linhas de execução em ação simultaneamente no subsistema, atendendo a vários clientes.

Portanto, o método deve ter controle de concorrência de linha de execução – se estiver usando Java, adicione a palavra-chave *synchronized*. A Figura 38.11 ilustra um método sincronizado em um diagrama de classes.

38.13 Configuração de mapeadores com uma FábricaDeMapeador

Semelhante aos exemplos de fábricas anteriores no estudo de caso, a configuração da *FachadaDaPersistência* com um conjunto de objetos *IMapeador* pode ser obtida com um objeto fábrica, *FábricaDeMapeador*. Entretanto, como uma ligeira distorção, é de-

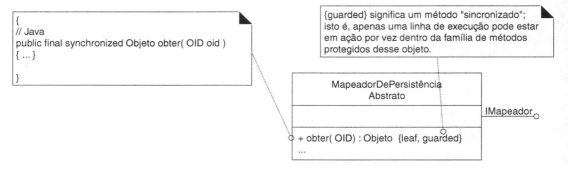

Figura 38.11 Métodos protegidos na UML.

sejável não nomear cada mapeador com uma operação diferente. Por exemplo, o seguinte não é desejável:

```
class FabricaDeMapeador
{
public IMapeador obterMapeadorDaDescricaoDoProduto() {...}
public IMapeador obterMapeadorDaVenda() {...}
...
}
```

Isso não apóia Variações Protegidas com relação a uma lista crescente de mapeadores – e ela crescerá. É preferível:

```
class FabricaDeMapeador
{
public Map obterTodosOsMapeadores() {...}
...
}
```

onde as chaves de *java.util.Map* (provavelmente implementadas com um Hash Map) são os objetos *Classe* (os tipos persistentes) e os *IMapeadores* são os valores.

Então, a fachada pode iniciar sua coleção de *IMapeadores*, como se segue:

```
class FachadaDaPersistencia
{
private java.util.Map mapeadores =
    FabricaDeMapeador.obterInstancia().obterTodosOsMapeadores();
...
}
```

A fábrica pode atribuir um conjunto de *IMapeadores* usando um projeto orientado a dados, isto é, a fábrica pode ler propriedades do sistema para descobrir quais classes *IMapeador* deve instanciar. Se for usada uma linguagem com recursos de programação reflexiva, como Java, a instanciação pode ser baseada na leitura dos nomes de classes como cadeias e usando algo como uma operação *Classe.novaInstância* para a instanciação. Assim, o conjunto de mapeadores pode ser reconfigurado sem modificar o código-fonte.

38.14 Padrão: administração da cache

É desejável manter objetos materializados em uma cache local para melhorar o desempenho (a materialização é relativamente lenta) e permitir operações de gerenciamento de transação como uma efetivação.

O padrão **Administração da Cache** [BW96] propõe tornar os Mapeadores de Banco de Dados responsáveis por manter sua cache. Se for usado um mapeador diferente para cada classe de objetos persistentes, cada mapeador poderá manter sua própria cache.

Quando objetos são materializados, eles são colocados na cache, com sua OID como chave. Os pedidos subseqüentes para o mapeador de um objeto farão com que ele primeiro pesquise a cache, evitando uma materialização desnecessária.

38.15 Consolidação e ocultamento de instruções SQL em uma classe

Codificar instruções SQL em diferentes classes de mapeador de BDR não é um pecado terrível, mas isso pode ser aperfeiçoado. Suponha, em vez disso, que:

- Exista uma única classe de Invenção Pura (e trata-se de um objeto unitário) *OperaçõesDeBDR*, na qual todas as operações SQL (SELECT, INSERT,...) são consolidadas.

- As classes de mapeador de BDR colaboram com ela para obter um registro ou um conjunto de registros do banco de dados (por exemplo, ResultSet).

- Sua interface é semelhante à seguinte:

```
class OperaçõesDeBDR
{
public ResultSet obterDadosDaDescricaoDoProduto( OID oid ) {...}
public ResultSet obterDadosDaVenda( OID oid ) {...}
...
}
```

De modo que, por exemplo, um mapeador tenha um código como o seguinte:

```
class MapeadorDeBDRDaDescricaoDoProduto extends
MapeadorDePersistenciaAbstrato
{
protected Object obterObjetoDoArmazem( OID oid )
{
ResultSet cr =
    OperacoesDeBDR.obterInstancia().obterDadosDaDescricaoDoProduto
    ( oid );

DescricaoDoProduto dp = new DescricaoDoProduto();
dp.atribPreco( cr.getDouble( "PRECO" ) );
dp.atribOID( oid );
```

```
return dp;
}
```

As seguintes vantagens resultam dessa Invenção Pura:

- Facilidade de manutenção e otimização do desempenho por um especialista. A otimização do código SQL exige um aficionado em SQL, em vez de um programador de objetos. Com todo o código SQL incorporado nessa classe, é fácil para o especialista em SQL localizá-lo e trabalhar nele.

- Encapsulamento do método de acesso e dos detalhes. Por exemplo, as instruções SQL codificadas poderiam ser substituídas por uma chamada para um procedimento armazenado no BDR, para obter os dados. Ou uma abordagem mais sofisticada baseada em **metadados** poderia ser inserida para gerar o código SQL, na qual esse código é gerado dinamicamente a partir de uma descrição do esquema dos metadados lida de uma fonte externa.

Como arquiteto, o ponto interessante dessa decisão de projeto é que ela é influenciada pelas habilidades do desenvolvedor. Foi firmado um compromisso entre a coesão alta e a conveniência para o especialista. Nem todas as decisões de projeto são motivadas por preocupações de engenharia de software "puras", como acoplamento e coesão.

38.16 Estados transacionais e o padrão estado

Os problemas de suporte transacional podem ser complexos, mas para simplificar por enquanto – para focalizarmos o padrão GoF Estado – suponha o seguinte:

- Objetos persistentes podem ser inseridos, excluídos ou modificados.

- Operar em um objeto persistente (por exemplo, modificá-lo) não causa uma atualização imediata do banco de dados; em vez disso, deve ser realizada uma operação de *efetivação* (*commit*) explícita.

Além disso, a resposta de uma operação depende do estado transacional do objeto. Como exemplo, as respostas podem ser mostradas no diagrama de estados ilustrado na Figura 38.12.

Por exemplo, um objeto "antigo sujo" é o que foi recuperado do banco de dados e depois modificado. Em uma operação de efetivação, ele deve ser atualizado no banco de dados – em oposição a um que esteja no estado "antigo limpo", que não deve fazer nada (pois não foi modificado). Dentro do FWP orientado a objetos, quando uma operação de exclusão ou armazenamento é executada, ela não faz com que o banco de dados exclua ou salve imediatamente os dados; em vez disso, o objeto persistente passa para o estado apropriado, esperando que uma efetivação ou um retrocesso realmente faça algo.

Como comentário a respeito da UML, esse é um bom exemplo de onde um diagrama de estados é útil para comunicar informação de forma sucinta que, de outra forma, seria difícil de expressar.

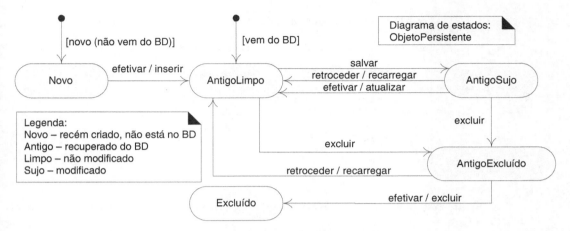

Figura 38.12 Diagrama de estados para ObjetoPersistente.

Nesse projeto, suponha que faremos todas as classes de objetos persistentes estenderem uma classe *ObjetoPersistente*[6], que fornece serviços técnicos comuns de persistência[7]. Por exemplo, veja a Figura 38.13.

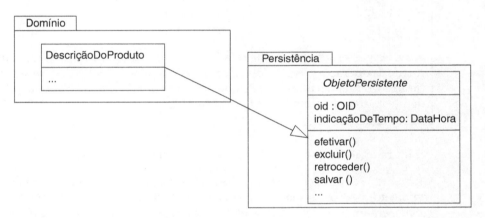

Figura 38.13 Objetos persistentes.

Entretanto – e este é o problema que será resolvido com o padrão Estado – note que os métodos *efetivar* e *retroceder* exigem estruturas semelhantes de lógica para a instrução case, baseadas em um código de estado transacional. Os métodos *efetivar* e *retroceder* executam ações diferentes em suas instruções case, mas têm estruturas lógicas semelhantes.

---

[6] [Ambler00b] é uma boa referência sobre uma classe *ObjetoPersistente* e camadas de persistência, embora a idéia seja mais antiga.
[7] Alguns problemas com a extensão de uma classe *ObjetoPersistente* são discutidos posteriormente. Quando uma classe de objeto do domínio estende uma classe de serviços técnicos, deve haver uma pausa para reflexão, pois isso mistura interesses arquiteturais (persistência e lógica da aplicação).

```
public void efetivar()
{
switch ( estado )
{
case ANTIGO_SUJO:
    //...
    break;
case ANTIGO_LIMPO:
    //...
    break;
...
}
```

```
public void retroceder()
{
switch ( estado )
{
case ANTIGO_SUJO:
    //...
    break;
case ANTIGO_LIMPO:
    //...
    break;
...
}
```

Uma alternativa para essa estrutura lógica repetitiva com instruções case é o padrão GoF Estado.

Estado

Contexto/Problema

O comportamento de um objeto depende de seu estado, e seus métodos contêm uma lógica de instrução case que reflete as ações condicionais dependentes do estado. Existe uma alternativa para a lógica condicional?

Solução

Crie classes-estado para cada estado, implementando uma interface comum. Delegue as operações dependentes do estado do objeto contexto para seu objeto-estado corrente. Certifique-se de que o objeto-contexto sempre aponte para um objeto-estado que reflita seu estado corrente.

A Figura 38.14 ilustra sua aplicação no subsistema de persistência.

Os métodos dependentes de estado em *ObjetoPersistente* delegam sua execução para um objeto-estado associado. Se o objeto-contexto estiver referenciando o *EstadoAntigoSujo*, então: 1) o método *efetivar* causará uma atualização do banco de dados e 2) o objeto-contexto será reatribuído, de modo a referenciar o *EstadoAntigoLimpo*. Por outro lado, se o objeto-contexto estiver referenciando o *EstadoAntigoLimpo*, o método *efetivar* herdado, que não faz nada, será executado e não fará coisa alguma (conforme o esperado, pois o objeto está limpo).

Observe, na Figura 38.14, que as classes-estado e seus comportamentos correspondem ao diagrama de estados da Figura 38.12. O padrão Estado é um mecanismo para implementar um modelo de transição de estados em software[8]. Ele faz um objeto passar para diferentes estados, em resposta a eventos.

---

[8] Existem outros, incluindo lógica condicional explicitamente codificada, interpretadores de máquina de estados e geradores de código dirigidos por tabelas de estado.

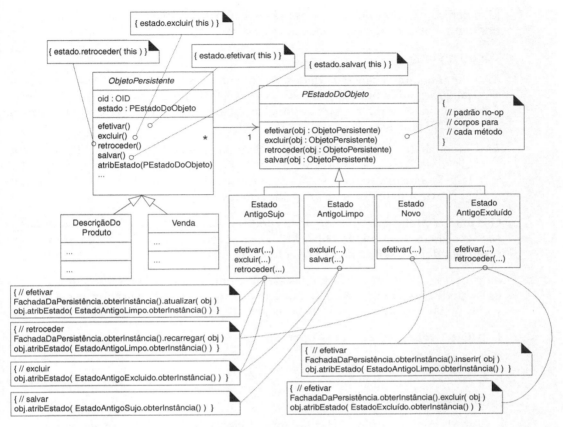

Figura 38.14 Aplicação do padrão Estado.[10]

Como um comentário sobre o desempenho, esses objetos-estado são – ironicamente – sem estado (sem atributos). Assim, não precisa haver múltiplas instâncias de uma classe – cada uma é um objeto unitário. Milhares de objetos persistentes podem fazer referência à mesma instância de *EstadoAntigoSujo*, por exemplo.

38.17 Projeto de uma transação com o padrão comando

A última seção adotou uma visão simplificada das transações. Esta seção amplia a discussão, mas não aborda todos os problemas de projeto de transação. Informalmente, uma transação é uma unidade de trabalho – um conjunto de tarefas – cujas tarefas devem ser todas concluídas com êxito, ou então nenhuma deve ser concluída, isto é, sua conclusão é atômica.

Em termos do serviço de persistência, as tarefas de uma transação incluem inserir, atualizar e excluir objetos. Uma transação poderia conter duas inserções, uma atualização e três exclusões, por exemplo. Para representar isso, é adicionada uma classe *Transação*

---

[10] A classe *Excluído* foi omitida em razão das restrições de espaço no diagrama.

[Ambler00b][9]. Conforme mostrado em [Fowler01], a ordem das tarefas do banco de dados dentro de uma transação pode influenciar seu sucesso (e seu desempenho).

Por exemplo:

1. Suponha que o banco de dados tenha uma restrição de integridade referencial tal que quando um registro é atualizado na TabelaA, que contém uma chave estrangeira para um registro na TabelaB, o banco de dados exige que o registro da TabelaB já exista.

2. Suponha que uma transação contenha uma tarefa INSERIR para adicionar o registro da TabelaB e uma tarefa ATUALIZAR para atualizar o registro da TabelaA. Se a instrução ATUALIZAR for executada antes da instrução INSERIR, será provocado um erro de integridade referencial.

Ordenar as tarefas do banco de dados pode ajudar. Alguns problemas de ordenação são específicos do esquema utilizado, mas uma estratégia geral é realizar primeiro as inserções, depois as atualizações e então as exclusões.

Note que a ordem em que as tarefas são adicionadas a uma transação por uma aplicação pode não refletir sua melhor ordem de execução. As tarefas precisam ser ordenadas imediatamente antes de sua execução.

Isso leva a outro padrão GoF: Comando.

Comando

Contexto/Problema

Como tratar os pedidos ou tarefas que precisam de funções, como ordenar (priorizar), enfileirar, atrasar, registrar ou desfazer?

Solução

Torne cada tarefa uma classe que implemente uma interface comum.

Este é um padrão simples, com muitas aplicações úteis; as ações se tornam objetos e, assim, podem ser ordenadas, registradas, enfileiradas, etc. No FWP, por exemplo, a Figura 38.15 mostra classes Comando (ou tarefa) para as operações de banco de dados.

Há muito mais para completar uma solução de transação, mas a idéia principal desta seção é representar cada tarefa ou ação da transação como um objeto, com um método polimórfico *executar*; isso propicia muita flexibilidade, pelo tratamento do pedido como um objeto em si.

O melhor exemplo do padrão Comando está relacionado às ações da IGU, como as operações de recortar e colar. Por exemplo, o método *executar* do *ComandoRecortar* realiza um recorte e seu método *desfazer* reverte a operação. O *ComandoRecortar* também manterá os dados necessários para realizar a operação desfazer. Todos os co-

---

[9] Em [Fowler02], isso é chamado de UnidadeDeTrabalho.

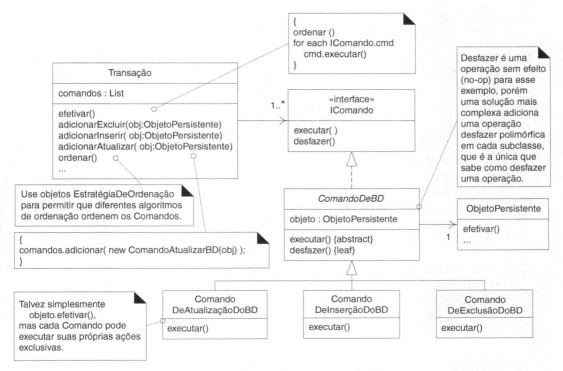

Figura 38.15 Comandos para operações de banco de dados.

mandos de IGU podem ser mantidos em uma pilha de histórico, para que possam ser retirados um de cada vez e desfeitos.

Outro uso comum do padrão Comando é no tratamento de pedidos no lado do servidor. Quando um objeto servidor recebe uma mensagem (remota), ele cria um objeto Comando para esse pedido e o envia para um *ProcessadorDeComandos* [BMRSS96], o qual pode enfileirar, registrar, priorizar e executar os comandos.

38.18 Materialização sob demanda com um procurador virtual

Às vezes, é desejável adiar a materialização de um objeto até que ela seja absolutamente exigida, normalmente por motivos de desempenho. Suponha, por exemplo, que objetos *DescriçãoDoProduto* façam referência ao objeto *Fabricante*, mas apenas muito raramente é necessário que eles sejam materializados do banco de dados. Apenas raros cenários causam um pedido de informação do fabricante, como cenários de reembolso do fabricante, nos quais o nome e o endereço da empresa são exigidos.

A materialização adiada de objetos "filhos" é conhecida como **materialização sob demanda**. A materialização sob demanda pode ser implementada usando o padrão GoF Procurador Virtual – uma das muitas variações do padrão procurador.

Um **Procurador Virtual** é um procurador para outro objeto (o *sujeito real*) que materializa o objeto real, quando é referenciado pela primeira vez. Portanto, ele implementa a materialização sob demanda. Trata-se de um objeto leve que representa um objeto "real" que pode ser ou não materializado.

Um exemplo concreto do padrão Procurador Virtual com *DescriçãoDoProduto* e *Fabricante* é mostrado na Figura 38.16. Esse projeto é baseado na suposição de que os procuradores conhecem a OID de seu sujeito real e, quando a materialização é exigida, a OID é usada para ajudar a identificar e recuperar o sujeito real.

Note que a *DescriçãoDoProduto* tem visibilidade por atributo para uma instância de *IFabricante*. O *Fabricante* dessa *DescriçãoDoProduto* pode ainda não estar materializado na memória. Quando a *DescriçãoDoProduto* envia uma mensagem *obterEndereço* para o *ProcuradorDoFabricante* (como se ele fosse o objeto fabricante materializado), o procurador materializa o *Fabricante* real, usando a OID do *Fabricante* para recuperá-lo e materializá-lo.

Quem cria o procurador virtual?

Observe, na Figura 38.16, que o *ProcuradorDoFabricante* colabora com a *FachadaDaPersistência* para materializar seu sujeito real. No entanto, quem cria o *ProcuradorDoFabricante*? Resposta: a classe mapeadora de banco de dados da *DescriçãoDoProduto*. A classe mapeadora é responsável por decidir, ao materializar um objeto, qual de seus

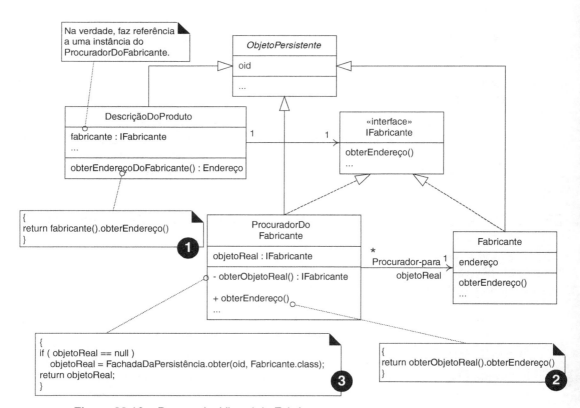

Figura 38.16   Procurador Virtual do Fabricante.

objetos "filho" também deve ser materializado incondicionalmente e qual deve ser materializado sob demanda com um procurador.

Considere as seguintes soluções alternativas: uma usa a materialização incondicional e a outra, a materialização sob demanda.

```
// MATERIALIZAÇÃO INCONDICIONAL DO FABRICANTE

class MapeadorDeBDRDaDescricaoDoProduto extends MapeadorDePer
sistenciaAbstrato
{
protected Object obterObjetoDoArmazem( OID oid )
{
ResultSet cr =
   OperaçõesDeBDR.obterInstancia().obterDadosDaDescricaoDoProduto
   ( oid );

DescricaodoProduto dp = new DescricaoDoProduto();
dp.atribPreco( cr.getDouble( "PRECO" ) );

    // aqui está a essência dela

String chaveEstrangeiraDoFabricante = cr.getString( "OID_FABR" );
OID oidFab = new OID( chaveEstrangeiraDoFabricante );
dp.atribFabricante( (IFabricante)
   FachadaDaPersistencia.obterInstancia().obter(oidFab,
   Fabricante.class);
...
}
```

Aqui está a solução por materialização sob demanda:

```
// MATERIALIZAÇÃO SOB DEMANDA DO FABRICANTE

class MapeadorDeBDRDaDescricaoDoProduto extends Mapeador
DePersistenciaAbstrato
{
protected Object obterObjetoDoArmazem( OID oid )
{
ResultSet cr =
   OperacoesDeBDR.obterInstância().obterDadosDaDescricaoDoProduto
   ( oid );

DescricaoDoProduto dp = new DescricaoDoProduto();
dp.atribPreco( cr.getDouble( "PRECO" ) );

    // aqui está a essência dela

String chaveEstrangeiraDoFabricante = cr.getString( "OID_FABR" );
OID oidFab = new OID( chaveEstrangeiraDoFabricante );
```

```
dp.atribFabricante( new ProcuradorDoFabricante( oidFab ) );
...
}
```

Implementação de um procurador virtual

A implementação de um Procurador Virtual varia de acordo com a linguagem. Os detalhes estão fora dos objetivos deste capítulo, mas aqui está um resumo:

Linguagem	Implementação do Procurador Virtual
C++	Defina uma classe gabarito de ponteiros inteligentes. Nenhuma definição da interface *IFabricante* é realmente necessária.
Java	É implementada a classe *ProcuradorDoFabricante*. A interface *IFabricante* é definida. Entretanto, em geral, elas não são codificadas manualmente. Em vez disso, cria-se um gerador de código, que analisa as classes sujeito (por exemplo, *Fabricante*) e gera *IFabricante* e *ProcuradorDoFabricante*. Outra alternativa Java é a API Dynamic Proxy.
Smalltalk	Defina uma Virtual Morphing Proxy (ou Ghost Proxy – Procurador Fantasma), que usa *#doesNotUnderstand:* e *#become*: para "transmutar-se" no sujeito real. Não é necessária qualquer definição de *IFabricante*.

38.19 Como representar relacionamentos em tabelas

O código da seção anterior conta com uma chave estrangeira OID_FABR na tabela DESC_PROD para se vincular a um registro na tabela FABRICANTE. Isso ressalta a seguinte questão: como os relacionamentos dos objetos são representados no modelo relacional?

A resposta é dada no padrão **Representação de Relacionamentos entre Objetos como Tabelas** [BW96], que propõe o seguinte:

- associações **um-para-um**
    - Coloque uma chave estrangeira OID em uma ou nas duas tabelas que representam os objetos no relacionamento.
    - Ou crie uma tabela associativa que registre as OIDs de cada objeto no relacionamento.
- associações **um-para-muitos**, como uma coleção
    - Crie uma tabela associativa que registre as OIDs de cada objeto no relacionamento.
- associações **muitos-para-muitos**
    - Crie uma tabela associativa que registre as OIDs de cada objeto no relacionamento.

38.20 Superclasse ObjetoPersistente e separação de interesses

Uma solução comum de projeto parcial para fornecer persistência para objetos é criar uma superclasse abstrata de serviços técnicos *ObjetoPersistente*, da qual todos os objetos de persistência herdem (ver Figura 38.17). Tal classe normalmente define atributos para persistência, como uma OID única, e métodos para armazenamento em um banco de dados.

Isso não está errado, mas tem o problema da fraqueza do acoplamento da classe com a classe *ObjetoPersistente* – as classes do domínio acabam estendendo uma classe de serviços técnicos.

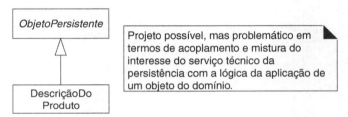

Figura 38.17 Problemas com uma superclasse ObjetoPersistente.

Esse projeto não ilustra uma separação de interesses clara. Pelo contrário, os interesses dos serviços técnicos estão misturados com os interesses da lógica do negócio da camada do domínio, por causa dessa extensão.

Por outro lado, a "separação de interesses" não é algo absoluto, que deva ser seguida a qualquer custo. Conforme discutido na introdução sobre Variações Protegidas, os projetistas precisam selecionar suas batalhas nos pontos verdadeiramente prováveis de instabilidade com altos custos. Se, em uma aplicação específica, fazer as classes estenderem a partir de *ObjetoPersistente* levar a uma solução organizada, fácil e não criar problemas de projeto ou manutenção a longo prazo, por que não fazê-lo? A resposta está no entendimento da evolução dos requisitos e no projeto da aplicação. Ela também é influenciada pela linguagem: aquelas que possuem herança simples (como Java) terão *consumido* sua única e preciosa superclasse.

38.21 Problemas que não foram resolvidos

Esta foi uma introdução muito breve aos problemas e soluções de projeto de um framework e de um serviço de persistência. Foram omitidos pontos muito importantes, incluindo:

- A desmaterialização de objetos
    - Resumidamente, os mapeadores devem definir métodos *colocarObjeto-NoArmazém*. Desmaterializar hierarquias de composição exige a colaboração entre vários mapeadores e a manutenção de tabelas associativas (se for usado um sistema de BDR).

- A materialização e desmaterialização de coleções
- Consultas de grupos de objetos
- O tratamento completo de transação
- O tratamento de erros quando uma operação de banco de dados falha
- O acesso multiusuário e estratégias de bloqueio
- A segurança – controle do acesso ao banco de dados

Parte VI Tópicos Especiais

Capítulo 39

Documentação da Arquitetura: UML e o Modelo das N+1 Visões

Eles têm computadores e podem ter outras armas de destruição em massa.
– funcionário do governo do USA

Objetivos

- Criar documentação útil da arquitetura com base no modelo das N+1 (ou 4+1) visões.
- Aplicar vários tipos de diagrama UML.

Introdução

Quando uma arquitetura toma forma, pode ser útil descrevê-la, de modo que novos desenvolvedores possam aprender as grandes idéias do sistema, ou de modo que haja uma visão comum a partir da qual se discutam modificações. No PU, o artefato que descreve isso é o **Documento de Arquitetura de Software (DAS,** em inglês Software Architecture Document – SAD). O capítulo introduz o DAS e seus conteúdos.

O que vem a seguir? Introduzido o projeto de um framework usando padrões, este capítulo é uma introdução à documentação de uma arquitetura com UML e o conhecido modelo das N+1 visões. O capítulo seguinte explora mais tópicos de desenvolvimento iterativo e gestão de um projeto iterativo com práticas ágeis.

Diagramas UML de Implementação e de Componentes → Projeto de um Framework de Persistência com padrões → **Documentação da Arquitetura: o Modelo das N+1 visões** → Mais sobre o Desenvolvimento Iterativo e Gestão de Projetos Ágeis

39.1 O DAS e sua visão arquitetural

O documento de arquitetura de software

Além dos diagramas de pacotes, classes e interação da UML, outro artefato importante no modelo de projeto do PU é o DAS. Ele descreve as grandes idéias da arquitetura, incluindo as decisões da análise arquitetural. É praticamente um *auxílio ao aprendizado* para os desenvolvedores que precisam entender as idéias essenciais do sistema.

A essência do DAS é um resumo das decisões arquiteturais (como memorandos técnicos) e as visões arquiteturais N+1.

Motivação: por que criar um DAS?

Quando alguém se junta à equipe de desenvolvimento, é útil se o chefe do projeto pode dizer, "Bem vindo ao projeto ProxGer! Por favor vá ao site do projeto e leia as dez páginas do DAS para ter uma introdução às principais idéias". E depois, durante uma versão subseqüente, quando novas pessoas trabalham no sistema, um DAS pode ser um apoio ao aprendizado para acelerar a compreensão.

Assim, ele deve ser escrito com esse público e objetivo em mente. O que eu preciso dizer (e desenhar na UML) que vai ajudar alguém a entender rapidamente as principais idéias desse sistema?

Visões arquiteturais

Ter uma arquitetura é uma coisa; uma descrição útil é outra.

Em [Kruchten95], a idéia influente e amplamente adotada de descrever uma arquitetura com várias visões foi promovida; o modelo de várias visões é agora considerado o estado da prática. A idéia essencial de uma **visão arquitetural** é a seguinte:

Definição: visão arquitetural

Uma visão da arquitetura do sistema a partir de uma dada perspectiva; focaliza principalmente a estrutura, a modularidade, os componentes essenciais e os principais fluxos de controle [RUP].

Um tópico importante da visão, ausente nessa definição de RUP, é a *motivação*, isto é, uma visão arquitetural deve explicar porque a arquitetura é de determinada maneira.

Uma visão arquitetural é uma janela para o sistema a partir de uma perspectiva em particular, que enfatiza as informações ou idéias importantes, dignas de nota, e ignora o resto.

Uma visão arquitetural é uma ferramenta de comunicação, educação ou raciocínio; ela é expressa em texto e em diagramas UML.

Por exemplo, os diagramas de pacotes e interação do ProxGer mostrados no Capítulo 34, sobre arquitetura em camadas e lógica, mostra as principais idéias da estrutura lógica da arquitetura de software. No DAS, o arquiteto vai criar uma seção chamada *Visão Lógica*, inserir aqueles diagramas UML, e adicionar algum comentário escrito sobre o que cada pacote e camada faz, e a motivação ao longo do projeto lógico.

Uma idéia chave das visões arquiteturais – as quais concretamente são texto e diagramas – é que elas *não* descrevem *tudo* do sistema a partir de alguma perspectiva, mas somente as principais idéias a partir daquela perspectiva. Uma visão é, se você quiser, a descrição de "um minuto em um elevador": quais são as coisas mais importantes que você poderia dizer em um minuto em um elevador a um colega sobre essa perspectiva?

Visões arquiteturais podem ser criadas:

- Depois que o sistema for construído, como um resuno e apoio ao aprendizado para futuros desenvolvedores.

- No final de certos marcos de iteração (como o final da elaboração) para servir como um apoio ao aprendizado para a equipe atual de desenvolvimento e novos membros.

- Especulativamente, durante as iterações iniciais, como um apoio ao trabalho de projeto criativo, reconhecendo que a visão original vai ser modificada à medida que o projeto e a implementação prosseguem.

O Modelo das N+1 (ou 4+1) visões

Em seu artigo pioneiro, Kruchten não somente defendeu a documentação de uma arquitetura a partir de diferentes visões, mas, mais especificamente, mostrou as **4+1** visões, que hoje em dia foram expandidas para as **N+1** visões, refletindo os vários interesses em um sistema.

Resumidamente, as 4 visões descritas no artigo são: lógica, processo, implantação e dados. Essas são descritas na seção seguinte. A visão '+1' é a **visão de caso de uso**, um resumo dos casos de uso ou cenários mais significativos arquiteturalmente, e talvez um resumo das realizações de casos de uso para eles. A visão de caso de uso reúne uma história comum que aglutina um entendimento das outras visões e de como elas se interrelacionam.

Visões arquiteturais em mais detalhes

Inúmeras visões são possíveis, cada uma refletindo um ponto de vista arquitetural importante em um sistema; segue uma lista de visões comuns:

1. **Lógica**
    - Organização conceitual do software em termos das camadas, subsistemas, pacotes, frameworks, classes e interfaces mais importantes. Também resume a funcionalidade dos principais elementos de software, por exemplo, cada subsistema.
    - Mostra cenários de realização de caso de uso destacados (como diagramas de interação) que ilustram tópicos importantes do sistema.

○ Uma visão para o Modelo de Projeto do PU, visualizado com diagramas de pacotes, classes e interação da UML.

2. **Processo**

○ Processos e linhas de execução. Suas responsabilidades, colaborações e a alocação de elementos lógicos (camadas, subsistemas, classes, etc.) a elas.

○ Uma visão do Modelo de Projeto do PU, visualizada com diagramas de classes e interação da UML, que usa a notação de processo e de linha de execução da UML.

3. **Implantação**

○ A implantação física de processos e componentes nos nós de processamento e a configuração física da rede entre os nós.

○ Uma visão do Modelo de Implantação do PU, visualizada com diagramas de implantação da UML. Normalmente, a "visão" é simplesmente o modelo inteiro, em vez de um subconjunto, pois todo ele é digno de nota. Veja o Capítulo 37 para conhecer a notação do diagrama de implantação da UML.

4. **Dados**

○ Visão geral dos fluxos de dados, esquema de dados persistentes, esquema de mapeamento dos objetos para os dados persistentes (geralmente em um banco de dados relacional), o mecanismo de mapeamento dos objetos para um banco de dados, procedimentos e gatilhos (triggers) armazenados do banco de dados.

○ Em parte, uma visão do Modelo de Dados do PU, visualizada com diagramas de classes da UML, usados para descrever um modelo de dados.

○ Fluxos de dados podem ser mostrados com diagramas de atividades da UML.

5. **Segurança**

○ Visão geral dos esquemas de segurança e pontos na arquitetura aos quais a segurança é aplicada, como autenticação HTTP, autenticação do banco de dados, etc.

○ Poderia ser uma visão do modelo de implantação do PU, visualizado com diagramas de implantação da UML que destacam os pontos-chave de segurança e arquivos relacionados.

6. **Implementação**

○ Primeiro, uma definição do **Modelo de Implementação**: ao contrário dos outros modelos do PU, que consistem de texto e diagramas, esse "modelo" *é* o código-fonte real, os arquivos executáveis, etc. Ele tem duas partes: 1) produtos e 2) coisas que criam produtos (como código-fonte e gráficos). O Modelo de Implementação é tudo isso, incluindo páginas da Web, DLLs, executáveis, código-fonte, etc., e sua organização –

por exemplo, o código-fonte em pacotes Java e bytecode organizado em arquivos JAR.

- A visão da implementação é uma descrição resumida da organização digna de nota dos produtos e das coisas que criam produtos (por exemplo, o código-fonte).
- Uma visão do Modelo de Implementação do PU, expressa em texto e visualizada com diagramas de pacotes e de componentes da UML.

7. **Desenvolvimento**

   - Essa visão resume informação que os desenvolvedores precisam saber sobre a disposição do ambiente de desenvolvimento. Por exemplo, como os arquivos são organizados em termos de diretório e por que? Como um teste de construção e fumaça funciona? Como é usado o controle de versão?

8. **Caso de uso**

   - Resumo dos casos de uso arquiteturalmente mais significativos e seus requisitos não-funcionais. Isto é, aqueles casos de uso que, por sua implementação, ilustram cobertura arquitetural significativa ou que exercitam muitos elementos arquiteturais. O caso de uso *Processar Venda*, por exemplo, quando totalmente implementado, tem essas qualidades.
   - Uma visão do Modelo de Caso de Uso do PU, expressa em texto e visualizada com diagramas de casos de uso da UML e, talvez, com realizações de casos de uso em diagramas de interação.

Diretriz: não se esqueça da motivação!

Cada visão inclui não somente diagramas, mas também texto que os expande e esclarece. Nessa seção em prosa, uma seção tremendamente importante mas freqüentemente esquecida é a discussão da *motivação*. Por que a segurança está do jeito que é? Por que os três principais componentes de software estão implantados em dois computadores em vez de três? Na verdade, essa seção freqüentemente se torna mais importante do que qualquer outra quando chega a hora de fazer modificações importantes na arquitetura.

39.2 Notação: a estrutura de um DAS

A seguinte estrutura de DAS é essencialmente o formato usado no PU.

Documento de arquitetura de software

Representação arquitetural

(Resumo de como a arquitetura será descrita neste documento, como por exemplo, pelo uso de memorandos técnicos e das visões arquiteturais. Isso é útil para quem não está familiarizado com a idéia de memorandos técnicos ou visões. Note que nem todas as visões são necessárias.)

Fatores arquiteturais

(Referência à Especificação Suplementar para ver a Tabela de Fatores.)

Decisões Arquiteturais

(O conjunto de memorandos técnicos que resume as decisões.)

Visão lógica

(Diagramas de pacotes e diagramas de classes da UML dos principais elementos. Comentários sobre a estrutura de larga escala e a funcionalidade dos principais componentes.)

Visão da implantação

(Diagramas de implantação da UML, que mostram os nós e a alocação dos processos e componentes. Comentários sobre a interligação em rede.)

Visão do processo

(Diagramas de classes e de interação da UML, que ilustram os processos e as linhas de execução do sistema. Agrupe-os por linhas de execução e processos que interagem. Comente sobre como funciona a comunicação inter-processos (como, por exemplo, por meio de RMI Java).)

Visão de casos de uso

(Breve resumo dos casos de uso arquiteturalmente mais significativos. Diagramas de interação da UML para algumas realizações de casos de uso mais significativas arquiteturalmente ou cenários, com comentários sobre os diagramas, explicando como eles ilustram os principais elementos arquiteturais.)

Outras Visões...

39.3 Exemplo: um DAS do PDV ProxGer

Nesse e nos exemplos subseqüentes, meu objetivo não é mostrar exaustivamente um DAS completo de mais de 10 páginas com todo o texto descritivo e diagramas detalhados, mas dar uma idéia do que pode ser incluído.

Documento de arquitetura de software
Projeto PDV ProxGer

Introdução: representação arquitetural

Esse DAS resume a arquitetura a partir de múltiplas visões. Elas incluem:

- Visão lógica: ... breve definição
- Visão de dados: ...
- Visão de processo: ...
- ...

Além disso, esse DAS referencia a Especificação Suplementar em que você encontrará os requisitos arquiteturalmente significativos registrados em uma tabela de fatores. Resume também as principais decisões arquiteturais em um formato chamado memorando técnico – uma descrição resumida em uma página de uma decisão e sua motivação.

Note que cada visão inclui uma discussão da motivação, que pode ajudá-lo quando você precisar modificar a arquitetura.

Fatores arquiteturais

Ver a tabela de fatores da Especificação Suplementar dos requisitos arquiteturalmente significativos a partir da págs. 548-549.

Decisões arquiteturais (memorandos técnicos)

Memorando Técnico
Questão: confiabilidade – recuperação de Falha de Serviço Remoto

Resumo da Solução: transparência de localização usando busca de serviço, falha de remoto para local e replicação local parcial do serviço

Fatores
- Recuperação robusta de falha de serviço remoto (por exemplo, calculador de impostos, estoque)
- Recuperação robusta de falha do banco de dados remoto de produto (por exemplo, descrições e preços)

Solução

Conseguir variação protegida a respeito da localização de serviços usando um Adaptador criado em uma Fábrica de Serviços. Onde possível, oferecer implementações locais de serviços remotos, geralmente com comportamento simplificado ou restrito. Por exemplo, o calculador de impostos local irá usar taxas de imposto constantes. O banco de dados local de informação de produtos vai ser uma pequena cache dos produtos mais comuns. Atualizações de estoque serão armazenadas e enviadas na reconexão.

Ver também o memorando técnico Adaptabilidade – Serviços de Terceiros quanto a tópicos de adaptabilidade dessas soluções, porque as implementações de serviço remoto vão variar em cada instalação.

Para satisfazer os cenários de qualidade da reconexão com serviços remotos tão logo quanto possível, use objetos Procuradores inteligentes para os serviços, que em cada serviço invocam teste de reativação do serviço remoto e redirecionam a eles quando possível.

Motivação

Varejistas realmente não querem parar de fazer vendas! Assim, se o PDV ProxGer oferece esse nível de confiabilidade e recuperação, tornar-se-á um produto muito atrativo, pois nenhum de seus concorrentes oferece essa capacidade. A pequena cache de produto é motivada por recursos muito limitados do lado do cliente. O calculador de impostos terceirizado real não é replicado no cliente, principalmente por causa dos altos custos de licenciamento e esforços de configuração (pois cada instalação do calculador requer ajustes quase que semanais). Este projeto também apóia o ponto de evolução de clientes futuros desejando e podendo replicar permanentemente serviços, como o calculador de imposto para cada terminal cliente.

Tópicos não resolvidos – nenhum

Alternativas Consideradas

Um acordo de serviço com qualidade de "nível ouro", com serviços remotos de autorização de crédito para melhorar a confiabilidade. Estava disponível, mas era muito caro.

Memorando técnico
Questão: legal – obediência a regras de imposto

Resumo da solução: compra de um componente de calculador de imposto.

Fatores ...

... outros memorandos técnicos ...

Visão lógica

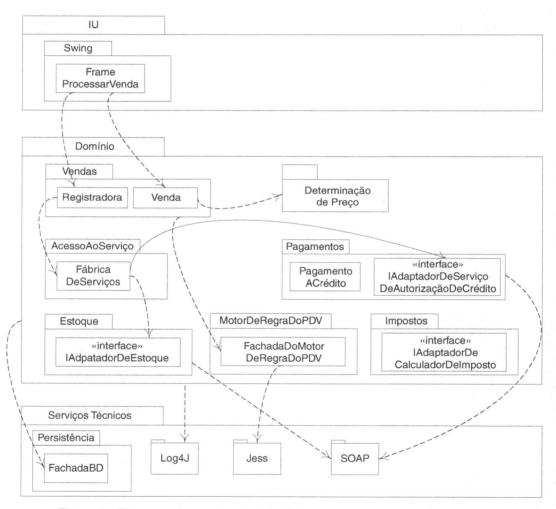

Figura 1 Diagrama de pacotes da visão lógica.

Discussão e motivação

Uma arquitetura clássica em camadas é usada. Nenhuma camada de aplicação de objetos de sessões foi inserida entre as camadas de IU e de Domínio, pois as operações do sistema são simples, sem muita coordenação de fluxo de trabalho. O controlador principal que recebe as solicitações de operações do sistema da camada de IU é a classe Registradora. Note que uma fachada é colocada na frente do acesso ao motor de regra Jess, pois podemos desejar usar uma alternativa no futuro.

Visão de implantação

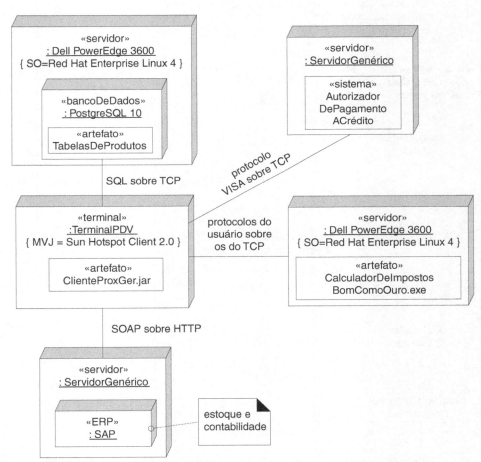

Figura 2 Visão de implantação.

Discussão e motivação

O banco de dados de produtos, sistema de estoque e calculador de imposto estão implantados em diferentes computadores visando os objetivos de desempenho e confiabilidade. O calculador de imposto é centralizado, em vez de replicado em cada terminal PDV, por causa de seu alto custo de licenciamento; existe uma possibilidade de no futuro ele ficar barato o suficiente para ser replicado localmente em cada terminal PDV.

Visão de dados

Discussão e motivação

Um cenário de caso de uso *Processar Venda* é um bom exemplo para entender os principais fluxos de dados. Um diagrama de atividades da UML é aplicado com um estilo de fluxo de dados para ilustrar os principais fluxos e depósitos de dados. Veja a Figura 3.

Transformação de dados lidos no banco de dados de Produtos em objetos Java é feito com o sistema de mapeamento O-R Hibernate.

Transformação de dados da venda gravados nos bancos de dados ERP (estoque e contabilidade) é feita por um adaptador ProxGer sob medida, geralmente em formato XML exigido pelo sistema ERP.

A transformação dos dados de solicitação de pagamento enviada ao serviço externo de autorização de pagamento é feita por um adaptador ProxGer sob medida, em geral no conhecido formato (e protocolo) VISA.

Motivação? Esses sistemas e bancos de dados externos foram uma dura restrição com a qual tivemos que nos conformar.

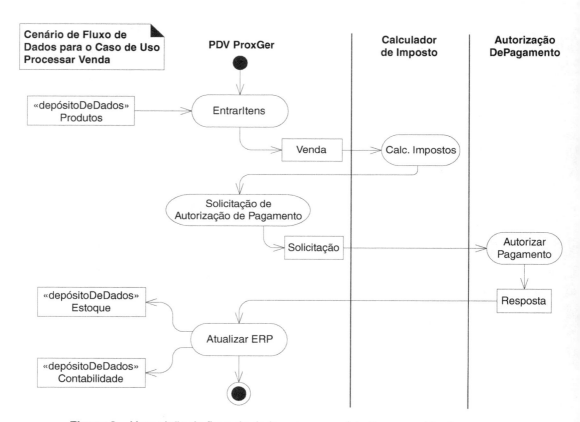

Figura 3   Uma visão de fluxo de dados para o cenário Processar Venda.

Visão de caso de uso

O caso de uso mais significativo arquiteturalmente é *Processar Venda*. Veja o texto do caso de uso que começa na págs. 92-93. Ao implementar esse caso de uso, a maioria dos tópicos-chave arquiteturais foi enfrentada e resolvida. Uma operação-chave do sistema é *entrarItem*; veja a Figura 4 para um cenário parcial de interação por meio de algumas fronteiras lógicas importantes.

Outras visões...

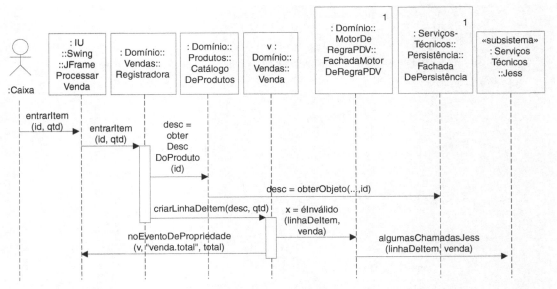

Figura 4 Uma realização parcial de caso de uso no cenário Processar Venda.

39.4 Exemplo: um DAS jakarta struts

Struts é um framework popular de código aberto em tecnologia Java para tratar solicitações da Web e coordenação de fluxo de página. Nesse exemplo de DAS parcial, ilustro uma visão lógica em mais detalhe.

Documento de arquitetura de software
Framework jakarta struts

Representação arquitetural

...

Fatores arquiteturais

...

Decisões arquiteturais

Visão lógica

O framework Struts – e os subsistemas construídos com ele – reside principalmente na camada IU de uma aplicação da Web. A Figura 1 ilustra as camadas e pacotes importantes com um diagrama de pacote UML.

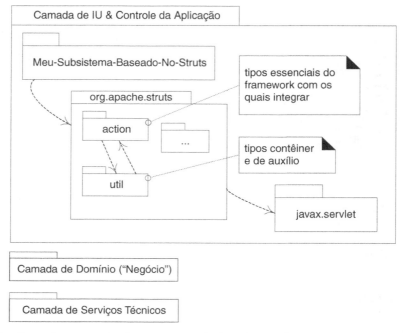

Figura 1 Camadas e pacotes importantes relacionados ao Struts.

Existe uma distinção entre as responsabilidades puras da camada de IU, que incluem criar o conteúdo e as páginas para exibição, versus o que é algumas vezes chamado de camada de controle da aplicação – a camada de componentes responsável por decidir o controle de fluxo e dirigir a camada de apresentação para exibir algo. No uso comum, os frameworks de apresentação da Web geralmente implicam a inclusão de responsabilidade de controle da aplicação, o que também é verdade para o Struts, pois ele requer que os desenvolvedores criem subclasses da classe Action do Struts que são responsáveis por decisões de controle de fluxo.

Padrões arquiteturais

A arquitetura Struts é baseada no padrão Model-View-Controller (MVC); especificamente, a variante para sistemas na Web em que os papéis dos componentes são:

Controlador – um objeto unitário com múltiplas linhas de execução tipo Fachada, responsável por receber e delegar solicitações HTTP e por colaborar com outros objetos, controlando o fluxo da aplicação.

Visão – componentes responsáveis por gerar a exibição do conteúdo (por exemplo, HTML).

Modelo – componentes responsáveis pela lógica e estado do domínio.

A adoção do MVC pelo Struts fornece a fundação arquitetural para conseguir separação de interesses relacionados ao controle de fluxo, geração (e formatação) da exibição do conteúdo e lógica da aplicação – nesse caso por meio da modularização em grupos de componentes separados que se especializam por responsabilidades coesivamente relacionadas. Os papéis específicos do MVC mapeados nos componentes do Struts são ilustrados no diagrama de classe UML da Figura 2.

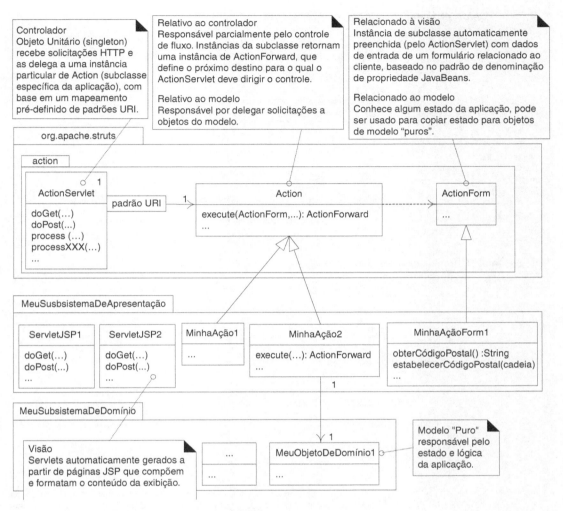

Figura 2 Papéis do MVC em Struts.

Padrões relacionados

O ActionServlet age como uma Fachada na camada de apresentação. Apesar de não ser um Mediador clássico que recebe e intermedeia mensagens entre outros objetos desacoplados, é semelhante, porque um objeto Action retorna um objeto ForwardAction para o ActionServlet, usado para dirigir o passo seguinte.

O projeto do ActionServlet e Action do Struts também ilustra o Padrão Processador de Comando, uma variante do padrão de projeto GoF Comando. O ActionServlet desempenha o papel de Processador de Comando, recebendo solicitações e mapeando-as para objetos Action (Comando) que executam as solicitações.

O Struts demonstra os padrões Controlador Frontal e Delegado de Negócio. O ActionServlet é o Controlador Frontal ou ponto inicial de contato para tratar solicitações. Os objetos Action são Delegados do Negócio – abstrações que delegam para a camada de serviços de "negócio" ou domínio.

Os objetos Action também desempenham o papel de Adaptadores, adaptando as chamadas do framework para a interface da camada de objetos do domínio.

Como ilustrado na Figura 3, o ActionServlet implementa o padrão Método Gabarito: process é o gabarito e processXXX são os métodos-gancho.

Pontos Variáveis (HotSpots) do Framework

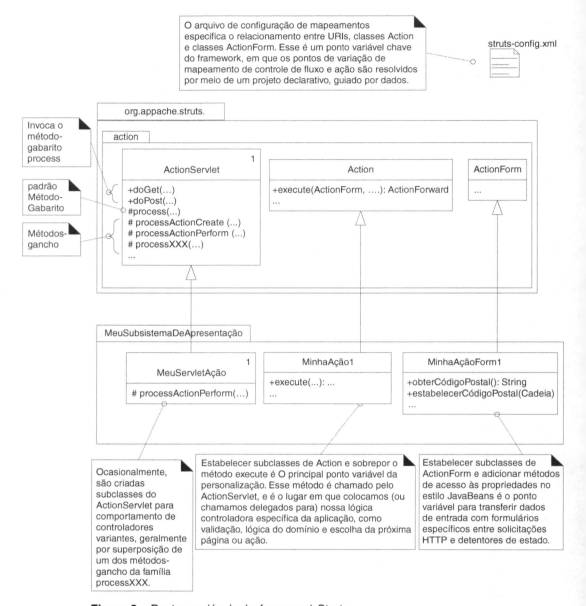

Figura 3 Pontos variáveis do *framework* Struts.

Para usar um framework, é importante que se conheçam seus pontos variáveis – os pontos variáveis do framework, nos quais o desenvolvedor pode parametrizar ou "plugar" comportamento variável específico da aplicação, por meio de técnicas como herança, composição baseada em interfaces e restrições ou mapeamentos declarativos, geralmente externalizados em arquivos de configuração. A Figura 3 ilustra os pontos variáveis mais importantes do Struts, os quais usam herança e mapeamentos declarativos típicos de projetos de frameworks caixa-branca.

Outras visões...

39.5 Processo: documentação arquitetural iterativa

PU e o DAS

Concepção – Se não estiver claro que é tecnicamente possível satisfazer os requisitos arquiteturalmente significativos, a equipe poderá implementar uma **prova de conceito arquitetural** (PCA) para determinar a viabilidade. No PU, sua criação e sua avaliação são chamadas de **Síntese Arquitetural**. Isso é diferente dos antigos pequenos experimentos de programação de PCA para questões técnicas isoladas. Uma PCA arquitetural aborda superficialmente *muitos* dos requisitos arquiteturalmente significativos para avaliar sua viabilidade *combinada*.

Elaboração – Um objetivo importante desta fase é implementar os elementos arquiteturais principais de risco; assim, a maior parte da análise arquitetural é concluída durante a elaboração. Normalmente, espera-se que a maioria do conteúdo da tabela de fatores, do memorando técnico e do DAS possa estar concluída no final da elaboração.

Transição – Embora, de preferência, os fatores e decisões arquiteturalmente significativos tenham sido resolvidos bem antes da transição, o DAS precisará de uma análise e de uma possível revisão, no final desta fase, para garantir que ele descreva precisamente o sistema final implantado.

Ciclos de evolução subseqüentes – Antes do projeto de novas versões, é comum rever as decisões e os fatores arquiteturais. A decisão na versão 1.0, por exemplo, de criar um único serviço remoto de calculador de impostos, em vez de um serviço duplicado em cada nó do PDV, poderia ter sido motivada pelo custo (para evitar a aquisição de várias licenças). Entretanto, talvez no futuro o custo do calculador de impostos seja reduzido e, assim, por motivos de tolerância à falha ou de desempenho, a arquitetura será alterada para usar vários calculadores de imposto locais.

39.6 Leituras recomendadas

Além do artigo original [Kruchten95], o artigo *Documenting Software Architecture: Views and Beyond*, de Clements et al., é um recurso bastante útil.

Capítulo

40

MAIS SOBRE DESENVOLVIMENTO ITERATIVO E GESTÃO DE PROJETOS ÁGEIS

Prever é muito difícil, especialmente se for a respeito do futuro.
– anônimo

Objetivos

- Classificar requisitos e riscos.
- Comparar e contrastar planejamento adaptativo e preditivo.

Introdução

Questões sobre planejamento e gestão de projetos iterativos e ágeis são tópicos grandes, mas uma exploração breve de algumas questões relacionadas ao desenvolvimento iterativo e ao PU é útil, tais como: o que fazer na próxima iteração? Como rastrear os requisitos no desenvolvimento iterativo? Como organizar os artefatos de projeto?

O que vem a seguir? Introduzida a documentação da arquitetura, este capítulo explora mais questões relativas ao desenvolvimento iterativo e como gerenciar um projeto iterativo com práticas ágeis.

Projeto de um Framework de Persistência com padrões → Documentação da Arquitetura: o Modelo das N+1 visões → **Mais sobre o Desenvolvimento Iterativo e Gestão de Projetos Ágeis**

40.1 Como planejar uma iteração?

Existem muitas abordagens, mas a seguinte é relativamente típica:

1. O passo 1 é decidir o tamanho da iteração; duas a seis semanas é o período mais comum. Em geral, quanto menor, melhor. Os fatores que estendem uma iteração incluem trabalho inicial com altos níveis de descoberta e mudanças, equipes grandes e equipes distribuídas. Lembre que, uma vez escolhida a data de término, o escopo do trabalho para a iteração pode ser reduzido para cumprir essa data.

2. O passo 2 é convocar uma reunião de planejamento das iterações. Em geral, isso é feito no fim da iteração atual, por exemplo, na tarde de uma sexta-feira, antes que o trabalho da próxima iteração comece, na segunda-feira. Idealmente, nesta reunião devem estar presentes a maioria dos interessados no projeto: clientes (marketing, usuários,...), desenvolvedores, arquiteto-chefe e gerente de projeto.

3. Uma lista de metas potenciais (novas características ou casos de uso, defeitos,...) para a iteração é apresentada e classificada de acordo com algum esquema de prioridades (ver págs. 155-156). Em geral, a lista de metas vem tanto do cliente (metas de negócios) quanto do arquiteto-chefe (metas técnicas).

4. Cada membro da equipe deve dizer qual é seu orçamento individual (em horas ou dias) de recursos para a iteração; por exemplo, as pessoas sabem que estarão fora ou em férias certos dias, e assim por diante. Todos os orçamentos de recursos são somados.

5. Uma meta (por exemplo, um caso de uso), é descrita em detalhe e questões são resolvidas. Então, os membros da reunião (especialmente os desenvolvedores) são solicitados a fazer um brainstorm a respeito do conjunto de tarefas mais detalhadas para a meta. Por exemplo, tarefas IU, tarefas de banco de dados, tarefas de desenvolvimento OO da camada de domínio, tarefas de integração de sistemas externos e assim por diante.

    o Todas as estimativas de tarefas são somadas em um total parcial.

6. O passo 5 é repetido até que trabalho suficiente tenha sido escolhido: o total em tarefas para a iteração é dividido pelo total de orçamento de recursos. Se o trabalho for bem próximo dos recursos disponíveis e do prazo estabelecido como data de término da iteração, a reunião é finalizada.

Note nessa abordagem de "gerenciamento de projetos ágil" que os desenvolvedores estão ativamente envolvidos no processo de planejamento e estimativa, em vez de receberem do gerente de projetos um conjunto arbitrário de metas, estimativas e prazos.

40.2 Planejamento adaptativo versus planejamento preditivo

Uma das grandes idéias do desenvolvimento iterativo é adaptar, baseado em realimentação, em vez de tentar prever e planejar *em detalhe* o projeto inteiro. Conseqüentemente, no PU, cria-se um Plano de Iteração somente para a *próxima* iteração. Para além da próxima iteração, o plano detalhado é deixado aberto, para ajustar os futuros desdobramentos de modo adaptativo (ver Figura 40.1). Além de encorajar o comportamento flexível e oportuno, uma razão simples para não planejar o pro-

666 PARTE VI • TÓPICOS ESPECIAIS

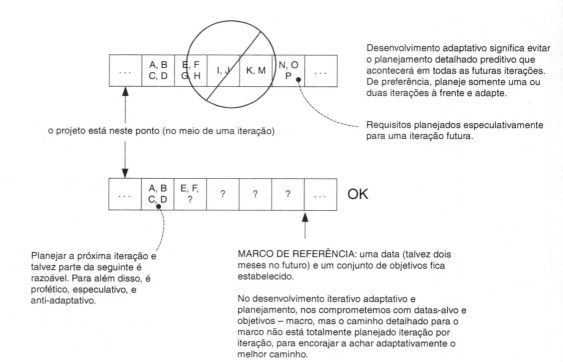

Figura 40.1 Marcos de referência são importantes, mas evite planejamento preditivo detalhado para o futuro a longo prazo.

jeto inteiro em detalhe é que em desenvolvimento iterativo nem todos os requisitos, detalhes de objeto e, portanto, nem todos os passos são conhecidos perto do começo do projeto[1]. Outra razão é a preferência por confiar no julgamento de planejamento da equipe enquanto prossegue. Finalmente, suponha que houvesse um plano refinado e detalhado, preparado no começo do projeto, e a equipe se "desviasse" dele para explorar alternativas sobre como executar melhor o projeto. Sob o ponto de vista externo, isto poderia ser visto como uma espécie de falha, quando é exatamente o oposto.

Entretanto, ainda *há* objetivos e marcos de referência; desenvolvimento adaptativo não significa que a equipe não saiba para onde está indo, ou as datas e os objetivos do marco de referência. Em desenvolvimento iterativo, a equipe ainda se compromete com datas e objetivos, mas o caminho detalhado para eles é flexível. Por exemplo, a equipe ProxGer pode ajustar um marco de referência para que, em três meses, os casos de uso *Processar Venda*, *Tratar Devoluções* e *Autenticar Usuário* e o registro e os recursos de regras plugáveis estejam completos. Entretanto – e este é o ponto-chave – o plano refinado ou os caminhos de iterações de janelas de tempo de duas semanas para aquele marco não está definido em detalhe. A ordem dos passos ou o que fazer em cada iteração durante os três meses seguintes não está fixada. Em vez disso, somente a próxima iteração de duas semanas é planejada e a equipe adapta passo por

---

[1] Eles também não são conhecidos de forma real ou confiável em um projeto em "cascata", apesar do planejamento detalhado para o projeto inteiro poder ocorrer como se eles fossem.

passo, trabalhando para cumprir os objetivos dentro da data do marco de referência. Evidentemente, dependências de componentes e recursos restringem naturalmente a ordem do trabalho, mas nem todas as atividades precisam ser planejadas e programadas em detalhes refinados.

Interessados externos vêem um plano de nível macro (como no nível de três meses) para o qual a equipe assume um compromisso. Ainda assim, a organização de nível micro é deixada para o melhor – e adaptativo – julgamento da equipe, já que ela aproveita as vantagens de novas informações (ver Figura 40.1).

Finalmente, embora o planejamento refinado adaptativo seja preferido no PU, *é* incrementalmente possível planejar para frente, com sucesso, duas ou três iterações (com níveis incrementais de não-confiabilidade) enquanto os requisitos e a arquitetura estabilizam, a equipe amadurece e os dados são coletados na velocidade do desenvolvimento.

40.3 Planos de fase e de iteração

Em um nível macro, é possível estabelecer datas e objetivos dos marcos de referência, mas em um nível micro, o plano para o marco de referência é mantido flexível, exceto para o futuro próximo (por exemplo, as próximas quatro semanas). Esses dois níveis estão refletidos no(s) **Plano de Fase** e **Plano de Iteração** do PU, os quais são parte do Plano de Desenvolvimento de Software composto. O Plano de Fase dispõe as datas e objetivos do marco de nível macro, como o fim das fases e meias-fases dos marcos do teste piloto. O Plano de Iteração define o trabalho para a iteração atual e a próxima – não todas as iterações (veja Figura 40.2).

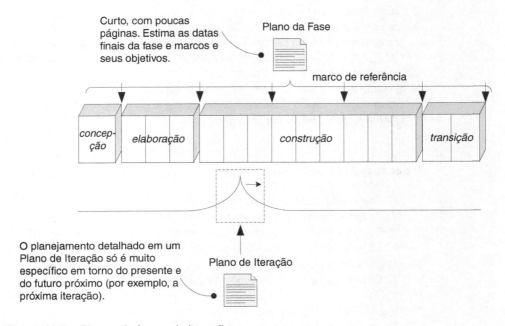

Figura 40.2 Planos de fase e de iteração.

Durante a Concepção, as estimativas do marco de referência no Plano de Fase são vagos "chutes". Enquanto a elaboração progride, a estimativa se aperfeiçoa. Um objetivo da fase de elaboração é, em sua conclusão, ter informações realistas suficientes para a equipe comprometer-se com as principais datas e objetivos do marco para o final da construção e da transição (isto é, a entrega do projeto).

40.4 Como planejar iterações com casos de uso e cenários

O PU é dirigido a casos de uso, o que em parte implica que o trabalho seja organizado ao redor da realização de casos de uso. Isso equivale a dizer que uma iteração é atribuída para implementar um ou mais casos de uso ou cenários de casos de uso na ocasião em que o caso de uso completo for muito complexo para completar em uma iteração.

Esse último ponto é importante: é comum que um caso de uso possua muitos cenários variantes, o que torna difícil completar todos eles em uma iteração curta. Portanto, a unidade típica de trabalho é um cenário, em vez de um caso de uso completo.

Já que a unidade de trabalho pode ser um cenário em vez de um caso de uso inteiro, a classificação de requisitos (ver págs. 155-156) pode ser feita com cenários. Isso levanta uma questão comum em desenvolvimento iterativo dirigido por casos de uso: como rotular os cenários? Resposta: use o formato de Cockburn de esquema de codificação no formato completo.

Por exemplo, considere o seguinte fragmento de caso de uso:

Caso de Uso: Processar Venda
Cenário de Sucesso Principal
1. Cliente chega ao terminal PDV com bens e/ou serviços a comprar.
2. Caixa inicia nova venda.
3. Caixa entra novo identificador de item.
4. Sistema registra linha de item de venda e apresenta descrição do item, preço e total parcial. Preço calculado a partir de um conjunto de regras de estabelecimento de preços.

Caixa repete passos 3-4 até indicar que terminou.
5. Sistema apresenta total com impostos calculado.
6. Caixa informa total ao Cliente e pergunta sobre pagamento.
7. Cliente paga e Sistema trata pagamento.
8. ...

Extensões (ou Fluxos Alternativos):
7a. Pagamento em dinheiro:
    1. Caixa entra quantia fornecida.
    2. Sistema apresenta total devido e libera a gaveta do caixa.
    3. Caixa deposita quantia fornecida e retorna troco em dinheiro ao Cliente.
    4. Sistema registra pagamento em dinheiro.
7b. Pagamento a crédito:
    1. Cliente insere as informações de sua conta de crédito.
    2. ...
7c. Pagamento com cheque...
7d. Pagamento por débito em conta...

O cenário de *Processar Venda* que inclui "pagamento a crédito" pode ser rotulado "Processar Venda-7b". Esse rótulo de cenário pode ser usado como uma unidade de trabalho para classificação, rastreamento e relatórios.

A classificação de requisitos guia a escolha do trabalho inicial. Por exemplo, o caso de uso *Processar Venda* é claramente importante. Portanto, começamos a atacá-lo na primeira iteração. Porém, nem todos os cenários de *Processar Venda* são implementados na primeira iteração. Em vez disso, alguns cenários simples e de caminhos felizes são escolhidos, tal como o "Processar Venda-7a". Embora o cenário seja simples, sua implementação começa a desenvolver alguns elementos centrais do projeto.

Uma vez que alguns requisitos não são expressos como casos de uso, mas como correções de defeitos ou características – como controle de acesso ou regras de negócios plugáveis – esses também são alocados a uma ou mais iterações. Assim, o desenvolvimento de cenários, casos de usos, correção de defeitos e características prossegue como na Figura 40.3

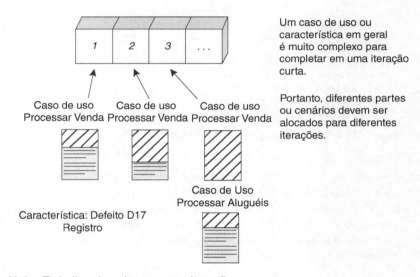

Figura 40.3 Trabalho alocado para uma iteração.

Requisitos significativos arquiteturalmente diferentes relacionados a esse caso de uso serão atacados durante as iterações de elaboração, forçando a equipe a tocar em muitos aspectos da arquitetura: as camadas principais, o banco de dados, a interface com o usuário, as interfaces entre as camadas principais, e assim por diante. Isso leva à criação prévia de um implementação "ampla e superficial" em muitas partes do sistema – um propósito comum da fase de elaboração.

40.5 A (in)validade das estimativas iniciais

Lixo entra, lixo sai. Estimativas feitas com informações não-confiáveis e imprecisas são não-confiáveis e imprecisas. No PU entende-se que as estimativas feitas durante a criação não são dignas de confiança (isso vale para todos os métodos, mas o PU reconhece). Estimativas iniciais da fase de concepção simplesmente fornecem orientação sobre se o projeto merece uma investigação real na elaboração para gerar uma boa estimativa. Após a primeira iteração da elaboração inicial, há uma informação realista para produzir uma estimativa aproximada. Após a segunda iteração, a estimativa começa a desenvolver credibilidade (ver Figura 40.4).

> Estimativas úteis requerem investimentos em algumas iterações da elaboração.

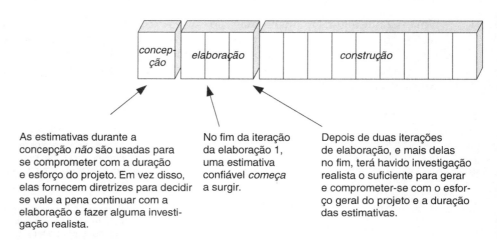

Figura 40.4 Estimativa e fases do projeto.

Isso não deve implicar que seja impossível ou sem validade tentar estimativas iniciais precisas. Se possível, muito bem. Entretanto, a maior parte das organizações não julga ser este o caso, por razões que incluem introdução contínua de novas tecnologias, aplicações originais e muitas outras complicações. Portanto, o PU advoga um pouco de trabalho realista na elaboração antes de gerar estimativas usadas para planejamento e orçamento do projeto.

40.6 Organização dos artefatos de projeto

O PU organiza artefatos em termos de disciplinas. Os Modelos de Caso de Uso e Especificações Suplementares estão na disciplina de Requisitos. O Plano de Desenvolvimento de Software é parte da disciplina Gerenciamento de Projeto, e assim por diante. Portanto, organize pastas em seu sistema de diretório e controle de versão para refletir as disciplinas e instalar os artefatos de uma disciplina dentro da pasta da disciplina relacionada (ver Figura 40.5).

Essa organização funciona para a maior parte dos elementos que não são da implementação. Alguns artefatos de implementação, como uma base de dados real ou arquivos executáveis, são comumente encontrados em diferentes localidades por uma variedade de razões de implementação.

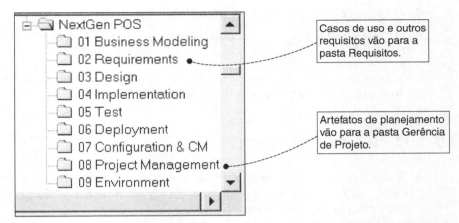

Figura 40.5 Organize os artefatos do PU em pastas que correspondam às suas disciplinas.

Diretriz

Após cada iteração, use uma ferramenta de controle de versão para criar um ponto de controle rotulado e congelado de todos os elementos nessas pastas (incluindo código-fonte). Haverá uma versão de cada artefato "iteração 1", "iteração 2" e assim por diante. Para avaliação posterior da velocidade da equipe (neste ou em outros projetos), estes pontos de controle fornecem dados crus sobre quanto trabalho foi feito por iteração.

40.7 Você sabe que não entendeu o planejamento iterativo no PU quando...

- Todas as iterações são especulativamente planejadas em detalhe, com o trabalho e os objetivos para cada iteração previstos.

- Espera-se que as estimativas iniciais na concepção ou na primeira iteração de elaboração sejam confiáveis e usadas para assumir compromisso de projetos a longo prazo; para generalizar, esperam-se estimativas confiáveis com investigação trivial ou "peso-leve".

- Os problemas fáceis ou as questões de baixo-risco são atacados em iterações iniciais.

Se a estimativa de uma organização e o processo de planejamento se parecerem com o seguinte, o planejamento no PU não terá sido compreendido:

1. No início de uma fase de planejamento anual, novos sistemas ou características são identificados em alto nível, por exemplo, "Sistema Web para gestão de contas".

2. Aos gerentes técnicos é dado um período curto para estimar especulativamente o esforço e a duração de projetos grandes, caros ou arriscados, os quais muitas vezes envolvem novas tecnologias.

3. O plano e o orçamento dos projetos são estabelecidos para o ano.

4. Os interessados ficam preocupados quando os projetos reais excedem as estimativas originais. Vá para o passo 1.

Essa abordagem não tem estimativas realizadas realística e iterativamente com base em investigação séria como aquela sugerida pelo PU.

40.8 Leituras recomendadas

Agile and Iterative Development: A Manager's Guide, de Larman, fornece muitas dicas práticas, além da evidência amplamente divulgada do fracasso do modelo em cascata e das vantagens dos métodos iterativos.

Organizational Patterns of Agile Software Development, de Coplien e Harrison, resume muitas dicas de sucesso sobre processos ágeis iterativos e gestão de projetos.

Software Project Management: A Unified Framework, de Royce, fornece uma perspectiva iterativa do PU em gerenciamento e planejamento de projeto.

Surviving Object-Oriented Projects: A Manager's Guide, de Cockburn, contém mais informações úteis sobre o planejamento iterativo e a transição para projetos iterativos e de tecnologia de objetos.

Planning Extreme Programming, de Beck e Fowler, é outra boa leitura.

The Rational Unified Process: An Introduction, de Kruchten, contém capítulos úteis especificamente em planejamento e gerenciamento de projeto no PU.

Como aviso, há alguns livros que se propõem a comentar planejamento para "desenvolvimento iterativo" ou o "Processo Unificado" que na realidade escondem uma abordagem em cascata ou preditiva para o planejamento.

Rapid Development [McConnell96] é uma excelente visão geral de muitas práticas e questões sobre gerenciamento, planejamento de projeto e riscos de projeto.

BIBLIOGRAFIA

Abbot83	Abbott, R. 1983. Program Design by Informal English Descriptions. *Communications of the ACM* vol. 26(11).
AIS77	Alexander, C., Ishikawa, S., and Silverstein, M. 1977. *A Pattern Language-Towns-Building-Construction.* Oxford University Press.
Ambler00	Ambler, S. 2000. *The Unified Process-Elaboration Phase.* Lawrence, KA.: R&D Books.
Ambler00a	Ambler, S., Constantine, L. 2000. Enterprise-Ready Object IDs. *The Unified ProcessConstruction Phase.* Lawrence, KA.: R&D Books
Ambler00b	Ambler, S. 2000. Whitepaper: *The Design of a Robust Persistence Layer For Relational Databases.* www.ambysoft.com.
Ambler02	Ambler, S. 2002. *Agile Modeling,* John Wiley & Sons.
BDSSS00	Beedle, M., Devos, M., Sharon, Y., Schwaber, K., and Sutherland, J. 2000. SCRUM: A Pattern Language for Hyperproductive Software Development. *Pattern Languages of Program Design* vol. 4. Reading, MA.: Addison-Wesley.
BC87	Beck, K., and Cunningham, W. 1987. *Using Pattern Languages for Object-Oriented Programs.* Tektronix Technical Report No. CR-87-43.
BC89	Beck, K., and Cunningham, W. 1989. A Laboratory for Object-oriented Thinking. *Proceedings of OOPSLA 89.* SIGPLAN Notices, Vol. 24, No. 10.
BCK98	Bass, L., Clements, R, and Kazman, R. 1998. *Software Architecture in Practice.* Reading, MA.: Addison-Wesley.
Beck94	Beck, K. 1994. Patterns and Software Development. *Dr Dobbs Journal.* Feb 1994.
Beck00	Beck, K. 2000. *Extreme Programming Explained-Embrace Change.* Reading, MA.: Addison-Wesley.
Bell04	Bell, A. 2004. Death by UML Fever. *ACM Queue.* March 2004.
BF00	Beck, K., Fowler, M., 2000. *Planning Extreme Programming.* Reading, MA.: Addison-Wesley.
BJ78	Bjorner, D., and Jones, C. editors. 1978. The Vienna Development Method: The MetaLanguage, *Lecture Notes in Computer Science.* vol. 61. Springer-Verlag.
BJR97	Booch, G., Jacobson, I., and Rumbaugh, J. 1997. The UML specification documents. Santa Clara, CA.: Rational Software Corp. Veja documentos em www.rational.com.

BMRSS96	Buschmann, F., Meunier, R., Rohnert, H., Sommerlad, P., and Stal, M. 1996. *Pattern-Oriented Software Architecture: A System of Patterns*. West Sussex, England: Wiley.
Boehm88	Boehm. B. 1988. A Spiral Model of Software Development and Enhancement. *IEEE Computer*. May 1988.
Boehm00+	Boehm, B., et al. 2000. *Software Cost Estimation with COCOMO 11*. Englewood Cliffs, NJ.: Prentice-Hall.
Booch82	Booch, G. 1982. Object-Oriented Design. *Ada Letters* vol. 1(3).
Booch94	Booch, G. 1994. *Object- Oriented Analysis and Design*. Redwood City, CA.: Benj amin/Cummings.
Booch96	Booch, G. 1996. *Object Solutions: Managing the Object-Oriented Project*. Menlo Park, CA.: Addison-Wesley.
BP88	Boehm, B., and Papaccio, P. 1988. Understanding and Controlling Software Costs. *IEEE Transactions on Software Engineering*. Oct 1988.
BRJ99	Booch, G., Rumbaugh, J, and Jacobson, L,. 1999. *The Unified Modeling Language User Guide*. Reading, MA.: Addison-Wesley.
Brooks75	Brooks, F. 1975. *The Mythical Man-Month*. Reading, MA.: Addison-Wesley.
Brown01	Brown, K., 2001. O padrão *Convert Exception* é encontrado *online* no Portland Pattern Reposity, no endereço http://c2.com.
BW95	Brown, K., and Whitenack, B. 1995. *Crossing Chasms, A Pattern Language for ObjectRDBMS Integration,* White Paper, Knowledge Systems Corp.
BW96	Brown, K., and Whitenack, B. 1996. Crossing Chasms. *Pattern Languages of Program Design vol.* 2. Reading, MA.: Addison-Wesley.
CD94	Cook, S., and Daniels, J. 1994. *Designing Object Systems*. Englewood Cliffs, NJ.: PrenticeHall.
CDL99	Coad, P., De Luca, J., Lefebvre, E. 1999. *Java Modeling in Color with UML*. Englewood Cliffs, NJ.: Prentice-Hall.
CL99	Constantine, L, and Lockwood, L. 1999. *Software for Use: A Practical Guide to the Models and Methods of Usage-Centered Design*. Reading, MA.: Addison-Wesley.
CMS74	Constantine, L., Myers, G., and Stevens, W. 1974. Structured Design. *IBM Systems Journal,* vol. 13 (No. 2, 1974), pp. 115-139.
Coad92	Coad, P. 1992. Object-oriented Patterns. *Communications of the ACM*, Sept. 1992.
Coad95	Coad, P. 1995. *Object Models: Stategies, Patterns and Applications*. Englewood Cliffs, NJ.: Prentice-Hall.
Cockburn92	Cockburn, A. 1992. Using Natural Language as a Metaphoric Basis for Object-Oriented Modeling and Programming. *IBM Technical Report TR-36.0002,* 1992.
Cockburn97	Cockburn, A. 1997. Structuring Use Cases with Goals. *Journal of Object-Oriented Programming,* Sep-Oct, and Nov-Dec. SIGS Publications.

Cockburn01	Cockburn, A. 2001. *Writing Effective Use Cases.* Reading, MA.: Addison-Wesley.
Coleman+94	Coleman, D., et al. 1994. *Object-Oriented Development: The Fusion Method.* Englewood Cliffs, NJ.: Prentice-Hall.
Constantine68	Constantine. L. 1968. Segmentation and Design Strategies for Modular Programming. In Barnett and Constantine (eds.), *Modular Programming: Proceedings of a National Symposium.* Cambridge, MA.: Information & Systems Press.
Constantine94	Constantine, L. 1994. Essentially Speaking. *Software Development* May. CMP Media.
Conway58	Conway, M. 1958. Proposal for a Universal Computer-Oriented Language. *Communications of the ACM.* 5-8 Volume 1, Number 10, October.
Coplien95	Coplien, J. 1995. *The History of Patterns.* Veja http://c2.com/cgi/wiki?HistoryOfpatterns.
Coplien95a	Coplien, J. 1995. A Generative Development-Process Pattern Language. *Pattern Languages of Program Design vol. 1.* Reading, MA.: Addison-Wesley.
CS95	Coplien, J., and Schmidt, D., eds. 1995. *Pattern Languages of Program Design vol. 1.* Reading, MA.: Addison-Wesley.
Cunningham96	Cunningham, W. 1996. EPISODES: A Pattern Language of Competitive Development. *Pattern Languages of Program Design* vol. 2. Reading, MA.: Addison-Wesley
Cutter97	Cutter Group. 1997. *Report: The Corporate Use of Object Technology.*
CV65	Corbato, F., and Vyssotsky, V. 1965. Introduction and overview of the Multics system. *AFIPS Conference Proceedings 2 7*, 185-196.
Dijkstra68	Dijkstra, E. 1968. The Structure of the THE-Multiprogramming System. *Communications of the ACM,* 11(5).
Eck95	Eck, D. 1995. *The Most Complex Machine.* A K Paters Ltd.
Fowler96	Fowler, M. 1996. *Analysis Patterns: Reusable Object Models.* Reading, MA.: Addison-Wesley.
Fowler99	Fowler, M. 1999. *Refactoring: Improving the Design of Existing Code.* Reading, MA.: Addison-Wesley.
Fowler00	Fowler, M. 2000. Put Your Process on a Diet. *Software Development.* December. CMP Media.
Fowler01	Fowler, M. 2001. Draft patterns on object-relational persistence services. www.martinfowler.com.
Fowler02	Fowler, M. 2002. *Patterns of Enterprise Application Architecture.* Reading, MA.: AddisonWesley
Fowler03	Fowler, M. 2003. *UML Distilled,* 3rd edition. Reading, MA.: Addison-Wesley.
Gartner95	Schulte, R., 1995. *Three-ner Computing Architectures and Beyond.* Published Report Note R-401-134. Gartner Group.

Gemstone00	Gemstone Corp., 2000. Um conjunto de padrões arquiteturais poder ser encontrado em www.javasuccess.com.
GHJV95	Gamma, E., Helm, R., Johnson, R., and Vlissides, J. 1995. *Design Patterns*. Reading, MA.: Addison-Wesley.
Gilb88	Gilb, T. 1988. *Principles of Software Engineering Management*. Reading, MA.: AddisonWesley.
GK00	Guiney, E., and Kulak, D. 2000. *Use Cases: Requirements in Context*. Reading, MA.: Addison-Wesley.
GK76	Goldberg, A., and Kay, A. 1976. *Smalltalk-72 Instruction Manual*. Xerox Palo Alto Research Center.
GL00	Guthrie, R., and Larman, C. 2000. *Java 2 Performance and Idiom Guide*. Englewood Cliffs, NJ.: Prentice-Hall.
Grady92	Grady, R. 1992. *Practical Software Metrics for Project Management and Process Improvement*. Englewood Cliffs, NJ.: Prentice-Hall.
Groso00	Grosso, W. 2000. O padrão de exceções *The Name The Problem Not The Thrower* é encontrado *online* no Portland Pattern Reposity, no endereço http://c2.com.
GW89	Gause, D., and Weinberg, G. 1989. *Exploring Requirements*. NY, NY: Dorset House.
Harrison98	Harrison, N. 1998. Patterns for Logging Diagnostic Messages. *Pattern Languages of Program Design vol. 3*. Reading, MA.: Addison-Wesley.
Hay96	Hay, D. 1996. *Data Model Patterns: Conventions of Thought*. NY, NY: Dorset House.
Highsmith00	Highsmith, J. 2000. *Adaptive Software Development: A Collaborative Approach to Managing Complex Systems*. NY, NY: Dorset House.
Hohman03	Hohman, L. 2003. *Beyond Software Architecture: Creating and Sustaining Winning Solutions*. Reading, MA.: Addison-Wesley.
HNS00	Hofffieister, C., Nord, R., and Soni, D. 2000. *Applied Software Architecture*. Reading, MA.: Addison-Wesley.
Jackson95	Jackson, M. 1995. *Software Requirements and Specification*. NY, NY: ACM Press.
Jacobson92	Jacobson, I., et al. 1992. *Object-Oriented Software Engineering: A Use Case Driven Approach*. Reading, MA.: Addison-Wesley.
JAH00	Jeffries, R., Anderson, A., Hendrickson, C. 2000. *Extreme Programming Installed*. Reading, MA.: Addison-Wesley.
JBR99	Jacobson, I., Booch, G., and Rumbaugh, J. 1999. *The Unified Software Development Process*. Reading, MA.: Addison-Wesley.
Johnson02	Johnson, J. 2002. ROI-It's Your Job, XP 2002, Sardinia, Italy.
Jones97	Jones, C., 1997. *Applied Software Measurement*. NY, NY: McGraw-Hill.
Jones98	Jones, C. 1998. *Estimating Software Costs*. NY, NY: McGraw-Hill.
Kay68	Kay, A. 1968. *FLEX, a flexible extensible language*. M.Sc. thesis, Electrical Engineering, University of Utah. May. (Univ. Microfilms).

BIBLIOGRAFIA 677

KL01	Kruchten, P, and Larman, C. How to Fail with the Rational Unified Process: 7 Steps to Pain and Suffering. (in German) *Objekt Spektrum*. June 2001.
Kovitz99	Kovitz, B. 1999. *Practical Software Requirements*. Greenwich, CT: Manning.
Kruchten00	Kruchten, P. 2000. *The Rational Unified Process-An Introduction*, 2nd edition. Reading, MA.: Addison-Wesley.
Kruchten95	Kruchten, P. 1995. The 4+1 View Model of Architecture. *IEEE Software* 12(6).
Lakos96	Lakos, J. 1996. *Large-Scale C++ Software Design*. Reading, MA.: Addison-Wesley.
Larman03	Larman, C. 2003. *Agile and Iterative Development: A Manager's Guide*. Reading, MA.: Addison-Wesley.
Larman04	Larman, C. 2004. What UML Is and Isn't. *JavaPro Magazine*. March 2004.
LB03	Larman, C., and Basili, V. Iterative and Incremental Development: A Brief History, *IEEE Computer,* June 2003.
Lieberherr88	Lieberherr, K., Holland, I, and Riel, A. 1988. Object-Oriented Programming: An Objective Sense of Style. *OOPSLA 88 Conference Proceedings*. NY, NY: ACM SIGPLAN.
Liskov88	Liskov, B. 1988. Data Abstraction and Hierarchy, *SIGPLAN Notices*, 23,5 (May, 1988).
LW00	Leffingwell, D., and Widrig, D. 2000. *Managing Software Requirements: A Unified Approach*. Reading, MA.: Addison-Wesley.
MacCormack01	MacCormack, A. 2001. Product-Development Practices That Work. MIT *Sloan Management Review*. Volume 42, Number 2.
Martin95	Martin, R. 1995. *Designing Object-Oriented C++ Applications Using the Booch Method*. Englewood Cliffs, NJ.: Prentice-Hall.
McConnel196	McConnell, S. 1996. *Rapid Development*. Redmond, WA.: Microsoft Press.
Meyer88	Meyer, B. 1988. *Object-Oriented Software Construction,* first edition. Englewood Cliffs, NJ.: Prentice-Hall.
MO95	Martin, J., and Odell, J. 1995. *Object-Oriented Methods: A Foundation*. Englewood Cliffs, NJ.: Prentice-Hall.
Moreno97	Moreno, A.M. Object Oriented Analysis from Textual Specifications. *Proceedings of the 9th International Conference on Software Engineering and Knowledge Engineering*, Madrid, June 17-20 (1997).
MP84	McMenamin, S., and Palmer, J. 1984. *Essential Systems Analysis*. Englewood Cliffs, NJ.: Prentice-Hall.
MW89	1989. *The Merriam-Webster Dictionary*. Springfield, MA.: Merriam-Webster.
Nixon90	Nixon, R. 1990. Six *Crises*. NY, NY: Touchstone Press.
OMG03a	Object Management Group, 2003. UML 2.0 Infrastructure Specification. www.omg.org.

OMG03b	Object Management Group, 2003. UML 2.0 Superstructure Specification. www.omg.org.
Parkinson58	Parkinson, N. 1958. *Parkinson's Law: The Pursuit of Progress*, London, John Murray.
Parnas72	Parnas, D. 1972. On the Criteria To Be Used in Decomposing Systems Into Modules, *Communications of the ACM, Vol.* 5, No. 12, December 1972. ACM.
PM92	Putnam, L., and Myers, W, 1992. *Measures for Excellence: Reliable Software on Time, Within Budget.* Yourdon Press.
Pree95	Pree, W. 1995. *Design Patterns for Object-Oriented Software Development.* Reading, MA.: Addison-Wesley.
Renzel97	Renzel, K. 1997. *Error Handling for Business Information Systems: A Pattern Language. Online* no endereço http://www.objectarchitects.de/arcus/cookbook/exhandling/.
Rising00	Rising, L. 2000. *Pattern Almanac 2000.* Reading, MA.: Addison-Wesley.
RJB99	Rumbaugh, J., Jacobson, I., and Booch, G. 1999. *The Unified Modeling Language Reference Manual.* Reading, MA.: Addison-Wesley.
RJB04	Rumbaugh, J., Jacobson, I., and Booch, G. 2004. *The Unified Modeling Language Reference Manual, 2e.* Reading, MA.: Addison-Wesley.
Ross97	Ross, R. 1997. *The Business Rule Book: Classifying, Defining and Modeling Rules.* Business Rule Solutions Inc.
Royce70	Royce, W. 1970. Managing the Development of Large Software Systems. *Proceedings of IEEE WESCON.* Aug 1970.
Rumbaugh91	Rumbaugh, J., *et al.* 1991. *Object-Oriented Modelling and Design.* Englewood Cliffs, NJ.: Prentice-Hall.
RUP	The Rational Unified Process Product. A documentação *online* baseada em navegador para o RUP, comercializada pela IBM, e antes pela Rational Corp.
Rumbaugh97	Rumbaugh, J. 1997. Models Through the Development Process. *Journal of Object-Oriented Programming* May 1997. NY, NY. SIGS Publications.
Shaw96	Shaw, M. 1996. Some Patterns for Software Architectures. *Pattern Languages of Program Design* vol. 2. Reading, MA.: Addison-Wesley.
Standish94	Jim Johnson. 1994. *Chaos: Charting the Seas of Information Technology.* Published Report. The Standish Group
SW98	Schneider, G., and Winters, J. 1998. *Applying Use Cases: A Practical Guide.* Reading, MA.: Addison-Wesley.
Thomas01	Thomas, M. 2001. IT Projects Sink or Swim. *British Computer Society Review.*
TK78	Tsichiritzis, D., and Klug, A. The ANSI/X3/SPARC DBMS framework: Report of the study group on database management systems. *Information Systems,* 3 1978.
Tufte92	Tufte, E. 1992. *The Visual Display of Quantitative Information.* Graphics Press.

VCK96	Vlissides, J., et al. 1996. *Patterns Languages of Program Design vol. 2*. Reading, MA.: Addison-Wesley.
Wirfs-Brock93	Wirfs-Brock, R. 1993. Designing Scenarios: Making the Case for a Use Case Framework. *Smalltalk Report* Nov-Dec 1993. NY, NY. SIGS Publications.
WK99	Warmer, J., and Kleppe, A. 1999. *The Object Constraint Language: Precise Modeling With UML*. Reading, MA.: Addison-Wesley.
WM02	Wirfs-Brock, R., and McKean, A. 2002. *Object Design: Roles, Responsibilities, and Collaborations*. Reading, MA.: Addison-Wesley.
WWW90	Wirfs-Brock, R., Wilkerson, B., and Wiener, L. 1990. *Designing Object-Oriented Software*. Englewood Cliffs, NJ.: Prentice-Hall.

Glossário

abstração O ato de se concentrar nas qualidades essenciais ou gerais de coisas semelhantes. Também são as características essenciais resultantes de alguma coisa.

acoplamento Uma dependência entre elementos (como classes, pacotes, subsistemas), normalmente resultante da colaboração entre os elementos para fornecer um serviço.

agregação Uma propriedade de uma associação que representa um relacionamento todo-parte e (normalmente) com a parte contida no todo por toda a vida.

análise Uma investigação de um domínio que resulta em modelos que descrevem suas características estáticas e dinâmicas. Ela enfatiza questões do tipo "o que", em vez de "como".

análise orientada a objetos A investigação de um domínio de problema ou sistema em termos de conceitos do domínio, como as classes conceituais, associações e mudanças de estado.

arquitetura Informalmente, uma descrição da organização, motivação e estrutura de um sistema. Muitos níveis diferentes de arquiteturas estão envolvidos no desenvolvimento de sistemas de software, desde a arquitetura física do hardware até a arquitetura lógica de um framework de aplicação.

associação Uma descrição de um conjunto relacionado de ligações entre objetos de duas classes.

associação qualificada Uma associação cuja pertinência a conjuntos é particionada pelo valor de um qualificador.

associação recursiva Uma associação na qual a origem e o destino são a mesma classe de objetos.

atributo Uma característica ou propriedade nomeada de uma classe.

atributo de classe Uma característica ou propriedade que é igual para todas as instâncias de uma classe. Essa informação é normalmente armazenada na definição da classe.

classe Na UML, "o descritor de um conjunto de objetos que compartilham os mesmos atributos, operações, métodos, relacionamentos e comportamento" [RJB99]. Pode ser usada para representar elementos de software ou conceituais.

classe abstrata Uma classe que só pode ser usada como superclasse de outra classe; nenhum objeto de uma classe abstrata pode ser criado, exceto como instâncias de uma subclasse.

classe concreta Uma classe que pode ter instâncias.

classe contêiner Uma classe projetada para conter e manipular uma coleção de objetos.

classificação Define uma relação entre uma classe e suas instâncias. O mapeamento da classificação identifica a extensão de uma classe.

colaboração Dois ou mais objetos que participam de um relacionamento cliente/servidor para fornecer um serviço.

composição A definição de uma classe na qual cada instância é composta de outros objetos.

conceito Uma categoria de idéias ou coisas. Neste livro, o termo é usado para designar coisas do mundo real, em vez de entidades de software. A intenção de um conceito é fazer uma descrição de seus atributos, operações e semânticas. A extensão de um conceito é o conjunto de instâncias ou exemplos de objetos que são membros do conceito. É freqüentemente definido como sinônimo de classe do domínio.

construtor Um método especial, chamado quando uma instância de uma classe é criada em C++ ou Java. Freqüentemente, o construtor executa ações de iniciação.

contrato Define as responsabilidades e pós-condições que se aplicam ao uso de uma operação ou método. Também é usado para se referir ao conjunto de todas as condições relacionadas a uma interface.

delegação A noção de que um objeto pode enviar uma mensagem para outro objeto, em resposta a uma mensagem. Portanto, o primeiro objeto delega a responsabilidade para o segundo.

derivação É o processo de definir uma nova classe por meio de referência a uma classe já existente e, em seguida, adicionar atributos e métodos. A classe existente é a superclasse; a nova classe é referida como subclasse ou classe derivada.

domínio Um limite formal que define um assunto ou área de interesse em particular.

encapsulamento É um mecanismo usado para ocultar os dados, a estrutura interna e os detalhes da implementação de algum elemento, como um objeto ou subsistema. Toda interação com um objeto se dá por meio de uma interface pública de operações.

estado A condição de um objeto entre eventos.

evento Uma ocorrência digna de nota.

extensão O conjunto de objetos aos quais um conceito se aplica. Os objetos da extensão são os exemplos ou instâncias do conceito.

framework Um conjunto de classes abstratas e concretas que colaboram entre si, que pode ser usado como um modelo para resolver uma família de problemas relacionados. Normalmente, ele é estendido criando-se subclasses para o comportamento específico da aplicação.

generalização	A atividade de identificar características comuns entre conceitos e definir relacionamentos de uma superclasse (conceito geral) e de uma subclasse (conceito especializado). É uma maneira de construir classificações taxonômicas entre conceitos, que são então ilustrados em hierarquias de classes. As subclasses conceituais obedecem a superclasses conceituais em termos de intenção e extensão.
herança	Uma característica das linguagens de programação orientadas a objetos, pela qual as classes podem ser especializadas a partir de superclasses mais gerais. Os atributos e definições de método das superclasses são adquiridos automaticamente pela subclasse.
hierarquia de classes	Uma descrição da herança e das relações entre as classes.
identidade de objeto	A característica de que a existência de um objeto é independente de quaisquer valores associados a ele.
instância	Um membro individual de uma classe. Na UML, é chamada de objeto.
instanciação	A criação de uma instância de uma classe.
intenção	A definição de um conceito.
interface	Um conjunto de assinaturas de operações públicas.
linguagem de programação orientada a objetos	Uma linguagem de programação que dá suporte aos conceitos de encapsulamento, herança e polimorfismo.
mensagem	O mecanismo pelo qual os objetos se comunicam; normalmente é um pedido para executar um método.
metamodelo	Um modelo que define outros modelos. O metamodelo da UML define os tipos de elementos da UML, como o Classificador.
método	Na UML, a implementação ou o algoritmo específico de uma operação para uma classe. Informalmente, o procedimento de software que pode ser executado em resposta a uma mensagem.
método de classe	Um método que define o comportamento da classe em si, em oposição ao comportamento de suas instâncias.
método de instância	Um método cuja abrangência é uma instância. Ele é chamado pelo envio de uma mensagem para uma instância.
modelo	Uma descrição das características estáticas e/ou dinâmicas de uma área de interesse, retratada por meio de diversas visões (normalmente por meio de diagramas ou textualmente).
multiplicidade	O número de objetos que podem participar de uma associação.
objeto	Na UML, uma instância de uma classe que encapsula o estado e o comportamento. Mais informalmente, um exemplo de alguma coisa.
objeto ativo	Um objeto com sua própria linha de execução de controle.

objeto persistente	Um objeto que pode sobreviver ao processo ou à linha de execução que o criou. Um objeto persistente existe até ser explicitamente excluído.
OID	Identificador de objeto.
operação	Na UML, "uma especificação de uma transformação ou consulta que um objeto pode ser solicitado a executar" [RJB99]. Uma operação tem uma assinatura, especificada por meio de seu nome e de parâmetros, e é ativada por uma mensagem. Um método é uma implementação de uma operação com um algoritmo específico.
operação polimórfica	A mesma operação implementada de maneira diferente por duas ou mais classes.
padrão	Uma descrição nomeada de um problema, uma solução, de quando aplicar a solução e como aplicá-la em novos contextos.
papel	Uma extremidade nomeada de uma associação, para indicar seu objetivo.
persistência	O armazenamento permanente do estado de um objeto.
polimorfismo	O conceito de que duas ou mais classes de objetos podem responder à mesma mensagem, de diferentes maneiras, usando operações polimórficas. Além disso, é a capacidade de definir operações polimórficas.
pós-condição	Uma restrição que deve valer após o término de uma operação.
pré-condição	Uma restrição que deve valer antes que uma operação seja solicitada.
privado	Um mecanismo de escopo usado para restringir o acesso aos membros da classe, para que outros objetos não possam vê-los. Normalmente é aplicado a todos os atributos e em alguns métodos.
projeto	Um processo que usa os produtos da análise para gerar uma especificação para implementar um sistema. Uma descrição lógica de como um sistema funcionará.
projeto orientado a objetos	A especificação de uma solução de software lógica, em termos de objetos do software, como suas classes, seus atributos, métodos e colaborações.
público	Um mecanismo de escopo usado para tornar os membros acessíveis aos outros objetos. Normalmente é aplicado em alguns métodos, mas não em atributos, pois a existência de atributos públicos viola o encapsulamento.
receptor	O objeto para o qual uma mensagem é enviada.
responsabilidade	Um serviço ou um grupo de serviços fornecidos por um elemento (como uma classe ou um subsistema); uma responsabilidade incorpora um ou mais dos objetivos ou obrigações de um elemento.
restrição	Uma limitação ou condição sobre um elemento.

subclasse	Uma especialização de outra classe (a superclasse). Uma subclasse herda os atributos e métodos da superclasse.
subtipo	Uma superclasse conceitual. Uma especialização de outro tipo (o supertipo) que obedece à intenção e à extensão do supertipo.
superclasse	Uma classe a partir da qual outra classe herda atributos e métodos.
supertipo	Uma superclasse conceitual. Em uma relação generalização-especialização, é o tipo mais geral; um objeto que possui subtipos.
transição	Um relacionamento entre estados que é percorrido caso ocorra o evento especificado e a condição guardiã seja satisfeita.
transição de estado	Uma mudança do estado de um objeto; algo que pode ser sinalizado por um evento.
valores de dados puros	Tipos de dados para os quais uma identidade de instância única não é significativa, como números, valores booleanos e cadeias de caracteres.
variável de instância	Conforme usado em Java e Smalltalk, é um atributo de uma instância.
vínculo	A conexão entre dois objetos; uma instância de uma associação.
visibilidade	A capacidade de ver ou ter uma referência para um objeto.

ÍNDICE

Símbolos
.NET 322-325

A
ação 483
acoplamento 301, 314-315
  relação com dependência 277-278
Acoplamento Baixo 300, 314-315
Adaptador 444
agregação 281
agregação composta 281, 298, 527-528
análise 34
análise e projeto
  definição 34
análise e projeto orientados a objetos
  definição 35
  exemplo do jogo de dados 36
arquitetura 222, 560
  cartões de problema 551-552
  documentação 647
  em camadas 221, 224
  interesses ortogonais 555-556
  lógica 219, 221, 560
  memorandos técnicos 551-552
  separação de interesses 555-556
  tabela de fatores 546-547
arquitetura de implantação 221
arquitetura de software 222
arquitetura de três fileiras 574-575
arquitetura executável 153-154
arquitetura física 616
Arquitetura Guiada por Modelos 38-40
arquitetural
  análise 543-545
  dados 650-651
  decisões 544-545
  Fatores 544-545
  implantação 650-651
    caso de uso 651-652
      implementação 650-651
  lógica 650
  processo 650-651
  segurança 650-651
marco referencial 153-154
princípios de projeto 554-555
promoção de padrões 556-557
protótipo 153-154
prova de conceito 558-559, 662-663
síntese 558-559, 662-663
visão
artefato
  diagramas UML de implantação 617-618
artefato de Regras de Negócio 84-85, 129
artefato Especificação Suplementar 84-85, 129-130, 133-134, 558-559
artefato Glossário 84-85, 129, 140-141
artefato Visão 84-85, 129, 135, 137-138
artefatos 62
  organização 670-671
ASP.NET 322-323
associação 175-176
  atribuição de nome 177-178
  critérios para, útil 175-176
  encontrar com lista 180-181
  ligação 258-259
  múltipla entre tipos 180-181
  multiplicidade 178-179
  nome da extremidade 271-272
  nomes de papel 530-531
  notação UML 176-177
  para as propriedades da UML 268-269
  qualificada 282-283, 533-534
  reflexiva 534-535
ator 89, 106-107
  de bastidores 92
  de suporte 92
  em caso de uso 92
  principal 92
atributo 183
  derivado 185, 532-533
  e quantidades 189-190
  em UML 267

notação UML 184-185
para propriedades da UML 268-269
sem chaves estrangeiras 189-190
tipo de dados 187
tipos não-primitivos 187-188
tipos válidos 185
atributo referencial 456-457
atributos de qualidade 83-84, 133-134

B

baixo hiato representacional 164, 297, 342-344
banco de dados de objetos 621
bancos de dados relacionais 621
barra de ativação 247-248
benefícios do desenvolvimento iterativo 49-50
BHR. *Ver* baixo hiato representacional

C

cadeia de propriedade
  em diagramas de classes 273-274
  em UML 276-277
  para extremidade da associação 271-272
camada 221
camada de domínio 162, 227-228, 298, 303
caminho de comunicação
  em diagramas de implantação 617-618
características de sistema 84-85, 134-135, 138
cartões de problemas 551-552
cascata 46-47, 50-52
caso de desenvolvimento 64-65
caso de uso 87, 89
  abstrato 502-503
  adição 502-503
  ator 92
  básico 502-503
  caixa-preta 107-108
  completo 92-93
  concreto 107-108, 502-503
  e processo de desenvolvimento 121
  estender 502-503
  estilo essencial 106-107
  incluir 499-500
  informal 92
  instância 89
  negócio 99-100
  nível de objetivo do usuário 99-100
  nível de sub-função 99-100
  pós-condição 100-101
  pré-condição 100-101

quando criar casos de uso abstratos 502-503
  resumido 92
  sistema 98-99
Casos de Modificação 439-440
cenário 89
cenário de qualidade 545-546
chamada a métodos estáticos 255-256, 263-264
chamada de método de classe 255-256, 263-264
ciclo de vida iterativo 47
classe
  abstrata 523-524
  associativa 282-283, 525-526
  conceitual & abstrata 521-523
  conceitual 41-42, 162
  definições 40-41
  em UML 246, 267
  hierarquia 413-414, 513-514, 525
  implementação 41-42
  mapeamento a partir do DCP 381
  notação UML 246
  partição 517-518
  particionamento 517-518
  projeto 41-42
  significado na UML 40-41
  software 41-42
classe abstrata 276-277, 523-524
  em UML 267, 561
classe ativa 258, 285-286
classe conceitual 41-42, 162
classe de descrição 172-173
classe final
  em UML 276-277
classificador 41-42
  em UML 267-268
COCOMO II 201-202
código
  mapeamento de projeto OO 379
código mal cheiroso 400-401
coesão 305-306, 329-330
Coesão Alta 329-330
coesão relacional 579-580
colaboração
  PGR 292-293
colaborações
  de objetos em PGR 292
coleção
  em programação OO 383-384
  em UML 267
  iteração em UML 252-253

Comando 615, 639-640
comentário
  em UML 273-274
compartimentos
  em caixa de classe 267-268
  em diagramas de classes 284-285
componente 618-619
comportamento do sistema 197-198
composição 281, 308-309, 527-528
Composto 458-459
conceito
  como encontrar com identificação de nomes 165, 167
  conceitos de especificação ou descrição 172-173
  erro ao encontrar 171-172
  extensão 162
  intenção 162
  símbolo 162
  versus papel 531-532
configuração de teste 397-398
construtores
  em UML 267
contêiner (no padrão Decorador) 556-557
contrato
  descrições de seção 204-205
  diretrizes 210-211
  exemplo 204-205
  pós-condição 205-206
contratos 203
contratos de operações 203
Controlador 317-318
  aplicação 341-344, 361-362
  definição 317-318
  inchado 326-327
Converter Exceções 593-594
Criador 297-298, 306-307, 342-344
  aplicação 342-344, 351-352
criar
  estereótipo na linha de dependência 370-371
CruiseControl
  ferramenta de teste 397-398

D

DAS 649
decomposição comportamental 431-432
decomposição representacional 431-432
definição de defeito 592-593
definição de erro 592-593

definição de falha 592-593
delegação 303
delegar 303
dependência 223, 276-277
desenvolvimento adaptativo 48-49
  desenvolvimento com teste a priori 396-397
  Ver desenvolvimento dirigido por teste 385-386
desenvolvimento dirigido por casos de uso 121
  desenvolvimento dirigido por teste 46-47, 56-57, 385-386, 396-397
desenvolvimento evolutivo 45-47
desenvolvimento guiado por cliente 55
desenvolvimento guiado por riscos 55
desenvolvimento iterativo 45-47
  benefícios 49-50
  planejamento 664
diagrama de atividades 483, 484
diagrama de Classes 158-159, 266, 267
diagrama de colaboração
  condicionais mutuamente exclusivas 262-263
  criação de instânia 259-261
  exemplo 244-246
  iteração 262-263
  ligações 258-259
  mensagens 258-259
  mensagens condicionais 262
  mensgem para self 259-261
  número de seqüência 261-262
  seqüenciamento de mensagens 261-262
diagrama de componentes 617-618
diagrama de comunicação 242-244
  iteração em uma coleção 263-264
  mensagem a um objeto da classe 263-264
  pontos fortes e fracos 242-244
diagrama de contexto 90, 116-117
diagrama de estado
  estados aninhados 493-494
diagrama de implantação 616
diagrama de interação 241, 242
  classe 246
  instância 246
  sintaxe da mensagem 246
diagrama de máquina de estados 491
  ações de transição 493-494
  condições de guarda 493-494
  estados aninhados 493-494
  exemplo 495-496
  visão geral 490

diagrama de pacotes 219, 221, 223
diagrama de seqüência 197-198, 242
  caixa de ativação 247-248
  condicionais mutuamente exclusivas 251-252
  criação de instância 248-249
  destruição de objetos 249-250
  iteração sobre coleção 252-253
  laços 250-251
  linhas de vidas 249-250
  mensagem condicional 251-252
  mensagem para classe 198-199
  mensagem para self 255-256
  mensagens 247-248
  mensagens condicionais 250-251
  pontos fortes e fracos 242-244
  retorno 248-249
diagrama de seqüência do sistema 195, 197-198
  exibição do texto do caso de uso 199-200
diagrama de visão geral da interação 242, 254-255
diagramas de classe de projeto 37-38, 267-268
diagramas de Classes 266
diagramas de fluxos de dados 485
dicionário de dados 84-85, 140-141
disciplina 62
  e fases 62-63
disciplina de Ambiente 62
disciplina de projeto 62
disciplina de Requisitos 62
disciplina Modelagem do Negócio 62, 488-489
Documento de Arquitetura de Software 558-559, 647, 649
documentos da abordagem arquitetural 551-552
duplicatas 571-572

E

Eclipse 397-398
EJBs
  no padrão Controlador 323-324
engenharia avante 408
engenharia de ida e volta 408
engenharia reversa 408
espaço de nomes
  em pacotes UML 223
Especialista 299, 309-310
  aplicação 345, 347-349

Especialista na Informação 299, 309-310
especialização 413-414, 513-514
especificação de execução 247-248
especificações formais 214-215
Estado 212-213, 635-636
estado 491
  modelagem 523-524
estereótipos 117-118, 259-261, 275-276
estilo de caso de uso essencial 106-107
estimativa 668-670
Estratégia 454-455
etiquetas
  em estereótipos 275-276
evento 491
eventos do sistema 197-198, 205-206
  como dar nomes 199-200
Evo 545-546
exceções
  em diagramas de classe 267, 273-274
exceções em UML 594-595
excesso de problemas com versões 578
extensão 162

F

Fábrica 447-448
Fábrica Abstrata 603
Fábrica Concreta 447-448
Fachada 467-468
fase de concepção 60-61, 75, 151-152
fase de construção 60-61
fase de elaboração 60-61, 149, 152-153
Fase de Planejamento 59-60, 665-666
fase de transição 60-61
fases no PU 60-61
fatores arquiteturais 545-546
fazer eu mesmo 312-313, 605-606
ferramentas CASE 408
fileira 228-229
foco de controle 247-248
fork 483
fragmento de diagrama 249-250
fragmento de interação 249-250
framework de persistência 622
  idéias-chave 622-623
  materialização 628-629
  padrão Gerenciamento da Cache 634-635
  padrão Identificador de Objeto 625
  padrão Representação de Objetos como Tabelas 623-624

representação de relacionamentos em tabelas 644
requisitos 622-623
frameworks 620
frameworks caixa-branca 628-629

G

gabaritos 283-284
generalização 276-277, 413-414, 513-514
  conformidade 515-516
  e classes conceituais 514-515
  e conjuntos de classes conceituais 515-516
  em UML 276-277
  notação de classe abstrata 523-524
  notação UML 513-514
  particionamento 517-518
  testes de validação de subclasses 516-517
  visão geral 512-513
generalizar
  relacionamento de casos de uso 504
genéricos 283-284
gerenciamento de projeto 664

H

herança 525
  em UML 276-277
Hibernate 621
hierarquia de Classes 413-414, 513-514

I

IDEs 397-398
implementação 62
independência de estado 491-492
Indireção 433-434
iniciação impaciente 451-452
iniciação preguiçosa 451-452
instância
  em UML 617-618
  notação UML 246
integração contínua 46-47
intenção 162
interesses ortogonais 555-556
interface 213-214
  em UML 267, 280
  quando usar 427-428
interface do sistema 205-206
interface exigida
  em UML 280

Intermediário de Banco de Dados 626-627
intervalos de tempo 529-530
Invenção Pura 428-429
iteração sobre uma coleção em UML 263-264
iterações 47

J

junção 483
JUnit 397-398

L

laços
  diagramas de seqüência 198-199, 250-251
Lei de Demétrio 437-438
ligação 258-259
limites temporais 50-52
Linguagem de Restrição de Objetos 282-283
linha de vida 247
  diagramas de interação da UML 246
linhas de execução 257
linhas de execução na UML 590-591
lógica 560

M

Mapeador de Banco de Dados 626-627
mapeamento de banco de dados 620
mapeamento de esquema 622-623
mapeamento objeto-relacional 620
materialização preguiçosa 640-641
MDA 38-40
memorandos técnicos 551-552
menor hiato representacional 38-39
mensagem
  assíncrona 594-595
  notação UML 247-248, 258-259
mensagem assíncrona 594-595
  em diagrama de comunicação 264-265
  em diagramas de seqüência 257
mensagem found 247-248
mensagens condicionais em diagramas de seqüência 250-251
metaclasse 255-256
metadados 141-142, 627-628
método 213-214, 274
  a partir de diagrama de colaboração 382
  em símbolos de nota 273-274
  em UML 267
Método de Booch 215-216

método Fusion 215-216
método sincronizado 267, 633
Método-Gabarito 628-629
métodos ágeis 45, 55, 56, 339-340, 664
métodos protegidos 267, 633
modelagem ágil 41-42, 57-58
modelagem baseada em componentes 617-618
modelagem da IU
 modelo de navegação 494-495
modelagem de dados 623-624
modelagem visual 41-42
modelo conceitual 36, 159-160
modelo das N+1 visões 647, 649
Modelo de Casos de Uso 84-85, 90
modelo de dados 162, 623-624
Modelo de Delegação de Eventos 469-470
modelo de domínio 157
Modelo de Domínio 159-160
 como encontrar conceitos 165
 como modelar estados que mudam 523-524
 como modelar o irreal 171-172
 como organizar em pacotes 535-536
 estratégia do cartógrafo 170-171
 significados múltiplos 162
 vocabulário do domínio 159-160
Modelo de Implementação 379, 579, 650-651
modelo de navegação 494-495
modelo de objetos conceitual 36-37
Modelo de Objetos do Negócio 159-160, 489
modelos de objetos da análise 159-160
modelos de objetos de domínio 159-160
Modelo-Visão-Controlador 229-231, 322-323
molduras 249-250
 operadores opt, loop, alt, ref 249-250
molduras de diagramas 249-250
molduras de interação 198-199, 249-250
molduras *ds* 367-368
 etiqueta da moldura 254-255
molduras ref 367-368
Momento-Intervalo 530-531
multiplicidade 178-179, 271-272
MVC 229-231, 322-323

N

nó 617
nó de ambiente de execução 617
nó de dispositivo 617
nó de objeto 483
nome de caminho 563-565
nome de classificador em UML 267

nome de papel 271-272
 em DCPs 269-270
nome do pacote
 nome classificador em UML 267
nós de armazens de dados 485-486
nota
 em UML 273-274
notação de pirulito 281
notação de soquete 281

O

objeto
 ativo 258, 285-286, 590-591
 em UML 246
 persistente 621
objeto inicial do domínio 358-359
Objeto Unitário 449-450
 notação abreviada UML 451-452
objetos de controle 322-323
objetos de domínio 162, 227-228, 303
objetos de entidade 322-323
objetos de fronteira 322-323
objetos de valor 187-188, 571-572
objetos portadores de dados 571-572
objetos Sessão
 em EJBs e padrão Controlador 323-324
Observador 469-470
OCL 213-214, 282-283
ocorrências de interação 254-255
ocultação da informação 440-441
operação
 em UML 267, 274
operação abstrata 276-277
 em UML 267, 276-277
operação de classe
 na UML 267
operação do sistema 197-198, 204-205, 317-318
operação final
 em UML 267, 276-277
operações 213-214
operações estáticas
 em UML 267
ordered
 palavra-chave em UML 271-272
organização de artefatos 670-671

P

pacote
 dependências 535-536
 diretrizes de organização 579

posse 535-536
projeto 578
referência 535-536
padrão 32, 293-295
   Acoplamento Baixo 314-315
   Adaptador 444
   Camadas 224
   Coesão Alta 329-330
   Comando 615
   Composto 458-459
   Controlador 317-318
   Converter Exceções 593-594
   Criador 306-307
   Especialista 309-310
   Estado 212-213
   Estratégia 454-455
   Fábrica 447-448
   Fábrica Abstrata 603
   Fachada 467-468
   Fazê-lo eu Mesmo 312-313, 422, 605-606
   Indireção 433-434
   Invenção Pura 428-429
   Método-Gabarito 628-629
   nomes 294-295
   Objeto Unitário 449-450
   Observador 469-470
   Polimorfismo 422
   Procurador 597-599
   Procurador de Redirecionamento 598-599
   Procurador Remoto 597-599
   Procurador Virtual 641-642
   Publicação-Assinatura 469-470
   Separação Modelo-Visão 343-344
   Variações Protegidas 434-435
padrões
   arquiteturais 556-557
   história 296
padrões da Gangue dos Quatro 296, 444
padrões de projeto GoF 296
padrões GRASP 287-288, 292-293, 335
   Acoplamento Baixo 314-315
   Coesão Alta 329-330
   Controlador 317-318
   Criador 306-307
   Especialista 309-310
   Fabricação Pura 428-429
   Indireção 433-434
   Polimorfismo 422
   Variações Protegidas 434-435
palavra-chave
   em UML 275

papel 178-179
   de objetos no PGR 292
   versus conceito 531-532
parâmetros
   em diagramas de classes 273-274
partição 483
participantes
   em diagramas de interação 246
PEN 113-114
perfil
   em UML 38-39, 275-276
persistência 620
PGR 287-288, 292, 335
planejamento
   adaptativo 665
   iterativo 664
planejamento adaptativo versus preditivo 665
PLanguage 545-546
Plano de Iteração 59-60, 665-666
polimorfismo 422
   em diagramas de comunicação 264-265
   em diagramas de seqüência 256
Polimorfismo 422
   para pagamentos 605-606
ponto de evolução 439-440, 543, 553-554
ponto de extensão 503-504
ponto de variação 439-440, 543
pontos por função 201-202
pós-condição 205-206
   em caso de uso 100-101
   uma metáfora 207-208
pré-condição
   em caso de uso 100-101
Princípio da Separação Comando-Consulta 367-369
Princípio da Surpresa Mínima 369-370
Princípio de Hollywood 622
Princípio de Substituição de Liskov 436-437
Princípio do Aberto-Fechado 441-442
processo
   iterativo 47
processo de desenvolvimento de software 46-47
processo elementar de negócios 99-100, 113-114
Processo Unificado 46-47
Processo Unificado da Rational 46-47
Procurador 597-599
   Procurador Virtual 640-642
Procurador de Redirecionamento 598-599

Procurador Remoto   597-599
Programação Extrema   46-47, 67-68, 296
programação orientada a aspectos   556-557
projeto   35
projeto de objetos   35, 287-288, 335, 373
   introdução   234-235
projeto físico   579
projeto guiado por responsabilidades   292
Projeto por Contrato   215-216
projeto voltado a dados   449-450
projetos modulares   332-333
propriedade
   em UML   267, 276-277
   estruturais, em UML   268-269
   múltiplos significados em UML   268-269
PSL   436-437
PU   46-47
   ágil   58-59
   fases   60-61
Publicação-Assinatura   469-470

Q

qualificador   282-283, 533-534

R

realização da interface
   implementação da interface   280
realizações de casos de uso   121, 289-290, 335, 336
Redes de Petri   489
ref
   etiquetas em molduras   254-255
refatoração   399-400
referência
   em diagramas de interação   254-255
regras   84-85
regras de domínio   84-85, 142-143
regras de negócio   142-143
relacionamento de caso de uso estender   502-503
relacionamento de caso de uso incluir   499-500
requisitos   81
   funcionais no Modelo de Casos de Uso   90
   no PU   84-85
   vários tipos   127
   visão geral   80

requisitos arquiteturalmente significativos   545-546
requisitos funcionais   83-84
requisitos não funcionais   83-84
   Especificação Suplementar   130
responsabilidades   287-288, 292, 335
   conhecer   292
   e diagramas de interação   292-293
   e métodos   292
   fazer   292
   importância de   34
   padrões   293-294
restrição
   em símbolos de nota   273-274
   em UML   282-283
   UML   213-214
retorno em diagramas de seqüência   248-249
RUP   46-47

S

Scrum   46-47, 67-68
seletor
   na caixa de linha de vida   253-254
separação de interesses   226, 448-449, 555-556
Separação Modelo-Visão   229-231, 343-344
Servlet   323-324
seta de navegabilidade
   em diagramas de classes UML   269-270
símbolo   162
símbolo de ancinho
   diagramas de atividades   486-487
símbolo de decisão
   diagramas de atividades   486-487
símbolo de junção
   diagramas de atividades   486-487
Struts
   exemplo de Java Struts   325-326
subclasse
   conformidade   515-516
   criação   517-518
   em UML   267, 276-277
   particionamento   517-518
   testes de validade   516-517
superclasse
   criação   519-520
SWEBOK   85-86
Swing
   exemplo de Java Swing   324-325

T

tabela de fatores 546-547
tarefa do usuário 113-114
teste 396-397
teste de unidade 396-397
tipo de dados 186, 187, 270-271
tipo de retorno
  em diagramas de classes 273-274
  em operações na UML 273-274
tipos gabaritados 283-284
tipos parametrizados 283-284
transição 491-492

U

UML 38-39
  diagramas de classes 267
  estereótipo 259-261
  meta-modelo 38-39
  Perfil de Modelagem de Dados 623-624
  perfis 38-39, 623-625
  Restrições 213-214
  UML 2 41-42
  valor etiquetado 259-261
  visão geral 38-39
unique
  palavra-chave em UML 271-272
UNit 397-398
uso da interação 254-255

V

valores etiquetados 259-261
Variações Protegidas 434-435
VDM 215-216
visão arquitetural 649
visão de casos de uso 650-652
visão de dados 650-651
visão de implantação 650-651
visão de processo 650-651
visão de segurança 650-651
visão lógica 650
visibilidade 346, 366-367, 373-374
  atributo 374-375
  em diagramas de classes 269-270
  em UML 267-268
  global 376-378
  local 376
  por parâmetro 376

W

WebForms 322-325
WinForms 324-325

X

XML 621
XP 46-47, 67-68, 296
xUnit 397-398